neukirchener
theologie

Rolf Theobold

Zwischen Smalltalk und Therapie

Kurzzeitseelsorge in der Gemeinde

Mit einem Vorwort von
Michael Klessmann

Neukirchener Theologie

Dieses Buch wurde auf FSC-zertifiziertem Papier gedruckt. FSC (Forest Stewardship Council) ist eine nichtstaatliche, gemeinnützige Organisation, die sich für eine ökologische und sozialverantwortliche Nutzung der Wälder unserer Erde einsetzt.

Bibliografische Information der Deutschen Nationalbibliothek

Die Deutsche Nationalbibliothek verzeichnet diese Publikation in der Deutschen Nationalbibliografie; detaillierte bibliografische Daten sind im Internet über http://dnb.d-nb.de abrufbar.

© 2013
Neukirchener Verlagsgesellschaft mbH, Neukirchen-Vluyn
Alle Rechte vorbehalten
Umschlaggestaltung: Andreas Sonnhüter, Düsseldorf
DTP: Dorothee Schönau
Gesamtherstellung: Hubert & Co., Göttingen
Printed in Germany
ISBN 978–3–7887–2665–2 Print
ISBN 978–3–7887–2666–9 E-Book-PDF
www.neukirchener-verlage.de

Meinem Vater
Karl Theobold (1936–1972)

Vorwort

Seelsorge als eine Form kirchlicher Beratungsarbeit verfügt über keine eigenständige Methodik. Ein rein theologisches Verständnis von Seelsorge reicht nicht aus, um das methodische Vorgehen genauer beschreiben und vermitteln zu können. Bis ins 19. Jahrhundert hinein (vielleicht mit Ausnahme des Pietismus) blieb die Methodik seelsorglichen Handelns weitgehend zufällig, abhängig von den Fähigkeiten und Grenzen der Amtsinhaber, orientiert an Maßnahmen der Kirchenzucht oder an hermeneutischen Einsichten aus der Philosophie. Seither, vor allem aber seit der Seelsorgebewegung der 70er und 80er Jahres des 20. Jahrhunderts, sind Psychologie, Kommunikationstheorie und auch Soziologie zu Bezugswissenschaften der Seelsorge geworden und haben entscheidend dazu beigetragen, dass Seelsorge lehr- und lernbar und in Grenzen auch überprüfbar geworden ist. Man kann seither beobachten, wie neue Ansätze in den Human- und Sozialwissenschaften mit einer gewissen Zeitverzögerung auch für die Seelsorge fruchtbar gemacht werden. Psychoanalyse, Personzentrierte Psychotherapie, Gestalttherapie, Psychodrama, zuletzt systemische Familientherapie sind für seelsorgliches Handeln aufgenommen und adaptiert worden. Dadurch hat Seelsorge selber zunächst einen deutlich therapeutischen Akzent bekommen, nicht zufällig wurde die Seelsorge jener Jahre »therapeutische Seelsorge« genannt. Auch wenn dieser therapeutische Fokus seither mehr in den Hintergrund getreten ist: Es scheint mir nach wie vor wünschenswert, dass Seelsorgende gewisse therapeutische Basiskompetenzen erwerben, weil in seelsorglichen Kontakten schwerwiegende Lebensprobleme aufbrechen und zur Sprache kommen können und die Seelsorgeperson dann in der Lage sein sollte, angemessen darauf zu reagieren.

Nun sieht die durchschnittliche Realität von Seelsorge wenig therapeutisch, sondern eher alltäglich aus: Seelsorgliche Gespräche in Gemeinden und Institutionen wie Krankenhaus, Altenheim, Gefängnis etc. spielen sich überwiegend in einem Zeitrahmen von 10 bis 20 Minuten ab – alles andere stellt eher die Ausnahme dar – und sie haben meistens nicht den Charakter einer akuten Problembearbeitung, sondern eher der Vergewisserung dessen, was ist.

Nun haben sich in der Psychotherapie schon seit vielen Jahren eine Vielzahl von Kurzzeitverfahren entwickelt, zum einen aus pragmatischen und finanziellen Gründen (wer hat schon die Möglichkeit, sich einer psychoanalytischen Behandlung von zwei oder drei Stunden pro Woche über Jahre hin zu unterziehen?), zum anderen aus konzeptionellen Gründen: Systemische Kurzzeittherapeuten etwa vertreten die Meinung, dass man die Genese eines Lebensproblems nicht wirklich verstehen muss, um doch weitgehende Änderungen und damit Heilungsprozesse anzustoßen. Erstaunlicherweise sind diese Kurzzeitverfahren bisher kaum (mit Ausnahme der Arbeiten von Timm Lohse und Morgenthaler/Schibler) für die Seelsorge rezipiert worden. Rolf Theobold gebührt das Verdienst, diese Forschungslücke zu schließen, die Vielfalt der therapeutischen Kurzzeitverfahren in verständlicher Sprache darzustellen (was angesichts der z.t. sehr eigenwilligen Sprachspiele der verschiedenen Verfahren bereits ein Verdienst darstellt) und sie dann auf die Praxis der Seelsorge in der Gemeinde (und darüber hinaus) zu beziehen.

Dieses Unternehmen stellt nach meinem Eindruck einen Einschnitt in der Geschichte der Theorieentwicklung der Seelsorge dar, weil sich hier therapeutische Verfahren anbieten, die der realen Praxis der Seelsorge sowohl in der Gemeinde wie im Krankenhaus oder in anderen Institutionen besonders nahe kommen. Mit Hilfe der methodischen Einsichten aus verschiedenen Kurzzeitverfahren kann es Pfarrerinnen und Pfarrern und anderen Haupt- und Ehrenamtlichen gelingen, auch die vielen kurzen Gespräche in der Seelsorge kompetenter und zielgerichteter als das bisher meistens Fall war, zu führen. Rolf Theobold gibt dazu selber eine Reihe von konkreten Anregungen und Praxisbeispielen. Sein Ziel besteht darin, Menschen auf diesem Weg ressourcen- und lösungsorientiert in ihrer Expertenschaft für ihr eigenes Leben zu stärken, und zwar sowohl in kurzen seelsorglichen Einzelbegegnungen wie auch im Blick auf die oft vernachlässigten Netzwerkressourcen einer Gemeinde. Hier tut sich für Theorie und Praxis der Seelsorge ein neues, vielversprechendes Lernfeld auf, zu dem Rolf Theobold mit seiner Arbeit den Zugang eröffnet hat.

Michael Klessmann

Einleitende Bemerkungen

Die Motivation zu der hier veröffentlichten Dissertation entstand aus dem Spagat zwischen dem hohen Anspruch therapeutischer Seelsorge, wie ich sie in jahrelanger Ausbildung gelernt hatte, und dem, was realistischer Weise in der Seelsorge im Gemeindepfarramt möglich ist, nämlich meist nur kurze seelsorgerliche Begegnungen, oftmals auch nur ›zwischen Tür und Angel‹. Dabei entdeckte ich Kurzzeittherapie als mögliches neues Modell für Gemeindeseelsorge. Das erschloss mir eine teilweise völlig neue Perspektive und führte dazu, dass ich Zeitknappheit und punktuelle Begegnungen nicht länger unter der Defizitperspektive sehen musste, sondern sie geradezu als Chance sehen lernte. Aufgrund ihrer Ressourcen- und Lösungsorientierung bietet Kurzzeitseelsorge eine große Bandbreite von Möglichkeiten, in kurzer Zeit Hilfreiches und Weiterführendes zu erreichen. Auch die Gemeinde selbst erscheint unter diesem Blickwinkel als Ressource, als ein soziales Netzwerk, in welchem immer auch geschwisterliche, hilfreiche Formen gegenseitiger Zuwendung erfahren werden können.

Zwei konkrete Details will ich noch vorausschicken. Steve de Shazer soll einmal gesagt haben, man solle alles vergessen, was man je über Psychotherapie gelernt hätte, wenn man mit Kurzzeittherapie beginnt. Das konnte ich nicht. Auch wenn ich versucht habe, mich ganz und gar auf die neue Perspektive der Kurzzeittherapie einzulassen, und dabei in Kauf genommen habe, vieles in Frage zu stellen, was ich von eher tiefenpsychologisch oder humanistisch orientierten Verfahren gelernt habe, so merkte ich am Ende, dass ich wesentliches davon nicht einfach vergessen kann und auch nicht vergessen will. So empfand ich mich unversehens auf der Grenze zwischen eher tiefenpsychologischen resp. humanistischen Zugängen und kurzzeittherapeutischen Zugängen. Aber die Grenze ist ja, nach einem Wort Paul Tillichs, ein fruchtbarer Ort der Erkenntnis. In vorliegender Arbeit habe ich eine ausführliche Erkundung ins Terrain der Kurzzeittherapie gemacht, weil ich glaube, dass wir als Seelsorgerinnen und Seelsorger hier sehr viel für unsere alltägliche Seelsorgepraxis lernen können. Es wirkt wie ein faszinierendes Neuland, eröffnet ungeahnte Perspektiven und kann doch zugleich in mancher Hinsicht auf überraschende Weise auch an alltägliche Kommunikationserfahrungen anknüpfen. Vieles gibt es hier zu entdecken, was mir für die Seelsorge in einer Kirchengemeinde praktikabler und hilfreicher erscheint, als ich in jenen Seelsorgekonzepten gelernt habe, die auf langfristigen Therapieverfahren beruhen. Gleichwohl will ich keinesfalls abwerten, was bislang an therapeutischen Verfahren erfolgreich in die Seelsorge integriert wurde. Im Gegenteil, ich empfinde selbst hier eine konstruktive Spannung, die hoffentlich auch für die Zukunft im Tillichschen Sinne noch ein Ort fruchtbarer Erkenntnis sein wird.

Zum zweiten. Was ich geschrieben habe, habe ich als Gemeindepfarrer geschrieben. Das wird man dem Buch immer wieder anmerken. Auch wenn ich gerne manchmal einen objektiven und übergeordneten Standpunkt eingenommen hätte, so merkte ich, dass ich doch nicht einfach aus meiner ›Haut‹ kann. Insofern rechne ich damit, dass sich von diesem Buch auch zunächst praktizierende (und zukünftige) Gemeindepfarrer/innen angesprochen fühlen. Mit ihnen verbindet mich vieles von dem, was dieses Buch an geteilter Praxiserfahrung stillschweigend oder ausdrücklich voraussetzt. Gleichwohl habe ich versucht, so zu schreiben, dass es für alle von Nutzen sein kann, die in der Gemeinde (oder anderen Arbeitsbereichen) Seelsorge ausüben, sowohl in anderen kirchlichen Berufen als insbesondere auch als ehrenamtliche Seelsorger/innen. Insofern wäre es mein Wunsch, dass dieses Buch mit Gewinn von allen gelesen werden kann, die an Seelsorge auf die eine oder andere Weise interessiert sind, auch wenn der eine oder die andere Leser/in dann manches vermutlich stärker als andere in ihr jeweiliges berufliches oder ehrenamtliches Arbeitsfeld übertragen müssen.

Das vorliegende Buch wurde von der kirchlichen Hochschule Wuppertal/Bethel im Wintersemester 2011/2012 als Dissertation angenommen. Für die Veröffentlichung wurden an einigen Stellen geringfügige Präzisierungen eingefügt, ebenso einige wenige Hinweise auf mittlerweile neu erschienene Literatur. Mein Dank gilt insbesondere Herrn Prof. Dr. Michael Klessmann, der das langjährige berufsbegleitende Promotionsprojekt mit langem Atem und an der ›langen Leine‹ begleitet hat, und der zugleich, wenn in größeren Abständen dafür Bedarf war, mit präzisen und punktgenauen Rückmeldungen zur Seite stand. Mein Dank gilt ferner Herrn Prof. Dr. Günther Ruddat, der nach der Emeritierung von Prof. Dr. Klessmann die Praktisch-theologische Sozietät in Wuppertal geleitet hat und der das Zweitgutachten verfasste. Mein Dank geht auch an alle Mitglieder der Sozietät, die mir die Gelegenheit gaben, Teile meiner Arbeit im Entstehensprozess vorzustellen und dafür hilfreiche Rückmeldungen zu erhalten. Danken möchte ich auch der Neukirchener Verlagsgesellschaft, die sich entschlossen hat, meine Dissertation zu veröffentlichen, insbesondere meinem Ansprechpartner Ekkehard Starke.

Für großzügige Druckkostenzuschüsse danke ich der Evangelischen Kirche im Rheinland und der Deutschen Gesellschaft für Pastoralpsychologie.

Über diesen unmittelbaren wissenschaftlichen Zusammenhang hinaus gilt es natürlich noch vielen weiteren Menschen zu danken. Zunächst möchte ich allen danken, von denen ich im Laufe vieler Jahre das therapeutisch-seelsorgerliche Handwerk, genauer gesagt, ›Herzwerk‹ erlernen konnte. Es können nicht alle genannt werden, deswegen stellvertretend die folgenden. Für Klinische Seelsorgeausbildung (KSA) insbesondere Klaus Winkler und Friedrich Petrowski. Für Integrative Pastoraltherapie und Gestaltseelsorge insbesondere Elisabeth Hölscher, Kurt Lückel, Wolfgang Scheiblich, und ganz besonderes meinem langjährigen Lehrtherapeuten und Supervisor Kurt Funk. Für Kurzzeittherapie waren es zu viele in vielen kurzen Fortbildungen, um sie alle zu nennen. Hervorzuheben wäre vielleicht Luc Isebaert. Für die Begleitung meiner ersten Schritte beim Eintritt in den Pfarrberuf danke ich meinem damaligen Mentor Eckart Schubert, dem ich auch erste Einsichten zu verdanken habe, dass die pfarramtliche Praxis stets nochmals realitätsgerechte Anpassung hoher Theorien verlangt.

Einen besonderen Dank möchte ich an dieser Stelle all jenen Menschen aussprechen, die mich des Vertrauens gewürdigt haben, sie seelsorgerlich begleiten zu dürfen. Ihnen verdanke ich mehr, als sie selbst vielleicht ahnen. Es hat mich berührt, an ihrem Leben Anteil nehmen zu dürfen. Und ich habe in jeder Begegnung immer auch etwas darüber gelernt, was hilfreich sein kann oder auch, was nicht hilfreich ist. Ebenso danke ich allen meinen Gemeindegliedern, die mich direkt oder indirekt sehen und erleben ließen, dass in einer Gemeinde Menschen auf hilfreiche und unterstützende Weise miteinander in Verbindung stehen. Einen besonderen Dank möchte auch meinen ehrenamtlichen Besuchsdienstseelsorgerinnen aussprechen. Mit ihnen konnte ich – ohne dass sie wussten, dass eine Promotion im Hintergrund stand – so manche kurzzeitseelsorgerlichen Ansätze in elementarisierter Form besprechen, praxisnah diskutieren oder auch mal im Rollenspiel erproben.

Für ihre große Geduld und manches hilfreiche Gespräch danke ich von Herzen meiner Frau; ebenso meinen Kindern, die mit ihrem gelegentlichen kindlich-jugendlichen Stolz auf ihren Papa auf ihre Weise einen Beitrag geleistet haben. Beide, meine Frau und meine Kinder, haben mich aber immer auch wieder daran erinnert, dass Zeit ein kostbares Gut ist.

Köln, September 2012   Rolf Theobold

Inhalt

1 Annäherungen

1.1 Ziel

In der Kurzzeitseelsorge ist eine anfängliche Zieldefinition schon die erste wichtige Intervention. Beginnen wir also auch diese Arbeit mit einer solchen. Ziel dieser Arbeit ist es zu prüfen, inwieweit ressourcenorientierte kurzzeittherapeutische[1] Ansätze in der Psychotherapie geeignet sind, in die Seelsorge integriert oder für die Seelsorge modifiziert zu werden. Im Blick ist dabei vor allem die Seelsorgearbeit in der Gemeinde.[2] Es geht um die Suche eines praktikablen und professionellen Weges im Spannungsfeld zwischen ›Alltagsseelsorge‹ (Hauschildt) einerseits und Seelsorge als ›Psychotherapie im kirchlichen Kontext‹ (Stollberg) andererseits. Ich gehe davon aus, dass therapeutische Kurzzeitseelsorge geeignet ist, therapeutische Kompetenz auf eine solche Weise in die Seelsorge zu integrieren, dass sie mit den Möglichkeiten und Grenzen des Gemeindepfarramtes am ehesten kompatibel ist. Auch hier kommt Gemeinde noch einmal in den Blick, und zwar als

---

[1] Gelegentlich wird in der Literatur auch der Begriff »fokaltherapeutisch« verwendet. – Auf die besondere Eignung der Kurzzeittherapie als Referenzverfahren für die Gemeindeseelsorge hat schon Rolf Sons hingewiesen, allerdings ohne das weiter zu entfalten (*Sons* 1995, 197f.).

[2] Christoph Schneider-Harpprecht hat darauf hingewiesen, dass Seelsorge immer bestimmten Kulturen verpflichtet oder verhaftet ist, also kulturell kontextuell ist. Damit sei, so sagt er, ein Standort gegeben, der nicht einfach oder vielleicht auch gar nicht überschreitbar ist. »Es ist nicht möglich, ... den eigenen Standort, wenn auch nur zeitweise, zu relativieren.« (*Schneider-Harpprecht* 2001, 22). Das verpflichtet, so meine ich, zur Angabe des eigenen kulturellen Standortes, verbunden mit einer gewissen, so würde ich das nennen, ›kulturellen Demut‹. In diesem Sinne sei hier gesagt, dass die vorliegende Arbeit die volkskirchliche (und z.T. freikirchliche) Situation in Deutschland als kulturellen Kontext im Hintergrund hat. Dadurch ist sowohl die Themenstellung geprägt als auch die Literaturauswahl und natürlich auch das Ziel, mit dieser Arbeit einen nützlichen Beitrag zur Seelsorge in der Gemeinde zu leisten. Das heißt zunächst: zur Seelsorge in der volkskirchlichen (oder freikirchlichen) Gemeinde in Deutschland. Inwieweit dies auf andere Kontexte und Kulturen übertragbar ist, muss jeweils geprüft werden. Zur kompletten Fragestellung der »interkulturellen Seelsorge« siehe *Schneider-Harpprecht* 2001. Eine kurze Skizze der kontextuellen Situation der Seelsorge in Deutschland bietet *Pohl-Patalong* 2007. Ausführlich dazu siehe *Pohl-Patalong* 1996.

ein soziales Netz, in das die Seelsorgearbeit nicht nur eingebunden, sondern auf ressourcenreiche Weise umfangen ist. Über die Netzwerkmetapher sollen empirische Zugänge zu der Frage geschaffen werden, inwieweit Gemeinde Kurzzeitseelsorge ergänzen und selbst »Subjekt«[3] der Seelsorge sein kann.

Warum überhaupt sich auf einen solchen Prozess der Aneignung von psychotherapeutischem Know How für die Seelsorge einlassen? Das wurde schon oft diskutiert, auch sehr kontrovers. Das soll hier nicht wiederholt werden. Nur soviel: Wer in der Kirche Orgel spielt, muss die Spielregeln und Techniken der Musik beherrschen. Wer in der Kirche predigt, macht das, for better oder worse, im Rahmen der Möglichkeiten menschlicher Rhetorik. Wer Seelsorge betreibt, macht das mit den Möglichkeiten hilfreicher Kommunikation, wie sie insbesondere im Bereich der Psychotherapie entwickelt wurden. Darauf zu verzichten, wäre wie Orgel ohne Musik und Predigt ohne Rhetorik. Dass es, wenn allgemeinmenschliche Fertigkeiten den Bereich der Religion betreten, einige Besonderheiten gibt, sei dabei nicht bestritten. Aber verzichten, das geht nicht. Als könnte man Christ sein, ohne Mensch zu sein. Insofern ist diese Arbeit auch ein klares Plädoyer für Pastoralpsychologie und therapeutische Seelsorge, allerdings mit der Maßgabe der permanenten Weiterentwicklung. Dazu bedarf es der fortwährenden Auseinandersetzung mit psychologischen und therapeutischen Entwicklungen und deren kritischer Rezeption. Die vorliegende Arbeit möchte dazu einen Beitrag leisten.

1.2 Konkretisierungen

Sind in der Kurzzeitseelsorge die Ziele benannt, gilt es sie zu konkretisieren. Was genau soll erreicht werden? Was nicht? Wie lässt sich das Ziel konkret beschreiben? Welche Aspekte, welche Details gehören

---

3   Den Subjektbegriff auf Gemeinde zu übertragen ist m.E. etwas missverständlich und sollte eher metaphorisch gebraucht werden, und zwar in dem Sinne als die gemeinschaftliche soziale Identität und Handlungsfähigkeit einer Gemeinde gemeint ist. In diesem Sinne wird der Begriff in dieser Arbeit auch verwendet. In der Regel macht eine solche Begriffsverwendung auch nur Sinn im Hinblick auf die aktive Kerngemeinde. Durch welche konkreten Personen dieses Subjektsein getragen wird ist sicher jeweils unterschiedlich. Es können viele oder wenige sein. Auch die Strukturen, in denen das Subjektsein Gestalt gewinnt, können unterschiedlich sein und von engagierten Kleinstgruppen über das Presbyterium bis zu übergemeindlichen Strukturen reichen. Der Subjektbegriff im hier verwendeten Sinne ist zugleich Gegenbegriff zur passiven Versorgungsgemeinde, d.h. im speziellen Bezug auf Seelsorge, zu einer Gemeinde, die nur als Objekt seelsorglicher Bemühungen gesehen wird. – Zum Begriff »Subjekt« einschließlich Begriffsgeschichte siehe *Drehsen et al* 2001, 1194f.

dazu? Wie lässt es sich eingrenzen und abgrenzen? Woran würde man selbst und woran würden andere erkennen, dass erfolgreiche Schritte in Richtung auf das Ziel unternommen wurden? Welches ist der Rahmen, innerhalb dessen das Ziel stimmig ist? Das soll nun analog auch im Hinblick auf das Thema dieser Arbeit geschehen.

1.2.1 Das Besondere professioneller Seelsorge

1.2.1.1 Weder Psychotherapie noch Alltagsgespräch

Seelsorge ist weder Psychotherapie noch Alltagsgespräch. Ihr Ort liegt in gewissem Sinne dazwischen. Dieses »Dazwischen« ist nicht einfach nur »Weniger-als-Therapie« oder »Mehr-als-Alltagsgespräch«. Es ist ein *eigener* Ort mit einem eigenen anspruchsvollen Profil, eigenen Chancen, eigenen Anforderungen, natürlich auch eigenen Gefährdungen. Diesen Ort gilt es optimal zu gestalten, und das heißt: professionell gekonnt und methodisch reflektiert.[4]

Unter Seelsorge verstehe ich, ganz allgemein formuliert, ein professionell geführtes und methodisch geleitetes förderndes Gespräch[5] im institutionellen und sozialen Kontext[6] von Kirche und Gemeinde. Seelsorge enthält Elemente von Alltagsgesprächen, aber auch von Therapie, ohne jeweils einfach dasselbe zu sein. Sowohl das Therapeutische als auch das Alltägliche müssen sich einfügen lassen und damit gege-

---

[4] Vgl. dazu das Votum Klaus Winklers: »Wenn es sich in der Seelsorge nicht nur um ›pragmatisches Vorgehen‹ handeln soll – d.h. ein Mensch tut spontan das, was ihm unmittelbar nützlich zu sein scheint, und jede Situation gerät so zum ›einmaligen‹ Hilfsangebot –, dann ist ein Konzept für das seelsorgerliche Handeln nötig«. (*Winkler* 2000, 2). – Ohne ein solches Konzept wäre Seelsorge weder professionell noch von spontanen Alltagsgesprächen zwischen Nachbarn zu unterscheiden.
[5] Die Reduzierung auf den Begriff »helfend« (z.B. helfendes Gespräch) wäre insofern schwierig, weil damit all jene Gesprächssituationen von Seelsorge ausgeschlossen wären, die nicht eigentlich helfend sind (z.B. Geburtstagsbesuch, spontane Gesprächssituationen, Gespräche mit Mitarbeitern, usw.), die aber trotzdem professionell geführte und methodisch geleitete Seelsorgegespräche sein können. Außerdem impliziert der Begriff »helfend« schnell eine Defizitperspektive (vgl. *Luther* 1992, 234).
[6] Hier, im institutionellen und sozialen Kontext, ist auch das Thema Religion beziehungsweise christlicher Glaube verankert – und kann von dorther zum impliziten oder expliziten Thema des Gespräches werden. Professionalität und Methode als solche sind glaubensfreie Kommunikationsvorgänge und Kommunikationsformen, die allerdings mit Glaubensinhalten mindestens konform sein müssen, wenn nicht sogar ›pistophil‹. Also keine menschenverachtende Methode in christlichem Kontext. Seelsorge ist insofern ein Spezialfall von Kommunikation, indem sie religiöse Kommunikation (*Klessmann* 2004, 17ff.) ist. Und sie ist wiederum ein Spezialfall von religiöser Kommunikation, indem sie eine sich dem Einzelnen zuwendende hilfreiche Kommunikation sein will.

benenfalls auch transformieren lassen in ein professionelles Konzept von Seelsorge.

Vor allem hinsichtlich der Professionalität und der Methodik sind Anleihen bei therapeutischen Verfahren unverzichtbar.[7] Diese sind – so meine These – am ehesten und sinnvollsten bei Konzepten zu finden, die einerseits von kurzen Beratungseinheiten ausgehen, andererseits »alltägliche« Elemente methodisch reflektiert integrieren. Denn nur so lassen sie sich auf realistische Weise in die Aufgabenfülle und Alltagsnähe des Pfarramtes integrieren. Auf diese Weise muss der Anspruch auf Professionalität und Methodik in der Seelsorge (gegenüber z.b. der Psychotherapie) nicht herabgemindert werden, sondern kann mit eigenem hohen Anspruch entfaltet werden.

Es geht in dieser Arbeit vor allem um Gemeindeseelsorge, also Seelsorge in der Kirchengemeinde. Der Fokus in der Literatur liegt naturgemäß auf dem Seelsorger und dessen Professionalität, also auf dem Pfarrer, der Pfarrerin.[8] Gemeindeseelsorge bedeutet aber auch, dass es hier einen von vorneherein mitgegebenen Bezugspunkt gibt, nämlich die Gemeinde. So wie die Kirche der institutionelle Kontext von Gemeindeseelsorge ist, so bildet die reale Ortsgemeinde den *sozialen* Kontext. Dieser Kontext hat vielseitige Wechselwirkungen zur Seelsorge, und auch ganz eigene Chancen, die möglicherweise bisher noch nicht deutlich genug gewürdigt wurden. Das ist Anlass zu der in dieser Arbeit ebenfalls aufgeworfenen Frage, ob kurzzeittherapeutische Seelsorge nicht zurückgreifen oder zurückverweisen kann auf unterstützende Faktoren, die durch das Gegebensein einer Gemeinde bereits vorhanden sind oder als Potential nur noch geweckt werden müssen. Inwieweit also bietet Gemeinde einen ressourcenreichen und tragfähigen Hintergrund für die Seelsorge? Hier ist mit Blick auf Erkenntnisse der Sozialforschung, insbesondere der Netzwerkforschung, zu fragen, was real vorhandene Gemeinden an sozialer Tragkraft (an)bieten können. Es ist zu prüfen, inwieweit der Kontext Gemeinde nicht nur vor allem Objekt seelsorgerlicher Bemühungen sein kann, sondern durch seine soziale Netzwerkstruktur auch »Subjekt« von Seelsorge.

---

[7] Die Bevorzugung der Anleihen hinsichtlich Professionalität und Methodik beim psychotherapeutischen Gespräch statt beim Alltagsgespräch liegt daran, dass das psychotherapeutische Gespräch eben genau darüber verfügt. Damit ist nicht ausgeschlossen, dass (sozio-)linguistische Beobachtungen über das Alltagsgespräch (Hauschildt, siehe diese Arbeit S. 52) nicht ebenfalls sinnvoll und erhellend einbezogen werden können. Nur: eine Beobachtung ist noch keine Methode oder Verfahren.

[8] In der vorliegenden Arbeit wird um der besseren Lesbarkeit willen in der Regel nur die männliche Form benutzt. Es sind aber selbstverständlich beide Geschlechter gemeint.

1.2.1.2 Das Ende der Pastoralpsychologie?

Da die vorliegende Arbeit ein klares Votum für die Unverzichtbarkeit und für das Weiterentwicklungspotential der Pastoralpsychologie darstellt, soll an dieser Stelle auf Kritik an der Pastoralpsychologie kurz eingegangen werden. Und es soll eine erste Begründung erfolgen, warum die Integration kurzzeittherapeutischer Verfahren ein gutes Argument für die Fortführung des pastoralpsychologischen Paradigmas ist.

Derzeit begegnet man häufiger der Frage: Geht die Zeit der Pastoralpsychologie ihrem Ende entgegen, und vererbt allenfalls manche ihrer besten Früchte an nachfolgende Paradigmen?[9] Es gibt prominente Forderungen nach einem Paradigmenwechsel zum Beispiel von Manfred Josuttis[10] und Albrecht Grözinger,[11] besonders scharf von Isolde Karle.[12] Dagegen könnte man aber auch fragen: Gibt es noch Möglichkeiten für neue, bisher noch nicht begangene Integration therapeutischer Kompetenz und des dazugehörigen Diskurses in die Seelsorge, die innerhalb des pastoralpsychologischen Paradigmas bleiben, und zugleich berechtigte Kritik jener ernst nehmen, die einen Paradigmenwechsel fordern? – Folgende Arbeit will diesen letzteren Weg beschreiten.

Diejenigen, die einen Paradigmenwechsel fordern oder konstatieren, scheinen überwiegend nur die pastoralpsychologischen Klassiker wie etwa Stollberg oder Scharfenberg im Blick zu haben, sowie deren klassische Referenzverfahren, also vor allem die Psychoanalyse oder auch die Gesprächspsychotherapie nach Rogers. Doch die Psychotherapie indes ist nicht bei ihren Klassikern stehen geblieben, sondern ist eine ständig aus ihren erkannten Defiziten lernende Wissenschaft, wenn auch oftmals über Streit, Abspaltungen und neue Schulengründungen. Die daraus entstandenen psychotherapieinternen Weiterentwicklungen

---

9 Für manche ist das schon gar keine Frage mehr. So z.B. für Rolf Schieder (*Schieder* 1994, 26ff.). Vgl. dazu auch die Erwiderung Eberhard Hauschildts, der der Behauptung Schieders, die Seelsorgebewegung habe Machtgefälle und Normierungsdruck etabliert, auf differenzierte Weise widerspricht (*Hauschildt* 1994, 261ff.).
10 Josuttis geht davon aus, dass die Möglichkeiten der therapeutischen Fundierung von Seelsorge – im guten Sinne – erschöpft sind, und dass es jetzt darum geht, in einer »energetischen Seelsorge« mit der »Macht des Heiligen« zu rechnen (*Josuttis* 2000, 9).
11 Grözinger möchte das erschöpfte Paradigma der Pastoralpsychologie ersetzt oder zumindest ergänzt wissen durch ein »kulturell-ästhetisches Paradigma« (*Grözinger* 1998, 111f. und 116ff.).
12 *Karle* 1996. – Fünf Jahre später wirft sie der Pastoralpsychologie vor, sie hätte dazu geführt, dass in vielen Predigerseminaren die angehenden Pfarrer/innen dazu ermutigt worden seien, »ihre eigenen Bedürfnisse und Ansprüche ungehemmt zu kommunizieren.« (*Karle* 2001, 13).

wie zum Beispiel die Integrative Therapie, vertreten vor allem durch Hilarion Petzold, oder moderne effektive Kurzzeitverfahren, wie etwa von de Shazer, und deren Auswirkungen auf die aktuelle Seelsorge scheinen aber nicht im Blick jener, die die Seelsorgebewegung für überholt halten. Die Forderung nach einem Paradigmenwechsel[13] in der Seelsorge müsste sich also damit auseinandersetzen, ob hier nicht ein Rezeptionsdefizit aktueller psychotherapeutischer Diskussion vorliegt. Dort wird nämlich in manchen Verfahren durchaus der explizite Einbezug der religiösen/philosophischen Dimension verhandelt.[14] Ebenso hat der Einbezug des sozialen und politischen Kontextes deutlich an Gewicht gewonnen, einschließlich der dazugehörigen sozialwissenschaftlichen Grundlegung. Zu nennen wäre hier an prominenter Stelle der Ansatz der Integrativen Therapie, dessen Bandbreite von hermeneutischen Fragen der dialogischen Sinnfindung bis zur Einbeziehung des gesellschaftlichen Makrokosmos reicht.[15]

Ein weiterer, in der Seelsorge bislang nur marginal wahrgenommener, aber sehr substantieller Paradigmenwechsel in der Psychotherapie ist derjenige, der in lösungsorientierten Kurzzeitverfahren zum Ausdruck kommt. Es ist die konsequente Hinwendung zur Lösung und zu Ressourcen auf dem Hintergrund der Beobachtung, dass unser Bewusstsein quasi ›hypnotisch‹ funktioniert,[16] sich auf bestimmte Wahrnehmungen fokussiert, andere ausblendet, und damit – wie in einer Art Trance – wirkmächtige Realitäten schafft. Diese Erkenntnis verdankt die Psychotherapie vor allem Milton Erickson beziehungsweise der Auseinandersetzung mit ihm.[17] Zu nennen sind vor allem: Bandler und Grinder (Neurolinguistisches Programmieren), de Shazer (Lösungsorientierte Kurzzeittherapie), aber auch Watzlawick, Weakland und Fisch (Strategische Kurzzeittherapie). Es zeigte sich auch, dass dieser von Erickson eher pragmatisch entwickelte Ansatz verwandt ist mit systemischem Denken[18] und mit dem philosophischen Konstruktivismus.[19]

---

13 Zur Geschichte der Seelsorgebewegung und der Paradigmenfrage, ebenso auch zur Kritik der vor allem an Tiefenpsychologie und Gesprächstherapie orientierten Pastoralpsychologie siehe *Sons* 1995. Kritik an der Psychoanalyse und deren Übernahme bei Scharfenberg findet sich auch bei *Karle* 1996.
14 Vgl. Nootherapie als Bestandteil der Integrativen Therapie (*Petzold* 1993, 156 und öfter), jetzt ganz aktuell: *Petzold Orth Sieper* 2011. Etwas älter ist die Logotherapie (*Frankl* 1998).
15 Eine Rezeption der Integrativen Therapie innerhalb der Pastoralpsychologie erfolgte bislang nur vereinzelt (insbesondere über Gestaltseelsorge: *Lückel* 1981, *Ladenhauf* 1988, *Ladenhauf* 2007, *Henke Marzinzik-Boness* 2005, vgl. auch *Klessmann* 2004, 178 und 443f. und *Klessmann* 2008, 280ff.).
16 Siehe z.B. *Schmidt* 2004, 41ff.
17 Siehe diese Arbeit S. 102ff. Siehe auch *Walker* 1996, *Milzner* 2005.
18 *Schmidt* 2004, 136 – Bestimmte Interventionstechniken der systemischen Therapie gehen übrigens auf Erickson zurück (*Schmidt* 2004, 40).

Kurz gefasst kann man diesen Paradigmenwechsel zusammenfassen mit folgender Antithese: Statt des Fokussierens auf gegenwärtige Probleme und deren Ursachen (oft in der Vergangenheit) und der damit sich einstellenden ›Problemtrance‹,[20] wird jetzt auf die erwünschte zukünftige Lösung fokussiert und dadurch eine ›Lösungstrance‹ erzeugt.[21] In beiden Fällen wird in unserem Bewusstsein durch entsprechende hypnotische Fokussierung eine wirkmächtige Realität ›konstruiert‹, die etwas mit uns macht, sei es leidvoll sei es befreiend.

Wenn das bisherige problemfokussierende Vorgehen vieler Verfahren ja offensichtlich tatsächlich (auch) zu Lösungen beigetragen hat, was ja ein durchaus berechtigter Einwand sein könnte, so kann man aus Sicht des lösungsorientierten Paradigmas sagen, dass dies offensichtlich nur deswegen möglich war, weil im Verlaufe eines solchen problemorientierten Prozesses irgendwann doch – absichtlich oder unabsichtlich – Lösungen konstruiert wurden, und sei es nur die gelungene hermeneutische Neukonstruktion des Problems, die vielleicht Sinnerfahrung und Sinnverstehen[22] als »Lösung« ermöglicht hat und so zum Beispiel zur Entspannung des Leidensdrucks beigetragen haben mag. Sozusagen ›Einsicht‹ als Weg zur Besserung. Letztlich ist es in solchen Fällen aus konstruktivistischer Sicht unerheblich, ob die Einsicht objektiv richtig ist, sie muss nur subjektiv überzeugen. Dies kann auch durch Übernahme von Deutungstheorien geschehen, die ein therapeutisches Verfahren anbietet.[23] Doch letztlich bleibt es aus Sicht des lösungsorientierten Vorgehens ein Umweg. Denn die Lösung hat, wie sich immer wieder gezeigt hat, mit dem Problem oft gar nichts zu tun. Insofern ist es vorzuziehen, möglichst schnell bei der Konstruktion von Lösungen anzusetzen. Und wenn es wirklich erforderlich ist, auf Probleme näher einzugehen, dann unter dem Gesichtspunkt, wie

---

[19] Zur Bedeutung von Systemtheorie und Konstruktivismus für die Kurzzeittherapie siehe diese Arbeit S. 104ff.

[20] Mit ›Problemtrance‹ ist das bekannte Verhalten gemeint, dass sich Menschen in als problematisch erlebten Situationen in ihrer Wahrnehmung sehr stark auf das einengen und konzentrieren, was nicht funktioniert, was ihnen als Ursache des Leidens erscheint, was sie nicht ändern zu können meinen, usw. Dieses negative Erleben nimmt in der Wahrnehmung den zentralen Raum ein. Die Gedanken kreisen ständig darum, das negative Erleben wird generalisiert (»immer«, »nie«). Funktionierende und gelingende Aspekte sowie Ressourcen, die sie für eine Lösung einsetzen könnten, werden in Problemtrance entweder erst gar nicht gesehen oder aber unterbewertet. Das führt zu einem sich selbst verstärkenden Erleben. Es ist wie eine ungewollte Form der Auto-Hypnose, eben Problemtrance. (*Schmidt* 2004, 44f. sowie *Schmidt* 2005, 48).

[21] *Schmidt* 2005, 47.

[22] Z.B. im Sinne von »Verstehbarkeit und Bedeutsamkeit« als Aspekte des Kohärenzgefühls (*Antonovsky* 1997, 34).

[23] Dazu kritisch *Petzold Orth* 1999, insbes. 225ff.

die darin bereits enthaltene Not-Lösung für neue bessere Lösungen
›utilisiert‹ (Erickson)[24] werden kann.

Diese hypnotisch-konstruktivistische lösungsorientierte Sichtweise ist
in der deutschsprachigen Pastoralpychologie bisher nur sehr zögerlich
angekommen.[25] In der Tat scheint die gegenwärtige Pastoralpsychologie eher noch einem tiefenpsychologisch-konfliktzentrierten, problem-
fokussierenden und -aufdeckenden Paradigma verhaftet zu sein. So
formulierte Michael Klessmann in einem zusammenfassenden Aufsatz
noch 2005 als Stärke des pastoralpsychologischen Zugangs: »ein besonderes Augenmerk gilt den ausgeblendeten, verdrängten und vernachlässigten Seiten in der Wahrnehmung, sowie den in jedem Verhalten zu beobachtenden Ambivalenzen«.[26] Doch gleichzeitig ist ein solcher Satz einem lösungsorientierten Vorgehen geradezu spiegelbildlich
nahe, wenn man sich mit aufdeckender Absicht statt den nicht wahrgenommenen Seiten des Problems nun sozusagen seitenverkehrt den
nicht wahrgenommenen Seiten der Lösung zuwendet.[27]

Wichtig ist mir, an dieser Stelle zu betonen, dass die Kritik verschiedener Autoren (z.B. Isolde Karle) an der Pastoralpsychologie unter
dem Gesichtspunkt bestimmter Vorentscheidungen der bisherigen Pas-
toralspychologie für bestimmte Paradigmen der Psychotherapie zu sehen ist. Damit wird deutlich, dass Kritik an der Pastoralpsychologie
differenzierter sein muss, wenn sie nicht einerseits übersehen will, dass
in den psychotherapeutischen Referenztheorien der Pastoralpsychologie die Entwicklung schon längst weitergegangen ist, und wenn sie
anderseits nicht in Abrede stellen will, dass auch in der Pastoralpsychologie analoge Entwicklungen möglich sind und sein werden. Das
Ende der Pastoralpsychologie aufgrund eines von ihr noch nicht ausreichend wahrgenommenen aber insbesondere auch von den Kritikern
weitgehend übersehenen Paradigmenwechsels zu konstatieren, greift
zu kurz. Die Pastoralpsychologie wird in diesem Sinne noch für viele
zukünftige Lösungen offen sein, sofern man bereit ist, sie zu sehen,
und immer wieder Unterschiede zu wagen, die »einen Unterschied machen« (de Shazer).[28]

---

24 Zum hypnotherapeutischen Konzept des »Utilisierens« siehe diese Arbeit S.
103.
25 Die Ausnahme bilden *Morgenthaler Schibler* 2002 und *Lohse* 2003. Vgl. auch
Klessmann 2008, 288ff., für den lateinamerikanischen Kontext auch *Schneider-
Harpprecht* 2001.
26 *Klessmann* 2005, 235.
27 Was Klessman in diesem Zusammenhang auch schon ansatzweise tut, indem er
neben konfliktzentriert aufdeckenden Leitfragen auch fragt, was ein bestimmtes
Verhalten »ermöglicht«. (A.a.O., 235).
28 Siehe Anmerkung 510 auf S. 126.

Auch der mit der Kurzzeittherapie implizierte Paradigmenwechsel ist vermutlich noch nicht der letzte. Es geht ja hier immer um den Menschen. Und ich halte das Rätsel des Menschen noch nicht für endgültig gelöst. Und bis es soweit ist, macht es Sinn, sich ganz pragmatisch an das zu halten, was funktioniert. Insofern geht es auch hier nur um nützliche Erkenntnisse, nicht um absolute Wahrheiten. Oder, um es im Sinne de Shazers zu sagen: Solange etwas funktioniert, sollten wir mehr davon machen. Wenn etwas nicht mehr funktioniert, dann sollten wir etwas anderes ausprobieren.

1.2.1.3 Isolde Karle – oder wie man mit Argumenten gegen die Pastoralpsychologie letztlich für sie argumentieren kann

Isolde Karle ist ein Paradebeispiel dafür, wie die Kritik an der Pastoralpsychologie mehr an deren Vergangenheit als an deren Gegenwart orientiert ist, genauer gesagt, wie die Pastoralpsychologie insbesondere auf die Psychoanalyse festgelegt wird.[29] Aus diesem Grunde folgt hier beispielhaft eine Auseinandersetzung mit Karles Ansatz, so wie er zuletzt ausführlich in der Monografie über den »Pfarrberuf als Profession« ausführlicher dargestellt wurde.[30]

Die Stärke von Karles Ansatz liegt darin, dass sie aus soziologischer Sicht – ihre Referenztheorie ist vor allem Niklas Luhmann – die systemische Eingebundenheit des Pfarrberufes als »Profession« deutlich macht. Dazu gehören von Seiten der Gemeinde solche Gegebenheiten wie »Erwartungserwartungen«[31] und von Seiten des Pfarrers als Ausübender einer »Profession« seine Möglichkeiten zur Schaffung oder auch Verhinderung von professionellem Vertrauen.[32] Eine weitere Stärke von Karles Ansatz liegt darin, dass es ihr gelingt, modernes soziologisch-systemisches Denken zugleich mit Rückblenden auf Schleiermacher zu untermauern,[33] und damit einen großen theologischen Gewährsmann zu haben.

---

[29] Das trifft in besonderer Weise auch schon auf ihre Dissertation zu, in der sie sich vorwiegend mit der Psychoanalyse und Scharfenberg auseinandersetzt (*Karle* 1996).

[30] *Karle* 2001.

[31] *Karle* 2001, 111f. – »Erwartungserwartungen« (Niklas Luhmann) stabilisieren die doppelte Kontingenz in sozialen Situationen, d.h. beide Seiten verhalten sich nicht völlig unberechenbar, sondern halten sich an erwartbare Erwartungen. Das betrifft insbesondere die Teilnehmer von sozialen Systemen, wie z.B. Kirche. – Zu den Rückwirkungen auf die soziale Persönlichkeit des Pfarrers siehe *Karle* 2001, 313.

[32] *Karle* 2001,S.72ff.

[33] *Karle* 2001, 93ff.

Isolde Karle benennt selbst das eigentliche Ziel ihrer Habilitations-
schrift. Die Arbeit »strebt an, dem Verlust an Berufssicherheit im
Pfarramt wirksam zu begegnen.«[34] Eine zentrale Rolle spielt für Karle
in diesem Zusammenhang die »authentische Selbstzurücknahme« der
eigenen Subjektivität. Diese sei, so Karle, unbedingt erforderlich, um
den Anforderungen der Profession gerecht zu werden und um die Ver-
trauensbasis in die Profession zu untermauern beziehungsweise nicht
zu zerstören. Sie macht dabei allerdings den Fehler, dass sie die von
ihr bei vielen Pfarrern diagnostizierte Unfähigkeit zur authentischen
Selbstzurücknahme der Seelsorgebewegung zuschreibt. Sie wirft der
Seelsorgebewegung geradezu die Kultivierung von Subjektivität vor,[35]
die dann dem Kommunikationspartner regelrecht aufgedrängt würde.[36]
Wobei sie – warum auch immer – übersieht, dass gerade in pastoralpsychologischen Ausbildungen gelernt werden kann, wie man sich authentisch selbst zurücknimmt.[37] Denn authentische Selbstzurücknahme
funktioniert nur – und hier liegt die Wurzel für Karles Missverständnis
–, indem man seine eigene Subjektivität kennenlernt und dann im
zweiten Schritt handhaben lernt.

Insofern ist Karle folgendes entgegenzuhalten: Gerade die professionelle Auseinandersetzung mit der eigenen Subjektivität in therapeu-
tisch-seelsorgerlichen Kontexten (z.B. Seelsorgeausbildung) *ermöglicht* geradezu die professionelle Selbstzurücknahme der eigenen Subjektivität. Das war ja schon der Ansatz bei Sigmund Freud mit seiner
Forderung nach »Abstinenz« und »gleichschwebender Aufmerksamkeit«.[38] Auch das Kennenlernen der Übertragung/Gegenübertragung[39]
und der Umgang damit ist ein Teil der authentischen Selbstzurücknahme. Und ebenso gehört dazu die Einübung einer von der eigenen
Befindlichkeit möglichst ungetrübten Empathiefähigkeit für die Subjektivität des *anderen*. Das ist etwas absolut Selbstverständliches in
therapeutischen Kontexten genauso wie in der Seelsorgebewegung.
Das scheint Isolde Karle völlig zu übersehen.

Die Seelsorgebewegung hat sich also immer schon auch am *anderen*
orientiert und an dessen individuellen Befindlichkeiten und Bedürfnis-

---

[34] *Karle* 2001, 24.
[35] So bereits in der Auseinandersetzung mit Scharfenberg in *Karle* 1996. Vgl.
dazu *Karle* 2001, Anmerkung auf S. 171.
[36] Oder in Karles Worten: »eigene Bedürfnisse und Ansprüche ungehemmt zu
kommunizieren«. (*Karle* 2001, 13).
[37] Ich erinnere nur an das Konzept der Abstinenz aus der Psychoanalyse sowie an
dessen mehr beziehungsorientierte Weiterentwicklung in dem Doppelkonzept von
»selektiver Offenheit« und »partiellem Engagement«. Siehe diese Arbeit S. 323.
[38] *Laplanche Pontalis* 1973, 22ff. und 169ff.
[39] Siehe diese Arbeit S. 335ff.

sen.[40] Umgekehrt lassen sich mühelos Pfarrer/innen finden, die frei sind von jeglicher pastoralpsychologisch ›infizierter‹ Subjektivität, unter denen die Gemeinden ganz außerordentlich leiden – bis hin zur Gemeindespaltung. Dabei sind sich die betreffenden Pfarrer/innen überhaupt keiner Schuld bewusst, weil sie ja nicht subjektiv agieren (wie sie meinen), sondern sich ganz objektiv an die »Sachthematik« halten. Im Grunde genommen bietet Karle selbst immer wieder Argumente, die es nahelegen, dass pastorale Kommunikation gründlich erlernt und eingeübt werden muss.

Professionen sind im Sinne der Professionstheorien[41] für die Inklusion von Professionslaien in das jeweils vertretene System zuständig, und zwar durch persönliche Kommunikation unter Anwesenden, oft in sehr naher und persönlicher Form, wie zum Beispiel beim Arztgespräch, Trauergespräch oder Taufgespräch. Es ist sogar typisch für Professionen, dass sie mit der »Bewältigung kritischer Schwellen und Gefährdungen menschlicher Lebensführung« befasst sind.[42] Daraus folgert Karle: »Die existentielle Dichte dieser Form von Kommunikation setzt persönliche Kommunikation und damit Interaktion voraus.«[43] Es war und ist eines der Hauptanliegen der Seelsorgebewegung (unabhängig von der Verfahrensfrage), dass genau dies professionell erlernt und eingeübt werden kann.

Karle selbst betont, im Anschluss an Schleiermacher, »wie elementar kommunikative und soziale Kompetenzen für den Pfarrberuf sind. ... Die Taktiken der Gesprächsführung sind deshalb als Teil professioneller pastoraler Kompetenz einzuüben.«[44] Und zwar nach »allen Regeln der Kunst«.[45] Sollten humanwissenschaftliche und therapeutische Künste damit nicht auch gemeint sein? Sie bleibt letztlich die Antwort schuldig, wo und wie das geschehen soll. Oder meint sie, die wissenschaftliche Ausbildung als Theologe würde hier genügen?[46] Offensichtlich aber traut Karle genau dies der wissenschaftlich-theologischen Ausbildung zu, durch die »ein differenziertes Wahrnehmungsvermögen im Hinblick auf die Komplexität sozialer Beziehungen«[47] entwickelt werden soll, also Aneignung von »Kunstregeln interaktiver Kommunikation und Kontaktsteuerung« durch »besonnene Reflexi-

---

40 Womit nicht ausgeschlossen sein soll, dass die grundsätzliche Orientierung am Wohl des anderen durch subtile Formen von Experten-Besserwisserei überlagert werden kann. – Vgl. dazu die grundlegende Kritik von *Petzold Orth* 1999.
41 Nach Rudolf Stichweh im Anschluss an Niklas Luhmann. *Karle* 2001, 23.
42 Stichweh, zitiert nach *Karle* 2001, 40.
43 *Karle* 2001, 40.
44 *Karle* 2001, 135.
45 *Karle* 2001, 187.
46 *Karle* 2001, 187.
47 *Karle* 2001, 194.

on«.[48] Zu Recht betont sie die »Gefahr, blind zu sein und Opfer seiner eigenen Vorurteile und beschränkten Perspektiven zu werden und damit nicht zuletzt auch seiner eigenen Subjektivität, Moral und Lehrmeinung«. Und wie wichtig es dagegen wäre, sich vor »solcher Einseitigkeit« zu schützen und »die Relativität der eigenen Standpunkte vor Augen« zu haben, um »unbefangen ... in die verschiedensten Situationen einzugehen«.[49] Hier kann man ihr nur zustimmen. Genau das waren ja wesentliche Anfangsgründe der Seelsorgebewegung. Glaubt Karle wirklich, dazu genüge der »wissenschaftliche Geist«?[50] Bei allem Respekt vor der Wissenschaft, auch und gerade vor der theologischen, aber durch die bloße Lektüre von Schleiermachers »Kunstregeln des geselligen Betragens« ist wohl noch keine professionelle Kommunikationsfähigkeit eingeübt. Sonst würde es für einen Lehranalytiker ja wohl eigentlich auch genügen, Freuds Werke zu lesen.

Offensichtlich sieht Karle die Seelsorgebewegung vor allem oder ausschließlich psychoanalytisch geprägt.[51] Das ist aber nur bei einem Teil der Seelsorgebewegung der Fall. Schon von Anfang an spielte z.B. Rogers eine sehr prägende Rolle. Später kamen noch viele andere Verfahren dazu, wie z.B. Gestalttherapie, Systemische Therapie und Psychodrama.

Ein weiteres wichtiges Thema ist für Karle die »Orientierung an der Sachthematik«. Das ist für den Pfarrer in seiner Profession die Evangeliumsverkündigung, so wie für den Richter in seiner Profession die Rechtsprechung und für den Arzt die Medizin.[52] Hier wirft sie der Seelsorgebewegung vor, sie würde die Inhalte radikal vernachlässigen.[53] Dem kann so pauschal nicht zugestimmt werden. Bereits frühe Vertreter der Seelsorgebewegung ringen in manchen ihrer Bücher um klare theologische Positionen. So zum Beispiel arbeitet Stollberg in »Wahrnehmen und Annehmen«[54] sehr stark mit Luthers Rechtfertigungslehre – und zwar im Sinne eines Paradigmas, von dem her alle seelsorgerlich-therapeutischen Überlegungen begründet werden. Ambivalenter in dieser Hinsicht ist Scharfenberg.[55] Er vernachlässigt zwar

---

[48] *Karle* 2001, 194.
[49] *Karle* 2001, 197.
[50] *Karle* 2001, 197.
[51] *Karle* 2001, 21.
[52] So z.B. *Karle* 2001, 41.
[53] Konkret spricht sie von der »radikalen Vernachlässigung von Inhalten« (*Karle* 2001, 14) und der »Marginalisierung evangelischer Sachthematik.« Völlig ohne wissenschaftlichen Nachweis, also mehr im Sinne eines Vorurteiles, wirft sie der Seesorgebewegung an dieser Stelle vor, dass »sie die Krise des Pfarrberufs damit nicht unwesentlich verschärft haben dürfte«. (*Karle* 2001, 173.).
[54] *Stollberg* 1978.
[55] *Scharfenberg* 1980, *Scharfenberg* 1985.

überhaupt nicht die Sachthematik, insofern trifft auch für ihn Karles Vorwurf eigentlich nicht zu. Aber bei ihm wirkt es doch so, als würde er die christliche Sachthematik überwiegend vom übergeordneten Paradigma der Psychoanalyse her betrachten.[56]

Die trotz ihrer zum Teil polemischen Kritik weiterführende Anregung Isolde Karles für die Pastoralpsychologie liegt meines Erachtens darin, dass sie sehr deutlich darauf hinweist, wie sehr bestimmte Rollenerwartungen an Seelsorger aus soziologisch-systemischer Sicht vorgegeben sind und als wichtiger Aspekt der Profession ernstgenommen werden müssen.[57] Im Endergebnis halte ich den vor allem durch Luhmann und auch durch Stichweh geprägten Ansatz Isolde Karles sogar für durchaus kompatibel mit den meisten Ansätzen innerhalb der Seelsorgebewegung. Man müsste nur deutlich machen, wie eine therapeutisch-seelsorgerliche Ausbildung dazu verhilft, die eigene Subjektivität handhaben zu lernen und sie somit in den Dienst der professionellen Anforderungen zu stellen. Oder, noch deutlicher gesagt, wie es geradezu eine gelungene Seelsorgeausbildung ist, die in besonderer Weise dazu befähigt, die eigene Subjektivität als »Werkzeug« zu optimieren für professionstypische objektive Anforderungen. Zu nennen wäre hier zum Beispiel die für Seelsorgegespräche zentrale Anforderung, für den anderen in der Seelsorgebegegnung so präsent zu sein, dass eigene ›Schatten‹, Übertragungen, Angstausblendungen, Moralvorstellungen usw. die Kommunikation nicht stören oder gar unmöglich machen.

1.2.2 Das Therapeutische in der Seelsorge

Meine pastoralpsychologische Zusatzqualifikation ist meinen Gemeindegliedern bekannt. Trotzdem stehen sie nicht Schlange, um sich für therapeutische Seelsorgesitzungen anzumelden. Dafür bin ich durchaus dankbar. Denn ich hätte dafür auch gar nicht genug Zeit. In den letzten Jahren aber kommen doch immer mehr Gemeindeglieder zur seelsorgerlichen Beratung – im Grunde parallel zu meiner zunehmend stärkeren Orientierung an Kurzzeitverfahren. Meist lässt sich in der Tat mit nur wenigen oder auch nur einer Sitzung schon etwas erreichen. Dennoch nimmt explizite therapeutische Seelsorge immer noch nur einen vergleichsweise geringen Prozentsatz meiner Arbeitszeit ein.

---

[56] Hier mag wohl der Grund zu finden sein, warum Karle, die sich ja intensiv mit Scharfenberg auseinandersetzte (*Karle* 1996), die Seelsorgebewegung offensichtlich vor allem oder ausschließlich psychoanalytisch geprägt sieht (*Karle* 2001, 21).
[57] Wobei zum Ernstnehmen der Professionsrolle die Unterscheidungsfähigkeit zwischen Person und Rolle wesentlich dazugehört und auch die Fähigkeit zur vereinzelten gezielten Durchbrechung bestimmter Rollenerwartungen, gerade um die Rolle auf einer anderen Ebene besser erfüllen zu können. Vgl. dazu *Klessmann* 2008, 320ff.

Abgesehen davon muss man, so meine ich, den damit implizit gegebenen Auftrag, anders gesagt, den Nicht-Auftrag der Gemeinde ernst
nehmen, wenn diese therapeutische Kompetenz in der Seelsorge nur
begrenzt ausdrücklich nachgefragt wird. Hierin hat manche Kritik an
der Seelsorgebewegung ein gewisses Recht. Womit allerdings nicht
weggewischt werden darf, dass ein solcher – wenn auch überschauba-
rer – Anteil an *explizit* therapeutischer Seelsorge eben auch tatsächlich
nachgefragt wird, und, wer weiß, in Zukunft vielleicht sogar mehr.

Die Frage ist allerdings, ob therapeutische Kompetenz nicht in einem
weitaus höheren Maße auch implizit zur Kompetenz eines Pfarrers gehört und auch als solche erwartet wird, mehr jedenfalls, als das dem
ersten Anschein nach der Fall ist. Die Frage also ist, ob das Therapeutische in der Seelsorge nicht gerade auch dort als stillschweigend vorausgesetzt anzunehmen ist, wo es explizit gar nicht gefordert wird und
ein explizites Angebot unter Umständen irritieren würde: in Kasual-
gesprächen, in Gesprächen zwischen Tür und Angel, Geburtstagsbesuchen, in Mitarbeitergesprächen, etc. Denn solche Gespräche, die ich
als Pfarrer alltäglich zu führen habe, setzen allesamt voraus, dass ich
sie so führe, dass sie für das Gegenüber förderlich sind. Sie setzen voraus, um es in eher kirchlichem Jargon zu sagen, dass ich als Pfarrer
»für andere da bin«. Als Pastoralpsychologe gehe ich davon aus, dass
es ausgesprochen nützlich ist, dafür über therapeutische Kompetenzen
zu verfügen.[58] Und meine Vermutung ist ferner, dass dies von der
Gemeinde in *indirekter* Weise auch gewollt wird, verborgen unter eher
allgemeineren Vorstellungen wie zum Beispiel, dass ein Pfarrer ein
»guter Seelsorger« sein soll. Therapeutische Kompetenz also als nicht
ausgesprochene (oder aus verschiedenen Gründen auch nicht aus-
sprechbare) Anforderung an den Seelsorger, auch und gerade dort, wo
das »Therapeutische« anscheinend keine Rolle zu spielen scheint –
oder als »Psychokram« missverstanden, abgewertet oder tabuisiert
wird.

Um das zu klären, ist noch genauer zu bestimmen, was genau das Therapeutische ist. Denn hier entstehen schnell Missverständnisse. Bedarf
es eines bestimmten Settings, um eine Kommunikation als therapeutisch zu bezeichnen? Bedarf es eines ausgesprochenen Kontraktes, einer bestimmten Methodik und Theorie, möglicherweise sogar eines
bestimmten Vokabulars, gar des Aufbaus einer »Übertragungsneurose«?[59] Oder ist schon schlicht jedes Gespräch therapeutisch, das sich
verständnisvoll einem anderen zuwendet? Mir wäre das eine zu eng

---

[58] Pastoralpsychologie hat nicht nur Seelsorge im engeren Sinne im Blick, sondern alle Formen von kirchlicher und religiöser Kommunikation (vgl. *Klessmann*
2004, 17).
[59] *Laplanche Pontalis* 1973, 559f.

und zu spezifisch, und das andere so allgemein, dass es dem Begriff ›therapeutisch‹ jegliche Unterscheidungsschärfe nehmen würde.

Ich würde darum vorschlagen, eine Kommunikation dann als therapeutisch zu bezeichnen, wenn von Seiten eines in der Regel professionell oder im Auftrag tätigen Gesprächspartners die Interaktion als Instrument methodisch geleitet und reflektiert eingesetzt und gestaltet wird in der Absicht, dem Gegenüber[60] förderlich[61] zu sein und in gegenseitigem Einvernehmen zu seinem Wohle einen zielgerichteten Beitrag zu leisten. Kontext und/oder Inhalte und/oder Ziele entscheiden darüber, ob es sich dabei um säkulare Psychotherapie/Beratung oder um christliche Seelsorge handelt.

Das hieße also, dass ein verständnisvolles Alltagsgespräch noch nicht therapeutisch zu nennen wäre, sondern erst dann, wenn das Alltagsgespräch zum Instrument eines professionellen Handelns im oben genannten Sinne wird.[62] Umgekehrt ist Seelsorge nicht einfach Psychotherapie im kirchlichen Kontext, zumindest nicht in der gängigen Konnotation des Begriffes Psychotherapie.

An dieser Stelle wird deutlich, dass mein eigener Ansatz zwischen den beiden Polen »Psychotherapie im kirchlichen Kontext« (Stollberg)[63] und »Alltagsgespräch« (Hauschildt)[64] liegt, allerdings mit mehr Nähe zu Stollberg. Stollberg ist – genau gelesen – weit mehr kirchlicher Seelsorger als die Schlagwortbildung »Psychotherapie im kirchlichen Kontext« vermuten lässt.[65] Freilich, Psychotherapie ist wörtlich übersetzt nichts anderes als »Seelsorge, Sorge um die Seele«.[66] Insofern kann man, wenn man die umfassende und grundlegende Wortbedeutung nimmt, zurecht von Psychotherapie im kirchlichen Kontext reden. Allerdings ist der Begriff Psychotherapie mittlerweile einer mehr oder weniger klar umrissenen Profession im Gesundheitswesen zugeordnet.

---

60 Zur Problematik der begrifflichen Bezeichnung derjenigen Menschen, die Seelsorge in Anspruch nehmen, siehe *Klessmann* 2008, 3.
61 Unterschiedliche Verfahren haben natürlich auch unterschiedliche Vorstellungen über das, was »förderlich« sein kann. Mir kommt es hier wesentlich darauf an, dass das jeweils »Förderliche« mit dem Gegenüber abgestimmt wird und als dessen eigene als stimmig empfundene Zielvorstellung erkennbar wird. Das entspricht den meisten Konzepten kurzzeittherapeutischer Verfahren.
62 ›Alltägliches‹ – professionell eingesetzt – ändert den Charakter des Alltäglichen. »Das Wissen um ›unspezifische Wirkfaktoren‹, die ... auch in Alltagsbeziehungen eine immense Bedeutung haben, muss in Kurzzeittherapien gezielt eingesetzt werden. Dadurch werden ›unspezifische‹ zu ›spezifischen‹ Wirkfaktoren.« (*Petzold* 1993c, 314).
63 *Stollberg* 1972, 63 sowie *Stollberg* 1978, 29.
64 *Hauschildt* 1996.
65 Vgl. z.B. *Riess* 2007, 181.
66 Vgl. *Klessmann* 2008, 25ff.

Und in *diesem* Sinne wäre es falsch, von Psychotherapie im kirchlichen Kontext zu reden. Im Sinne einer professionellen Sorge um die Seele allerdings nicht.[67] Denn hier gibt es tatsächlich ein breites Überschneidungsfeld von Seelsorge und Psychotherapie auch im heutigen Sinn der Begriffe.[68] Und hier kann und sollte Seelsorge immer wieder auch bereit sein, von heutiger professioneller Psychotherapie etwas zu lernen.[69] Aber es bleiben dennoch zwei verschiedene Dinge. Um die *Überschneidung* deutlich zu machen, halte ich es für sinnvoll, das Wort »therapeutisch« in Kombination mit »Seelsorge« oder »pastoral-« zu verwenden. Aber um den *Unterschied* zu bewahren, sollte auf das Wort »Psychotherapie« im kirchlichen Kontext verzichtet werden. Wenn ich mich insofern von Stollbergs klassischer Definition abgrenze, bin ich jedoch inhaltlich nicht so weit entfernt von ihm. Denn in der Tat gibt es professionell geführte Gespräche, die ein unabhängiger Beobachter nur durch den Kontext entweder als Seelsorge oder als Psychotherapie erkennen könnte. Das gilt aber nur für eine gewisse Schnittmenge. Denn das Feld der Seelsorge weitet sich tatsächlich auch in Richtung Alltagsgespräch. Das gibt es in der Psychotherapie dem Grunde nach nicht. Insofern hat Hauschildt Recht, wenn er auf diesen Unterschied hinweist.[70] Freilich, und darin unterscheide ich mich von Hauschildt, ein professionell geführtes Alltagsgespräch ist eigentlich kein Alltagsgespräch im Wortsinne mehr. Es ist die professionelle Gestaltung alltagsnaher Settings. Und wenn ich das wirklich professionell verantwortet tun will, dann erfordern auch diese Settings eine gewisse therapeutisch-kommunikative Kompetenz, allerdings in Übersetzung und Transformation auf die alltäglichen Situationen. Selbst so etwas scheinbar Harmloses wie Smalltalk erfordert vom Seelsorger eine professionelle Handhabung des eigenen Gesprächsanteils, einerseits um zu gewährleisten, dass der ›warm up‹ Charakter des Smalltalks der Situation angemessen ist, andererseits um die »selektive Offenheit/Authentizität«[71] nicht grenzüberschreitend zu verlassen. Also nicht nur die wenigen manchmal eingestreuten »therapeutischen Sequenzen«,[72] sondern das ganze »Alltagsgespräch« bedarf einer in weiterem Sinne therapeutischen Kompetenz, wenn es zum Wohle des Gegenübers professionell geführt werden soll.

---

[67] Stollberg selbst differenziert 2007 in diesem Sinne nochmals das Verhältnis zwischen Seelsorge und Psychotherapie: »Seelsorge kann rein phänomenologisch also durchaus als Psycho-Therapie betrachtet werden, praktisch wird sie in der Regel zwar einzelne Aspekte moderner Psychologie berücksichtigen, aber nicht im engeren Sinne des Wortes »Psychotherapie« betreiben.« (*Stollberg* 2007, 226).

[68] *Stollberg* 2007, 202–226.

[69] Vgl. *Klessmann* 2008, 263ff.

[70] *Hauschildt* 1996, 120f. und 141ff.

[71] Siehe diese Arbeit S. 323.

[72] Siehe diese Arbeit S. 53f.

Um sicherzustellen, dass die Interaktion wirklich dem Gegenüber förderlich ist, sollte der professionelle Gesprächspartner über ein methodisches Wissen und Können verfügen, das ihm Wege weist, wie er erkennen kann, was für sein Gegenüber tatsächlich förderlich ist, und wie er durch sein Interaktionsverhalten in angemessener Zeit und auf angemessene Weise etwas Sinnvolles dazu beitragen kann. Das ist die von mir gemachte ganz allgemeine Voraussetzung, warum ich es für nützlich halte, sich als Seelsorger therapeutische Kompetenz anzueignen.

An dieser Stelle muss jedoch gleich darauf hingewiesen werden, dass es entscheidend wichtig ist, der Versuchung zu widerstehen, therapeutische Kompetenz als »Herrschaftswissen« zu missbrauchen. Ich gehe – mit den meisten Kurzzeitverfahren – davon aus, dass mein Gegenüber letztlich am besten weiß, was für ihn förderlich ist. Aus diesem Grunde bin ich sehr kritisch gegenüber allen Formen von Expertenmacht, die ausdrücklich oder auch nur subtil davon ausgehen, dass der Experte besser weiß, was dem Gegenüber förderlich ist als dieser selber.[73] Damit liegt die Zielbestimmung des Gespräches beim Gesprächspartner. Der therapeutische Seelsorger bleibt in der »Spur des Anderen«[74] und kann von dieser Position – um im Bild zu sprechen – natürlich hilfreiche Hebammen-Kunst anbieten. Aber wie das ›Kind‹ am Ende aussehen soll, das hat er nicht zu definieren. Dazu muss er aber nicht nur den vielen Verfahren impliziten Vorstellungen vom »guten Leben« gegenüber kritisch bleiben, er muss ebenso seinen eigenen biografisch und sozial sowie auch religiös/kirchlich geprägten Bewertungsmaßstäben gegenüber auf Distanz gehen können.[75]

Unabhängig vom gewählten Verfahren, würde ich darum als Mindeststandard für seelsorgerlich-therapeutische Kompetenz[76] sowohl in beratender Seelsorge als auch im seelsorgerlichen Alltagsgespräch erwarten, dass ein Seelsorger anstrebt, so weit als möglich frei zu sein von

[73] Petzold redet im Gegenzug von »doppelter Expertenschaft«. Der Therapeut ist Experte für sein Verfahren, der Klient für sein Leben (*Petzold* 1993, 632). Zu einem ganz ähnlichen Gedanken kommt Eike Kohler aufgrund rhetorischer Überlegungen (*Kohler* 2006, 108). Der Seelsorger ist Fachmann für christliche Wirklichkeitsdeutung (verbunden mit eigenen Erfahrungen), der Gesprächspartner ist Fachmann für seine eigene Wirklichkeitserfahrung (verbunden mit eigenen Deutungen). Kohler schließt dabei persuasive Sprechakte nicht aus, weiß aber zugleich um die gegenseitige Angewiesenheit der Gesprächspartner.
[74] So der Titel eines Buches von Emmanuel Levinas (*Levinas* 1983).
[75] Zum Thema Dekonstruktion von – z.T. ideologisch fundierten – Machtspielen in der Psychotherapie vgl. *Petzold Orth* 1999, analog für den seelsorgerlichen Bereich vgl. *Steinkamp* 1999 sowie *Steinkamp* 2005. Beide Autoren mit Bezug auf den französischen Philosophen Michel Foucault. Siehe aber auch *Karle* 1996, 222, sowie *Theobold* 2009, 198ff.
[76] Vgl. dazu auch *Klessmann* 2004, 629ff.

eigenen ›blinden Flecken‹. Dass er auf urteilende oder verurteilende Wertungen, sowie auf durch (bewusstes oder unbewusstes) persönliches Eigeninteresse gesteuerte Manipulationen verzichten kann,[77] oder sie zumindest reflektiert und transparent einsetzt für verantwortbare Ziele,[78] sei es für die Förderung des Gegenübers oder sei es für die Förderung des Gemeindelebens. Er sollte ferner um Übertragung und Gegenübertragung wissen und sie einigermaßen wahrnehmen und einordnen können. Er sollte das Gespräch sowohl parallel (in »Echtzeit«) als auch nachträglich professionell reflektieren können. Dazu ist einerseits eine gute Selbstwahrnehmung und ehrliche Selbstreflexion erforderlich. Andererseits gehört dazu eine ›flüssige‹, also nicht festlegende Einschätzung des Gegenübers,[79] seines manifesten und gegebenenfalls latenten Anliegens und der Beziehung zu ihm. Der Seelsorger sollte außerdem wissen, wie er selbst wirkt, mit welchem Gewicht die eigene Rolle und/oder Person vom anderen bemessen wird und welche positiven oder negativen Nachwirkungen man auslösen könnte. Auch der sehr bewusst reflektierte Einsatz von eigenen Beiträgen (Fragen, eigene Erzählbeiträge, usw.) für den Gesprächsprozess im Hinblick auf den Nutzen für das Gegenüber gehört dazu. Hierher gehört auch das Erkennen der Grenzen dessen, was man selbst leisten kann.[80]

Äußerlich kann dann ein in solcher Weise kompetent geführtes professionelles Gespräch völlig einem verständnisvollen Alltagsgespräch ähneln, nur mit dem Unterschied, dass der professionelle Partner sei-

---

[77] Authentische Selbstzurücknahme, wie Karle sie einfordert (siehe oben, S. 30), ist nur möglich, wenn man sein ›Selbst‹ kennt (deswegen Selbst-Erfahrung) und geübt hat, sich zurückzunehmen – und zwar gerade die halb- und unbewussten Persönlichkeitsanteile. Das geht nicht nur mit Takt und Höflichkeit.

[78] Jede Kommunikation versucht das Gegenüber auf irgendeine Art zu beeinflussen. Manipulationen gänzlich zu vermeiden, ist insofern kaum möglich, denn jede Kommunikation ist in diesem Sinne immer auch schon Manipulation. Für Seelsorgegespräche ist es wichtig, dass man a) sich darüber im Klaren ist, b) möglichst transparent bleibt und c) die Eigeninteressen zugunsten des Interesses des Gegenübers zurückstellen kann. Dann ist durchaus auch hilfreiche Manipulation denkbar, z.B. durch verstärkende Komplimente. (Vgl. diese Arbeit S. 300ff.)

[79] Den Begriff Diagnose möchte ich wegen problematischer Konnotationen gerne vermeiden, vor allem wegen der inhärenten Tendenz zur Festlegung des Gegenübers und Expertenbesserwisserei. Diese Gefahr sehe ich verstärkt gegeben, wenn zum Beispiel, wie Freimut Schirrmacher das unternimmt, analog zum schulmedizinischen Modell, eine wissenschaftlich fundierte Diagnostik auch für Seelsorge gefordert wird (*Schirrmacher* 2005, 52ff.). Diagnosen können allenfalls nützliche heuristische Hilfskonstruktionen sein, manchmal aber auch schädlich. Diagnosen sind jedoch niemals Wahrheit an sich (*Lütz* 2009, 37ff.). Vgl. auch den Begriff der »prozessualen Diagnose« in der Integrativen Therapie (*Petzold* 1988, 203f.).

[80] Das betrifft persönliche, zeitliche, fachliche, geschlechtsspezifische, kontextuelle und kulturelle Grenzen. – Zum Umgang mit kulturellen Grenzen siehe *Schneider-Harpprecht* 2001.

nen Gesprächsanteil professionell handhabt. Die Kunst, besonders in der Seelsorge, besteht darin, dabei ganz natürlich auftreten zu können, einschließlich der gekonnten Verwendung von Alltagssprache. Wer ein Seelsorgegespräch sucht, erwartet in der Regel kein Gesprächsverhalten, das allzu offensichtlich einem therapeutischen Setting entwendet ist.[81] Und wer letzteres will, geht in der Regel gleich zum Original.

Dass ein anderes Gesprächsverhalten erwartet wird, liegt nicht unwesentlich daran, dass ein Seelsorgegespräch Teil eines größeren sozialen Systems ist: nämlich einer konkreten Kirchengemeinde. Und diese wiederum Teil des Systems Kirche. Dieses System ist sozusagen das »Setting« für ein Seelsorgegespräch. Und hier zirkulieren Vorstellungen über ein christliches Miteinander, die eine Art »social world«[82] (Strauss) bilden, und die als Erwartungen und ›Erwartungserwartungen‹ (Niklas Luhmann) an »christlich-kirchliche« Interaktionen herangetragen werden, ganz speziell auch an Interaktionen mit dem Seelsorger.[83] Diese Erwartungen und Erwartungserwartungen sollte ein Seelsorger kennen, auch und gerade in ihren unterschiedlichen alltagsnahen Ausformungen. Auf diese Weise kann er Kommunikationsstörungen zu vermeiden suchen, oder, falls notwendig, auch mal bewusst produktive Störungen herbeiführen, oder aber die vorhandenen Vorstellungen ›utilisieren‹ (Milton Erickson),[84] d.h. sie ernstnehmen und in ihrer eigenen Wirkmächtigkeit zugunsten seines Gegenübers förderlich einsetzen. Was für ein Gemeindeglied unhinterfragbare christliche Alltagswirklichkeit[85] ist, das sollte der Seelsorger von einer Metaperspektive betrachten können, um zu erkennen, dass eben Alltag nicht gleich Alltag ist. Dies ist erforderlich, um seinem Seelsorgeauftrag und auch seinem Leitungsauftrag gerecht zu werden, da es in einer Ge-

---

[81] Wenn ›therapeutisches Gehabe‹ oder ›Psychosprache‹ kritisiert wird, dann ist das ein ernst zu nehmender Hinweis auf eine Kommunikationsstörung. Eine eigene »Sprachwelt« zu etablieren, hat nur dort ein gewisses Recht, wo es vom Setting und der Methode her passt, und zugleich vom Klienten als hilfreich gewollt und gewählt wurde. Wer sich für eine Psychoanalyse entscheidet, muss sich nicht wundern, wenn er sich auf die Couch legen soll und sich psychoanalytische Deutungen anhören darf. Sollten psychotherapeutische Ausdrucksweisen auch mal in der Seelsorge verwendet werden, weil man es in bestimmten Zusammenhängen für nützlich hält, dann ist jedenfalls streng darauf zu achten, dass es die Kommunikation nicht stört. Im Idealfall sollte Einvernehmen über die Verwendung eines Psychojargons erzielt werden, und sei es mit humorvollem Augenzwinkern.

[82] Der auf Anselm L. Strauss zurückgehende Begriff meint eine geteilte gemeinsame Sicht auf die Welt und wird in therapeutischem Zusammenhang insbesondere von der Integrativen Therapie verwendet (*Petzold* Schneewind 1986, 139).

[83] Vgl. Isolde Karle im Anschluss an Niklas Luhman (*Karle* 2001, 111ff.). – Siehe diese Arbeit S. 29.

[84] Zum hypnotherapeutischen Konzept des »Utilisierens« siehe diese Arbeit S. 103.

[85] Zum Begriff »Alltagswirklichkeit«, genauer gesagt, »Wirklichkeit der Alltagswelt«, siehe *Berger Luckmann* 1969, 21ff.

meinde immer eine Vielzahl verschiedener christlicher Alltagswelten[86] gibt.[87]

1.2.3 Die Seelsorge in der Gemeinde

Die Gemeinde stellt ein soziales System[88] dar, dessen Teil die Seelsorge und der Seelsorger ist. Nicht nur seine Arbeit, auch er selbst werden vom System getragen, sowohl finanziell wie auch durch die bereitgestellten Rahmenbedingungen.[89] Der Seelsorger ist immer professionell und persönlich zugleich involviert: er ist Teil seiner Gemeinde. Auch in seiner professionellen Rolle ist er dennoch immer auch ein Christ unter Mitchristen, ein Bruder unter Geschwistern, ein Mitpriester im Priestertum aller Gläubigen. Die Gemeinde stellt also ein soziales System dar, in dem der Pfarrer mit anderen zusammen arbeitet und zusammen lebt. Begegnungen beim Einkaufen gehören zum Gemeindealltag genauso wie Begegnungen im Seelsorgegespräch. Seelsorge findet immer *innerhalb* dieses sozialen Systems statt. Das ist anders als in der Therapie, in der das Therapiesystem (Klinik, Praxis, *professional und scientific community*) und die Alltagswelt des Klienten scharf getrennt sind. Seelsorge dagegen findet in der Alltagswelt der Gemeinde statt und ist Teil von ihr. Vielleicht ist es manchmal lästig, dass man beim Einkaufen jener Frau begegnet, die eben noch weinend im Amtszimmer saß. Aber vielleicht liegt darin auch eine große Chance. Und mehr noch: das soziale Netz Gemeinde besteht ja nicht nur aus dieser Frau und dem Pfarrer, sondern aus einem vielfältigen Beziehungsnetz. Und vielleicht ist dieser Frau durch dieses existierende Beziehungsnetz nochmals ganz anders und vielleicht sogar dauerhafter geholfen als durch den bloßen Seelsorgekontakt zum Pfarrer.

Ein Psychotherapeut aus dem Suchtbereich[90] hat mich einmal um die Gemeinde beneidet. »Wir,« so sagte er, »müssen in der Klinik künstli-

---

[86] Ein Desiderat, das sinngemäß auch Isolde Karle stellt (z.B. *Karle* 2001, 272f.). – Der Begriff »Alltagswelt« oder auch »alltägliche Lebenswelt« ist phänomenologisch gemeint, etwa im Sinne von Schütz und Luckmann (*Drehsen et al* 2001, 36f.). – Vgl. auch die ausführliche Diskussion des Alltagsbegriffes bei *Luther* 1992, 184ff.

[87] Das »persönlichkeitsspezifische Credo« (Winkler) wird immer mehr oder weniger sozial vermittelt (*Winkler* 2000, 276 und 281). Es ist nicht, wie man vielleicht meinen könnte, das Werk eines ausschließlich autonomen Individuums, sondern immer auch Ergebnis einer sozialen Einbindung in bestimmte »social worlds« (Strauss). Siehe diese Arbeit die Anmerkungen auf S. 39 und S. 254. – Muss damit innerhalb der gleichen Kultur schon sensibel umgegangen werden, dann umso mehr in interkulturellen Begegnungen. Siehe dazu grundsätzlich *Schneider-Harpprecht* 2001.

[88] Zum Systemcharakter einer Kirchengemeinde siehe *Roosen* 1997.

[89] Vgl. *Kohler* 2007, 474. Zum Pfarramt allgemein vgl. *Klessmann* 2012

[90] Wolfgang Scheiblich, mündlich.

che soziale Netzwerke aufbauen. Ihr habt schon ganz reale, normale und funktionierende soziale Netzwerke: eure Gemeinden. Seht sie mit Wertschätzung und seht den seelsorgerlichen Nutzen!« Ist nicht tatsächlich therapeutische Seelsorge bisweilen in der Gefahr, die Gemeinde zu übersehen? Und wenn sie wahrgenommen wird, ist da nicht immer noch ein gewisser Argwohn, ob sie nicht vielleicht schlimmstenfalls ein Krankheitsherd für ekklesiogene Neurosen sei?[91] Vielleicht ist das mittlerweile überholt. Trotzdem: Weiß therapeutische Seelsorge zu schätzen, dass sie die soziale Welt fertig vorfindet, in der sie stattfindet, und sie nicht erst schaffen muss? Es gilt sie zu nutzen, sie zu nutzen als Teil einer Seelsorge, deren Subjekt nicht nur ein Professioneller ist, sondern deren Subjekt die »communio sanctorum« ist, selbst und vielleicht gerade in all ihrer alltäglichen ›Unheiligkeit‹ und normalen Menschlichkeit.[92] Denn, so sagte ein Chefarzt einer Psychiatrie[93] in einem Vortrag vor Pfarrern: »Was seelisch kranke Menschen am meisten brauchen ist eine funktionierende *normale* Welt, in der sie *normal* leben können. Ihr habt das: eure Gemeinden.« Und was für psychisch Kranke gut ist, muss für ›Gesunde‹ ja nicht verkehrt sein. Es gilt also die empirisch vorhandene Gemeinde zu sehen und zu würdigen[94] als soziales Subjekt des Netzwerkes, in das Seelsorge eingebunden ist.

---

[91] Der Begriff wurde 1955 geprägt von dem Berliner Arzt Eberhard Schaetzing (*Schaetzing* 1955). Danach wurde er in der Literatur immer wieder aufgegriffen, ausführlich z.B. von *Hark* 1984 und *Endraß Kratzer* 2004. Bekannteste autobiografische Darstellung einer ekklesiogenen Neurose ist Tilmann Moser (*Moser* 1976).

[92] Siehe dazu *Knieling* 2009. Vgl. auch *Roosen* 1997.

[93] Manfred Lütz (Alexianer-Klinik Köln-Porz), mündlich.

[94] Natürlich wird die Gemeinde auch jetzt schon gesehen und gewürdigt, aber meist wenig empirisch, sondern eher unter der Perspektive pastoralpsychologischer (Ziemer) oder kirchenleitender (Bosse-Huber) Desiderate oder auch schlicht als theologische Zuschreibung (Bohren). Rudolf Bohren stellt ganz lapidar fest: »Die Gemeinde ist Seelsorge.« (zitiert nach *Kohler* 2007, 479). Ziemer schreibt: »Die Zuordnung von Seelsorge und Gemeinde ist konstitutiv. ... Seelsorge ist durch Gemeinde begründet, aber sie trägt nun ihrerseits auch zur Begründung von Gemeinde bei.« (*Ziemer* 2005, 47f.). Und aus kirchenleitender Sicht äußerte Bosse-Huber: »Seelsorge ist der ganzen christlichen Gemeinde aufgetragen und wird auch von der ganzen Gemeinde wahrgenommen.« (*Bosse-Huber* 2005, 12). Gemeinde als parochiale Struktur wird aber auch heftig kritisiert, z.B. von Klessmann (*Klessmann* 2005, 244) mit Verweis auf einen Ausdruck von Ziemer: »Gemeindefundamentalismus« (*Ziemer* 2005, 49). Siehe ferner das Themenheft »Gemeinde ist Seelsorge« in Pastoraltheologie 90, 2001, Heft 10. Doch auch dort kommt die reale empirische Gemeinde kaum in den Blick, am ehesten noch beim mit persönlichen Erfahrungen gefärbten Aufsatz Dietrich Stollbergs (*Stollberg* 2001). Ansonsten bleibt es bei theologischen Idealbildungen: Gemeinde, die »aus der Kraft des Heiligen lebt« (*Josuttis* 2001) oder die »wortförmige Gemeinde«, die ihre Charismen entfaltet (*Bohren* 2001).

1.2.4 Die Zeitfrage in der Seelsorge

Wenn man die Voraussetzung teilt, dass es für diejenigen, die Seelsorge professionell auszuüben haben, nützlich ist, sich therapeutische Kompetenzen anzueignen, dann stellt sich die Frage: Welches der vielfältigen therapeutischen Verfahren ist die Methode der Wahl. War die Auswahl am Anfang der Seelsorgebewegung noch vergleichsweise überschaubar, so sind mittlerweile eine kaum überschaubare Zahl von verschiedensten Verfahren auf dem Markt. Vielfach entscheidet die persönliche Vorliebe oder der biografische Zufall darüber, welches Verfahren ein pastoralpsychologisch orientierter Seelsorger sich aneignet. Das ist wohl letztlich auch gut so, es muss ja zur Person passen, und es bringt auf diese Weise auch eine entsprechende reichhaltige Vielfalt in der Seelsorge zum Tragen. Entsprechende Literatur gibt es mehr als genug, und ebenso auch Versuche, hier wieder einen Überblick zu gewinnen.[95]

Viele Verfahren, die bislang für die Seelsorge adaptiert wurden, gehen aber offensichtlich stillschweigend davon aus, dass in der Gemeindeseelsorge auch genug Zeit vorhanden ist, um den z.t. aufwendigen Vorstellungen Genüge zu leisten, wie helfende Gespräche und Gesprächsreihen optimal auszusehen hätten. Diese Zeit ist in der Gemeindearbeit aber in aller Regel nicht vorhanden.[96] Denn Seelsorge im engeren Sinne, also jene, die auf ausdrücklichen Beratungswunsch stattfindet, ist nur ein Handlungsfeld[97] unter sehr vielen anderen in der Gemeinde. Und es muss genügend Zeit bleiben, um die anderen Handlungsfelder nicht zu vernachlässigen. Und Seelsorge im unspezifischeren Sinne, also jene vielfältigen Gespräche, bei denen therapeutische Kompetenz im Hintergrund mit einfließt, Gespräche, die häufig im Kontext anderer Handlungsfelder stattfinden, erfordern meist auch ein eher straffes Zeitmanagement. Einerseits um die eigentliche Zielsetzung des Gespräches (z.B. Kindergottesdienst vorzubereiten) nicht zu vernachlässigen, andererseits auch wieder, um insgesamt den Zeithaushalt nicht zu gefährden. Es gibt also ein substantielles Interesse, den vielfältigen Anforderungen an expliziter und impliziter Seelsorge in kurzer Zeit effektiv gerecht zu werden.
Im Wartezimmer des amerikanischen lösungsorientierten Kurzzeittherapeuten Steve de Shazer, hängt, so wurde mir berichtet, folgender Spruch: »Kurzzeittherapie ist gut für Patienten, aber schlecht für The-

---

[95] Ein zusammenfassender Überblick der wichtigsten Verfahren findet sich im Lehrbuch von *Klessmann* 2004, 427ff. – Vgl. auch *Sons* 1995 und *Pohl-Patalong/ Muchlinsky* 1999.

[96] Vgl. dazu die ehrliche und illusionslose Analyse von *Roosen* 1997, insbesondere S. 568ff.

[97] Zum Begriff »Handlungsfeld« siehe *Otto* 1988.

rapeuten.«[98] Weil sie mit weniger Terminen weniger Geld verdienen. Für Pfarrer, die unter chronischer Zeitknappheit leiden, könnte man nun stattdessen sagen:»Kurzzeitseelsorge ist gut für Seelsorgesuchende *und* sie ist gut für Seelsorger.«

Es wird in dieser Arbeit also darum gehen, die knappe Zeit als nicht unerheblichen Faktor in der Gemeindearbeit als Ausgangspunkt für die Frage zu nehmen, welche therapeutischen Verfahren für die Seelsorge im Gemeindealltag sinnvoll herangezogen werden können. Es werden insofern Verfahrenskonzepte sein müssen, in denen auch in kurzer Zeit schon etwas Weiterführendes erreicht werden kann, und das sind, wie bereits als These formuliert, vor allem dezidierte Kurzzeitverfahren. Doch zunächst ein Blick zurück auf das, was in der Seelsorgeliteratur bereits in diese Richtung gedacht wurde.

1.3 Ausnahmen

Sind in der Kurzzeitseelsorge die Ziele benannt und auch konkret ausgeleuchtet worden, ist der nächste Schritt die Frage nach den Ausnahmen. Dies klingt missverständlich. Doch der Begriff »Ausnahme« meint in der Kurzzeittherapie nichts anderes als das, was mit folgenden Fragen erhoben wird: Wo kam in der Vergangenheit das, was ich als Ziel habe, schon vor? Wo ist es – mehr oder weniger – schon einmal verwirklicht worden, und sei es nur ansatzweise? In diesem Kapitel werden nun also bisherige Seelsorgekonzepte[99] daraufhin untersucht, inwieweit in ihnen die Zeitfrage, insbesondere die Frage der *kurzen* Zeit, und der Blick auf die reale Gemeinde als Netzwerk-Kontext eine Rolle spielen. Gibt es in der bisherigen Seelsorgeliteratur bereits Ansätze oder Konzepte zu unserem Thema? Kommt das Thema der kurzen Zeit überhaupt in den Blick, und wann ja, wie? Möglicherweise bereits unter methodischen Gesichtspunkten? Vielleicht sogar schon im Sinne der Kurzzeittherapie? Und welche Rolle spielt die reale – also nicht nur die ideale – Gemeinde? Hier interessiert besonders, ob Gemeinde als soziale Ressource gesehen wird, insbesondere im Sinne eines »sozialen Netzwerkes«. Anhand dieser Fragen soll nun eine Lite-

---

[98] Mündlich mitgeteilt in einem Vortrag über de Shazer. Findet sich auch als Zitat in *Lütz* 2009, 72.
[99] In der im Folgenden ausgewerteten Literatur beschränke ich mich auf eine Auswahl aus der deutschsprachigen praktisch-theologischen Literatur beziehungsweise der Literatur, die die Seelsorge in Deutschland im Blick hat. Die einzige Ausnahme bildet Clinebell, der aber durch eine verbreitete Übersetzung in Deutschland sehr bekannt geworden ist. In der nordamerikanischen Seelsorgeliteratur wurden »short term«, »solution focused« oder »strategic« Konzepte schon seit den 90er Jahren intensiver diskutiert. Vgl. z.B. *Childs* 1990, *Benner* 1992/2003, *Stone* 1993, *Kollar* 1997, *Stone* 2001.

ratursichtung vorgenommen werden. Dazu war es erforderlich, eine
Auswahl aus der reichhaltigen Seelsorgeliteratur zu treffen, die aber
hoffentlich einen gewissen repräsentativen Überblick vermitteln kann.

1.3.1 Klassiker der Seelsorgeliteratur

Bevor wir uns überwiegend mit aktueller Seelsorgeliteratur auseinandersetzen, sei ein kurzer ausschnittartiger Rückblick auf die Klassiker
der Seelsorgeliteratur erlaubt. Es ist klar, dass die historisch vergleichsweise moderne Fragestellung nach ökonomischem Umgang mit
Zeit und genauso die Idee von lösungsorientierten Umfokussierungen
noch nicht explizit Thema der Klassiker gewesen sein können, da sie
von anderen Paradigmen geprägt waren. Insbesondere die Auseinandersetzung mit der Psychoanalyse stand zur Debatte. Ferner ist auch
klar, dass soziales Netzwerk und soziale Unterstützung in dem in dieser Arbeit verwendeten Sinne noch nicht zur Begrifflichkeit und damit
zum Gegenstand der Reflexion gehörten. Gleichwohl ist nicht auszu-
schließen, dass sich ansatzweise Spuren finden lassen von dem, was
heute unter Netzwerkperspektive, Fokussierung oder Kurzzeitansatz
verstanden wird.[100]

1.3.1.1 Thurneysen und Stollberg

Bei dem Klassiker der kerygmatischen Seelsorge, Eduard Thurneysen,
ist klar, dass er – schon rein historisch – sich jenseits der Fragestellung
dieser Arbeit befindet. Gleichwohl finden sich indirekt und in anderer
Sprachgestalt durchaus Anklänge. Eine kurzzeittherapeutische, methodische Fokussierung findet sich bei Thurneysen erwartungsgemäß
nicht, wohl aber eine kerygmatische. Ein Standardfokus liegt letztlich
immer auf dem notwendigen »Bruch«, der das »Evangelium« als das

---

[100] Eine ausgiebige historische Spurensuche würde sicher hier und da fündig
werden, wenngleich verborgen unter anderen Begriffen und anderen Paradigmen.
Solche Spuren müssen in jedem Einzelfall hermeneutisch genau erhoben werden,
um nicht vorschnell und inadäquat mit modernen Fragestellungen verwechselt zu
werden. Zum Beispiel kann bei Heinrich Adolf Köstlin durchaus der Eindruck
entstehen, als hätte er Gemeinde als soziales Netz im Blick. Aber die Funktion der
Gemeinde erweist sich bei genauerem Hinsehen nicht als soziale Ressource, sondern als Garant der Verkündigung (*Köstlin* 1895; in Auszügen abgedruckt in *Wintzer*
1978, 25ff.). Auch bei Otto Baumgarten – um noch ein weiteres Beispiel zu nennen – würde eine historische Spurensuche sicher fündig (siehe dazu *Held* 1998,
110ff.; dort finden sich auch entsprechende Literaturangaben zu Baumgarten). Im
Rahmen dieser Arbeit kann eine solche ausführliche historische Spurensuche allerdings nicht geleistet werden. Der kurze Hinweis auf zwei wesentliche deutschsprachige Klassiker muss hier ausreichen, ergänzt um einen auch in Deutschland bekannt gewordenen Klassiker aus den USA aus der Anfangszeit der Seelsorgebewegung.

»ganz andere« ins Spiel bringt.[101] Auch die empirische Netzwerkperspektive ist für Thurneysen kein Thema, gleichwohl betont er die Wichtigkeit der Gemeinschaftsbildung in realen Gemeinden. Thurneysen formuliert ganz unmissverständlich: »Geistliches Leben ist ohne Gemeinschaftsbildung, ohne Gemeinde nicht denkbar.«[102] Seelsorge fungiert für Thurneysen darum als »Kirchenzucht« – und in diesem Sinne spricht sie den Einzelnen auch auf seine Verantwortung gegenüber den evangeliumsgemäßen Ordnungen der Gemeinde an.[103] Ohne eine solche seelsorgerliche Kirchenzucht besteht Gefahr, dass der Einzelne aus der Gemeinschaft herausfällt, sich isoliert und schließlich in »geistliche Verwahrlosung« gerät.[104] Den wahren Ort und die eigentliche Funktion der Seelsorge fasst Thurneysen wie folgt zusammen: »Seelsorge geschieht somit im Raum der Gemeinde. Sie kommt vom Worte her und führt zum Worte hin. Sie setzt die Gliedschaft am Leibe Christi voraus, oder sie hat diese Gliedschaft zur Absicht.«[105] Damit ist auch eine grundsätzlich geschwisterliche Dimension der Seelsorge gegeben, die für alle gilt – selbstverständlich auch für den Seelsorger.[106]

Auch bei den Klassikern der therapeutischen Seelsorge kommen kurzzeittherapeutische Ansätze nicht vor, zum Teil einfach deswegen, weil sie – zumindest im europäischen Raum – noch nicht im Blick waren. Eine gewisse Ausnahme bildet Clinebell, auf den deswegen gleich noch ausführlicher eingegangen wird. Blicken die Klassiker der therapeutischen Seelsorge auf das soziale Netzwerk eines Menschen, bleiben sie meist eher einer kritischen und defizitorientierten Perspektive verhaftet. So lässt sich Stollberg noch 2007 von der meines Erachtens einseitigen Fragestellung leiten: »Wie kann jemand darin unterstützt werden, mit seinem ihn hemmenden oder auf andere Art schädigenden sozialen Beziehungsgeflecht konstruktiv umzugehen und sich falls nötig davon zu emanzipieren?«[107] Die Begriffe »Mündigkeit, Autonomie, Freiheit und Selbstbestimmung« dominieren gegenüber der fast notgedrungen zugestanden wirkenden »Berücksichtigung der sozialen Interdependenzen, auf die ein jeder Mensch angewiesen ist.«[108] Diese

---

101 *Thurneysen* 1946, 114ff. – Siehe auch *Winkler* 2000, 33ff.
102 *Thurneysen* 1968, 30.
103 *Thurneysen* 1946, 26ff. – Thurneysen benutzt militaristische Bilder, um die notwendige Gemeinschaftsordnung zu beschreiben: »Marschkolonnen« (S. 28), »Aufmarsch einer Armee«, der in »Reih und Glied« (S. 39) geschieht. Zugleich dienen diese Bilder dazu zu zeigen, dass Ordnung kein Selbstzweck ist (S. 39).
104 Nach *Winkler* 2000, 32. – Das Stichwort »geistliche Verwahrlosung« bezieht sich auf *Thurneysen* 1946, 26.
105 *Thurneysen* 1946, 43.
106 *Thurneysen* 1946, 43f., in Bezug auf den Seelsorger vgl. auch S. 300f.
107 *Stollberg* 2007, 219.
108 *Stollberg* 2007, 218.

Schwerpunktsetzung ist sicher auch Ausdruck jener Zeit, in der die Seelsorgebewegung entstanden ist.[109]

Kirche ist für Stollberg eine Gruppe, einschließlich »funktionaler Gruppen- und Subgruppenstruktur«, und wird von ihm entsprechend »phänomenologisch« wahrgenommen. »Kirche als Kommunikationsprozeß vollzieht sich – psychologisch betrachtet – ausnahmslos durch das Medium zwischenmenschlicher Interaktion und Gruppendynamik.«[110] Kirche fungiert zwar bei Stollberg als »glaubensprägende Größe und als wesentliches Strukturelement seelsorgerlichen Handelns,« wie Klaus Winkler über Stollberg resümiert, aber die Seelsorgearbeit setzt in Stollbergs Konzeption konkrete Gemeindeeinbindung nicht zwingend voraus.[111]

1.3.1.2 Clinebell

Howard Clinebell schreibt sein Seelsorgebuch mit dem Titel »Modelle beratender Seelsorge«[112] im Jahr 1966 speziell für die beratende Seelsorge im Gemeindepfarramt[113] in den USA. Sein Buch ist auch im deutschsprachigen Raum weit verbreitet gewesen.[114] Clinebell ist noch gänzlich erfüllt von dem ungetrübten Optimismus der Pioniere des Clinical Pastoral Training (CPT). Er verspricht sich von der beratenden Seelsorge eine regelrechte Erneuerung der Kirche,[115] eine Ermöglichung echter und heilender Gemeinschaft (Koinonia),[116] und eine weitgehende Lösung menschlicher Konflikte, zum Teil mit geradezu soteriologischem Anspruch.[117] Das klingt zwar sympathisch, zugleich aber auch nach unrealistisch hohen Erwartungen an das, was beratende Seelsorge leisten kann.

Nicht selten wirkt es so, dass der Seelsorger eigentlich mit beinahe übermenschlicher Allmacht ausgestattet sein müsste, um das alles zu

---

[109] Zur Kritik an der Individuumszentrierung der Pastoralpsychologie vgl. *Klessmann* 2004, 84ff.

[110] *Stollberg* 1971, 17.

[111] *Winkler* 2000, 65.

[112] *Clinebell* 1966. Der Originaltitel lautet: »Basic Types of Pastoral Counseling«.

[113] *Clinebell* 1966, 17.

[114] 1971 erschien die erste Auflage der deutschen Übersetzung, 1985 die 5. Auflage.

[115] *Clinebell* 1966, 10.

[116] *Clinebell* 1966, 31.

[117] »Ein Beratungskontakt vermag zur Überwindung der Entfremdung von uns selbst, vom anderen und von Gott, die ja die eigentliche ›Sünde‹ ist, beizutragen.« (*Clinebell* 1966, 30).

leisten, was Clinebell ihm zuschreibt.[118] Ja, an einer Stelle heißt es sogar, dass er, der Pfarrer, der einzige sei, der die negativen Folgen des gesellschaftlichen Wandels (Individualisierung) auffangen kann.[119] Der Pfarrer wirkt, bis auf wenige Ausnahmen, wie ein Über-Helfer, der sehr viel Zeit zur Verfügung hat, auch kurzfristig. Er verfügt über einen unerschöpflichen Vorrat an beraterischer, väterlicher Zuwendungsfähigkeit. Und er ist auch immer motiviert, sofort zu helfen und alles andere stehen und liegen zu lassen.[120]

Clinebells Darstellung ist sehr pfarrerzentriert. Das Buch ist in erster Linie für Gemeindepfarrer geschrieben.[121] Die Gemeinde kommt überwiegend nur in den Blick als das Tätigkeitsfeld des Pfarrers. Dort gibt es den großen Pool der mehr oder weniger Hilfebedürftigen. Dort finden sich aber auch engagierte Menschen, die der Pfarrer als Seelsorger-Helfer zurüsten kann. Allenfalls ist Gemeinde insofern Subjekt von Netzwerkressourcen, als eine Gemeinde Gruppen und Kreise anbieten kann.[122] Diese sind aber in der Regel durch den Pfarrer geleitet. Eine Ausnahme von dieser Sichtweise bildet die positive Wertung der Gemeinde als notwendiger, stützender Kontext für den Pfarrer.[123] Innerhalb von (therapeutischen) Gemeinde-Gruppen ist allerdings auch reziproke Hilfeleistung der Mitglieder untereinander möglich und wünschenswert.[124]

Trotz des sich aufdrängenden Eindrucks, dass der Pfarrer viel Zeit für Seelsorge übrig haben soll, sieht Clinebell sehr deutlich die Notwendigkeit zur Kurzzeitseelsorge.[125] In der Regel rechnet er für einen Seelsorgekontakt bis zu etwa fünf Sitzungen, selten aber mehr als zwölf Sitzungen.[126] Clinebell fasst diesen Ansatz unter den Begriff »revidiertes Modell«, weil er damit die vom tiefenpsychologischen Paradigma herkommenden Erwartungen nach langfristigen Beratungen revidiert.[127] Er benennt zwölf realistische Ziele, die überwiegend ressourcen- und lösungsorientiert sind[128] und betont mit Überzeugung die

118 *Clinebell* 1966, 67, 133, 154, 167.
119 *Clinebell* 1966, 133.
120 Erkennbar z.B. am konkreten Verhalten im dargestellten Fallbeispiel (*Clinebell* 1966, 43ff.).
121 *Clinebell* 1966, 17.
122 *Clinebell* 1966, 193ff.
123 *Clinebell* 1966, 35f.
124 *Clinebell* 1966, 192.
125 *Clinebell* 1966, 37, 39, 41f., 73.
126 *Clinebell* 1966, 73.
127 *Clinebell* 1966, 42.
128 *Clinebell* 1966, 73f. – Diese Ziele reichen von (1) »stützende Beziehung ermöglichen« über (4) Mobilisierung von »latenten Kraftreserven« oder (7) »Sachverhalte ... klären und Alternativlösungen ... finden«, bis zur (12) Prüfung, »ob der Betreffende ernsthaft gestört ist« und weiterverwiesen werden muss.

Effektivität trotz der Kürze.[129] Der Kontext der Gemeindearbeit ist hier auch von Vorteil, weil die Beratung in andere längerfristige Beziehungen eingebettet ist[130] oder weil sie ein soziales Gefüge darstellt, in das Einzelne wieder eingefügt werden können.[131] Dieser Kontext wird zum Beispiel in Form von Laien-Seelsorgeteams bewusst eingesetzt.[132] Clinebell gibt für die Kurzzeitseelsorge klare Handlungsstrategien, die m.E. auch heute noch von Bedeutung sind,[133] nochmals ausdifferenziert für den Verlauf von kurzfristigen Beratungen[134] sowie für stützende Beratung.[135] Clinebell kennt dabei auch die bewusste Unterscheidung von formeller und informeller Seelsorge.[136] Allerdings betont er ausdrücklich die Möglichkeit, aus alltäglichen Gesprächen durch bewusst gesetzte »Öffner« Beratungsgespräche zu machen.[137]

In der methodischen Vorgehensweise liegt Clinebell sehr an einem »beziehungsorientierte[n] (relationship centered)« Vorgehen und legt darum den Schwerpunkt auf die »zwischenmenschlichen, stützenden, Ich-anpassenden, realitätsorientierten Therapiemethoden«, also gerade nicht auf die »aufdeckende Psychotherapie«.[138] Zu Recht verweist er darauf, dass eine »Fülle von Methoden« vorhanden sein müssen, die dann »elastisch« eingesetzt werden sollen.[139] Die Beherrschung dieser Methoden ist »normativ.«[140] Clinebell bezieht sich dabei auf verschiedene psychotherapeutische Referenzverfahren, wie zum Beispiel Familientherapie (Bell, Satir) und Transaktionsanalyse (Bernes), um nur die bekanntesten zu nennen.[141]

---

[129] *Clinebell* 1966, 74, 158.
[130] *Clinebell* 1966, 40.
[131] *Clinebell* 1966, 162, 172.
[132] *Clinebell* 1966, 53, 169 sowie 183. Dort findet sich die Idee von einem inoffiziellen Team der im Bereich der Gemeinde arbeitenden helfenden Berufe.
[133] Vor allem in Kapitel IV; *Clinebell* 1966, 66ff.
[134] *Clinebell* 1966, 77ff.
[135] In Anlehnung an Franz Alexander (*Clinebell* 1966, 135ff.). Hier gibt es durchaus gewisse Ähnlichkeiten zu der späteren Integrativen supportiven Kurzzeittherapie. Siehe diese Arbeit S. 176.
[136] *Clinebell* 1966, 66ff.
[137] *Clinebell* 1966, 70f. – Die »informelle Seelsorge« erinnert dabei an die Alltagsseelsorge im Sinne Hauschildts (siehe diese Arbeit S. 51ff.), wenngleich Clinebell mehr Gewicht auf die Möglichkeit legt, solche Gespräche in beratende Seelsorge zu überführen.
[138] *Clinebell* 1966, 21 (vgl. auch *Winkler* 2000, 64).
[139] *Clinebell* 1966, 18. Das erinnert an das Konzept der Integrativen Therapie. Siehe diese Arbeit S. 167ff.
[140] *Clinebell* 1966, 19.
[141] *Clinebell* 1966, 20. Dort sind aufgezählt: rollenbezogene Eheberatung, Familientherapie (Bell, Satir), Transaktionsanalyse (Bernes), Interventionen bei Lebenskrisen (Caplan), Realitätstherapie (Glasser), existenzanalytisch orientierte Psychotherapie (May, Frankl, Bugental) und Ego-Psychologie. Darüber hinaus finden sich

Fast unrealistisch hoch erscheint mir für die normale Gemeindearbeit der Zeitanteil von beratender Tätigkeit, den Clinebell vom Pfarrer erwartet.[142] Fünf bis zehn Stunden in der Woche erscheinen ihm offensichtlich als eine Art realitätsangepasstes Minimum.[143] Demgegenüber scheint aber in unserem Kontext in Deutschland auch nicht die hohe Beratungserwartung an Pfarrer gestellt zu werden, die es wohl 1966 in den USA gab.[144] Wenn man jedoch einmal von diesen hohen Erwartungen und auch von dem dahinterstehenden ungebrochenen Idealismus absieht, finden sich bei Clinebell schon einige wichtige Elemente dessen, was auch in diesem Entwurf einer auf Gemeinde hin orientierten Kurzzeitseelsorge eine Rolle spielen wird.

1.3.2 Gegenwärtige Seelsorgekonzepte

In diesem Kapitel soll nun die gegenwärtige Seelsorgeliteratur anhand einiger ausgewählter Beispiele daraufhin untersucht werden, in wieweit die Leitthemen der vorliegenden Arbeit dort im Blick sind – oder auch nicht. Es geht insbesondere um die methodische Perspektive auf die Kürze der Zeit, und zwar nicht allein unter der Defizitperspektive, sondern auch als methodisch zu nutzende Chance im Sinne der Kurzzeittherapie. Und es geht zweitens um die bewusste oder gar methodische Perspektive auf soziale Netzwerke von Menschen, insbesondere als Ressource, verknüpft mit der Fragestellung, ob Gemeinde in diesem Sinne Ressource sein kann.

1.3.2.1 Klaus Winkler: Persönlichkeitsspezifisches Credo und Gemeinde

Die Frage der »kurzen Zeit« oder gar des methodischen Kurzzeitansatzes – wie überhaupt des Settings in der Seelsorge – wird in dem im Jahr 2000 erschienenen Lehrbuch von Klaus Winkler nicht themati-

---

im Buch noch weitere Referenzverfahren, z.B. die stützende Beratung im Sinne Franz Alexanders (*Clinebell* 1966, 135ff.).
[142] *Clinebell* 1966, 27ff. – Allerdings muss man auch sehen, dass Clinebell die US-amerikanischen Verhältnisse zugrunde legt, in denen Gemeinden in der Regel sehr klein und überschaubar sind.
[143] *Clinebell* 1966, 37. Wird dazu auch die informelle Beratung bei alltäglichen Gesprächen (Alltagsseelsorge) gerechnet? Dagegen spricht das von Clinebell angeführte Zitat von H.B. Scholefield: »Die Zeit, die an die offizielle seelsorgerliche Beratung, wie ich es nennen möchte, gewandt wird, übersteigt meist nicht mehr als sechs bis zwölf Stunden pro Woche, das hängt jeweils von der Eigenart der Gemeinde, der Größe des Bezirks und der Wichtigkeit ab, die der Pfarrer dieser Aufgabe beimißt. Die mehr informellen Beratungsbeziehungen, die entstehen, wenn der Pfarrer den Menschen in seiner Rolle als Geistlicher, Gemeindeleiter oder Lehrer begegnet, nehmen hingegen ganze Tage einer Woche in Anspruch.« (*Clinebell* 1966, 66).
[144] *Clinebell* 1966, 27.

siert. Lediglich an einer Stelle ist ausdrücklich davon die Rede, dass eine Gesprächsreihe einem Einzeltermin vorzuziehen sei.[145]

Sehr wohl aber reflektiert Klaus Winkler an mehreren Stellen die Bedeutung der Gemeinde. Er tut dies jedoch mehr aus theologischer Sicht denn aus soziologischer, genauer gesagt, empirischer Sicht. So ist eine der Grundentscheidungen, die im Rahmen einer »sachgemäßen Theologie« zu treffen sind, die Frage, wie sich ein Seelsorgekonzept zu der Frage der Gemeinde- und Kircheneinbindung verhält: Müssen oder sollen die Seelsorgesuchenden auf Gemeinschaft beziehungsweise Kirche hin ausgerichtet oder eingepasst werden oder spielt das keine oder nur eine untergeordnete Rolle? Ist also Seelsorge ein Geschehen, das den Einzelnen in seiner von kirchlicher Einbindung unabhängigen individuellen Existenz sieht oder ist Seelsorge ein Geschehen, das von vorneherein auf Einbindung des Gegenübers in die Gemeinde ausgerichtet ist?[146] Wobei sich auch die Frage stellt, ob die vorfindliche Kirche mit dem biblischen Gemeinschaftsbegriff identisch ist.[147]

Klaus Winklers eigene Konzeption ist durchaus geprägt von dem Bewusstsein dafür, dass sich Glaubenssozialisation in einem »ganz bestimmten Umfeld« vollzieht und dass dort Einstellungen erworben werden, die die »individuelle Erlebensstruktur« prägen, also auch zu einem großen Teil das, was Winkler »persönlichkeitsspezifisches Credo«[148] nennt. Auf diesem Hintergrund sind dann natürlich auch theologische (Seelsorge-) Konzepte zu sehen.[149]

Es ist aber für Winkler auch eine Frage der »spirituellen Disziplin«, ob ein Christ sich den Schwestern und Brüdern zuordnet und so eben auch in Bezug auf seinen Individualismus gewisse Verzichtsleistungen erbringt. Das geht letztlich gegen individualistische Größenphantasien. Und es geht um das Wissen, dass man die Gemeinschaft sowohl als Symbolgemeinschaft braucht (aus deren Fundus man dann sozusagen die Vorlagen für sein persönlichkeitsspezifisches Credo schöpfen kann) und eben auch als »Seelsorge der Schwestern- und Bruderschaft«.[150]

Ferner sieht Winkler, dass selbst das lediglich in intimem Seelsorgegespräch ausgetauschte persönlichkeitsspezifische Credo von der »Kir-

---

145 *Winkler* 2000, 272.
146 *Winkler* 2000, 19f. Der jeweils andere Aspekt muss dabei nicht ausgeblendet werden, bleibt aber dem dominierenden Aspekt untergeordnet.
147 *Winkler* 2000, 19.
148 *Winkler* 2000, 276f.
149 *Winkler* 2000, 23ff.
150 *Winkler* 2000, 280ff.

che als ›Gemeinschaft der Gläubigen‹ und als ein spirituell wirksamer ›Hintergrund‹‹‹ mitkonstituiert wird.[151] Freilich nicht in der »Gleichheit des Erlebens«, sondern im Sinne von 1Kor 12 als verschiedene Formen der Anteilnahme am Leib Christi.[152] Aber ohne eine solche »Einpassung« – über Identifikation und Nachahmung – in die Kirche als Glaubensgemeinschaft ist »keine individuelle Glaubensentwicklung denkbar.« Doch sollte diese Einpassung sowohl auto- als auch alloplastisch sein.[153]

Seelsorge im Sinne der Seelsorgebewegung, schreibt Winkler an anderer Stelle,[154] geht dabei in der konkreten Arbeit grundsätzlich vom »Einzelnen und seiner Erlebnisstruktur« aus – und denkt von dort her »auf die Gemeinschaft [zu]«. Auf diesen spezifischen Ansatz der Seelsorgebewegung zu verzichten, gäbe es derzeit keinen Grund. Er sei nach wie vor evident. Allerdings schließt das Denken vom Einzelnen her »enge Bezogenheit auf die (kirchliche) Gemeinschaft und Gemeindebildung gerade nicht aus.« Außer einem Hinweis auf »Seelsorge in der Gruppe« wird das dann aber von Winkler nicht weiter erläutert. Vermutlich wird letztlich die Gemeinde, genauer gesagt der Gemeindebezug des Einzelnen im Sinne einer »konstruktive[n] Religionskritik« »differentialdiagnostisch« beurteilt, nämlich danach, ob »benignes Erleben und Verhalten« freigesetzt wird – oder »malignes«.[155] Das bestätigt auch die Schlussbemerkung des Seelsorgebuches. Denn zum Schluss eben dieses Buches macht Klaus Winkler noch aufmerksam, dass »»Erbauung‹ einer christlichen Gemeinde« (ortsgebunden oder überregional) durch seelsorgerliches Handeln auch ein wichtiges Moment ist, um der fundamentalistischen Fluchtbewegung vor der gesellschaftlichen Pluralisierung etwas entgegenzuhalten.[156]

1.3.2.2 Eberhard Hauschildt: Alltagsseelsorge

Eberhard Hauschildt nähert sich in seiner 1996 erschienenen Habilitation dem Thema Seelsorge auf ungewohnte Weise. Er bat Pfarrer/innen, dass sie Gespräche aufzeichneten, die anlässlich pastoraler Geburtstagsbesuche stattfanden. Von am Ende schließlich neun brauchbaren Tonbandmitschnitten,[157] die er sorgfältig verschriftlicht hat, untersucht Hauschildt sozusagen im Vollzug, was in Seelsorgegesprächen wirklich geschieht, genauer gesagt, was er empirisch aus dem alltags-

151 *Winkler* 2000, 276.
152 *Winkler* 2000, 276f.
153 *Winkler* 2000, 318f.
154 Vgl. zum Folgenden: *Winkler* 2000a, 10.
155 *Winkler* 2000a, 10f.
156 *Winkler* 2000, 532.
157 *Hauschildt* 1996, 123ff.

nahen Vollzug solcher Gespräche erkennen kann. Das den Leser möglicherweise überraschende Ergebnis: die Gespräche verlaufen zu großen Teilen nach den trivialen Mustern, die ganz allgemeinem gesell-
schaftlich-kulturellem, sozusagen normalem Gesprächsverhalten entsprechen.[158] Seelsorge erweist sich als ein viel alltäglicheres Geschehen, als die hohen Seelsorgetheorien sowohl der therapeutischen[159]
wie der verkündigenden[160] Seelsorge erwarten lassen.

Doch genau das hatte Hauschildt vermutet und will mit seiner Arbeit
diese These erhärten. Seine Grundthese ist, dass auch Seelsorgegespräche weit weniger an den professionell zu erwartenden Gesprächsregeln
Anteil haben, als weitaus mehr an den in einer Gesellschaft herrschen-
den Umgangsformen im alltäglichen Gespräch.[161] Aus diesem Grunde
schickt er seiner empirischen Untersuchung zwei historische Rückbli-
cke voraus, einmal zur Geschichte des Gespräches überhaupt, in der er
aufzeigt, wie sehr Gesprächsverhalten historisch-kulturell bedingt
ist.[162] Sodann erinnert er an die Entwicklung jener Seelsorgetheorien,
nach denen Seelsorgegespräche nach theoriegeleiteten Regeln verlaufen sollten, und damit insbesondere therapeutischen oder kerygmatischen Idealen entsprechen, oder auch existentiellen.[163]

Als Instrumentarium der dann folgenden empirischen Untersuchung
von Geburtstagsbesuchen wählt Hauschildt die sozio-linguistische sowie ethnomethodologische Analyse, deren verschiedene Theorieansät-
ze er ausführlich darstellt.[164] Hauschildt entscheidet sich schließlich
für eine Mischung jener Ansätze, die ihm ermöglichen, möglichst
wertfrei und ohne das Prokrustesbett von Klassifzierungen kleinste
Sinneinheiten in Gesprächen zu erkennen und zu benennen.[165] Wer
redet wann, über was, wie lange? Wie verhält sich dazu der Gesprächspartner? Auf welche Weise vollzieht sich ein Sprecherwechsel?
Welche Themen werden angeschnitten? Wie werden sie dargestellt,
vertieft oder wieder fallen gelassen? Welche ritualisierten Elemente,
welche Höflichkeitsregeln sind im Gespräch enthalten? Welche – quasi

---

[158] *Hauschildt* 1996, 15f.
[159] *Hauschildt* 1996l, 376ff.
[160] *Hauschildt* 1996, 371ff.
[161] Diese These entwickelt Hauschildt in Auseinandersetzung mit Wolfgang
Stecks Arbeit von 1987 »Ursprung der Seelsorge in der Alltagswelt«. (*Hauschildt*
1996, 11f.).
[162] *Hauschildt* 1996, 21ff.
[163] *Hauschildt* 1996, 45ff.
[164] *Hauschildt* 1996, 79ff.
[165] *Hauschildt* 1996, 98ff, insbesondere 104f.

verbal-gestische[166] – Funktion haben ungrammatische Äußerungen, wie »h-m«, »ne«?[167]

Die nun dargestellten und analysierten Transkripte zeigen im Wesentlichen folgendes.[168] Es dominiert ganz klar alltagsnahes Gesprächsverhalten einschließlich Smalltalk.[169] Man tauscht sich aus über dies und jenes, ohne allzu sehr in die Tiefe zu gehen. Man erkundigt sich höflich nach dem jeweiligen Ergehen, man erzählt ein wenig von dem, was man gerade erlebt, man fragt oder informiert, redet oder hört zu, beinahe ein wenig so, wie zwei freundliche Nachbarn über den Gartenzaun. Ganz klar zu erkennen ist, wie eine unausgesprochene Höflichkeitsmaxime[170] das Gespräch durchzieht und jeder Gesprächspartner bemüht ist, das Gespräch positiv verlaufen zu lassen[171] und Irritationen möglichst zu vermeiden.[172] Hinzu kommen insbesondere am Anfang und Ende des Gespräches rituelle Elemente, die mit der Situation des Begrüßens und Verabschiedens,[173] der Situation des Besuches,[174] insbesondere des Geburtstagsbesuches[175] zusammenhängen. Außerdem findet sich eine Reihe von handlungsbegleitenden Dialogen[176] in Bezug auf Essen, Trinken, Geschenk überreichen oder Platzwahl.

Ein typisch professionelles Gesprächsverhalten ist auf den ersten Blick kaum zu erkennen. Weder handelt der Seelsorger nach den Maximen der therapeutischen Gesprächsführung noch nach denen der kerygmatischen. Auch ein tiefer existentieller Austausch findet sich nicht. Doch auf den zweiten Blick wird man dann doch fündig, auch wenn die Fundstücke dann eher einfachen und fragmentarischen Charakter haben. Es finden sich kleine bis kleinste Ansätze von therapeutischen Sequenzen,[177] die sich spontan aus dem Gang des Gesprächs ergeben und sich in der Regel genauso spontan wieder verflüchtigen. Es gibt kleine bis kleinste Sequenzen von Theologie und Verkündigung,[178] oft

---

166 Die optische Gestik bleibt aufgrund der Tonbandmitschnitte unberücksichtigt.
167 Zu diesen »Hörerrückmeldungen« siehe *Hauschildt* 1996, 181ff.
168 *Hauschildt* 1996, Kapitel 4–6.
169 *Hauschildt* 1996, 157ff.
170 *Hauschildt* 1996, 159, 170f. Diese Maxime gilt auch bei Darstellungskonkurrenz (S. 191).
171 Bei diesem Bemühen nimmt Smalltalk als »Solidaritätsmanagement« eine Schlüsselposition ein (*Hauschildt* 1996, 175).
172 *Hauschildt* 1996, 170f., 191, 195.
173 *Hauschildt* 1996, 172ff.
174 *Hauschildt* 1996, 164f.
175 *Hauschildt* 1996, 208ff.
176 *Hauschildt* 1996, 154ff.
177 *Hauschildt* 1996, 229ff., zusammenfassend 272f.
178 *Hauschildt* 1996, 274ff.,

in Form christlicher Segenswünsche zum Geburtstag, aber auch schon mal im vorsichtigen Austausch über weltanschauliche Ansichten oder kirchlich-rituelle Lebensbegleitung. Etwas häufiger finden sich eher informative Gespräche über kirchliche Ereignisse, die zum Teil die gesprächsunterstützende Funktion haben, Interesse und Verbundenheit zu signalisieren.[179] Auffällig ist, dass auch diese kleinen quasi professionellen Sequenzen nicht der hohen therapeutischen[180] oder kerygmatischen[181] Theorie entsprechen. Da fragt der Seelsorger zum Beispiel nach reiner Sachinformation[182] oder gibt »untherapeutischen Rat«,[183] statt die emotionale Ebene zu vertiefen. Auch die rudimentären verkündigenden Elemente sind oft nur angedeutet, häufig in sehr alltäglichen Ausdrucksweisen.[184] Interessant ist jedoch, dass die Gesprächspartner damit zufrieden scheinen.[185]

Eine gewisse professionelle Schlagseite bekommen die Gespräche auch dadurch, dass die Seelsorger in der Regel stärker darauf achten, dass die Besuchten sich gesprächsweise mehr und ausführlicher äußern können als sie selbst.[186] Sie nutzen häufiger die dafür üblichen Gesprächsvariablen, die signalisieren, dass man den Gesprächspartner zum Reden auffordert, ihn beim Reden unterstützt und bestärkt. Aber auch dies geschieht nicht durchgängig und kann phasenweise auch umgekehrt werden. Und es geschieht allemal eher auf alltagstypische Art und Weise.

Hauschildts Schlussfolgerung besteht nun darin, dass man diese Alltagsnähe wahr- und ernstnimmt. Er deutet sie als empirisches Sichtbarwerden des »Priestertums aller Gläubigen«.[187] Seelsorger und Gemeindeglied begegnen sich nach den Regeln des Alltagsgesprächs auf Augenhöhe. Von der hohen Theorie der therapeutischen und der verkündigenden Seelsorge sind – ohne schlechtes Gewissen – Abstriche[188] zu machen, auch wenn nicht völlig darauf verzichtet werden soll.[189] Vielmehr soll der Seelsorger bereits in der Ausbildung lernen,

---

179 *Hauschildt* 1996, 317. Im Gespräch exemplifiziert bei *Hauschildt* 1996, 310ff. – Die gesprächsunterstützende Funktion betrifft auch die häufige Entschuldigung für mangelnden Kirchgang (*Hauschildt* 1996, 170).
180 *Hauschildt* 1996, 141ff.
181 *Hauschildt* 1996, 145ff.
182 *Hauschildt* 1996, z.B. 239.
183 *Hauschildt* 1996, 237.
184 *Hauschildt* 1996, 320, 327.
185 *Hauschildt* 1996, 144 und 148.
186 *Hauschildt* 1996, 217ff.
187 *Hauschildt* 1996, 401ff.
188 Hauschildt redet davon, die »Totalisierungen« der verkündigenden und therapeutischen Seelsorge zurückzunehmen (*Hauschildt* 1996, 371 sowie 376).
189 *Hauschildt* 1996, 234.

auf alltagstypische Weise in der Seelsorge zu kommunizieren, einschließlich der therapeutischen und verkündigenden Sequenzen. So bekommt das Therapeutische[190] und das Theologische auch bei Hauschildt sein relatives aber eben auch relativiertes Recht. Hauschildt formuliert gleichwohl das Desiderat, man möge dieses relative Recht auch alltagsnah qualifiziert anwenden,[191] als »Alltagstherapie, Alltagsverkündigung und Alltagsseelsorge«.[192] Aber diese Qualifizierung der Alltagskompetenz bleibt der alltäglichen Intuition und Übung der Seelsorger überlassen.[193] Auch für die Ausbildung weiß Hauschildt kaum einen weiteren Rat als Praxiserfahrungen zu sammeln.[194]

Es ist zweifellos eine Stärke von Hauschildt, dass er darauf aufmerksam macht, dass Seelsorge nicht dem Alltag enthoben ist, sondern mehr oder weniger an dem alltagsnahen gesellschaftlichen Gesprächsverhalten teilhat. Dieses alltagsnahe Gesprächsverhalten gilt es in seinem eigenen Wert anzuerkennen und nicht nur als defizitär zu betrachten. Darin ist Hauschildt zuzustimmen.

Die Stärke von Hauschildts Ansatz ist aber zugleich seine Schwäche. So sehr er am Beispiel des Geburtstagsbesuches ein zweifellos alltagsnahes Gesprächsverhalten aufspürt, so sehr bleibt die Frage, ob ausgerechnet der pastorale Geburtstagsbesuch geeignet ist, Seelsorge insgesamt zu repräsentieren, vor allem wenn dies mit der Zielsetzung geschieht, grundlegende Erkenntnisse zur Relativierung des therapeutischen oder verkündigenden Ansatzes zu gewinnen. Werden Seelsorgegespräche, die ausdrücklich auf Grund eines Beratungswunsches geführt werden, nicht völlig anders verlaufen?[195] Werden nicht schon Kasualgespräche anders verlaufen? Natürlich, das ist anzunehmen, werden sich auch dort alltagsnahe Kommunikationsformen finden lassen, vermutlich besonders am Anfang und am Ende. Aber die Gewichtung insgesamt wird anders sein. Im Grunde bleibt es Hauschildt schuldig, auch solche Gespräche in seine Untersuchung einzubeziehen.

Das berührt sich aber mit einer anderen Grenze seiner Arbeit. Kann man aufgrund so weniger empirischer Daten so weitreichende Schluss-

190 *Hauschildt* 1996, 248f. u. 272f.
191 »Entwickelt werden müssen neben der Kultur des Alltagsgespräches einschließlich einer Diskussionskultur auch Argumente für alltagstheologische Diskussionen.« (*Hauschildt* 1996, 355).
192 *Hauschildt* 1996, 380.
193 *Hauschildt* 1996, 356.
194 *Hauschildt* 1996, 396. – Sein Vorschlag, dies auch in »Laborsituationen« zu tun, ist nicht mehr als ein bloßer Vorschlag, den er selbst ganz vorsichtig im Konjunktiv formuliert.
195 Wäre es umgekehrt – auch aus therapeutisch-seelsorgerlicher Sicht – nicht geradezu unprofessionell, Geburtstagsbesuche wie Beratungsgespräche aufzuziehen?

folgerungen ziehen? Ich vermute, dass die Arbeit auch von der still-schweigend vorausgesetzten Plausibilität lebt, dass jeder Seelsorger sich in Teilen seiner Alltagswirklichkeit auch – auch! – in jenen darge-stellten Gesprächen wiederfinden kann. Und dann kann die »Rechtfer-tigung« des Alltäglichen durchaus etwas Befreiendes haben. Aber was wird durch diese Befreiung dann – um im theologischen Sprachspiel zu bleiben – an »Heiligung« freigesetzt? Anders gesagt, ist alltagsna-hes Gesprächsverhalten nur etwas, das man nun einfach guten Gewis-sens praktizieren kann, oder liegen darin auch noch nicht genutzte oder nicht gesehene Chancen für professionelle Seelsorge?

Weiterhin muss man Hauschildt auch darin widersprechen, dass er das Faktische zur Norm erhebt, zumindest aber stark in dieser Gefahr steht. Paradoxerweise, obwohl er selbst davor warnt. Es wäre, so sagt er, »theologisch alles verloren«, wenn man das Gesetz des Alltags zur *norma normans* erhebt.[196] Er will, und das ist zweifellos ein beach-tenswertes Anliegen, das Alltägliche in der Seelsorge von der drü-ckenden Last des ›Gesetzes‹ der hohen Theorie befreien. Doch gerät das Alltägliche auf diese Weise nicht selbst zum Gesetz? Wird aus der Befreiung des Alltäglichen nicht seine theologische Überhöhung als unmittelbarer, ja geradezu ungebrochener Ausfluss des Priestertums aller Gläubigen? Wie kann dieses Anliegen abgegrenzt werden von der Nivellierung und Simplifizierung professioneller Seelsorge,[197] oder unterschieden werden, von einem bewusst professionellen Umgang mit Alltäglichkeit?[198] Welche Perspektiven weisen über die bloße Feststellung des Faktischen hinaus? Bleibt am Ende Seelsorge nicht mehr wirklich abgrenzbar von Alltagsgesprächen?[199]

In vielen therapeutischen Verfahren wird mittlerweile der bewusste und professionelle Umgang mit alltagsnahem Gesprächverhalten ge-lehrt.[200] Es ist ein weiteres Defizit der Arbeit Hauschildts, dass er als

---

[196] *Hauschildt* 1996, 403.

[197] Hauschildt selbst stellt sich dieser Frage (*Hauschildt* 1996, 390f.). Die Profes-sionalität, so Hauschildt, sei erforderlich, um die theologischen/therapeutischen Sequenzen bewusst nutzen zu können. Eine Gefahr der völligen Nivellierung zum Alltagsgespräch könnte meines Erachtens z.b. auch darin bestehen, dass Rollenun-terschiede zu wenig beachtet werden und in Folge versäumt wird, damit professio-nell umzugehen. Dies muss umgekehrt nicht dem Priestertum aller Gläubigen wi-dersprechen, wenn man z.B. mit dem Ansatz der unterstellten Intersubjektivität arbeitet. Siehe diese Arbeit S. 318f. und öfter.

[198] Hauschildt führt für eine mögliche Unterscheidung vor allem das größere Handlungswissen »*über* den Alltag« und »*im* Alltag« ein, das Professionelle vom Laien unterscheidet (*Hauschildt* 1996, 393).

[199] Hauschildt setzt sich selbst mit dieser Frage auseinander (*Hauschildt* 1996, 385ff.).

[200] Um nur kurz ein paar Beispiele zu nennen: In der Integrativen Therapie wer-den alltagsnahe Gesprächsweisen bewusst eingesetzt, z.B. die »biografische Narra-

Folie seiner Darstellung der hohen Theorie der therapeutischen Seelsorge sich ausschließlich auf solche Ansätze bezieht, die entweder von der Psychoanalyse nach Freud oder der Gesprächstherapie nach Rogers geprägt sind.[201] Die Defizite an Therapie, die er dann in den alltagsnahen Transkripten diagnostiziert, werden ausschließlich an dieser Folie gemessen. Die Vielfalt und Weiterentwicklung von therapeutischen Verfahren, auch deren – zugegebenermaßen noch zögerliche – Rezeption in der Seelsorge, bleiben völlig außen vor. Insofern wird man auch den in der vorliegenden Arbeit favorisierten Ansatz der lösungsorientierten Verfahren bei Hauschildt nicht finden. Doch gerade hier gäbe es interessante Überschneidungen zur »Alltagsseelsorge«,[202] z.B. in der professionellen Handhabung von Smalltalk. Genausowenig wird bei Hauschildt bewusst netzwerkorientiertes Vorgehen als professionelle Option herausgearbeitet, obwohl Geburtstagsbesuche gar keine so schlechte Gelegenheit für seelsorgerliche Netzwerkinterventionen sein könnten.[203]

1.3.2.3 Michael Klessmann: Pastoralpsychologie und Seelsorge

Das Seelsorgekonzept Michael Klessmanns wird in zwei Lehrbüchern entfaltet, die im Abstand von vier Jahren erschienen sind. Im 2004 erschienenen Lehrbuch zur Pastoralpsychologie wird das Thema Zeit im Zusammenhang mit Seelsorge an einigen Stellen kurz aufgegriffen.[204] Seelsorge hat kein festes Setting, also auch keinen festen Zeitrahmen. Darin liegen Chance und Schwierigkeit zugleich.[205] Dies wird jedoch

tion« (*Petzold* 1993, 901ff.; speziell bei der Arbeit mit alten Menschen, S. 882ff.). In lösungsorientierten Verfahren erhält Smalltalk eine wichtige professionelle Funktion. (Siehe diese Arbeit S. 129 und öfter. Für die in dieser Arbeit entwickelte Kurzzeitseelsorge siehe S. 299f.). Deutungen und Spiegelungen hingegen finden sich dort gar nicht mehr. Auch im NLP wird alltagsnahes Gesprächsverhalten analysiert und dessen »Trance«-Potential bewusst eingesetzt. (Siehe diese Arbeit S. 116 und 119f.).

[201] *Hauschildt* 1996, 230ff. – Hauschildt referiert unter therapeutischer Seelsorge vor allem Scharfenberg und Stollberg, und einige wenige andere. Für Hauschildt ist pastoralpsychologische Seelsorge festgelegt auf »Gespräche über Konflikte und deren Bearbeitung.« Wobei er im Wesentlichen analytisch orientierte Pastoralpsychologie im Blick hat, die mit »Übertragung« und »Deutung« arbeitet. Seelsorge bezahle das, so Hauschildt, mit »Ununterscheidbarkeit« von anderen therapeutischen Gesprächen (*Hauschildt* 1996, 65f.). Dass er auf S. 141 die »Defizite an Therapie« nur nach Rogers diagnostiziert, scheint mir doch einen gewissen Anachronismus darzustellen.

[202] Was Hauschildt selbst ahnt, in einer Fußnote (*Hauschildt* 1996, 379) kurz anmerkt, aber ansonsten nicht weiter vertieft.

[203] Und sei es z.B. nur die schlichte Einladung in den Seniorenkreis. Auch andere Formen sozialer Unterstützung im Rahmen des Netzwerkes Gemeinde könnten bei solchen Anlässen anberaumt werden.

[204] Das Stichwort »Zeit« fehlt jedoch im Stichwortverzeichnis.

[205] *Klessmann* 2004, 430.

nicht explizit aufgegriffen und thematisiert oder unter methodischen Gesichtspunkten reflektiert. Kurzzeittherapeutische Ansätze sind in diesem Lehrbuch noch nicht im Blick. Die Unstrukturiertheit der Seelsorgesituation wird als Problem markiert, ein klarer Zeitrahmen wäre wünschenswert, ist aber oft nicht realisierbar.[206] Die Verantwortung für Ort und Zeit bleibt dennoch oder gerade deshalb beim Seelsorger.[207]

Explizit wird das Thema »soziales Netzwerk« als eigenes Thema im Sinne einer Ressource im Lehrbuch nicht behandelt.[208] Wenngleich über systemische Perspektiven zum Teil implizit das Thema mit anklingt.[209] In Bezug auf Gemeinde wird der Gedanke eines stützenden Netzwerkes dann jedoch sogar ausführlicher entfaltet, wenngleich mit ganz anderer Begrifflichkeit.[210] Der Mensch ist angewiesen auf ein »tragend-schützendes Selbst-Objekt-Milieu« (Heribert Wahl),[211] das als ein »redemptives Milieu« die Möglichkeit bietet, dass »Menschen einander wechselseitig als gute Selbst-Objekte in Gebrauch nehmen.«[212] In der fragmentierten Lebenswelt der Moderne kann hier Gemeinde sogar eine besondere Bedeutung zukommen: »Wenn traditionelle Familienstrukturen zerbrechen, die Einzelnen verstärkt vor der Notwendigkeit stehen, sich selbst Halt gebende und zugleich frei lassende Netzwerke zu suchen, dann wird die Bedeutung einer sich als Ensemble von Gruppen verstehenden Gemeinde offenkundig.«[213] Wobei es nicht die Gemeinde als solche ist, sondern die vielfältigen Gruppen in ihr, die das anbieten können.[214] Die Netzwerkperspektive taucht – vermittelt über die Integrative Therapie – nochmals in der seelsorgerlichen Diagnostik auf. Hier empfiehlt Klessmann mit den fünf »Säulen der Identität« zu arbeiten, bei der auch das »Beziehungsnetz« als eine eigene »Säule« im Blick ist.[215]

In Klessmanns 2008 erschienenen Seelsorgelehrbuch taucht jetzt die professionelle Perspektive auf die Kürze der Zeit als methodisch zu integrierender Faktor zum ersten Mal explizit auf, auch wenn sie weitgehend dem Beitrag über Kurzzeittherapie geschuldet ist.[216] Alle ande-

---

[206] *Klessmann* 2004, 477.
[207] *Klessmann* 2004, 480.
[208] Das Stichwort »Netzwerk« fehlt auch im Stichwortverzeichnis. Vorhanden sind aber die Stichworte »Milieu«, »Gemeinschaft« und »Gemeinde«.
[209] Z.B. *Klessmann* 2004, 86ff.
[210] *Klessmann* 2004, 249ff.
[211] *Klessmann* 2004, 254.
[212] *Klessmann* 2004, 255.
[213] *Klessmann* 2004, 596.
[214] *Klessmann* 2004, 595.
[215] *Klessmann* 2004, 475.
[216] *Klessmann* 2008, 100, 288ff.

ren therapeutischen Referenzverfahren sind üblicherweise mehr oder
weniger zeitintensiv. Insgesamt bleibt beim Lesen darum der überwiegende Eindruck, dass viel Zeit zu haben doch eine eigentlich notwendige, zumindest wünschenswerte Voraussetzung für Seelsorge ist. Das
wird besonders deutlich hervorgehoben bei der Begleitung suizidge-
fährdeter Menschen oder Trauernder.[217] Die Kürze der Zeit kommt so
durchaus eher als beklagenswerter Zeitmangel in den Blick, zum Teil
strukturell bedingt,[218] weniger als methodisch zu nutzende und zu op-
timierende Möglichkeit, die auch ganz eigene Chancen enthält.
Gleichwohl bleibt Michael Klessmanns Seelsorgelehre in zeitlicher
Hinsicht nicht unabgegrenzt. Für ein Seelsorgegespräch empfiehlt er
einen klaren Zeitrahmen von 30–45 Minuten, als Höchstgrenze 60 Minuten. Die Grenze gilt nicht für Trauernde und Sterbende. In allen anderen Fällen ist es sinnvoll, einen weiteren Termin zu vereinbaren.[219]
Eine realistische Wahrnehmung der Zeitbegrenzung in der Gemeindeseelsorge auf struktureller Ebene wird auch sichtbar in der Empfehlung
zur Prioritätensetzung für bestimmte Seelsorgeaufgaben, wobei die
komplette Prioritätenliste auch wieder ein beachtliches Zeitpensum
erfordern würde. Auch hier, und das ist wohl auch die Intention
Klessmanns, muss nochmals ausgewählt und/oder an Ehrenamtliche
delegiert werden.[220] Nicht nur an dieser Stelle, sondern insgesamt
kommt auf diese Weise Gemeinde nicht nur als Objekt der Seelsorge,
sondern auch als deren ›Subjekt‹ in den Blick.[221]

Seelsorge ist nach Klessmann ein Auftrag der ganzen Gemeinde.[222]
Insbesondere durch Beauftragung und Schulung von Ehrenamtlichen
gilt es diesen Auftrag wieder stärker zu entwickeln, um gegenüber einer historisch gewachsenen einseitigen Veramtlichung der Seelsorge
im Pfarramt eine notwendige Korrektur vorzunehmen. Eine Korrektur,
die aber auch durch finanziell bedingte Strukturveränderungen notwendig werden wird.[223] Neben ehrenamtlich semi-professioneller
Seelsorgearbeit gehört selbstverständlich auch ganz elementare spontane Seelsorge[224] unter Brüdern und Schwestern zum seelsorgerlichen
Subjektsein einer Gemeinde, wenn man ernsthaft vom Priestertum aller Gläubigen sprechen möchte. Es bleibt hier allerdings eine ambivalente Spannung einmal zur gesellschaftlichen Individualisierung und

---

[217] *Klessmann* 2008, 399ff. – »Die Seelsorge-Person muss dann Zeit haben.« (S.
400) und »eine Beziehung zu den Betroffenen aufzubauen« (411ff.), was m.E. einen längeren Prozess, also mehr Zeit impliziert.
[218] *Klessmann* 2008, 172f., 343, vgl. dazu auch 149.
[219] *Klessmann* 2008, 128.
[220] *Klessmann* 2008, 349.
[221] *Klessmann* 2008, 346.
[222] Zum Folgenden *Klessmann* 2008, 151ff.
[223] Siehe dazu auch *Klessmann* 2008, 20.
[224] Siehe dazu auch *Klessmann* 2008, 50ff.

dann besonders auch zu einer um der Qualität willen notwendigen Professionalisierung von Seelsorge.

Auffällig ist, dass im Seelsorgelehrbuch der »Seelsorge in der Gemeinde« im Sinne praktisch relevanter Arbeitsbereiche doch nur ein vergleichsweise kurzer Abschnitt zukommt.[225] Vielleicht liegt es daran, dass dieser Arbeitsbereich unter § 11 Spezielle Seelsorge im Unterkapitel »Seelsorge in Institutionen« aufgeführt wird. Wenn Gemeinde nicht nur »kirchliche Institution«, sondern wirklich ›Subjekt‹ von Seelsorge und zugleich ihr ursprünglicher Ort ist, könnte man diese Platzierung und Gewichtung zumindest hinterfragen. Andererseits spiegelt sich darin vielleicht auch die Tatsache, dass professionelle Seelsorge doch stark in die Arbeitsgebiete der Funktionspfarrämter ausgewandert ist. Diese Dominanz der Seelsorge in Funktionspfarrämtern gegenüber Gemeindeseelsorge zeigt sich übrigens ganz analog dazu auch in der Deutschen Gesellschaft für Pastoralpsychologie (DGfP).[226]

Der für die Fragestellung meiner Arbeit wichtige Bezug auf die Einbettung des Individuums in soziale Netzwerke findet sich bei Klessmann beinahe durchgängig. Das Thema soziales Netzwerk zieht sich wie ein roter Faden durch das Buch, besser gesagt vielleicht wie eine Silberader, die regelmäßig immer mal wieder an der Oberfläche aufblitzt.[227] Das Individuum wird nicht isoliert betrachtet, sondern er-

---

[225] *Klessmann* 2008, 345ff. – Seelsorge in der Gemeinde wird auf etwa 4 Seiten behandelt, Krankenhausseelsorge auf 15 Seiten, Gefängnisseelsorge auf 7 Seiten. – Man könnte darauf verweisen, dass auf Seelsorge in der Gemeinde auch im ganzen Buch immer wieder referiert wird, aber das gilt auch für die Seelsorge in Krankenhäusern usw.

[226] So z.B. Jürgen Ziemer: »Ich habe den Eindruck, dass die ganze Frage der Gemeindeseelsorge in der DGfP unzureichend im Blick ist.« (*Ziemer* 2009, 137). Eine – gegenüber Klessmann – deutlichere Gewichtung auf Gemeindeseelsorge nimmt dagegen Jürgen Ziemer selbst in seiner eigenen »Seelsorgelehre« vor (*Ziemer* 2000). Spezielle Seelsorge gilt ihm als Ergänzung der Gemeindeseelsorge. (S. 124, 329). Im Blick ist i.d.R. die Berufsperspektive des Gemeindepfarrers (z.B. S. 280). Dass Gemeinde auch ›Subjekt‹ der Seelsorge sein kann, wird gelegentlich angedeutet (S. 14, 122ff.; historisch: S. 61f, 67f.). Die beispielhaft genannten »Lebensäußerungen der Gemeinde« sind jedoch fast alle pastorale Arbeitsfelder (S. 123f.). So wundert es nicht, dass trotz der hohen Wertschätzung der Gemeinde sich bei Ziemer keine explizite Netzwerkperspektive auf die Gemeinde als soziale Ressource findet (Ausnahme S. 247 in Bezug auf den Glauben). Kontexte erscheinen nur in ihren negativ determinierenden Aspekten (S. 141f., 159). Und auch die Zeitfrage ist eigentlich immer nur unter dem Gesichtspunkt erwähnt, dass »mehr Zeit« oder »viel Zeit« erforderlich wäre (z.B. 205, 256, 266, 281, 313, 319, 326). Kurzzeittherapeutische Verfahren sind gar nicht im Blick.

[227] Die Begriffe »(soziales) Netz«, »(soziales) Netzwerk«, »Beziehungsnetz« finden sich in *Klessmann* 2008 auf S. 97, 107ff., 139, 172, (179), 222, 251, 400,

scheint zwingend auf dem Hintergrund seines sozialen Netzes.[228] Seelsorge hat die Aufgabe, auch im Hinblick auf die persönlichen sozialen Netze förderlich zu wirken,[229] ja kann selbst zu einem Teil eines solchen Netzes werden.[230] Doch in der Seelsorgelehre Klessmanns wird nicht nur auf persönliche (egozentrierte) Netzwerke Bezug genommen, sondern es taucht mehrfach auch der Gedanke auf, dass Gemeinde eine soziale Netzwerkfunktion haben oder durch ihre Gruppen und Kreise eine solche Ressource anbieten könnte.[231] Zum Beispiel auch in der leider etwas aus der Mode gekommenen Gruppenseelsorge, in der eine kirchliche Encountergruppe sich bewusst als soziale Ressource etabliert.[232] Eine explizite theoretische Auseinandersetzung mit Netzwerkkonzepten findet sich aber nicht.[233] Dennoch ist für die Seelsorgelehre Klessmanns klar, dass der Einzelne auf dem Hintergrund seiner Netzwerke zu sehen ist, und dass auch Gemeinde hier eine möglicherweise hilfreiche Rolle spielen kann.

So lässt sich zusammenfassend sagen, dass bei Michael Klessmann Gemeinde als soziale Ressource durchaus im Blick ist, wenngleich – fast im Widerspruch dazu – die Seelsorge in ihrer professionellen Gestalt deutlich mehr in Bezug auf ihre funktionalen übergemeindlichen Aufgaben entfaltet wird. Neben einer starken Gewichtung klassischer therapeutischer Referenzverfahren findet sich aber auch ein erster Ausblick auf kurzzeittherapeutische Ansätze.

1.3.2.4 Eike Kohler: Seelsorge als Rhetorik

In seiner 2006 veröffentlichten Dissertation »Mit Absicht rhetorisch« eröffnet Eike Kohler eine zunächst ungewöhnlich anmutende Perspektive auf die Seelsorge. Für ihn ist Seelsorge ein kommunikatives Geschehen vor allem sprachlicher Art, das mit den Mitteln der Rhetorik dargestellt, analysiert und geplant werden kann. Damit versucht er eine Art Metaposition sowohl gegenüber der kerygmatischen als auch der therapeutischen Seelsorge einzunehmen.[234] Weder das therapeutische Anliegen des einen Ansatzes noch das verkündigende des anderen sol-

---

406, 411, 412, 427. Verwandte Begriffe:»soziale Systeme«, S. 14;»haltgebendes Milieu«, S. 346;»soziale Ressourcen«, S. 401. Schade ist, dass sich dieser doch relativ häufig vorkommende Begriff nicht im Stichwortverzeichnis findet, abgesehen von dem mit einem einzigen Seitenverweis versehenen Begriff»Vernetzung«.

[228] *Klessmann* 2008, 251.

[229] *Klessmann* 2008, 222.

[230] *Klessmann* 2008, 139.

[231] *Klessmann* 2008, 97, 172, 346. Vgl. auch S. 106: Gemeinde als »community of care«.

[232] *Klessmann* 2008, 108.

[233] Von einer kurzen Referenz abgesehen. *Klessmann* 2008, 107f.

[234] *Kohler* 2006, 79f.

len aufgegeben werden, sondern in ihren berechtigten Elementen aufgehoben werden in einer Seelsorge, die als sprachlich vermittelte Wiederherstellung beziehungsweise Selbstvergewisserung christlicher Gemeinschaft verstanden wird.[235] Im Unterschied zur therapeutischen Seelsorge entfällt die einseitige Problemorientierung. Im Unterschied zur kerygmatischen Seelsorge entfällt die einseitige Verkündigung. Es geht um einen Dialog, in dem beide Gesprächspartner sich einander annähern und versuchen Übereinkunft zu erzielen und damit Gemeinschaft herzustellen. Der Seelsorger ist dabei der Fachmann für die christliche Wirklichkeitsdeutung, der Seelsorgepartner für seine Lebenserfahrung.[236] Im rhetorischen Abgleichprozess sind beide Gesprächspartner gleichberechtigt und *beide* sind den Veränderungsrisiken eines solchen Gesprächs ausgesetzt,[237] der seelsorgerliche Gesprächspartner für seine Wirklichkeitsdeutung, der Seelsorger stellvertretend für die Institution Kirche und die christliche Gemeinschaft. Er muss für die christliche Wirklichkeitsdeutung eine überzeugende Adaptionsleistung auf die Lebenssituation des Gesprächspartners erbringen – und wird dabei nicht umhin kommen, auch die christliche Wirklichkeitsdeutung adaptiven Veränderungsimpulsen auszusetzen, die auf das in der christlichen Kirche gemeinsam getragene Verständnis des christlichen Glaubens zurückwirken werden.[238] Eine einseitig autoritative Verkündigung verbietet sich nach Kohlers Verständnis, weil sie dem dialogisch gleichwertigen Abgleichprozess nicht gerecht wird. Der Seelsorgesuchende auf der anderen Seite hat die Chance, in einem Seelsorgegespräch seine Lebenssituation im Lichte des christlichen Wirklichkeitsverständnisses neu zu sehen und so zu einer (wieder) tragfähigen christlichen Lebensgewissheit zu finden. Im gelingenden Fall wird dadurch Gemeinschaft (wieder) hergestellt, die aber eben beide Seiten verändern kann. Dezidiert therapeutische Seelsorge oder auch Psychotherapie wird den Gesprächspartnern zugedacht, deren

---

[235] Kohlers Grundthese lautet: »Seelsorge ist Aufrechterhaltung oder Wiederherstellung von christlicher Gemeinschaft mit den Mitteln rhetorischer Kommunikation.« (*Kohler* 2006, 17). Diese These wird dezidiert erläutert in folgenden Abschnitten: *Kohler* 2006, 75ff. und 107f. sowie in *Kohler* 2007, 477ff. Kohler spitzt seinen Ansatz an einer Stelle auf folgende Antithese zu: »Die vorliegende Arbeit beschreibt ... Seelsorge nicht primär von ihrer Funktion auf das Individuum her, sondern wählt ihre Funktion für die Kirche zum Ausgangspunkt. Ihr Interesse gilt deshalb vor allem der Gemeinschaftsorientierung von Seelsorge.« (*Kohler* 2006, 74).
[236] *Kohler* 2006, 108.
[237] »Der christlichen Tradition kommt dabei nur eine relative Vorrangstellung zu.« (*Kohler* 2006, 78). Das heißt, der Seelsorger muss sich mehr oder weniger gleichrangig mit lebensweltlicher und damit häufig nicht kirchlich gebundener Religiosität auseinandersetzen (S. 76ff.), mit dem Risiko, dass dies die christliche Wirklichkeitsdeutung zu Anpassungsleistungen zwingt und zu »Weiterentwicklung der bestehenden Erzählungen« führt (S. 78).
[238] *Kohler* 2006, 101.

psychische Beschaffenheit eine gesprächsweise Herstellung von Gemeinschaft nicht mehr ermöglicht.[239]

Die rhetorische Perspektive verbindet Kohler zugleich mit einem konsequent ekklesiologischen Ansatz. Die Kirche respektive die Gemeinde ist der Ort, an dem seelsorgerliche Sprechakte stattfinden,[240] ja Gemeinde ist recht eigentlich gesehen Subjekt der Seelsorge.[241] Diese Subjektposition der Gemeinde wird sowohl durch professionelle wie nicht-professionelle Glieder der christlichen Gemeinschaft realisiert.[242] Seelsorge ist dabei ein Sonderfall der sprachlich vermittelten Selbstvergewisserung der christlichen Identität in der Wechselhaftigkeit des Daseins.[243] Die durch Widerfahrnisse des Lebens brüchig gewordene christliche Lebensgewissheit wird durch dialogischen Abgleich im Seelsorgegespräch wieder in soweit neu hergestellt, dass gemeinschaftliche Glaubensgewissheit sowohl für den Einzelnen wie für die Gemeinschaft wieder tragfähig wird.[244]

Gemeinde kommt dabei nicht so sehr als empirisches soziales Netz in den Blick, sondern vielmehr, so könnte man sagen, als rhetorisches Netzwerk sprachlich vermittelter Gemeinschaft, insbesondere hinsichtlich geteilter Wirklichkeitsdeutung und der darüber vermittelten Gewissheit.[245] Das trifft zwar gewisse Teilaspekte der empirischen Netzwerkforschung, insbesondere den Aspekt des kognitiv vermittelten Zugehörigkeitsgefühls.[246] Insgesamt bleibt Gemeinde bei Kohler aber eher eine – überspitzt gesagt – ekklesiologische Begriffsbildung denn eine empirische Realität. Der ekklesiologische Begriff, den Kohler vor allem in Anlehnung an Reiner Preul und dessen Rezeption von Artikel 7 der Confessio Augustana formuliert,[247] dient zwar dazu, eine recht

---

[239] *Kohler* 2006, 83, 126.
[240] Das ist sozusagen ein Spezialfall der »Kommunikation des christlichen Wirklichkeitsverständnisses«, als dessen Institutionalisierung Kohler (mit Bezug auf Preul) Kirche versteht (*Kohler* 2006, 47).
[241] *Kohler* 2006, 38f., *Kohler* 2007, 476, jeweils mit Bezug auf Rudolf Bohren.
[242] *Kohler* 2007, 479f.
[243] *Kohler* 2006, 77.
[244] Die Mindestbedingung von der im Seelsorgegespräch anzustrebenden Übereinstimmung bemisst sich gemäß CA 7 nach der »Zustimmung zu einer antimeritorischen Verkündigung des Evangeliums ... und zu den Sakramenten Taufe und Abendmahl als Zeichen und Ausdruck dieser Verkündigung.« (*Kohler* 2006, 78).
[245] »Gemeinde ist in besonderer Weise ein Ort, an dem die persönliche Lebensgewissheit in Beziehung steht mit der persönlichen Lebensgewissheit anderer, ein Ort, an dem in der Überschneidungsfläche persönlicher Gewissheiten geteilte Gewissheit zum Ausdruck kommt.« (*Kohler* 2007, 478).
[246] Vgl. dazu z.B. die Kategorien des sozialen Rückhaltes nach House, insbesondere den »Rückhalt durch Anerkennung«. Siehe diese Arbeit S. 211f.
[247] *Kohler* 2006, 42ff. – In einem Satz zusammengefasst spricht Kohler von der »ekklesiologischen Bestimmung von Kirche als Gemeinschaft von Menschen, die

offene und weite Idee von christlicher Gemeinde zu ermöglichen, hilft aber nicht unmittelbar, die realen Ressourcen gegebener Gemeinden zu erfassen. Dasselbe gilt für seinen Vorschlag einer philosophischen und soziologischen Anbindung des Gemeinschaftsbegriffes.[248] Zwar sieht Kohler offensichtlich deutlicher als viele andere, dass Seelsorge in mehrfacher Hinsicht von den Ressourcen einer Gemeinde lebt,[249] er konzentriert sich dann aber auf die Entfaltung der im Raum einer Gemeinde rhetorisch ausgehandelten Ressourcen, und das ist für ihn vor allem Lebensgewissheit.[250] Hier sieht er auch die zentrale Aufgabe der Seelsorge: »Seelsorge [dient] dazu, durch das Aushandeln von gemeinsamen Deutungen im Gespräch zu neuer Gemeinsamkeit zu gelangen, um ein Auseinanderbrechen der Gemeinschaft zu verhindern.«[251] Seelsorge in diesem Sinne betreiben alle Gemeindeglieder, und – darauf aufbauend – dann auch die ehren- und hauptamtlich Beauftragten.[252] Auf indirekte Weise ist aber dann doch auch punktuell die Netzwerkperspektive im Blick, wenn er darauf hinweist, dass die institutionalisierten Formen der Seelsorge[253] ein »besonderes Angebot für diejenigen dar[stellen], die nicht über ein tragfähiges soziales Netzwerk im Privatbereich verfügen.«[254] Der Gedanke wird allerdings nicht weiter entfaltet. So hinterlässt Kohler den Eindruck einer Diskrepanz zwischen einer beinahe idealisierenden Hochschätzung von Gemeinde und Gemeinschaft und einer kaum vorhandenen Auseinandersetzung mit deren empirischer Realität, geschweige denn mit deren Ambivalenzen.

Eine Stärke von Kohlers Ansatz besteht zweifellos darin, dass er mit der Rhetorik in die Seelsorge ein dort noch wenig beachtetes Wissens-

nach lutherischem Verständnis ... über Kommunikation konstituiert ist, nämlich die Kommunikation des Evangeliums, also der Botschaft von der Rechtfertigung des Sünders als Voraussetzung für das erhoffte gelingende Leben im Reich Gottes.« (*Kohler* 2006, 75f.).

[248] Kohler versteht Gemeinschaft dabei als Ensemble von »Wir-Gemeinschaften« (im Sinne von Udo Tietz) beziehungsweise als »arrangierte Vergemeinschaftung« (im Sinne von Heinz Sprang), die mittels (z.B. in Seelsorge kommunizierten) »Symbolisierungen« zusammengehalten wird, und auf diese Weise sowohl das theologische Kriterium der »communio sanctorum« verwirklicht, als auch das menschliche Bedürfnis nach einer »Balance zwischen Gesellschaft und Gemeinschaft«. (*Kohler* 2006, 64f.).

[249] »Seelsorge braucht Gemeinde ... aus materiellen Gründen ... als personelle Ressource ... aber auch als ideelle Ressource.« (*Kohler* 2007, 474).

[250] *Kohler* 2007, 477ff.

[251] *Kohler* 2007, 476. Der Seelsorge, so Kohler an anderer Stelle, »fällt ... die Aufgabe zu, im Gespräch über das, was in der Gemeinschaft als gelingendes Leben gilt bzw. gelten soll, Übereinstimmung zu erzielen.« (*Kohler* 2006, 77).

[252] *Kohler* 2007, 476f. in Anlehnung an *Steck* 1987.

[253] Interessanter Weise nicht die Gemeinde als solche!

[254] *Kohler* 2007, 480.

gebiet einträgt, ein Wissensgebiet, das zugleich ein Bindeglied schafft zu allen Formen kirchlicher Kommunikation. Und es ist sicher ein berechtigtes Desiderat, die Möglichkeiten der Rhetorik in der Seelsorge zukünftig stärker einzubeziehen, auch und gerade in therapeutische Seelsorge. Damit trifft sich seine Perspektive mit der insbesondere in der Kurzzeittherapie[255] besonders hohen Bedeutung exakter sprachlicher Formulierungen bis hin zu Standardformulierungen,[256] die dort unter dem Einfluss der Hypnose entwickelt wurden,[257] aber z.t. auch direkt aus sprachwissenschaftlichen Theorien.[258] Auch wenn Kohler selbst die Affinität seines Ansatzes zur Kurzzeittherapie betont,[259] bleibt eine explizite Reflexion auf die Kürze der Zeit und die damit gegebenen methodischen Implikationen außen vor. Allerdings bietet er, ähnlich wie Hauschildt, aber darüber hinausgehend mit Bezug auf die Herstellung von Gemeinschaft, eine plausible Erklärung für die Funktion von Smalltalk.[260]

1.3.2.5 Doris Nauer: Seelsorge als ganzheitliche Sorge

Die katholische Theologin und Medizinerin Doris Nauer bringt – vielleicht unter anderem auch aufgrund ihres katholischen Hintergrundes[261] – einen sehr weitgefassten Seelsorgebegriff ins Gespräch. Seelsorge ist »ganzheitliche Sorge um die komplexe und ambivalente Seele Mensch«.[262] Eine rein pastoralpsychologisch orientierte Seelsorge wäre aus ihrer Sicht eine Engführung. Umgekehrt ist aber eine solche pastoralpsychologische Seelsorge ein ganz wesentlicher und unverzichtbarer Bestandteil von Seelsorge. Eine rein am Individuum orientierte Seelsorge wäre ebenfalls eine Engführung, genauso wie eine sich rein auf das Religiöse beschränkende Seelsorge, und doch ist beides zugleich ein unverzichtbares Element jeglicher Seelsorge. Damit nimmt sie in der sich zum Teil polarisierenden Seelsorgediskussion eine interessante Position ein, die weder einer Abkehr von der Pastoralpsycho-

---

255 *Kohler* 2006, 132ff.
256 Vgl. z.B. die Standardinterventionen de Shazers (diese Arbeit S. 133) mit der Idee Kohlers, dass mit Hilfe der Rhetorik »für bestimmte häufig wiederkehrende ›Standardsituationen‹ mögliche Redebeiträge bis in die sprachliche Ausformulierung hinein vorausgeplant ...« werden können (*Kohler* 2006, 141).
257 So durch Erickson und die auf ihn zurückgehenden Verfahren wie insbesondere NLP, lösungsorientierte Kurzzeittherapie und hypnosystemische Therapie. – Zu Rhetorik in der Kurzzeittherapie siehe ganz grundsätzlich *Nardone* 1999.
258 NLP entwickelt einen großen Teil der eigenen Theorie in der Rezeption der Transformationsgrammatik. Siehe diese Arbeit S. 112.
259 *Kohler* 2006, 134. – Kohler hat allerdings nur das eher strategische Vorgehen von Paul Watzlawick im Blick, insbesondere das Umdeuten (S. 132ff.).
260 *Kohler* 2006, 257f., im Anschluss an Hauschildt.
261 *Nauer* 2007, 55ff.
262 *Nauer* 2007, 224.

logie noch irgendwelchen anderen z.b. religiösen Zuspitzungen das Wort redet,[263] sondern dazu auffordert dies alles, und noch erheblich mehr, als als sich ergänzende Teilaspekte einer »multidimensionalen Seelsorge« zu sehen.[264]

Diesen komplexen und umfassenden Seelsorgebegriff als Sorge um den ganzen Menschen mit allen seinen Lebensaspekten begründet sie in Auseinandersetzung mit dem biblischen Seelenbegriff,[265] sowie dem damit zusammenhängenden christlichen Gottes- und Menschenbild.[266] Im Unterschied zu einem das Abendland prägenden neuplatonisch dualistischen Seelenverständnis,[267] ist Seele, so Nauer, aus biblischer Sicht die umfassende Bezeichnung für den ganzen Menschen mit all seinen Dimensionen.[268] Seele, das ist der Mensch in seiner Ganzheitlichkeit. Seele, das ist der Mensch als Körper-Seele-Geist-Wesen in einem natürlichen, kulturellen, sozialen und historischen Kontext. Als solcher ist er Gegenüber Gottes, ihm positiv zugeordnet als Geschöpf, Ebenbild, Bündnispartner, aber zugleich der Endlichkeit und Vergänglichkeit unterworfen, immer also auch Fragment. Als solcher ist er, obwohl von Gott durch Sünde getrennt, dennoch das Ziel von Gottes Liebes- und Erlösungswillen. Nur in all diesen Dimensionen ist der Mensch ganz erfasst, bleibt dennoch ambivalent und letztlich ein unergründliches Geheimnis.[269]

Trotz zugestandener problematischer Konnotationen des Wortes »Seele« und des eng damit verbundenen Wortes »Seelsorge« in normalen umgangssprachlichen Gebrauch (z.B. Leibfeindlichkeit, Schuldfixierung, Klerikalisierung)[270] erscheint ihr diese Rückbesinnung auf den ganzheitlichen biblischen Seelenbegriff unverzichtbar, um eine zeitgemäße und zugleich traditionsverwurzelte Seelsorge glaubwürdig begründen zu können.[271]

Aus diesem Seelenbegriff leitet Nauer eine komplexe multidimensionale Seelsorge ab.[272] Seelsorge hat drei Dimensionen, die sich gegen-

---

263 *Nauer* 2007, 21: »Mein Anliegen ist es vielmehr, unfruchtbare Grabenkämpfe zwischen biblisch-evangelikal, pastoralpsychologisch oder diakonisch-interkulturell orientierten KonzeptvertreterInnen zu überwinden, denn: Aus theologischen Gründen sind die verschiedenen Zugänge zu Seelsorge nicht länger gegeneinander ausspielbar. Im Widerstreit bedürfen sie vielmehr einander ...«.
264 *Nauer* 2007, 224ff.
265 *Nauer* 2007, 39ff.
266 *Nauer* 2007, 70ff sowie 110ff.
267 *Nauer* 2007, 38.
268 Zum Folgenden siehe *Nauer* 2007, 115ff.
269 Zusammengefasst nochmals im Schaubild: *Nauer* 2007, 147.
270 *Nauer* 2007, 56ff.
271 *Nauer* 2007, 15f., 67ff.
272 Zum Folgenden siehe *Nauer* 2007, 150ff.

seitig ergänzen: 1. Die mystagogische Dimension, die der Tatsache gerecht werden soll, dass der Mensch »Geist« ist, und insofern die spirituelle Dimension unverzichtbar zu seinem Wesen dazugehört. 2. Die pastoralpsychologisch-ethische Dimension, die ernst nimmt, dass der Mensch als »Körper« und »Psyche« körperliche und seelische Not leiden kann, die Fürsorge erfordert. 3. Die diakonisch-prophetische Dimension, die im Blick hat, dass der Mensch in sozialen und gesellschaftlichen Kontexten lebt, die hilfreich oder destruktiv sein können. Der Seelsorger engagiert sich für den Menschen in all diesen Dimensionen, wird also für Menschen zum Wegbegleiter seiner Gottsuche, zum kompetenten Gesprächspartner in seelischen Nöten und ethischen Herausforderungen, sowie zum Sozialarbeiter, Netzwerkförderer und Strukturkritiker. Die Gefahr der damit möglichen Überforderung von Menschen, die Seelsorge ausüben, sieht Nauer selbst, begegnet ihr aber durch die Aufforderung zur reflektierten und bewussten Prioritätensetzung.[273] Niemand muss das ganze Spektrum einer multidimensionalen Seelsorge in Person selbst erfüllen, aber dennoch sollen alle Aspekte im Blick bleiben, um dem Menschen in seiner komplexen Ganzheitlichkeit gerecht zu werden.

Im Zusammenhang dieser Arbeit ist hervorzuheben, dass Doris Nauer aufgrund ihres komplexen Ansatzes eben auch ganz deutlich den Blick auf die soziale Eingebundenheit des Menschen richtet,[274] sowohl was einschränkende und ungerechte Strukturen anbelangt, als auch, und das ist in der bisherigen Seelsorgeliteratur eher selten, was die unterstützende Funktion von sozialen Netzwerken anbelangt, auch und gerade von kirchengemeindlichen Netzwerken.[275] Ein Großteil der diakonisch-prophetischen Dimension von Seelsorge ist folglich mit der Stärkung vorhandener oder der Initiierung neuer Netzwerke beschäftigt.[276] Die real vorhandene Kirchengemeinde hat dabei eine wesentliche Schlüsselfunktion.[277] Sie stellt selbst ein Netzwerk dar, hat – nach innen gesehen – in sich viele kleinere Netzwerke und ist – nach außen gesehen – Teil eines größeren Netzwerkes. Auf allen Ebenen ist es Aufgabe des Seelsorgers als Netzwerkarbeiter tätig zu sein, der Netzwerke pflegt, fördert und initiiert, aber auch vorhandene Netzwerke miteinander verbindet. Der Seelsorger ist – im Sinne einer »Wächterfunktion«[278] – dafür verantwortlich, dass Gemeinden lebendige Netzwerke sind und Gemeinschaftserfahrungen ermöglichen.

273 *Nauer* 2007, 282ff.
274 *Nauer* 2007, 139ff.
275 *Nauer* 2007, 204ff.
276 *Nauer* 2007, 202ff., sowie 238ff.
277 *Nauer* 2007, 204ff.
278 *Nauer* 2007, 205.

Kritisch kann man dazu einwenden, dass Netzwerke in der Perspektive Nauers beinahe wie das Werkstück eines Seelsorgers wirken, jedenfalls wird die seelsorgerliche Verantwortung dafür sehr stark betont. Gemeinde wird auf diese Weise als eigenständiges Subjekt nicht wirklich gesehen, sondern gerät vielmehr in Gefahr, paradoxerweise auch in ihrer Netzwerkfunktion zum Objekt seelsorgerlicher Betreuung und Lenkung zu werden. Dass Seelsorge die Netzwerkperspektive und -verantwortung im Blick hat, ist auch Postulat dieser Arbeit, aber mehr als bei Nauer soll deutlich werden, dass reale Gemeinde immer auch Subjekt ihres eigenen Netzwerkcharakters ist, dem Seelsorge nicht nur leitend und fördernd gegenübersteht, sondern dessen Teil sie zugleich ist, und auf dessen Ressourcen sie zurückgreifen kann, ohne sie vorher alle geschaffen oder initiiert haben zu müssen.

Von dieser Gefahr einer einseitigen seelsorgerlichen Verantwortungslastigkeit einmal abgesehen, benennt Nauer sehr deutlich die möglichen positiven Netzwerkaspekte einer Kirchengemeinde[279] als 1. Glaubensgemeinschaft, 2. sozialer Lebensgemeinschaft, 3. Solidargemeinschaft und 4. Vernetzungsgemeinschaft (im Sinne eines Möglichkeitsraumes für Vernetzungsprozesse nach innen und außen). In allen vier Formen erleben Menschen die Verbundenheit mit anderen als unterstützende und hilfreiche Ressource. Allerdings, so muss man einschränkend hinzufügen, handelt es sich dabei nicht um empirische Erhebungen, sondern eher um programmatische Zuschreibungen. Dennoch öffnet Nauer damit den Blick auf reale Netzwerkressourcen, die man in empirisch vorhandenen Gemeinden suchen und – hoffentlich – auch in mehr oder weniger ausgeprägtem Ausmaß finden kann. Vielleicht hilft Nauer auf diese Weise, dass das, was man dann in realen Gemeinden vorfindet, aus seelsorgerlicher Perspektive nicht länger übersehen, sondern – in aller Unvollkommenheit – als wichtiger Aspekt von Seelsorge wertgeschätzt wird. Nauer überschreitet damit ganz deutlich eine individualistische Engführung von Seelsorge und schreibt den Gemeinden wichtige Netzwerkfunktionen zu, von der Seelsorge in mehrfacher Hinsicht profitieren kann, die aber auch aus seelsorgerlicher Sicht zu fördern sind, worauf Nauer etwas einseitig, wenn auch nicht völlig zu Unrecht, Wert legt.

Zum Schluss noch eine Anmerkung zum Thema »Zeit«. Dass die real vorhandene Begrenzung von Zeit auch für die Seelsorge ein Thema ist und sogar einen eigenen methodischen Zugang zu Seelsorge implizieren kann, ist bei Nauer im Grunde kein Thema. Die Grenzen der Zeit, eigentlich sind es eher die begrenzten Möglichkeiten des Seelsorgers, sind vor allem unter den Gesichtspunkt der Prioritätensetzung im

---

[279] *Nauer* 2007, 206ff.

Blick.[280] Begrenzte Zeit auch unter dem Aspekt der darin liegenden methodisch nutzbaren Chancen im Sinne der Kurzzeitseelsorge kommt allenfalls indirekt zur Sprache über den stichwortartigen Hinweis auf »strategische Gesprächsführungsmethoden« verbunden mit einem Verweis auf Timm H. Lohse in den Anmerkungen.[281]

Zusammenfassend bleibt zu sagen: Alles in allem ist es sicher ein Verdienst von Doris Nauer, mit einem komplexen Seelsorgebegriff eine Brückenfunktion anzubieten für die vielfältigen z.T. divergierenden Seelsorgeansätze. Besonders hervorzuheben ist der klare Einbezug der Netzwerkdimension und der ausführliche Verweis auf die Gemeinde als zentrale christliche Netzwerkressource, wenngleich ohne empirische Untermauerung. In dem klaren Bekenntnis zur ebenfalls notwendigen pastoralpsychologischen Qualifizierung von Seelsorge ist sie eher an den bisherigen Konzepten orientiert, während neue Erscheinungen wie Kurzzeitansätze nur ganz am Rande auftauchen.

1.3.3 Aktuelle Ansätze von Kurzzeitseelsorge

Zwei aktuelle Ansätze von Kurzzeitseelsorge sollen nun vorgestellt und daraufhin untersucht werden, inwieweit sie für die konkrete Gemeindeseelsorge tauglich sind. Neben praxisrelevanten Aspekten spielen auch die beiden zentralen Fragestellungen dieser Arbeit eine Rolle, also die Frage nach dem methodischen Umgang mit der Kürze der Zeit und die Frage nach der möglichen Netzwerkressource Gemeinde.

1.3.3.1 Christoph Morgenthaler und Gina Schibler: Religiös-existentielle Beratung

Christoph Morgenthaler[282] und Gina Schibler stellen in ihrem Buch »Religiös-existentielle Beratung« (2002) eine spezielle Form von Kurzzeitberatung vor, die eigens für die Beratung von Theologiestudierenden konzipiert wurde. Das Buch dokumentiert neben der Darstellung des Konzeptes zugleich die Durchführung von einigen religiös-existentiellen Beratungen mit Theologiestudierenden der Universität Bern, die sich für diese Beratung auf eine entsprechende Anzeige hin freiwillig gemeldet haben.

---

[280] *Nauer* 2007, 282ff.

[281] *Nauer* 2007, 261.

[282] Christoph Morgenthaler, dessen »Systemische Seelsorge« (*Morgenthaler* 1999) und dessen Seelsorgelehrbuch (*Morgenthaler* 2009) im vorausgehenden Kapitel durchaus auch eine eigene Darstellung verdient hätten, wird aufgrund des zusammen mit Gina Schibler vorgelegten Entwurfes einer Kurzberatung notwendig an dieser Stelle eingeordnet. Darin mag eine gewisse Rechtfertigung liegen, seine anderen Werke nur in einer etwas ausführlicheren Anmerkung zu würdigen (siehe diese Arbeit S. 72).

Mit diesen Theologiestudierenden führte Morgenthaler zusammen mit
seiner Assistentin Schibler eine von vorneherein auf sieben Stunden
pro Person festgelegte Beratungssequenz durch.[283] Bei einem wö-
chentlichen Turnus der ersten sechs Stunden folgte die abschließende
siebte Stunde in einem Abstand von mehreren Wochen. Die Theologiestudierenden hatten dabei die Gelegenheit, ein von ihnen gewünsch-
tes religiös-existentielles Thema zu bearbeiten, das in der ersten Stunde als Fokus der Gesprächsreihe festgelegt wurde. Morgenthaler und
Schibler treten als Beraterpaar auf, mit der Maßgabe, dass jeweils von
Stunde zu Stunde abwechselnd einer das Gespräch führt, und der andere als Co-Berater das Gespräch beobachtet.[284] In der ca. 5–10 minüti-
gen »meditativen Pause« kurz vor Ende der jeweiligen Beratungsstun-
de, verlassen die beiden Berater den Raum, um das bisherige Gespräch
miteinander auszuwerten, um passende (therapeutische, religiöse, existentielle) Hausaufgaben zu überlegen und um das Feedback vorzubereiten. Auch der Klient hat in dieser »meditativen Pause« die Gelegenheit, das bisherige Gespräch nochmals Revue passieren zu lassen. Danach trifft man sich zum Abschluss der Stunde, um ganz kurz und ohne vertiefendes Gespräch, das Resümee des Klienten zu hören, ein
Feedback zu geben und die Hausaufgaben vorzuschlagen.

Methodisch basiert das Konzept der religiös-existentiellen Beratung
auf vier verschiedenen Zugängen respektive Verfahren, die als vierfa-
cher Blickwinkel auf das Beratungsgeschehen gerichtet werden, ausdrücklich ohne den Anspruch, daraus entstehende Divergenzen harmonisieren zu wollen, wohl aber mit dem Anspruch, auf diese Weise eine
hilfreiche und bereichernde Mehrperspektivität zu erreichen. Dies soll
geschehen durch den Bezug auf psychoanalytische, systemische und
kunsttherapeutische Konzepte,[285] sowie – als viertes – durch den Einbezug einer gendersensibilisierten (feministischen) Hermeneutik.[286]

---

[283] *Morgenthaler Schibler* 2002, 9ff. – Das Setting der religiös-existentiellen Beratung wird unter dem Stichwort »Eckwerte« auf S. 10 in den wesentlichen Punkten zusammengefasst. Eine schematische Darstellung von »Prozessdynamik und
Themen religiös-existentieller Beratung« findet sich auf S. 85.
[284] Dies wird begründet mit den Vorteilen, die dies für den Beratungsprozess hat
(z.B. *Morgenthaler Schibler* 2002, 10). – Ohne diese Vorteile bestreiten zu wollen,
möchte ich doch fragen, ob dieser hohe personelle Aufwand (ein Professor und
eine promovierte Assistentin) nicht auch aus dem Forschungsinteresse heraus motiviert ist, und ob ohne eine solche zusätzliche Motivation (und den dahinterstehenden Finanzierungsressourcen) überhaupt sich die Bereitschaft zu solchem Be-
ratungsaufwand finden würde.
[285] *Morgenthaler Schibler* 2002, 37ff. Nochmals zusammenfasst auf S. 49.
[286] *Morgenthaler Schibler* 2002, 50ff. – Morgenthaler steht dabei vor allem für
den psychoanalytischen und systemischen Blick, Schibler für den kunsttherapeuti-
schen und gendersensibilisierten Blick im Sinne einer »kreativ-emanzipierenden
Seelsorge«. (*Morgenthaler Schibler* 2002, 39).

Die konsequente Beschränkung der Beratung auf sieben Stunden wird durch den Rückgriff auf Konzepte vor allem aus der psychoanalytischen und systemischen Kurzzeittherapie begründet, einschließlich deren teilweise bereits erfolgter Adaption in der US-amerikanischen Pastoralpsychologie.[287] Dabei werden diese Konzepte nicht in der Breite diskutiert, sondern eher stichwortartig vorgestellt im Hinblick auf deren Nutzen für die religiös-existentielle Beratung.[288] Die Ergebnisse der psychotherapieinternen Diskussion um wichtige Einzelaspekte kurzzeittherapeutischer Verfahren, etwa die zentrale Frage der zeitlichen Begrenzung, werden gestrafft dargestellt, um die entsprechende Fragestellung sogleich in den Bereich der Seelsorge hinüberzutragen.[289] Zwar, so schreiben Morgenthaler und Schibler, sei das von ihnen dargestellte Konzept für den universitären Raum entworfen, doch sei es durchaus denkbar, es mit gewissen Modifikationen auch auf andere seelsorgerliche Handlungsfelder, etwa die Gemeinde, zu übertragen.[290]

Ein eigenes kurzes Kapitel widmen die beiden Autoren dem Thema »Zeit und Zeitlichkeit«. Sie betonen nochmals aus psychoanalytischer und kurzzeittherapeutischer Sicht den Vorteil der kurzen Zeit. Aus Perspektive der ersteren ist dies die Intensivierung von Prozessen. Aus der Perspektive der zweiten ist dies die implizite Suggestion, dass der Klient den wesentlichen Beitrag ohnehin selbst leisten muss.[291] Daran anschließend stellen sie die kritische Frage: »Weshalb wird das Problem der zeitlichen Dauer von Seelsorgebeziehungen in der Pastoralpsychologie so selten thematisiert? Was wird hier verdrängt und ver-

---

[287] Als psychoanalytische Kurzzeitkonzepte werden angeführt: Malan, Mann, Balint, Strupp/Binder, Lüders, Lachauer. Daran anschließend Childs als Referenz für die Übertragung in die Seelsorge im englischsprachigen Bereich (*Morgenthaler Schibler* 2002, 39ff.). Als »systemtheoretisch reflektierte Formen der Kurztherapie« (einschließlich »narrativer Weiterentwicklungen«) werden angeführt: Watzlawick, Fisch, Weiss, de Shazer, White/Epson, Anderson/Goolishian. Als Referenz für die Übertragung in die englischsprachige Pastoralpsychologie: Stone, Taylor, Lester, Capps (S. 41ff.). Fürstenau steht für die Verbindung von psychoanalytischen und systemischen Konzepten (S. 42).

[288] *Morgenthaler Schibler* 2002, 39ff. Die dort summarisch genannten Ansätze werden zum Teil an anderer Stelle etwas ausführlicher erläutert. Die narrative Therapie nach White/Epston auf S. 65f., die lösungsorientierte Kurzzeittherapie nach de Shazer auf S. 66f., die psychoanalytische Kurztherapie nach Lüders auf S. 80f., die psychoanalytisch systemische Therapie nach Fürstenau S. 93f., die Fokusbildung *in Erweiterung* von Lachauer, S. 91 und 95.

[289] Zum Beispiel zum Thema »zeitliche Begrenzung«: *Morgenthaler Schibler* 2002, 170f. Die Diskussion um die zeitliche Begrenzung als ein (nicht unumstrittenes) Hauptcharakteristikum der Kurzzeittherapie wird dort auf knapp zwei Seiten zusammengefasst. Vgl. auch *Morgenthaler* 2002, 166–169.

[290] *Morgenthaler Schibler* 2002, 12f.

[291] *Morgenthaler Schibler* 2002, 170.

leugnet?« Sie geben selbst folgende Antwort: »Wir nehmen an, beides: sowohl der Wunsch nach Unendlichkeit der Zeit wie die schmerzhafte Wirklichkeit der Endlichkeit der Zeit.«[292]

An mehreren Stellen weisen Morgenthaler und Schibler eher nebenbei – aber ausdrücklich – daraufhin, dass der Gemeinschaftsbezug, z.B. in der Kirchengemeinde, eine wichtige Ressource sein kann. Unter anderem auch dadurch, dass Menschen in der Gemeinde durch einen »Statuswechsel« selbst die Möglichkeit erhalten, vom Klienten zum Mitarbeitenden zu werden.[293] Solche wertvollen Hinweise werden allerdings nicht weiter entfaltet.[294]

Das Konzept der religiös-existentiellen Beratung lässt sich meines Erachtens nicht so ohne Weiteres in die seelsorgerliche Arbeit in einer Kirchengemeinde übertragen. In dieser Hinsicht werden ein paar Grenzen erkennbar, die es zunächst zu sehen gilt, um dann zu prüfen, was gegebenenfalls trotzdem möglich ist.

Eine erste Grenze wird von Morgenthaler und Schibler bereits selbst genannt.[295] Gemessen an der vergleichsweise wenigen Zeit, die ein Pfarrer für beratende Seelsorge hat, »nehmen sich die sieben Stunden, die wir vorsehen, schon beinahe fürstlich aus«, ganz zu schweigen von dem Luxus, eine Beratung zu zweit durchzuführen. Beratende Seelsorge in der Gemeinde muss also i.d.R. mit deutlich weniger zeitlichen und personellen Ressourcen zurechtkommen. Morgenthaler und Schibler meinen – wie bereits erwähnt –, dass ihr Konzept auf diese Bedingungen hin angepasst werden könnte, ohne dies jedoch zu konkretisieren.

---

[292] *Morgenthaler Schibler* 2002, 171.

[293] *Morgenthaler Schibler* 2002, 172. (Vgl. auch S. 235).

[294] In dem 2005 zum vierten Mal aufgelegten Buch über »Systemische Seelsorge« (*Morgenthaler* 1999) sind – insbesondere aus der Sicht systemischer Familientherapie – Ressourcen und Lösungen im Blick, z.B. für Krisenbegleitung. Interessanter Weise wird aber unter dem Stichwort »soziale Unterstützung« nur der Seelsorger verstanden (S. 215f.). Auch die Gemeinde kommt gelegentlich in den Blick, z.B. in dem klargestellt wird, dass Seelsorger nicht als Einzelne, sondern im Auftrag der Gemeinde unterwegs sind (S. 272). Ferner als Gemeindesystem mit Rollendifferenzierung (S. 270ff.) oder als System, das gewisse Ähnlichkeiten mit Familie hat, sich aber doch auch deutlich davon unterscheidet (S. 280ff.). – Stärker und pointierter ist Gemeinde als soziale Ressource im 2009 erschienen Seelsorgelehrbuch präsent (*Morgenthaler* 2009). Dort wird die Ortsgemeinde als wichtiger Lebensraum gewürdigt, in dem Seelsorge stattfindet (S. 305f.). Die z.T. netzwerkförmigen Ressourcen – in denen sich Gemeinde als Subjekt der Seelsorge erweist – werden stichwortartig aufgezählt (S. 326). Als methodische Seelsorgeformen für die Gemeinden werden das Kurzgespräch nach Lohse und die religiös-existentielle Beratung empfohlen (S. 315ff.)

[295] *Morgenthaler Schibler* 2002, 12. (Dort auch die folgenden direkten und indirekten Zitate).

Eine zweite Grenze, gemessen am Anliegen dieser Arbeit, besteht im sozialen Kontext. Die religiös-existentielle Beratung findet im universitären Rahmen statt. Und der ist gänzlich anders strukturiert als eine Kirchengemeinde. Das hat folgende Konsequenzen: Außerhalb der Beratung kennen sich die Beratenden und die Klienten vermutlich allenfalls als Lehrpersonen und Studierende, einschließlich der damit verbundenen Rollenerwartungen.[296] Dieser Kontakt dürfte aber (von Ausnahmen abgesehen) in aller Regel, wenn überhaupt, dann äußerst dünn und instabil sein, jedenfalls kaum persönlich, sondern eher ein Kontakt in akademischer Distanz. Außerdem hängt er ab von der Semesteranzahl, die die Studierenden an der Universität sind. Für die religiös-existentielle Beratung heißt dies, dass sich die *persönliche* Begegnung in aller Regel ausschließlich auf diese sieben Stunden beschränkt.

In der Gemeindeseelsorge ist das dagegen häufig anders. Es gibt zwar auch hier Kontakte, die sich auf die konkrete Seelsorgebegegnung beschränken, weit häufiger aber sind Kontakte, die durch den Kontext der Gemeinde – in ganz unterschiedlicher Form und Dichte – bereits gegeben sind und auch bleiben werden. Theoretisch sind zwischen Gemeindeglied und Pfarrer Kontakte über die Lebensspanne hin möglich.[297] Zugleich besteht in der Gemeinde häufig auch Kontakt zu ganzen sozialen Netzwerken (vor allem Familien, aber auch Gruppen oder Vereinen) – und nicht nur zu Einzelnen, wie in der religiös-existentiellen Beratung im universitären Raum.[298]

Durch den sozialen Kontext der Universität und durch die spezielle Zielgruppe der religiös-existentiellen Beratung ergibt sich eine starke Selektion hinsichtlich Persönlichkeitsstruktur sowie der Schicht- und Milieugebundenheit der Klienten als auch hinsichtlich der in die Beratung eingebrachten Themen. Die Klienten in der religiös-existentiellen Beratung sind angehende Akademiker mit entsprechendem sozialem Umfeld. Bei Theologiestudierenden ist des Weiteren zu vermuten, dass eine gewisse Neigung zur Beschäftigung mit dem eigenen Innenleben gegeben sein dürfte.[299] Zugleich darf wohl – bei Geisteswissenschaft-

---

[296] Die Rollenerwartungen werden z.B. in Prüfungssituationen besonders evident. Hier stellt sich die Frage, ob eine anstehende Prüfung nicht ein Ausschlusskriterium für eine Beratungsbeziehung ist.

[297] Auch Morgenthaler und Schibler erwähnen diese »Langzeitperspektive«, allerdings nur um festzustellen, dass trotzdem kurze Beratungssequenzen sinnvoll sein können (*Morgenthaler Schibler* 2002, 12).

[298] Die seelsorgerliche Arbeit mit Familien – mit Bezug auf systemische Familientherapie – hat Morgenthaler an anderem Ort, nämlich in seinem Buch »Systemische Seelsorge«, ausführlich entfaltet (*Morgenthaler* 1999).

[299] Dies wird wohl auch für solche gelten, die gegenüber allem »Psychologischen« mit Skepis auftreten. Aber es gibt ja auch die »geistliche« Innenschau.

lern – eine gewisse Fähigkeit vorausgesetzt werden, sich zu artikulieren. Und schließlich haben Theologiestudierende allein schon durch die Studienwahl eine Vorentscheidung für die Beschäftigung mit religiös-existentiellen Themen getroffen.

Im Unterschied dazu muss die Gemeindeseelsorge mit einer viel breiteren Klientel rechnen. Je nach sozialer Struktur einer Kirchengemeinde kommen Personen in Kontakt mit dem Seelsorger, die allen sozialen Schichten und Milieus entstammen können. Dabei kann in vielen Fällen nicht vorausgesetzt werden, dass diese Menschen sich bereits (selbst-)reflexiv mit religiös-existentiellen Themen auseinandergesetzt haben, oder das in der Seelsorge nun explizit tun wollen. Und es kann auch nicht vorausgesetzt werden, dass sie dies in therapeutisch beratendem Dialog tun wollen – oder dafür überhaupt die notwendigen Voraussetzungen mitbringen. Es müssen also in jedem Einzelfall in einem viel breiteren Sinn die Voraussetzungen geklärt (oder wahrgenommen) werden, die eine Person in einen seelsorgerlichen Kontakt einbringt, als dies in der religiös-existentiellen Beratung von Theologiestudierenden erforderlich ist.

Ein eminenter Unterschied zwischen religiös-existentieller Beratung und Gemeindeseelsorge besteht hinsichtlich des Settings und des Kontraktes. Morgenthaler und Schibler bieten eine klar umrissene Beratung von sieben Stunden für eine bestimmte Personengruppe. Diese sieben Stunden bieten einen klaren Ablauf, einen klaren Anfang und ein klares Ende, einen klaren Kontrakt zu klaren Bedingungen. In der Kirchengemeinde, so könnte man zunächst spontan sagen, ist alles unklar. Es gibt kein klares Setting und keinen klaren Kontrakt, außer eben den Rahmen der Kirchengemeinde als solchen und der damit gegebenen pastoralen Tätigkeit. Es ist in jedem Einzelfall zu eruieren, was überhaupt gewollt wird.[300] Wer zur religiös-existentiellen Beratung kommt, weiß genau, dass er Beratung will, und dass er Beratung bekommt. In der Seelsorge ist das nicht so klar. Um es zugespitzt zu sagen: Wer zum Pfarrer geht, weiß nicht unbedingt, dass er Beratung will, und er weiß auch nicht unbedingt, dass er Beratung bekommt.

Insofern muss Gemeindeseelsorge im Unterschied zur religiös-existentiellen Beratung in jedem Einzelfall sehr flexibel sein, muss quasi eine Palette von Settings und Kontraktmöglichkeiten zur Verfügung haben, die situationsadäquat angepasst werden können. Das geht dann vom Mini-Setting einer therapeutischen Sequenz innerhalb eines Gesprächs, z.B. eines Geburtstagsbesuches, bis hin zu einer vereinbarten Reihenfolge von mehreren Sitzungen. Und dazwischen ist alles

---

[300] Darauf hat Morgenthaler selbst an anderer Stelle hingewiesen (*Morgenthaler* 1999, 164ff.)

möglich, auch Seelsorge zwischen Tür und Angel. Dazu gehören zum
Beispiel: seelsorgerliche Gespräche nach Gottesdiensten, seelsorgerliche Gespräche im Umfeld von Gruppenarbeit, Gespräche im Mitarbei-
terteam, bei der Gemeindefestvorbereitung, bei der Autofahrt zu einer
Veranstaltung oder bei der telefonischen Terminanfrage von Konfir-
mandeneltern. Häufig geschieht solche Seelsorge in Gesprächskontak-
ten, die explizit eigentlich ganz andere Ziele verfolgen

Letztlich könnte man das alles als »pastorales Setting« [301] bezeichnen.
Damit ist genau jene ›unstrukturierte Struktur‹ einer Kirchengemeinde
gemeint, die einen Rahmen bietet, in dem vielfältige und sehr verschiedene Einzelsettings und Kontrakte von Seelsorge möglich sind.
Die meisten dieser Einzelsettings werden kurze Settings sein, manchmal vielleicht nur für ein paar Minuten. Viele Kontrakte werden unausgesprochen bleiben und mehr ›zwischen den Zeilen‹ erfolgen.

Innerhalb dieses allgemeinen »pastoralen Settings« könnte man aber
durchaus, quasi als besonderes Angebot des Seelsorgers, eine klar
strukturierte seelsorgerlich-therapeutische Kurzberatung analog zu
Morgenthalers und Schiblers Modell einfügen – und auch versuchen,
manche der unstrukturierten Seelsorgekontakte dorthin zu überführen.
Aber auch hier muss in der Regel in der Gemeinde noch kürzer vorgegangen werden. Ich denke an eine bis max. vier oder fünf Sitzungen.
Einzelsitzungen, die aber eingebunden sein können in umfassendere
und längerfristige Kontakte zum Seelsorger und zur Gemeinde selbst.

Auf diese Weise kann in der Gemeindeseelsorge auch einem Problem
begegnet werden, für das religiös-existentielle Kurzberatung nicht ausreicht. Bei allen guten Gründen, die für eine kurze Beratung sprechen,
insbesondere jener von der größtmöglichen Selbstständigkeit des Seelsorgesuchenden,[302] gibt es doch auch persönliche Defizite, die nur
durch längerfristige Begleitung annähernd kompensiert werden können.[303] Diesen Mangel teilt die religiös-existentielle Kurzberatung, wie
noch zu zeigen sein wird, mit allen Kurzzeitmodellen. Hier hat die
Gemeindeseelsorge jedoch einen großen Vorteil gegenüber reinen
Kurzzeittherapien oder universitärer Seelsorge, da über die auch in der
Gemeinde sinnvoller Weise nur kurz und punktuell erfolgenden Beratungssitzungen hinaus eine langfristige Beziehung zwischen Seelsor-
gesuchendem und Seelsorger möglich ist.[304]

---

301 Zu dessen Vielfalt vgl. *Roosen* 1997, 620ff.
302 Vgl. in dieser Arbeit auch das Votum Schleiermachers. Siehe S. 258ff.
303 Die Integrative Therapie spricht von emotionaler Nachnährung und Nachbeelterung, ein Konzept das zusammengefasst ist im »zweiten Weg der Heilung«. Siehe diese Arbeit S. 173, sowie S. 321.
304 Weil dies in der Gemeindeseelsorge eine Begleitung über die Lebensspanne
hin sein kann, werden in der vorliegenden Arbeit auch Konzepte der lebenslangen

Außerdem stellt die Gemeinde selbst ein Netzwerk von Beziehungen dar, das im Unterschied zur Universität, relativ stabil und vor allem langfristig und generationsübergreifend angelegt ist. In dieses Netzwerk – oftmals bestehend aus vielen Unter-Netzwerken – sind viele Gemeindeglieder eingebunden, sei es in eher distanzierter Form, sei es in engerer und verbindlicher Form. Und dieses Netzwerk Gemeinde kann, wie weiter unten gezeigt werden soll, nochmals eine ganz wichtige eigene Ressource darstellen.[305]

So zeigt sich, dass Gemeindeseelsorge doch in vieler Hinsicht etwas anderes ist als religiös-existentielle Beratung im Kontext der Universität. Die durch Morgenthaler und Schibler in die Diskussion eingebrachte religiös-existentielle Kurzberatung kann durchaus auch für die Gemeindeseelsorge unter Umständen sinnvoll sein, muss aber, anders als an der Universität, eingebettet sein in ein umfassenderes Konzept von Kurzzeitseelsorge, das sich auszeichnet durch hohe methodische und praktische Flexibilität sowie durch eine Palette unterschiedlicher Kurzzeit-Settings und Kurzzeit-Kontrakte. Und es muss weiterhin ergänzt werden durch die Langzeitperspektive sowie den vielfältigen netzwerkförmigen Beziehungskontext, den eine Gemeinde bietet.

1.3.3.2   Timm H. Lohse: Das Kurzgespräch in Seelsorge und Beratung

2003 erschien von Timm H. Lohse das Buch »Das Kurzgespräch in Seelsorge und Beratung«. Es handelt sich um ein Praxisbuch.[306] Es geht in diesem Buch um eine ganz auf die Praxis ausgerichtete methodische Anleitung zum Kurzgespräch in helfenden Interaktionen, überwiegend im Beratungssetting, aber auch mit dem Anspruch, übertragbar zu sein auf andere Zusammenhänge, in denen eine Kurzberatung sinnvoll ist.

Ein wichtiger methodischer Zugang zum Kurzgespräch in diesem Buch ist die Tatsache, dass der Ort und die Zeit, in denen das Kurzgespräch entsteht, verstanden werden als Kairos, als günstige Gelegenheit. Der Autor möchte damit der beratenden Person Mut machen, den

---

Entwicklung integriert, wie sie im »life span developmental approach« der Integrativen Therapie entwickelt wurden (*Petzold* 1993, 538.– Siehe diese Arbeit, S. 324).

[305] Darauf hat später auch Morgenthaler in seinem 2009 erschienen Lehrbuch kurz aber prägnant hingewiesen (*Morgenthaler* 2009, 236ff.).

[306] *Lohse* 2003. Ein ergänzendes Werkbuch ist drei Jahre später erschienen (*Lohse* 2006). Kurz vor Drucklegung dieser Arbeit hat Timm H. Lohse seine Überlegungen zu den theoretischen Grundlagen des Kurzgesprächs veröffentlicht. Er bezieht sich – unter Ausklammerung psychologischer Denkmodelle – vor allem auf Erkenntnisse der Sprachphilosophie und der Kommunikationswissenschaften (*Lohse* 2012).

Kairos als solchen zu erkennen und auch zu ergreifen – und die an sie ergehende Anfrage nicht als störende oder unpassende Unterbrechung zu empfinden.[307] Das im Kurzgespräch angestrebte Ziel ist, im Rahmen der kurzen Möglichkeit, die sich häufig spontan ergibt, gezielt ressourcen- und lösungsorientiert zu arbeiten.[308] Dazu wiederum gehört, dass man auf jegliche Diagnosen und Krankheitstheorien gegenüber dem Problem verzichtet, sondern das konkrete Anliegen ernstnimmt.[309]

Das Buch ist in seinem überwiegenden Teil damit beschäftigt aufzuzeigen, mit welchem Gesprächsverhalten die beratende Person dafür sorgen kann, dass das Kurzgespräch tatsächlich ein Kurzgespräch wird und bleibt – und als solches den ihm angemessenen Erfolg anstrebt. Wozu ganz wesentlich gehört, dass man das meist in der Eröffnung genannte Mandat (»Ich brauche mal kurz Ihre Meinung«) auch ernst nimmt, und sich in der Zielsetzung auch darauf beschränkt.[310] Bei unklarer Problemstellung hilft meist eine »Sesam-Öffne-Dich«-Intervention (Frage, Impuls, Wiederholung), die sich möglichst passgenau an die auffallend typische oder sich wiederholende Wortwahl der zu beratenden Person anlehnt.[311] Der Erfolg eines Kurzgespräches besteht in der Regel darin, dass ein erster mutiger oder auch zaghafter Schritt in Richtung auf eine Lösung gegangen werden kann. Dazu muss das Problem in seinem ganzen Umfang weder analysiert noch verstanden werden.[312]

Theoretische Reflexionen über Hintergrund, Verfahrensfragen, Methodologie, Menschenbild usw. fehlen völlig. Dafür ist das Buch mit sehr vielen Fallbeispielen angefüllt, die das Ganze plastisch und verstehbar machen. Weiterhin finden sich grau unterlegte Merkkästen, die wichtige Aussagen hervorheben oder zusammenfassen. Einen kleinen Ersatz für die fehlende theoretische Einordnung bietet die kurze Reflexion des praktisch-theologischen beziehungsweise pastoral-theologischen Standortes im Nachwort von Christoph Schneider-Harpprecht. Im Hintergrund stehen, das wird in diesem Nachwort deutlich, die Einsichten der lösungsorientierten Kurzzeittherapie von Steve de Shazer und auch Ansätze von Watzlawick.[313]

---

307 *Lohse* 2003, 20ff.
308 *Lohse* 2003, 95ff. (»Ziele formen«), 101ff. (»Kraftquellen erschließen«), 107ff. (»Lösungen erwirken«).
309 *Lohse* 2003, 71ff. (»sich erkundigen«).
310 *Lohse* 2003, 16 und 118 (Sich auf das »Mandat« beschränken).
311 *Lohse* 2003, 26 (»»Vokabeln« ... aufnehmen ... beim Wort nehmen«); 47ff. (»Das Sesam, öffne Dich«).
312 *Lohse* 2003, 123f. (»sich entscheiden«) und 129ff. (»sich bescheiden«).
313 *Lohse* 2003, 151. Das Nachwort von Christoph Schneider-Harpprecht ist in einer um eine eigene Praxisreflexion ergänzten Version nochmals veröffentlicht worden in *Schneider-Harpprecht* 2012, 50–59.

Auffällig ist, dass das Buch aus der Beratungspraxis stammt (Familien- und Lebensberatung, City-Seelsorge[314]) und nicht aus der Gemeindearbeit. Trotzdem hält der Autor, selbst Pastor, diese Art des Kurzgespräches auch auf andere Kontexte, also auch Gemeindearbeit, übertragbar und untermauert dies mit einigen ihm zugetragenen Fallbeispielen.[315] Aus meiner Sicht ist diese Übertragbarkeit nochmals kritisch zu prüfen und zu differenzieren, vor allem hinsichtlich der Beziehungsgestaltung zwischen Pastorand und Pastor und, damit zusammenhängend, des sozialen Kontextes Gemeinde. Der meist anonymen und fast ausschließlich hilfesuchenden Beziehung zwischen einem Besucher der City-Seelsorge entspricht hier eine sozial eingebettete und rollenmäßig verortete, oft auch vertraute Beziehung zwischen Gemeindeglied und Pfarrer. Und den Pfarrer kurz mal sprechen zu wollen, impliziert im Gemeindealltag nicht automatisch den Wunsch nach Kurzzeitberatung, sondern ist manchmal einfach Beziehungspflege oder sachlich bedingt. Darum muss ein Gemeindepfarrer sehr viel genauer noch darauf achten, was der konkrete Gesprächsanlass ist. Auf einen impliziten Beziehungswunsch oder eine sachliche Frage mit Beratung zu reagieren, wäre alles andere als passend, und würde möglicherweise zu Missverständnis und Kränkung führen. Vorausgesetzt aber, der Wunsch nach Beratung ist klar zu erkennen, könnte es jedoch auch in der Gemeinde eine große Hilfe sein, sich diszipliniert an die methodischen Anregungen dieses Buches zu halten. Die konkrete Umsetzung muss aber immer zur konkreten Beziehung passen.

1.3.4 Resümee und Ausblick

Die Fragestellung zu Beginn dieser Arbeit war, inwieweit die in der Gemeindeseelsorge oft anzutreffende Zeitknappheit nicht nur unter der Defizitperspektive gesehen werden kann, sondern stattdessen womöglich als ganz eigene Chance, die zum Wohle nicht nur des Seelsorgers sondern auch des Seelsorgesuchenden methodisch genutzt werden kann. Die Anregung zu dieser Fragestellung entstammt dem – bereits kurz angedeuteten – bewusst anderen Umgang mit Zeit in der Kurzzeittherapie. Hieraus wurde zu Beginn die These entwickelt, dass Kurzzeittherapie ein sehr erfolgversprechendes und kompatibles Modell für Gemeindeseelsorge sein könnte. Das wird im folgenden Kapitel ausführlich erarbeitet werden. Ergänzend hinzu kam als zweite Fragestellung, inwieweit die empirisch vorhandene Gemeinde als ein die Seelsorgearbeit ergänzendes und umfangendes soziales Netz eine ei-

---

[314] *Lohse* 2003, 10.
[315] *Lohse* 2003, 132ff. – Von diesem Fallbeispielen entstammt jedoch kein einziges dem Gemeindekontext, sondern sie sind lokalisiert in der Schule, in Arztpraxen, im Obdachlosentreff, in einer Anwaltskanzlei, in der Sozialarbeit und im Gericht.

gene wichtige Ressource darstellen kann. Diese Perspektive verdankt sich den später noch weiter zu entfaltenden Anregungen aus der empirischen Sozialforschung, und geht von der These aus, dass eine je konkret vorhandene Gemeinde über solche Netzwerkqualitäten – aktuell und potentiell – verfügt.

Ziel dieses ersten Kapitels war es zu überprüfen, inwieweit die beiden Fragestellungen in jener neueren Seelsorgeliteratur behandelt werden, die vor allem die volkskirchliche Situation im deutschsprachigen Raum als Hintergrund hat.[316] Der Durchgang durch die dafür exemplarisch ausgewählte repräsentative Literatur hat ergeben, dass die beiden in dieser Arbeit aufgeworfenen Fragen bei einigen Autoren kaum bei anderen zumindest ansatzweise im Blick sind. Nur ganz wenige der behandelten Autoren beschäftigen sich intensiver mit den angefragten Themen.

Ein kurzer Blick auf die »Klassiker« hat gezeigt, dass die Frage des methodischen und effektiven Umgangs mit dem Faktor Zeit in einem früh in Deutschland rezipierten Werk Clinebells schon in den Blick genommen wurde, dann aber offensichtlich in der nachfolgenden Entwicklung wieder mehr oder weniger aus dem Blick geriet. Als wesentlicher Fokus taucht diese Perspektive in der neueren Seelsorgeliteratur erst wieder auf in dem Entwurf einer religiös-existentiellen Kurzberatung von Christoph Morgenthaler und Gina Schibler. Hier wird – unter anderem – auch explizit und ausführlicher auf dezidierte Kurzzeitverfahren referiert. Noch prägnanter fokussiert Timm H. Lohse auf den Zeitfaktor – mit der Einschränkung, dass es sich hier um ein reines Praxisbuch ohne theoretische Grundlegung handelt.[317] Aber er ist in der dargestellten Literatur – und m.W. im deutschsprachigen Raum überhaupt – der erste, der einmalige, kurze und sich oft auch spontan ergebende Seelsorgebegegnungen auf dem Hintergrund von Kurzzeitverfahren als methodisch zu nutzende Chance begreift.

Der Durchgang durch die Literatur hat ferner ergeben, dass einzelne Elemente, die in der Kurzzeittherapie eine Rolle spielen, wie Smalltalk oder rhetorische Strategien, zwar von manchen gesehen werden (Hauschildt, Kohler), in marginalen oder etwas ausführlicheren Andeutungen auch die Verwandtschaft mit Kurzzeittherapie, aber der therapeu-

---

[316] Es wird sich später zeigen, dass interessanterweise in jener Seelsorgeliteratur, die den lateinamerikanischen Kontext als Bezugspunkt nimmt, beide Fragestellungen deutlicher im Blick sind. Siehe diese Arbeit S. 245ff.
[317] Einige knappe Hinweise finden sich im Nachwort von Christoph Schneider-Harpprecht. Siehe diese Arbeit S. 77. Eigene Überlegungen zu den theoretischen Grundlagen seines Ansatzes veröffentlichte Timm H. Lohse erst kurz vor Drucklegung dieser Arbeit (*Lohse* 2012). Siehe Anmerkung 306 auf S. 76.

tisch-seelsorgerliche Nutzen solcher Elemente kann aufgrund des dominierenden seelsorgerlich-methodischen Blickwinkels nicht wirklich
gesehen werden.

Die Frage, inwieweit die real vorhandene Gemeinde als Netzwerkressource gesehen wird, ergibt ein ähnliches Bild. Die Bedeutung der
Gemeinde für die Seelsorge oder sogar der Gemeinde als ›Subjekt‹ von
Seelsorge ist zwar bei fast allen Autoren auf die eine oder andere Weise präsent, kaum aber – von kurzen Andeutungen abgesehen (Klessmann, Kohler, Morgenthaler) – unter dem Blickwinkel einer empirisch
vorhandenen Netzwerkressource. Einzig Doris Nauer gibt dieser Perspektive einen größeren Raum, wenn auch eher programmatisch.

Nachdem wir uns nun auf diese Weise dem Ziel und der Fragestellung
dieser Arbeit angenähert haben und uns dabei zugleich rückblickend
vergewissert haben, ob und welche Wege in Richtung auf eine Kurzzeitseelsorge in der Gemeinde – mehr oder weniger – schon angedacht
und auch beschritten wurden, soll nun ein eigener Entwurf einer Kurzzeitseelsorge in der Gemeinde dargestellt werden, der wesentliche
kurzzeittherapeutische Verfahren berücksichtigt und zugleich der Frage nachgeht, wie die real vorhandene Gemeinde als soziale Ressource
für die Seelsorgearbeit wahrgenommen und wertgeschätzt werden
kann.

Dazu werden – nach der Behandlung einiger Grundsatzfragen – zunächst (Kapitel 2) verschiedene kurzzeittherapeutische Konzepte vorgestellt, die genuin als Kurzzeitverfahren entwickelt wurden und ergänzend ein kurzzeittherapeutisches Konzept, das man als gekürztes
Langzeitverfahren bezeichnen kann. Hierbei werden auch einige den
reinen Kurzzeitansatz ergänzende Aspekte in den Blick kommen. Ziel
dieser Darstellung ist nicht eine selbstständige wissenschaftliche Untersuchung dieser Konzepte, sondern ihre Darstellung und kritische
Auswertung im Hinblick auf die Integrierbarkeit für Gemeindeseelsorge. Dies wird mit entsprechenden Auswertungsfragen vorbereitet. In
einem weiteren Schritt (Kapitel 3) wird dann gefragt werden, welche
Perspektiven sich für die Seelsorge öffnen können, wenn man die empirisch vorhandene Gemeinde als soziales Netzwerk in den Blick
nimmt. Dabei wird die empirische Netzwerkforschung eine wichtige
Rolle spielen. Abschließend (Kapitel 4) wird es dann darum gehen,
aufzuzeigen, welche konkreten Möglichkeiten sich für die seelsorgerliche Praxis ergeben.

2 Kurzzeittherapeutische Konzepte als professionelle Ressource für Seelsorge

Pluralitas non est ponenda sine necessitate[318]

Die hier vorgestellten Verfahren werden nun also untersucht im Hinblick auf Fragestellungen, die sich ergeben aus der Absicht, kurzzeittherapeutische Konzepte für die Gemeindeseelsorge nutzbar zu machen. Vor allem unter dem Gesichtspunkt, was realistischerweise unter den Bedingungen der Gemeindeseelsorge machbar ist. Inwieweit sind solche Verfahren als Referenzverfahren für Kurzzeitseelsorge in der Gemeinde brauchbar? Was kann übernommen werden, was nicht? Eine wesentliche Rolle spielt dabei auch die Vereinbarkeit mit dem christlichen Menschenbild.

2.1 Leitfragen zur Auswertung

Um entscheiden zu können, ob ein konkretes Kurzzeitverfahren als Referenzverfahren für therapeutische Kurzzeitseelsorge überhaupt in Frage kommt, gibt es eine Reihe von Fragen zu klären.[319] Es sind zunächst ganz pragmatische Fragen nach der Umsetzbarkeit im Gemeindealltag. Hier spielt eine ganz entscheidende Rolle die Frage nach dem erforderlichen Zeitaufwand im praktischen Vollzug, aber auch nach dem Aufwand zum Erlernen eines Verfahrens. Entscheidend wichtig für therapeutische Seelsorge in der Gemeinde ist für mich ebenfalls die Frage, ob es Adaptionsstellen gibt, an denen die Gemeinde als soziales Netzwerk andocken kann. Weiterhin gehört zum realitätsgerechten Pragmatismus, dass man auch innerhalb eines Verfahrens nach denjenigen Elementen suchen muss, die realistischerweise für Gemeindeseelsorge tauglich sind, und andere ausschließen, die den Rahmen und die Möglichkeiten der Gemeindeseelsorge sprengen würden. Jenseits dieser eher pragmatischen Fragen gilt es noch eine ganz grundsätzliche

---

[318] Wilhelm von Ockham, zitiert nach *de Shazer* 1989, 88.
[319] *Ziemer* 2000, 134ff., nennt folgende Kriterien für die Rezeption eines therapeutischen Verfahrens: 1. Solidität (nachgewiesene Effektivität, wissenschaftlich begründet), 2. angemessenes Menschenbild, 3. weltanschaulich-religiöse Offenheit, 4. methodische Übertragbarkeit.

Frage zu stellen: die Frage nach der jedem Verfahren impliziten Anthropologie und deren Vereinbarkeit mit dem christlichen Glauben.[320] Nicht jedes Verfahren legt seine Anthropologie explizit offen, so dass diese oft nur durch indirekte Rückschlüsse erkennbar wird. Für Seelsorge kommen nur solche Verfahren in Frage, deren Anthropologie zumindest in wesentlichen Punkten der christlichen Anthropologie nicht widerspricht. Es geht also um Ausschlusskriterien. Dabei muss nicht notwendig eine »Alles oder Nichts«-Haltung eingenommen werden. Denkbar ist auch eine differenzierte Übernahme einzelner hilfreiche Aspekte eines Verfahrens, auch wenn dessen Anthropologie aus christlicher Sicht ganz oder teilweise zurückgewiesen werden muss. Wobei dann gegebenenfalls zu klären ist, inwieweit sich solchermaßen herausgelöste Techniken in der Seelsorge mit einem christlichen Menschenbild verbinden lassen.

Um die hier aufgeworfenen Fragen für jedes einzelne Verfahren zu klären, habe ich fünf Leitfragen formuliert, anhand derer untersucht werden soll, ob und inwieweit ein Verfahren auch im Rahmen der Seelsorge anwendbar ist.

1. Wie hoch ist der konkrete Zeitaufwand?
2. Welche Rolle spielt die Netzwerkfrage? (Wichtig auch im Hinblick auf Gemeinde.)
3. Welche Elemente könnten für Gemeindeseelsorge interessant sein?
4. Wie hoch ist der Professionalisierungsaufwand? (Ausbildung)
5. Ist die zugrundeliegende Anthropologie mit dem christlichen Glauben vereinbar?

2.1.1 Erläuterungen zu den Praxisleitfragen 1–4

(1) Die Zeitfrage ist für Gemeindeseelsorge wesentlich. Es ist eine zentrale Grundannahme dieser Arbeit, dass für die notorische, meist strukturell bedingte Zeitknappheit eines Gemeindepfarrers nur solche Verfahren in Frage kommen, die im Rahmen des Zeitbudgets sinnvollerweise zu erfüllen sind.[321] Insofern wurde der Fokus dieser Arbeit von vorneherein auf Kurzzeitverfahren gelegt. Allerdings gibt es auch hier unterschiedliche Vorstellungen über die Anzahl und die Frequenz

---

[320] Eine Auseinandersetzung mit den Menschenbildern der ›großen‹ Verfahren findet sich bei *Klessmann* 2004, 64ff. – Auch wenn das im Folgenden nicht immer ausdrücklich erwähnt wird, impliziert jedes Menschenbild eine dazugehörige Ethik. Der Einfachheit halber ist auf den folgenden Seiten die ethische Perspektive bei der Anthropologie immer stillschweigend eingeschlossen.
[321] Damit ist natürlich nicht obsolet, dass jeder Gemeindeseelsorger und auch jede Gemeinde für sich klären muss, welches Stück vom ›Zeitkuchen‹ ganz grundsätzlich für Seelsorge reserviert werden soll.

der Sitzungen. Für die Auswertung eines Verfahrens aus Sicht dieser Arbeit ist es unerlässlich, hier möglichst genau das Zeitmanagement eines Verfahrens offenzulegen.

(2) Die zweite Grundannahme dieser Arbeit ist, dass die Gemeinde als soziales Netzwerk für die Seelsorge eine wichtige Rolle spielt, insbesondere als soziale Ressource der unterstützenden Vernetzung, aber auch als soziales ›Subjekt‹ von Seelsorge. Insofern ist es für die Fragestellung dieser Arbeit ebenfalls von zentraler Bedeutung zu prüfen, welche Bezüge ein Verfahren zu der Frage der sozialen Netzwerkressourcen hat und ob es hier Ansatzpunkte gibt, durch welche bei Übernahme eines Verfahrens für die Gemeindeseelsorge dann tatsächlich auch Gemeinde in den Blick kommen kann.

(3) Die dritte Leitfrage geht davon aus, dass nicht alle Interventionen, Techniken und Arbeitsstile eines Verfahrens für die Gemeindeseelsorge tauglich sind.[322] Manche Aspekte eines Verfahrens sind möglicherweise nur in einem bestimmten Setting sinnvollerweise anwendbar, andere erfordern möglicherweise eine Professionalisierung, die im Gemeindepfarramt in der Regel nicht machbar ist, wieder andere würden die Gesprächspartner der Gemeindeseelsorge überfordern. Es gilt hier also zu schauen, welche Elemente unter welchen Bedingungen in die Gemeindeseelsorge integrierbar sind. Kriterien hierbei sind neben der Handhabbarkeit auch eine gewisse Niedrigschwelligkeit und Alltagsnähe. Ferner sollten sich entsprechende Elemente flexibel handhaben und in verschiedene seelsorgerliche Gesprächssituationen auf für beide Gesprächspartner stimmige Weise einfügen lassen.

(4) Für einen zukünftigen oder bereits praktizierenden Gemeindeseelsorger (oder auch interessierte ehrenamtliche Seelsorger/innen) muss erkennbar sein, wieviel Aufwand erforderlich ist, um sich Kompetenzen in einem Verfahren anzueignen. Wobei man hier unterscheiden muss zwischen seelsorgerlicher Grundkompetenz und dem reinen Erlernen bestimmter Techniken und Interventionen. Für diese Leitfrage wird eine seelsorgerliche Grundkompetenz mehr oder weniger vorausgesetzt, die man sinnvollerweise in einer selbsterfahrungsbasierten Weiterbildung trainiert und ausbaut. Das heißt, grundsätzliche professionelle Beziehungsfähigkeit vorausgesetzt, geht es hier nur um die Frage, wie man sich ein bestimmtes Kurzzeitverfahren oder einzelne Elemente daraus aneignen kann. Wobei hier die Trennlinie zwischen Grundkompetenz und Verfahrenskompetenz nicht immer klar zu ziehen ist. Denn auch das Erlernen einer Verfahrenskompetenz ist immer auch – je nach Verfahren mehr oder weniger – Arbeit an der Grundkompetenz.

---

[322] Zu den besonderen Bedingungen von Seelsorge gegenüber Psychotherapie siehe *Klessmann* 2004, 429ff.

2.1.2 Grenzpfeiler christlicher Anthropologie
(Erläuterung zu der Leitfrage 5)

Ob ein Verfahren mit der christlichen Anthropologie vereinbar ist, ist insofern keine so leicht zu beantwortende Frage, weil es nicht einfach eine irgendwo unzweifelhaft positiv formulierte christliche Anthropologie gibt, über die innerhalb des Christentums ein unfraglicher Konsens bestünde. Die vielfältigen theologischen impliziten und expliziten Anthropologien zu diskutieren und daraus wie eine Art Essenz die christliche Anthropologie schlechthin abzuleiten, kann nicht nur nicht Thema dieser Arbeit sein, sondern ist in einer pluralen christlichen Wirklichkeit vermutlich ohnehin nicht leistbar und vielleicht auch nicht wünschenswert. Aus diesem Grunde verzichte ich auch hier auf die Formulierung einer positiven christlichen Anthropologie, sondern versuche stattdessen lediglich einige Ausschlusskriterien zu benennen, die wie Grenzpfeiler einer in sich pluralen christlichen Anthropologie zeigen sollen, ab welchem Punkt eine einem Verfahren inhärente Anthropologie für christliche Seelsorge nicht mehr akzeptierbar ist. Dabei muss der Tatsache Rechnung getragen werden, dass die Verfahren oft nur eine implizite Anthropologie haben, und dass sie in der Regel auch überhaupt nicht die dezidierte Absicht haben, einer christlichen Anthropologie entgegenzukommen. Insofern muss sich die Fragestellung tatsächlich auf reine Ausschlusskriterien beschränken.

Aber jedes Ausschlusskriterium ist natürlich dennoch immer auch so etwas wie ein Negativabdruck einer positiven anthropologischen Grundeinstellung, wenn auch mit deutlich mehr Spielraum und weniger Exaktheit. Das entspricht aber genau jenen pluralistischen Grundgegebenheiten, denen christliche Anthropologie ohnehin innerhalb gewisser Grenzen unterworfen ist. Und selbst diese Grenzen würden verschiedene Vertreter christlicher Anthropologie vermutlich unterschiedlich setzen. Mir bleibt hier nichts anderes übrig, als die aus meiner Sicht plausiblen Grenzen zu benennen, innerhalb derer meines Erachtens christliche Anthropologie anzusiedeln ist. Auch wenn ich mich dabei bemühe, das mit entsprechenden biblischen und theologischen Bezügen zu tun, kann der eigene persönliche theologische Standort nicht völlig verleugnet werden und soll es auch gar nicht. Aber für den Leser soll transparent, und damit diskutierbar, gegebenenfalls auch angreifbar werden, welche Kriterien mir für die anthropologische Auseinandersetzung mit den besprochenen Verfahren wichtig sind.[323]

---

[323] Eine kurze Stellungnahme zu den erforderlichen anthropologischen Voraussetzungen zur Übernahme therapeutischer Verfahren findet sich auch bei Jürgen Ziemer (*Ziemer* Seelsorgerlehre 2000, 134ff.). Zu den »anthropologischen Implikationen des christlichen Credo« siehe auch *Klessmann* 2008, 435. Doris Nauer formuliert in ihrem Seelsorgebuch ebenfalls wesentliche Basispunkte christlicher

Die zumindest ansatzweise Erfüllung folgender anthropologischer Kriterien sind meines Erachtens unerlässlich, damit ein Verfahren in der Seelsorge angewandt werden kann.

– *Unantastbare Würde jedes Menschen*
Nach biblischem Verständnis ist der Mensch als Gottes Ebenbild geschaffen. Im Unterschied zu anderen antiken Schöpfungsmythen wird der Mensch nicht zum Sklaven und Ernährer der Götter geschaffen, sondern geradezu umgekehrt ist der Mensch der von Gott mit Leben und Fürsorge Beschenkte. Einzig sein eigener »Sündenfall« schränkt ihn ein im vollen Nutznießen seiner an sich paradiesischen Situation.[324] Der Mensch wird ferner in der Geschichte Israels erkennbar als Bündnispartner Gottes, bekommt durch das Angesprochensein durch Gott eine herausgehobene Rolle, als Volk, aber auch schon immer als Einzelner (Abraham, Isaak, Jakob ...). Die im Alten Testament bereits vorhandenen Ansätze der Gotteskindschaft werden durch Jesus konsequent ausgeweitet und jedem, auch den ausgegrenzten Menschen, zugesprochen. Somit hat nach biblischem Verständnis jeder einzelne Mensch eine ihm von Gott geschenkte einmalige Würde,[325] Ausschlusskriterium für die Anthropologie eines therapeutischen Verfahrens wäre also, wenn es diese Würde missachtet,[326] sei es ganz grundsätzlich, sei es auch nur für einzelne Menschen oder Menschengruppen.

Anthropologie. Im Unterschied zu der hier vorliegenden Arbeit aber eher im Ringen um eine positiv zu formulierende anthropologische Grundlage für seelsorgerliche Identität, nicht so sehr unter dem Gesichtspunkt der Integration therapeutischer Verfahren (*Nauer* 2007, 110ff). Auch Rolf Sons bemüht sich um eine biblisch-theologische Grundlegung der Seelsorge und unterscheidet sie von der Psychotherapie vor allem durch das Primat des christlichen Gottesbezuges (*Sons* 1995, 151ff.). Psychotherapie sei von daher auch immer kritisch zu prüfen, ob sie hierzu in weltanschauliche Konkurrenz tritt oder pragmatisch und professionell neutral bleibt (*Sons* 1995, 169ff.).
[324] Nach dem babylonischen Schöpfungsmythos Enûma elîsch z.B. ist der Mensch als Arbeitssklave für die Götter geschaffen worden. Nach Gen 2, 4bff. dagegen ist dem Menschen die Erde als ein Paradies anvertraut, das er in vollen Zügen genießen kann, bis eben auf jene Grenze, die mythologisch mit dem Baum der Erkenntnis markiert ist. Die »Ätiologie« der im realen Leben erfahrbaren »Mühe und Arbeit« (Ps 90, 10) wird also nicht auf das Luxusbedürfnis von Göttern zurückgeführt, sondern auf die selbstgewählte Grenzüberschreitung des Menschen. Doch selbst in dieser Situation wird der Mensch in seiner Würde von Gott geschützt (Gott macht Röcke aus Fellen, er schützt Kain durch das sog. Kainsmal).
[325] Vgl. auch *Klessmann* 2008, 319: »Die Gottebenbildlichkeit des Menschen (gewissermaßen ein Vorläuferbegriff der seit der Aufklärung entwickelten universellen Menschenrechte) begründet seine unantastbare Würde, Bestandteil dieser Würde ist das Recht des Einzelnen auf Freiheit, Autonomie und Selbstbestimmung.«
[326] Das widerspräche, nebenbei bemerkt, auch der Maxime unseres Grundgesetzes.

– Selbstverantwortlichkeit des Einzelnen
Aus dem Angesprochensein durch Gott resultiert ganz unmittelbar die Verantwortlichkeit des je Einzelnen, die im Alten Testament exemplarisch an einzelnen herausragenden Figuren erkennbar wird (vgl. z.B. Kain und Abel, David und Nathan), die sich dann aber steigert bis zu Vorstellungen von einer grundsätzlichen Verantwortlichkeit jedes einzelnen vor Gottes Angesicht (»Jüngstes Gericht«). In der späteren reformatorischen Tradition wird die Selbstverantwortlichkeit des Einzelnen insbesondere erkennbar in der Entwicklung der Rechtfertigungslehre und dem Begriff des Priestertums aller Gläubigen. Jeder einzelne ist unmittelbar und auch unvertretbar vor Gott verantwortlich für sein Leben. Daraus folgt als Ausschlusskriterium: eine Anthropologie, die die grundsätzliche Verantwortlichkeit des einzelnen Menschen für sein Leben leugnet, sie ihm nicht zutraut, oder ihm – auf welche Weise auch immer – abnehmen möchte, widerspricht dem christlichen Menschenbild.

– Bezogenheit auf andere
»Es ist nicht gut, dass der Mensch allein sei«. (Gen 2,18). Von Anfang an ist der Mensch nicht allein geschaffen. Er ist auf Partnerschaft und Gemeinschaft hin orientiert. In der Geschichte Israels ist der Einzelne immer bezogen auf seine Sippe, seinen Stamm, vor allem aber auf das Volk, mit dem Gott einen Bund geschlossen hat. Die Gemeinschaft der Jüngerinnen und Jünger um Jesus weitet sich in die Gemeinschaft der Schwestern und Brüder in Gemeinde und Kirche. Die Hochschätzung des je Einzelnen in der jüdisch-christlichen Tradition ist also immer verbunden mit seiner geschwisterlichen Bezogenheit auf die Gemeinschaft mit den anderen. Ein Ausschlusskriterium für eine einem Verfahren inhärente Anthropologie wäre demnach gegeben, wenn man dort nur eine absolut gesetzte Autonomie des Einzelnen und eine Individuation ohne Bezogenheit[327] finden würde.

– Gespür für die Endlichkeit des Lebens und die Notwendigkeit der Aussöhnung mit der Unvollkommenheit des Menschen
Der theologisch zentrale Begriff »Sünde« ist heute gegenüber der säkularen Welt kaum noch vernünftig kommunizierbar, doch darf das darin enthaltene Wissen um die Gebrochenheit und Erlösungsbedürftigkeit (»extra nos«) der menschlichen Existenz nicht aufgegeben werden, einschließlich des Wissens um die grundsätzlich und nicht nur zeitlich zu verstehende Endlichkeit des Menschen.[328] Eine therapeuti-

---

[327] Vgl. das Desiderat einer »Individuation in Bezogenheit« von Helm Stierlin. Nach *Schmidt* 2005, 119; *Stierlin* 1975 (und öfter).
[328] So ausführlich dargestellt bei *Tillich* 1958, 218ff. Zur »Endlichkeit« gehört auch eine Akzeptanz des »Fragments« im Sinne Henning Luthers (*Luther* 1992, 160ff.). Ferner gehört hierher das existenzielle Wissen, dass wir alle »Sünder« sind

sche Anthropologie, die einer ungebrochenen innerweltlichen Soterio-logie oder gar einer Art innerweltlich erreichbaren Apokatastasis pan-ton[329] huldigt, muss christlicherseits zurückgewiesen werden. Eben-falls eine Anthropologie, die keinen Raum lässt für die Akzeptanz des Fragmentarischen.

– Respekt vor der transzendenten Dimension des Lebens
Das Leben geht nach jüdisch-christlichem Verständnis nicht im Vor-dergründigen auf, sondern ist umfangen und getragen von der göttli-chen Dimension. Das Leben hat in Gott seinen Ursprung (Schöpfung). Das Leben ist in wesentlichen Fragen der Lebensführung an Gottes Willen orientiert (Zehn Gebote, Bergpredigt, Paränesen). Das Leben findet in Gott Sinn, Ziel und Vollendung (Reich Gottes). Das bedeutet also, dass das Leben des Menschen ganz wesentlich auf Gott bezogen ist, so sehr, dass man aus Sicht einer christlichen Anthropologie gera-dezu von einer wesensmäßigen »Gottoffenheit« des Menschen[330] spre-chen kann. Anders gesagt: zum Wesen des Menschen gehört die Of-fenheit für die Dimension der Transzendenz, für die Dimension eines hintergründigen göttlichen Geheimnisses. Der Mensch ist bezogen nicht nur auf die begrenzte und bedingte Wirklichkeit, sondern genau-so auf die umfassende und unbedingte Wirklichkeit.[331] Nun kann man von einer einem säkularen therapeutischen Verfahren inhärenten Anth-ropologie nicht erwarten, dass sie explizit Transzendenz zum Thema macht. Aber mit einem christlichen Menschenbild nicht zu vereinbaren sind Anthropologien, die jegliche »Gottoffenheit« grundsätzlich ver-neinen oder gar pathologisieren. Zumindest ein Respekt vor dieser aus christlicher Sicht zentralen transzendenten Dimension des Lebens soll-te gegeben sein.

– Kultur der Wertschätzung und Solidarität – mit anderen und mit sich selbst
Zentral in der jüdisch-christlichen Tradition ist das Nächstenliebege-bot. Wobei es hier nicht um Liebe im emotionalen Sinne geht (*philia,*

(Paulus), das in der seelsorgerlichen Beziehung dazu führen muss, dass man sich mit wechselseitiger Solidarität begegnet (*Luther* 1992, 234), statt mit einer ver-meintlich wohlmeinenden aber einseitigen Defizitperspektive.
[329] Gemeint sind jegliche Art von Heilsversprechen, die durch Befolgung der eigenen Lehre so etwas wie einen vollkommenen Zustand des Lebens oder des ungebrochenen Glücklichseins verheißen. Die christliche Vision einer Apokatasta-sis panton (Wiederbringung aller Dinge) steht dagegen unter einem eschatologi-schen Vorbehalt und ist somit als transzendente Hoffnung mit der real erfahrenen Brüchigkeit und Endlichkeit des irdischen Lebens durchaus vereinbar.
[330] Begriff von *Pannenberg* 1962, 5ff. Vgl. auch Rolf Sons, der von der Ange-wiesenheit des Menschen auf Gott spricht (*Sons* 1995, 170).
[331] Nach Tillich sind wir bezogen auf das, »was uns unbedingt angeht.« (*Tillich* 1958, 20ff. und öfter).

eros), sondern um Liebe im Sinne von Wertschätzung, Respekt, Achtsamkeit und Solidarität (*agape*).[332] Ein solcher den Mitmenschen wertschätzenden Umgang kommt bereits in vielen alttestamentlichen Texten, insbesondere in den Zehn Geboten, ganz klar zum Ausdruck und wird von Jesus nochmals radikal zugespitzt. Insbesondere hat er diese Form der Wertschätzung und Solidarität auch gegenüber sozial und religiös ausgegrenzten Menschen gefordert. Zugleich ist aber im Nächstenliebegebot die Agape auch rückgekoppelt an den liebevollen Umgang mit sich selbst – wie zwei Seiten einer Medaille. Für die frühe Christenheit ist das »Band der Liebe« der zentrale Baustein ihrer gemeinschaftsbezogenen Ethik.[333] Einschließlich aller durchaus streitfähigen Offenheit, die Jesus ebenfalls vorgelebt hat, bleibt dies in der ganzen Geschichte des Christentums das zentrale Leitmotiv für die Begegnung mit anderen. Eine in einem therapeutischen Verfahren praktizierte ›lieblose‹ Anthropologie, der es an respektvollem und wertschätzendem Umgang mit Menschen mangelt, auch und gerade mit ›widerständigen‹ Menschen, ist mit einem christlichen Menschenbild nicht vereinbar. Ebenfalls zu verwerfen wäre eine Anthropologie, die den Menschen zu teilweiser oder partieller Selbstverachtung veranlassen würde.

– Ethik der Mitmenschlichkeit und Mitgeschöpflichkeit
Die zentrale Forderung der Nächstenliebe weitet sich auch zu einer ganz grundsätzlichen Ethik der Mitmenschlichkeit. Neben der in der persönlichen Begegnung realisierten Wertschätzung und Solidarität,[334] ist dies zugleich der Maßstab jeglicher ethischen Entscheidung.[335] Insofern gilt es auch Gesetze und Strukturen nach diesem Maßstab aus-

---

[332] Letztlich geht es bei *agape* um eine Haltung und um Handlungen/Unterlassungen, die dem anderen in einem tieferen Sinne ›gerecht‹ werden. Vgl. *Tillich* 1982, 196f. und Härle 2011, 183f., besonders Anmerkung 64. Zu *agape* als »absolutem moralischem Prinzip« vgl. *Tillich* 1969, 94ff. und zu *agape* als ontologischer Wirklichkeit vgl. *Tillich* 1982.

[333] Z.B. 1Kor 13; Kol 3; Johannesbriefe und öfter.

[334] Emmanuel Levinas hat darauf hingewiesen, dass die Begegnung mit dem Anderen gerade als ›Anderem‹ uns auf sozusagen mittelbare göttliche Weise zu ethischem Handeln herausfordert. Es ist ebenfalls Levinas‹ Verdienst, darauf hinzuweisen, dass wir dabei durchaus auch mit der »Fremdheit« des anderen konfrontiert werden (*Levinas* 1983). Es geht also nicht nur um eine sich harmonisch anfühlende Mitmenschlichkeit, obwohl das nicht ausgeschlossen ist, sondern auch um eine uns herausfordernde und Fremdheit zumutende Ethik der Mitmenschlichkeit. Das gilt es für Seelsorge immer wieder zu bedenken, woran auch Klaus Winkler erinnert, wenn er von dem »ganzen Anderssein und Fremdsein« anderer Menschen spricht (*Winkler* 200, 274). – Vgl. auch *Klessmann* 2008, 313ff.

[335] Vgl. z.B. die »Goldene Regel« nach Jesus. »Alles nun, was ihr wollt, dass euch die Leute tun sollen, das tut ihnen auch! Das ist das Gesetz und die Propheten.« (Mt. 7, 12). Vgl. dazu Härle 2011, 174ff., der darauf hinweist, dass die »Goldene Regel« durch das Liebesgebot ergänzt werden muss.

zurichten.[336] Wenn man dann noch die erst in jüngerer Zeit ins Bewusstsein gerückte Verantwortung für die »Bewahrung der Schöpfung« in den Blick nimmt, so ergibt sich ergänzend auch eine Ethik der Mitgeschöpflichkeit. Sind in einem therapeutischen Verfahren Muster und Strukturen enthalten, die einer solchen Ethik der Mitmenschlichkeit und Mitgeschöpflichkeit widersprechen, so sind jene zurückzuweisen.

Im Einzelfall wird nicht jedes Verfahren alle Kriterien erfüllen. Außerdem ist zu prüfen, ob die Nichterfüllung der genannten Kriterien unmittelbarer Ausdruck der dahinter stehenden Anthropologie ist, oder, ebenfalls denkbar, lediglich ein innerer Widerspruch zum eigenen Anspruch. Wenn ein Verfahren trotzdem für Seelsorge hilfreich sein kann, dann muss gegebenenfalls differenziert übernommen werden, wobei zugleich diejenigen Anteile der impliziten Anthropologie, die nicht mit dem christlichen Glauben vereinbar sind, zurückgewiesen werden müssen. Das funktioniert aber nur insoweit, als nicht das ganze Verfahren daran festgemacht ist. In der vorliegenden Arbeit wird bei den nachfolgend dargestellten Verfahren nicht auf jeweils alle anthropologischen Aspekte eingegangen, sondern nur auf diejenigen, die ganz offensichtlich im Widerspruch zum christlichen Menschenbild stehen, aber auch auf jene, die eine besonders hervorzuhebende Übereinstimmung mit dem christlichen Menschenbild aufweisen.

2.2 Grundsatzfragen zur Kurzzeittherapie

Kurzzeittherapie ist ein Ansatz, der versucht mit wenigen Sitzungen in einer überschaubaren Zeit nachhaltige Veränderungen zu erreichen, meist fokussiert auf konkrete und eingrenzbare Anliegen der Klienten. Es gibt aufgrund der jeweiligen Genese zwei grundsätzlich unterschiedliche Varianten und mehrere zum Teil sehr kontrovers diskutierte Grundsatzfragen, insbesondere hinsichtlich der Effektivität und Indikation, aber auch hinsichtlich so elementarer Fragen wie dem Umgang mit Zeit und Ressourcen.

2.2.1 Kurzzeittherapie – zwei Varianten

Kurzzeittherapie gibt es im Wesentlichen in zwei Varianten. Die erste Variante besteht in einer gekürzten Fassung eigentlich längerer Therapieformen. Man begrenzt sich notgedrungen auf wenige Themen und begleitet den Veränderungsprozess zwar regelmäßig, aber nur so lange bis eine einigermaßen stabile Veränderung erkennbar wird. Diese Va-

---

[336] Vgl. die entsprechenden Auseinandersetzungen Jesu über das Sabbatgebot, Reinheitsgebote usw.

riante versteht sich als Kompromiss aus Zeitgründen. Wünschenswert wäre eigentlich eine längere Therapie.[337] Die zweite Variante von Kurzzeittherapie basiert auf der Idee, dass nachhaltige Veränderungsimpulse im Wesentlichen hervorgehen aus einer gelungenen Umfokussierung der Aufmerksamkeit auf Lösungsmöglichkeiten. Diese Umfokussierung kann in recht kurzer Zeit geschehen, unter Umständen sogar in einer einzigen Begegnung. Die Umsetzung des Veränderungsprozesses im Alltag ist ohnehin Sache des Klienten. Dazu braucht er allenfalls Impulse und Ermutigung. Wünschenswert sind so wenig Sitzungen wie möglich. Aus diesem Grunde finden sich in der zweiten Variante deutlich weniger Sitzungen verbunden mit einer niedrigeren Frequenz als bei der ersten Variante. Im Hintergrund stehen, wie noch zu zeigen sein wird, verschiedene Konzepte zum Thema Zeit sowie zur Problemgenese und Lösung. Hier in dieser Arbeit wird es, abgesehen vom Verfahren der Integrativen Therapie, fast ausschließlich um die zweite Variante der Kurzzeittherapie gehen.[338] Man spricht hier auch häufig von lösungsorientierter Kurzzeittherapie.

2.2.2 Lang versus kurz

»Der Zeitraum, in dem wirksame Therapien ihre Effekte erzielen, bemisst sich nach Monaten und nicht nach Jahren.«[339] Mit dieser scheinbar lapidaren Feststellung hat Grawe in seiner 1994 veröffentlichen Meta-Analyse zur Psychotherapie-Effizienz[340] eine klare Schneise geschlagen für kurze Therapien von höchstens einem Jahr und einer maximalen Anzahl von 40 bis 50 Sitzungen.[341] »Gerade bei den Therapieformen, die sich als besonders wirksam erwiesen haben, treten die positiven Wirkungen der Therapie in erstaunlich kurzen Zeiträumen ein

---

[337] Als ausführliches Beispiel dieser Variante findet sich in dieser Arbeit das Verfahren der Integrativen Therapie.

[338] Wenn in dieser Arbeit von Kurzzeittherapie die Rede ist, dann ist fast immer jene zweite Variante gemeint. Wenn ausnahmsweise einmal von der ersten Variante die Rede ist, dann ist dies entweder aus dem Kontext erkennbar oder es wird ausdrücklich darauf hingewiesen.

[339] Dieses und die folgenden Zitate bei *Grawe et al* 1994, 696.

[340] Grawe und seine Mitarbeitenden bieten eine ausführliche Meta-Analyse von 897 Therapieeffizienzstudien und 41 Vergleichsstudien (*Grawe et al* 1994, 55ff. und 651ff.).

[341] *Grawe et al* 1994, 697f. Volker Tuschke (*Tschuschke et al* 1997) kritisiert dieses Ergebnis als noch zu undifferenziert. »Psychotherapie ist ein hochkomplexes Geschehen, und einfache Lösungen kann es nicht geben.« (S. 150). Die Forschung sei noch vergleichsweise jung. Gleichwohl konzidiert auch Tschuschke, dass insbesondere für psychoanalytische Langzeittherapien empirische Wirksamkeitsnachweise fehlen (S. 20). Insgesamt fordert er weitere Forschungen, um »Fragen nach der Spezifität und Unspezifität, nach der bestmöglichen Indikation für ein bestimmtes Verfahren und nach der Zeit-Dosis-Wirkungsbeziehung beantworten zu können.« (S. 150).

bzw. werden mit einer erstaunlich geringen Sitzungszahl erreicht.« Seitdem befinden sich Langzeittherapien, insbesondere die Psychoanalyse, in der Defensive, jedenfalls dann, wenn sie die Ergebnisse der Meta-Analyse ernst nehmen, denn, so Grawe:»Es gibt keinen einzigen empirischen Beleg dafür, dass so lange Therapien irgendetwas Positives bewirken, was nicht mit kürzeren Therapien gleich gut oder besser erreicht werden kann.«

Offensichtlich haben diese und verschiedene weitere Gründe schon seit geraumer Zeit dazu geführt, kürzere Therapien anzubieten. Hennig und Fikentscher stellen 1996 fest:»... nahezu alle wesentlichen methodischen Richtungen bieten nunmehr kurzzeittherapeutische Vorgehensweisen oder Strategien an ...«[342] Als Gründe dafür werden im Einzelnen aufgeführt:

1. Kostenexplosion im Gesundheitswesen.
2. Der Erfolg, den dezidierte Kurzzeittherapieverfahren am Markt erzielten.
3. Der Einfluss empirischer Untersuchungen zu Effektivität und Effizienz.
4. Pragmatisches oder naturwissenschaftlich technisches Denken (Zeitgeist) – und daraus abgeleitete Konkurrenz zur Pharmakotherapie.
5. Aufweichung orthodoxer Regeln und individuelle patienten-/therapeutengerechte Anpassungen.[343]

Trotz des gehäuften Auftretens des Kurzzeitansatzes gäbe es, so Hennig und Fikentscher,»derzeit noch keine endgültigen Aussagen zu signifikanten Unterschieden hinsichtlich der Effizienz bzw. Effektivität von Langzeittherapie versus Kurzzeittherapie.« Sie spiegeln daher eher eine der vielen Möglichkeiten in der »Vielfalt menschlichen Erlebens und Verhaltens«.[344] Mit anderen Worten: Kurzzeittherapie ist sinnvoll, aber es ist nicht sinnvoll, sie gegen Langzeittherapie auszuspielen.

Eine ganz ähnliche Position vertritt auch Volker Tschuschke.[345] Er bestätigt im Wesentlichen die Effektivität der Kurzzeittherapie, die sich in der Tat auf gute Forschungsergebnisse berufen kann. Er hinterfragt aber die einseitig gegen Langzeittherapie gerichtete Interpretation dieser Ergebnisse, zumal auch diese mittlerweile entsprechende Effektivi-

---

342 Hennig Fikentscher 1996, 20.
343 Hennig Fikentscher 1996, 21. – Eine ähnliche Aufstellung der möglichen Gründe, aber noch etwas mehr ausdifferenziert, findet sich bei *Tschuschke* 2003, 20.
344 Hennig Fikentscher 1996, 25 und 27.
345 *Tschuschke* 2003. Während Tschuschke sich im Jahr 1997 noch überwiegend mal sachlich, mal polemisch mit Grawe auseinandersetzt (*Tschuschke et al* 1997), findet sich jetzt 2003 eine differenzierte eigene Sicht.

tätsstudien für sich ins Feld führen kann.[346] Zwar ist es tatsächlich so, dass innerhalb nur weniger Sitzungen das subjektive Befinden vieler Patienten sich signifikant verbessert, und daran gemessen, die vielen weiteren Sitzungen nur noch vergleichsweise geringe Verbesserungen erbringen.[347] Gleichzeitig zitiert er aber eine Studie von Lueger aus dem Jahr 1995, die zeigt, dass eine Verbesserung der Symptomatik und eine vollständige Rehabilitation des allgemeinen Funktionsniveaus doch viel länger braucht als eine Verbesserung des subjektiven Wohlbefindens.[348] Aus diesem Grunde plädiert er für eine differenzierte Indikation für Kurz- oder Langzeittherapie, je nach Person und Problemlage, je auch nach Motivation und Zeit-/Geld-Ressourcen.[349] Tschuschke übersieht jedoch, dass auch die Kurzzeittherapie davon ausgeht, dass Veränderungen unter Umständen viel Zeit brauchen, dass es jedoch genügt, in der Kurzzeittherapie dazu die Motivation und Ressourcen freizulegen und die Veränderung und deren Stabilisierung sich dann nachhaltig außerhalb der Therapie von alleine vollzieht, sogar in Bereichen, die gar nicht Thema der Therapie waren.[350] Doch Tschuschke hat sicher darin Recht, dass man als Therapeut von dogmatischen Vorstellungen frei sein sollte[351] und dass man sich beim – aus seiner Sicht obsoleten – Streit um die Effektivität klarmachen muss, dass beide, Lang- und Kurzzeittherapie, etwas Verschiedenes tun und genau dieses Verschiedene möglichst passgenau anbieten sollten.[352] Nicht vergessen werden sollte schließlich in dieser Auseinandersetzung der ganz grundsätzliche Hinweis Arist von Schlippes und Jochen Schweitzers, dass die Wirksamkeitsforschung »inhaltliche Auseinandersetzung nicht ersetzen« kann, und dass die jeweils angelegten Kriterien für Therapieerfolg natürlich auch das Ergebnis mit beeinflussen.[353]

Auch wenn häufig der Eindruck besteht, Kurzzeittherapien seien erst eine nachträgliche Entwicklung, die unter anderem aus der Not im Umgang mit Zeit (und Geld) entstanden wäre oder gar aus Anpassung an einen problematischen Zeitgeist,[354] so trifft dies im Grunde nur gewisse Aspekte der Entwicklung. Der Heidelberger Systemiker Arnold Retzer weist nach, dass Psychotherapie als Kurzzeitverfahren begonnen hat, auch die Psychoanalyse (!), und dass die Langzeitverfahren sich erst nach und nach entwickelten – mit der Tendenz zur zuneh-

---

346 *Tschuschke* 2003, 35f.
347 *Tschuschke* 2003, 27f. (+ Schaubild S. 15). Vgl. auch *Grawe et al* 1994, 697.
348 *Tschuschke* 2003, 28ff.
349 *Tschuschke* 2003, 37.
350 Vgl. z.B. *de Shazer* 1992, 178f.
351 *Tschuschke* 2003, 13.
352 *Tschuschke* 2003, 36f.
353 *Schlippe Schweitzer* 1996, 276ff.
354 Die Frage der möglichen Anpassung an den Zeitgeist wird, einschließlich philosophischer Aspekte, diskutiert von *Tschusche* 2003, 1ff.

menden Zeitextension.[355] Dagegen sind nun die neueren lösungsorientierten Kurzzeitansätze keine rein quantitative Zurücknahme an Zeitbedarf, sondern ein völlig neuer Ansatz mit einem qualitativ anderen Zeitkonzept. Geht es bei der klassischen Tiefenpsychologie – kurz gesagt – wesentlich darum, im therapeutischen Setting eine regressive Gleichzeitigkeit mit der Vergangenheit herzustellen, um die Gegenwart zu verstehen, so geht es bei der Kurzzeittherapie um einen progressiven Sprung in die Zukunft, um die Gegenwart zu verändern. Aus dieser unterschiedlichen Verknüpfung des Phänomens der Zeit mit dem angestrebten Therapieerfolg resultiert unmittelbar der faktische Zeitbedarf. Weil dies von so elementarer Bedeutung ist, möchte ich Arnold Retzers Gedankenführung hier ausführlicher darstellen.

2.2.3 Der Zusammenhang von Zeittheorie und Zeitbedarf

Arnold Retzer, Mitbegründer des Heidelberger Instituts für systemische Forschung und Therapie, weist nach, dass Zeitkonzepte für die Psychotherapie von erheblicher Bedeutung sind, weil sie »darüber mitentscheiden, wie zu behandelnde Probleme beschrieben, erklärt und bewertet werden und welche therapeutischen Maßnahmen sich daraus ergeben.«[356] Das Zeitkonzept bestimmt also Länge oder Kürze der Therapie.[357] Das Zeitkonzept entscheidet über kausale Orientierung an der Vergangenheit oder unterschiedsbildende Orientierung an Gegenwart und Zukunft.[358] Schließlich macht Retzer auf die Möglichkeit aufmerksam, mit der Zeit selbst therapeutisch zu arbeiten, insbesondere mit der vollendeten Zukunft als einer lösungsorientierten Außenperspektive auf den Zeitstrom.[359] Außerdem, es klingt fast banal und wird doch oft übersehen: Zeit ist ein kostbares Gut.[360]

Zunächst zeigt Retzer, dass die Psychoanalyse im Grunde als Kurzzeittherapie angefangen hat, sich dann aber nach und nach zur extensiven Langzeittherapie entwickelt hat.[361] Langzeittherapie ist eine »verhältnismäßig neue Erscheinung.« Die Anfänge der Psychoanalyse bei Freud waren von Kurzzeittherapien geprägt. Die Psychoanalyse wurde in der Folge allerdings immer mehr zur Langzeitpsychotherapie ausgeweitet – mit immer horrenderem Zeitbedarf. Passend dazu wurde die Diagnose »frühe Störung« erfunden mit der Gleichung »früher gestört = schwerer gestört = längere Psychotherapie.«[362]

---

[355] *Retzer* 2003, 44ff. Vgl. auch *Tschuschke* 2003, 16ff.
[356] *Retzer* 2002, 66.
[357] *Retzer* 2002, 44ff.
[358] *Retzer* 2002, 51ff.
[359] *Retzer* 2002, 60ff.
[360] *Retzer* 2002, 65ff
[361] *Retzer* 2002, 44ff. Dort aufgeführt sind auch Beispiele aus den Anfängen der Psychoanalyse.
[362] *Retzer* 2002, 46.

Dagegen gibt es seit den 70er/80er Jahren die eigenständige Entwicklung der Kurzzeittherapie. Untersuchungen zur vergleichenden Effektivität von Kurz- und Langzeittherapien zeigen, dass Kurzzeittherapien sehr effizient sind, und in kurzer Zeit das gleiche oder mehr erreichen als Langzeittherapien. Letztere konnten, so Retzer, bislang noch keine empirische Begründung ihres hohen Zeitaufwandes vorlegen.[363]

Auf die Frage, warum trotz erfolgreicher Kurzzeittherapien die Langzeittherapien sich so dominant durchgesetzt haben, gibt Retzer eine unmissverständliche Antwort: Geld! Denn Zeit ist in diesem Fall Geld. Es geht um abgesteckte Claims.[364] Trotz neuem Psychotherapiegesetz (1992) können immer noch bis zu 300 Sitzungen bei den Kassen abgerechnet werden.[365]

Demgegenüber steht eine Entwicklung der Kurzzeittherapie, die versucht mit einem Minimum an Sitzungen auszukommen, wie man aus folgender Tabelle ersehen kann:

Autor	Jahr	Sitzungen
Mann	1973	12
Strupp und Binder	1984	20
Sifneos	1985	etwa 10
Bellak	1981, 1983	6
Davanloo	1980	keine Angabe
Lazarus und Fay	1990	10–20
Palo-Alto-Gruppe (Fisch et al.)	1983	10
Mailänder Gruppe (Selvini et al.)	1975	bis zu 10
Retzer	1994	max 10
Talmon	1990	1

Tabelle – aus dem Text des Autors zusammengestellt[366]

Der Zeitbedarf einer Therapie hängt unmittelbar mit der »psychotherapeutischen Theoriezeit« zusammen. Retzer weist nach, wie sich unter-

---

363 *Retzer* 2002, 48f. Retzer beruft sich vor allem auf folgende empirische Studien: Reid und Shyne (1969), Garfield (1978, 1986), Budman und Gurman (1988) Smith et al. (1980), Lambert et al. (1986), Grawe et al. (1994).
364 *Retzer* 2002, 49f.
365 *Retzer* 2002, 50.
366 Tabelle zusammengestellt anhand des kurzen historischen Abrisses der Entwicklung zur Kurzzeittherapie von Mann bis Talmon (*Retzer* 2002, 46–47).

schiedliche Zeit-Theorien auf die Therapie auswirken. Die Psychoanalyse ist geprägt von einem Zeitmodell, das so sehr auf die Vergangenheit fokussiert, dass die Gegenwart verschwindet. Das wird erreicht durch die Kombination des Konzepts der Regression mit dem der Übertragung in einem Setting der Abstinenz. Das führt zum Verschwinden der Zeit – und in Folge zu unendlichen Analysen.[367] Dennoch wird dieses Konzept vehement verteidigt – mit quasi ideologisch-moralischem Impetus.[368] Könnte man aufgrund des zugrundeliegenden Zeitbegriffes das psychoanalytische Gedächtnismodell mit einem Ablagerungsvorgang vergleichen, in dem sich die Vergangenheit anhäuft wie festgefügte Sedimentschichten (Containermodell), so hat demgegenüber die systemische Therapie[369] ein narrativ-konstruktivistisches Gedächtnismodell, das im sozialen Diskurs neu modelliert werden kann.[370] Vergangenheit wird nicht angesammelt, sondern autobiografisch erzählt. Dazu trifft der Erzähler in einer Mischung aus Erinnerung und Vergessen immer eine Auswahl aus dem komplexen Fluss der Tatsachen. Sein Ziel ist dabei nicht objektive Wiedergabe der Vergangenheit, sondern deren erzählende Deutung.[371] Therapieanlass ist aus dieser Sicht dann gegeben, wenn es zu malignen Konstruktionen kommt, unter denen der Klient leidet.

Ziel der systemischen Therapie ist darum eine gemeinsame Umschreibung der Lebenserzählung insofern, als dass die neue Erzählung ein symptomfreieres Leben ermöglicht. Dazu bedarf es gerade nicht der Gleichzeitigkeit mit der Vergangenheit (Übertragung, Wiederholung), sondern der Einführung von Unterschieden. Die Unterschiede zum bisherigen leidvollen Erleben sind es, die positive Veränderung bewirken. In der Therapie muss der Therapeut folglich zum Anwalt der vorwärtsweisenden Unterschiede werden. Eine rückwärtsgewandte Übertragungsbeziehung soll und muss genau darum verhindert werden. Wichtig ist aber sehr wohl eine »relevante Beziehung« zum Therapeuten, eine Beziehung, in der die Balance zwischen Erwartungsbestätigung und Erwartungsenttäuschung (Unterschiede!) gewahrt wird.[372]

Ferner spielt das Phänomen Zeit nicht nur in der Therapietheorie eine Rolle, der Zeitfluss als solcher kann selbst explizit zum Gegenstand

---

[367] *Retzer* 2002, 52.
[368] *Retzer* 2002, 52ff.
[369] Systemische Therapie wird von Retzer hier offensichtlich als Oberbegriff auch für kurzzeittherapeutische Verfahren verstanden (*Retzer* 2002, 55).
[370] *Retzer* 2002, 55ff.
[371] Gegen den Einwand, Tatsachen würden bei dieser Form des biografischen Konstruktivismus ignoriert (z.B. *Willi* 2007, 56ff.), ist festzuhalten, dass es hier darum geht, »eine individuelle und soziale Ordnung in das Chaos der Tatsachen zu bringen« (*Retzer* 2002, 59), also nicht um deren Erfindung.
[372] *Retzer* 2002, 59f.

und Instrumentarium der Therapie werden, indem man quasi aus ihm
heraustritt und aus der Außenperspektive auf ihn zurückblickt. Für lösungsorientiertes Vorgehen empfiehlt sich die Verwendung von Futur
II, also der zukünftige Rückblick auf eine in der Zukunft bereits erreichte Lösung. Dieser Blickwinkel fördert, wie empirisch nachgewie-
sen ist, das Lösungshandeln.[373]

»Morgen ist heute gestern. In der Regression ist eine Ursache X (in der
Vergangenheit) auf der Suche nach ihrer Wirkung Y (in der Gegen-
wart) und den die Gegenwart mit der Vergangenheit verbindenden
Prozeß. In der Progression ist eine Wirkung Z (in der Zukunft) auf der
Suche nach ihrer Ursache Y (in der Gegenwart) und den die Gegen-
wart mit der Zukunft verbindenden Prozess.«[374]

In der folgenden Tabelle[375] setzt Retzer die beiden Zeitmodi in Bezug
auf die therapeutische Arbeit noch einmal gegenüber – stichwortartig
und pointiert zugespitzt.

Regression	**Progression**
Vorwärts in die Vergangenheit	Zurück in die Zukunft
Vergangene Ursache (X) bewirkt gegenwärtige Wirkung (Y) X -> Y	Zukünftige Wirkung (Z) bewirkt gegenwärtige Ursache (Y) Z -> Y
Gegenwart (die alte Geschichte) steht nicht zur Disposition	Gegenwart (die neue Geschichte) steht zur Disposition
Veränderung steht nicht an, erst in der Zukunft, nach einer langen Reise in die Vergangenheit	Veränderung ist in vollem Gange, liegt schon in der Vergangenheit, ist schon geschehen
Klient ist Problemopfer und Lösungstäter	Klient ist Lösungsopfer und Problemtäter
Handeln steht nicht an, muss sogar unterbunden werden	Handeln steht an, bzw. ist schon vollzogen, kann nicht unterbunden werden
Die Zeit ist das Spielfeld, in dem das Psychotherapie-Spiel stattfindet	Die Zeit ist das Psychotherapie-Spiel
Die Zeit organisiert die therapeutische Kommunikation	Die therapeutische Kommunikation organisiert die Zeit

---

[373] *Retzer* 2002, 63.
[374] *Retzer* 2002, 64.
[375] *Retzer* 2002, 64.

Schließlich macht Retzer noch darauf aufmerksam, dass Zeit etwas Wertvolles ist und allein schon das Wichtignehmen der kostbaren Zeit von Patient und Therapeut ein Motor für Heilungsprozesse sein kann.[376]

Der von Retzer benannte Einfluss der therapeutischen Zeittheorie auf den therapeutischen Zeitbedarf, die Möglichkeit des Arbeitens nicht nur in der Zeit, sondern mit der Zeit und schließlich die Wertschätzung der Zeit als knappes Gut ist so etwas wie der gemeinsame Grund, auf dem der qualitativ neue Ansatz der Kurzzeitverfahren basiert. Auch wenn seine Gegenüberstellungen sicher hier und dort etwas sehr zugespitzt formuliert sind, machen sie doch gerade dadurch gewisse Grundentscheidungen im Zeitkonzept umso deutlicher. Doch soll nun ergänzend zu Retzer nochmals ein anderer Blick auf die Zeitfrage geworfen werden.

2.2.4 Vergangenheit, Gegenwart und Zukunft – der Mensch im Kontext und Kontinuum

Retzer macht deutlich, warum lösungsorientierte Kurzzeittherapie nicht nur verkürzte Langzeittherapie ist, sondern mit einem ganz anderen Zeitbegriff arbeitet. Freilich kann man, bei aller Evidenz seiner Darstellung, doch zurückfragen, ob einem komplexen Wesen wie dem Menschen nicht ein mehrdimensionaler Zeitbegriff angemessener wäre, ein Zeitbegriff, der alle drei Zeitmodi in gleicher Weise wichtig nimmt, ohne die Vergangenheit aber auch ohne die Zukunft einseitig überzugewichten.

Ein solch komplexer Zeitbegriff findet sich bei der Integrativen Therapie.[377] Dort wird der Mensch verstanden als ein Wesen, das in einem Kontext-Kontinuum lebt, einer Art Raum-Zeit. Gemeint ist, dass jeder Mensch in einem physisch-psychisch-sozialen Raum lebt, der vom leiblichen Selbst (»Leibselbst«[378]) über das engere soziale Umfeld bis zur gesellschaftlichen Umwelt reicht, und dass dieser Raum, der sich kontinuierlich durch die Zeit bewegt, in jedem Augenblick der fortschreitenden Gegenwart sowohl von der vergangenen Zeit geprägt als auch von der zukünftigen Zeit motiviert wird.

»Der Klient trägt in jedem Moment seiner Gegenwart die Ereignisse seiner Vergangenheit und die Möglichkeiten seiner Zukunft in sich. Er ist als Person nur in diesem zeitlichen Kontinuum zu begreifen.

---

376 *Retzer* 2002, 65f.
377 Einen komplexen Zeitbegriff für die Psychotherapie entwirft *Petzold* 1993, 333ff.
378 *Petzold* 1993, 369, ausführlich *Petzold* 1993, 677ff.

In gleicher Weise steht er in einem ... Kontext ... der sich als gestaf-
felte Figur/Grund-Relation erweist und als Bezugsrahmen in eine
Mikro-, Meso-, Makro- und Megaebene differenziert werden kann
... jedes aktuale Geschehen, jede Familie, jede Lebenssituation, jede
Kultur hat – retrospektiv, aspektiv, prospektiv – Geschichte, Gegenwart und Zukunftsperspektiven. Ohne dieses Zeitkontinuum ist
ein Verständnis von Struktur und Verhalten der gesamten Systeme
(Person, Familie, Schicht, usw.) nicht möglich. Insgesamt ist also
ein mehrperspektivischer Zugang erforderlich.«[379]

Wenn, wie in der Kurzzeittherapie, manchmal der Eindruck entstehen
kann, dass die komplexe Zeitdimension des Menschen verkürzt wird
auf Zukunft und allenfalls jene Aspekte der Vergangenheit aufgenommen werden, die für zukünftige Lösungen utilisierbar sind, dann besteht die Gefahr, wesentliche Aspekte des Menschseins, insbesondere
seines Seins in der Zeit, auszublenden.

Allerdings ist es durchaus denkbar, dass auf dem Hintergrund eines
komplexen Zeitverständnisses in der praktischen therapeutischen/seel-
sorgerlichen Arbeit jene Aspekte der Zeit in den Vordergrund gestellt
werden, die am schnellsten und effektivsten zu einer hilfreichen Veränderung einer Leidenssituation führen. Und hier spielen offensichtlich
die Zukunft und Zukunftsentwürfe in der Tat eine wesentliche Rolle.[380] Allerdings gibt es aus der Vergangenheit – wenngleich nicht in
absoluter, sondern nur in »eingeschränkter Kausalität«[381] – auch persönliche und soziale Rahmenbedingungen bis hin zu Restriktionen, die
nicht nur in die Gegenwart, sondern auch in den Zukunftsraum hin-
einwirken. Umgekehrt lässt aber auch jede neue Gegenwart die Vergangenheit wieder in einem neuen Licht erscheinen. So sind Vergangenheit, Gegenwart und Zukunft in einer »Dialektik von Kontinuität
und Diskontinuität«[382] miteinander verbunden. Das darf auch in der
praktischen Arbeit nicht völlig aus dem Blick geraten, wenn man in
der Kurzzeittherapie/-seelsorge nicht einer illusionären, geschichtslo-
sen und obendrein undialektischen *anything-goes* Idee aufsitzen möchte. Das entspräche auch in keiner Weise einem christlichen Menschenbild.[383]

Die Chance der Kurzzeitseelsorge im Pfarramt liegt an dieser Stelle
darin, dass kurzzeitseelsorgerliche Begegnungen zumindest bei bekannten Gemeindegliedern eingebettet sind in einen längerfristigen

---

[379] *Petzold* 1993, 601f.
[380] Vgl. *Petzold* 1993, 357ff.
[381] *Petzold* 1993, 361.
[382] *Petzold* 1993, 361.
[383] Vgl. *Nauer* 2007, 144ff.

Kontakt und einen geteilten sozialen Raum über die Zeit hin. So bleibt das ganze Kontext-Kontinuum selbst dann im Blick, wenn in kurzen seelsorgerlichen Begegnungen vorwiegend auf Zukunft und hilfreiche Ausnahmen der Vergangenheit fokussiert wird.

2.2.5 Ressourcenorientierung versus Problemorientierung

Eine durchgehende Gemeinsamkeit aller Kurzzeittherapien ist ein Faktor, der mit Zeit nicht unmittelbar zusammenhängt, der aber offensichtlich wesentlich ist für erfolgreiche Therapie. Es ist das Verhältnis von Ressourcenorientierung zu Problemorientierung. Bei den in dieser Arbeit vorgestellten kurzzeittherapeutischen Ansätzen dominiert ganz überwiegend, teilweise sogar ausschließlich, die Ressourcenorientierung.[384]

Dass damit die Kurzzeittherapie auf das »richtige Pferd« gesetzt hat, wird jetzt von ganz anderer Seite bestätigt. Ohne expliziten Bezug auf die genannten Kurzzeitverfahren[385] zeigen Daniel Gassmann und Klaus Grawe, dass Ressourcenaktivierung zum zentralsten Faktor in der Psychotherapie gehört. Mit Berufung auf eine Untersuchung von Lambert von 1992[386] rufen sie zunächst ins Bewusstsein, dass Ressourcenaktivierung 40% des Erfolges einer Therapie ausmacht. Das ist etwas mehr als die Therapiebeziehung (30%) und deutlich mehr als patientengebundene Erwartungs- und Placeboeffekte beziehungsweise problemorientiertes Vorgehen (jeweils 15%). Dieses Ergebnis wird im Wesentlichen bestätigt durch eine aufwendige eigene Studie[387] der beiden Autoren, in der sie vor allem den Fokus auf eine genauere Differen-

---

[384] Von den in dieser Arbeit dargestellten Verfahren gilt: Ausschließlich ressourcenorientiert ist die lösungsorientierte Kurzzeittherapie nach de Shazer oder nach Luc Isebaert (»Brügger Modell«), überwiegend ressourcenorientiert die hypnosystemische Kurzzeittherapie nach Gunther Schmidt, ebenso NLP. Die Integrative Therapie nimmt eher eine mittlere Position ein, die lediglich in ihren Kurzzeitvarianten eine eher überwiegende Ressourcenorientierung vornimmt.
[385] Der Bezug fehlt sowohl im Text als auch im Literaturverzeichnis, und das obwohl ein Vorgehen einschließlich Fallbeispiel gezeigt wird, das eins zu eins dem lösungsorientierten Arbeiten von de Shazer entspricht, beziehungsweise eng verwandten Verfahren, wie z.B. dem »Brügger Modell« von Luc Isebaert.
[386] *Gassmann Grawe* 2009, 101. Sie beziehen sich auf die Studie von M.J. Lambert; Implications of outcome research for psychotherapy integration. In *J.C. Norcross & M.R. Goldstein* (eds.); Handbook of psychotherapy integration (pp. 94–129), New York 1992.
[387] *Gassmann Grawe* 2009, 115ff. Die Ergebnisse wurden veröffentlicht in *Gassmann, D. & Grawe, K.*: General change mechanisms: The relation between problem activation and resource activation in successful and unsuccesfull therapeutic interactions. Journal of Clinical Psychology and Psychotherapy, 2006, 13 (1), S. 1–11. Dem ging eine Dissertation von Daniel Gassmann voraus. *Gassmann, D.*: Korrektive Erfahrungen im Psychotherapieprozess. Entwicklung und Anwendung der Konsistenztheoretischen Mikroprozessanalyse KMP, Universität Bern, 2002.

zierung zwischen Ressourcen- und Problemorientierung hinsichtlich des Therapieerfolges legten. Sie kamen dabei zu folgendem Ergebnis:

Erfolgreiche Therapeuten »intervenieren hochsignifikant häufiger mit dem Fokus auf Stärken und Fähigkeiten des Patienten« und sie »adressieren ihre Interventionen viel deutlicher und expliziter auf die intra- und interpersonalen Ressourcen ihrer Patienten.« Dabei ist es nicht so, dass erfolgreiche Therapeuten gar nicht problemorientiert vorgehen, sondern sie binden problemorientiertes Arbeiten allenfalls U-förmig in die Behandlung ein, beginnen und enden eine Sitzung also stets ressourcenorientiert.[388]

Ressourcen dienen nach dem Verständnis der beiden Verfasser als Möglichkeiten zur Befriedigung von Grundbedürfnissen[389] und können differenziert werden nach Ressourcen, die in der Person selbst liegen (»intrapersonal«) und Ressourcen, die im zwischenmenschlichen Bereich angesiedelt sind (»interpersonal«). Diese Ressourcen können bewusst sein (»explizit«) oder unbewusst (»implizit«), sie können in vorhanden Fähigkeiten bestehen (»potenzial«) oder in der Kraft des Wünschens und Wollens liegen (»motivational«).[390] Dabei wird deutlich, dass neben den individuellen auch und gerade die sozialen Ressourcen im Sinne von »sozialer Unterstützung« eine wichtige Rolle spielen,[391] soziale Ressourcen, die folglich in der Therapie nicht vernachlässigt werden dürfen, sondern im Gegenteil bewusst in den Blick genommen und gefördert werden sollen.[392]

Die beiden Autoren kommen am Ende zu folgendem eindeutigen Schluss: »Die (Re-)Aktivierung der Ressourcen des Patienten hat sich als der bedeutsamste allgemeine Wirkfaktor von Psychotherapie herausgestellt.«[393] – Sie bestätigen damit, was vor Jahrzehnten durch

---

[388] *Gassmann Grawe* 2009, 116.
[389] Die Grundbedürfnisse werden nach der Konsistenztheorie von Grawe differenziert in (1) Bindungsbedürfnis, (2) Kontrollbedürfnis, (3) Bedürfnis nach Selbstwerterhöhung und (4) Bedürfnis nach Lustgewinn und Unlustvermeidung. Diese Bedürfnisse seien allen Menschen gemeinsam, die Wege zur Befriedigung aber höchst individuell beziehungsweise sozial determiniert (*Gassmann Grawe* 2009, 104).
[390] *Gassmann Grawe* 2009, 106ff.
[391] Gassmann und Grawe betonen, dass »eine Person für die Befriedigung ihrer Grundbedürfnisse auf ein Netzwerk sozialer Beziehungen angewiesen ist.« (*Gassmann Grawe* 2009, 105f.).
[392] *Gassmann Grawe* 2009, 112ff.
[393] *Gassmann Grawe* 2009, 117. – Dass die zunehmende Entdeckung der Bedeutung von Ressourcen in Folge auch Therapiekonzepte veränderte und von der einseitigen Problemdiagnostik zur Einbeziehung von Ressourcendiagnostik führt, zeigen Willutzki, Koban und Neumann am Beispiel der Verhaltenstherapie. *Willutzki et al* 2005.

einen zunächst als exotisch geltenden amerikanischen Arzt eingeleitet wurde: Milton Erickson.

2.3 Systemisch-konstruktivistische Verfahren

Diese Überschrift erhebt nicht den Anspruch einer exakten Klassifikation, sondern dient einer gewissen Orientierung. Der Begriff »systemisch-konstruktivistisch« ist gewählt, um alle Verfahren zu subsumieren, die in der Theorie oder zumindest in der Praxis auf systemisches Denken rekurrieren und die zugleich davon ausgehen, dass wir unser Wirklichkeitserleben – zumindest in großen Teilen – selbst konstruieren und deswegen die Möglichkeit besteht, Lösungen durch Neukonstruktion von Wirklichkeitserleben zu finden. Zu großen Teilen gehen die hier referierten Verfahren direkt oder indirekt auf Milton Erickson zurück und haben deswegen auch Wurzeln in der Art und Weise, wie Hypnose die Fokussierung unserer Aufmerksamkeit zu erklären und zu nutzen versucht.

2.3.1 Grundlagen

Die entscheidenden gemeinsamen Grundlagen der hier dargestellten systemisch-konstruktivistischen Verfahren sind die Ideen Milton Ericksons, sowie die Systemtheorie und der Konstruktivismus. Diese Grundlagen seien darum hier kurz dargestellt. Natürlich gab und gibt es auch andere Einflussgrößen oder zum Teil auch parallele Entwicklungen.[394] Zu nennen wäre hier das »Mental Research Institut in Palo Alto« mit Watzlawick als prominentestem Vertreter. Hier hat man sich mehr auf »strategische Verschreibungen« konzentriert.[395] Oder auch

---

[394] Zum Folgenden siehe *Bamberger* 2001, 10f. – Ausführlich *Watzlawick Nardone* 1999

[395] Das in Palo Alto entwickelte strategische Vorgehen (*Watzlawick Weakland Fisch* 1974, *Fisch Weakland Segal* 1987) findet in dieser Arbeit keine Berücksichtigung oder allenfalls am Rande, weil es mir für Kurzzeitseelsorge überwiegend nicht geeignet erscheint. Das liegt im Wesentlichen am häufig absichtlich intransparenten manipulativen Vorgehen (z.B. paradoxe Interventionen). Ein solches Vorgehen widerspricht nicht nur der mit der basalen Geschwisterlichkeit und dem »Priestertum aller Gläubigen« gebotenen transparenten und gleichrangigen Kommunikation, es hat m.E. auch die nachteilige Folge, dass dadurch gerade nicht das Gefühl der Selbstwirksamkeit (self-efficacy, *Bamberger* 2001, 25) des Gegenübers gefördert wird. Oder anders gesagt: das bewusstseinsfähige Zutrauen in die eigenen Ressourcen und zukünftige Problemlösungskompetenz wird nicht gestärkt. Diejenigen Aspekte des Palo Alto Ansatzes, die auch für Kurzzeitseelsorge interessant sind, finden sich auch in anderen Verfahren, z.B. Reframing (*Watzlawick Weakland Fisch* 1974, 116ff.) oder das Prinzip der kleinen Musterveränderungen (*Fisch Weakland Segal* 1987, 146). – Beispielhaft sei der – aus meiner Sicht – problematische Aspekt des strategischen Ansatzes durch ein Zitat veranschaulicht:

das »Centro per lo Studio della Famiglia« in Mailand.[396] Aber das sind nicht vorgängige, sondern eher zeitgleiche Entwicklungen z.B. mit dem lösungsorientierten Ansatz von de Shazer, allesamt Ende der 60er, Anfang der 70er Jahre. Natürlich bewegt man sich hinsichtlich des systemischen Denkens in ähnlichem Fahrwasser, teilt konstruktivistische Prämissen, und gewiss gab es gegenseitige Beeinflussungen in größerem oder kleinerem Maße. Aber der »geistige Vater« der hier dargestellten Verfahren bleibt – zumindest in wesentlichen Punkten – Milton Erickson.

2.3.1.1 Milton Erickson und die Hypnose

Als Jugendlicher war Milton Erickson aufgrund einer Polioerkrankung vom Hals abwärts gelähmt. Während er zuhause einmal auf einem Schaukelstuhl vergessen wurde, merkte er wie zufällig, dass er durch seine reine Vorstellungskraft den Schaukelstuhl leicht zum Wippen bringen konnte. Offensichtlich hatte der intensive Wunsch, nach draußen zu gehen, seine ganze Aufmerksamkeit so sehr fokussiert, dass die eigentlich gelähmten Muskeln minimale Bewegungsimpulse erzeugten und den Stuhl so zum Schaukeln brachten. Diese Entdeckung führte dazu, dass er dieses Vorgehen nun bewusst regelmäßig übte und vervollkommnte. Auf diese Weise konnte er schließlich seine Kinderlähmung weitgehend überwinden.[397] Letztlich durch nichts anderes als durch eine Art Selbsthypnose.

Als er später Arzt und Psychiater wurde hat er auf diese Erkenntnis aufgebaut. Er hat sich intensiv der Hypnose gewidmet und diese ausgebaut und weiterentwickelt. Neben klassischen Tranceinduktionen entwickelte Erickson auch immer mehr hypnotische Techniken, die für seine Patienten zunächst gar nicht als solche erkennbar waren. Während er das Wachbewusstsein mit anderen Dingen ablenkte, implementierte er gleichzeitig hypnotische Suggestionen in die normale Arzt-Patient-Kommunikation. Dazu nutzte er insbesondere Stimmlage und

---

»... orientieren wir uns mehr wie Schachspieler ... Unser strategisch orientiertes Vorgehen hier offenzulegen, sozusagen die ›Tricks unseres Handwerks‹ zu verraten, ist ein Risiko, das einzugehen wir für richtig hielten. Wenn ein strategisches oder manipulatives Vorgehen das Leiden der Patienten verkürzt und ihm Zeit und Geld spart, ist das innerhalb unseres selbstgesteckten ethischen Rahmens keineswegs unmoralisch.« (*Fisch Weakland Segal* 1987, 12f.).
[396] Für das Mailänder Modell gilt im Prinzip ähnliches wie für das Palo Alto Modell. Die typische Art der Interventionen sind für Seelsorge nicht geeignet, genauso wenig die »asymmetrische Beziehungsgestaltung«, die Gunther Schmidt diesem Verfahren zuschreibt (*Schmidt* 2004, 29ff.). Vgl. auch *Held* 1998, 71ff.
[397] *Schmidt* 2004, 52f. – Ein ausführlicher rückblickender biographischer Bericht von Ericksons Ehefrau über dessen Polioerkrankung und den jahrelangen Kampf dagegen findet sich bei *Zeig* 2002, 25ff.

Gestik, um die Suggestionen wirkungsvoll zu markieren, ohne dass sie dem Patienten bewusst wurden.[398] Für jeden einzelnen Patienten entwickelte er dazu ein passgenaues Vorgehen. Dazu war es erforderlich, dass er sehr genau auf die persönlichen Eigenheiten seiner Patienten einging (Pacen)[399] Er erkannte relativ schnell, welche Funktion die Problemmuster für den Patienten und sein System leisteten und nutzte die Energie, die in diesen Problemmustern steckte, um Lösungsmuster zu induzieren (Utilisation).[400] Dabei ging er davon aus, dass es oftmals genügte, an einem wichtigen Punkt eine Musterunterbrechung einzubauen, um das ganze Problemmuster zur Auflösung zu bringen.[401] Oftmals gab er auch paradoxe Aufgaben oder scheinbar sinnlose Aufgaben, die aber dazu führten, dass deren Erfüllung oder sogar der Protest gegen diese Aufgaben, die Patienten auf die Lösungsspur brachten. Erickson war bei seinem Vorgehen nie daran interessiert, warum Patienten ein bestimmtes Problem haben. Ihn interessierte lediglich, durch welche Muster sie das Problem aufrechterhalten und welche Impulse erforderlich sind, um zu einer Lösung zu kommen. Erickson nahm die Menschen, die zu ihm kamen, sehr ernst, denn er traute ihnen stets mehr zu, als sie sich selbst. Erickson ging davon aus, dass alle Ressourcen, die zur Lösungsentwicklung erforderlich sind, im Patienten bereits vorhanden waren (Potenzialhypothese),[402] allerdings ohne dass der Patient dazu einen bewussten und willkürlichen Zugang hatte. Aus diesem Grunde ging Erickson eher Koalitionen mit dem Unbewussten[403] des

---

[398] Bekanntes Beispiel ist seine Entspannungs-Tranceinduktion für einen unter schweren Schmerzen leidenden krebskranken Farmer, mit dem er sich scheinbar nur über Tomatenaufzucht unterhielt (*Bandler Grinder* 1996, 34ff.).
[399] Dieses Vorgehen wurde später »Pacen« genannt. Vgl. *Schmidt* 2004, 118ff. Erickson hat es selbst bei schweren Krankheitsbildern angewendet. Bekannt ist sein Beispiel von der Heilung eines Schizophrenen, der seine eigene unverständliche Sprache sprach. Erickson versuchte dessen Sprache nachzuahmen und kam so zum Erfolg (*Bandler Grinder Patterns* 1996, 147ff.).
[400] Dieses Vorgehen wurde von Erickson als »Utilisation« bezeichnet (*Erickson Rossi* 1981, 13ff.). Ein humorvolles Extrem-Beispiel: Ein Mann, der sich für Jesus hielt, wurde von Erickson beauftragt, ein Regal für die Klinik zu bauen, da er ja Zimmermann sei. Mit diesem Vorgehen nahm Erickson einerseits den Patienten in seinem Wahn sehr ernst, utilisierte andererseits zugleich diesen Wahn, indem er den Patienten dazu brachte, etwas Konstruktives zu machen. Ein wichtiger Schritt auf dem Weg zur Besserung. (Mündlich von Bernhard Trenkle, Vortrag über »Humor und Hoffnung in der Psychotherapie«. Alexianer Forum, Porz im Februar 2004).
[401] Das ist einer der entscheidenden Punkte, warum man bei Erickson von systemischen Denken ausgeht, auch wenn er es selbst nie theoretisch entfaltet hat (*Schmidt* 2004, 136).
[402] *Schmidt* 2004, 51f. – Die Potenzialhypothese ist eng mit dem Konzept der »Utilisation« verbunden, weil auch die Utilisation auf den Potentialen aufbaut, die ein Klient schon hat. Vgl. *Erickson Rossi* 1981, 13.
[403] Erickson ermutigte dazu, der Weisheit des Unbewussten zu vertrauen: »Trust your unconscious mind«. Gunther Schmidt (*Schmidt* 2004, 147ff.) zeigt, dass Erickson unter dem Begriff Unbewusstes etwas anderes verstand als die Psychoanalyse.

Patienten ein als mit dessen Wachbewusstsein.[404] Das Wachbewusstsein würde möglicherweise nur die Veränderungsprozesse sabotieren, deswegen hatte er dafür häufig Ablenkungstechniken zur Verfügung.[405] Oder er versuchte, das Wachbewusstsein in seinem möglichen Widerstand auf unmerkliche Art zu verführen, indem er es zu Beginn mit vielen Aussagen konfrontierte, von denen er wusste, dass der Patient unmittelbar und aus vollem Herzen zustimmte (Establishing of a Yes-Set).[406] Und dann erst streute er seine Vorschläge ein, die in der geschaffenen Ja-Atmosphäre nun viel offener angenommen wurden. Eine andere Technik, den konkreten Veränderungswiderstand zu umgehen, war seine »Kristallkugeltechnik«.[407] Der Patient sollte einfach – unter Ausblendung aller konkreten Bedenken – seine Wunschzukunft visualisieren, und aus diesem Bild dann die Kraft für den Veränderungsprozess gewinnen.

Milton Erickson war ein begnadeter Praktiker, der aber seinen eigenen Ansatz kaum theoretisch ausgearbeitet, geschweige denn systematisiert hat. Was wir von ihm haben, sind viele Praxisschilderungen und praxisnahe Reflexionen. Die Systematisierung haben andere übernommen.[408] Und doch war er der entscheidende Impulsgeber für eine neue Art, Menschen therapeutisch zu behandeln.

2.3.1.2 Konstruktivismus und Systemtheorie

Der Konstruktivismus ist die philosophische Referenztheorie für eine bestimmte Art und Weise, wie in systemischen[409] insbesondere kurzzeittherapeutischen Ansätzen das Verhältnis von Wirklichkeitserleben und der Wirklichkeit selbst verstanden wird.[410] Der Grundgedanke ist, dass wir in unserem inneren Wirklichkeitserleben die äußere Wirklichkeit nie objektiv abbilden, sondern immer nur subjektiv. Zu der äuße-

---

Der Begriff ist auf nützliche Weise vage und »impliziert in genialer Weise alles, womit die genannten Ziele erreicht werden können« (S. 150), also die angestrebte Lösung. Damit ist im Grunde der »ericsonsche Begriff vom Unbewussten nur eine geniale Metapher, die ein höchst wirksames therapeutisches Doublebind schafft.« (S. 148). Der Klient kann sich kaum noch dagegen wehren, dass er »weise, hilfreiche und fähige Anteile hat, die die Problemlösung erreichen werden.« (S. 148).

[404] Vgl. *Schmidt* 2004, 151 und 156.

[405] Ein Vorgehen, das man aus anderer Sicht auch als Mangel an Transparenz sehen kann. Zum Beispiel *Schmidt* 2004, 92.

[406] Vgl. *Schmidt* 2004, 157, vgl. auch *Erickson Rossi* 1981, 54.

[407] *de Shazer* 1989, 116ff. Aus der »Kristallkugeltechnik« entwickelte de Shazer die »Wunderfrage«. Siehe diese Arbeit S. 130.

[408] Z.B. Bandler und Grinder (NLP). Siehe diese Arbeit S. 114ff.

[409] »Die konstruktivistische Philosophie ist derzeit die erkenntnistheoretische Grundlage systemischen Denkens.« *Schlippe Schweitzer* 1996, 87.

[410] *Schlippe Schweitzer* 1996, 86ff.

ren Wirklichkeit gibt es keinen unmittelbaren Zugang.[411] Positive oder
»wahre« Aussagen über eine Wirklichkeit an sich sind nicht möglich.[412] Ob unsere innere Konstruktion der äußeren Wirklichkeit mit
dieser am Ende tatsächlich passend ist, lässt sich nur über deren Funktionieren oder Scheitern feststellen.[413] Eine Wirklichkeitskonstruktion
ist also allenfalls mehr oder weniger nützlich, wenn und solange sie
funktioniert. Dass sie funktioniert, heißt aber nur, dass sie nützlich ist,
nicht dass sie objektiv wahr ist oder dass es die einzig mögliche Wirklichkeitskonstruktion wäre.[414] Die Nützlichkeit gilt so lange, bis die
Konstruktion mit Gegebenheiten zusammenstößt, bei denen sie nicht
mehr funktioniert. Da subjektive Wirklichkeitskonstruktionen nun aber
nicht nur individuell geformt werden, sondern zu einem großen Teil
auch sozial vermittelt sind, und Menschen einer gemeinsamen Kultur
deswegen über eine Schnittmenge ähnlicher Wirklichkeitskonstruktionen verfügen, redet man auch vom sozialen Konstruktivismus.[415] Wir
konstruieren unsere subjektive Wirklichkeit immer auch im Dialog,
genauer »Multilog« mit anderen.[416] Die so entstandene innere Wirklichkeitsabbildung bestimmt unser Erleben und Handeln aber weit
mehr als die äußere Wirklichkeit an sich. Die äußere Wirklichkeit ist
zwar in dem Sinne real, dass aus ihr Reize und Impulse kommen und
dass durch die Umwelt gewisse Rahmenbedingungen gegeben sind,
die wir nicht ungestraft überschreiten können.[417] Wie wir aber auf die-

---

[411] So die Position des radikalen Konstruktivismus. Die innere Abbildung der
Wirklichkeit ist stets das Ergebnis von selbstreferentiellen Prozessen, die aufgrund
von Umweltreizen sich ein Bild von Wirklichkeit »hochrechnen« (*Simon* 2006,
43ff.). Vgl. zum Konstruktivismus auch *Schlippe Schweitzer* 1996, 269f.
[412] Die im Alltag übliche Annahme, man könnte wahre Aussagen über die Realität an sich machen, ist »naiver Realismus« (*Schlippe Schweitzer* 1996, 87).
[413] *Simon* 2006, 68ff.
[414] Denkbar sind darum immer eine Vielzahl verschiedener Wirklichkeitskonstruktionen, die aber gleichwohl genauso gut funktionieren. (Vgl. *Simon* 2006, 70). Für
die Therapie bedeutet dies, dass es nicht darum geht, die einzig wahre Wirklichkeitskonstruktion zu bilden, sondern eine hinreichend gut funktionierende. Gleichzeitig verlangt dies auch eine gewisse Toleranz im Umgang mit verschiedenen Wirk-
lichkeitsdeutungen. Ein positiver Wahrheitsanspruch ist nicht möglich, wohl aber ein
Unwahrheitsanspruch, und zwar insofern, wenn offensichtlich wird, dass ein Weltbild nicht funktioniert, weil es mit der Realität zusammenstößt (*Simon* 2006, 71).
[415] Zum sozialen Konstruktivismus siehe ausführlich *Gergen Gergen* 2009.
[416] *Schlippe Schweitzer* 1996, 79. Die Muster und Inhalte der inneren Wirklichkeitsabbildung sind zu einem großen Teil kulturell vermittelt und entstehen im
sozialen Austausch. Deswegen ist Subjektivität in mancher Hinsicht immer auch
geteilte Subjektivität (*Schlippe Schweitzer* 1996, 78ff und 89). Dadurch wird die
subjektive Wirklichkeitskonstruktion im Verhältnis zur äußern Wirklichkeit aber
nicht wahrer, allenfalls das Wissen um Falsifizierungen ist größer. Ich muss nicht
selbst gegen einen Baum fahren, um zu wissen, dass Bäume für Autos unpassier-
bar sind. Ich kann mich hier durchaus auf die mir sozial vermittelten Wirklichkeitskonstruktionen verlassen, die sich bewährt haben.
[417] *Simon* 2006, 53f. und 81ff.

se äußeren Reize reagieren, das bestimmen wir selbst und zwar allein aufgrund unserer inneren Wirklichkeitsabbildung und deren entsprechender Bewertung und Deutung.[418] In dieser subjektiven Wirklichkeitsabbildung liegt darum der entscheidende Schlüssel zur Problemaufrechterhaltung sowie – vice versa – zur Lösungsfindung. Denn die Probleme sind nur Probleme insofern wir sie als solche wahrnehmen und innerlich als ›Problem‹ definieren, also von ›Nicht-Problem‹ unterscheiden. Probleme sind – im Sinne des Konstruktivismus – nicht so sehr von der Umwelt kausal verursachte, sondern von uns in Reaktion auf die Umwelt selbst konstruierte und aufrechterhaltene Muster der Wirklichkeitsabbildung und des daraus folgenden Wirklichkeitserlebens.[419] Aus diesem Grunde können sie dekonstruiert oder umkonstruiert werden. So können sie aufgegeben werden oder werden allenfalls zu hilfreichen Bausteinen einer besseren, hilfreicheren Wirklichkeitskonstruktion, nämlich der Lösung. In der Übertragung des Konstruktivismus auf die Therapietheorie beruft man sich auch auf die Autopoieseforschung (Maturana und Varel). Diese besagt, dass biologische Systeme in sich abgeschlossen sind und nach eigenen inneren Organisationsprinzipien die Umweltreize autonom verarbeiten.[420] Deren uneingeschränkte Gültigkeit für komplexe Systeme wie Menschen kann aber auch in Frage gestellt werden.[421]

Wie radikal oder auch abgeschwächt man zum Konstruktivismus in philosophischer Hinsicht stehen mag, im Zusammenhang der Psychotherapie, insbesondere der Kurzzeittherapie, hat er als Referenztheorie den praxisrelevanten Theoriebeleg dafür geführt, dass sowohl für die Problementstehung und als auch für die Lösungsentwicklung die innere Wirklichkeitskonstruktion der entscheidende Schlüssel ist.[422] Es war insofern die passende Ergänzung zu den Erkenntnissen, die Erickson ja bereits aus der Praxis gewonnen hatte. Insbesondere seine auf hypnotische Grundannahmen zurückgehenden Vorstellungen über das menschliche Bewusstsein zeigen eine erstaunliche Ähnlichkeit zum Konstruktivismus. Kurzzeittherapie versucht demgemäß, die in problematischen

---

[418] Die innere Wirklichkeitsabbildung und -deutung geschieht durch autopoietische Prozesse (*Simon* 2006, 53).

[419] »Wie eine Umwelt von einem autopoietischen System beobachtet wird (d.h., welche internen Wirkungen mit der Interaktion zwischen System und Umwelt verbunden sind), bestimmt nicht die Umwelt, sondern das System.« (*Simon* 2006, 51).

[420] *Schlippe Schweitzer* 1996, 67ff., *Simon* 2006, 31ff.

[421] *Schlippe Schweitzer* 1996, 70f. und 268f. – Dort, auf S. 269f., findet sich auch eine kurze Verteidigung des Konstruktivismus gegenüber dem Vorwurf der »Beliebigkeit der Realität«, wohingegen der Konstruktivismus lediglich von einer »prinzipiellen Nicht-Erkennbarkeit« der Realität ausgehe.

[422] Hier mag man auch daran denken, dass selbst bei scheinbar objektiv gleichen oder ähnlichen äußeren Ursachen für Probleme, die individuelle Verarbeitung ganz verschieden sein kann. (Vgl. z.B. die Resilienzforschung, *Franke* 2010, 179ff.).

Wirklichkeitskonstruktionen gefangenen Menschen durch geeignete Impulse so anzuregen, dass sie beginnen, bessere Konstruktionen ihrer Wirklichkeit zu schaffen. Die Neukonstruktion als solche, und zwar in Hinsicht auf eine Lösung, ist dabei das Entscheidende. Aus diesem Grunde kann eine auf eine Lösung bezogene Wirklichkeitskonstruktion auch vergleichsweise schnell erfolgen. Das liegt im Wesentlichen an folgenden Aspekten. Es gibt erstes nie nur eine einzige mögliche Lösung,[423] sondern verschiedene, sofern sie nur hinreichend anders sind, als die Problemkonstruktion. Und es gibt zweitens kein objektives Problem, kein Problem an sich, das erst archäologisch und ätiologisch verstanden werden müsste, bevor man zu einer Lösung kommt.[424] Mit einer veränderten Wirklichkeitskonstruktion ist auch das Problem erledigt. Das heißt nicht, dass es nicht Wechselwirkungen zur äußeren Realität gibt, äußere Fakten, zu denen ich mich in Beziehung setzen muss,[425] aber wie diese Realität in mir wirkt, das definiere ich in hohem Maße durch meine Art der Wirklichkeitskonstruktion.[426] Und das Umgekehrte gilt auch. Eine neue Wirklichkeitskonstruktion hat natürlich – über systemische Wechselwirkungen (»Koppelungen«)[427] – auch Auswirkungen auf die Wirklichkeitskonstruktion von Menschen, mit denen ich zu tun habe. Oder auf andere Realitäten, auf die ich Einfluss nehme. Und so ändert sich auch die äußere Realität, jedenfalls soweit sie uns betrifft – und das wiederum tut sie dann auch. Aber damit sind wir schon beim systemischen Denken.

Systemisches Denken und Konstruktivismus sind gewissermaßen miteinander verwandt.[428] Der Konstruktivismus verabschiedet sich von der Idee, wir könnten die Welt der Dinge an sich erkennen, so wie sie ist, und darum (zumindest theoretisch) das einzige Richtige tun. Das systemische Denken verabschiedet sich von der Vorstellung, die Dinge wären das, was sie sind, aufgrund linear-kausaler Ursachen und als hätte das alles nichts mit uns zu tun. Alles bedingt sich vielmehr gegenseitig. Die Welt besteht aus »Systemen« und alles ist »systemisch« miteinander verbunden. Unter einem »System« werden dabei Einheiten verstanden, die nach innen differenziert werden können und nach außen abgegrenzt sind.[429] Innen hat ein System »Elemente«, außen

---

[423] *Simon* 2006, 84.
[424] Für die Kurzzeittherapie gibt es, wie weiter unten erläutert werden wird, keinen notwendigen oder gar kausalen Zusammenhang zwischen Problemkonstruktion und Lösungskonstruktion, allenfalls nutzbare Analogien.
[425] *Schlippe Schweitzer* 1996, 89f.
[426] »... sind wir in einem hohen Maß persönlich verantwortlich für das, was wir als ›wirklich‹ oder ›wahr‹ ansehen.« (*Schlippe Schweitzer* 1996, 88).
[427] *Simon* 2006, 78ff.
[428] *Simon* 2006, 12 und 42. Zur Bedeutung von Systemtheorie und Konstruktivismus für die Seelsorge siehe z.B. *Emlein* 2001.
[429] Die Systemtheorie hat sich, vereinfacht gesagt, in mehreren Stufen entwickelt und sich dabei von der Beschäftigung mit trivialen Systemen (Maschinen) zu der

»Umwelt«, die wiederum aus anderen Systemen besteht. In unserem Zusammenhang sind Systeme vor allem Menschen und Menschengruppen, psychische oder soziale Einheiten.

Die gemeinsame Basis aller systemischen Theorien lässt sich – in Abgrenzung von cartesianischem Denken – auf folgenden Satz verdichten: »An die Stelle geradlinig kausaler treten zirkuläre Erklärungen, und statt isolierter Objekte werden die Relationen zwischen ihnen betrachtet.«[430] Daraus leitet sich ab, dass man nicht mehr bestimmte Ursachen für bestimmte Wirkungen isolieren kann. Sondern jedes Element in einem System ist in einer zirkulären Ursache-Wirkungs-Schleife miteinander verbunden und rückgekoppelt. Ändere ich ein Element, hat das Auswirkungen auf alle Elemente, also das ganze System.[431] Die innere Logik, nach der ein System sich ändert, oder auf Veränderungen reagiert, ist das des angestrebten Gleichgewichts (Attraktor).[432] Um dies zu erreichen, wiederholt ein System entweder bewährte Muster der Selbstorganisation oder muss, wenn diese scheitern, neue Muster entwickeln.[433] Ändert sich das System, so ändert sich auch die Relation zur relevanten Umwelt. Das hat Effekte auf diese Umwelt, die wiederum auf das System zurückwirken. System und Umwelt sind also gekoppelt.[434] Durch Irritationen aus der Umwelt erzwungene Veränderungen von Systemen geschehen nach internen Regelmechanismen.[435] Funktionieren bisherige Muster nicht, werden Variationen getestet. Nicht funktionierende Versuche werden aussortiert, funktionierende Versuche werden beibehalten und als neue Muster stabilisiert.[436] Bis erneut eine Veränderung erforderlich ist.

Wir werden im Folgenden sehen, wie uns die Konzepte des Konstruktivismus und des systemischen Denkens einschließlich der Idee der autopoietischen Selbstregulation[437] in den von mir unter dem Begriff

Beschäftigung mit nicht-trivialen Systemen (Lebewesen, soziale Gebilde) vorgetastet (*Simon* 2006, 17ff. und 35ff.).

[430] *Simon* 2006, 13.
[431] *Simon* 2006, 16.
[432] *Simon* 2006, 27.
[433] *Simon* 2006, 78.
[434] *Simon* 2006, 78ff.
[435] *Simon* 2006, 52f.
[436] *Simon* 2006, 83f.
[437] Fritz B. Simon (*Simon* 2006, 112) hat einmal die wichtigsten Grundbausteine des systemischen Denkens unter Einbezug des Konstruktivismus und der Autopoiesetheorie mit 10 Punkten festgehalten. Stichwortartig gekürzt lauten sie: 1. Der Beobachter beeinflusst die Beobachtung. 2. Die »Landkarte« ist nicht die »Landschaft«. 3. Information geschieht durch Unterschiedsbildung. 4. Beschreibung, Erklärung und Bewertung sind zu trennen. 5. Stabilität muss durch aktive Prozesse der Selbstregulation aktiv hergestellt werden. 6. Systeme haben nach innen »Elemente« nach außen »Umwelten«. 7. Soziale Systeme sind Kommunikati-

»systemisch-konstruktivistisch« subsumierten Verfahren mehr oder weniger deutlich wieder begegnen.

2.3.2 Neurolinguistisches Programmieren (Richard Bandler und John Grinder)

> *Wir nennen uns Modellbauer.*
> *(R. Bandler und J. Grinder)*[438]

2.3.2.1 Hinführung

Das von Richard Bandler und John Grinder entwickelte Neurolinguistische Programmieren (NLP[439]) ist ein komplexes Verfahren und basiert auf der Integration linguistischer, hypnotherapeutischer, gestalttherapeutischer, familientherapeutischer und systemischer Ansätze.[440] NLP will aber nach eigenem Selbstverständnis eigentlich gar kein Verfahren sein, sondern will lediglich zeigen, wie Therapie ganz grundsätzlich funktioniert. Die Autoren versuchen quasi das ›Betriebssystem‹ hinter den verschiedenen ›Anwenderprogrammen‹ zu beschreiben.[441] Das geschieht in der Absicht, dieses »Betriebssystem« lern- und lehrbar zu machen.[442] NLP wird hier als erstes der systemisch-konstruktivistischen Verfahren aufgeführt, weil es – nach eigenem Anspruch – im Wesentlichen aus der akribischen Beobachtung und systematischen Modellierung vorgängiger Konzepte entstanden ist. Ihre Erkenntnisse gewonnen haben die beiden Begründer zunächst über die Linguistik, genauer gesagt, die Transformationsgrammatik,[443] und dann durch die Analyse der therapeutischen Arbeit von Fritz Perls und

onssysteme mit »Kommunikation« als kleinster Einheit. 8. Systeme sind immer an relevante Umwelten gekoppelt. 9. Nur wiederholbare Muster schaffen Stabilität.10. Für Handlungsoptionen ist Ambivalenz der Normalfall.

[438] *Bandler Grinder* 1981b, 23.

[439] Da sich die Abkürzung als Bezeichnung durchgesetzt hat, wird sie auch hier überwiegend verwendet.

[440] Zur Entstehungsgeschichte insgesamt siehe *O'Connor Seymour* 1992, 25, 274ff., 308. Zum Einfluss systemischen Denkens siehe S. 117ff. – Ausführlich und mit viel Quellenmaterial zur Entstehungsgeschichte des NLP und zum Einfluss insbesondere von Bateson, Perls, Satir und Erickson siehe *Walker* 1996. Eine stichwortartige Zuordnung, welche Grundannahmen des NLP auf wen zurückzuführen ist, findet sich dort auf S. 111f.

[441] O'Connor und Seymor benutzen ein anderes Bild: »Ein Buch darüber, wie man Landkarten herstellt, ist auf einer anderen Ebene als verschiedene Kartenwerke, obwohl es auch Bücher sind.« (*O'Connor Seymour* 1992, 122).

[442] *Bandler Grinder* 1981b, 25.

[443] Insbesondere mit Bezug auf Noam Chomsky, der wesentliche Impulse für die Transformationsgrammatik setzte (*Bandler Grinder* 1981a, 45ff., siehe auch Kapitel »Meta-Modell« in dieser Arbeit S. 112ff.). Eine gewisse Rolle spielte auch die Allgemeine Semantik von Alfred Korzybski (*Walker* 1996, 36f. und 251).

Virginia Satir,[444] insbesondere aber von Milton Erickson, der vermutlich den entscheidenden Einfluss auf die Entwicklung der NLP-Techniken ausübte.[445] Im Hintergrund spielte zugleich Gregory Bateson eine nicht unerhebliche initiale Rolle.[446]

NLP kann aufgrund seiner Entstehungsgeschichte eingeteilt werden in zwei grundlegende Arten, mit Sprache und Kommunikation umzugehen. In ihrer Gegensätzlichkeit ergänzen sie sich.[447]

a) Das **Meta-Modell** basiert auf der Transformationsgrammatik (Linguistik) und bietet ein heuristisches Raster, um unvollständige Kommunikation zu erkennen und zu vervollständigen – und damit dem Klienten zu helfen, auch die Einschränkungen seiner ›inneren Kommunikation‹ zu überwinden.[448]

b) Das **Milton-Modell** basiert auf der Hypnotherapie Milton Ericksons, und nutzt genau umgekehrt ganz gezielt sprachliche Spielräume und unscharfe Ausdrucksweisen, um dem Klienten Freiräume und Zugänge zu seiner eigenen inneren Erfahrungswelt und den darin liegenden Ressourcen zu verschaffen.[449]

Auch wenn NLP sich nicht in diesen beiden Modellen erschöpfend darstellen lässt, so sind doch hier wesentliche Grundzüge erkennbar.

2.3.2.2 Vorannahmen

Bevor ich näher auf die beiden genannten Modelle eingehe, möchte ich noch kurz auf eine wichtige erkenntnistheoretische Vorannahme eingehen. Beide Modelle gehen gemeinsam von der grundlegenden Annahme aus, dass sich das menschliche Bewusstsein zur realen Erfahrungswelt verhält wie eine Landkarte zur Landschaft.[450] Die durch die

---

444 *O'Connor Seymour* 1992, 25.
445 Zum besonderen Einfluss Ericksons siehe *O'Connor Seymour* 1992, 179 sowie ausführlich *Walker* 1996, 38ff. und 197ff. – Auf Erickson als zu ›modellierendes‹ Therapieverfahren wurden die Begründer des NLP durch Gregory Bateson aufmerksam gemacht (*Walker* 1996, 39).
446 Gregory Bateson hatte von Anfang an einen nicht unerheblichen Einfluss auf die Entwicklung des NLP, der »jetzt erst allmählich klar« wird (*O'Connor Seymour* 1992, 26). Wolfgang Walker spricht sogar davon, »daß das NLP im Grunde als logische Fortsetzung der Forschungen Batesons betrachtet werden muss.« (*Walker* 1996, 18).
447 Siehe zum Folgenden *Bandler Grinder* 1996, 155.
448 *O'Connor Seymour* 1992, 145ff.
449 *O'Connor Seymour* 1992, 175ff.
450 *O'Connor Seymour* 1992, 27f. – Vgl. dazu den Konstruktivismus. Diese Arbeit S. 104ff. – Das Konzept der ›Karte-Territorium-Relation‹ geht ursprünglich zurück auf Gregory Bateson, der sie wiederum von dem Semantik-Theoretiker Alfred Korzybski übernommen hat (*Held* 1998, 65).

Sinnesorgane gemachten Erfahrungen mit der realen Welt werden innerlich im Bewusstsein eingezeichnet beziehungsweise »repräsentiert«, um es mit dem im NLP üblichen Ausdruck zu sagen. Alle Sinnesorgane haben ein ihnen entsprechendes Repräsentationssystem. Das heißt, visuelle Erfahrungen werden mit inneren Bildern festgehalten, auditive Erfahrungen mit inneren Worten, gefühlte Erfahrungen mit entsprechenden Gefühlen. Im NLP redet man von dem visuellen, dem auditiven und dem kinästhetischen Repräsentationssystem.[451] Die meisten Erfahrungen berühren alle drei Repräsentationssysteme, da meist zugleich gesehen, gehört und gefühlt wird.

Die inneren Repräsentationen (»Landkarten«) einer Erfahrung sind nun aber nicht mit der äußeren Welt identisch, sondern sind vielmehr bereits ein Ausdruck dafür, wie ich die äußere Welt erfahren habe. Damit ergibt sich durch die Art meiner Erfahrung bereits eine erste einschränkende Selektion in meiner inneren Abbildung der realen Welt. Das wirkt sich auf zukünftige Wahrnehmungen aus, denn nachfolgende Erfahrungen werden entsprechend gefiltert.[452] Bei traumatischen Erfahrungen ist diese selektive Verengung besonders stark.[453] Diese erfahrungsbedingte Einschränkung wird dadurch verstärkt, dass die meisten Menschen ein einziges Repräsentationssystem bevorzugen.[454] So entsteht eine weitere Selektion dadurch, dass vorrangig diejenigen Aspekte einer Erfahrung repräsentiert werden, die dem bevorzugten Repräsentationssystem entsprechen. Andere Aspekte werden schwächer bis unzureichend repräsentiert, im Extremfall gar nicht.

Ein visuell veranlagter Mensch zum Beispiel wird eine Erfahrung vor allem als inneres Bild in Erinnerung behalten. Die zugehörigen Worte und Gefühle stehen innerlich in der ›zweiten Reihe‹, und sind in der Regel erst über das Bild – mehr oder weniger stark – abrufbar. Die auditiven und kinästhetischen Attribute zum inneren Bild können aber auch nur ganz schwach ausgeprägt sein oder gar völlig abgespalten bleiben.

Die auf diese Weise entstehende Differenz von innerer Repräsentation und äußerer Erfahrungswelt ist die Quelle von unzähligen Problemen.[455] Denn der Mensch richtet sein Handeln nicht nach den Mög-

---

[451] *Bandler Grinder* 1982, 14ff. – Daneben gibt es noch das im Normalfall weniger bedeutsame olfaktorische und gustatorische Repräsentationssystem (*Bandler Grinder* 1982, 33f.; *O'Connor Seymour* 1992, 59f.).
[452] *Bandler Grinder* 1981a, 33. – Dieser Wahrnehmungsfilter ist auch bereits neurologisch und sozial determiniert. Siehe a.a.O., 28ff.
[453] Vgl. z.B. *Bandler Grinder* 1981a, 34f.
[454] *O'Connor Seymour* 1992, 61f.
[455] *Bandler Grinder* 1981a, 34ff.

lichkeiten der realen Welt aus, sondern nach den mehr oder weniger stark eingeschränkten Modellen der realen Welt, die er innerlich repräsentiert hat. Dadurch verschließt er sich Wahlmöglichkeiten, die ihm die Realität bieten würde, die er aber nicht sehen, hören oder fühlen kann. Ziel des NLP ist, diese Wahlmöglichkeiten wieder zu erhöhen, indem das innere Repräsentationsgeschehen möglichst weitgehend der vielfältigen Erfahrungswelt und ihren Wahlmöglichkeiten angepasst wird. Erfahrungseinschränkungen durch selektive und einseitige Repräsentationen sollen aufgehoben werden. Nur so gewinnt der Mensch wieder die Wahlmöglichkeiten, die ihm die Welt tatsächlich bietet.

2.3.2.3   Das Meta-Modell

Das **Meta-Modell**[456] will hier nun Hilfe anbieten, indem es ein Raster entwickelt hat, anhand dessen der Therapeut durch geschicktes Fragen dem Klienten helfen kann, vollständige Repräsentationen herzustellen, und damit vollen Zugang zur Erfahrungswelt zu finden.[457] Das geschieht über den Zugang durch die Sprache, denn Sprache ist in gewissem Sinne Medium und Abbild unserer inneren Repräsentationen. Jeder Mensch bevorzugt in seiner Ausdrucksweise diejenigen Prädikate, die seinem Hauptrepräsentationssystem entsprechen.[458] Dadurch wird in der sprachlichen Kommunikation, also zum Beispiel im Gespräch mit dem Therapeuten, erkennbar, welche Repräsentationssysteme bevorzugt werden. Vor allem aber wird in der Kommunikation erkennbar, welche einschränkende Selektion durch die innere Repräsentation erfolgte und insofern auch, welche Erfahrungslücken beim Klienten vorhanden sind.

Als heuristisches Werkzeug wird vom NLP hier die Transformationsgrammatik[459] zugrunde gelegt. Die Transformationsgrammatik geht davon aus, dass jede Botschaft aus zwei Ebenen besteht. Aus einer »Tiefenstruktur«, das ist die innere Repräsentation einer Erfahrung, und aus einer »Oberflächenstruktur«, das ist der gesprochene oder geschriebene Satz. Da niemand alle Aspekte einer Erfahrung in einer Botschaft unterbringen kann, werden bestimmte Elemente getilgt, an-

---

[456] *O'Connor Seymour* 1992, 149ff., *Bandler Grinder* 1981a. Vgl. auch *Walker* 1996, 251ff.
[457] Gemeint ist – im Sinne des Konstruktivismus – nicht eine objektive Realität, sondern die Welt, sofern und soweit sie für uns sinnlich wahrnehmbar ist und damit Erfahrungen generiert.
[458] *Bandler Grinder* 1982, 14ff. und 18ff.; *O'Connor Seymour* 1992, 62ff.
[459] Die von Noam Chomsky 1957 in seinem Werk *Syntactic Structures* begründete Transformationsgrammatik wurde entwickelt, um eine universale Grammatik der menschlichen Sprache zu finden. Siehe *Bandler Grinder* 1981a, 43ff. Eine kommentierte Bibliographie zur Transformationsgrammatik findet sich in *Bandler Grinder* 1981a, 213–216.

dere verzerrt, andere generalisiert. Damit sind die drei »Universalien menschlicher Modellbildung«[460] genannt: Tilgung lässt bestimmte Elemente einer Erfahrung weg. Verzerrung stellt den Prozess einer Erfahrung und das Verhältnis der beteiligten Elemente verzerrt dar, also meist vereinfacht, verkürzt und eben oft auch falsch. Generalisierung verallgemeinert eine oder wenige Erfahrungen in einem bestimmten Zusammenhang auf alle denkbaren Erfahrungen in diesem Zusammenhang.

Ein Beispiel: »Man kann von der Kirche keine Hilfe erwarten!« Dieser Satz enthält alle drei Universalien. Getilgt wurde das Subjekt (Wer ist »man«?) und die Bezugsindices zu Hilfe (Welche Art von Hilfe, für wen, in welcher Situation?) Generalisiert wurden eine oder mehrere konkrete Erfahrungen, die dann für Kirche überhaupt gelten sollen. Verzerrt und damit falsch dargestellt wurde der reale Prozess jener komplexen Erfahrung, der hinter dieser Aussage steckt. (Es bleibt unklar, wer wem wie wann und warum und unter welchen Bedingungen helfen sollte.) Eine vollständige Repräsentation des obigen Satzes in der Tiefenstruktur könnte lauten: »Vor 5 Jahren, als meine Frau schwer an Krebs erkrankt war, habe ich vergebens den Pfarrer Maier gebeten, einmal meine Frau zu besuchen. Das hat mich so enttäuscht, dass ich von der Kirche ganz allgemein seitdem keine Hilfe mehr erwarte.«

Mit genau den gleichen Universalien menschlicher Modellbildung wird nicht nur die sprachliche Kommunikation selektiv verkürzt, sondern bereits die innere Repräsentation einer Erfahrung. Die oben geschilderten Selektionen verfahren bei der Repräsentationsbildung nach dem gleichen Muster. Die komplexe sinnlich erfahrbare Welt wird immer nur eingeschränkt – also mit Tilgungen, Verzerrungen und Generalisierungen – innerlich repräsentiert.[461]

Das Meta-Modell versucht diesen doppelt einschränkenden Prozess (in der Repräsentation, in der Kommunikation) dort wieder rückgängig zu machen, wo er zu Problemen geführt hat. Zunächst wird über Sprache versucht, die vollständige innere Tiefenstruktur einer Erfahrung wiederzugewinnen, um dann von dort zur vollständigen Erfahrung zu gelangen. Und eben dadurch entstehen neue Wahlmöglichkeiten, genauer gesagt, die immer schon vorhandenen aber nicht wahrgenommenen Wahlmöglichkeiten werden wieder zugänglich.

---

[460] *Bandler Grinder* 1981a, 35ff. Dort auch nochmals im Glossar auf S. 209ff. Siehe auch *O'Connor Seymour* 1992, 145ff.
[461] Das ist in vielen Zusammenhängen sinnvoll. So ist es z.B. durchaus gesundheitsfördernd, wenn man die einmal gemachte Erfahrung mit einer heißen Herdplatte generalisiert. In Bezug auf zwischenmenschliche Begegnungen können Generalisierungen aber schnell zu Problemen führen.

Die konkrete Vorgehensweise funktioniert im Prinzip wie ein rhetorischer ›Modellbaukasten‹.[462] Die Tilgungen, Verzerrungen und Generalisierungen in der Kommunikation beziehungsweise in der inneren
Modellbildung werden anhand von sprachlichen Mustern identifiziert.
(z.b.: »Immer ...!«) Diesen Mustern werden aufschließende Gegen-
muster gegenübergestellt (z.b. »Immer?«), mit deren Hilfe der Therapeut den Klienten anleiten kann, schrittweise den Weg zur Tiefenstruktur und dann zur realen Erfahrung zu finden (z.b.: »Nein, eigentlich
nicht immer, sondern nur wenn ...«). Im Praxisteil dieser Arbeit wird
eine ausführliche Tabelle für dieses Vorgehen vorgestellt.[463]

Das Meta-Modell macht zugleich deutlich, wie systematisiert im NLP
aufgrund des linguistischen Hintergrundes mit Sprache umgegangen
wird. Hier ist die Nähe von Kurzzeittherapie zur Rhetorik sehr greifbar.[464] Zugleich wird hier auch nochmals deutlich, dass NLP nichts
Neues im eigentlichen Sinne erfinden möchte, sondern lediglich dazu
anleiten will, im therapeutischen Kontext mit der vorhandenen Sprache
bewusst und präzise umzugehen.

2.3.2.4   Das Milton-Modell

Das **Milton-Modell**[465] hat als Grundannahme, dass jeder Mensch bereits über die Potentiale und Ressourcen verfügt, die er zu Lösung seines Problems braucht, nur sie sind ihm nicht bewusst zugänglich.[466]
Das Bewusstsein ist in der Regel in den selektiv eingeschränkten Repräsentationen gefangen. Statt nun – wie im Meta-Modell – über das
Bewusstsein den Zugang zu den verschütteten Potentialen und Wahlmöglichkeiten zu suchen, haben die NLP-Begründer bei Milton Erickson einen Weg entdeckt, direkt auf das Unbewusste einzuwirken, um
die verschütteten Potentiale und Wahlmöglichkeiten zu wecken: die
Hypnotherapie. Bandler und Grinder haben ihre Untersuchung zunächst auf Ericksons Umgang mit Sprache beschränkt, wohl wissend,
dass seine sprachlichen Induktionen begleitet sind durch vielfältige
bewusst gewählte nonverbale Signale.[467]

---

[462] Vgl. z.B. *O'Connor Seymour* 1992, 152ff.

[463] Siehe diese Arbeit S. 290f.

[464] Dass dies ganz allgemein für Kurzzeittherapie gilt zeigt Giorgio Nardone in
seinem Aufsatz mit dem bezeichnenden Titel »Die Sprache, die heilt: Kommunikation als Mittel zu therapeutischer Veränderung« (*Nardone* 1999).

[465] *O'Connor Seymour* 1992, 178ff. – Zur Entwicklung des Milton-Modells aufgrund der Beobachtung der therapeutischen Arbeit Ericksons siehe *Bandler Grinder* 1996. Vgl. auch *Walker* 1996, 254ff.

[466] *O'Connor Seymour* 1992, 179f. (siehe auch S. 177), *Bandler Grinder* 1981b,
116.

[467] *Bandler Grinder* 1996, 26 und 209f.

Da Hypnose und Trance, auf denen das Milton-Modell basiert, häufig noch missverstandene Begriffe sind, hier eine kurze Definition von Joseph O'Connor und John Seymour:

»Das Milton-Modell ist eine Methode, Sprache anzuwenden, um Trance zu induzieren und zu erhalten und dadurch mit den versteckten Ressourcen unserer Persönlichkeit in Kontakt zu kommen... Trance ist ein Zustand, in dem man hoch motiviert ist, vom Unbewußten auf eine innerlich geleitete Weise zu lernen. Es ist weder ein passiver Zustand, noch steht man unter dem Einfluß eines anderen Menschen. Es herrscht Kooperation, das heißt Zusammenarbeit von Klient und Therapeut, in der der Therapeut aufgrund der Reaktionen des Klienten weiß, was er als nächstes zu tun hat.«[468]

Zunächst gilt: Unser Bewusstsein (beziehungsweise die inneren Repräsentationen unserer Erfahrung) kann verstanden werden als eine Art selbstinduzierte Trance, die uns aber in der Regel nicht bewusst ist, vor allem nicht hinsichtlich dessen, was wir dabei an Wahlmöglichkeiten, also an Ressourcen ausgelassen und verloren haben. In unserem Unterbewusstsein ist das alles aber noch gespeichert.[469] Und genau von dorther sollen die Ressourcen wieder aktiviert werden. Dass diese Ressourcen verschüttet sind, hatte in einem bestimmten Kontext einmal einen guten Grund. Denn, das ist eine weitere Grundannahme des Milton-Modells: Jeder Mensch tut das jeweils beste, was er kann.[470] Allerdings hält nun das Bewusstsein in der selbstinduzierten Trance auch in veränderten Kontexten an der einmal getroffenen Wahl fest.[471] Das ist eine häufige Ursache für Probleme.

Um nun den Widerstand des Bewusstseins gegen die Wiedergewinnung der Ressourcen zu umgehen (es hatte ja einen guten Grund, diese zu verleugnen), versucht Milton Erickson über hypnotische Techniken, das Unbewusste direkt anzusprechen. Das Bewusstsein wird dabei einerseits in seinem von ihm geschaffenen Modell der Welt wertgeschätzt (pacing)[472] und seine aktuell gegebenen Möglichkeiten werden nutzbar gemacht (utilisiert). Dadurch soll es gelingen, ein gutes Einvernehmen mit dem Klienten zu erzielen (Rapport[473]). Widerstand in

---

[468] *O'Connor Seymour* 1992, 179.

[469] Zu den Begriffen bewusst und unbewusst siehe *Bandler Grinder* 1996, 188ff.

[470] *O'Connor Seymour* 1992, 179; *Bandler Grinder* 1981a, 35.

[471] *Bandler Grinder* 1981a, 34f.; *O'Connor Seymour* 1992, 203. – Dieses Phänomen ist das, was aus der Psychoanalyse als Wiederholungszwang und – in Bezug auf menschliche Beziehungen – als Übertragung bekannt ist. Vgl. *Laplanche Pontalis* 1973, 627ff. und 550ff.

[472] Hierzu und zu Folgendem siehe *Bandler Grinder* 1996, 145ff.; *O'Connor Seymour* 1992, 180ff.

[473] Zum Begriff Rapport siehe ausführlich *O'Connor Seymour* 1992, 47ff.

der Therapie bedeutet immer, dass es dem Therapeuten nicht gelang, diesen Rapport herzustellen.[474] Andererseits wird durch verschiedene Techniken das Bewusstsein aber auch abgelenkt, so dass es dem Veränderungsprozess, der vom Unbewussten (nicht vom Therapeuten) ausgeht, nicht im Wege steht.[475] Eine bei Milton Erickson häufig angewandte Technik ist z.b. das Wach-Bewusstsein zu überlasten, in dem es damit beschäftigt wird, unklare doppeldeutige Kommunikation zu sortieren, während zeitgleich auf einer anderen Ebene Signale an das Unbewusste gegeben werden, die entweder zunächst einmal in die Trance führen oder auch ganz direkt im Unterbewusstsein Veränderungspotential wecken sollen.[476] Die dabei verwendete »suggestive« Sprache ist bewusst vage und ungenau, um dem Unterbewusstsein des Klienten zu ermöglichen, seinen eigenen inneren Sinn zu finden. Im Sinne der Transformationsgrammatik handelt es sich hier um gewollte Tilgung, Generalisierung und um Verzerrung im Sinne von Vereinfachung, um so den Klienten zu veranlassen, die Lücken in der Botschaft automatisch innerlich zu ergänzen – mit eigenen Assoziationen (Transderivationale Suche).[477]

Bandler und Grinder verzichten im NLP in der Regel auf Arbeit mit Hypnose und Tranceinduktion im engeren Sinne, übernehmen aber ansonsten beinahe alles von Erickson, insbesondere die Techniken, direkt mit dem Unterbewusstsein zu kommunizieren. Dass dazu keine eigentliche Tranceinduktion erforderlich ist, begründen sie damit, dass unser ganzes Bewusstsein ohnehin ein mehr oder weniger ausgeprägter Trancezustand ist und unsere Kommunikation ohnehin ständig mehr oder weniger stark ein hypnotischer Vorgang (Hypnose und Trance im weiteren Sinne).[478] Diese im Alltag vorkommenden Zustände und Prozesse werden Mithilfe des bei Erickson gelernten nun systematisch aufbereitet und handhabbar gemacht.

---

474 *O'Connor Seymour* 1992, 180, *Bandler Grinder* 1996, 150, *Bandler Grinder* 1981b, 78f. (siehe auch S. 140).

475 Milton Erickson reflektiert darüber, wann das Bewusstsein wieder mit in den Veränderungsprozess hinzugenommen werden muss, um der Mündigkeit des Menschen gerecht zu werden (*Bandler Grinder* 1996, 258ff.).

476 Eine genaue Beschreibung der Hypnotherapie Ericksons würde an dieser Stelle zu weit führen. Ich verweise hier auf *Bandler Grinder* 1996.

477 *Bandler Grinder* 1996, 222ff. – Transderivationale Suche ist ein linguistischer Ausdruck für jenen Vorgang, mit welchem die Kommunikation, die ja nur über die Oberflächenstruktur erfolgen kann, alles zum Verständnis Fehlende durch Material aus der eigenen inneren Erfahrungsraum ergänzt, und so der Botschaft wiederum eine Tiefenstruktur verleiht. Dies kann aber nie exakt dieselbe sein, wie die des Senders. Im besten Fall ist sie annähernd ähnlich. Deswegen ist sie häufig eine Quelle von Missverständnissen. Im NLP wird die transderivationale Suche aber bewusst eingesetzt zu kreativen inneren Suchprozessen.

478 *Bandler Grinder* 1981b, 125f.

2.3.2.4.1 Reframing

Eine wichtige dabei entstandene Technik ist das Reframing.[479] Alltägliche oder einfache Reframings sind bewusstseinsnah und jeder kennt sie aus dem Alltag. Nichts ist an sich gut oder schlecht, es hängt sehr stark vom inneren und vom äußeren Kontext (Rahmen) ab, in dem ich die Dinge wahrnehme.[480] Im NLP, wie übrigens auch in einigen anderen Verfahren,[481] wird diese Tatsache therapeutisch nutzbar gemacht, um bestimmte leidvolle Aspekte durch einen neuen Rahmen in einem anderen Licht erscheinen zu lassen. Das kann einmal relativ bewusstseinsnah erfolgen, indem mit dem Klienten eruiert wird, ob für bestimmte als problematisch erlebte Dinge nicht ein anderer Rahmen denkbar ist, der dann zu einer veränderten Bedeutung, und diese zu einem veränderten Erleben führen kann. Bandler und Grinder sprechen dann von »inhaltlichem Reframing«.[482] Das Ganze kann aber auch, und das ist jetzt ein Spezifikum des NLP, als mehrschrittige quasi (selbst)hypnotische Suggestion durchgeführt werden. In seiner einfachsten Form wird es als »Six-Step-Reframing« bezeichnet.[483] Dieses NLP-typische Reframing funktioniert nach dem gleichen Prinzip wie ein inhaltliches Reframing, geht aber tiefer.[484] Da unser Verhalten häufig von unbewussten Motiven gesteuert wird, setzt das NLP-Reframing auf dieser Ebene an. Dieses Reframing kann man bezeichnen als einen Weg, bewusst mit dem Unterbewusstsein zu kommunizieren, um auf diese Weise unerwünschte Verhaltensweisen in erwünschte zu verwandeln. Wesentliche Voraussetzung dafür ist, dass zwischen unerwünschter Verhaltensweise und der dahinter liegenden unbewussten Absicht unterschieden wird. Dieser verborgenen Absicht ist mit hoher Wertschätzung zu begegnen, um ihr anschließend dazu zu verhelfen, das angestrebte Ziel in einer Art und Weise zu verwirklichen, die vom Bewusstsein eher akzeptiert werden kann. Die andere Voraussetzung ist die Unterstellung, dass diese alternativen Möglichkeiten und Ressourcen im Unterbewusstsein bereits vorhanden sind, und dass das Unterbewusstsein sozusagen nur die Erlaubnis oder den Auftrag braucht, diese zu mobilisieren.

---

[479] *Bandler Grinder* 1981b, 167ff.; *Bandler Grinder* 1985; *O'Connor Seymour* 1992, 199ff.
[480] Schneefall ist eine unangenehme Sache, wenn ich mit dem Auto unterwegs bin, nicht aber, wenn ich Wintersport betreibe. Oder in Bezug auf menschliches Verhalten: ein ernstes Auftreten ist angemessen bei einer Beerdigung, nicht aber auf einer Party. – Nach Bandler und Grinder spielt dabei der innere Kontext (»internale Erfahrungen«) eine noch deutlich größere Rolle als der äußere (*Bandler Grinder* 1981b, 167).
[481] *Watzlawick Weakland Fisch* 1974, 116ff. Vgl. auch *Bamberger* 2001, 73ff.
[482] *Bandler Grinder* 1985, 17ff. Dort finden sich auch Beispiele.
[483] *Bandler Grinder* 1985, 17.
[484] Zum Folgenden siehe *Bandler Grinder* 1981b, 167ff.

Am Beispiel des genannten Six-Step-Reframing will ich hier kurz das Vorgehen skizzieren.[485] Zwei weitere Voraussetzungen seien zuvor genannt. Erstens: ich kann mit meinem Unterbewusstsein so umgehen, als gäbe es dort Teilpersönlichkeiten (Teile), die für bestimmte Verhaltensweisen usw. zuständig sind. Zweitens: mein Bewusstsein kann mit diesen Teilen über einfache Signale in Form von Eigenwahrnehmungen des Körpers / Geistes (Propriozeptionen) kommunizieren und daraus einfache Ja/Nein-Antworten ableiten. Hier nun eine sehr gestraffte Darstellung der sechs Schritte:

1. Das zu verändernde unerwünschte Verhalten wird identifiziert.
2. Mit der dafür verantwortlichen Teilpersönlichkeit wird ›Kontakt‹ aufgenommen.
3. Dieser Teilpersönlichkeit wird für das unerwünschte Verhalten zunächst eine positive Absicht unterstellt und diese Absicht wird ausdrücklich wertgeschätzt. Aber zugleich wird gefragt, ob die Teilpersönlichkeit bereit ist, ihre Absicht auf eine alternative, auf eine weniger belastende Art und Weise zu verwirklichen.
4. Dieser Teilpersönlichkeit wird nun Hilfe angeboten von einer ebenfalls als vorhanden angenommenen kreativen Teilpersönlichkeit, die nun alternative Vorschläge entwickeln soll.
5. Die für das unerwünschte Verhalten zuständige Teilpersönlichkeit erklärt sich bereit, die vorgeschlagenen Alternativen auszuprobieren.
6. Es wird geklärt, ob es weitere Teilpersönlichkeiten gibt, die mit der Lösung nicht einverstanden sind. Falls solche sich ›melden‹, beginnt der Prozess ab Punkt 2 von vorne, diesmal unter Einbezug der widersprechenden Teile.

Sowohl der Klient als auch der Therapeut müssen dafür keine Details wissen. Noch nicht einmal das unerwünschte Verhalten muss dem Therapeuten gegenüber benannt werden. Auch die alternativen Lösungsvorschläge, die von der kreativen Teilpersönlichkeit vorgeschlagen werden, können komplett im Unterbewussten bleiben. Es kann aber auch vereinbart werden, ob und wann die Lösungen dem Bewusstsein zugänglich werden. Entscheidend ist aber der quasi hypnotische Impuls, mit dem dieses Reframing dem Klienten erlaubt, neue alternative Verhaltensweisen auszuprobieren, die ihm über das Wachbewusstsein noch nicht zugänglich sind oder sogar abgewehrt würden.

Wem das jetzt seltsam und ungewohnt vorkommen sollte, der möge bedenken, dass es sich hier nicht um ein normales Gespräch handelt, sondern um eine Art Autosuggestion, eine Art Selbsthypnose (unter

---

[485] Siehe *Bandler Grinder* 1981b, 193; *Bandler Grinder* 1985, 138f.; *O'Connor Seymour* 1992, 206ff.

fachlicher Anleitung) mit der positiven Unterstellung, dass die Ressourcen für die Verhaltensänderung bereits da sind, und mit dem Vertrauen, dass das Unterbewusstsein fähig ist, diese hervorzubringen, wenn es ihm zugetraut und erlaubt wird.[486] Ob es die Teilpersönlichkeit objektiv gibt, interessiert dabei nicht, wichtig ist, dass es ein für die innere Kommunikation hilfreiches Konstrukt ist, etwas, das übrigens in vielen Therapieverfahren üblich ist.[487]

2.3.2.4.2 Ankern

Eine andere zentrale NLP-Technik, die mithilfe der Hypnotherapie modelliert wurde, ist das Ankern.[488] Bewusstseinszustände und -prozesse sind gekoppelt oder lassen sich koppeln mit physiologischen Zuständen, mit Bildern, Stimmen, Körpersensationen, mit Gesten, Berührungen, Mimik, aber auch Situationen, Orten und vielem mehr. Allgemeiner formuliert: Sobald ein bestimmter innerer Bewusstseinszustand zeitgleich in einem signifikanten Zusammenhang mit einem bestimmten (z.B. äußeren) Signal erlebt wird, so kann dieses bestimmte Signal zu späteren Zeiten diesen inneren Bewusstseinszustand wieder auslösen. Dieses bestimmte Signal nennt man im NLP »Anker«. Auch diesen Vorgang gibt es im Alltag. Meistens geschieht dies unbewusst.

Der Ehemann sieht den schlecht gelaunten Ausdruck im Gesicht seiner Ehefrau und hat sofort Schuldgefühle, obwohl er sich keiner Schuld bewusst ist. Der Blick war der Anker, der einmal im Zusammenhang mit Schuldgefühlen gesetzt wurde. Hört er wenig später die Lieblingsmelodie aus der Zeit der ersten Liebe, dann heitert sich seine Stimmung wieder deutlich auf. Denn jene Melodie ist der Anker für Erinnerungen an die Zeit der unbeschwerten Liebe. Vorausgesetzt allerdings, der Schuldgefühls-Anker ist nicht stärker als der andere. Auch in therapeutischem Zusammenhang werden unbewusst Anker gesetzt. Ein Therapeut schaut einen Klienten, der freudig von Fortschritten erzählt, mit derselben mitfühlend verständnisvollen Mimik an, mit der er in der ersten Sitzung sich dessen Problem zuwandte. Diese Mimik ist für den Klienten aber nicht mit Freude über den Fortschritt, sondern mit seiner Verzweiflung über seine Probleme geankert. Eine durchaus erfolgreiche Methode, die Therapie zu verlängern.[489]

---

[486] Wer will, mag hier durchaus an self-fullfilling prophecy denken. – Zum Reframing siehe auch diese Arbeit in der Praxistheorie S. 292ff.

[487] Beispielhaft genannt sei hier Freuds Psychoanalyse (Ich, Es, Überich), Jungs Tiefenpsychologie (Anima, Animus, Archtetyp), Transaktionsanalyse (Eltern-Ich, Kind-Ich, Erwachsenen-Ich) und Gestalttherapie (Topdog/Unterdog, Arbeit mit leerem Stuhl, auf den beliebig viele Teilpersönlichkeiten gesetzt werden können).

[488] Siehe zum Folgenden: *O'Connor Seymour* 1992, 95ff, und *Bandler Grinder* 1981b, 101ff.

[489] *Bandler Grinder* 1981b, 127.

Ankern, wie gesagt, ist ein alltäglicher Vorgang und geschieht meistens unbewusst. NLP versucht nun diesen alltäglichen unbewussten Vorgang systematisch einzusetzen, um erwünschte ressourcenreiche Zustände zu ankern. Einmal geschieht dies, indem der NLP-Therapeut in seiner Kommunikation mit dem Klienten Anker installiert, in der Regel ohne dass dies dem Klienten bewusst ist. Solche Anker bestehen üblicherweise aus Stimmlage, Gestik, Mimik, Körperhaltung, bestimmten Ausdrücken. Sie dienen vor allem dazu, ressourcenreiche Zustände zu stabilisieren und zu verstärken, gelegentlich aber auch dazu, nochmals, sofern erforderlich, in Problemzustände hinein- und wieder herauszuführen. Daneben gibt es das bewusste Setzen von Ankern, die der Klient auch außerhalb der Therapie zu Verfügung haben soll, um erwünschte Zustände hervorzurufen.[490]

Diese geraffte Darstellung ausgewählter Aspekte des komplexen Verfahrens des NLP muss an dieser Stelle genügen, um einen ersten Eindruck zu erhalten.

2.3.2.5 Auswertung

2.3.2.5.1 Wie hoch ist der konkrete Zeitaufwand?
NLP wirbt damit, dass es ein sehr zeiteffektives Verfahren sei, und dass bereits in ganz kurzen kommunikativen Sequenzen viel erreicht werden kann, und dass Behandlungen darum in wenigen Sitzungen, im Idealfall sogar in »weniger als einer Stunde« erfolgreich abgeschlossen werden können.[491] NLP versteht sich zum Teil auch lediglich als Methodik oder Technik innerhalb anderer Kommunikationsformen, wie z.B. Psychotherapie.[492] Insofern ist NLP ein sehr interessantes Referenzverfahren für Kurzzeitseelsorge, zumal hier tatsächlich sehr kurze und effektive Varianten hilfreicher Kommunikation erarbeitet wurden.

2.3.2.5.2 Welche Rolle spielt die Netzwerkfrage?
Im Blickfeld für therapeutische Interventionen sind bei NLP zwei Formen sozialer Gemeinschaftsbildung: Familien, als »wichtigste[r] Kontext des Individuums«,[493] und Organisationen. Für erstere gibt es familientherapeutische Vorgehensweisen,[494] für zweitere finden sich

---

[490] Siehe dazu diese Arbeit in der Praxistheorie S. 296ff.
[491] So mehrfach betont von John O. Stefens, einem NLP-Therapeuten der zweiten Generation, im Vorwort zu *Bandler Grinder* 1981b, 13ff. Vgl. auch *Walker* 1996, 15. – Eine Anzahl der Sitzungen wird in der Literatur, soweit ich sehen kann, nicht festgelegt.
[492] *O'Connor Seymour* 1992, 259f. – Aber auch Verkauf (*O'Connor Seymour* 1992, 243f.), Konferenzen (247ff.) oder Verhandlung (252ff.).
[493] *Bandler Grinder* 1982, 139.
[494] *Bandler Grinder* 1982, 135ff., *Bandler Grinder* 1985, 171ff., *Bandler Grinder* 1981a, 202ff

Modelle von Organisationsberatung,[495] insbesondere hinsichtlich Verkaufsgesprächen, Verhandlungen und Konferenzleitung.

Insgesamt werden im NLP – unter anderem aufgrund des systemischen Hintergrundes – soziale Netze jeglicher Art als Ressourcen wertgeschätzt. Bei Einzelkontakten wird der soziale Kontext immer auch als mögliche Quelle von Ressourcen im Blick behalten. Insbesondere mit Hilfe des Reframing wird versucht, vorhandene aber übersehene, brachliegende oder abgewertete soziale Ressourcen wieder neu zugänglich zu machen.[496]

So kann NLP in der Seelsorge einen Beitrag dazu leisten, vorhandene soziale Ressourcen neu zu sehen. Das gilt sicher zunächst für die Familie, kann aber unter anderem sicher auch für Gemeinde geltend gemacht werden. Gerade individualistische Ausblendungen oder generalisierende Abwertungen von Gemeinde oder Kirche können durch das Meta-Modell hinterfragt werden. Und im Gegenzug ist es denkbar, kirchliche Gemeinschaft – bei entsprechender Bereitschaft – in einem ›neuen Rahmen‹ als Ressource zu erkennen und zu ›verankern‹.

Im Hinblick auf Gemeindeleitung finden sich im NLP viele hilfreiche Anregungen für Sitzungsleitung und Konfliktmanagement. Auch für den stimmigen und überzeugenden »Verkauf« von kirchlichen »Produkten«, also auch für Verkündigung, lässt sich im übertragenen Sinne einiges vom NLP lernen. Insbesondere wie ich das, was ich zu bieten habe, so kommuniziere, dass es für den anderen interessant wird, ohne dass ich dabei etwas vortäusche, was für mich oder für mein Gegenüber unstimmig wäre – und so, trotz möglicherweise kurzfristigem Erfolg, letztlich zu einer Enttäuschung führen muss (»Reue des Käufers«).[497]

2.3.2.5.3 Welche Elemente könnten für Gemeindeseelsorge interessant sein?

NLP bietet einen großen Fundus von Techniken und wertvolle Blickwinkel für kommunikative Vorgänge, wie sie auch in der Gemeindeseelsorge vorkommen. Die eigentlichen therapeutischen NLP-Techniken sollten zwar erst nach gründlicher Ausbildung angewandt werden, doch da sich NLP sehr stark mit ohnehin vorhandenen ›Alltags-

---

[495] *Bandler Grinder* 1985, S.52ff. und 204ff.; *Bandler Grinder* 1981b, 130 und 210ff.; *O'Connor Seymour* 1992, 243ff.
[496] *Bandler Grinder* 1985, S.17f. Hier wird ein Beispiel erzählt, wie unerwünschte Spuren auf dem Teppich, unter denen eine zwanghafte Frau leidet, umgedeutet werden als Zeichen familiärer Eingebundenheit.
[497] *Bandler Grinder* 1985, 52ff. »Reue des Käufers«, siehe S. 54, *O'Connor Seymour* 1990, 243f.

techniken« beschäftigt, diese systematisiert und bewusst zugänglich macht, bietet NLP bereits auch auf niedrigschwelligem Niveau hilfreiche Zugänge, um kommunikative Phänomene in der Seelsorge besser zu verstehen und bewusster anzuwenden.

Gerade die »Alltagsseelsorge« ist voll von »Reframing«-Prozessen sowie »Anker«-Setzungen und Aktivierungen, auch und gerade die so »untherapeutischen« Geburtstagsbesuche. Fast jede Kommunikation enthält außerdem Tilgungen, Verzerrungen und Generalisierungen, so dass NLP hier eine entscheidende Hilfe ist für gelingende Kommunikation. NLP bietet damit insgesamt einen systematischen Blickwinkel auf kommunikative (Struktur-)Phänomene, gerade auch Alltagsphänomene, die so prägnant in anderen eher klassischen therapeutischen Verfahren wenig oder kaum zu finden sind.

Auch für religiöse Kommunikation im engeren Sinne kann NLP zur Fundgrube werden für neue Blickwinkel auf altvertraute Phänomene. Zum Beispiel: die Segensgeste als visueller Anker, das Sich-Bekreuzigen als kinästhetischer Anker, Weihrauch als olfaktorischer Anker, Orgelmusik als auditiver Anker. Die Beispiele ließen sich beliebig vermehren. Auch Anker, die zu Recht oder zu Unrecht, negative Stimmungen auslösen, ließen sich unschwer noch viele finden: so könnte der Beichtstuhl zum Anker für kirchlich sozialisierte Schuldgefühle werden, ein schwarzer Talar zum Anker für wortreiche Verkündigung, eine pastorale Stimme zum Anker für Klerikalismus und Weltfremdheit, ein schwammiger Händedruck mit bereits weiterschweifendem Blick zum Anker für das Gefühl, nicht wirklich ernstgenommen zu werden.

Ähnlich ist es mit Reframing. Im Idealfall ist ein Gottesdienst ein Reframing der Alltagssituation. Man verlässt die Kirche mit einem neuen Blick auf die Welt, mit wieder zugänglich gemachten (religiösen) Ressourcen[498] oder mit dem erneuerten Vertrauen auf die »guten Mächte« (Bonhoeffer). Auch jedes kurze Seelsorgegespräch zwischen Tür und Angel kann hilfreiche neue Blickwinkel bewusst machen oder Ressourcen hervorlocken, und sei es nur durch kurze Andeutungen, einen wertschätzenden Blick, einen bekräftigenden Händedruck. Es würde sich sicher lohnen, die gesamte religiöse Kommunikation einmal unter NLP-Blickwinkel anzuschauen.

Aber nicht nur als heuristisches Modell für gegebene kommunikative Phänomene kann NLP hilfreich sein, sondern auch, um Kommunikati-

---

[498] Auch die Blickwinkelveränderung durch biblische Geschichten/Gedanken ist eine Art Reframing. Vgl. zum Beispiel *Bukowski* 1994. – Auch wenn z.B. eine Krankheit als »Prüfung« verstanden wird, ist dies ein Reframing.

on gezielt zu verbessern. Das Milton-Modell könnte ein nützlicher Zugang sein, um die Predigtsprache so zu gestalten, dass ich dem Zuhörer Zugänge zu seinen eigenen inneren Erfahrungen nicht versperre, sondern ermögliche. Analoges gilt für bestimmte Sequenzen in seelsorgerlichen Gesprächen. Das Meta-Modell hingegen kann helfen, sich selbst klar auszudrücken, oder die richtigen Fragen zu stellen, die dem Gegenüber hilfreich sind.

2.3.2.5.4 Wie hoch ist der Professionalisierungsaufwand?
Um NLP in die Seelsorge auf gehobenem Niveau zu integrieren, ist der Ausbildungsaufwand einigermaßen überschaubar,[499] wenn es nur um das Erlernen der Techniken geht; obwohl auch da einiges an Übung nötig ist. Für einen verantwortungsvollen Umgang halte ich den Professionalisierungsaufwand aber für relativ hoch. Aus meiner Sicht genügt es nicht, nur die NLP Techniken zu erlernen. Für die professionelle Adaption in die Seelsorge halte ich, gerade weil die Techniken so effektiv sind, eine selbsterfahrungsbasierte vorausgehende Ausbildung in einem persönlichkeitsbildenden Verfahren für erforderlich.[500] Das mag aber für viele ein zu hoher Aufwand sein.

Die Alternative dazu muss aber nicht sein, auf NLP völlig zu verzichten. Im Sinne einer Bewusstmachung von kommunikativen Möglichkeiten und im Sinne eines bewussteren Umgangs mit Alltagskommunikation ist eine Auseinandersetzung mit NLP auch auf einfacherem Niveau (etwa durch Literatur oder durch Seminare, die Basiswissen vermitteln) durchaus hilfreich und anregend. Und in diesem Sinne würde ich es auf jeden Fall für die Seelsorge empfehlen.

2.3.2.5.5 Ist die Anthropologie mit dem christlichen Glauben vereinbar?
Die Vereinbarung von NLP mit dem christlichen Glauben hängt davon ab, wie mit NLP umgegangen wird, und das kann sehr unterschiedlich sein.[501] An und für sich halte ich NLP für eine neutrale Methode.[502]

---

[499] Aus einem Angebot aus dem Jahr 2011: Basis: 6 Tage, Practitioner: weitere 12 Tage, Master: weitere 18 Tage, Trainer: weitere 18 Tage. (Ausbildungsprogramm der bundesweiten NLP-TrainerAkademie (www.nlp-trainerakademie.de). Zu den bundesweiten Standards des Deutschen Verbands für NLP siehe unter www.dvnlp.de – Adressen von NLP-Instituten und Organisationen finden sich bei *O'Connor Seymour* 1992, 321ff.
[500] Dies entspricht der dringenden Empfehlung von Hilarion Petzold und Thies Stahl im Vorwort zu *Bandler Grinder* 1981b, 10.
[501] NLP hat offensichtlich in der Praxis Licht- und Schattengestalten hervorgebracht und in der externen wissenschaftlichen Wahrnehmung lag NLP lange Zeit (zum Teil bis heute) im ›toten Winkel‹. So schreibt Wolfgang Walker: »Trotz ... prominenter Fürsprecher wie Gregory Bateson, Virginia Satir und Milton H. Erickson wurde der programmatische Neuansatz Richard Bandlers und John Grinders bis Ende der 80er Jahre von der akademischen Fachöffentlichkeit weitgehend ig-

Die Gefahr besteht allerdings, und in der NLP-Literatur oder Semi-
narwerbungen ist dies manchmal ganz offensichtlich, dass den Menschen die »Wiederbringung aller Dinge«, die universale Machbarkeit
versprochen wird.[503] Alles ist möglich dem, der da an NLP glaubt. Ein
solcher Umgang mit NLP ist in der Tat nicht vereinbar mit dem christlichen Wissen um die grundsätzliche Entfremdung (»Sündenfall«) des
menschlichen Daseins, mit der christlichen Verheißung einer Erlösung,
die ich nicht selbst bewerkstelligen muss und kann (»extra nos«) und
auch nicht mit der christlichen Wertschätzung des fragmentarischen
Lebens.[504]

Wenn es aber darum geht, die realen uns von Gott geschenkten Möglichkeiten nicht brach liegen zu lassen, unsere Talente nicht zu vergra-

noriert. Außerhalb der Universitäten fanden die radikal auf praktische Bedürfnisse
zugeschnittenen Konzepte des NLP jedoch eine außergewöhnlich starke Resonanz
... Es fällt auf, wie kontrovers und emotional die zunehmend aufkommende Debatte um das NLP geführt wird. Nur selten vermochte ein Ansatz die damit befaßten
Menschen derart extrem in zwei Lager zu spalten: ... Die ... Befürworter des NLP
finden sich vor allem in den Reihen der therapeutischen Praktiker. Sie heben die
starke Praxisbezogenheit des Ansatzes und die pragmatisch orientierte Überwindung des Schulendenkes hervor. Dabei zeigt man sich insbesondere von der Vielfalt der NLP-Veränderungsstrategien beeindruckt. Hoch geschätzt wird ... auch,
daß tiefgreifende Veränderungsprozesse bei weitgehender Reduzierung von Leiden
möglich sind. Zugleich aber ist die sich ausweitende Kommerzialisierung des Ansatzes ein durchaus ernstzunehmender Kritikpunkt. Das Spektrum reicht von unse-
riöser Geldmacherei über eine zunehmende Mythisierung bis hin zu naiver Wun-
dergläubigkeit und zu Starkult. Darüber hinaus geht die rasante Expansion des
NLP auf dem Therapie- und Kommunikationsmarkt mit einer zunehmenden Ver-
wässerung des Ansatzes und einem immer mangelhafteren Verständnis der theoretischen Grundlagen einher. Auf diese Weise wird ein ursprünglich plausibles und
durchdachtes Modell im Zuge seiner Verbreitung immer mehr zum Abklatsch seiner selbst. Andererseits muss aber auch den (oft vehementen) Gegnern des NLP
der Vorwurf gemacht werden, daß sie sich in eine meist nur oberflächlich begründete Verteidigungshaltung begeben. Hier werden pauschale Anklagen erhoben, die
nur selten von einer fundierten Kenntnis des Ansatzes zeugen ... Dennoch mehren
sich in jüngster Zeit auf beiden Seiten die Stimmen, die einen fundierten rationalen
Diskurs fordern.« (*Walker* 1996, 16f. – Vgl. auch das Vorwort von Jürgen Kriz in
Walker 1996, 13f.).
[502] Was von Bandler und Grinder im Ansatz so gewollt wurde, was aber insofern
auch nicht ganz unproblematisch ist, weil durch die Abstraktion von dem ethischen
Hintergrund der modellierten Therapeuten (Perls, Satir, Erickson) die Möglichkeit
geschaffen wurde, das Verfahren auch in ethisch problematische Kontexte zu
transferieren. Vgl. dazu *Walker* 1996, 110f. – Darum muss unbedingt darauf geachtet werden, dass NLP in einen Rahmen gestellt wird, »der durch Einfühlung
und Liebe geprägt ist« (Virginia Satir, zitiert nach *Walker* 1996, 110). Vgl. auch
O'Connor Seymor 1992, 259f.
[503] Z.B. *Bandler Grinder* 1981b, 55.
[504] Beispielhaft für unsere Zeit formuliert von Henning Luther in *Luther* 1992,
160ff. sowie 224ff.

ben, sondern damit zu »wuchern«,[505] dann bietet NLP hier eine wertvolle Hilfe, die durchaus mit dem christlichen Glauben vereinbar ist. Jedenfalls darf nicht damit christlicherseits gegen NLP argumentiert werden, dass man sich demütig mit allem abzufinden habe. Gerade das ist nicht christlich. Erst wenn ich die Grenzen dessen, was Gott mir geschenkt hat, ausgelotet habe, erst wenn ich wirklich an Grenzen stoße (anstatt Leben zu vermeiden), erst dann ist Demut angesagt. Abgesehen davon ist es auch eine Form von Demut, Gottes Geschenke nicht zu verschmähen. NLP kann helfen, bis an diese Grenzen vorzudringen, und den Spielraum zu nutzen, den Gott mir tatsächlich geschenkt hat.

Theologisch gesagt: gegen einen womöglich gegebenen (Selbst-)Erlösungsanspruch von NLP ist aus Sicht christlicher Soteriologie Einspruch zu erheben. Durchaus aber im Sinne des christlich-jüdischen Menschenbildes ist es, NLP als Hilfe zur vollen menschlichen Entfaltung zu betrachten innerhalb der durch Schöpfung (creatio) und Schicksal (»Fügung«, creatio continua) gegebenen Grenzen.

2.3.2.5.6 Kritische Würdigung

NLP bietet wichtige Kenntnisse, wie effektiv kommuniziert werden kann und wie (bestimmte) Veränderungen »funktionieren«. Bestimmte Methoden (z.B. Reframing, Ankern) sind sehr wertvoll für Seelsorge, zumal Reframing und Ankern ganz typisch sind für religiöse Kommunikation. Zum Beispiel, wenn ich etwas im Licht Gottes sehen kann oder wenn es gelingt, einen religiösen Trost im Bewusstsein zu verankern. Im NLP unterrepräsentiert sind letztendlich alle *aktiven* Formen des Tröstens, der Beziehungsarbeit, der Zuwendung, der Empathie. Wobei man auch sagen könnte, dass diese Fähigkeiten Voraussetzung sein sollten, um diese Techniken überhaupt anwenden zu dürfen.[506] Die Frage nach eigenen blinden Flecken des Therapeuten, nach Übertragung und Gegenübertragung usw. wird entweder gar nicht oder nur sehr knapp behandelt.[507] Die Vermeidung von Abhängigkeiten und die Autonomie des Klienten werden einerseits hoch eingeschätzt,[508] andererseits wird durch NLP-Techniken das Bewusstsein auch absichtlich umgangen[509] – und damit stellt sich zumindest die Frage, ob das nicht doch auch wieder die Autonomie einschränkt. NLP kann folglich, ohne

---

[505] Vgl. das Gleichnis Jesu von den anvertrauten Talenten (Mt 25,14ff.).
[506] Vgl. die mahnende Anmerkung von O'Connor und Seymour: »Alle derartigen Techniken sollten nur innerhalb eines übergeordneten Rahmens aus Weisheit und Rücksicht auf die äußeren Beziehungen der Menschen und ihre innere Balance angewandt werden.« (*O'Connor Seymour* 1993, 259).
[507] Siehe dazu das kritische Vorwort von Hilarion Petzold und Thies Stahl zu *Bandler Grinder* 1981b. Siehe aber auch die Stellungnahme von Bandler und Grinder zu »Übertragung/Gegenübertragung« in *Bandler Grinder* 1981b, 164ff.
[508] *Bandler Grinder* 1981b, 144f. und 164f., 177.
[509] *Bandler Grinder* 1981b, 99.

ausreichende Selbsterfahrung und ohne tragende Beziehung angewendet, zu malignen Manipulationsversuchen führen oder auch zu dem unrealistischen Gefühl, dass alles machbar ist – mit dem fatalen Umkehrschluss: selber schuld, wer nicht das Beste aus sich herausholt. Eine Korrektur ist hier denkbar durch den Gedanken des Fragmentes (Henning Luther), der aber auch wiederum nicht vorschnell als Entschuldigung für brachliegende Ressourcen herhalten darf.

2.3.3 Lösungsorientierte Kurzzeittherapie (Steve de Shazer)

> *Dieser Prozess der Lösungsentwicklung kann zusammenfassend als Hilfestellung beschrieben werden, einen nichterkannten Unterschied zu einem Unterschied zu machen, der einen Unterschied macht.*[510]

2.3.3.1   Die Orientierung an der Lösung

Das Konzept der »Lösungsorientierten Kurzzeittherapie« verbindet sich vor allem mit dem Namen Steve de Shazer. Er ist der führende Kopf einer Gruppe von Therapeuten am Brief Family Therapy Center (BFTC)[511] in Milwaukee, die damit begannen, konsequent ihre eigene Arbeit daraufhin zu beobachten, welche Aspekte der therapeutischen Kommunikation sich für die Klienten als hilfreich erwiesen. Sie machten dabei die Entdeckung, dass nicht die Probleme das Problem sind, sondern die Lösungen. Anders gesagt: nicht gelingende Lösungsversuche der Klienten werfen diese wieder zurück auf das Problem, statt sie weiter voranzubringen. So entsteht ein Teufelskreis. Dem entrinnt man nicht, indem man das Problem analysiert, sondern indem man gemeinsam an einer besseren Lösung arbeitet, vor allem an einer funktionierenden. Wer Chicago verlassen möchte, so ein Beispiel von Steve de Shazer, der muss nicht wissen, wie er dahin gekommen ist, er muss auch nicht wissen, wie lange er dort war und warum er nicht früher ging. Er muss auch nicht wissen, wie Chicago beschaffen ist, er braucht nur ein Wissen darüber, wie er die Stadt verlassen kann.[512]

Vorbereitet wurde diese Art des Denkens bei Steve de Shazer durch seine Beschäftigung mit dem Hypnotherapeuten Milton Erickson. Von Hause aus eigentlich Soziologe lernte er dort ein Verfahren, wie man Menschen auf bestimmte gewünschte Ziele hin – vereinfacht gesagt –

---

[510] *de Shazer* 1988, 28. – Die Formulierung »Unterschied ..., der einen Unterschied macht« geht zurück auf einen Ausdruck von Gregory Bateson: »differences, that make a difference« (zitiert nach *Sparrer* 2007, 39).
[511] *de Shazer* 1989, 15ff. – Vgl. auch *de Shazer et al* 1999.
[512] Sinngemäß zitiert nach *Naumann* 1999, 903.

hypnotisch beeinflusst.[513] Von Erickson übernimmt er, wie Gunther Schmidt das erklärt, die Idee, »dass unser jeweiliges Bewusstsein Ausdruck eines selbstinduzierten quasi-hypnotischen Prozesses ist.« Und auch wenn de Shazer in seiner Arbeit auf bewusste hypnotherapeutische Elemente verzichtet, so läuft seine Arbeit doch darauf hinaus, »die problemstabilisierenden Muster zu unterbrechen, den Fokus auf die benötigten Ressourcen zu lenken und dazu intensive Suchprozesse anzuregen«, um die bisherige problemfixierte »Alltagstrance« in eine lösungsorientierte »Alltagstrance« umzuwandeln.[514] Dabei spielt auch die in der Soziologie und Philosophie entwickelte Vorstellung eine Rolle, dass wir unsere Wirklichkeit in sozialen Interaktionsprozessen konstruieren (Sozialer Konstruktivismus)[515] und dass darum unsere Wirklichkeitsinterpretation sich auch ändern kann,[516] im Idealfall zum Besseren. Seine Maxime, lieber genau hinzuschauen und hinzuhören, anstatt zu deuten, findet de Shazer in späteren Jahren insbesondere in der Philosophie Wittgensteins wieder, von der er sich darin bestätigt fühlt, dass es sinnvoll ist, phänomenologisch bei dem zu bleiben, was wir überhaupt nur erkennen können, nämlich der sichtbaren Oberfläche der Kommunikation, der Handlungen und der Kontexte.[517]

Dem systemischen Denken entnimmt de Shazer die Vorstellung, dass bereits kleine Veränderungen an »jedem beliebigen Punkt des Systems« den Klienten selbst als auch sein Umfeld wirksam und nachhaltig verändern können.[518] Dies geschieht durch sich selbst verstärkende Wechselwirkungen (»Welleneffekt«).[519] Darum reichen für eine effektive therapeutische Arbeit in der Regel eine bis vier Sitzungen, seltener fünf bis sechs und ganz selten mehr.[520]

Die Art des konkreten Vorgehens ist dem Ockhamschen Motto verpflichtet, dass ohne Not nichts kompliziert gemacht werden soll.[521] Die konkreten Interventionen wirken darum vergleichsweise einfach. Weil sich aber mit der Lösungsorientierten Kurzzeittherapie, nach eigenem

---

[513] *de Shazer* 1988, 156ff.

[514] Vorausgehende Zitate von Gunther Schmidt im Nachwort zu *de Shazer* 1989, 232.

[515] *de Shazer* 1988, 80ff., *de Shazer* 1992, inbes. 63ff., *De Jong Berg* 1998, 403ff. Allgemein zum sozialen Konstruktivismus siehe die Einführung von *Gergen Gergen* 2009. Ebenso diese Arbeit S. 104ff.

[516] *De Jong Berg* 1998, 399ff.

[517] *de Shazer* 1992; *de Shazer Dolan* 2008, insbesondere die Seiten 151ff.

[518] *de Shazer* 1989, 146ff. und 223ff.

[519] *de Shazer* 1989, 112 und 209.

[520] 1–4 Sitzungen trifft auf mehr als 80% der Klienten zu, 1–2 Sitzungen auf 55%. Siehe Tabelle bei *De Jong Berg* 1998, S 252. Siehe auch *de Shazer* 1992, 178.

[521] *de Shazer* 1989, 88: pluralitas non est ponenda sine necessitate.

Anspruch, ein grundlegender Paradigmenwechsel verbindet,[522] verlangt die Ausübung dieses Verfahrens dennoch eine starke Umorientierung.[523]

Am BFTC hat man nämlich erkannt, dass das Lösungen-Finden nach bestimmten relativ gleichbleibenden Mustern abläuft. Diese Muster des Lösungen-Findens erwiesen sich als unabhängig vom Problem. Es zeigte sich, dass eine gelungene Lösung nicht in sachlichem Zusammenhang mit dem Problem stehen musste.[524] Ferner erwiesen sich dieselben Lösungsmuster bei völlig disparaten Problemen als gleichermaßen hilfreich.[525]

Damit wurde die Analyse des Problems hinfällig. Und hier sieht man am BFTC den eigentlichen Paradigmenwechsel, weil bisher unter dem Einfluss medizinisch-naturwissenschaftlichen Denkens die Idee vorherrscht, man müsse zuerst ein Problem verstehen und seine Ursache erkennen, ehe man es lösen kann. Wenn nun am BFTC der Zusammenhang zwischen Problem-Verstehen und Lösungen-Finden aufgelöst wird, so entfällt damit alles diagnostische Expertenwissen, das bis dato unverzichtbar erschien. Stattdessen wird der Klient selbst zum Experten, und zwar zum einzigen für das, was er in seinem Leben ändern möchte.[526] Seiner Wahrnehmung wird vertraut,[527] sein Bezugsrahmen wird akzeptiert, seine Ziele bestimmen die therapeutische Arbeit, seine Ressourcen und Möglichkeiten weisen den Weg. Dem Therapeuten selbst kommt lediglich die Rolle zu, aus einer Haltung des »Nicht-Wissens«[528] mit Hilfe von Fragen und Interventionen, dem Klienten zur »Geburt« seiner eigenen Lösung zu verhelfen, mit der er bereits – mehr oder weniger bewusst – schwanger geht.[529]

2.3.3.2   Die Phasen der Lösungsorientierten Kurzzeittherapie

Das Lösungen-Finden vollzieht sich nach bestimmten Phasen,[530] denen jeweils einfache Interventionsmuster zugeordnet sind.

---

[522] *De Jong Berg* 1998, 26ff. und 405ff.
[523] *de Shazer Dolan* 2008, 224ff.
[524] *de Shazer* 1989, 12.
[525] *de Shazer* 1989, 163ff.
[526] Daran hält de Shazer bis zum Schluss seines Wirkens fest: »Der Klient ist die oberste und wichtigste Autorität in der Frage, welches Ziel er hat und wie er dorthin gelangt.« (*de Shazer Dolan* 2008, 218f.).
[527] Das Konzept des Widerstandes ist damit hinfällig. Vgl. *de Shazer* 1989, 34, sowie *De Jong Berg* 1998, 44f.
[528] *De Jong Berg* 1998, 46ff.
[529] *de Shazer* 1988, 108.
[530] Vergleiche zum Folgenden die Kurzfassung bei *De Jong Berg* 1998, 42–43. Vergleiche ferner die »Zentralkarte« in *de Shazer* 1988, 103 (in dieser Arbeit ab-

1. Eröffnung

Zu Beginn wird häufig bewusst eine Art »Smalltalk« über unbelastete Alltagsthemen geführt. Zum Beispiel: »Was ist Ihre Lieblingsbeschäftigung? Was ist Ihr Hobby?« Damit entsteht schon einmal eine wertschätzende ressourcenorientierte Atmosphäre, die von den Klienten in aller Regel als sehr motivierend empfunden wird.[531] Man kann zum Teil regelrecht beobachten, wie Menschen sich ›aufrichten‹.[532] Außerdem erkennt der Therapeut unter Umständen bereits hier erste tatsächlich vorhandene Ressourcen, die vielleicht später von Bedeutung sein können. Zum Abschluss der Eröffnung wird kurz die Arbeitsweise erklärt und um Einverständnis gebeten. Bereits hier, aber auch im Verlauf des weiteren Gespräches, ist wichtig, dass der Therapeut in seiner Haltung und in seinen Äußerungen stets darauf achtet, dem Klienten zu vermitteln, dass Veränderung möglich ist, ja sogar unausweichlich eintreten wird.[533]

2. Beschreibung des Problems

Am Anfang soll dem Klienten Raum gegeben werden, sein Problem zu beschreiben. Der Therapeut hört respektvoll und interessiert zu, vermeidet aber in die Tiefe zu gehen. Er achtet stattdessen bereits hier auf (weitere) erkennbare Ressourcen, auf Ausnahmen vom Problem und auf evtl. sich abzeichnende konkrete Änderungswünsche. Die Problembeschreibung als solche sollte möglichst kurz gehalten sein.[534]

---

gebildet am Ende der Darstellung der Phasen der Lösungsorientierten Kurzzeittherapie).

[531] Z.B. *de Shazer* 1988, 28.

[532] So von mir bei Fortbildungsveranstaltungen gesehen in Videoaufzeichnungen über Sitzungen mit Steve de Shazer und Insoo Kim Berg.

[533] Also nur Formulierungen verwenden, die die Unausweichlichkeit der Veränderung voraussetzen. (Es geht quasi nur noch um das Wann und Wie, nicht um das Ob). Vgl. *de Shazer* 1989, 184 u. 210f. – In diesem Vorgehen ist der hypnotherapeutische Einfluss von Milton Erickson zu erkennen.

[534] Nicht nur Gunther Schmidt (im Nachwort zu *de Shazer* 1989, 236f.), sondern auch de Shazer selbst hat in späteren Jahren darauf hingewiesen, dass auch in der Lösungsorientierten Kurzzeittherapie für das Problem der nötige Raum geschaffen werden und dieses gewürdigt werden soll (*de Shazer Dolan* 2008, 215f.). Dies geschieht aber in der Lösungsorientierten Kurzzeittherapie meist indirekt, sozusagen dadurch, dass das Problem als Ausgangspunkt der Lösungsentwicklung natürlich immer mehr oder weniger auch zur Sprache kommt. Dabei bleibt die Lösungsorientierte Kurzzeittherapie auf einer rein phänomenologischen Ebene, verzichtet also auf Deutungen und Interpretationen. Vgl. *Walter Peller* 1994, 234: »Wir nehmen das, was die Menschen uns sagen, ganz wörtlich ... Wir interpretieren nicht.« *Sparrer* 2007, 60f. wies ergänzend daraufhin, dass »ungelöste Fragen an die Problemsituation ... oft die Anhaftung an diese Situation [verfestigen]« und deswegen, entgegen de Shazer, manchmal, wenn schon nicht die »Warum«-Frage, so doch die »Wozu«-Frage gestellt werden muss.

In diese Phase gehört auch, die Motivation des Klienten zu erfassen.[535] De Shazer hat bezüglich ihrer Motivation seine Klienten in drei Kategorien eingeteilt: Besucher, Klagende und Kunden.[536]

Besucher – Klagender – Kunde
Ein Besucher ist jemand, der nach eigener Einschätzung gar kein Problem hat und darum auch über keinerlei eigene Motivation verfügt. Dies wird respektiert, und der Klient wird in diesem Fall mit Komplimenten wieder verabschiedet. Besucher sind in der Regel Klienten, die von anderen »geschickt oder mitgenommen« wurden. Ein Klagender dagegen ist jemand, der ein Problem hat, aber noch keine Idee, dass er selbst etwas zur Lösung beitragen kann. Und ein Kunde schließlich ist jemand, der klar signalisiert, dass er selbst bereit ist, an einer Lösung aktiv zu arbeiten. Mit Besuchern kann übrigens keine Therapie gemacht werden, es sei denn, sie ändern ihren Status in Klagende oder Kunden. Für Klagende empfehlen sich vor allem Denk- und Beobachtungsaufgaben, für Kunden Verhaltensaufgaben. (Siehe unter Punkt 7).

3. Wohlformulierte Ziele entwickeln
An geeigneter Stelle wechselt der Therapeut dann den Fokus auf die Ziele. Was soll im Leben der Klienten anders sein, wenn die Probleme gelöst sind? Diese alternative Zukunft wird ausführlich ausgemalt. Je konkreter die Zukunftsvision, um so mehr konkrete Verhaltensvorstellungen sie enthält, um so besser. Denn hieraus lassen sich die Therapieziele entwickeln. Zur Zielfindung wird häufig die sog. »Wunderfrage« eingesetzt.[537] »Stell Dir vor, Du gehst heute Abend wie gewohnt zu Bett. Und über Nacht, während Du schläfst, wäre das Problem wie durch ein Wunder gelöst. Du weißt es aber nicht, denn Du hast ja geschlafen. Woran würdest Du erkennen, dass das Problem gelöst ist?«

Sollte ein »globaler Rahmen«, also vom Klienten als unhinterfragbar empfundene Grundtatsachen, das Finden von Zielen erschweren, so muss ganz vorsichtig dieser globale Rahmen dekonstruiert[538] werden. Das funktioniert so, dass der Therapeut in das Weltbild des Klienten einsteigt, um so im Gespräch den Klienten an immanente Widersprüche heranzuführen, ohne jedoch das Weltbild selbst direkt infrage zu stellen.

---

[535] *De Jong Berg* 1998, 97ff.
[536] *de Shazer* 1988, 104ff.
[537] Ein Beispiel findet sich bei: *De Jong Berg* 1998, 38. Ausführlich S. 138ff. Eine sehr ausführliche Erörterung der Wunderfrage unter verschiedenen Aspekten einschließlich möglicher Antwortvarianten seitens der Klienten findet sich in *de Shazer Dolan* 2008, 70ff.; ebenso in *Stollnberger* 2009, 138ff.
[538] *de Shazer* 1988, 117ff.

Ein globaler Rahmen könnte z.B. sein, dass ein Mensch davon überzeugt ist, dass er innere Stimmen hört, und dass diese auch real sind.[539] Die Dekonstruktion könnte dann folgendermaßen aussehen:»Ich sehe, man kann Ihnen kein gebrauchtes Auto andrehen, weil Sie ein sehr kritischer Mensch sind. Aber was Ihnen Ihre inneren Stimmen sagen, das glauben Sie einfach?« Daraus könnte sich das Ziel ergeben, den inneren Stimmen nicht mehr alles zu glauben. Es geht *nicht* darum, die inneren Stimmen als solche zu leugnen.

4. Suchen nach Ausnahmen
Nun wird danach gesucht, ob es im bisherigen Leben des Klienten schon Situationen gab, die der gewünschten Zukunft nahe kamen. Erfahrungsgemäß gibt es solche Ausnahmen bei jedem Klienten. Diese werden aber aufgrund der Problemtrance entweder überhaupt nicht als solche erkannt, oder als irrelevant und zufällig abgetan. Doch genau an diesen Ausnahmen setzt die Lösung an.[540] Darum wird der Unterschied zwischen Ausnahmen und Beschwerde möglichst präzise herausgearbeitet und auch genau untersucht, unter welchen Umständen und Bedingungen und unter Einsatz welcher Ressourcen es zu diesen Ausnahmen kam. Ferner wird geklärt, welchen Regelcharakter die Ausnahmen haben: unter erkennbaren und benennbaren Bedingungen oder scheinbar zufällig und willkürlich.

5. Untersuchen des Fortschritts (Skalierungsfragen)
Das Untersuchen und Einschätzen des Fortschrittes mittels Skalierungsfragen durchzieht die ganze Arbeit, muss also nicht genau an dieser Stelle stehen. Eine Skalierungsfrage kann auch bereits am Anfang der Sitzung stehen. 0 ist dabei in der Regel der anzunehmende negativste Punkt, 10 der anzunehmende positivste Punkt.[541] Eine Frage kann also lauten:»Wie hoch schätzen Sie Ihre Zuversicht, dass Sie das Problem lösen werden in einer Skala von 0–10? / Wie stark war Ihr Problem, als Sie sich zur Therapie angemeldet haben, und wie groß erscheint es Ihnen jetzt, da Sie hier sind? / Wie nahe waren Sie in der ersten Sitzung einer Lösung, wie nahe sind Sie heute (in der 2./3./4.) Sitzung einer Lösung?« Fast überwiegend geben die Klienten Verbesserungen an. Jede Verbesserung, und sei sie noch so klein, wird wieder daraufhin untersucht, wodurch sie ausgelöst und ermöglicht wurde.[542]

---

539 Vgl. das Beispiel in *de Shazer* 1989, 218f.
540 Luc Isebaert (mündlich) fand dafür folgendes Bild:»Man kann Lösungen nicht auf den ›Löchern‹ aufbauen, sondern nur auf deren ›Rändern‹.«
541 Für die Europäer, die nicht ganz so optimistisch strukturiert seien wie die Amerikaner, nimmt de Shazer eine Skala von -10 bis 0. (Mündlich von Luc Isebaert).
542 Bei Verschlimmerungen wird untersucht, was geholfen hat, dass es nicht noch schlimmer wurde (*Stollberger* 2009, 173f., *Walter Peller* 2004, 175ff., *de Shazer Dolan* 2008, 110).

Skalierungsfragen haben ganz nebenbei den Effekt, Alles-oder-Nichts-Haltungen aufzulösen[543] und sie stärken das Gefühl der Selbstwirksamkeit.[544]

6. Pause
Nach ca. 40–50 Minuten zieht sich der Therapeut für 5–10 Minuten zurück, um eine Rückmeldung vorzubereiten. Für die Rückmeldung selbst sind dann nochmals etwa 5 Minuten vorgesehen. Für den Klienten ist die Pause ebenfalls nochmals eine Gelegenheit, über die Sitzung nachzudenken. Außerdem fördert die Pause eine stärkere Erwartungshaltung und Aufnahmebereitschaft für die Rückmeldung.[545] Der Therapeut bespricht sich in der Pause, falls vorhanden, mit dem Team, oder überlegt für sich, was eine sinnvolle Rückmeldung sein könnte.

7. Rückmeldung und Aufgaben
Die Rückmeldung ist immer zweigeteilt. Als erstes werden Komplimente gemacht, die auf den entdeckten Ressourcen und Fähigkeiten des Klienten basieren, und sei es nur die Fähigkeit, ein Leiden so lange auszuhalten und trotzdem die Hoffnung nicht aufzugeben. Anschließend wird eine Aufgabe (Hausaufgabe/Experiment) vorgeschlagen, die den aktuellen Möglichkeiten des Klienten entspricht.[546]

Ist sich der Klient bewusst, warum und unter welchen Bedingungen die Ausnahme funktioniert hat, so wird die Aufgabenstellung auf dieser Bewusstheit aufbauen. Und zwar noch einmal, je nach Fähigkeit des Klienten, mit folgender Differenzierung: a) Tue mehr von dem, was funktioniert. b) Tue *gelegentlich* mehr von dem, was funktioniert. c) Tue das *Leichteste* von dem, was funktioniert.

Empfindet der Klient die Ausnahmen dagegen als spontan, zufällig und willkürlich, so wird die Aufgabe entweder mit einer Vorhersageaufgabe kombiniert. (»Entscheiden Sie am Abend vorher, ob morgen die Ausnahme auftreten wird. Führen Sie Bericht über die Trefferquote.«) Oder es wird ein Zufallsprinzip eingebaut. (»Werfen Sie eine Münze, und wenn die Zahl oben ist, dann handeln Sie im Sinne der

---

[543] *Walter Peller* 1994, 247.
[544] Dazu Bamberger: »Zahlen und Skalen bringen den Klienten dazu, sich konkrete Unterschiede vorzustellen. Damit verbunden ist die Suggestion, dass die Dinge veränderlich sind und man entsprechend Einfluss nehmen kann. Zahlen und Skalen verdeutlichen dem Klienten seine Fortschritte im intendierten Veränderungsprozess, verstärken also seine Erfolgszuversicht, seine ›Self-efficacy‹« (*Bamberger* 2001, 63).
[545] Auch hier ist wieder hypnotherapeutisches Denken zu erkennen. Siehe *de Shazer* 1988, 157.
[546] Die Aufgabenstellung orientiert sich an den »Interaktionskategorien« Besucher, Klagender und Klient (*Sparrer* 2007, 68ff.).

Ausnahme. Ansonsten bleiben Sie beim alten Muster.«) Beide Verfahrensweisen helfen zu erkennen, dass man den Ausnahmen nicht willkürlich und schicksalhaft ausgeliefert ist, sondern dass sich dahinter unerkannte eigene Möglichkeiten verbergen.

Sollten in der ersten Sitzung weder funktionierende Ausnahmen gefunden worden noch konkrete Ziele benennbar geworden sein, so wird bis zur zweiten Sitzung die sog. »Standardaufgabe der ersten Sitzung«[547] gestellt. D.h. der Klient soll seinen Alltag daraufhin untersuchen, was in seinem Leben eigentlich gut läuft und was so bleiben soll. Setzt diese Beobachtung selbst häufig schon positive Veränderungen in Bewegung, so ergibt das, was in der zweiten Sitzung berichtet wird, die Basis für die Konstruierung einer Lösung. Gelegentlich, vor allem wenn andere Personen mitbetroffen sind, wird empfohlen »irgendetwas anders« zu machen, egal was, Hauptsache anders genug, überraschend anders, damit ein Unterschied entsteht, der eine produktive Störung des eingefahrenen Problemmusters auslöst.[548]

8. Folgesitzungen
Bei der zweiten und den gegebenenfalls folgenden Sitzungen wird untersucht, was sich verändert hat, ob Ausnahmen häufiger aufgetreten sind, ob es Fortschritte gab. Und zu alledem werden wieder die genauen Bedingungen erforscht, die das ermöglichten. Dann wird empfohlen, weiterzumachen mit dem, was sich als funktionierend erwiesen hat. Erfolge werden mit einer Art paradoxen Rückfallwarnung abgesichert. Das heißt das Ansprechen eines möglichen Rückfalles verhindert sehr wahrscheinlich genau diesen Rückfall. Und sollte trotzdem ein Rückfall eintreten, so muss dieser nicht als Katastrophe empfunden werden, sondern als vorhersagbarer Teil des Prozesses.[549] Gab es hingegen keine Verbesserung, wird erneut nach Ausnahmen oder auch nach neuen präziseren Zielvorstellungen gesucht, oder ein neues »anderes« Verhalten empfohlen.

So einfach sich das alles anhört, so effektiv scheint es zu sein. Das erweisen verschiedene Untersuchungen, die eine erstaunlich hohe Effektivität unter den unterschiedlichsten Bedingungen nachweisen konnten.[550]

---

547 *de Shazer* 1989, 184.
548 *de Shazer* 1989, 170.
549 Vgl. dazu z.B. *de Shazer* 1989, 210.
550 *De Jong Berg* 1998, 347ff.; *Bamberger* 2001, 198ff. – Im Jahr 2007 spricht de Shazer davon, dass die Wirksamkeitsforschung zur Lösungsorientierten Kurzzeittherapie sich zunehmend verbessert. Er verweist auf eine Web-Site, die eine ständige aktualisierte Übersicht über die Studien bereit hält: www.gingerich.net (*de Shazer Dolan* 2008, 229). – Am BFTC hat man übrigens schon sehr früh angefangen, Wirksamkeitsstudien durchzuführen (*de Shazer* 1989, 197ff.).

De Shazer hat sein Vorgehen so auf das Wesentliche vereinfacht und klar strukturiert, dass das ganze Verfahren auf einem einseitigen Schema darstellbar ist.

Nachfolgende Abbildung: »ZENTRALKARTE« aus de Shazer 1988, S. 103

ZENTRALKARTE

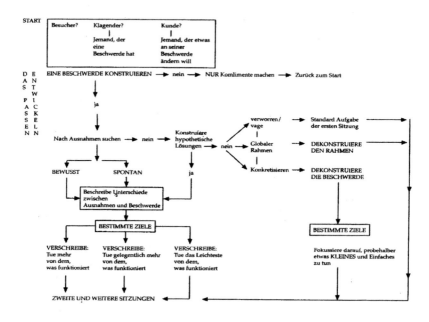

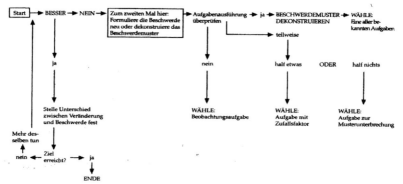

2.3.3.3 Auswertung

2.3.3.3.1 Wie hoch ist der konkrete Zeitaufwand?

Die Lösungsorientierte Kurzzeittherapie legt darauf Wert, dass die Beratung nur wenige Sitzungen umfasst,[551] die allerdings in längeren und gegebenenfalls größer werdenden Abständen erfolgen. Damit soll die Fähigkeit zur Selbsthilfe des Klienten im Alltag gefördert werden. Lösungsorientierte Kurzzeittherapie gibt hierzu förderliche Impulse, ersetzt aber nicht den mit eigenen Ressourcen initiierten und getragenen Veränderungsprozess im eigenen Leben. Der Veränderungsprozess selbst kann durchaus länger dauern und sogar noch weitere Veränderungen nach sich ziehen,[552] aber die in der Lösungsorientierten Kurzzeittherapie zu setzenden Impulse bedürfen in aller Regel nur ganz weniger Sitzungen. Im Durchschnitt folgen nach der ersten Sitzung noch bis zu drei weitere, wobei angefangen bei der ersten, jede Sitzung als mögliche Letzte betrachtet wird.

Allein schon von diesem Zeitkonzept her gesehen, ist somit die Lösungsorientierte Kurzzeittherapie durchaus sehr geeignet für die Gemeindeseelsorge. Dieser Ansatz funktioniert im Prinzip auch noch kürzer als eine Sitzung üblicherweise dauert, z.B. bei spontanen Beratungen zwischen »Tür und Angel«. Zu Recht wurde darum von Timm H. Lohse dieser Ansatz für kurze Seelsorgebegegnungen aufbereitet.[553]

2.3.3.3.2 Welche Rolle spielt die Netzwerkfrage?

Unter systemischem Blickwinkel ist das Umfeld durchaus im Blick,[554] im Einzelfall auch als Teil der Lösung. Der hypothetische Blickwinkel wichtiger Bezugspersonen ist ein häufig angewandtes Mittel, um eigene konkrete Verhaltensänderungen auf dem Weg zu einer Lösung zu explorieren.[555] Auch kann gegebenenfalls überlegt werden, welche eigenen Verhaltensweisen positive interaktionelle Rückkoppelungsprozesse bei anderen auslösen.[556] Die Lösungsorientierte Kurzzeittherapie will auf gar keinen Fall die vorhandene soziale Unterstützung ersetzen. Auch das ist ein Grund, warum nur so kurze Beratungskontakte aufgebaut werden.[557] Als eigenständige und als solche förderungswürdige Ressource kommen soziale Netzwerke aber nicht in den Blick.

---

551 Siehe diese Arbeit S. 127. Siehe auch *Sparrer* 2007, 21f und 73f.
552 *de Shazer* 1992, 178f.
553 Siehe diese Arbeit S. 76ff.
554 Vgl. *De Jong Berg* 1998, 404.
555 *Stollnberger* 2009, 107.
556 *Walter Peller* 1994, 210ff.; *De Jong Berg* 1988, 84f.
557 Die Lösungsorientierte Kurzzeittherapie stellt »keinen Ersatz für zwischenmenschliche Kontakte dar.« (*Sparrer* 2007, 21). Eine gegebenenfalls erforderliche längere Begleitung bei chronischen Erkrankungen kann, so Sparrer, auch an andere Stellen delegiert werden (*Sparrer* 2007, 21f.).

2.3.3.3.3 Welche Elemente könnten für Gemeindeseelsorge interessant sein?

Für viele, wenn nicht die meisten Probleme, die an Gemeindepfarrer herangetragen werden, scheint ein lösungsorientiertes Vorgehen völlig ausreichend. Eine ausführliche Problemanalyse, eine Aufarbeitung von Vergangenheit oder eine längere Begleitung sind im Sinne der Lösungsorientierten Kurzzeittherapie nicht nur nicht erforderlich, sondern sogar schädlich. Das kommt der Zeitknappheit normaler Gemeindeseelsorge sehr entgegen. Hier muss also Zeitknappheit nicht als bedauernswertes Defizit beklagt werden, sondern kann geradezu als methodisch sinnvolle Ressource zur Vermeidung unnötig langer Seelsorgekontakte begriffen werden. Und zwar nicht nur im Sinne des Pfarrers, sondern auch im Sinne des Seelsorge-Suchenden, mit dessen Zeit ebenfalls sparsam umgegangen wird und der in der Regel auch keine zeitlich aufwendige Begleitung erhofft, sondern dass ihm schnell und effektiv geholfen wird. Im Grunde ist die Lösungsorientierte Kurzzeittherapie nach eigenem Selbstverständnis eine Hilfe zur Selbsthilfe.[558] Sie kommt damit der von Schleiermacher betonten Mündigkeit des Gläubigen sehr nahe.[559]

Eine hohe Affinität zur Gemeindeseelsorge hat auch der bewusste Einbezug von Smalltalk zur Schaffung einer positiven Gesprächsatmosphäre,[560] ebenso der systematische Einsatz von Komplimenten als Ausdruck ermutigender Wertschätzung. Das strenge formale Durchhalten des lösungsorientierten Gesprächsschemas (einschließlich der »Pause«) ist für Gemeindeseelsorge in der Regel jedoch nicht machbar, außer gegebenenfalls bei konkreter Vereinbarung. Ebenfalls nicht möglich ist die Arbeit mit einem Team im Hintergrund.

2.3.3.3.4 Wie hoch ist der Professionalisierungsaufwand?

Die Lösungsorientierte Kurzzeittherapie, so scheint es, erfordert einen vergleichsweise geringen Aufwand, um erlernt zu werden[561] – wenn man einmal vom Aufwand des Umdenkens und Einübens absieht.[562] Andererseits ist gerade die Einfachheit zugleich das Schwierige, wie de Shazer selber anmerkte: »Simple but not easy«.[563] Das »pure Verfahren« wirklich zu beherrschen, ist wohl am Ende doch nicht so ein-

---

[558] *Sparrer* 2007, 21.
[559] Siehe diese Arbeit S. 258ff.
[560] Vgl. Hauschildt (diese Arbeit S. 53.) und Kohler (diese Arbeit S. 65).
[561] Vgl. *De Jong Berg* 1988, 411.
[562] Steve de Shazer soll einmal gesagt haben, man solle alles, was man bislang über Psychologie oder Psychotherapie gelernte hätte, vergessen, bevor man mit lösungsorientiertem Arbeiten beginnt. (Mündlich von Manfred Lütz, Alexianer-Klinik Köln-Porz). Ähnlich, aber mit anderen Worten, spricht de Shazer vom notwendigen »Geist des Anfängers« (*de Shazer Dolan* 2008, 225).
[563] *Stollnberger* 2009, 23.

fach. Gleichwohl können zumindest die wichtigsten Elemente schnell angeeignet werden, gegebenenfalls auch in bisherige Arbeitsstile integriert werden.[564] Diagnostisch verwendbares Expertenwissen wird hier jedenfalls nicht gebraucht. Und langfristige Selbsterfahrungsprozesse sind nicht ausdrücklicher Bestandteil des Verfahrens. Als – zumindest in wesentlichen Aspekten – vergleichsweise schnell und einfach erlernbare Methode ist die Lösungsorientierte Kurzzeittherapie darum durchaus für die Seelsorge interessant. Ganz abgesehen davon, dass ich sie für die *Gemeinde*seelsorge für sehr praxisrelevant halte. Beachtenswert, gerade auch für die Gemeindearbeit, ist noch die Beobachtung, dass das lösungsfokussierte Arbeiten offensichtlich dem Burnout vorbeugt.[565]

Da aber auch in dem hier vorgestellten lösungsorientierten Vorgehen die Person und die Beziehung letztlich von zentraler Bedeutung sind,[566] halte ich die Lösungsorientierte Kurzzeittherapie für die Ausbildung zum Seelsorger *alleine* im Grunde für unzureichend. Zumindest würden einige wichtige Aspekte fehlen. Denn selbst wenn in der Praxis ausschließlich dieses Verfahren angewendet werden sollte, so halte ich es doch auch für sinnvoll, dass der Seelsorger die Wirkung seiner Person und die Nachwirkung seines biografischen Gewordenseins zumindest ansatzweise kennt und auf diesem Hintergrund auch die professionelle Beziehungsgestaltung zu handhaben gelernt hat. Und das geht vor allem über Selbsterfahrungsprozesse in Weiterbildungsgruppen und/oder eigener Lehrtherapie.

2.3.3.3.5 Ist die Anthropologie mit dem christlichen Glauben vereinbar?

Die Lösungsorientierte Kurzzeittherapie hat nach eigenen Aussagen weder ein Menschenbild noch ein Persönlichkeitskonzept,[567] dafür aber einen hoher Respekt vor der Autonomie des jeweiligen Menschen. Die strikte Orientierung an dem, was der Klient will, nimmt diesen in seiner Mündigkeit sehr ernst[568]. Dies entspricht der Haltung

---

[564] *de Shazer Dolan* 2008, 225f. – Steve de Shazer selbst hat eine Vermischung der Lösungsorientierten Kurzzeittherapie mit anderen Ansätzen abgelehnt (*Stollnberger* 2009, 22).

[565] *de Shazer Dolan* 2008, 230f. – Das gilt analog für alle lösungs- und ressourcenorientiert arbeitenden Verfahren. Vgl. z.B. *Kosfelder et al* 2005, 278.

[566] In der Literatur über Lösungsorientierte Kurzzeittherapie wird dies in der Regel nicht thematisiert. Aber *Stollnberger* 2009, 22, macht darauf aufmerksam, dass bereits bei den Begründern der Lösungsorientierten Kurzzeittherapie »die besondere Art der Beziehung zum Klienten« die Basis für alle weiteren Interventionen war, auch wenn sie es in ihrer Theorie nicht explizit offengelegt haben. Vgl. dazu auch *Bamberger* 2001, 106f.

[567] *Stollnberger* 2009, 64.

[568] An dieser Stelle will ich kurz eine systematisch-theologische Frage streifen, die sich hier stellen kann. Man könnte nämlich hier ganz grundsätzlich fragen, ob

Jesu, der den Blinden fragte:»Was willst Du, dass ich dir tun soll?«
(Mk 10, 51 / Lk 18, 41). Und ebenso der reformatorischen Vorstellung
von der Mündigkeit des Gläubigen, wie sie z.b. von Schleiermacher
explizit entfaltet wurde.[569] Die Lösungsorientierte Kurzzeittherapie hat
insofern ein sehr gleichrangiges und partnerschaftliches Verständnis
der Beziehung zwischen Klient und Therapeut.[570] Die Lösungsorientierte Kurzzeittherapie ist von der Überzeugung geleitet,»die Klienten

im Zustand der ›Sünde‹ beziehungsweise »Entfremdung« (Tillich 1958b, 52ff.)
nicht auch die Autonomie und Mündigkeit des Menschen so sehr beeinträchtigt
sind, dass es ihm unmöglich ist, von sich aus eine Lösung zu entdecken, die die
Entfremdung auch nur ansatzweise überwindet. Die Diskussion dieser systema-
tisch-theologischen Frage würde den Rahmen dieser Arbeit bei weitem sprengen.
Dennoch will ich versuchen, mit Hilfe Tillichscher Terminologie zu skizzieren,
wie eine vorsichtige und vorläufige Antwortmöglichkeit aussehen könnte. Zunächst ist zu sagen, dass es ja gerade die konkrete Erfahrung der Entfremdung ist,
die zum Therapieanlass wird. Es ist ein Zustand des Leidens, der bis zur Verzweiflung führen kann. Das heißt, ein Mensch leidet darunter, dass die Diskrepanz zwischen dem essentiellen Sollen (Gesetz) und der existentiellen Entfremdung (Sünde) so groß geworden ist, dass er Angst hat, sein Leben zu verfehlen (vgl. Tillich
1958b, 69ff.). In der Kurzzeittherapie geht es nun nicht darum, ihn mit seinem
essentiellen Sollen noch mehr zu konfrontieren. Das wäre »Gesetz« (vgl. Tillich
1958a, 237). Dafür hat er ja selbst ein Gespür, sonst würde er nicht leiden. Es geht
vielmehr darum, Spuren des »Neuen Seins« (Tillich 1958b, 87ff, 129ff. und 178ff.)
in seinem Leben zu entdecken. Die muss es geben, sonst hätte er bis dato nicht
leben können (vgl. Tillich 1958b, 180f.). Kurzzeittherapie wird also – theologisch
formuliert – dem Klienten dabei helfen, Wege zu suchen, wie er auf zumindest
fragmentarische Weise sein essentielles Sein in der Existenz so leben kann, dass
darin Entfremdung überwunden ist und ›Erlösendes‹, also Neues Sein, aufscheint.
Aber, so könnte man nun nachfragen: kann das in der Therapie bewirkt werden
oder bleibt das unverfügbares Geschenk, ein Ereignis der Gnade? Auch in Kurzzeittherapie ist es ja nicht so, als würde der Mensch dort umfassend ›erlöst‹ werden. Kurzzeittherapie kann nur helfen, den Blick zu ändern, umzufokussieren
(›metanoia‹) auf die erlösenden Kräfte, die dem Klienten schon geschenkt sind
oder noch geschenkt werden. Und ist es nicht so, dass das ›Erlösende‹ dann – trotz
allem aktiven Mitwirken – sowohl vom Klienten als auch vom Therapeuten letztlich immer auch als Geschenk empfunden wird, wenn man so will, als Gnade? –
Auch in ethischer Hinsicht kann gefragt werden, ob Autonomie eine angemessene
christliche Grundkategorie ist. Hier ist die Tillichsche Lösung einer »Theonomie«
(Tillich 1958a, 103ff., 175ff.) zumindest für das neuzeitliche Bewusstsein eher dort
zu finden, wo Menschen den Mut haben, eigenständige, also autonome, ethische
Entscheidungen zu treffen und Verantwortung zu übernehmen, als dort, wo sie sich
hinter heteronomen Forderungen eigener Verantwortung tendenziell verweigern
(Tillich 1969, 79ff.). Insofern scheint mir Autonomie – im Idealfall im Sinne der
Theonomie – eine angemessene christliche Grundkategorie, jedenfalls, wenn es
›bezogene‹ Autonomie ist (vgl. diese Arbeit S. 86). Eine solche Autonomie entspricht meines Erachtens letztlich auch der reformatorischen Grundkategorie des
Priestertums aller Gläubigen.

[569] Siehe diese Arbeit S. 258ff.

[570] »... ist die Partnerschaft zwischen Klient und Therapeut eher auf Gleichwertigkeit angelegt.« (de Shazer Dolan 2008, 231).

in allen Aspekten ihres Denkens und Handelns so zu akzeptieren, wie sie sind, wobei diese Akzeptanz nicht an Bedingungen geknüpft ist und nicht von früherem Verhalten abhängig gemacht wird.«[571] Man kann hier eine große Nähe zu der bedingungslosen Annahme des Sünders durch Gott sehen. Man kann sich aber auch fragen, ob hier nicht ethische Indifferenz vorliegt. Dieser Vorwurf wurde aber auch schon der Rechtfertigungslehre gemacht. Ähnlich aber wie die Rechtfertigung die Ethik nach sich zieht, und nicht umgekehrt, arbeitet auch die Lösungsorientierte Kurzzeittherapie. In annehmender Grundhaltung wird nach verborgenen positiven Motiven auch für problematisches Verhalten gesucht und zugleich, aber auf vorurteilsfreie Weise, ermutigt, die schädigenden Folgen eines solchen Verhaltens in den Blick zu nehmen und Alternativen zu entwickeln.[572] Die ethische Fragestellung ist insofern nicht völlig außen vor, aber es wird stets versucht, sie aus der Sicht des Klienten zu verstehen und gegebenenfalls problematische Aspekte gleichsam von innen aufzulösen.

Weder die Ethik noch die Weltsicht des Therapeuten dürfen nach Maßgabe der Lösungsorientierten Kurzzeittherapie dem Klienten aufgedrängt werden. Der Bezugsrahmen bleibt derjenige des Klienten. Auch für die Seelsorge in der Postmoderne ist natürlich der respektvolle Umgang mit der Weltsicht des Klienten unverzichtbar. Zugleich ist aber Seelsorge weltanschaulich nicht neutral. Das wissen auch alle, die Seelsorge aufsuchen. Insofern muss die Weltsicht des Seelsorgers nicht verborgen bleiben, sondern kann in einem respektvollen Diskurs ins Gespräch gebracht werden.[573]

Man kann nun allerdings auch noch kritisch an die Lösungsorientierte Kurzzeittherapie die Frage stellen, ob sie nicht doch, entgegen der eigenen Auskunft, implizite Weltsichten transportiert. So zum Beispiel das Primat der Zukunft gegenüber der Vergangenheit[574] und Gegenwart. Auch aus christlicher Sicht gibt es sicher einen gewissen Vorrang der Zukunft. Das Handeln Jesu und der frühen Christenheit war primär von der nahen Zukunft des Gottesreiches motiviert. Gleichwohl spielt im Christentum der erinnernde und identitätstiftende Rückbezug auf *Vergangenheit* mit dem Ausbleiben der Naherwartung eine zunehmend

---

[571] *Stollnberger* 2009, 63.
[572] *Stollnberger* 2009, 130 u. 133f.
[573] Vgl. hierzu den Ansatz von Eike Kohler, in dieser Arbeit S. 61ff.
[574] »Im Gegensatz zu den meisten anderen therapeutischen Modellen zollt das hier beschriebene der Vergangenheit nur begrenzte Aufmerksamkeit, und soweit dies der Fall ist, geht es fast ausschließlich um *Erfolge,* die in der Vergangenheit erzielt wurden«, so *de Shazer* 1989, 14. Dass dies aber in der Praxis der Lösungsorientierten Kurzzeittherapie auch mal anders aussehen kann, zeigt sich bei *de Shazer Dolan* 2008, 174. Dort findet sich ein Beispiel, in dem der Klient ausführlich von seiner biografischen Vergangenheit erzählt.

wichtige Rolle. Ähnlich wie bereits das Volk Israel sich immer auch aus der erinnerten Heilsgeschichte Gottes verstanden hat. Die Wirkung vergangener Schuld sowie die erhoffte Vergebung bedarf ebenfalls des Rückblickes. Aber auch die *Gegenwart* Gottes im Heiligen Geist und in geistgewirkter Gemeinschaft spielt im Christentum eine wichtige Rolle. Aus Sicht der Lösungsorientierten Kurzzeittherapie könnte man entgegenhalten, dass ja gerade das Auffinden von Ausnahmen in der Vergangenheit so etwas wie fragmentarisch aufleuchtende private »Heilsgeschichte« ist, und der lösungsorientierte Suchprozess der Gegenwart durchaus einem ›geistesgegenwärtigen‹ Unterwegssein in Richtung auf das »verheißene Land« oder das »Reich Gottes« vergleichbar sein kann. Ja, das bewusste Erinnern der »Ausnahmen« der Vergangenheit ist durchaus vergleichbar mit jenen Psalmworten, in denen der Beter aus dem vergangenen Heilshandeln Gottes Mut für seine Zukunft schöpft.

Auch der von der Lösungsorientierten Kurzzeittherapie – wie von allen systemisch-konstruktivistischen Verfahren, aber hier besonders deutlich – zugrunde gelegte Konstruktivismus[575] kann, bei aller Berechtigung, aus christlicher Sicht zumindest teilweise hinterfragt werden.[576] Die systematisch-theologische Auseinandersetzung damit gehört nicht in den Rahmen dieser Arbeit. Aber soviel sei hier gesagt, dass der christliche Glaube doch davon ausgeht, dass es letztlich eine verlässliche göttliche Wirklichkeit hinter unseren Konstruktionen gibt, die sich durch Offenbarung zumindest ansatzweise erkennen lässt. Insofern kann aus christlicher Sicht nur ein relativer oder sozialer Konstruktivismus akzeptiert werden, kein radikaler. Andererseits gibt es auch im christlichen Glauben Ansätze ›konstruktivistischen‹ Denkens. Wenn Jesus zu einem ›Neuen Denken‹ (metanoeite[577]) auffordert, dann impliziert das die Fähigkeit, dass man die Wirklichkeit dieser Welt unter der Perspektive des Reiches Gottes neu sehen kann, also mental neu konstruieren – mit entsprechenden Folgen für Handeln und Leben.

2.3.3.3.6 Kritische Würdigung
Die Lösungsorientierte Kurzzeittherapie ist eine sehr effektive Form, in kürzester Zeit Menschen auf dem Weg zu Lösungen zu begleiten, und das auf eine sehr wertschätzende und nicht-invasive Art und Weise. Für viele Anfragen an Gemeindeseelsorge dürfte das eine geeignete Methode der Wahl sein, insbesondere, wenn es darum geht, für etwas,

---

[575] *de Shazer* 1992; *Stollnberger* 2009, 42ff., sowie *Bamberger* 2001, 7ff.
[576] Siehe z.B. *Held* 1998, 103 und – ausführlich – 170ff. mit Bezug auf Norbert Ammermann. Siehe dazu auch *Ammermann* 1994. Eine aktuelle Auseinandersetzung mit dem Konstruktivismus aus theologischer Sicht findet sich in *Klein Körtner* 2011.
[577] Mt 3, 2.

das vom Gesprächspartner als Problem empfunden wird, Lösungen zu finden, mit denen er gut oder besser leben kann. Andere Aspekte, wie zum Beispiel Trost, Schuld, Vergebung, Verständnis seines Gewordenseins, Gemeinschaftserfahrung kommen zu kurz. Dasselbe gilt für das unter Umständen gegebene Bedürfnis, das Warum und Wozu seines bisherigen Problems verstehen zu wollen.[578] Ebenfalls kontraindiziert ist dieses Verfahren dort, wo es um die »Entwicklung neuer Fähigkeiten« geht[579] oder um das nachholende heilende Nähren von biografischen Mangelerfahrungen.[580] Wobei die Lösungsorientierte Kurzzeittherapie theoretisch durchaus die Möglichkeit beinhalten könnte, sofern Klienten für sich in einer solchen Entwicklung neuer Fähigkeiten oder heilender Nachnährung ein Ziel sehen, sie dazu anzuregen, dessen Erreichung nicht in der Therapie, sondern in ihrem eigenen realen Leben auf geeignete Weise selbst in die Wege zu leiten.[581]

2.3.4 Hypnosystemische Therapie (Gunther Schmidt)

»Energy flows, where attention goes ...«[582]

Das hypnosystemische Modell von Gunther Schmidt stellt das dritte der von Milton Erickson inspirierten Verfahren dar. Gunther Schmidt ist Mitglied der sog. Heidelberger Schule um Helmut Stierlin und hat den dortigen systemisch-konstruktivistischen Ansatz erweitert durch die Integration ericksonscher Hypnotherapiekonzepte.[583] Dafür prägte er Anfang der 80er Jahre den Begriff »hypnosystemisch.«[584] Diese Verbindung beider Ansätze, so Schmidt, ist allein schon deshalb sinnvoll, da Erickson – zum Teil noch ohne die entsprechende Begrifflichkeit – systemisch dachte.[585] Und umgekehrt weist Schmidt darauf hin, dass »fast alle relevanten Interventionstechniken der damaligen systemischen Therapie ... ihre Wurzeln in der ericksonschen Hypnotherapie haben.«[586] Aufgrund dieser starken Beeinflussung durch Erickson verwundert es nicht, dass Schmidt in vielen Punkten sich stark auf die »Geschwisterverfahren« bezieht, also auf die Lösungsorientierung von de Shazer, aber auch vielfach auf NLP.

---

578 Siehe Anmerkung 534 auf S. 129.
579 *Stollnberger* 2009, 70.
580 Vgl. das Parenting/Reparenting gemäß dem »zweiten Weg der Heilung« der Integrativen Therapie. Siehe diese Arbeit S. 173.
581 Siehe diese Arbeit S. 322.
582 *Schmidt* 2004, 51.
583 *Schmidt* 2005, 10.
584 *Schmidt* 2004, 15 und *Schmidt* 2005, 7. – Für das hypnosystemische Verfahren gibt es auch einige eigene Ergebnisstudien, die in der Fachklinik am Hardberg durchgeführt wurden (*Schmidt* 2004, 39f.).
585 *Schmidt* 2004, 38, 136ff.
586 *Schmidt* 2004, 40.

2.3.4.1 Grundgedanken

»*Energy flows, where attention goes* ...«[587] Mit diesen Worten könnte
man den hypnotherapeutischen Grundgedanken zusammenfassen. Wir
Menschen konstruieren unsere erlebte Wirklichkeit, vor allem auch
unser Selbsterleben, in einem hohen Maß durch die Art und Weise,
wie und wohin wir unsere Aufmerksamkeit fokussieren.[588] Dies geschieht auf willkürlicher Ebene, meist aber und zugleich noch viel intensiver und effektiver auf unwillkürlicher Ebene. Auf diese Weise
konstruieren wir auch unsere »Probleme«,[589] die letztlich aber wiederum nichts anderes sind, als im Grunde genommen kompetente Lösungsversuche innerhalb des Patientensystems.[590] Das gilt gleichermaßen für das System der inneren Selbstorganisation wie für soziale Systeme.[591] Diese »Problem«-Lösungen haben allerdings den Nachteil,
dass sie vom Bewusstsein dissoziiert erlebt werden und ein willkürlicher Einfluss offensichtlich nicht möglich ist.[592] Deswegen wird die
Lösung als Problem erlebt. Sonst könnte man ja einfach damit aufhören. Man empfindet sich aber hilflos ausgeliefert und leidet unter dem
Problem. Hypnosystemische Therapie versucht nun, die Kompetenz,
die im Problemverhalten liegt, wieder zu assoziieren, und zugleich
durch Aktivierung vorhandener, aber ebenfalls dissoziierter Potentiale
des Klienten (Potenzialhypothese),[593] alternatives Lösungsverhalten zu
etablieren. Dieses neue alternative Verhalten wird vom Klienten nun
nicht mehr als leidvoll (oder zumindest spürbar weniger leidvoll) erlebt, ist aber im Vergleich zum ›festgefahrenen‹ Lösungsversuch (also
zum Problem) mindestens genauso effektiv und in der Regel auch
sinnvoller. Diese Veränderung geschieht im Wesentlichen durch Techniken und Rituale der Aufmerksamkeitsfokussierung auf das gewünschte Lösungsverhalten.[594]

2.3.4.2 »Trance« und »Hypnose«

Zunächst ist es auch für Schmidt wichtig, Missverständnisse um die
verwendeten Begriffe »Trance« und »Hypnose« zu beseitigen.[595]
Nicht gemeint sind alle Arten von manipulativer Fremdsteuerung,
schon gar nicht solche, die medienwirksam bekannt geworden sind.
Unter Trance versteht Schmidt – ganz im Sinne Ericksons – vielmehr

---

587 *Schmidt* 2004, 51.
588 *Schmidt* 2004, 48f., 53. Siehe hierzu und zum Folgenden *Schmidt* 2005, 34–43.
589 *Schmidt* 2004, 44ff., *Schmidt* 2005, 44ff., 59ff.
590 *Schmidt* 2005, 116ff.
591 *Schmidt* 2004, 56ff.
592 *Schmidt* 2004, 60f.
593 *Schmidt* 2004, 51ff.
594 *Schmidt* 2004, 58ff.
595 Vgl. *Schmidt* 2004, 40f.

jegliche Zustände von Aufmerksamkeitsfokussierung, bei denen unwillkürliches, eher bildhaft fließendes Erleben vorherrschen, unabhängig davon, ob diese Zustände bewusst wahrgenommen werden oder unbewusst bleiben.[596] Trance muss dabei keineswegs nur als entspannt und passiv erlebt werden, sie kann genauso gut ein sehr aktiver Erlebniszustand sein (z.b. Tanz, Jagd).[597] Hypnose meint alle jene kommunikativen Formen, die solche wie auch immer geartete Trancezustände herbeiführen wollen. Die dabei verwendeten hypnotischen Suggestionen sind jedoch immer nur Einladungen, die das autonome Subjekt aufgreifen und umsetzen kann – oder eben auch nicht. Niemand kann von außen zu einem inneren Erleben gezwungen werden. Schmidt wird nicht müde, genau das immer wieder zu betonen – und beruft sich dabei auf Erkenntnisse der Autopoiese-Forschung (Maturana u.a.).[598]

Dennoch ist unser gesamter Alltag angefüllt mit hypnotischen Einladungen und Tranceerleben.[599] Für den hypnotherapeutischen Ansatz sind diese Phänomene so etwas wie ein anthropologisches Phänomen, oder anders gesagt, eine Art und Weise, in der man beschreiben kann, wie unser Bewusstsein funktioniert.[600] Jede Interaktion hat hypnotische Aspekte, also Einladungen an andere, ihr Bewusstsein in der von uns gewünschten Art und Weise zu fokussieren, quasi tranceartig darauf zu reagieren.[601] Innerhalb eines sozialen Systems werden solche Prozesse gewünschter Aufmerksamkeitsfokussierung von Schmidt als »Regeltrance« bezeichnet.[602] Weil wir uns oft auf solche Einladungen einlassen oder eben gar selbst permanent innere Einladungen erzeugen, gibt es in unserem Leben sehr viele Bewusstseinszustände, die man als Trance in diesem Sinne bezeichnen kann. Das können entweder sehr produktive Zustände sein, in denen etwas Erwünschtes wie von allein geht (z.b. gebannte Aufmerksamkeit, automatisierte Abläufe, kreative Flow-Zustände[603]). Oder es können eben Zustände sein, in denen etwas Unerwünschtes wie von alleine geschieht. Und genau das sind die Zustände, die als Problem empfunden werden.

2.3.4.3 Problemkonstruktion

Probleme werden konstruiert – und zwar durch tranceartige Prozesse innerer Selbstregulation, oder anders gesagt, durch selbsthypnotische

---

596 *Schmidt* 2005, 19f.
597 *Schmidt* 2004, 42.
598 Siehe *Schmidt* 2004, 34, 39, 41, 49 und öfter.
599 *Schmidt* 2004, 55. Erickson spricht von »common everyday trance«, zitiert nach *Schmidt* 2005, 20.
600 *Schmidt* 2004, 45ff., 180ff., 264ff., 365f., 390f., *Schmidt* 2005, 34ff.
601 *Schmidt* 2004, 54ff., 366.
602 *Schmidt* 2005, 56f.
603 Begriff von Csikszentmihalyi, zit in *Schmidt* 2004, 43.

Tranceinduktion. Diese Problemkonstruktion funktioniert in aller Regel unbewusst – und die Problemperformance geschieht dann wie von alleine, unwillkürlich.[604] Man fühlt sich dem Problemerleben hilflos ausgeliefert. Dennoch lässt sich sehr genau beschreiben, wie eine solche Problemkonstruktion funktioniert.[605] Ein Problem entsteht durch den Aufbau einer Ist-Soll Diskrepanz, bei der entweder alle Wahrnehmungs- und Erlebensparameter der Ist-Seite defizitär eingestellt werden oder die der Soll-Seite unrealistisch hoch oder beides gleichzeitig. In dem am Ende des Abschnittes wiedergegebenen Schaubild[606] zeigt Schmidt die Parameter, die je für die Ist- und/oder Soll-Seite gesetzt werden: Art der Beschreibung, Benennung, Bewertung, Erklärungen, Schlussfolgerungen, Selbstbeziehung, Vergleich mit anderen, Emotionen, Submodalitäten des Erlebens, Physiologie, Körperkoordination.

Wenn nun – was aufgrund der unbewussten Problemkonstruktion sehr wahrscheinlich ist – die bewussten Lösungsstrategien zur Diskrepanzbehebung zwischen ›Ist‹ und ›Soll‹ nicht funktionieren, ist das Problem da. Und da aufgrund der tranceartigen Wahrnehmungsverengung meist vergeblich versucht wird, nicht funktionierende Lösungen zu verstärken (»mehr desselben« im Sinne von Watzlawick[607]), wird die Lösung ebenfalls zum Problem oder zumindest ein Teil desselben. Dieser ganze Prozess der Problementstehung und -aufrechterhaltung wird in der hypnosystemischen Therapie als »Problemtrance« bezeichnet.[608] Die einzelnen Bauelemente des Problems werden dabei mit dem systemischen Begriff des »Musters« bezeichnet.[609]

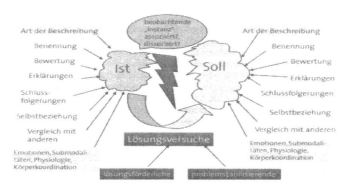

---

604 *Schmidt* 2004, 102. Zu den Begriffen »unbewusst« und »unwillkürlich« siehe *Schmidt* 2004, 46ff.
605 *Schmidt* 2004, 101ff., sowie *Schmidt* 2005, 58ff.
606 Aus *Schmidt* 2005, 60. – Die Ist-Soll-Seiten können noch viel feiner differenziert werden, wie Schmidt anhand weiterer Schaubilder zeigt (*Schmidt* 2005, 61–63).
607 *Watzlawick Weakland Fisch* 1974, 51ff.; siehe auch *Watzlawick* 1983, 27ff.
608 *Schmidt* 2004, 44ff, 76ff.
609 *Schmidt* 2005, 7, *Schmidt* 2004, 23.

2.3.4.4 Therapie als Ritual der Aufmerksamkeitsfokussierung

Auf genau umgekehrtem Wege wie bei der Problemkonstruktion versucht nun die hypnosystemische Therapie/Beratung/Coaching/Supervision,[610] aus der Problemtrance herauszuführen (»Problemexduktion«) und in so etwas wie eine Lösungstrance hineinzuführen (»Lösungsinduktion«). Es geht dabei vor allem um Aktivierung hilfreicher unwillkürlicher Prozesse (Lösungs- oder Wunsch-»Trance«). Diese arbeiten schneller, effektiver und ökonomischer als willkürliche Verhaltensweisen, müssen aber auch intensiver auf- beziehungsweise umgebaut werden.[611] Therapie wird dabei verstanden als ein Ritual der Aufmerksamkeitsfokussierung.[612] Das beginnt bereits mit der Zielentwicklung.

Zu Beginn einer jeden Therapie werden gemeinsam mit dem Klienten die Ziele exploriert. Bereits damit beginnt die Induktion in die Lösungstrance. Schon Erickson hat erkannt, dass es keine Fragen gibt, die nur der neutralen Informationserhebung dienen, sondern Fragen sind wirkmächtige Einladungen zur Aufmerksamkeitsfokussierung. Fragen werden zur Intervention – und werden in der hypnosystemischen Therapie ganz bewusst als solche eingesetzt. Durch genaues Erfragen des gewünschten Lösungszustandes, und zwar hinsichtlich möglichst aller denkbaren Erlebensebenen, wird die Aufmerksamkeit auf die Lösung fokussiert.[613]

Im Unterschied zu de Shazer, der an dieser Stelle ganz ähnlich arbeitet, begegnet Schmidt aber auch dem Problemerleben mit mehr Aufmerksamkeit. Einmal weil ihm sehr wichtig ist, das Leid des Klienten auch als solches zu würdigen.[614] Zum anderen, weil er erlebt, dass Klienten an Problemen festhalten. Dahinter sieht Schmidt das unbewusste Wissen des Klienten, dass seine Probleme immer auch ein Kompetenzverhalten sind.[615] Sie repräsentieren Lösungen, die etwas für den Patienten und/oder sein soziales System bewirken – wenn auch zu einem ho-

---

[610] Schmidt relativiert die Begriffe als »Konstruktionen«, die je nach Kontext Sinn machen, oder auch nicht, und darum »zieldienlich« eingesetzt werden sollten (*Schmidt* 2004, 33f.). Der Einfachheit halber wird hier im Text nur der Begriff »Therapie« verwendet.

[611] *Schmidt* 2004, 44.

[612] *Schmidt* 2004, 60ff.

[613] *Schmidt* 2004, 64–67.

[614] Trotz des konstruktivistischen Problemverständnisses würdigt Schmidt ausdrücklich das subjektiv erlebte Leid (*Schmidt* 2004, 61). Er bezeichnet jedoch auch die Idee des für die Therapie erforderlichen »Leidensdruckes« als eines der »dümmlichsten Fossilien der Therapiegeschichte.« (*Schmidt* 2004, 63).

[615] Zum Folgenden siehe *Schmidt* 2004, 76ff. In Bezug auf »Sucht« siehe *Schmidt* 2004, 340ff.

hen Preis.[616] Probleme signalisieren ferner Bedürfnisse, zeigen an, dass etwas fehlt.[617] Für Schmidt ist es nun ausgesprochen wichtig, die verborgene Kompetenz des Problemverhaltens herauszuarbeiten.[618] Erstens führt allein schon diese neue Sichtweise auf Probleme zu einem stärkeren Selbstwertgefühl der Klienten. Sie müssen sich nicht nur als insuffizient oder pathologisch erleben, sondern erkennen ihre verborgene Kompetenz. Zweitens gibt es keine dauerhaft funktionierenden alternativen Lösungen, wenn sie nicht mindestens dasselbe leisten, was bisher die Probleme geleistet haben. So wird in der hypnosystemischen Arbeit durchaus über Probleme geredet, aber nicht so, dass der Klient wieder in Problemtrance verfällt (das war ja die Sorge von de Shazer), sondern so, dass unter kompetenzorientierter Perspektive der Klient die hohe Leistung seines bisherigen Problemverhaltens wertschätzen kann.[619] Dann erst kann an Lösungen gearbeitet werden, die dasselbe erreichen, vielleicht sogar noch besser, aber jetzt nicht mehr zu dem hohen Preis, den das bisherige Verhalten gekostet hat.

Für diese alternative Lösungsentwicklung hat die Hypnotherapie eine Palette von Strategien, die allesamt hypnotische Formen der Lösungsinduktion sind. Dazu wird, wie schon bei Erickson, überwiegend normale Kommunikation benutzt, die unter diesem Gesichtspunkt als »Konversationstranceprozess« gesehen wird. Das heißt, » man versucht, in ganz üblichem Konversationsstil jemand zu solcher Fokussierung einzuladen, so dass sich die gewünschten Erlebnisprozesse ganz wie von selbst einstellen.«[620] Als besonders wirksam, weil stärker der Sprache des limbischen Systems entsprechend,[621] erweist sich dabei die Verwendung von Metaphern, Bildern und Imaginationen. Auch Gesang, Rhythmik und Tanz und ähnliches können Mittel der Wahl sein. Ferner ermutigt Schmidt seine Patienten darin, eine dem Lösungsverhalten adäquate Körperhaltung auszuprobieren, einfach so zu tun, als ob man sich schon in der Lösungssituation ›bewege‹. Dabei wird davon ausgegangen, dass die Intervention auf der Körperebene Veränderungen im Bewusstsein automatisch nach sich zieht. Schmidt spricht hier, nicht ganz ohne Humor, von »Problemlösungsgymnastik«.[622] Auf diese Weise ist es möglich, an allen Parametern der bisherigen Problem-Erlebens-Konstruktion anzusetzen und Unterschiede einzuführen, die einen Unterschied machen.[623] Dabei genügt es oft,

---

616 *Schmidt* 2004, 288.
617 *Schmidt* 2004, 273.
618 Hierzu und zum Folgenden *Schmidt* 2004, 76ff.
619 Das ist quasi »Utilisation von Problem Talk.« *Schmidt* 2004, 92–101.
620 *Schmidt* 2005, 20.
621 *Schmidt* 2005, 24, vgl. auch 31f. sowie *Schmidt* 2004, 48ff.
622 *Schmidt* 2004, 75ff.; *Schmidt* 2005, 114ff. – Siehe diese Arbeit S. 150.
623 Siehe Anmerkung 510 in dieser Arbeit auf S. 126.

einzelne Musterbestandteile zu verändern, weil dies in aller Regel eine Änderung des Gesamtmusters herbeiführt.

Die gemeinsame Voraussetzung aller auf Erickson zurückgehenden Verfahren ist, so auch hier, die Potenzialhypothese.[624] Damit ist gemeint, dass ein Mensch prinzipiell alle Kompetenzen für eine angestrebte Lösung in seinem Erlebnis- und Verhaltensrepertoire zu Verfügung hat, allerdings in dissoziierter Form, also nicht zugänglich. Ziel der Therapie ist es, durch willkürliche und unwillkürliche Aufmerksamkeitsfokussierung, diese Potentiale wieder zu assoziieren – und damit in die aktuelle Verhaltensperformance zu integrieren.

In diesem Prozess der hypnosystemischen (Re-)Aktivierung von hilfreichen Verhaltenspotentialen, wird alles Verhalten, das der Klient im Vollzug der Therapie zeigt, »utilisiert«[625] als ein wertvolles Feedback und als eine kompetente Form des Klienten, seine Bedürfnisse geltend zu machen. Die Idee eines intuitiven, »unbewussten« Wissens des Klienten[626] wird etabliert, als ein Ort des Wissens um den richtigen Weg und ein Tor zu den vorhandenen aber verschütteten Kompetenzen (Potenzialhypothese). Jegliche Fortschritte, und seien sie noch so klein, werden gewürdigt und verstärkt. Je nachdem können Lösungsmuster mit Problemmustern verglichen werden, um hilfreiche Unterschiede zu erkennen.[627] Zugleich ist das eine Übung in Metakommunikation. Dazu ist vor allem bei starker Involvierung oder gar Traumatisierung zuerst der Aufbau einer sicheren Beobachterposition erforderlich.[628] Ambivalenzen werden als Hinweis auf eine möglicherweise erforderliche Zielkorrektur kommuniziert.[629] Widerstand wird als gute Form der Selbstsorge definiert und ernst genommen.[630] Rückfälle werden als wertvoller Hinweis gedeutet, dass grundlegende Bedürfnisse noch nicht genügend berücksichtigt wurden.[631] Ja, durch das Feedbackverhalten des Klienten wird dieser sogar zu so etwas wie zum Supervisor der Therapie.[632] Damit wird zugleich ein Lernprozess angeregt, der den Klienten befähigt, später zum eigenen Selbstsupervisor zu werden. Während der ganzen Therapie wird durchgängig sehr offen und transparent kommuniziert.[633] Interventionen werden erklärt, Grundgedan-

---

624 *Schmidt* 2004, 51ff., 67ff.
625 Zum Begriff »Utilisation« siehe *Schmidt* 2005, 92ff., *Schmidt* 2004, 273ff.
626 Zum ericksonschen Unbewussten als nützliche Verdinglichung siehe *Schmidt* 2004, 147ff.
627 *Schmidt* 2004, 25ff.
628 *Schmidt* 2004, 62, siehe auch *Schmidt et al* 2010, 92ff.
629 *Schmidt* 2005, 118–119.
630 *Schmidt* 2004, z.B. 431, 435.
631 *Schmidt* 2004, 361–386.
632 *Schmidt* 2004, z.B. 435.
633 *Schmidt* 2004, 84.

ken des Verfahrens erläutert, Eigenwahrnehmungen des Therapeuten
auf geeignete Weise eingebracht.[634] Der Therapeut sieht den Klienten
als gleichrangigen Partner und Kollegen. Es entsteht eine »Kultur
gleichrangiger Wertschätzung«.[635] Das entspricht einerseits der ethischen Maxime von Schmidt,[636] ist aber gleichzeitig wesentliche Kon-
textbedingung der erwünschten Lösungsfokussierung. Auf diese Weise
wird die ganze Therapie zu einem Ritual der Wertschätzung sowie der
Kraftentfaltung in Richtung auf das Lösungserleben.

2.3.4.5 Ablauf eines hypnosystemischen Therapieprozesses

Im Folgenden soll nun der idealtypische Ablauf einer hypnosystemischen Therapie/Beratung anhand von Phasen etwas genauer gezeigt
werden. Die Phasen stellen keinen in jeder Hinsicht stringenten zeitlichen Ablauf dar, da manche Phasen zeitversetzt, sich wiederholend
oder durchgängig parallel stattfinden. Schmidt benennt folgende Phasen.[637]

1. Rahmen klären
Schon die Motivlage, die jemanden in Therapie führt, ebenso wie die
Bedeutung, die einer Therapie gegeben wird, wirkt wie eine »Rahmen-
suggestion«, die nachhaltig auf die subjektive Interpretation des The-
rapieereignisses durch den Klienten einwirkt.[638] Gleiches gilt für die
Antizipation eines möglichen Therapieerfolges.[639] Die Klärung dieser
Rahmensuggestion geschieht in der Haltung eines würdigenden Pa-
cing.[640]

2. Zielentwicklung und Auftragsklärung
Da all unser Erleben Ergebnis von Aufmerksamkeitsfokussierung ist,
müssen imaginationsfähige Ziele entwickelt werden. Dabei ist es ausgesprochen wichtig, die Ziele positiv zu formulieren (was dann *da* sein
soll) und nicht negativ (was dann *weg* sein soll). Eine negative Ziel-
formulierung würde unsere Aufmerksamkeit paradoxerweise genau auf
das fixieren, was wir eigentlich los werden wollen. Eine positive Zielbeschreibung ist hingegen nicht nur Abklärung, sondern bereits Intervention.[641] Das heißt, man tut so, als ob man bereits im erwünschten

---

[634] Siehe hierzu ausführlich *Schmidt* 2004, 179–208.
[635] *Schmidt* 2005, 96f.
[636] *Schmidt* 2004, 27. Siehe dazu auch diese Arbeit, S. 155f.
[637] Die Phasen sind beschrieben bei *Schmidt* 2005, 100–123.
[638] *Schmidt* 2005, 100.
[639] *Schmidt* 2005, 101–102.
[640] *Schmidt* 2005, 101.
[641] *Schmidt* 2005, 102ff.

Lösungszustand wäre, und versucht ihn möglichst genau und auf allen Erlebensebenen und mit allen Auswirkungen zu beschreiben.[642]

Bei der Auftragsklärung orientiert sich Schmidt hinsichtlich der genaueren Differenzierung der Interaktionsangebote seitens des Klienten an den Kategorisierungen von de Shazer,[643] fügt aber mit dem Begriff »Ko-Berater« noch eine vierte Kategorie hinzu.[644]

3. »Lösungserleben« bisher
Ganz analog wie bei de Shazer dient der Blick in die Vergangenheit vor allem dazu, Episoden zu finden, die als Ausnahmen vom Problemverhalten erlebt wurden und/oder dem angestrebten Ziel annäherungsweise nahe kommen. Diese hilfreichen Episoden werden durch genaue Erkundung als Ressourcen aktiviert, um sie in der Gegenwart als zugängliche Kompetenz zu assoziieren.[645] Werden keine Ausnahmen erlebt, wird geklärt, welche Veränderungserwartung trotzdem möglich ist, ob der Auftrag modifiziert werden muss, oder ob ein Ende der Therapie sinnvoll ist.[646]

4. Problem- und Lösungsmuster
Während de Shazer versucht, auf jeglichen »problem talk« möglichst ganz zu verzichten, weist Schmidt darauf hin, dass Patienten sich nicht wertgeschätzt fühlen, wenn der Therapeut nicht bereit ist, auch über deren Probleme zu reden. Schmidt utilisiert dieses Bedürfnis allerdings (in aller Transparenz) für einen Vergleich von Problem- mit Lösungsmustern. Neben dem stimmigeren Pacing entsteht durch die Unterschiedsbildung eine stärkere Profilierung der hilfreichen Lösungsmuster. Gleichzeitig kann die in den Problemmustern verborgene Sinnhaftigkeit und Kompetenz herausgearbeitet und in eine dadurch optimierte Lösungsentwicklung einbezogen werden. Nebenbei wird dadurch eine Metaposition aufgebaut, die zur Dissoziation von den Problemmustern führt und durch zunehmende Erkenntnis darüber, wie das Problem konstruiert wurde, auch zu einer Problemexduktion.[647]

5. Intuitives Wissen und körperorientierte Interventionen
Als hilfreiche Basis-Intervention im Umgang mit eigenen unwillkürlichen Prozessen hat sich erwiesen, diesen Prozessen mit Wertschätzung

---

[642] Gut geeignet dazu ist zum Beispiel die »Wunderfrage« von de Shazer. Die Entwicklung der Zielimagination ist abgeleitet aus der Ericksonschen Technik der »Pseudoorientierung in der Zeit«. (*Schmidt* 2005, 103).
[643] Siehe de Shazer diese Arbeit S. 130.
[644] *Schmidt* 2005, 104–107. Unter »Ko-Berater« versteht *Schmidt* jemand, der die Probleme nicht bei sich, sondern bei anderen lösen möchte (S. 107).
[645] *Schmidt* 2005, 108.
[646] *Schmidt* 2005, 109–111.
[647] *Schmidt* 2005, 111–113.

zu begegnen. Obwohl man sich ihnen zum Teil hilflos ausgeliefert fühlt, macht es Sinn, sie als Ausdruck eines abgespaltenen »inneren Wissens« zu interpretieren, das uns etwas Wichtiges mitzuteilen hat. Entweder verschlüsselt über die Symptome oder auch durch andere intuitive Impulse. Es hat eine ausgesprochen heilsame Wirkung, diesem »Unbewussten« mit Vertrauen,[648] statt mit Misstrauen zu begegnen und führt sofort zu einer Besserung des Selbstwertgefühls und zu mehr Zutrauen in die eigene Zukunft. So wird erkennbar, dass nicht nur unter Leidensdruck, sondern auch in besseren Zeiten das intuitive Wissen ein wertvoller Ratgeber ist. Das heißt nun nicht, dass man diesen Botschaften von innen immer fraglos folgen sollte, es heißt aber sehr wohl, sie in eine wertschätzende Kooperation mit unseren kognitiven-willkürlichen Fähigkeiten mit einzubeziehen, und damit die Bewusst-Unbewusst-Dissoziation zu verwandeln in eine Bewusst-Unbewusst-Synergie.[649]

Eine weitere Intervention, die Schmidt in diesem Zusammenhang empfiehlt, zumal er sie als sehr erfolgreich erlebt, setzt auf körperlicher Ebene an. Es ist die oben bereits erwähnte »Problemlösungsgymnastik«. Die Idee ist, dass unwillkürliche Prozesse sich körperlich abbilden, dass dies aber auch reziprok funktioniert. Im Unterschied zu den unwillkürlichen Prozessen ist die Körperhaltung aber stärker willkürlich beeinflussbar. Wenn ich nun die Körperhaltung entsprechend modelliere, verändert das die unwillkürlichen Prozesse, entweder zu mehr Willkürlichkeit, wenn ich z.B. lerne, bewusst und etwas übertrieben die Problemhaltung einzunehmen, oder zu Schritten in das Lösungsverhalten, wenn ich körperlich versuchsweise mal so tue, als ob ich schon da wäre. »So wie man geht, geht es einem ...«[650]

6. Probleme als Lösungsversuche mit Preis
Statt Probleme oder Symptome wie die meisten Klienten einfach nur beseitigen zu wollen, was paradoxerweise problemstabilisierend wirken würde, oder statt sie radikal lösungsorientiert einfach nur links liegen zu lassen, was unterschwellig abwertend wirken würde, werden die Probleme/Symptome utilisiert als »wertvolle Kraft und auch als Kompetenz«. Das wird sehr schnell deutlich, wenn man sowohl das Problemverhalten als auch das Lösungsverhalten in Bezug auf die Be-

---

[648] Schon bei Erickson heißt es: »trust your unconscious mind«. (*Schmidt* 2005, 114). Auch wenn für konstruktivistisches Denken das »Unbewusste« keine Entität ist, sondern allenfalls ein Name für bestimmte Phänomene, so ist das doch ein hilfreicher therapeutischer Kunstgriff, eine hilfreiche Suggestion, etwa im Sinne von: *Du kannst dir selbst mit Wertschätzung begegnen, selbst deinen unwillkürlichen, dissoziierten Seiten!* – Vgl. dazu *Schmidt* 2004, 147–153.
[649] *Schmidt* 2005, 113–114.
[650] *Schmidt* 2005, 114–116.

ziehungen des Klienten beleuchtet. Im Problemverhalten ist in der Regel eine hohe Loyalitätsleistung gegenüber wichtigen Bezugspersonen enthalten, wenn auch zu einem hohen Preis. Die vorweggenommenen Auswirkungen des gewünschten Lösungsverhaltens zeigen hingegen oft, wie damit gravierende und bedrohliche Änderungen für Beziehungen verbunden sind. So erlebt sich der Klient plötzlich in einer großen Ambivalenz, die es erforderlich macht, die Zielvorstellungen so zu korrigieren (»Ambivalenzcoaching«), dass die im Problem kompetent gelebten Anliegen gewahrt bleiben, aber möglichst jetzt nicht mehr mit dem hohen Preis des Leidens. Dies geschieht durch dialektisches Hin- und Herpendeln zwischen den Anliegen des Problemverhaltens und des Lösungswunsches (»dialektische Hypnosystemik«).[651]

7. Ambivalenzcoaching
Das Ambivalenzcoaching knüpft direkt an den vorgenannten Punkt an, und versucht aufgrund der deutlich gewordenen Ambivalenzen neue Ziele zu erarbeiten. Bisher als unvereinbar gesehene Ziele (z.b. autonome Entwicklung versus Loyalität in Beziehungen) werden versucht, in einer »Sowohl-als-Auch«-Haltung zu verknüpfen. Die Vorstellung einer »bezogenen Individuation« (Helm Stierlin) dient dafür als Modell. Rückfälle werden als Indikator gesehen, dass eine der beiden Seiten der Ambivalenz noch nicht genügend berücksichtigt wurde.[652]

8. Musterinterventionen
Muster, also »Verkoppelungen und Verknüpfungen von Erlebniselementen« werden verändert durch »Maßnahmen der Unterschiedsbildung«. Das kann geschehen durch Neuinformation über und Neubewertung von bisherigen Mustern oder durch Interventionen, die eine direkte Veränderung der Muster ansteuern. Dabei gilt die systemische Prämisse, dass eine beliebige Änderung eines Musterelementes das ganze Muster verändert.[653]

Egal, welche Intervention auch immer vorgeschlagen wird, so geschieht dies immer mit ausreichender »Produktinformation« und Mitspracherecht seitens des Klienten. Metakommunikation über das therapeutische Vorgehen ist für Schmidt zugleich ein Ausdruck dafür, sein Gegenüber gleichrangig ernst zu nehmen, als auch eine wichtige Rahmen-Intervention, die den Selbstwert und das Selbstmanagement fördert.[654]

---

651 *Schmidt* 2005, 116–118.
652 *Schmidt* 2005, 118–119.
653 *Schmidt* 2005, 119–121.
654 *Schmidt* 2004, 274f., *Schmidt* 2005, 96f.

9. Auswertungsschritte
Eine auswertende Bilanzierung begleitet die ganze Arbeit von Anfang an. Dabei wird jedes Feedback von Seiten des Klienten »als Zeichen der Entwicklung« bewertet. Hilfreich sind hier Skalierungen.[655] Auch negativ erlebte Prozesse werden als wichtige Feedback-Information gesehen über noch nicht genügend berücksichtigte Bedürfnisse. Werden positive Lösungsschritte berichtet, wird darauf immer wieder die Aufmerksamkeit fokussiert, und sie werden »mit Bedeutung geladen«. Empfehlung: »Mehr davon!« Werden keine Fortschritte berichtet, wird auch das wertschätzend als Feedback genommen, das zeigt, dass eventuell der Auftrag modifiziert werden muss. Ambivalenzen werden im Blick behalten und gegebenenfalls antizipiert. (Siehe oben). Rückschritte werden vorher durchgespielt, ihrer frustrierenden Negativkonnotation beraubt und stattdessen mit der positiven Bedeutung eines wertvollen Feedbacks etikettiert.[656]

10. Abschluss
Schon möglichst zu Beginn der Therapie sollten Kriterien für den Erfolg festgelegt werden. Sinnvoll ist dabei, perfektionistische Zielvorstellungen zu relativieren durch die Idee eines hinreichend guten Ergebnisses. Hilfreich sind Prozentangaben (= Skalierung). Der Abschluss selbst sollte zelebriert werden im Sinne einer Würdigung der von Klient und Therapeut geleisteten Arbeit. Damit wird dem Erreichten nochmals eine starke Bedeutung zugeschrieben (quasi eine Art hypnotischer Anker), und das ist sehr wichtig für den Transfer in den Alltag.[657]

2.3.4.6 Auswertung

2.3.4.6.1 Wie hoch ist der konkrete Zeitaufwand?
Der Zeitaufwand für hypnosystemische Therapie ist vergleichbar mit dem der Lösungsorientierten Kurzzeittherapie, zumal vielfach ganz ähnlich gearbeitet wird. Es ist aber damit zu rechnen, dass durch hinzukommende Elemente, wie Problem-Lösungs-Vergleich, ein etwas höherer Zeitaufwand möglich ist.

2.3.4.6.2 Welche Rolle spielt die Netzwerkfrage?
Im Blick ist zunächst der individuelle Mensch. Aber natürlich – und systemisch kann das auch gar nicht anders sein – wird ganz deutlich gesehen, dass der Mensch eingebettet ist in seine sozialen Systeme, insbesondere in Partnerschaft und Familie. Die hypnosystemische Therapie beschäftigt sich auch mit Teamentwicklung und Organisationsbe-

---

[655] Vgl. dazu de Shazer in dieser Arbeit S. 131.
[656] *Schmidt* 2005, 121–122.
[657] *Schmidt* 2005, 123.

ratung. [658] Im Blick ist dabei eine optimierte Gestaltung einer Organisation als Lernort, so dass sowohl das Ganze als auch das Individuum in einer aufeinander bezogenen Weise zu einer optimalen Kompetenz- und Ressourcenentfaltung kommen können. Es liegt sehr nahe, die »Potenzial- und Kompetenzprämisse«, die Schmidt für »lernende Organisationen« entfaltet,[659] auch auf die ›Organisation‹ Kirche und die Gemeinde vor Ort zu übertragen.

»– Welche Organisationsprozesse in einem System können so spezifisch aufgebaut werden, dass assoziiert mit ihnen ein maximales Maß an Aufmerksamkeitsfokussierung auf und Motivation für zieldienliche Lernprozesse angeregt wird?

– Und welche Organisationsprozesse wirken als optimale Umwelt dafür, dass die vielen unbewusst gespeicherten hilfreichen Kompetenzmuster der Beteiligten im System wirksam aktiviert und nutzbar gemacht werden können?«

So kann also von den Fragestellungen und der Perspektive einer hypnosystemischen Organisationsberatung durchaus etwas gewonnen werden für eine entsprechende Stärkung des sozialen Netzwerkes Kirchengemeinde als einem Ort, der einen einladenden (»suggestiven«) Rahmen bietet, Hilfreiches und Weiterführendes für das eigene Leben zu lernen – und so zugleich zum Wohl des Ganzen beizutragen.

2.3.4.6.3 Welche Elemente könnten für Gemeindeseelsorge interessant sein?

Im Unterschied zu den breit angelegten und vielfach einsetzbaren Kommunikationstechniken des NLP, ist hypnosystemische Therapie ähnlich wie Lösungsorientierte Kurzzeittherapie zunächst eher für Seelsorge im engeren Sinne geeignet.[660] Dafür aber auf herausragende Weise. Zum einen bietet hypnosystemische Therapie einen der Gemeindeseelsorge durchaus angemessenen geringen Zeitaufwand. Zum anderen bietet sie sehr effektive Möglichkeiten der Ermutigung, eingebettet in einen Rahmen der Wertschätzung, Gleichwertigkeit und Transparenz.[661] Im Unterschied zu Lösungsorientierter Kurzzeittherapie wird das Leiden eines Menschen hier mehr gewürdigt – ohne dabei in Problemtrance zu verfallen. Gerade diese trancefreie Würdigung des Leidens scheint mir für die Gemeindeseelsorge ein sehr hilfreicher As-

---

[658] *Schmidt* 2004, 387ff. – Siehe dazu die Workshop- und Seminarkonzepte in *Schmidt* 2010, Kapitel 3 (S. 167ff.) und Kapitel 4 (S. 257ff.).
[659] *Schmidt* 2004, 410.
[660] Also für beratende beziehungsweise therapeutische Seelsorge.
[661] Damit entspricht Schmidt sehr stark den Kriterien von Schleiermacher, insbesondere hinsichtlich der Gleichwertigkeit. Siehe diese Arbeit S. 258ff.

pekt. Als ein weiterer sehr wesentlicher Aspekt erscheint mir außerdem die Kompetenzorientierung. Sie drückt ein ungeheuer großes Zutrauen in die Menschen aus. Allein das schon erzeugt eine Atmosphäre der Hoffnung. Eine solche Grundhaltung, die in allem Konflikthaften danach fragt, welche Kompetenz sich dahinter verbirgt, würde meines Erachtens der gesamten Gemeindearbeit gut tun. Der Ansatz bietet insgesamt eine so hohe Flexibilität, dass er »passgenau auf die Einzigartigkeit der Kundensysteme« abgestimmt werden kann.[662] Daraus schließe ich: auch für die Einzigartigkeit seelsorgerlicher Begegnung im Kontext der Gemeinde.

Exkurs: Seelsorge und Psychotherapie

Für die Jahrzehnte alte Abgrenzungsdiskussion zwischen Seelsorge und Psychotherapie bietet Schmidt indirekt einen geradezu ›erlösenden‹ Gedanken. Was Schmidt zur Abgrenzung von Beratung und Therapie sagt, lässt sich ohne Abstriche auch auf diese Diskussion übertragen. »Die jeweiligen Bezeichnungen stellen aus systemisch-konstruktivistischer Sicht immer nur Realitätskonstruktionen dar, keine Wahrheiten. Es gibt deshalb auch keinen Sinn, sie genau abgrenzen zu wollen mit Beschreibungen aus sich selbst heraus. Geprüft werden sollte immer, welche Etikettierung die Kooperation optimal unterstützen würde. Die Begriffe sind also zieldienlich zu gebrauchen.«[663]

Da der je gewählte Begriff also keine Wahrheit an sich darstellt, wohl aber eine Rahmensuggestion enthält und eine entsprechende Realitätskonstruktion schafft, ist es natürlich sinnvoll, sich über die Begriffe Gedanken zu machen.[664] Aber nicht im Sinne der Beschreibung einer losgelösten Entität und einer abstrakten Begriffsbestimmung, sondern immer unter der Fragestellung, welche Realitätskonstruktion diejenige Rahmensuggestion bietet, die für die Gesprächspartner und für den Kontext sinnvoll erscheint. Auch berufspolitische, institutionelle und gesellschaftliche Realitätskonstruktionen fließen mit ein. Darüber kann man sich zwar nicht immer hinwegsetzen. Trotzdem ermöglicht diese konstruktivistische Sicht einen entspannteren Umgang mit den Begriffen und mehr Freiheit, sie – gelegentlich fast spielerisch – so zu gebrauchen, wie sie je sinnvoll erscheinen. Für den Begriff Seelsorge heißt das, dass es weniger wichtig ist, was Seelsorge objektiv ist, sondern vielmehr, was der Begriff Seelsorge beim anderen auslöst, beziehungsweise was ich mit diesem Begriff auslösen möchte.

---

[662] *Schmidt* 2004, 16.
[663] *Schmidt* 2004, 33.
[664] So auch *Schmidt* 2004, 33f.

2.3.4.6.4 Wie hoch ist der Professionalisierungsaufwand?

Der Professionalisierungsaufwand erscheint einerseits einigermaßen überschaubar.[665] Die Prinzipien der Grundhaltung sind einfach und klar, die Interventionspalette ist übersichtlich, die theoretischen Konzepte schnell anzueignen.

Allerdings erscheint mir auch hier – wie bei allen lösungsorientierten Verfahren – eine vorausgehende Selbsterfahrungsausbildung ausgesprochen sinnvoll. Introspektive Fähigkeiten, Utilisierung der beim Therapeuten durch die Therapie ausgelösten Gefühle und Gedanken wird auch von Schmidt gefordert.[666] Ferner weist Schmidt darauf hin, »dass ich wahrscheinlich niemanden in intensivere Prozesse begleiten kann, als ich sie selbst schon praktiziere. Die Frage der Selbsterfahrung des Therapeuten wird so eminent wichtig.«[667]

2.3.4.6.5 Ist die Anthropologie mit dem christlichen Glauben vereinbar?

Das Verfahren selbst ist weitgehend frei von anthropologischen Vorgaben, insbesondere von Vorgaben über das »richtige« oder »falsche« Leben, welches sich oft hinter therapeutischen Konzepten versteckt. Das liegt an der respektvollen Würdigung der Bedürfnisse und Zielvorstellungen der Klienten. Diese werden geachtet, und als Auftrag ernst genommen.[668] Der Therapeut muss deswegen seine persönliche Wertehaltung nicht aufgeben, aber sie wird dem Klienten nicht aufgedrängt, und sollte es zu einem Werte-Konflikt kommen, dann wird darüber »gewaltfrei«[669] und gleichwertig diskutiert; durchaus auch mit der Möglichkeit, dass der Therapeut unter bestimmten Bedingungen dann in aller Offenheit klar sagt, wozu er nicht bereit ist. Die anthropologischen und ethischen Werte bleiben bei den beteiligten Personen und werden nicht ins Verfahren projiziert.

Dennoch ist das Verfahren nicht wertfrei. Es gibt ein paar sehr grundlegende Meta-Werte, die aus meiner Sicht den Charme dieses Verfahrens ausmachen, und die mir mit der jüdisch-christlichen Anthropologie besonders gut zu harmonisieren scheinen. Schmidt benennt das mit der goldenen Regel, auf die sich auch schon Jesus berufen hat. In Schmidts Worten: »Gehe mit den Menschen so um, wie du selbst gerne hättest, dass man mir dir umgeht, insbesondere dann, wenn du auf das Wohlwollen anderer angewiesen bist.«[670] Daraus resultieren in der

---

[665] Siehe Milton-Erickson-Institut in Heidelberg (www.meihei.de).
[666] *Schmidt* 2005, 94.
[667] *Schmidt* 2004, 138, 208.
[668] Der Klient wird geradezu zur Autorität, der vorgeschlagene Interventionen erlaubt oder auch nicht. Im Fallbeispiel veranschaulicht bei *Schmidt* 2004, 282.
[669] *Schmidt* 2005, 94 (mit Bezug auf M.B. Rosenberg).
[670] *Schmidt* 2004, 27.

praktischen Arbeit eine Haltung der Wertschätzung und Würdigung, sowie eine Haltung der Gleichwertigkeit und Transparenz.[671] Das erinnert durchaus an das Prinzip vom »Priestertum aller Gläubigen« und an die Vorstellung einer grundsätzlichen Geschwisterlichkeit aller Kinder Gottes. Wesentlich scheint mir an dieser Stelle auch die Kritik, die Schmidt an der Tradition der indirekten ericksonschen Vorgehensweise übt, in der mit intransparenten »Tricks« gearbeitet wird. Dies verträgt sich nicht mit der »Kultur gleichrangiger Wertschätzung.«[672]

Als offene Anfrage aus christlicher Sicht stellt sich, wie bei allen lösungsorientierten Verfahren, aber hier vielleicht noch etwas deutlicher,[673] die Frage nach dem Umgang mit Schuld. Schmidt würde sicher auch dieses Phänomen erstens als »Realitätskonstruktion« sehen, und zweitens – ganz zu Recht wie ich finde – die darin verborgenen Kompetenzen suchen. Der Preis, den jene Kompetenzen kosten, wäre dann vielleicht die »Schuld«. Doch bleibt die Frage, ob dieser Preis allein schon durch die neue Perspektive abgegolten ist, oder ob sich hier nicht die Frage nach dem stellt, was in christlicher Perspektive »Vergebung« und »Rechtfertigung« genannt wird.

2.3.4.6.6 Kritische Würdigung
Mit NLP und Lösungsorientierter Kurzzeittherapie hat die hypnosystemische Therapie Wesentliches gemeinsam. Insbesondere die therapeutischen Grundlagen in der ericksonschen Hypnotherapie und die theoretischen Grundlagen im Konstruktivismus und im systemischen Denken. Gegenüber diesen beiden »Geschwisterverfahren« bietet die hypnosystemische Therapie aber ein paar wichtige Vorzüge. Im Unterschied zu der Lösungsorientierten Kurzzeittherapie von de Shazer finden sich hier mehr Würdigung des Leidens und überhaupt eine Wertschätzung des Problems als verborgener Kompetenz. Im Unterschied zu NLP (und übrigens auch zu Erickson) wird hier wesentlich mehr Wert auf Transparenz und Gleichwertigkeit gelegt.[674]

---

[671] Transparenz ist bei Schmidt stets Ausdruck der Begegnung auf Augenhöhe, die ein Mitspracherecht des Patienten impliziert und damit auch den Respekt vor dessen Würde und Eigenverantwortung. Darum kann – theologisch gesehen – diese Form der Transparenz mit dem Priestertum aller Gläubigen in Beziehung gesetzt werden.

[672] *Schmidt* 2005, 96f.

[673] Weil hier das Problemverhalten als verborgene Kompetenz ausdrücklich gewürdigt wird, stellt sich die Frage von damit verbundener Schuld deutlicher als bei der Lösungsorientierten Kurzzeittherapie, die das Problemverhalten gar nicht groß beachten möchte.

[674] *Schmidt* 2004, 92, 274f, *Schmidt* 2005, 96f. – Hypnosystemische Therapie geht auch nochmals deutlich bewusster mit Gleichwertigkeit und Transparenz um, als das bereits in der Lösungsorientierten Kurzzeittherapie der Fall ist.

Zusammenfassend gesagt: Im konkreten Vollzug einer Therapie ist der hypnosystemische Ansatz relativ stark an die Lösungsorientierte Kurzzeittherapie angelehnt, fügt aber doch auch einige eigene Interventionsmöglichkeiten hinzu, vor allem im Umgang mit der Problemvergangenheit. Insgesamt ein Verfahren, das ich in der Palette der für Kurzzeitseelsorge zu empfehlenden Verfahren ganz nach oben stellen würde.

2.3.5 Das Brügger Modell (Luc Isebaert)

> *Im Brügger Modell hat der Therapeut nicht den Auftrag, die Patienten zu ändern, sondern ihnen dabei zu helfen, einen Kontext zu erzeugen, in dem sie wählen können, sich zu ändern.*[675]

Die gesundheitsorientierte kognitive Therapie (=»Brügger Modell«) ist geprägt von Ansätzen aus der lösungsorientierten Therapie von de Shazer, aus der Therapie Milton Ericksons und integriert auch Ansätze der Verhaltenstherapie.[676] Man kann sie als eigenständige Technik verstehen, aber auch als Meta-Methode, die zu anderen Verfahren ergänzend eingesetzt werden kann. Das Spezifikum des Brügger Modells ist einerseits die Deutung von Symptomverhalten als eine fixierte »Gewohnheit«, andererseits – als therapeutisches Ziel – die »Wahlfreiheit« zwischen alten und neuen, schlechten und guten Gewohnheiten. »Wahlfreiheit entspricht der geistigen Gesundheit«.[677] Bei der Wahlfreiheit wird unterschieden zwischen »semantischer Wahl«, damit ist die innere Wirklichkeitskonstruktion eines Menschen gemeint, und der »pragmatischen Wahl«, das entspricht dem tatsächlichen Verhalten.[678] Beides ist natürlich miteinander gekoppelt, denn wenn bei der semantischen Wahl schon eine Einengung besteht, wird sich das sofort auch auf die pragmatische Wahl auswirken.[679] Therapie muss darum ansetzen an dieser semantischen Wahl,[680] das heißt der eben meist unbewussten Entscheidung, eine Gewohnheit einzuüben, der gegenüber nach und nach die Wahlfreiheit verloren geht. Genau diese Wahlfreiheit gilt es wieder herzustellen.[681] »Der Therapeut wird dem Patienten dabei helfen, einen Kontext zu erzeugen, in dem er zwischen Gewohnheiten wieder wählen kann und nicht auf eine pathologische Gewohnheit fixiert ist.«[682]

---

[675] *Isebaert* 2005, 2.
[676] Hierzu und zum Folgenden: siehe die Einleitung bei *Isebaert* 2005, S. V.
[677] *Isebaert* 2005, 5.
[678] *Isebaert* 2005, 3.
[679] Vgl. dazu auch NLP, in dieser Arbeit S. 109ff.
[680] *Isebaert* 2005, 5.
[681] *Isebaert* 2005, 2.
[682] *Isebaert* 2005, 7.

2.3.5.1 »Gewohnheit« als zentraler Begriff

Eine Gewohnheit ist eine Wahl, die man – sozusagen auf einer Meta-ebene – getroffen hat, um nicht ständig neu wählen zu müssen.[683] Dazu gehören alle Alltagsroutinen. Viele davon sind sehr hilfreich, weil sie dafür sorgen, dass Alltagshandlungen, wie z.b. Autofahren, fast wie von alleine funktionieren. Eine Gewohnheit wird dann patholo-gisch, wenn sie zu leidvollen Beeinträchtigungen führt und trotz Ände-rungswillen nicht mehr als veränderbar erlebt wird. Es gibt natürlich auch Gewohnheiten, die suboptimal sind, die man aber noch nicht als pathologisch bezeichnen würde. Pathologisch, also Leid verursachend, wird eine Gewohnheit erst, wenn sie wie ein von außen kommender Zwang erlebt wird, der der »existenziellen Wahl«, also dem, was man eigentlich für sein Leben wählen möchte, wenn man wählen könnte, zutiefst widerspricht.[684]

In Anlehnung an die kognitive Verhaltenstherapie übernimmt Luc Ise-baert die Vorstellung, dass ein Verhalten beschrieben werden kann, als das Zusammenwirken von Kognitionen, Gefühlen und Verhalten.[685] Daran anschließend und unter Zuhilfenahme aristotelischer Begriffe definiert Luc Isebaert eine Gewohnheit als eine »Triade Logos-Pathos-Ethos«,[686] die innerhalb eines Kontextes stattfindet, den Isebaert als »Oikos« bezeichnet. Eine Gewohnheit ist demnach »eine triadische Gestalt«[687] und besteht aus den Elementen Logos, Pathos, Ethos inner-halb eines Oikos. Mit Logos bezeichnet Isebaert die Struktur einer Gewohnheit und die zugehörigen inneren kognitiven Repräsentationen oder die »linguistische Symbolisierung«.[688] Mit Pathos sind die Ge-fühlslagen gemeint, die jede Gewohnheit begleiten. Der Ethos wird nochmals unterschieden in das wahrnehmbare konkrete Verhalten (griechisch mit Epsilon geschrieben) und in die dem Verhalten zu-grunde liegende persönliche ›Moral‹, die identisch ist mit, genauer ge-sagt, die zusammengesetzt ist aus den verschiedenen existenziellen Wahlen eines Menschen (griechisch mit Äta geschrieben). Und Oikos schließlich ist der reale externe Kontext einer Gewohnheit, aber auch der phantasierte oder erinnerte innere Kontext.

Diese drei beziehungsweise vier Elemente Logos, Pathos, Ethos im Oikos können nun nochmals auf drei Ebenen unterschieden und be-schrieben werden, nämlich in Hinsicht auf die bewusste, die unbe-

---

683 Hierzu und zum Folgenden siehe *Isebaert* 2005, 6.
684 *Isebaert* 2005, 6. Beispiele für eine existenzielle Wahl wären zum Beispiel: ein guter Ehemann sein, ein guter Vater sein, usw.
685 Hierzu und zum Folgenden siehe *Isebaert* 2005, 7–12.
686 *Isebaert* 2005, 7.
687 *Isebaert* 2005, 7.
688 *Isebaert* 2005, 8.

wusste und die interaktionelle Ebene. Sowohl bei den Elementen als auch bei den Ebenen handelt es sich allerdings um rein heuristisch-deskriptive Unterscheidungen, denn eine Gewohnheit ist in sich eine »ganzheitliche Gestalt«.[689] Umgekehrt leitet sich aber genau daher die Idee ab, dass Veränderungen in einem Element oder auf einer Ebene die ganze Gewohnheit verändern werden.

2.3.5.2 Veränderung von Gewohnheiten

Nachdem der Aufbau von Gewohnheiten beschrieben wurde, geht es nun darum, über Veränderungen von Gewohnheiten nachzudenken. Der Ansatzpunkt liegt darin, dass jede Gewohnheit Variationen oder Ausnahmen kennt.[690] Daran anknüpfend können alternative Gewohnheiten ausgebildet werden. »Veränderung von Gewohnheiten kann sowohl über Logos, Pathos, Ethos oder aber Oikos möglich sein.«[691] Wenn man am Therapieziel arbeitet (z.B. mit der Wunderfrage[692]), kommt es darauf an, die erwünschte Zukunft mit allen genannten Aspekten und mit positiver Attribuierung[693] ausführlich zu antizipieren.[694]

Manchmal genügt ein kleiner Anstoß, um eine Gewohnheit zu verändern, oder zu alten, besseren Gewohnheiten zurückzukehren. Manchmal, insbesondere bei chronifizierten Gewohnheiten, muss auch längerfristig in therapeutischer Begleitung eine neue Gewohnheit eingeübt werden.[695] Denn »Gewohnheiten sind verkörpertes Gedächtnis«,[696] also anatomisch eingeschriebene Verbindungen.[697] Eine einmal anatomisch verankerte und automatisierte Gewohnheit kann man nicht mehr verlernen.[698] Das bedeutet, dass es lediglich möglich ist, alternative neue bessere Gewohnheiten zu entwickeln. Diese sollte sich von der schlechten Gewohnheit allerdings (strukturell) deutlich unterscheiden, sonst besteht die Gefahr eines Rückfalls. Wobei ein Rückfall den Therapiefortschritt nicht grundsätzlich in Frage stellt, denn die neu erlernte Gewohnheit bleibt genauso verfügbar, wie zuvor die alte.[699]

---

[689] *Isebaert* 2005, 7 sowie 12.
[690] Vgl. dazu auch de Shazer, in dieser Arbeit S. 131.
[691] *Isebaert* 2005, 12.
[692] *Isebaert* 2005, 96ff. Vgl. S. 130 dieser Arbeit zu de Shazer.
[693] Wichtig ist die Vermeidung von Negationen in der Zielbeschreibung (*Isebaert* 2005, 50). Also Fokussierung auf das, was sein soll, nicht, was nicht mehr sein soll.
[694] *Isebaert* 2005, 15 sowie 45ff.
[695] *Isebaert* 2005, 7.
[696] *Isebaert* 2005, 15.
[697] Dies entspricht auch dem, was die Hirnforschung herausgefunden hat. Unser Gehirn speichert fertige Handlungsmuster, die jederzeit zum Abruf bereit stehen. Vgl. *Bauer 2005*, z.B. S. 27 und öfter.
[698] Hierzu und zum Folgenden siehe *Isebaert* 2005, 16.
[699] *Isebaert* 2005, 16.

Eine elaborierte Krankheitslehre (Pathologie) ist, ähnlich wie bei anderen Kurzzeitverfahren, auch für diesen gesundheitsorientierten Ansatz nicht erforderlich, weil nicht expertokratische Deutungsmacht, sondern der Patient mit seinen Zielen den Weg weist.[700] Außerdem würde dies auch der dem Brügger Modell zugrundeliegenden systemisch-konstruktivistischen Sicht der Wirklichkeit widersprechen. Isebaert legt Wert darauf, dass Hypothesen, die man während der therapeutischen Arbeit verwendet, keine objektiven Wirklichkeitsbeschreibungen sind, sondern Abstraktionen oder »Wegwerfartikel«,[701] die alleine danach bemessen werden können, ob sie nützlich sind für das Therapieziel, aber nicht danach, ob sie wahr oder falsch sind. Für ihn ist selbstverständlich, dass solche »hilfreichen Ansichten«[702] bevorzugt zirkulär und »allozentrisch« konstruiert werden.[703] Und wenn schon »Deutungen«, dann haben sie hier in der Regel die Gestalt von Komplimenten, mit denen Ressourcen ins Blickfeld gerückt und positiv verstärkt werden.[704] Auch das Symptomverhalten selbst wird als ein – wenn auch nicht sehr geglückter und Leid verursachender – Lösungsversuch wertschätzend gedeutet.[705]

2.3.5.3 Das therapeutische Vorgehen

Die wesentlichen Elemente im konkreten therapeutischen Vorgehen des Brügger Modells lassen sich als zehn generelle Interventionsschritte darstellen,[706] die zur Herausbildung und Einübung neuer Gewohnheiten dienen. Die wesentlichen Aspekte sind: Klärung und Antizipierung der erwünschten Zukunft, Anknüpfung an vorhandene Lösungsressourcen, Musterunterbrechung, Stärkung der Wahlfreiheit.

1. Ausnahmen
Zunächst wird exploriert, ob es nicht schon hilfreiche bessere Gewohnheiten zum Problemverhalten gibt.[707] Diese werden aufgrund der Problemfixierung oft übersehen, sind aber ein wichtiger Ansatzpunkt für Veränderungen. Beobachtungsaufträge helfen, das Übersehene wieder in den Blick zu bekommen.[708]

---

[700] Ein hilfreiches Raster für die Findung und Vereinbarung therapeutischer Ziele findet sich in *Isebaert* 2005, 52.
[701] *Isebaert* 2005, 19.
[702] *Isebaert* 2005, 17.
[703] *Isebaert* 2005, 22. Auf S. 18 zeigt er 10 hilfreiche Strategien für Therapeuten, die sich aus der systemisch-konstruktivistischen Sicht der Wirklichkeit ergeben.
[704] *Isebaert* 2005, 33ff.
[705] *Isebaert* 2005, 32, 43, und in Bezug auf die systemische Funktion, 21.
[706] Siehe zum Folgenden *Isebaert* 2005, 24–29.
[707] Siehe dazu *Isebaert* 2005, 75ff.
[708] Zu Beobachtungsaufträgen siehe *Isebaert* 2005, 84–95.

2. Periodisches Ende
Gewohnheiten im Sinne von Symptomabläufen haben ein periodisches Ende, bevor sie erneut auftreten. Hier gilt es zu schauen, ob in der Abschlussphase einer Symptomsequenz nicht bereits hilfreiche Muster zu finden sind, die sich ausbauen lassen. Auch hier helfen Beobachtungsaufträge.

3. Alternativen
Der Patient wird angeleitet, alternative Gewohnheiten zu überlegen. Im Brügger Modell ist es aber durchaus möglich, dass der Therapeut alternative Gewohnheiten auch direkt vorschlagen kann, aber immer mit Alternativen, damit die Wahlfreiheit erhalten bleibt.

4. Änderungen
Im Sinne einer Musterunterbrechung können auch einfache Änderungen oder hilfreiche Unterbrechungsübungen[709] vorgeschlagen werden. Wenn der Patient einmal erfahren hat, dass er kleine Elemente seiner Gewohnheit ändern kann, dann ist der Schritt nicht mehr weit, eine Gewohnheit auch ganz fallen zu lassen.

5. Presession Changes
Vom Patienten gerne übersehen aber sehr beachtenswert ist auch das, was der Patient schon vor der ersten Therapiesitzung sozusagen auf eigenen Antrieb an Veränderungen selbst bewirkt hat. (Presession Changes[710]).

6. Double Binds
Wenn man sehr geschickt vorgeht, kann man den Patienten auch in eine Lage versetzen, in der er sich für verschiedene Alternativen entscheiden muss. Der Clou dabei ist, dass jede Alternative insgeheim eine gute Wahl impliziert. (Therapeutische Double Binds[711]).

7. Überprüfung der Ziele
Oftmals ist den Patienten nicht klar, dass sie inkompatible Zielvorstellungen haben, oder dass bestimmte Gewohnheiten nicht nebeneinander möglich sind. Um dem Patienten die sich daraus ergebenden Konsequenzen deutlich zu machen, helfen Zukunftsprojektionen, aber auch ein offener »sokratischer Dialog«.[712]

8. Zukunftsprojektionen
Die Antizipierung der erwünschten positiven Zukunft ist eine ganz wesentliche Intervention, um die innere Ausrichtung des Patienten auf

---

709 Siehe *Isebaert* 2005, 104ff.
710 *Isebaert* 2005, 25 u. 41. Vgl. dazu auch Prior, diese Arbeit S. 268 und 272.
711 *Isebaert* 2005, 106f, 132, 139f.
712 Siehe auch *Isebaert* 2005, 125f.

neue erwünschte Gewohnheiten zu fokussieren. Hierzu dienen die bekannte »Wunderfrage« und eine Reihe weiterer Übungen.[713]

9. Groteske Wahlmöglichkeiten
Es ist auch möglich, dem Patienten Wahlmöglichkeiten zu nennen, die
ihn ganz offensichtlich von seiner schlechten Gewohnheit herausreißen
würden, die aber schlimmere Konsequenzen hätten, als seine jetzige
Gewohnheit.[714] Das kann durchaus mit Humor geschehen. Wenn der
Patient einmal erkennt, dass er in solchen Extremfällen durchaus zur
Wahl fähig ist, erhöht sich die Bereitschaft, auch im angestrebten Be-
reich nach sinnvolleren Wahlmöglichkeiten Ausschau zu halten.

10. Kontext der Wahlfreiheit
Metaziel der Therapie ist der Erwerb von Wahlfreiheit. Darum ist es
unerlässlich, sowohl die Therapie selbst als einen Kontext der Wahlfreiheit zu gestalten (von Terminabsprache bis hin zu Interventionen),
als auch die Zeit zwischen den Sitzungen, in der die eigentliche Arbeit
durch den Patienten geleistet wird, immer wieder vorab so zu struktu-
rieren, dass auch dort Wahlfreiheit eingeübt werden kann (z.B. durch
Hausaufgaben).

An dieser Stelle ist noch anzumerken, dass zum Brügger Modell auch
ein Rückfallmanagement[715] gehört, das im Wesentlichen mit Umdeuten und Nutzbarmachung von Rückfällen arbeitet. Ein Rückfall wird
im Brügger Modell grundsätzlich als eine Option innerhalb des Meta-
ziels Wahlfreiheit gedeutet. Auch die alte Gewohnheit kann gewählt
werden. Ferner wird ein Rückfall daraufhin untersucht, warum im
konkreten Fall die alte Gewohnheit gewählt wurde und welche Aspekte des Rückfalles nutzbar zu machen sind für eine zukünftige Stärkung
der Wahlfreiheit.

Nach der einführenden Darstellung der zehn grundsätzlichen Interventionsschritte behandelt Isebaert nun ausführlich und handbuchartig die
therapeutische Vorgehensweise im Detail. Zunächst im Hinblick auf
die »gesundheitsorientierte therapeutische Beziehung«.[716] Hier spielt
Wertschätzung und Lösungssprache, Selbstbestimmung des Patienten
und Mandatsklärung des Therapeuten eine ganz entscheidende Rolle.
Sodann wird die therapeutische Arbeit unter dem Blickwinkel einer an

---

713 *Isebaert* 2005, 96–103.
714 Zum Beispiel würde ein großes Gewicht, das auf den Fuß fällt, durchaus zu
einer vorübergehenden Unterbrechung des »Suchtdrucks« führen. Auch der Vergleich mit »dramatischeren Fällen« kann helfen, die vorhandenen Wahlmöglichkeiten wieder etwas bewusster zu machen (*Isebaert* 2005, 70).
715 Zum Umgang mit Rückfällen siehe *Isebaert* 2005, 4, 16, 144f.
716 *Isebaert* 2005, 31–62.

de Shazer angelehnten Nachfrage-Typologie[717] seitens der Patienten dargestellt.[718] In diesem Rahmen wird ausführlich dargestellt, wie auf die verschiedenen Bedürfnislagen der Patienten adäquat eingegangen werden kann. Und schließlich wird in Bezug auf einzelne klinische Störungsbilder ausführlich erläutert, welche therapeutischen Möglichkeiten das Brügger Modell bietet.[719]

2.3.5.4 Auswertung

2.3.5.4.1 Wie hoch ist der konkrete Zeitaufwand?

Eine genaue Anzahl von Sitzungen wird nicht angegeben. Doch das Verfahren ist sehr zielorientiert und darum auch auf kürzere Behandlungszeiten angelegt beziehungsweise kommt in der Regel mit wenigen Sitzungen zum Erfolg. Luc Isebaert hat das – für seine ansonsten sehr bescheidene Art – einmal auf sehr pointierte Weise zugespitzt: »Kurzzeittherapie ist nicht das Ziel, sondern das Resultat – wenn man gute Therapie macht.«[720] Gleichwohl hat Isebaert immer auch darauf hingewiesen, dass manche Veränderungsprozesse auch längere Begleitung erfordern.[721] Das bedeutet aber nicht zwingend, viele Termine zu vereinbaren, sondern kann durchaus – wie bei anderen kurzzeittherapeutischen Ansätzen auch – mit wenigen Terminen erfolgen, die dann auf einen längeren Zeitraum verteilt werden. Diese Zeitstruktur kommt der Gemeindeseelsorge sehr entgegen.

2.3.5.4.2 Welche Rolle spielt die Netzwerkfrage?

Für das soziale Umfeld gibt es im Brügger Modell einen eigenen Begriff: Oikos. Schaut man aber genauer hin, so ist damit »nur« ganz allgemein der Kontext gemeint. Denn insgesamt ist doch überwiegend der individuelle Patient im Fokus. Die anderen Menschen, mit denen das Leben eines Patienten verwoben ist, sind zwar durchaus im Blick, aber eben auch »nur« als dieser Kontext. Als solcher ist dieser Kontext zwar nicht unerheblich und häufig auch eine starke Determinante für Gewohnheiten. Insofern sollten die Angehörigen in der therapeutischen Arbeit berücksichtigt werden.[722] Doch eine explizite Netzwerkperspektive, in der ausdrücklich die dort vorhandenen Ressourcen evaluiert oder erarbeitet werden, findet sich im vorliegenden Buch nicht.

---

[717] Siehe de Shazer diese Arbeit S. 130. Isebaert hat eine etwas andere Begrifflichkeit. Er redet von unverbindlicher Beziehung (Besucher), suchender Beziehung (Klagender), Consulting-Beziehung (Kunde), und er fügt noch die Expertenbeziehung hinzu. *Isebaert* 2005, 64ff.

[718] *Isebaert* 2005, 63–118. Siehe dazu insbesondere auch das »Brügger Pfeilbild« der therapeutischen Beziehung (*Isebaert* 2005, 64).

[719] *Isebaert* 2005, 119–146.

[720] Mündlich auf einer Fortbildungsveranstaltung am 8. Sept. 2010 in Köln-Porz.

[721] *Isebaert* 2005, 7.

[722] *Isebaert* 2005, 10f., 21, 34.

»Familie«, seltsamerweise auch »Kontext«, findet sich nicht im Stich-wortverzeichnis. Dem aktiven Einbezug von Angehörigen wird nur ein kurzer Abschnitt gewidmet.[723] Dennoch hat das Brügger Modell durchaus genügend Adaptionsstellen, die es mit einer ausdrücklicheren Netzwerkorientierung kompatibel machen würden. Ich denke dabei insbesondere an das zugrunde liegende systemische Denken und vor allem an den Oikos-Begriff. Dieser könnte unter einer stärkeren Netz-werkperspektive den Blick weiten für die »ökumenische« Vernetzung des Lebens.[724]

2.3.5.4.3 Welche Elemente könnten für Gemeindeseelsorge interessant sein?

Das Brügger Modell eignet sich insgesamt für Gemeindeseelsorge durch seine vergleichsweise einfache und klar strukturierte Vorge-hensweise. Komplizierte Interventionsstrategien bleiben außen vor. Auf problemerklärende Theorien[725] (Pathologie) kann weitgehend ver-zichtet werden, weil das Gegenüber mit seinen Zielen im Vordergrund seht. Das Gegenüber bleibt zu jeder Zeit autonom und souverän. Ver-änderung, so Isebaert, ist immer nur als Selbständerung möglich. Der Therapeut, respektive der Seelsorger, kann immer nur einen hilfreichen Kontext bieten, in dem Selbständerung angeregt wird. Insofern lässt sich das Brügger Modell, obwohl auch für schwere klinische Stö-rungsbilder geeignet,[726] aufgrund seines am autonomen Gegenüber orientierten Vorgehens und seiner geringen Eingriffstiefe relativ un-kompliziert in die Gemeindeseelsorge übertragen.

2.3.5.4.4 Wie hoch ist der Professionalisierungsaufwand?

Das Brügger Modell als solches zu erlernen, ist nach meiner Einschät-zung überschaubar. Es gibt jedoch kein geregeltes Curriculum, son-dern die Ausbildung erfolgt in der Regel durch Workshops und Vor-träge von Luc Isebaert. Außerdem gibt es nur ein einziges Buch. Bleibt auch hier die Frage, ob es nicht sinnvoll ist, als Grundlage eine selbst-erfahrungsbasierte Ausbildung zu haben. Isebaert hat sich zu dieser Frage meines Wissens nicht geäußert.

---

[723] *Isebaert* 2005, 26f. (Später in Bezug auf Alkoholismus am Beispiel wieder-holt, S. 145f.).
[724] Also von der bloßen Wahrnehmung des »Hauses« zum bewusst gestalteten ressourcenorientierten »gemeinsamen Wohnen im Haus«.
[725] Und damit auch auf die erkenntnistheoretischen Probleme und die oft unter-schwellig mitgelieferten weltanschaulichen Prämissen. Vgl. dazu *Petzold Orth* 1999.
[726] Isebaert zeigt, wie das Brügger Modell für folgende schwere klinische Stö-rungsbilder angewandt werden kann, sowohl ambulant als auch stationär: Angst-störungen, Depressionen, Posttraumatische Belastungsstörungen, Borderline-Per-sönlichkeitsstörung, Schizophrenie, Zwangsstörungen sowie Alkohol: Missbrauch und Abhängigkeit (*Isebaert* 2005, 120ff.).

2.3.5.4.5 Ist die Anthropologie mit dem christlichen Glauben vereinbar?

In religiöser Hinsicht ist das Brügger Modell wertneutral, zumal Isebaert ausdrücklich empfiehlt, die Weltmodelle der Patienten zu respektieren und wertzuschätzen, auch dann, wenn er sie nicht teilt.[727] Die wie in jedem Verfahren gleichwohl (explizit oder implizit) enthaltenen Grundwerte sprechen für eine klare Kompatibilität mit christlicher Seelsorge, also mit dem christlichen Menschenbild. Die wichtigsten dieser Werte werden als »ethische Prinzipien« offen gelegt.[728] Es geht hierbei insbesondere um den hohen Respekt, der der Autonomie des Gegenübers und dessen Selbstregulationsverantwortung gezollt wird.[729] Ein immer wieder durchscheinender Wert ist auch die Bezogenheit des Menschen auf seine nahestehenden Mitmenschen. Eine ganz grundlegende und herausragende Rolle spielt die Wertschätzung in der therapeutischen Arbeit. Statt therapeutischem Besserwissertum findet sich hier eher ein geschwisterliches und beinahe ›demütiges‹ Zur-Seite-Gehen auf dem Veränderungsweg.[730] Dennoch, bei allem Respekt vor der Wahlfreiheit des Patienten, gibt es zugleich auch ethische Grenzen in der Arbeit, wenn es darum geht, den Patienten (vor sich selbst), seine Umwelt und den Therapeuten zu schützen.[731]

Da alte Gewohnheiten nicht einfach fallen gelassen werden können, ohne sie durch neue bessere Gewohnheiten zu ersetzen, passt das Vorgehen durchaus auch zum christlichen Bußruf »metanoeite«,[732] insofern als Buße und Umkehr nicht einfach nur Abkehr von etwas Falschem, sondern die Hinwendung und Einübung des ›nous‹ in etwas Neues meint, biblisch gesprochen, in das »Reich Gottes.« Im Umkehrschluss könnte man auf diesem Hintergrund ein dem Reich-Gottes gemäßes Leben auch als neue Gewohnheit interpretieren, eine Gewohnheit, die grundsätzlich neu ist und doch als reale Möglichkeit bereits da. (»Das Reich Gottes ist mitten unter euch.«[733]) Zugleich werden im

---

[727] *Isebaert*, 24, 32.

[728] *Isebaert* 2005, 56f. Z.B.: »Jeder Mensch hat die Möglichkeit in sich, seine Probleme zu lösen und seine Einschränkungen anzunehmen.« Oder: »Jeder kann nur sich selbst ändern.« Oder: »Nur der Patient kann die Ziele seiner Therapie bestimmen.« Oder: »Wir sollen dem Patient dabei helfen, das zu ändern, was er ändern will; das anzunehmen, was er nicht ändern kann; und zufrieden zu sein, wenn er so lebt, wie er leben will.« Dazu gehört auch, dass manchmal eine explizite Auseinandersetzung mit den existenziellen Wahlen des Klienten erforderlich sein kann, wenn erkennbar ist, dass er sich damit in eine Sackgasse manövriert.

[729] Luc Isebaert betont immer wieder, dass jegliche Therapie nur Autotherapie ist. Therapie kann immer nur einen Kontext schaffen, in dem Selbsttherapie möglich ist. (Mündlich auf verschiedenen Fortbildungsveranstaltungen).

[730] Z.B. *Isebaert* 2005, 64 oder 118.

[731] *Isebaert* 2005, 51f. Siehe auch 32.

[732] Mk 1,15.

[733] Lk 17,21.

Brügger Modell die alten (»sündigen«) Gewohnheiten nicht »verdammt«, sondern in der darin jeweils verborgenen positiven Absicht wertgeschätzt. Es ist – theologisch gesagt – ein Vorgehen, das den Sünder eben immer zugleich als Gerechten sieht.

Eine – allerdings nur punktuelle – explizite Offenheit für die religiöse Dimension in der praktischen Arbeit zeigt sich bei Isebaert z.b. in der Schutzengelübung.[734]

2.3.5.4.6 Kritische Würdigung
Insgesamt ist das Buch von Isebaert ein sehr praxisorientiertes Buch mit vielen konkreten Vorschlägen für die therapeutische Arbeit. Diese werden gründlich, aber dennoch straff und klar gegliedert dargestellt und jeweils mit anschaulichen Fallbeispielen praxisnah illustriert. Dadurch bekommt das Buch den Charakter einer Handreichung für die therapeutische Arbeit. Interessant und hilfreich ist die gesundheitsorientierte kognitive Therapie (»Brügger Modell«) für all jene Situationen, in denen Menschen etwas in ihrem Leben verändern wollen, das man als Gewohnheit interpretieren kann. Seien es unangenehme Verhaltensweisen, Konfliktmuster, Zwänge, Alkoholmissbrauch oder was auch immer. Hier besitzt das Brügger Modell ein einfaches, überschaubares und die Autonomie des anderen respektierendes Modell, verbunden zugleich mit sehr viel Wertschätzung.

Ebenso betont wird die Selbstregulationsverantwortung des Patienten und auch seine prinzipielle Fähigkeit dazu. Ändern kann jeder nur sich selbst, deswegen ist jede Therapie »Autotherapie«.[735] Es ist die Aufgabe des Therapeuten für den Patienten »Kontext und Werkzeug zu sein, mit denen dieser sich selbst therapieren kann«[736] und ihm auf diese Weise zu helfen, »wieder frei wählen zu können, das zu tun, was er tun will.«[737]

Bei so gut wie allen kurzzeittherapeutischen Modellen reicht ein solches Vorgehen auch hier natürlich nicht, wenn sich jemand in seinem Lebensganzen und in seinem biografischen Gewordensein besser verstehen und begreifen möchte. Wenn es aber darum geht, Wahlmöglichkeiten für ein besseres Leben zu entwickeln, ist das völlig ausreichend und für die Seelsorge aufgrund seiner Einfachheit auch durchaus handhabbar.

---

734 *Isebaert* 2005, 111f. – Siehe diese Arbeit S. 312.
735 *Isebaert* 2005, 24.
736 *Isebaert* 2005, 118.
737 *Isebaert* 2005, 24.

2.4 Integrative Therapie

Ergänzend zu den bisher dargestellten Kurzzeitverfahren soll nun ein Verfahren dargestellt werden, dessen besondere Leistung in der (auf praktischer Ebene) vielfältig erprobten sowie (auf theoretischer Ebene) konsistenten *Integration* verschiedener klassischer Therapieansätze besteht, und zwar von psychoanalytischen über gestalttherapeutischen bis hin zu behavioralen Konzepten. Es handelt sich um die »Integrative Therapie«, wie sie insbesondere von Hilarion Petzold entwickelt wurde. Für die in dieser Arbeit entworfene Kurzzeitseelsorge sollen durch die Integrative Therapie einige Aspekte noch in den Blick genommen werden, die durch eine Beschränkung auf systemisch-konstruktivistische Kurzzeittherapie fehlen würden.

2.4.1 Die Integrative Therapie (Hilarion Petzold)

> *»Der Prozess des ko-respondierenden Problemlösens als Gegenstand des Lernens wird dabei wichtiger als die Lösung eines konkreten Problems. Eine solche gelungene Lösung hat ihre eigentliche Bedeutung in ihrer »paradigmatischen Funktion«.*[738]

Im Unterschied zu den dargestellten systemisch-konstruktivistischen Verfahren speist sich die Integrative Therapie, trotz mancher historischer Querverbindungen, überwiegend aus anderen Quellen. Die Integrative Therapie ist ebenfalls im Unterschied zu den bisherigen Verfahren im Wesentlichen als Langzeitverfahren angelegt, hat aber auch eigene kurzzeittherapeutische Konzepte entwickelt. Da der hoch differenzierte und umfassende Ansatz der Integrativen Therapie einschließlich des dort entwickelten Kurzzeitansatzes eine wichtige Ergänzung und auch Korrektur zu möglichen Einseitigkeiten der systemisch-konstruktivistischen Kurzzeittherapie darstellen kann,[739] wird dieser Ansatz als ein eigener Schwerpunkt in die vorliegende Konzeption einer therapeutischen Kurzzeitseelsorge aufgenommen. Zunächst werden dazu die allgemeinen Grundlagen dargestellt, dann die Besonderheiten des Verfahrens und schließlich der spezifische Kurzzeitansatz der Integrativen Therapie.

2.4.1.1 Grundlagen und Grundkonzepte

Die Integrative Therapie ist ein sehr komplexes Verfahren.[740] Es basiert auf dem Versuch, die drei großen Hauptströmungen der Psycho-

---

[738] *Petzold* 1993c, 294.
[739] Wie oben anhand des Zeitbegriffes bereits ausgeführt.
[740] Eine ausführliche Darstellung der wesentlichen Merkmale des Verfahrens der »Integrativen Therapie« einschließlich seiner historischen Herleitung (und Abgrenzungen) findet sich bei *Petzold* 1993a, 17–24 und 1993b, 51–92.

therapie zu integrieren: die Tiefenpsychologie, die humanistischen
Verfahren und die behavioralen Verfahren.[741] Im Hintergrund steht ein
in sich konsistentes, dennoch flexibles Theoriegebäude, das als Metatheorie die Kriterien für eine sinnvolle Integrationsauswahl bereitstellt,
damit am Ende mehr und etwas anderes herauskommt als reiner Eklek-
tizismus. Denn die Integrative Therapie integriert nicht nur, sie sondert
auch aus.[742] Und bildet so, auf der Basis einer kritischen Selektion,
einer durchaus bisweilen auch umformenden Integration und auf der
Basis eigener Weiterentwicklungen ein eigenes Verfahren. Ein Verfahren, das viele verschiedene Möglichkeiten therapeutischen Vorgehens
in sich trägt und das zugleich auf zukünftige Integrationsleistungen hin
offen ist.

Die Integrative Therapie bemüht sich an der Wurzel ihres Verfahrens
um eine philosophische Fundierung.[743] Der Begründer der Integrativen
Therapie, Hilarion Petzold, ist dabei in seiner phänomenlogischen und
hermeneutischen Grundausrichtung beeinflusst von der *panta rei* Philosophie eines Heraklit,[744] der Begegnungsphilosophie Gabriel Mar-
cels,[745] und der Philosophie des Leibes als Basis unseres »être-au-
monde« von Maurice Merleau-Ponty.[746] Dies nur die wichtigsten.

Im Bereich des humanistischen Hauptstromes der Psychotherapie ist
die Integrative Therapie wohl am stärksten von der Gestalttherapie als
Methode[747] geprägt, und zwar im Sinne der Übernahme bestimmter
vor allem erlebnisaktivierender Techniken (z.B. Hot Seat als fokalthe-
rapeutische Technik[748]) und wahrnehmungsorientierter Konzepte (z.B.
awareness[749]). Aus klinischer Sicht hat aber die klassische Gestalttherapie einige Lücken (z.B. fehlende Krankheitslehre,[750] Ausblendung
von Vergangenheit und Zukunft[751]), und aus metatheoretischer Sicht
einige Unstimmigkeiten[752] (z.B. problematische Anthropologie: so-
lipsitisch,[753] organismisch[754]). Darum ging hier die Integrative Thera-

---

[741] *Petzold* 1993a, 19.
[742] *Petzold* 1993a, 21.
[743] Siehe den Tree of Science in: *Petzold* 1993b, 74.
[744] *Petzold* 1993, 413ff.
[745] *Petzold* 1993, 58.
[746] *Petzold* 1993, 223.
[747] Ein Verfahren im eigentlichen Sinne ist die Gestalttherapie nicht, jedenfalls
nach den Kriterien, die Petzold dafür aufgestellt hat (*Petzold* 1993b, 65).
[748] *Petzold* 1993b, 65.
[749] *Petzold* 1993b, 62.
[750] *Petzold* 1993b, 66.
[751] *Petzold* 1993, 336.
[752] *Petzold* 1993b, 61f.
[753] Vgl. das sog. »Gestaltgebet« von Perls«. *Perls* 1974, 13. Siehe auch *Perls*
1976 und öfter.

pie eigene Wege, füllte die Lücken und distanzierte sich von den Unstimmigkeiten. Weitere Einflüsse aus dem Bereich humanistischer Verfahren kommen vom Psychodrama (Moreno), vom therapeutischen Theater (Iljine) und von leibtherapeutischen Ansätzen (Reich).[755]

Neben gewissen Einflüssen der Freudschen Psychoanalyse, vor allem bei den Konzepten »Übertragung/Gegenübertragung«, aber in gewisser Weise auch des »Widerstandes«, wurde aus dem Bereich der Tiefenpsychologie für die Integrative Therapie die ungarische Schule der Psychoanalyse (Sándor Ferenczi) in entscheidender Weise prägend. Von dort wurde die Grundidee der »aktiven und elastischen Analyse« übernommen. Der Therapeut analysiert und deutet nicht nur (so Freud), der Therapeut heilt durch aktive »Sympathie«,[756] die sich methodisch so auswirkt, dass der Therapeut den Patienten quasi emotional adoptiert, und ihm ersatzweise das an Wärme und Zuwendung aktiv anbietet, was er in der Kindheit entbehren musste. Das erfordert grundsätzlich eine viel stärker mutuale Beziehungsgestaltung als in der klassischen Psychoanalyse. Ferenczi hat hier noch experimentiert. In der Integrativen Therapie wird dieser Ansatz weitergeführt und mündet dort in zentralen Konzepten wie dem »Korrespondenzmodell«[757] (ein grundsätzlich dialogisch-intersubjektives Vorgehen[758]) oder therapeutischen Arbeitsweisen wie »reparenting/parenting« (= Nachbeelterung bei karger/fehlender elterliche Zuwendung) oder »partielles Engagement/selektive Offenheit« (= Verbindung von Mutualität und Abstinenz) als ein wesentlicher Stil der Gestaltung einer therapeutischen Beziehung.[759]

Der Einfluss behavioraler Verfahren ist meiner Einschätzung nach eher nebengeordneter Art und zeigt sich vor allem in einer grundsätzlichen Wertschätzung verhaltensorientierter Psychotherapie. Konkret erkennbar ist das z.B. in übungsorientiertem Vorgehen oder in experimentierendem Erschließen neuer Erfahrungen.[760]

---

[754] Vgl. z.B. *Perls* 1974, 14f.

[755] Siehe den Tree of Science in: *Petzold* 1993b, 74.

[756] Vgl. dazu *Ferenczi* 1932.

[757] *Petzold* 1988, 179. »Das Korrespondenzmodell ist das Herzstück ...« Hier sind natürlich auch philosophische Einflüsse am Werk: Gabriel Marcel, z.T. auch Martin Buber.

[758] Petzold postuliert »Intersubjektivität« als grundlegend für (freies) menschliches Leben (*Petzold* 1993, 1056f.). Zum Intersubjektivitätskonzept der Integrativen Therapie siehe auch *Petzold* 1993, 58ff. (dort mit philosophischer Herleitung) sowie S. 159 (dort mit Bezug auf Jesu Liebesgebot).

[759] *Petzold* 1980, 223ff. und *Rahm et al* 1993, 351ff.

[760] *Petzold* 1988, 174.

2.4.1.1.1 Der »Tree of Science«

Um die Komplexität der Integrativen Therapie anschaulich zu machen, hat Petzold den sogenannten »Tree of Science« entwickelt.[761] Er zeigt von der »Wurzel« bis zur »Baumspitze« die vielfältigen Verwurzelungen und Verzweigungen der Integrativen Therapie. Dieser ›Baum‹ hat drei Ebenen: an der Wurzel ist er Metatheorie, hier werden die philosophischen und psychologischen Grundannahmen reflektiert. In der mittleren Ebene sind die »realexplikativen Theorien« angesiedelt, in denen die Integrative Therapie vor allem als klinisches Verfahren reflektiert wird. Und in der obersten Ebene findet sich die »Praxeologie.« Dort werden die praxisnahen Methoden, Konzepte und Behandlungsstrategien reflektiert.

I. METATHEORIE	
Erkenntnistheorie	phänomenologisch-struktural, hermeneutisch
Wissenschaftstheorie	evolutiv-pluralistisch, metahermeneutisch
Kosmologie	evolutionär, heraklitisch, ökosophisch
Anthropologie	existentialistisch, intersubjektiv, kreativ
Gesellschaftstheorie	synarchistisch, kritisch-pragmatisch
Ethik	diskursiv, situativ/historisch, mutual
Ontologie	synontisch, partizipativ

II. REALEXPL. THEORIEN	
Allg. Theorie der Therapie	intersubjektiv, tiefenhermeneutisch
Persönlichkeitstheorie	entwicklungsbezogen, relational
Entwicklungstheorie	synoptisch: interaktional, ökologisch, lebenslaufbezogen
Gesundheits- und Krankheitslehre	kontextbezogen, multifaktoriell
Spezielle Theorie der Therapie	mehrperspektivisch, systematisch-heuristisch

III. PRAXEOLOGIE	
Prozesstheorie	differentiell, variabel
Interventionslehre	multimodal, multilateral
Methodenlehre	elastisch, pluriform, integrativ
Theorie der Institutionen, Praxisfelder, Zielgruppen	systemisch, differentiell

Abbildung: Grundstruktur des TREE OF SCIENCE[762]

---

[761] *Petzold* 1993b, 73f., sowie ausführlich *Petzold* 1993, 457ff.
[762] *Petzold* 1993b, 73f., sowie ausführlich *Petzold* 1993, 457ff. – In der Tabelle ist die Reihenfolge genau umgekehrt wie beim Bild vom »Baum«, also von oben nach unten.

Aus dem reichhaltigen theoretischen und praktischen Repertoire der Integrativen Therapie seien ein paar wesentliche Konzepte dargestellt, die zum Verständnis der Integrativen fokalen Kurzzeittherapie beziehungsweise der Integrativen supportiven Kurzzeittherapie notwendig sind. Zugleich bieten diese Konzepte, wie noch zu zeigen sein wird, auch Anregungen ganz grundsätzlicher Art, auf die in Kurzzeitseelsorge nicht verzichtet werden sollte.

2.4.1.1.2 Die fünf »Säulen der Identität«

Das relativ komplexe sozialwissenschaftlich fundierte Identitätsverständnis der Integrativen Therapie[763] wird von Petzold zu heuristischen Zwecken komprimiert in gut handhabbare und anschauliche fünf »Säulen der Identität«.[764] Die Identität eines jeden Menschen umfasst demnach folgende Identitätsbereiche:

1. **Leiblichkeit.**[765] Darin einbegriffen sind alle Formen meines leibbasierten In-der-Welt-Seins, von der reinen Körperlichkeit bis hin zu zwischenmenschlichen, geistigen und atmosphärischen Qualitäten, die von meinem Raum-Zeit-Leib ausgehen und meine Identität ausmachen: als Mann, als Frau, als starker oder schwacher, junger oder alter, gesunder oder kranker, schöner oder hässlicher, redender oder schweigender, handelnder oder leidender, glücklicher oder trauriger Mensch.
2. **Soziales Netzwerk.** Hierher gehören alle Menschen meines engeren sozialen Umfeldes (Familie, Freunde) und weiteren Umfeldes (Kollegen, Nachbarn). Ersteres natürlich mit mehr Gewichtung. Sie prägen und beeinflussen, stützen oder schädigen meine Identität.
3. **Arbeit und Leistung (auch Freizeit).** Diese Säule basiert auf einer »Anthropologie des schöpferischen Menschen«[766] und geht davon aus, dass ich in gewissem Sinne das bin, was ich tue. Gemeint ist damit im Prinzip alles, was ich aktiv-kreativ an Weltgestaltung mache, welche Potentiale ich habe und wie ich sie verwirkliche. Zentrale Stellung in unserer Gesellschaft hat hier seit langem die beruf-

---

763 *Petzold* 1993, 529ff., sowie 688ff.
764 *Petzold* 1993c, 274f., sowie *Rahm et al* 1993, 155f.
765 Für die Integrative Therapie sind »Leiblichkeit« und »Leib« fundamentale Begriffe. Leib wird von Petzold folgendermaßen definiert: »Leib, eingebettet (embedded) in Kontext/Kontinuum, wird definiert als die Gesamtheit aller sensorischen, motorischen, emotionalen, volitiven, kognitiven und sozial-kommunikativen Schemata bzw. Stile in ihrer aktualen, intentionalen (d.h. bewußten und sublimal-unbewußten) Relationalität mit dem Umfeld und dem verleiblichten (embodied), als differentielle Information mnestisch archivierten Niederschlag ihrer Inszenierung, die in ihrem Zusammenwirken als ›informierter Leib‹ das personale ›Leibsubjekt‹ als Synergem konstituieren.« (*Petzold* 2002, 8f.). – Ausführlich zum Leibbegriff siehe *Petzold* 1988, 296ff.
766 *Orth Petzold* 1993, 93ff.

liche Verwirklichung, aber in neuerer Zeit zunehmend auch die Freizeit.[767]

4. **Materielle Sicherheiten.** Hier geht es um die wirtschaftliche Basis meines Lebens. Umgang mit und Vorhandensein von Geld, Wohnung, Haus, Auto, Arbeitsplatz und anderes. Meine Identität ist beeinflusst durch das, was ich habe – oder nicht habe.

5. **Werte.** Meine Identität ist wesentlich auch durch die Werte bestimmt, die ich vertrete: Weltanschauung, Religion, Moral, Politik, Grundüberzeugungen, Prinzipien. Wofür trete ich ein? Was denke ich über?

Diese fünf »Säulen der Identität« lassen sich gut als heuristische Folie nutzen, um zu verstehen, wie stabil oder instabil ein Mensch in seiner Identität ist – und wo Stärken oder Lücken sind. Neben einem Gespräch über die »Säulen« sind sie auch sehr gut für kreative Darstellung geeignet. Solche »Identitätsbilder«[768] bilden dann die Grundlage für eine vertiefende gemeinsame Verstehensbemühung im Dialog zwischen Therapeut und Patient,[769] gelegentlich auch vorbereitet durch eine schriftliche Legende seitens des Patienten.

2.4.1.1.3 Gesundheits- und Krankheitslehre, Diagnose

Um zu verstehen, warum und wie ein Mensch krank werden kann, hat die Integrative Therapie eine eigene Gesundheits- und Krankheitslehre[770] entwickelt. Ihr Charakteristikum ist, dass einerseits nicht nur die pathogenen Faktoren gesehen werden, sondern auch die salutogenen,[771] und dass andererseits die ganze Lebensspanne im Blick ist, auch wenn die Kindheit durchaus die sensiblere Phase für mögliche Pathogenese darstellt. Krank aber wird ein Mensch – und zwar jeden Alters – in der Regel dann, wenn die krankmachenden Faktoren gegenüber den ausgleichenden, heilsamen Faktoren längere Zeit überwiegen. Konkret gibt es bei der Integrativen Therapie folgende Schädigungen[772] (= Überbegriff): Defizit (= fehlende Stimulierung), Trauma (= Überstimulierung), Störung (= zwiespältige Stimulierung), interner und/oder externer Konflikt (= widerstreitende Stimulierung).

Die Diagnose[773] wird nicht durch einseitiges Expertenwissen gestellt, sondern während der gesamten Therapie prozesshaft, d.h. immer wie-

---

[767] Vgl. *Schulze* 1992.

[768] *Petzold* 1993c, 275f.

[769] Die Integrative Therapie kennt keine einseitigen Expertendeutungen, sondern nur dialogische Hermeneutik.

[770] *Petzold* 1993, 551ff.

[771] Damit entspricht die Integrative Therapie auch einer Forderung des Medizinsoziologen Aaron Antonowsky (*Antonovsky* 1987).

[772] *Petzold* 1988, 201, sowie *Petzold* 1993, 577ff.

[773] *Petzold* 1993, 592ff, sowie *Petzold* 1993c, 270ff. Ein »Leitfaden zur integrativen Diagnostik« in der Praxis findet sich in: *Petzold* 1993c, 325ff.

der ergänzt und korrigiert, und, das ist das Wesentliche, in einer korrespondierenden hermeneutischen Suchbewegung gemeinsam mit dem Patienten. Die Erstellung eines Lebenspanoramas[774] oder die bereits erwähnten fünf »Säulen der Identität« bieten dazu eine gute Gesprächsbasis. Dabei wird im Sinne einer phänomenologischen Hermeneutik[775] vorgegangen, die von den konkreten Phänomenen ausgeht, und dann versucht zu verstehen, welche Strukturen und/oder Entwürfe dahinter stehen. Damit soll umgekehrt vermieden werden, dass typisierende Krankheitsmodelle die unvoreingenommene Wahrnehmung der je und je verschiedenen Phänomene verstellen. Modelle haben allenfalls den Wert einer heuristischen Folie. Erkennbar werden durch das »theragnostische« Vorgehen[776] insbesondere auch szenische Qualitäten von signifikanten Lebensereignissen und Ereignisketten, die sich zu malignen Narrativen[777] verfestigt haben oder aber als benigne Narrationen[778] lebendig sind.

2.4.1.1.4 *»Wege der Heilung«, Wirkfaktoren und Tiefungsebenen*
Um beschreiben zu können, wie nun einem Patienten geholfen werden kann, hat Petzold das Konzept der »vier Wege der Heilung und Förderung«[779] entwickelt. Sie weisen in einer Art Überschau die Wege, auf denen sich Heilung und Förderung vollziehen können. Beim ersten Weg handelt es sich um Heilung durch Einsichtsgewinn. Es geht dabei um umfassende Einsicht in das eigene Lebensganze als kognitive und emotionale Evidenzerfahrung. Der zweite Weg bietet Nachsozialisation als Reparenting (Nachbeelterung) und Parenting (Ersatzbeelterung). Das heißt, in der Arbeitsbeziehung adoptiert der Therapeut gleichsam den Patienten und stellt auf nachnährende Weise elterliche Qualitäten zur Verfügung, die der Patient in der Kindheit nicht oder nicht gut genug bekommen hatte. Beim dritten Weg geht es um Erlebnisaktivierung im Sinne von Wecken und Einüben neuer Verhaltensweisen oder verschütteter Potentiale. Der vierte Weg schließlich, die Solidaritätserfahrung, macht innerhalb des therapeutischen Settings (Dyade oder Gruppe) konkrete Solidarität erfahrbar, trägt diese aber auch hinaus in

---

774 Dabei handelt es sich um bildlich-kreative Darstellungen des eigenen Lebens (z.T. thematisch fokussiert) entlang einer Zeitachse. Siehe: *Petzold Orth* 1993, 125ff.
775 Zur integrativen Hermeneutik vgl. *Petzold* 1993, 91ff.
776 »Theragnose« ist eine prozessuale und korrespondierende diagnostische Hermeneutik während der ganzen Therapie (*Petzold* 1993c, 269f.).
777 Gemeint sind starre Lebensmuster und fixierte Lebensmythen. Vergleichbar etwa dem Wiederholungszwang in der Psychoanalyse. Siehe *Petzold* 1988, 205.
778 Das ist eine gesunde Aneignung des eigenen Lebens als flüssige lebendige Erzählung. Siehe *Petzold* 1988, 205.
779 *Petzold* 1988, 215ff. – Vgl. auch *Petzold* 1993, 764ff., *Petzold* 1993a, 22, *Rahm et al* 1993, 328ff., *Ladenhauf* 2007, 273f.

den sozialen Raum, fördert Netzwerke und motiviert zu solidarischem Engagement.

Diese vier Wege der Heilung und Förderung geben jeweils einen grundlegenden Modus an. In der Feinanalyse der Frage, was es denn nun im Einzelnen ganz genau ist, was hilft und fördert, werden in der Integrativen Therapie 14 Wirkfaktoren[780] beschrieben. Davon sind die meisten *common factors* innerhalb der Psychotherapie, einige davon reklamiert die Integrative Therapie aber auch als spezifischen eigenen Beitrag.

1. Einfühlendes Verstehen
2. Emotionale Annahme und Stütze
3. Hilfe bei der realitätsgerechten praktischen Lebensbewältigung/ Lebenshilfe
4. Förderung des emotionalen Ausdrucks
5. Förderung von Einsicht, Sinnerleben, Evidenzerfahrungen
6. Förderung kommunikativer Kompetenz und Beziehungsfähigkeit
7. Förderung leiblichen Bewusstseins, Selbstregulation und psychophysischer Entspannung
8. Förderung von Lernmöglichkeiten, Lernprozessen und Interessen
9. Förderung kreativer Erlebnismöglichkeiten und Gestaltungs- kräfte
10. Erarbeitung von positiven Zukunftsperspektiven
11. Förderung eines positiven persönlichen Wertebezuges
12. Förderung eines prägnanten Selbst- und Identitätserlebens
13. Förderung tragfähiger sozialer Netzwerke
14. Ermöglichen von Solidaritätserfahrungen

Auf den Wegen der Heilung und Förderung gibt es im therapeutischen Prozess verschiedene Stufen der Intensität, die von der Integrativen Therapie als Tiefungsebenen[781] bezeichnet werden. Mit zunehmender Tiefe sind es die folgenden: 1. die Ebene der Reflexion (sachliches Nachdenken, Erzählen, Gedankenaustausch), 2. die Ebene des Bilder- lebens und der Affekte (z.B. biografische Szenen werden erinnert, ge- fühlsmäßige Berührtheit, aber eher aus der Zuschauerposition), 3. die Ebene der emotionalen Involvierung (intensives Erleben von Gefühlen, biografische Szenen werden wie gegenwärtig lebendig, oftmals plötz- liche Regression) und 4. die Ebene der autonomen Körperreaktionen (Betroffenheit zeigt sich durch unkontrollierte körperliche Reaktionen z.B. durch tiefes Atmen, Zittern, Schreien, Übelkeit, usw., i.d.R. ver- bunden mit massiver Regression).

---

[780] *Petzold* 1993c, 314ff. An anderer Stelle (*Petzold* 1993, 992ff.) finden sich, ohne wesentliche inhaltliche Abweichung, 16 Faktoren.
[781] *Petzold* 1988, 104ff., sowie *Rahm et al* 1993, 377ff.

Nach einem gelungenen Heilungsprozess sind die im ›Archiv des Leibes‹[782] gespeicherten krankmachenden szenischen Qualitäten der Biografie durch umfassendes Verstehen und vor allem durch korrigierende emotionale Erfahrungen[783] ihrer fixierenden und erstarrenden Wirkung beraubt. Und aus festgefrorenen Narrativen sind so wieder lebendige Narrationen geworden, die für eine neue Zukunft offen sind, ja für bisher noch ganz ungeahnte neue Geschichten.

2.4.1.2 Integrative fokale Kurzzeittherapie

Auf diesem Hintergrund kann nun die Integrative fokale Kurzzeittherapie[784] relativ knapp dargestellt werden. Denn die Integrative fokale Kurzzeittherapie ist im Grunde nichts anderes als eine Reduktion des komplexen Verfahrens der Integrativen Therapie auf eine kürzere Zeitspanne (bis zu 30 Sitzungen)[785] und auf einen bestimmten Fokus (mit Nebenfoki). Sie definiert sich zum Teil über das, was nicht gemacht werden kann, z.b. ausführliches biografisches Verstehen (im Sinne des ersten Weges der Heilung), und beschränkt sich stattdessen auf lediglich fokussiertes Verstehen bestimmter Aspekte. Es entfällt komplett der zweite Weg der Heilung, weil dieser ein längeres regressionsorientiertes Arbeiten erfordert. Auch Tiefung wird vorsichtiger induziert, und wenn, dann sehr spezifisch fokussiert, mit schnellem Wiederauftauchen. Gründe für eine reduzierte Integrative Therapie, also eine Integrative fokale Kurzzeittherapie, werden vor allem in vorhandenen zeitlichen und ressourcenbedingten Begrenzungen gesehen, sowohl auf Seiten zuständiger Institutionen als auch auf Seiten des Patienten.[786]

Die Eingangsphase der Integrativen fokalen Kurzzeittherapie konzentriert sich auf die Fokusfindung.[787] Dabei wird dann ein Hauptfokus gemeinsam festgelegt, der das eigentliche Thema der Integrativen fokalen Kurzzeittherapie sein soll. Dieser aber wird flankiert durch einige wenige kleinere Nebenfoki, die angrenzende Problemkreise in den Blick nehmen, aber nur insofern gelegentlich behandeln, als sie zum Hauptfokus einen wichtigen Bezug haben. Ferner hat der Therapeut eine ständig mitlaufende Standardfokussierung, die das soziale Netzwerk und die psychosoziale Situation des Patienten im Blick behält.[788]

---

782 *Petzold* 1988, 34, 322; zum Leibkonzept insgesamt: 31ff.
783 *Petzold* 1993c, 268, sowie: *Petzold* 1993, 917ff.
784 *Hilarion Petzold*, Integrative fokale Kurzzeittherapie (IFK) und Fokaldiagnostik – Prinzipien, Methoden, Techniken (*Petzold* 1993c, 267ff.).
785 *Petzold* 1993c, 267 sowie 324.
786 *Petzold* 1993c, 267.
787 Zur Fokuswahl: *Petzold* 1993c, 291–299.
788 *Petzold* 1993c, 297.

In weitgehender Begrenzung auf den Fokus, und in Ausgrenzung aller langfristigen Formen therapeutischer Arbeit, kommen nun aber fast alle anderen Möglichkeiten der Integrativen Therapie zur Anwendung. Einen großen Stellenwert haben ressourcenorientiertes Vorgehen, erlebnisaktivierende und fokalisierende Techniken[789]. Zum Durcharbeiten der für den Fokus relevanten kritischen Prägungen aus der Biografie steht das Konzept des Szenischen und dessen aktualer Reinszenierung[790] zur Verfügung. Das heißt, alte Szenen, die mit dem Fokus in Zusammenhang stehen, werden im Rahmen der Therapie reinszeniert (durch ohnehin sich einstellende Übertragung, aber auch durch erlebnisaktivierende Techniken wie z.b. »leerer Stuhl«[791]), um sie einem neuen Verstehen und verändertem Erleben zugänglich zu machen. Im Fokusrahmen werden ferner vorhandene stützende menschliche Beziehungserfahrungen (»innere Beistände« [792]) als Ressource bewusst gemacht und somit aktiviert. Insgesamt arbeitet die Integrative fokale Kurzzeittherapie wie die Integrative Therapie mit der aktiven und elastischen Technik,[793] die über die therapeutische Beziehung, als das wichtigste ›Instrument‹,[794] korrigierende emotionale Erfahrungen ermöglicht und zur Verfügung stellt.

2.4.1.3   Integrative supportive Kurzzeittherapie

Die Integrative supportive Kurzzeittherapie wurde von Petzold nur kurz skizziert.[795] Sie besteht auf dem Hintergrund des Gesamtverfahrens ausschließlich aus unterstützendem ressourcenorientierten Vorgehen, während alles konfliktzentrierte Arbeiten bewusst ausgeklammert wird. Die Integrative supportive Kurzzeittherapie ist geradezu konzipiert für all jene Situationen, in denen ein aufdeckendes Arbeiten an Konflikten aufgrund der Motivation und Verfassung des Klienten und/oder dessen Umfeldes nicht möglich oder nicht sinnvoll erscheint. Stattdessen stellt sich die Integrative supportive Kurzzeittherapie dem Klienten als eine »schützende Inselerfahrung« zur Verfügung, die ihm hilft seine Kraftquellen zu erschließen und seine Bewältigungsfähigkeiten zu stärken. Ein besonderes Augenmerk gilt der Förderung bestehender Netzwerke oder dem Zugänglichmachen von neuen Netzwerken.

---

[789]   *Petzold* 1993c, 268.
[790]   *Petzold* 1993c, 268ff., 299.
[791]   Zur Technik des »leeren Stuhles« siehe diese Arbeit S. 324ff.
[792]   *Petzold* 1993c, 291. Siehe diese Arbeit S. 329ff.
[793]   *Petzold* 1993c, 290.
[794]   Vgl. *Petzold* 1993a, 21; ausführlich *Petzold* 1980, 223ff. und *Rahm et al* 1993, 351ff.
[795]   *Petzold* 1993c, 267.

2.4.1.4 Auswertung

2.4.1.4.1 Wie hoch ist der konkrete Zeitaufwand?

Der von der Integrativen fokalen Kurzzeittherapie angesetzte Zeitaufwand von bis zu 30 Stunden ist für Gemeindeseelsorge nicht machbar. Allerdings relativiert sich das wieder ein wenig, wenn man bedenkt, dass ein Seelsorger häufig zu seinen Gesprächspartnern im Gesamtkontext der Gemeindearbeit ohnehin längerfristige Beziehungen hat, und somit zumindest der Aspekt des Aufbaus einer tragfähigen Beziehung auch außerhalb der konkreten Seelsorgebeziehung in gewisser Weise realisierbar ist. Meines Erachtens ist hilfreiche Begleitung auch in weniger Sitzungen möglich, wenn man sich in der Seelsorgearbeit stärker auf die rein unterstützenden Formen konzentriert, so wie sie in der Integrativen supportiven Kurzzeittherapie kurz skizziert sind. Außerdem ist es sicher sinnvoll, wenn der Integrative Ansatz mit seiner Tendenz zu Länge und Komplexität durch korrigierende Impulse aus den originären Kurzzeitverfahren ergänzt wird, oder nochmals andersherum gesagt, wenn man das ›nackte‹ systemisch-konstruktivistische kurzzeittherapeutische Vorgehen ergänzt durch wichtige Aspekte aus der Integrativen Therapie.

2.4.1.4.2 Welche Rolle spielt die Netzwerkfrage?

Die Beachtung und Förderung des sozialen Netzwerkes spielt in der Integrativen Therapie eine ganz entscheidende Rolle, und zwar in mehrfacher Hinsicht. Einmal als Standardfokus[796] auf die Micro-, Meso- und Macroumwelt (ökologische Perspektive), die verhindert, dass der Mensch als abgetrenntes Einzelwesen gesehen wird. Sodann als bewusst wahrgenommene, geförderte, und bei Bedarf auch mit einbezogene Ressource (Partnergespräch, Familiengespräch). Auch im Sinne des vierten Weges der Heilung und Förderung gewinnt das soziale Netzwerk große Bedeutung, und zwar als Ort tragfähiger und ermutigender Solidaritätserfahrungen. Sei es, dass solche Erfahrungen in der Therapie gefördert werden (z.B. Therapiegruppe, therapeutische Wohngruppe, etc.), oder sei es, dass die Pflege und Erhaltung, oder die Bildung und Förderung solcher Netzwerke angeregt werden (von Selbsthilfegruppen bis hin zu politischen Aktivitäten). Des Weiteren ist die Netzwerkperspektive als zweite »Säule der Identität« sowie als 13. Wirkfaktor ebenfalls ausdrücklich im Blick.[797]

2.4.1.4.3 Welche Elemente könnten für Gemeindeseelsorge interessant sein?

Die umfangreiche Komplexität der Integrativen Therapie bietet weit mehr, als für die Gemeindeseelsorge in praktischer Hinsicht umsetzbar

---

796 Siehe diese Arbeit S. 175.
797 Zum »vierten Weg der Heilung« siehe diese Arbeit S. 242ff., zu den »Säulen der Identität« siehe S. 171f., zum 13. Wirkfaktor siehe S. 174.

wäre, wenngleich sie umgekehrt gerade aufgrund ihrer Komplexität viele einzelne Elemente enthält, die eine hohe Affinität zur Gemeindeseelsorge haben. Außerdem ist die Integrative Therapie als reflektierter Hintergrund und geschulte Perspektive auch als Theorie durchaus für Seelsorge interessant.

Der intersubjektive Ansatz im Korrespondenzmodell der Integrativen Therapie bietet eine sehr gute Folie, um die professionelle Beziehungsgestaltung auch in der Seelsorge zu beschreiben. Denn dieses Modell setzt voraus, dass der Therapeut weder nur ein therapeutischer Techniker noch anonymer Spiegel[798] bleibt, sondern sich tatsächlich auf eine konkrete Beziehung einlässt, eine Beziehung, die einerseits authentisch sein muss, um hilfreich zu sein, eine Beziehung, die andererseits aber ihren professionellen Charakter, also ihre Funktion und die daraus resultierende Begrenztheit, nicht aus den Augen verlieren darf (»partielles Engagement«[799]). In diesem Sinne ist es geradezu wichtig, dass sich der Therapeut als konkreter Mensch zu erkennen gibt, dass er auch mal von sich erzählt,[800] aber nur insofern es für sein Gegenüber förderlich ist (»selektive Offenheit«[801]). Denn beides sind unabdingbare Voraussetzungen für eine Seelsorgebeziehung: authentische Beziehungsfähigkeit einschließlich der Fähigkeit, sich mitzuteilen[802] (seinen Glauben, seine Erfahrungen, seine Begrenzungen, usw.) – bei gleichzeitiger Professionalität, d.h. reflektierter Verantwortungsübernahme für die im beruflichen Kontext entstandene Beziehung zum Seelsorgesuchenden. Das für die therapeutische Beziehungsgestaltung zugrunde gelegte Intersubjektivitätspostulat[803] der Integrativen Therapie ist übrigens eng verwandt mit Schleiermachers Forderungen an

---

[798] So halte ich z.B. das stark abstinente Modell der Arbeitsbeziehung in der Psychoanalyse völlig ungeeignet für Seelsorge.

[799] Siehe diese Arbeit S. 323.

[800] Aus Sicht der klassischen Psychoanalyse wäre das ein großer Fehler.

[801] Siehe diese Arbeit S. 323.

[802] Ein authentisches Beziehungsangebot hat – im gegebenen professionellen Rahmen – schon als solches eine wichtige »heilende« Funktion. Vgl. dazu z.B. die grundsätzliche Formulierung von Petzold: »In der hermeneutisch fundierten Therapie entfließen die heilenden Wirkungen dem Moment der *Intersubjektivität* und *Relationalität*, dem Faktum der koexistiv geteilten Wirklichkeit« (*Petzold* 1993, 132).

[803] Gemeint ist eine grundsätzliche Begegnung zwischen gleichwertigen Subjekten, vergleichbar dem »Priestertum aller Gläubigen«. Für Petzold impliziert Intersubjektivität die »Auseinandersetzung in Freiheit und Wertschätzung auf gleicher Ebene im Respekt von der Würde des anderen als Mitmensch ...« (*Petzold* 1993, 1056f.). Wird von Seiten des Patienten diese Gleichwertigkeit als noch nicht gegeben empfunden, so gilt für den Therapeuten die Maxime des »Handelns aus unterstellter Intersubjektivität« (*Petzold* 1993, 1079ff.). – Zu Intersubjektivität und Korrespondenz als Grundbegriffe der therapeutischen Beziehungsgestaltung siehe auch diese Arbeit S. 318ff.

Seelsorgebeziehungen.[804] Und die an Intersubjektivität orientierte korrespondierende phänomenologische Hermeneutik der Integrativen Therapie einschließlich der prozessualen Diagnostik wird schließlich der biblischen Gottesebenbildlichkeit des Menschen gerecht, zu der analog gehört, dass man sich kein festlegendes »Bildnis« von einem Menschen macht.[805]

Interessant für Gemeindeseelsorge sind z.b. die alltagsnahen Elemente, die in der Integrativen Therapie bewusst eingesetzt werden. So zeigen die 14 Wirkfaktoren, dass eine ganze Reihe davon auch in Alltagsbeziehungen vorkommen können. Ein Wirkfaktor verliert aber seine alltägliche »Unschuld«, sobald er professionell eingesetzt wird.[806] Genau das aber wird in der Integrativen Therapie bewusst praktiziert. Ferner sind für die Seelsorge hilfreich: der Blick auf die Lebensspanne, die Wertschätzung von salutogenen Ereignissen, die Ressourcenorientierung, so zum Beispiel die Aktivierung »innerer Beistände« (ehemals wichtige Bezugspersonen[807]), der Umgang mit Intermediärobjekten, der bewusste Einsatz von Blickdialogen und einiges mehr.[808] Ganz besonders wichtig für Gemeindeseelsorge ist die Netzwerkperspektive der Integrativen Therapie, die den Blick in dieser Hinsicht auch auf die Wichtigkeit der Gemeinde lenken kann. Methodisch anwendbar sind Techniken wie der »leere Stuhl«, Rollentausch, sowie kreative Elemente, insbesondere zur Darstellung von Lebenspanoramen oder den »Säulen der Identität«.

2.4.1.4.4 Wie hoch ist der Professionalisierungsaufwand?
Die Integrative Therapie verlangt einen vergleichsweise hohen Grad an Professionalisierung. Das wird man nicht von jedem Seelsorger verlangen können. Neben langfristigen Ausbildungsgängen gibt es auch mittelfristige, die den meisten Anforderungen für therapeutisch qualifizierte Seelsorgearbeit genügen. Einige Jahre gab es auch eine Aus-

---

804 Siehe diese Arbeit S. 258ff.
805 Vgl. dazu die Forderung in den Tagebüchern von Max Frisch (*Frisch* 1950, 26f.). Diese Forderung ist in der Tat nicht aus dem 1./2. Gebot direkt ableitbar, sondern nur über den Umweg der Gottebenbildlichkeit des Menschen.
806 »Das Wissen um ›unspezifische Wirkfaktoren‹, die ... auch in Alltagsbeziehungen eine immense Bedeutung haben, muss in Kurzzeittherapien gezielt eingesetzt werden. Dadurch werden ›unspezifische‹ zu ›spezifischen‹ Wirkfaktoren.« (*Petzold* 1993c, 314). Vgl. Fußnote 62 in dieser Arbeit auf S. 35.
807 In der Seelsorge wäre m.E. auch denkbar, von »Engeln« als inneren (und äußeren) Beiständen zu reden. Vgl. z.B. die Schutzengelübung von Isebaert (*Isebaert* 2005, 111; diese Arbeit S. 312).
808 Einerseits ausführlich und doch in gebotener Kürze sind die verschiedenen Interventionsmöglichkeiten der Integrativen Therapie von Dorothee Rahm und anderen in einem einführenden Lehrbuch dargestellt (*Rahm et al* 1993, insbesondere S. 327ff. und S. 387ff.; für Krisenintervention nochmals gesondert S. 517ff.).

bildung speziell für Seelsorge.[809] Basale Kompetenzen können auch schon in Kompaktkursen erworben werden. Wer sich auf eine mittel- oder gar langfristige Ausbildung in Integrativer Therapie einlässt, wird im Gegenzug eine umfangreiche und komplexe Kompetenz gewinnen, theoretisch wie praktisch. Für Ausbildungszwecke halte ich die Inte- grative Therapie darum für ein sehr geeignetes Konzept, vor allem weil sie die ganze Bandbreite des Menschen als sozialem Wesen im Blick hat; und ferner, weil sie nicht nur Methoden lehrt oder im Selbsterfahrungskontext an der persönlichen Entwicklung arbeitet, das natürlich auch, sondern weil großes Gewicht darauf gelegt wird, im beruflichen Kontext authentische, mutuale und dennoch professionelle Beziehungen gestalten zu können. Das entspricht meines Erachtens sehr den Anforderungen, an denen auch seelsorgerliche Beziehungsfä- higkeit sich ausrichten sollte.

2.4.1.4.5 Ist die Anthropologie mit dem christlichen Glauben vereinbar?
Zunächst ist zu sagen, dass es aus theologischer Sicht zu begrüßen ist, wenn ein therapeutisches Verfahren ausführlich Rechenschaft über die ihr zugrunde liegenden philosophischen Wurzeln gibt, insbesondere hinsichtlich ihrer Anthropologie.[810] Denn im Grunde ist Psychothera- pie eine Form angewandter Anthropologie. Oder anders gesagt: jede Psychotherapie hat mindestens implizit eine Vorstellung davon, wie der Mensch beschaffen ist und auch wie er sein sollte. Zugespitzt ge- sagt: sie hat ihre eigene ›Sünden- und Erlösungslehre‹. In vielen Ver- fahren wird das nicht wirklich reflektiert, sondern eher agiert,[811] und die zugrundeliegende Anthropologie ist meist nur indirekt erkennbar. Darum ist es ein respektabler Verdienst, dass die Integrative Therapie diesem Thema so große Beachtung schenkt. Damit bietet sie sich für die Theologie als direkter Gesprächspartner auf dieser Ebene an. Denn anthropologische Reflexionen sind für Theologie selbstverständlich. Wie überhaupt der ganze Bereich der Metatheorie der Integrativen Therapie (Tree of Science) eine hohe Affinität zu systematisch- theologischem Denken hat. Für die seelsorgerliche Praxis bleibt das zwar im Hintergrund, aber hier stimmt die Integrative Therapie mit dem theologischen Anspruch überein, diesen Hintergrund im Blick zu haben und ihn zu klären.

Mit der christlichen Perspektive auf den Menschen gut vereinbar ist die synontische Sicht des Menschen,[812] seine wesensmäßige Einge-

---

[809] Der Ausbildungsgang »Gestaltseelsorge/Integrative Pastoralarbeit« findet zur Zeit leider nicht mehr statt. Ob eine Wiederauflage erfolgt, ist fraglich.
[810] Wie es überhaupt zu begrüßen ist, dass in der Integrativen Therapie die in manchen humanistischen Verfahren übliche Theoriefeindlichkeit sich nicht durch- setzen konnte.
[811] Z.B. in der klassischen Gestalttherapie nach Perls.
[812] Z.B. *Petzold* 1988, 254.

bundenheit in Mitmenschlichkeit und in den Kosmos. Wir sprechen in
der Theologie von Geschwisterlichkeit und Geschöpflichkeit. Auch die
Anthropologie des schöpferischen Menschen, der ko-kreativ die Welt
gestaltet, erinnert stark an das biblische Menschenbild.

Problematisch erscheint mir eine bisweilen fast grenzenlos optimistische ›Soteriologie‹,[813] die – zumindest gelegentlich – eine ›Wiederbringung aller Dinge‹ zu versprechen scheint, oder die Hoffnung weckt
auf ›Versöhnung von Kultur und Natur‹.[814] Wird in der Psychoanalyse
bisweilen das christliche Menschenbild durch einen starken Pessimis-
mus unterschritten, so finden wir in der Integrativen Therapie in manchen Formulierungen eine zu optimistische Überschreitung. Der
Mensch ist eben nach theologischem Verständnis immer *simul justus
et peccator*. Von Gott geliebt und gerechtfertigt ist der Mensch einerseits mit allem Grund zur Hoffnung ausgestattet. In eschatologischer
Hinsicht sogar zu vollkommener Hoffnung, deren Antizipation nicht
unwesentlich das christliche Lebensgefühl prägen kann. Zugleich ist
der Mensch aber ›gefallen‹, und darum zur realistischen Wahrnehmung seiner existenziellen Entfremdung und Endlichkeit verpflichtet.[815] Beide Perspektiven sind für eine christliche Seelsorge unverzichtbar.

2.4.1.4.6 Kritische Würdigung
Zusammenfassend lässt sich sagen: Als mehrjährige Basisausbildung
ist die Integrative Therapie sehr geeignet, insbesondere, weil sie über
Selbsterfahrung und praktische Lernprozesse an der basalen professionellen Beziehungsfähigkeit arbeitet, die sehr wichtig ist auch für Seelsorge. Die Integrative Therapie bietet sich aufgrund ihrer breiten theoretischen Fundierung auch an als wichtiger Gesprächspartner für die
Theologie. Auch und gerade, wenn manches aus theologischer Sicht
durchaus auch kritisch zu sehen ist, so finden sich doch bei der Integrativen Therapie viele elaborierte Theorieelemente, die man bei vielen
anderen Verfahren vergeblich sucht. Schlussendlich enthält die Praxistheorie der Integrativen Therapie viele wichtige Anregungen und Interventionsmöglichkeiten, die gut für Gemeindeseelsorge geeignet
sind.[816]

---

[813] Eine genaue Untersuchung würde vermutlich latente religiöse Aspekte in
manchen Konzepten der Integrativen Therapie aufzeigen können.
[814] *Petzold* 1988, 253.
[815] Vgl. hier z.B. die Wertschätzung des Fragments durch Henning Luther (*Luther* 1992, 160ff.).
[816] Vgl. die zum Teil ähnliche Einschätzung der Integrativen Therapie hinsichtlich der Kompatibilität mit Seelsorge durch Ladenhauf, der jedoch dem Verfahren
ein kritischeres Menschenbild bescheinigt (*Ladenhauf* 2007).

2.5 Verschiedene weitere Verfahren

An dieser Stelle möchte ich nun in Kurzfassung noch auf ein paar weitere Verfahren hinweisen, aus denen für die Seelsorge interessante und hilfreiche Impulse und Ideen gewonnen werden können.

2.5.1 Lösungsorientierte psychoanalytisch-systemische Therapie (Peter Fürstenau)

Als Beispiel dafür, wie man lösungsorientiertes Vorgehen mit klassischem problemorientierten Vorgehen verbinden kann, sei hier das psychoanalytisch-systemische Kurzzeitverfahren dargestellt, wie es Peter Fürstenau entwickelt hat. Es kann entsprechend auch für andere überwiegend problemorientierte Verfahren zum Modell werden, sofern es sich mit lösungsorientiertem Arbeiten verbinden will.

Peter Fürstenau verknüpft die psychoanalytische Übertragungsanalyse (nach Gill) mit einem lösungsorientiert-systemischen (nach de Shazer) und suggestivtherapeutischen Verfahren (nach Erickson) mit dem Ziel, die persönlichen »Lösungsressourcen« der Patienten zu mobilisieren.[817] Fürstenau geht dabei von zwei Voraussetzungen aus. Erstens: »dass der Patient seine Symptomatik nur in dem Maße aufgeben kann, wie er positive Schritte, d.h. neue gute Erfahrungen, in Richtung auf die Erreichung seines Behandlungsziels mit Hilfe des Therapeuten machen« kann.[818] Zweitens: »dass eine Veränderung der Befindlichkeit des Patienten nicht von der Vertiefung in die Hintergründe oder Entstehungsumstände der Symptomatik erwartet wird, sondern vom Fortschritt der Annäherung an die Lösung.«[819]

Zur Einschätzung der persönlichen Lage des Patienten gibt es im Wesentlichen zwei Fragen:

– »Vor welcher ... anstehenden Aufgabe, d.h. vor welchem Entwicklungsschritt, schreckt der Patient zurück?«
– »Zu welcher früheren Bewältigungsposition (Entwicklungsstufe) regrediert der Patient ...?«[820]

Die Beantwortung dieser Fragen gibt dem Therapeuten eine Orientierung für das mit dem Patienten auszuhandelnde konkrete Therapieziel. Dabei ist die Selbsteinschätzung des Patienten wichtiger als sogenannte

---

817 *Fürstenau* 1996, 30f.
818 *Fürstenau* 1996, 32.
819 *Fürstenau* 1996, 33.
820 *Fürstenau* 1996, 31.

»Expertendiagnostik«.[821] Das gemeinsam erarbeitete Ziel wird möglichst sinnlich konkret vor Augen gestellt und es werden Kriterien erarbeitet, woran man dessen Erreichung messen kann.[822]

Hauptinstrument des Therapeuten ist einmal die Übertragungsanalyse. Mit ihrer Hilfe werden dem Patienten die Muster seines Verhaltens erkennbar gemacht, aber immer verbunden mit einer positiven Konnotation. Die »Ichfremdheit der Symptomatik« soll überwunden werden.[823] Ein symptomatisches Verhaltensmuster wird dem Patienten zum Beispiel gedeutet als das in seiner gegebenen biografischen oder aktuellen Situation »bestmögliche« Verhalten. Auch »Symptomverschreibung (paradoxe Intervention)« ist als Intervention denkbar.[824] Das bisherige Verhalten, darauf wird Wert gelegt, soll erst aufgegeben werden, wenn die Patienten »sicher sind, eine bessere Lösung gefunden zu haben.«[825]

Ein weiteres Hauptinstrument entstammt der lösungsorientierten Kurzzeittherapie nach de Shazer. Es werden positive Ausnahmen im Problemverhalten des Patienten gesucht, deren Muster herausgearbeitet und in Kontrast gestellt zum in der Übertragung deutlich gewordenen problematischen Muster.[826] Hierher gehören auch suggestive Annährungsstrategien an die erkennbar gewordenen Ziele, zum Beispiel durch Konditionalfragen (»Was wäre wenn ...?«).[827]

Die Behandlung geschieht in einer Atmosphäre des Verständnisses, des Interesses und der (emotionalen, nicht unbedingt inhaltlichen) Solidarisierung mit dem Patienten.[828] Bei einer Sitzungsfrequenz von ein bis zwei Sitzungen pro Monat ergibt es sich, und ist ausdrücklich so gewollt, dass nicht die Erfahrungen in den Sitzungen, sondern die lediglich in den Sitzungen induzierten oder aufgearbeiteten neuen Erfahrungen im Lebensumfeld zum entscheidenden Faktor werden.[829] Fürstenaus Konzept ist somit geprägt durch eine »entschiedene antiregressive Tendenz« verbunden mit einem hohen »Respekt vor der Autonomie« und Eigenverantwortung der Patienten.[830]

---

[821] *Fürstenau* 1996, 34.
[822] *Fürstenau* 1996, 32.
[823] *Fürstenau* 1996, 32.
[824] *Fürstenau* 1996, 32f.
[825] *Fürstenau* 1996, 32.
[826] *Fürstenau* 1996, 33f.
[827] *Fürstenau* 1996, 34.
[828] *Fürstenau* 1996, 31.
[829] *Fürstenau* 1996, 35.
[830] *Fürstenau* 1996, 34f.

Das ›normale‹ lösungsorientierte Vorgehen nach de Shazer und anderen scheint dem Phänomen der Übertragung und Gegenübertragung wenig bis keine Bedeutung beizumessen. Im Gegenteil: es wird versucht, eine Übertragungsbeziehung gar nicht erst entstehen zu lassen. Fürstenau zeigt hier jedoch, dass es durchaus möglich ist, mindestens mit den mitgebrachten und in der therapeutischen Begegnung aktualisierten Übertragungen[831] des Klienten und den Gegenübertragungsreaktionen des Therapeuten so zu arbeiten, dass es zu einer sehr nützlichen Konvergenz mit dem lösungsorientierten Ansatz kommen kann.[832] Da Übertragung ein ubiquitäres Phänomen ist, halte ich diesen Aspekt auch für Seelsorge zumindest für beachtenswert.

2.5.2 Focusing (Eugene T. Gendlin)

Kurzzeittherapie hat viel mit Aufmerksamkeitsfokussierung zu tun. Eine ganz eigene Form des Fokussierens wurde von Eugene T. Gendlin entwickelt. Mit seinem »Focusing« bringt der 1926 in Wien geborene und 1938 in die USA ausgewanderte Philosoph einen phänomenologischen Ansatz in die Psychotherapie, der auf vorsprachlichen »Sinn« zu fokussieren sucht. Dieser »Sinn« wohnt dem Menschen als Geist-Körper-Wesen inne. Dieser Sinn ist weder den Gefühlen, noch dem Verstand unmittelbar zugänglich, sondern muss erfühlt werden, indem sowohl vordergründige Gefühle, als auch vorschnelle Erklärungen immer wieder behutsam beiseite geschoben werden, bis zunächst unklar, dann aber evident erlebbarer Sinn hervortritt.[833] Dieser »Felt Sense«[834] wird, seinem vorsprachlichen Charakter entsprechend, annäherungsweise eingekreist mit vorläufigen Eigenschaftswörtern, Bilder, Metaphern,[835] und zwar so lange, bis ein körperlich spürbares als angenehm erlebtes Aha-Erlebnis (»Body Shift«[836]) anzeigt, dass der Felt Sense gefunden wurde. In etwa könnte man den Felt Sense auch als ganzheitliche Wahrnehmung im Sinne der Gestaltpsychologie ver-

---

[831] Im Unterschied zu der erst in einer Therapie aufgebauten »Übertragungsneurose«. Siehe dazu *Laplanche Pontalis* 1973, 560.

[832] Ein anderes psychoanalytisch geprägtes Konzept der Kurzzeittherapie, das zentral mit Übertragung arbeitet, stammt von Habib Davanloo. Seine »Intensive Psychodynamische Kurztherapie« geht allerdings sehr provokativ und konfrontativ vor, ein Vorgehen, das mit einer gleichrangigen wertschätzenden Beziehung, wie sie nicht zuletzt aus theologischen Gründen in der vorliegenden Seelsorgekonzeption vertreten wird, nicht zu vereinbaren ist (*Gottwick* 1996a und 1996b, *Davanloo* 1978).

[833] *Gendlin* 1998, 150f. – Gendlins eigene philosophische Erklärung lautet: »Ein Felt Sense ist Körper und Geist, bevor beides getrennt wird.« (*Gendlin* 1998, 189).

[834] *Gendlin* 1998, 54.

[835] *Gendlin* 1998, 76ff. – Ein passendes Wort oder Bild wird dann als »Griff« bezeichnet.

[836] *Gendlin* 1998, 61.

stehen, so wie man z.b. einen anderen Menschen auch nur als schwer zu beschreibende Gestalt oder Ganzheit wahrnimmt, und nicht als Summe seiner Eigenschaften.[837] Allein das Wahrnehmen des Felt Sense bringt wieder Bewegung in festgefahrene Lebensprozesse, ja auch der Felt Sense selber verändert sich unter der Wahrnehmung.[838] Im Unterschied zur Fokusbildung im Sinne eines Herausgreifens klar umgrenzter und benennbarer Themen oder Problembereiche, geht hier der Fokus auf das hintergründig »Ganze« eines Themas oder Problems, und gerade die zunächst vorherrschende Unklarheit ist ein Indiz dafür, dass man jenem vorsprachlichen Sinn auf der Spur ist, den der Körper schon weiß. Wobei mit dem missverständlichen Begriff Körper nicht der rein biologische Organismus gemeint ist. Aus dem Zusammenhang wird deutlich, dass Gendlin mit Körper eher so etwas wie »Leib« meint, der Geist und Seele, Selbst- und Weltwahrnehmung mit einschließt.[839]

Gendlin beschreibt sehr genau, welche einzelnen Schritte erforderlich sind, um den »Felt Sense« zu finden.[840] Ein Focusing braucht etwa 10 bis 15 Minuten, sollte aber auf jeden Fall nicht länger sein.[841] Focusing erfordert allerdings Übung. Über eine Zeitdauer zum Erfolg legt sich Gendlin darum auch nicht fest.[842] Einen großen Vorteil dieser Methode sieht Gendlin darin, dass sie ohne professionellen Kontext auskommen kann. Focusing kann allein, zu zweit oder auch in Gruppen stattfinden.[843] Als Focusingpartner genügt ein Mensch, der einfach nur »da sein« und zuhören kann. Aber auch im professionellen Bereich, so jedenfalls der Anspruch des Verfassers, kann Focusing jenseits aller Methoden und Konzepte und somit auch innerhalb jedes Verfahrens gewinnbringend eingesetzt werden.[844] Es ist im Grunde genau das, was schon immer da war, wenn Therapie funktionierte. Insofern hat Gendlin dieses Verfahren auch nicht erfunden, sondern gefunden,[845] und

---

[837] Der Felt Sense ist eine »innere Aura«, ein »Gesamteindruck« (*Gendlin* 1998, 54ff.). Er wird »als Ganzes empfunden.« (*Gendlin* 1998, 105).
[838] *Gendlin* 1998, 60.
[839] Also etwa im Sinne eines umfassenden Leibbegriffes, wie ihn z.B. dezidiert die Integrative Therapie vertritt. Siehe dazu die Anmerkung 765 auf S. 171 in dieser Arbeit.
[840] *Gendlin* 1998, 64ff.
[841] *Gendlin* 1998, 124f.
[842] »Oft ist es nicht möglich, ein bestimmtes Problem in einer einzigen Focusing-Sitzung zu lösen. ... Der Prozess kann mehrere Monate in Anspruch nehmen.« (*Gendlin* 1998, 86).
[843] Gendlin ist sehr optimistisch hinsichtlich einer breiten Anwendbarkeit. Focusing lasse »sich in Schulen, kirchlichen Gruppen, Gemeindezentren und anderen Institutionen vermitteln.« (*Gendlin* 1998, 29).
[844] *Gendlin* 1998, 179.
[845] *Gendlin* 1998, 182.

zwar in der Beobachtung gelingender Therapie.[846] Menschen, die erfolgreich eine Therapie absolvierten, hatten genau diese Fähigkeit, ihren »Felt Sense« wahrzunehmen.

Focusing im Sinne eines exklusiven methodischen Vorgehens erscheint mir für die Seelsorge als zu spezifisch. Meines Erachtens kann man aber in diesem Sinne nicht nur arbeiten, um unmittelbar Probleme zu lösen, wie Gendlin das empfiehlt, sondern auch, um Problemlösungen zu überprüfen, die auf anderen Wegen gefunden wurden. Insbesondere Gunther Schmidt hat immer wieder – mit Berufung auf Gendlin – darauf hingewiesen, dass gefundene Lösungsschritte und Lösungsziele immer wieder auch auf Stimmigkeit geprüft werden müssen,[847] auf eine Stimmigkeit, die ganzkörperlich wahrgenommen werden kann, sozusagen als »Felt Sense«. Wenn man einmal von dem beinahe uneingeschränkten Optimismus Gendlins[848] absieht, kann dieser Ansatz auch in der Gemeindeseelsorge helfen, über die Frage der leiblichen Stimmigkeit nicht einfach hinwegzugehen.[849]

2.5.3 Integrierte Kurztherapie (Dietmar Friedmann)

Einen Versuch, auf dem Hintergrund einer in sich konsistenten Therapiekonzeption drei kurzzeittherapeutische Verfahren zu integrieren, bietet Dietmar Friedmann in seinem Buch »Integrierte Kurztherapie«. Friedmann erkennt und beschreibt drei »ontologische« Lebensbereiche, nämlich Beziehung, Erkennen, Handeln.[850] Diesen Bereichen ordnet er drei Persönlichkeitstypen zu, die er als Beziehungstyp, Sachtyp und Handlungstyp bezeichnet.[851] Jedem dieser drei Bereiche beziehungsweise Typen ordnet er nun wiederum ein bestimmtes Kurzzeitverfahren zu, das er für diesen Bereich für besonders geeignet hält.[852] Für das Thema Beziehung ist Systemische Kurztherapie besonders geeignet, weil sie mit ihren Interventionsstrategien der oftmals paradoxen Logik von Beziehungen am ehesten entspricht.[853] Für das

---

[846] *Gendlin* 1998, 22ff. Vor allem Rogers spielte dabei eine wichtige Rolle (*Gendlin* 1998, 8, 14, 196).

[847] *Schmidt* 2004, 72ff.; *Weber Schmidt Simon* 2005, 172.

[848] »Ihr Körper wird immer wissen, wo der beste Weg zu Glück und Wohlbefinden liegt.« (*Gendlin* 1998, 134). – Das klingt nach mehr als nach zweifellos vorhandenen Selbstheilungskräften.

[849] »Echtes Lernen kann nur im Dialog mit unserem Körper geschehen.« (*Gendlin* 1998, 187). – Darin ist Gendlin sicher zuzustimmen.

[850] *Friedmann* 1997, 18f. – Diese Bereiche haben je ihre »Eigengesetzlichkeit« (*Friedmann* 1997, 33ff.). Außerdem korrelieren sie jeweils mit einem der drei Zeitmodi Vergangenheit, Gegenwart und Zukunft (*Friedmann* 1997, 42).

[851] *Friedmann* 1997, 127.

[852] *Friedmann* 1997, 26; bezüglich der Zeitmodi: 45f.

[853] *Friedmann* 1997, 36ff., sowie ausführlich 91ff. – Friedmann unterscheidet die Systemische Kurztherapie von der Systemischen Familientherapie und bringt sie in

Thema Erkennen, bei dem es auch um Identität geht, ist NLP am besten geeignet, weil es hier eine effektive Technik gibt, um problematische interne Denkmuster durch neue, hilfreichere Denkmuster zu ersetzen.[854] Und für den Bereich Handeln schließlich ist die lösungsorientierte Kurztherapie nach de Shazer am besten geeignet.[855] Jeder Persönlichkeitstyp hat mit allen drei Dimensionen des Lebens zu tun, hat aber in der seiner Persönlichkeit entsprechenden Dimension seine »Schlüsselfähigkeiten«. Therapeutisch bedeutet dies, dass man nicht nur dem Persönlichkeitstyp entsprechend ein Verfahren auswählen muss, sondern entsprechend der geschuldeten Entwicklungsrichtung den Einsatz der Verfahren auch variieren muss.[856]

Auffällig ist, dass Friedmann in seinem Gebrauch der drei Verfahren selektiv vorgeht. Aus NLP übernimmt er überwiegend den Vorgang der kognitiv-emotionalen Neubewertung. Dies geschieht durch einen »Swish«, das heißt ein inneres Erleben, eine innere Kognition wird sozusagen psycho-räumlich umgebettet.[857] Etwa ein belastender innerer Satz kommt an den zuvor eruierten Ort für belanglose Sätze, ein neuer hilfreicher innerer Satz wird im Gegenzug an den Ort für belangvolle Sätze verschoben. Das ganze geschieht, nach entsprechender Vorbereitung, durch ein relativ schnelles inneres Umschalten/Umtauschen (»Swish«). Das ist zwar durchaus eine NLP-Intervention,[858] aber repräsentiert natürlich nicht das ganze reichhaltige Instrumentarium des NLP. Aus der systemischen Kurztherapie übernimmt er etwas, das er als paradoxe Intervention versteht, nämlich »das Gute im Schlechten« zu entdecken,[859] und zwar nicht nur kognitiv, sondern ›energetisch‹. Das heißt der Klient wird dazu angeleitet, in negativen Erfahrungen die darin enthaltene positive Energie sich anzueignen und damit seine Problemsituation zu »konfrontieren«. Konkret heißt das: der Klient stellt sich zum Beispiel vor, in welcher Situation er widerfahrenes Leid selber aktiv und quasi moralisch rechtmäßig jemand anderem zufügen könnte.[860] Die somit aktiv empfundene (gute!) Täterenergie wird nun energetisch übertragen auf die zuvor als Opfer erlebte Leidsi-

Zusammenhang mit der Strategischen Kurztherapie, jedenfalls was den »interaktionalen Aspekt« anbelangt. Der bis dato noch fehlende »interne Aspekt« wurde von Friedmann ergänzt, vorbereitet – mehr noch als durch Erickson – von Perls (*Friedmann* 1997, 92f.).

854 *Friedmann* 1997, 38ff., sowie ausführlich 69ff.
855 *Friedmann* 1997, 33ff., sowie ausführlich 47ff.
856 *Friedmann* 1997, 125ff.
857 *Friedmann* 1997, 76ff.; Schritt für Schritt Anleitung: S. 86f.
858 *O'Connor Seymour* 1992, 266ff.
859 *Friedmann* 1997, 91ff.
860 Dazu bedarf es hypothetischer Hilfsphantasien, also z.B. gegenüber einem fiktiven bösen Menschen, damit dieser Vorgang als positiv empfunden werden kann (*Friedmann* 1997, 98f.).

tuation. Aus der Lösungsorientierten Kurzzeittherapie schließlich übernimmt Friedmann im Wesentlichen die Arbeit mit der Wunderfrage und mit Ausnahmen. Insofern ist sie meines Erachtens das einzige Verfahren, das er in seinen wesentlichen Interventionen übernimmt.

Neben der zum Teil sehr verkürzten Übernahme der genannten Therapieansätze, halte ich das dreigliedrige Persönlichkeitsmodell für problematisch. Natürlich ist der Wunsch in gewisser Weise nachvollziehbar, die komplexe Wirklichkeit in eine Art Schema zu bringen, damit sie greifbarer und handhabbarer wird, zumal wenn es sich dann noch um so ein vergleichsweise einfaches trinitarisches Schema[861] handelt. Zu kritisieren ist daran vor allem, dass es hier nicht nur als heuristisches Modell benutzt wird, sondern als »ontologische« Wirklichkeitsbeschreibung, die zudem von Friedmann mit dem Impetus einer neuen Erfindung vorgetragen wird. Aber selbst eine rein heuristische Verwendung dieses auf vorgegebene Persönlichkeitsmerkmale und »ontologische« Strukturen fokussierenden Schemas birgt die Gefahr, nicht mehr in der ›Spur des Anderen‹ zu bleiben, sondern die Gesprächspartner zu typisieren. Gerade der vorgetragene Anspruch, der Persönlichkeit des Klienten gerecht zu werden, indem man seinen Typ erkennt, scheint mir auf diese Weise nicht einlösbar. Es ist vielmehr zu befürchten, dass die konkreten Menschen hinter diesem Schema verschwinden.

Für die Seelsorge halte ich diese Form der »Integrierten Kurztherapie« für nicht geeignet. Zum einen trägt sie zu der vorhandenen Eigenleistung der von Friedmann »integrierten« Verfahren im Grunde nichts weiteres hinzu[862], außer einem sehr schematischen Persönlichkeitsmodell. Doch genau das aber halte ich der Einzigartigkeit eines jeden Menschen für nicht angemessen. Hier zeigt sich beispielhaft, dass in der Tat kritisch gesichtet werden muss, gerade auch, weil das Angebot zunächst so verführerisch klang mit dem Versprechen, drei verschiedene Kurzzeitverfahren praxistauglich zu integrieren. Außerdem ist es ein Beispiel für die immer wiederkehrende Versuchung, den Menschen in einfache Persönlichkeitstypen einzuordnen. Oft ist dies dann verbunden mit der impliziten Idee, man wisse, was jeder ›Typ‹ dringend

---

[861] Friedmann bringt selbst den Vergleich zur Trinität (*Friedmann* 1997, 19).
[862] Eine gewisse Ausnahme kann man in Friedmanns Ergänzung der »inneren Aspekte« des systemischen Kurztherapie sehen (*Friedmann* 1997, 92ff.). Das damit verbundene therapeutische Vorgehen halte ich aber für nicht ganz unproblematisch, insbesondere die »hypothetische Hilfskonstruktion«, nach der es »o.k.« ist, wenn auch nur in der Phantasie, bösen Menschen Böses anzutun (S. 99ff.). Das dahinterstehende Anliegen der Integration von Patienten als negativ bewerteten ›Energien‹ kann, so meine ich, genauso gut, wenn nicht besser z.B. auf gestalttherapeutische Weise geschehen; als dessen weiterführende – aus meiner Sicht fragliche – Modifikation Friedmann sein Vorgehen ja auch versteht.

brauche.[863] Demgegenüber betont echte lösungsorientierte Kurzzeittherapie auf respektvolle Weise die hohe Autonomie der Klienten, insbesondere auch hinsichtlich der Zieldefinition.

2.5.4 Aufstellungsarbeit – nach Hellinger?

Der Begriff der Aufstellungsarbeit scheint fast unlöslich mit dem Namen Bert Hellinger verbunden zu sein. Das hängt damit zusammen,
dass Bert Hellinger der Aufstellungsarbeit eine sehr eigene Akzentuie-
rung verliehen hat und zugleich die Aufstellung unter seinem Namen
sehr populär geworden ist. Allerdings ist er, was in der Diskussion oft
wenn nicht übersehen, so doch kaum wirklich betont wird, nicht der
Erfinder der Aufstellungsarbeit. Die Aufstellungsarbeit hat ihre historischen Wurzeln insbesondere in der Familienskulptur Virginia Satirs.
Daneben gibt es Parallelen und Einflüsse aus der Psychodramaarbeit
Morenos und einigen anderen.[864]

An dieser Stelle soll keine ausführliche Auseinandersetzung mit Hellinger stattfinden. Das geschah und geschieht bereits an anderen Orten.[865] Beispielhaft verdichtet findet sich diese Auseinandersetzung in
der »Potsdamer Erklärung zur systemischen Aufstellungsarbeit« vom
Juli 2004.[866] Für eine ausführlichere und differenzierte Auseinandersetzung sei auf die Diskussion zwischen Gunthard Weber, Gunther
Schmidt und Fritz B. Simon verwiesen, die zudem noch mit einem
ausführlichen Kommentar von Matthias Varga von Kibed versehen
wurde.[867] Die Aufstellungsarbeit soll dennoch auch in dieser Arbeit
einen gewissen Raum bekommen, weil sie durchaus sehr wertvolle
Impulse für die Seelsorge geben kann. Allerdings gilt es auch hier, genau hinzuschauen und zu differenzieren.

[863] Auch in der Kirche scheint es eine gewisse Verführbarkeit für schematische
Persönlichkeitsmodelle zu geben (z.b. die »Grundformen der Angst« von Fritz
Riemann oder das Enneagramm), insbesondere auch in populären Vereinfachun-
gen. Womit nicht ausgeschlossen werden soll, dass die »Grundformen der Angst«
von Fritz Riemann als vorsichtige und nicht festlegende heuristische Folie für
Selbst- und Fremdwahrnehmung genutzt werden können. (Vgl. *Klessmann* 2004,
570ff. und *Klessmann* 2008, 331ff.). Keinesfalls aber dürfen sie festlegenden oder
besserwisserischen Charakter annehmen, eine Gefahr, die bei solchen und ähnlichen Modellen nicht ganz von der Hand zu weisen ist, und die deswegen immer
auch wieder der kritischen Hinterfragung bedürfen.
[864] *Weber Schmidt Simon* 2005, 234; *Schlippe Schweitzer* 1996, 164.
[865] In prägnanter Kürze z.b. bei *Schlippe Schweitzer* 1996, 42ff. Ebenso auch bei
Held 1998, 73ff.
[866] Zitiert in *Weber Schmidt Simon* 2005, 139f.
[867] *Weber Schmidt Simon* 2005.

Zunächst ganz kurz eine Darstellung eines idealtypischen Ablaufs einer Aufstellung.[868] Aufstellungen erfolgen in Gruppen und erfordern eine ausreichend große Anzahl an Teilnehmenden. Ein Protagonist stellt andere Teilnehmer als Stellvertreter für wichtige Personen oder Sachverhalte so im Raum auf, dass sie hinsichtlich räumlicher Anordnung und Blickrichtung dem entsprechen, wie er sein »Heimatsystem« wahrnimmt. Auch für seine eigene Position wählt er einen Stellvertreter und stellt ihn entsprechend auf. Nun gibt es verschiedene Optionen für das weitere Vorgehen. Wichtig sind zunächst die Rückmeldungen der Stellvertreter über die Gefühle und Empfindungen, die sie an dem ihnen zugewiesenen Platz haben. Hier zeigt sich oft eine sehr tiefe und z.T. bis ins körperliche gehende Form der »repräsentierenden Wahrnehmung«,[869] deren Wirklichkeit unbestritten, deren Zustandekommen und Wirkweise bislang aber noch strittig sind. Eine weitere Möglichkeit besteht nun darin, die Stellvertreter nach besseren Plätzen suchen zu lassen und so eine Lösungsdynamik sichtbar zu machen. Eine andere Möglichkeit besteht darin, durch vom Leiter vorgegebene Sätze, die in der Aufstellung sichtbar gemachten Verstrickungen zu lösen. Diese Sätze folgen in der Regel festen Mustern. Der Protagonist beobachtet die ganze Zeit die Aufstellung, stellt sich aber am Ende selbst in die eigene Position, um die Aufstellung abschließend auch nochmals von ›innen‹ wahrzunehmen. Ob während der Aufstellung über die Aufstellung gesprochen wird (Metakommunikation), hängt davon ab, was genau man mit einer Aufstellung intendiert.

Eine in diesem Zusammenhang sehr wichtige Unterscheidung hat Fritz B. Simon eingeführt, wenn er darauf hinweist, dass unter dem Begriff Aufstellung eigentlich zwei sehr unterschiedliche Vorgehensweisen subsumiert werden.[870]

Die erste Vorgehensweise, die Simon als »heidelbergerisch« bezeichnet,[871] hat eine heuristische Funktion und könnte quasi als »bildgebendes Verfahren«[872] bezeichnet werden. Es wird sichtbar gemacht, wie

---

[868] Aufstellungen nach Hellinger sind beschrieben in *Hellinger* 2001 sowie in *Weber* 1993. Vgl. auch *Schäfer* 2000. Die verschiedenen Optionen, davon abweichend und modifizierend mit Aufstellungen zu arbeiten, werden in *Weber Schmidt Simon* 2005 dargestellt und diskutiert.

[869] Der Begriff »repräsentierende Wahrnehmung« wurde von Matthias Varga von Kibed geprägt, um das Phänomen zu benennen, dass Stellvertreter an ihren Plätzen Wahrnehmungen haben, die relativ eindeutig mit der Aufstellung und dem Platz zu tun haben, den sie als Stellvertreter zugewiesen bekommen haben (*Weber Schmidt Simon* 2005, 202, 220ff.).

[870] *Weber Schmidt Simon* 2005, 53–70. Die folgende Darstellung bezieht sich im Wesentlichen auf dieses Kapitel.

[871] *Weber Schmidt Simon* 2005, 70.

[872] So Gunthard Weber mündlich in einem Vortrag 2010.

jemand ein System (Familie, Organisation, usw.) sieht und erlebt. Damit können nun wertvolle Informationen gewonnen werden, die zur hilfreichen Unterschiedsbildung in der bisherigen Sichtweise des Klienten führen. Dabei bieten die Rückmeldungen der Stellvertreter einen wichtigen Beitrag. Hilfreich sind ferner die probeweise inszenierten Dynamiken der Aufstellung, in dem die Stellvertreter ihren Bewegungsimpulsen folgen, in der Regel, um bessere Plätze zu suchen, aber auch um konflikthafte Dynamiken sichtbar zu machen.[873] Und schließlich steht am Ende ein gemeinsam erarbeitetes Lösungsbild, das sich für alle, aber insbesondere für den Klienten als stimmig anfühlen sollte, und das manchmal erst durch Trial and Error gefunden wird. Ein solcher Prozess wird mehr oder weniger durch partnerschaftliche und transparente Metakommunikation begleitet. Das Vorgehen ist i.d.R. lösungsorientiert, auch und gerade im Sinne der (hypnotischen) Aufmerksamkeitsfokusierung auf hilfreiche Unterschiede.[874] Am Ende steht eine neue Idee, wie im Alltag die Lösung angestrebt werden könnte, eine neue hilfreichere Konstruktion von Wirklichkeit. Sowohl Gunther Schmidt als auch Fritz B. Simon arbeiten, trotz einiger Unterschiede im Detail, nach dieser »Heidelberger Methode«.[875]

Die zweite Vorgehensweise bezeichnet Simon als »hellingerisch«.[876] Diese Vorgehensweise erhebt den Anspruch, im Vollzug einer Aufstellung die Wirklichkeit selbst zu verändern, sowohl die Wirklichkeit des Klienten als auch die seines Systems. Es ist eine Art Übergangsritual[877] von einer alten Wirklichkeit in eine neue Wirklichkeit. F.B. Simon vergleicht es mit Heilungsritualen im Schamanismus.[878] Durch einen rituellen Vollzug und durch rituelle Sätze wird Wirklichkeit in actu verändert. Dabei spielen vom Aufstellungsleiter autoritativ vorgegebene rituelle Sätze eine große Rolle. Er weist bestimmte Stellvertreter an, insbesondere den Stellvertreter des Protagonisten, jenen Stellvertretern, die in konflikthaft involvierten Positionen stehen, bestimmte »lösende« Sätze zu sagen. Diese Sätze haben fast immer etwas mit Anerkennung, Wertschätzung und Vergebung zu tun und zielen auf Wiederherstellung eines Zustandes, der objektiven »Ordnungen der Liebe«[879] entspricht und so das Familiensystem von aktuellen und auch längst vergangenen Verstrickungen erlöst. Das ist die Vorge-

---

873 Gunther Schmidt nennt das »System-Choreografien« (*Weber Schmidt Simon* 2005, 108).

874 Das betont besonders Gunter Schmidt in *Weber Schmidt Simon* 2005, 87ff.

875 Simon hat die Unterschiede der Aufstellungen im Sinne der Heidelberger Schule zu denen im Sinne Hellingers tabellarisch gegenübergestellt (*Weber Schmidt Simon* 2005, 64).

876 *Weber Schmidt Simon* 2005, 70.

877 *Weber Schmidt Simon* 2005, 67.

878 *Weber Schmidt Simon* 2005, 65.

879 So der Titel eines wichtigen Werkes von Bert Hellinger (*Hellinger* 2001).

hensweise Hellingers. Metakommunikation spielt gar keine Rolle, im Gegenteil, sie ist verpönt, weil mit ihr die Wirkung der Aufstellung zerredet werden könnte. Die Aufstellung wirkt an sich. Es geht bei dieser Form der Aufstellung auch nicht darum, ein Lösungsbild zu suchen, sondern es geht darum, die sich in der Aufstellung – zumindest für Hellinger – objektiv zeigende unerlöste Wirklichkeit im Vollzug der Aufstellung zu erlösen. Am Ende steht nicht eine neue Sicht auf die Wirklichkeit, sondern die Wirklichkeit selbst ist neu und verändert. Man muss sich das so ähnlich vorstellen, schreibt F.B. Simon, wie man z.b. auch das Standesamt mit einer anderen Wirklichkeit wieder verlässt als man hineinging.[880]

Die heidelbergerische Form der Aufstellungsarbeit wird in der Regel als systemisch-konstruktivistisch bezeichnet, die hellingerische als systemisch-phänomenologisch.[881] Erstere deswegen, weil sie hilft, neue hilfreiche Wirklichkeitskonstruktionen zu finden, die zweite deswegen, weil den Phänomenen (= Aufstellungsbild) eine objektive Wahrheit anhaftet, die der Aufstellungsleiter sehen und in Folge rituell verändern kann.

Es versteht sich fast von selbst, dass Anhänger beider Formen der Aufstellungsarbeit sich gegenseitig z.T. heftig kritisieren. Dennoch gibt es Mischformen und Weiterentwicklungen. Gunthard Weber, der einst sehr dazu beigetragen hat, dass die Aufstellungsarbeit nach Hellinger populär wurde,[882] hat inzwischen eine Form entwickelt, die zwar im Vollzug nach wie vor sehr ähnlich arbeitet wie Hellinger, die aber die quasi ontologische Phänomenologie durch einen heuristischen sowie erfahrungsbasierten Konstruktivismus ersetzt.[883] Die rituellen Sätze bleiben, aber sie haben den Charakter eines Angebotes, das auch modifiziert oder abgelehnt werden kann. Die Idee von hilfreichen Ordnungen bleibt, aber sie hat ihren vorwissenschaftlichen mythologischen und ontologischen Charakter verloren. Hilfreiche Ordnungen erkennt Weber durch jahrelange Erfahrung, deutet sie aber nicht mehr als unabänderliche Größe, sondern allenfalls noch als gesellschaftlich gewordene und uns prägende Muster, die sich einer allzuschnellen Veränderung widersetzen und darum auch ernstgenommen werden sollten, ohne sie jedoch zu verabsolutieren.[884]

---

880   *Weber Schmidt Simon* 2005, 67.
881   Es ist strittig, ob die Aufstellung nach Hellinger überhaupt zu Recht mit dem Begriff systemisch in Verbindung gebracht wurde (*Weber Schmidt Simon* 2005, 52f.).
882   Insbesondere durch *Weber* 1993.
883   So dargestellt in *Weber Schmidt Simon* 2005, insbesondere S. 137ff., 150ff. Die Unterschiede werden auch nochmals herausgearbeitet durch Matthias Varga von Kibed, a.a.O, 200ff.
884   *Weber Schmidt Simon* 2005, 146

Umgekehrt finden sich Ansätze systemisch-konstruktivistischer Aufstellungen, die stark mit der repräsentierenden Wahrnehmung arbeiten und sich zumindest ansatzweise auch mit der Funktion ritueller Wirklichkeitsveränderungen auseinandersetzen, ohne jedoch das Primat des Konstruktivismus aufzugeben. Das tun auf je verschiedene Weise Gunther Schmidt und Fritz B. Simon.[885] Ebenfalls von der systemisch-konstruktivistischen Seite kommen Matthias Varga von Kibed und Insa Sparrer,[886] sie versuchen aber der Aufstellungsarbeit insgesamt dadurch ein neues Gepräge zu verleihen, dass sie einerseits das Ganze philosophisch ausführlich untermauern, andererseits für das praktische Vorgehen eine lehr- und lernbare Grammatik entwickeln. Von ihnen kommt auch noch der wichtige Hinweis (im Sinne de Shazers), dass es in einer Aufstellung sinnvollerweise nur eine Wahrnehmung von Unterschieden geben kann, nicht eine Wahrnehmung von objektiven Befindlichkeiten.[887] D.h. es kann wahrgenommen werden, was sich besser oder schlechter anfühlt, nicht, was gut oder schlecht an sich ist.

Für die Gemeindeseelsorge ist Aufstellungsarbeit als eine Form der Gruppenarbeit nur in Ausnahmefällen interessant, da sich Seelsorge üblicherweise eher im Einzelkontakt vollzieht. Wer als Seelsorger mit Aufstellungen in Gruppen arbeitet, sollte sich der Wirkmächtigkeit dieses Instrumentes bewusst sein und es handhaben können. Und er muss, gerade weil es so stark öffentlich kontrovers diskutiert wird, sich über seine Nähe und Distanz zu dem umstrittenen Vorgehen Hellingers Rechenschaft ablegen können. Aus meiner Sicht ist der »reine« Hellinger mit christlicher Seelsorge nicht kompatibel, insbesondere aufgrund seiner fixen Ordnungen der Liebe und aufgrund eines autoritativen Vorgehens, das für mich einem dialogisch-geschwisterlichen Umgang mit einem mündigen Gegenüber widerspricht. Womit ich nicht ausschließen will, dass man von Hellinger auch einiges lernen kann. Insbesondere die Bedeutung der rituellen Wirklichkeitsveränderung scheint mir ein interessanter Aspekt bei Hellinger, der eine gewisse Affinität zu religiösen Ritualen zu haben scheint. Doch das bedarf der kritischen Diskussion und Auseinandersetzung, die hier nicht geleistet werden kann. Ich selbst würde für die Gruppenarbeit ein stärker systemisch-konstruktivistisches Arbeiten empfehlen, weil das am ehesten mit der Mündigkeit des je Einzelnen ernst macht.

Auch wenn Aufstellungsarbeit als Gruppenverfahren konzipiert ist, lassen sich doch meines Erachtens auch für die Einzelseelsorge einige

---

[885] Siehe *Weber Schmidt Simon* 2005. Insbesondere S. 53ff. und 180ff. für Fritz B. Simon. Und S. 87ff und 118ff. für Gunther Schmidt.
[886] *Weber Schmidt Simon* 2005, 200ff., sowie ausführlich *Sparrer* 2007 und *Daimler* 2008.
[887] *Weber Schmidt Simon* 2005, 204.

wichtige Aspekte fruchtbar machen. Dazu muss man methodisch etwas anders vorgehen. Da andere Menschen als Stellvertreter nicht zur Verfügung stehen, müssen diese ersetzt werden z.b. durch Spielfiguren oder Symbole.[888] Dadurch wird die Wirkweise der Aufstellung natürlich deutlich abgeschwächt, insbesondere weil auf die »repräsentierende Wahrnehmung« der Stellvertreter verzichtet werden muss. Dennoch eignet sich eine solche Aufstellung hervorragend als »bildgebendes Verfahren«. Der Gesprächspartner kann gleichsam aus einer Metaposition die Dynamik seines Systems erkennen und probeweise den einzelnen Figuren bessere Plätze zuweisen. Dieses Vorgehen hat einen rein heuristischen Charakter, kann aber auf diese Weise durchaus starke Lösungsbilder entwickeln. Der Vorteil ist, dass man mit der Aufstellung eine nonverbale Form der Darstellung für komplexe Beziehungsmuster zur Verfügung hat, die in der Regel sehr schnell zu Erkenntniseffekten führt und auch als Lösungsbild besser verinnerlicht werden kann als bloße Worte. Sowohl die Ist-Situation als auch Lösungsideen werden vom Gesprächspartner relativ schnell gesehen. Falls der Gesprächspartner für den Seelsorger offensichtliche Dinge doch nicht wahrnimmt, kann angebotsweise auf Aspekte hingewiesen oder auch versuchsweise eine Umstellung vorgeschlagen werden. Die Aufstellungs- und Deutungshoheit sollte dabei aber immer beim Gesprächspartner bleiben. Das so oder so am Ende gefundene Lösungsbild muss vom Gesprächspartner als stimmig empfunden werden.

Neben diesem eher heuristisch konstruktivistischen Vorgehen kann aber mit Figuren durchaus auch ansatzweise rituell gearbeitet werden. Zum Beispiel, indem man gemeinsam überlegt, oder angebotsweise vorschlägt, welche Figur einer anderen Figur welchen (er)lösenden Satz sagen könnte.

Auch die repräsentierende Wahrnehmung der Stellvertreter, auf die man im Einzelsetting verzichten muss, kann insofern in abgeschwächter Form ersetzt werden, indem man entweder den Gesprächspartner fragt, wie er sich in dieser oder jener Position fühlen würde, oder indem der Seelsorger seine Wahrnehmung mitteilt, die für ihn mit einer bestimmten Position verbunden wäre. Denkbar ist auch, dass man hier einzelne Beziehungen in Form von ergänzender Gestaltarbeit (z.B. im Rollentausch) vertieft und so auch gewisse Effekte der repräsentierenden Wahrnehmung erlebbar machen kann. Denkbar ist auch, wenn genügend Platz vorhanden ist, dass man die verschiedenen Positionen mit Blättern auf dem Boden im Raum markiert und sowohl der Gesprächspartner als auch der Seelsorger die Positionen jeweils einnehmen können, um dadurch entsprechende Wahrnehmungen nutzbar zu machen.

---

[888] *Schlippe Schweitzer* 1996, 168f.

3 Gemeinde als Kontext der Seelsorge

Es ist nicht gut, dass der Mensch allein sei.
(Gott)[889]

Was kann der bewusste Bezug auf die konkret vorhandene reale Gemeinde für die Seelsorge austragen? Schon Klaus Winkler stellte die Frage, ob der Gemeindebezug für Seelsorge nicht wesentlich sei.[890] Neben vielen positiven Aspekten, die deutlich machen, dass die persönliche Glaubensentwicklung immer auch sozial vermittelt ist, ist Winklers Haltung jedoch durchaus auch gefärbt von der Befürchtung, der Einzelne könne durch ein Zuviel an Gemeinschaftsbezug in seiner Individualität nicht ernstgenommen werden. Dieser Gefahr sehe ich uns aufgrund des starken Individualisierungsschubes in unserer Gesellschaft eher nicht ausgesetzt, von ganz stark gemeinschaftsorientierten bis hin zu sektenhaften Gruppierungen einmal abgesehen. Im Folgenden wird nun genau umgekehrt von der Vermutung ausgegangen, dass die überwiegende Fokussierung auf den Einzelnen etwas ganz Wesentliches übersieht, das dem Einzelnen einen wichtigen Halt in seinem Leben geben kann. Wonach hier also gezielt gefragt werden soll, ist, ob der Einzelne nicht ganz wesentliche Ressourcen für sein Leben in der Gemeinschaft finden kann, in seinem sozialen Netzwerk.[891] Und diese Fragestellung ist von der Idee geleitet, dass auch eine konkrete Gemeinde für einen Einzelnen zu einer Quelle für unterschiedlich intensive Netzwerkressourcen werden kann.

In der interkulturellen Begegnung mit Seelsorgern aus anderen Kontinenten und Kulturen kann man erleben, so wie Helmut Weiß das eindrücklich erzählte, wie unsere säkulare und vor allem individualisierte Gesellschaft plötzlich mit ganz anderen Zielvorstellungen von Seelsorge konfrontiert wird. So zum Beispiel, »dass Befreiung im afrikanischen Kontext heißt, seinen Ort in der Familie einzunehmen und seine Aufgaben in der Gemeinschaft für die Gemeinschaft auszuüben – ein

---

[889] Gen 2, 18.
[890] Siehe diese Arbeit S. 50.
[891] Uta Pohl-Patalong macht darauf aufmerksam, dass gerade aufgrund der wegen des Individualisierungsschubes erodierten Formen traditioneller sozialer Einbindung die Frage nach neuen »soziale[n] Netzwerke[n] als Formen individualisierter Sozialität« sich mit einer gewissen Dringlichkeit stellt (*Pohl-Patalong* 1996, 147).

Freiheitsbegriff, der dem individualistischen unserer Kultur völlig ent-
gegensteht.«[892] – Auch wenn uns solche Erfahrungen nicht davon ent-
binden, dass wir in einer eher individualistisch geprägten Kultur sozialisiert sind und leben, so können doch solche Begegnungen für Fragen
sensibilisieren, die auch für Seelsorge in unserem Kontext zu stellen
sind. Welche Rolle spielt Gemeinschaft und Gemeinde als Kontext der
Seelsorge bei uns heute? Liegt hier eine ganz lebenspraktische Chance,
die bislang womöglich zu wenig gesehen wurde? Hat hier Seelsorge
ein soziales Kraftfeld um sich, das sowohl für den Seelsorgesuchenden
als auch für Seelsorger eine neu zu entdeckende Ressource sein kann?
Darum soll es jetzt gehen. Doch zunächst noch ein kurzer Blick auf
das, was Kirche – theoretisch – darstellt und sodann darauf, wie Gemeinde als vorfindliche Realität erfahrbar ist.

3.1 Gemeinde – was ist das?

Jede Gemeinde ist etwas Einmaliges. Und doch hat sie Teil an der Kirche im Sinne einer theologischen Größe und einer übergeordneten institutionellen und organisatorischen Struktur innerhalb eine bestimmten Gesellschaft. Was unter Kirche theologisch zu verstehen ist, wird
konfessionell unterschiedlich begründet, und dies wiederum ist mit
unterschiedlichen Strukturen verbunden. An dieser Stelle soll nun zunächst der Frage nachgegangen werden, wie Kirche in unserer Gesellschaft sich aus evangelischer Sicht darstellt. Und daran anschließend
wird gefragt, was über die je einmalige Besonderheit einer konkreten
Gemeinde zu sagen ist,[893] und schließlich, wie die Wahrnehmung derselben mit dem eigenen ekklesiologischen Standort zusammenhängt.

3.1.1 Kirche in der Theorie (nach Reiner Preul)

Wie wird die Kirche in der Theorie, also in der Theologie gesehen und
beschrieben? Beispielhaft und stellvertretend sei hier kurz auf das bekannte Lehrbuch von Reiner Preul eingegangen. Ein Buch, das deswegen an dieser Stelle von Interesse ist, weil es eine Art Zwischenstel-
lung zwischen der dogmatischen Ekklesiologie und der Praktischen
Theologie einnimmt.[894] Damit überbrückt Preul versuchsweise den
Spannungsbogen zwischen einer Theorie darüber, wie Kirche theologisch begründet wird und von daher gesehen idealer Weise sein sollte,

---

[892] Weiß 2000, 187.
[893] Sowohl die Überlegungen zur Kirche als auch die zu einer konkreten Gemeinde sind, wie bereits eingangs erwähnt, (zunächst jedenfalls) kontextuell gebunden an die kirchliche Situation in Deutschland.
[894] Preul 1997, 1ff.

und einer Theorie, die Kirche beschreibt, wie sie de facto ist, was sie leistet und wie sie konkret gestaltet werden kann.

Preul entwirft folglich eine Kirchentheorie, die als kybernetische Theorie von Kirche[895] den konkreten Handlungsfeldern der Praktischen Theologie vorgeschaltet ist.[896] Die Grundprinzipien dafür findet er in der Dogmatik, die handlungssteuernden Optionen im Rekurs auf sozialwissenschaftlich erhebbare Gesetzmäßigkeiten von Institutionen und Organisationen sowie im Versuch einer sachgemäßen Beschreibung der volkskirchlichen Realität und dessen, was sie leisten kann.[897] Preul folgert daraus, dass Kirche sich einerseits an ihrem bekenntnismäßigen Selbstverständnis orientieren muss, aber eben andererseits auch an ihrer Funktion für die Gesellschaft.

Kirche ist überall dort, wo das »evangelium pure docetur et recte administrantur sacramenta« (CA 7).[898] Die damit gegebenen theologischen Grundprinzipien der evangelischen Kirche im Sinne der rechten Evangeliumsverkündigung sind einmal die im Glaubensbekenntnis festgehaltene »communio sanctorum«,[899] sodann das allgemeine Priestertum[900] und – ganz wesentlich – die Rechtfertigungslehre.[901]

Als Volkskirche[902] lebt Kirche in einer bleibenden Spannung zwischen ihren reformatorischen Grundprinzipien und der volkskirchlichen Realität. Die reformatorischen Grundprinzipien geben sehr viel Spielraum für unterschiedliche Gestaltung sowie für die Aufnahme verschiedenster Bräuche, sind aber zugleich der kritische Bezugs- und Grenzpunkt, an dem sich Volkskirche auch immer wieder ausrichten und korrigieren muss. Als Institution[903] verkörpert Kirche jenen Aspekt einer Gesellschaft, der den auf Dauer gestellten Diskurs über Sinnbezüge dar-

---

[895] Preul 1997, VI.
[896] Preul 1997, 7.
[897] Preul 1997, 9ff.
[898] Preul 1997, 72ff.
[899] Preul 1997, 51ff. – Die Rede von der »communio sanctorum« im Apostolikum kann verschieden gedeutet werden. Für Preul erscheint folgende Interpretation naheliegend beziehungsweise im Sinne des reformatorischen Verständnisses: »Die Gemeinschaft der Heiligen, als welche die heilige christliche Kirche hier definiert wird, ist die in kommunikativen Akten zum Ausdruck kommende Gemeinschaft (also nicht nur bloße Gemeinsamkeit) derjenigen, die durch das Wirken des Heiligen Geistes glauben und in diesem Glauben die ›Vergebung der Sünden‹ empfangen.« (Preul 1997, 53). – Für Preul konkretisiert sich diese kommunikative Gemeinschaft in der »Kirche als System der Kommunikation des christlichen Wirklichkeitsverständnisses« (Preul 1997, 153ff.).
[900] Preul 1997, 103ff.
[901] Preul 1997, 171ff.
[902] Preul 1997, 178ff.
[903] Preul 1997, 128ff.

stellt. In diesem Sinne ist Kirche ein Spezial- und Sonderfall der gesellschaftlichen Institution »Bildung«. Als Organisation[904] schließlich funktioniert Kirche nach denselben systemischen Prinzipien wie jede Organisation. Kirchenleitendes Handeln muss darum in Kenntnis dieser Prinzipien geschehen – inhaltlich natürlich immer rückgebunden an die reformatorischen Grundlagen.

Bei der Funktion von Kirche für die Gesellschaft zählt Preul vier wesentliche Punkte auf: Bildung, Kultur, Politik, Überleben. Ganz allgemein steuert Kirche eine »Antwort auf den Sinnbedarf der Gesellschaft« bei.[905] Sie rekonstruiert individuelle Lebensgeschichte[906] Sie leistet einen Beitrag zur Sprachkultur.[907] Sie kritisiert Politik.[908] Was auffälligerweise aber nicht gesehen, jedenfalls nicht dargestellt wird, sind die Chancen der sozialen Einbindung, also der soziale Netzwerkcharakter von Gemeinde.[909] Gerade auf dem Hintergrund der Tatsache, dass Preul sehr daran interessiert ist, was Kirche für die Gesellschaft an wertvollen Beiträgen leisten kann, wundert das ein wenig. Insgesamt fällt auf, dass er auch in der Darstellung der volkskirchlichen Realität nicht so sehr an der empirischen Erfassung der Wirklichkeit interessiert ist als vielmehr an dessen zweckdienlicher Beschreibung. Es erweckt den Eindruck, dass er eine Beschreibung der Wirklichkeit liefert, die letztlich doch sehr stark an dem Gesichtspunkt der Leistungsfähigkeit von Kirche für diese Gesellschaft orientiert ist.[910] Und dies auch wiederum fokussiert auf das aus seiner Sicht interessante Leistungsspektrum. In dem Bestreben, dabei möglichst Allgemeingültiges zu sagen, bleibt natürlich auch etwas auf der Strecke, was von einer wissenschaftlichen Theorie ohnehin kaum zu leisten ist, die Beschreibung der Realität einer konkreten Gemeinde.

---

[904] Preul 1997, 204ff.
[905] Preul 1997, 171, 160ff.
[906] Preul 1997, 248ff.
[907] Preul 1997, 269ff.
[908] Preul 1997, 330ff.
[909] Nur einmal wird kurz Bezug genommen zur »freien Geselligkeit«, aber nicht weiter entfaltet (Preul 1997, 148). – Preul zeigt auch auf, dass man Kirche aus paulinischer Sicht, insbesondere aufgrund seiner Leibmetapher, als »lebendige Solidargemeinschaft« verstehen kann (Preul 1997, 68f.). Das bleibt aber als »begeisternde Schau« so stehen, und wird an anderer Stelle noch indirekt relativiert durch den Hinweis, dass die Reformatoren sich in ihrer Definition des Wesens der Kirche vor allem am Apostolikum orientiert haben und sich der »neutestamentlichen ekklesiologischen Bildersprache nur mit Zurückhaltung bedient« haben. (S. 71).
[910] Was durchaus legitim ist. Nur wird die unvermeidbare Tatsache, dass jede Beobachtung vom Beobachter unweigerlich beeinflusst ist, nicht kritisch reflektiert.

3.1.2 Gemeinde in der Realität (Beschreibung der realen Ortsgemeinde)

Eine reale Ortsgemeinde findet sich vor. So wie sie ist. Das erlebt jeder, der in einer realen Gemeinde zuhause ist.[911] Vermutlich erlebt es derjenige noch deutlicher, der nach einem Umzug zu einer neuen Gemeinde Kontakt aufnimmt, oder jemand, der sich überhaupt zum ersten Mal einer Gemeinde anschließt. Da gibt es dies und jenes, was einem gefällt. Anderes, was einem fremd bleibt. Anderes, was man vermisst. Und wieder anderes, was einen ärgert. Mit manchen Menschen der Gemeinde wird man auf Anhieb klar kommen, mit anderen wird es lange dauern, mit wieder anderen auch nie gelingen. Eine reale Ortsgemeinde ist so, wie sie ist. Der Satz hört sich banal an, macht aber den Unterschied zur Theologie deutlich. Denn Theologie neigt dazu, eine Gemeinde so zu beschreiben, wie sie sein sollte, nicht wie sie ist.[912] Selbst wenn Strukturen und Aufbau der Kirche beschrieben werden, selbst wenn Kirche als Institution und Organisation versucht wird zu erfassen, ja selbst wenn empirische Aspekte in den Blick kommen,[913] so ist das doch allenfalls eine Matrix, eine Hintergrundfolie, vor der sich jede konkrete reale Ortsgemeinde immer mehr oder weniger abhebt.[914]

Und doch ist eine reale Ortsgemeinde eine Realität, mit der man rechnen kann. Sie hat ihre eigene Geschichte, mehr noch, sie hat je ihre eigenen Menschen, ihre eigenen sozialen Vernetzungen. Sie hat ihre eigenen Presbyter und Pfarrer und manchmal auch ›eigene‹.[915] Sie hat ein je eigenes Ensemble von Gruppen und Angeboten. Sie hat ihre eigene Kultur, ihren eigenen »Stallgeruch«.[916] Diese konkrete Realität erschließt sich nur der teilnehmenden Beobachtung, mit der Einschränkung, dass der Beobachtende immer auch schon die Beobach-

---

[911] Und jeder vermutlich auch wieder etwas anders. Insofern kann auch meine Beschreibung nicht objektiv sein. Es soll vielmehr an dieser Stelle daran erinnert werden, dass es so etwas wie eine reale Ortsgemeinde gibt, die auf vielfältige Weise von vielen Menschen als etwas real Vorhandenes erlebt werden kann.

[912] Vgl. *Healy* 2000.

[913] Wie z.B. durch den Einbezug von empirisch untermauerten Milieutheorien. Vgl. *Hauschildt Kohler Schulz* 2008.

[914] Vgl. dazu z.B. die Aussage Isolde Karles: »Je nach den örtlichen Besonderheiten und Gegebenheiten, je nach den Begabungen und Charismen, die in einer Gemeinde ›emergieren‹ und nicht von oben verordnet werden können, sehen Gemeinden ganz unterschiedlich aus.« (*Karle* 2010, 183).

[915] Im Sinne von ›eigenartig‹.

[916] Dieser je eigene »Stallgeruch« kann aber insofern wieder eine die individuelle Gemeinde übersteigende Gemeinsamkeit durch die Präferenz für bestimmte Milieus haben. Vgl. *Hauschildt Kohler Schulz* 2008. Vgl. aber auch *Karle* 2010, 136ff., die darauf hinweist, dass Gemeinden nicht so milieuverengt sind, wie oft zu Unrecht vermutet wird.

tung mit beeinflusst. Für einen Seelsorger bedeutet dies, dass er seine Gemeinde kennen muss. Nur so kann er die infrage kommenden Netzwerkressourcen seiner Gemeinde abschätzen, kann sehen wo Potentiale sind, aber auch, wo die Grenzen liegen. Das heißt aber auch: über die reale Ortsgemeinde kann es kein theologisches Werk geben, allenfalls eine erlebte und erzählte Geschichte, eine Beschreibung dessen, was man erlebt und beobachtet, wenn man sich darauf einlässt. Dazu gehört gewiss auch die je unterschiedlich erlebte Spannung zwischen Anspruch und Wirklichkeit. Denn bei aller vorfindlichen Realität, ist doch jede Ortsgemeinde eine soziale Einheit, die per definitionem sich auf Theologie bezieht, also auf Gemeinde, wie sie sein sollte. Sie ist real, aber doch mit dem Anspruch, sich immer wieder auf ideale christliche Gemeinschaft hin zu überschreiten. Selbst wo das defacto nicht geschieht, wird der Anspruch damit nicht aufgehoben. Bei aller Unterschiedlichkeit einzelner Gemeinden, das Leben in dieser Spannung ist zweifellos ein verbindendes Band. Wenngleich diese Spannung sich von Gemeinde zu Gemeinde auch wieder je verschieden aktualisieren kann.

Aber bestimmte Eigenschaften einer konkreten Gemeinde bemessen sich nicht nur nach theologischen Kriterien, sondern auch nach grundlegend menschlichen. So zum Beispiel das Bedürfnis nach sozialer Eingebundenheit. Dieses Bedürfnis und dessen Befriedigung muss sich zwar an theologischen Kriterien[917] messen lassen, aber entfaltet seine Wirkung auch in aller theologischen Unvollkommenheit. Denn auch eine theologisch noch so defizitäre Gemeinde ist immer noch eines: eine Gemeinschaft von Menschen, die die Chance beinhaltet, für diejenigen zur sozialen Ressource zu werden, die darin eingebunden sind oder sich neu einbinden lassen. Aber genau dieser Aspekt kann nun gerade nicht allgemeinverbindlich ausgesagt und beschrieben werden. Das wäre eine unzulässige Generalisierung von Gemeinde zu Gemeinde unterschiedlichen Erfahrungen und Beobachtungen. Doch soll durch Sichtung der Perspektiven, die sich durch soziale Netzwerkforschung ergeben, zumindest eine heuristische Folie erzeugt werden, aufgrund derer jeder Seelsorger seine eigene Gemeinde auf die darin enthaltenen Netzwerkressourcen teilnehmend beobachten oder beeinflussen kann. So kann, jeweils für jede Gemeinde ganz konkret, ein mehr oder weniger ressourcenreicher Kontext für Seelsorge erkennbar werden.[918]

---

[917] Nach Preul sind dies neben und nach den beiden Grundprinzipien von CA 7 vor allem die drei folgenden Kriterien: communio sanctorum (Preul 1997, 51ff.), Rechtfertigungslehre (S. 171ff) und allgemeines Priestertum (S. 103ff.).

[918] Auch diese Arbeit erhebt somit nicht den Anspruch, die empirische Realität von Gemeinden frei von jeglichem Interesse beschreiben zu wollen. Vielmehr soll der Rekurs auf die empirische Sozialforschung dem Seelsorger dabei helfen, in der

3.1.3 Kirchengemeinde als Realität in der Theorie (ekklesiologische Standortbestimmung)

Lässt sich die Realität einer Kirchengemeinde so ganz ohne ekklesiologische Theorie beschreiben, wie der vorausgehende Abschnitt nahelegt? Vermutlich geht das nur eingeschränkt. Selbst das scheinbar Naheliegende wird durch eine quasi autohypnotische Fokussierung gesehen oder übersehen. In der Wissenschaft wird dieser Fokus immer auch durch den theoretischen Standort mitbestimmt. Aus diesem Grunde soll hier kurz die ungefähre Lage des eigenen ekklesiologischen Standorts skizziert werden, um zu zeigen, welche Voraussetzungen die Wahrnehmung in dieser Hinsicht prägen.[919] Hierbei zeigt sich zunächst eine ähnliche Ausgangslage wie bereits bei der Anthropologie. Eine klare und eindeutige ekklesiologische Position zu markieren, erweist sich als schwierig (und vielleicht sogar als anmaßend) angesichts der Vielfalt der ekklesiologischen Standpunkte schon innerhalb der eigenen Konfession, erst recht in der Ökumene sowie bereits auch im Neuen Testament. Darum soll zunächst in Form von drei Desideraten eine Annäherung gesucht werden. Eine Ekklesiologie, die insbesondere für die Seelsorge in der gegenwärtigen volkskirchlichen Situation hilfreich sein kann, sollte realistisch, pluralistisch und pragmatisch sein.

Realistisch: Man kann sich die ideale Gemeinde erträumen oder sie mit der Theorie gleich mit erschaffen,[920] aber es hilft dann wenig, wenn man in der Praxis damit umzugehen hat. Wenn man die volkskirchliche Realität grundsätzlich begrüßt, dann macht es keinen Sinn, dieser volkskirchlichen Realität eine Ekklesiologie zu verordnen, die ihr nicht nur nicht gerecht wird, sondern sie auch schädigen kann.[921] Das heißt

---

konkreten Realität seiner Gemeinde etwas finden zu können, was ohne eine solche heuristische Folie möglicherweise übersehen wird.

[919] Es würde den Rahmen sprengen, hier ein eigenes ekklesiologisches Konzept zu entwickeln. Es geht an dieser Stelle vor allem darum, nachvollziehbar zu machen, welche ekklesiologischen Vorannahmen den Blickwinkel dieser Arbeit mit beeinflussen.

[920] So Ernst Lange:»Die großen positionellen Theologien, bis hin zur Dialektischen Theologie, abstrahieren von der umstrittenen kirchlichen Realität und erfinden die Kirche, die Praxis des Glaubens, auf die sie sich beziehen, gleich mit ...« *Lange* 1981, 208. Siehe *Roosen* 1997, 2f. sowie 181f., jeweils auch mit Bezug auf Ernst Lange.

[921] *Roosen* 1997, 97ff., 527f. – In diesen Zusammenhang gehört auch eine realistische Einschätzung der Kirchenmitglieder (*Roosen* 1997, 526f., ausführlich 417ff. Vgl. auch *Pollack* 2008). Sie gilt es einerseits in der ganzen Breite als ›Subjekt‹ der volkskirchlichen Gemeinde ernstzunehmen, andererseits aber auch keine idealistisch überhöhten (oder simplifizierenden) Vorstellungen an dieses ›Subjektsein‹ heranzutragen. Ähnliches gilt für die Möglichkeiten, das Priestertum aller Gläubi-

nicht, dass die volkskirchliche Realität zur norma normans werden soll, sondern dass man den Referenzbezug auf die ekklesia invisibilis[922] (also das Ideal) klar auseinanderhält von der Beschreibung der ekklesia visibilis (die Realität) und dass beide auf eine solche Weise aufeinander bezogen werden, dass nicht frustrierte Ideale zurückbleiben, sondern eine hilfreiche, befreiende und ermutigende Sicht auf die Realität.[923]

Pluralistisch: Schon im Neuen Testament findet sich nicht eine einzige Ekklesiologie sondern eine reichhaltige Vielfalt.[924] Ein ekklesiologischer Standort sollte darum offen sein für unterschiedliche Konzepte von Gemeinde, ebenso wie für unterschiedliche Glaubensformen. Vermutlich hat schon jedes Gemeindeglied ein eigenes »Bild« von Kirche.[925] Das erfordert also bereits auf Gemeindeebene das Aushalten, besser, das Wertschätzen von lebendiger Vielfalt. Ekklesiologische Konzepte, die einer solchen Vielfalt nichts abgewinnen können[926], führen zu Selbstabschneidung und Selbstisolation der Kirche gegenüber ihren Mitgliedern.[927]

Pragmatisch: Eine ekklesiologische Position sollte – ähnlich wie therapeutische Theorien – immer auch in praktisch anwendbare Theorie überführt werden können, also in Praxeologie.[928] Das schließt ein, dass sie an der vorfindlichen Praxis anknüpft, und sei es im Widerspruch, jedenfalls aber nicht über sie hinweggeht. Diese Praxis ist in Deutschland aus historischen Gründen vor allem volkskirchlich und parochial geprägt.[929] Ekklesiologische Praxistheorien, die die historischen und

gen als Aktivposten zu realisieren. (*Roosen* 1997, 611ff. – Als fragwürdiges Alibi-Argument gegenüber Pfarrüberlastung siehe *Roosen* 1997, 178ff.)

[922] Vgl. dazu *Roosen* 1997, 259ff., 339ff., 419ff. und öfter. Der Referenzbezug auf die ekklesia invisibilis entspricht in etwa dem, was ich hier als ekklesiologisches Ideal bezeichne.

[923] Was nicht heißt, dass nicht von den Idealen her auch die Realität kritisiert werden kann, aber immer mit dem Ziel, einer befreienden, einer erlösenden Sicht auf die Realität zum Durchbruch zu verhelfen. Auch hier ist Lösungsorientierung gefragt. Mehr noch, letztlich geht es auch hier um die Dialektik von Gesetz und Evangelium.

[924] Vgl. *Roloff* 1993, *Roosen* 1997, 234ff., *Stiewe Vouga* 2003

[925] Vgl. zur Bedeutung der langfristig wirkenden Kirchenbilder der Mitglieder: *Hermelink* 2011, 199.

[926] Wie z.B. manche (volks)missionarischen Konzepte, die einen bestimmten Frömmigkeitstyp als allgemeinverbindlich durchsetzen wollen. Siehe dazu *Roosen* 1997, 113ff.

[927] Vgl. *Roosen* 1997, 104ff., vgl. auch 97ff. sowie 113ff.

[928] Siehe den Tree of Science von *Petzold*. Diese Arbeit S. 170.

[929] Vgl. insbesondere *Roosen* 1997, *Preul* 1997, *Hermelink* 2011. – Die Frage der historischen Genese der volkskirchlichen Situation in Deutschland sowie der Diskurs über die zukünftig anzustrebende Organisation und Kybernetik in Bezug

systemischen Realitäten ignorieren, werden sehr wahrscheinlich wirkungslos bleiben.[930]

Die Kirchentheorie Reiner Preuls befindet sich weitgehend innerhalb der Koordinaten dieser drei Desiderate. In Bezug auf die ekklesiologischen Rahmenvorstellungen wird sein weiter und offener volkskirchlicher Ansatz darum in wesentlichen Punkten geteilt, allerdings mit einer entscheidenden Korrektur. In Bezug auf die Kommunikation des christlichen Wirklichkeitsverständnisses fokussiert Preul zu sehr auf den kognitiven Aspekt. Deswegen erscheint ihm Kirche konsequenterweise als Bildungsinstitution. Es kommt aus dem Blickwinkel dieser Arbeit aber wesentlich darauf an, den sozialen Aspekt in der »Kommunikation« nicht zu übersehen. Nicht allein, weil er bereits in der Wortbedeutung enthalten ist (communio), sondern weil er auch bereits biblisch eine Rolle spielt.[931] Dieser Aspekt steht natürlich, wie alles in der Kirche, in der Spannung zwischen Ideal (ekklesia invisibilis) und

auf Gemeinde werden hier bewusst ausgeklammert, weil sie zum Thema dieser Arbeit nicht notwendig dazugehören. Hier sei lediglich exemplarisch auf entsprechende Literatur verwiesen: *Lindner* 1994, *Roosen* 1997, *Lindner* 2000, *Pohl-Patalong* 2004, *Hermelink Wegner* 2008, *Karle* 2009, *Karle* 2010, *Hermelink* 2011. Doch soviel sei gesagt: der hier vertretene Standpunkt nimmt den volkskirchlichen ›Entwicklungspfad‹ (*Wegner* 2008, 280) ernst, in der Ansicht, dass er nicht ohne Schaden übersprungen werden kann und es auch wert ist, dass seine Stärken wahrgenommen und auch ›gepflegt‹ werden (vgl. auch *Roosen* 1997, 182) – trotz des zweifellos durch den gesellschaftlichen Wandel bedingten Veränderungsbedarfs. Insofern versteht sich der Verfasser durchaus in der Tradition der Gemeindepflege (*Schoell* 1911, *Roosen* 1997, 80ff.), die jedoch den gegenwärtigen Bedingungen angepasst werden muss (vgl. z.B. *Engemann* 2009, 279f., der für eine gelassene Begrenzung auf das jeweils Mögliche plädiert. Anders *Roosen* 1997, 525ff., 568f., für den das Gemeindepflegemodell trotz historischer Erfolge an seine Grenze gekommen ist). Selbstverständlich können in diesem Zusammenhang auch Anregungen aus anderen Kontexten (z.B. Lateinamerika) gesucht werden, selbst wenn sie nicht einfach übertragbar sind. Außerdem verbindet sich mit der hier eingenommenen Perspektive auf die Gemeindearbeit eine hohen Wertschätzung der Parochie, insbesondere aufgrund der dort stattfindenden Verknüpfung von Religion und Geselligkeit (*Karle* 2010, 143ff.) und der dort möglichen Perspektive auf die Lebensspanne (vgl. dazu das Konzept der Integrativen Therapie, diese Arbeit S. 172ff. und 324f.). Dennoch ist das hier vorgelegte Seelsorgekonzept, das zugleich soziale Vernetzung als Ressource im Blick hat, letztlich relativ unabhängig von der konkreten Organisation von Kirche und Gemeinde. Jedenfalls so lange dadurch die unterschiedlichsten Formen der Vernetzung nicht verhindert werden oder die belastenden Faktoren der sozialen Vernetzung (siehe diese Arbeit S. 215f.) nicht überwiegen, wie das möglicherweise bei rigiden Gemeinschaftsbildungen der Fall sein kann.

[930] *Roosen* 1997, 527f.
[931] »Christentum realisiert sich gemäß dem Neuen Testament immer in sozialen Kleingruppen.« *Ebner* 2009, 266. Vgl. auch *Roloff* 1993, jeweils zum Stichwort »Gemeinschaft«. Zum anspruchsvollen Gemeinschaftsbegriff bei Paulus siehe ergänzend auch *Schnelle* 2003, 645ff.

Realität (ekklesia visibilis).[932] Es scheint jedoch relativ unfraglich, dass Gemeinschaft der Gläubigen – als theologisches Ideal – etwas ist, das in Kirche und Gemeinde mehr oder weniger sein soll[933], zumindest als ein wichtiger Aspekt des Glaubens. Im Zusammenhang dieser Arbeit wird nun aber weniger danach gefragt werden, was sein soll, sondern was in der sichtbaren Realität der je vorfindlichen Gemeinden an Gemeinschaft im Sinne von sozialer Vernetzung tatsächlich möglich ist, und was dieses Mögliche in Bezug auf Seelsorge bedeuten kann. Darum werde ich mich im Folgenden auf die empirische Netzwerkforschung beziehen. Dort, so vermute ich, werde ich Anhaltspunkte finden, die helfen, das Sichtbare an der ekklesia visibilis besser zu sehen, es jedenfalls nicht deswegen zu übersehen, weil es möglicherweise in seiner Alltäglichkeit und Normalität nicht im Fokus ekklesiologischer Ideale ist. Ob das dann erkennbare Sichtbare[934] – einschließlich seiner realistischen Entwicklungspotentiale[935] – ›gut genug‹ ist[936], das muss am Ende der Leser aufgrund seines eigenen Standortes entscheiden. Hier kann nur dafür geworben werden, die Chancen der sozialen Eingebundenheit in der sichtbaren Kirche nicht zu übersehen. Denn hier liegt – und das ist ja das eigentliche Thema im Zusammenhang dieser Arbeit – eine wichtige aber möglicherweise zu wenig gesehene Ressource für Seelsorge.

---

[932] *Roosen* 1997, 259ff., 339ff., 419ff. und öfter.

[933] Vgl. z.B. KO EKiR 2003, Art. 5 (2). Demnach soll eine Kirchengemeinde »so gestaltet sein, dass sie kirchliche Gemeinschaft ermöglicht ...«. Art 14 (1) geht davon aus, dass auch alle Mitglieder sich aktiv einbringen. *Roosen* 1997, 418ff. weißt darauf hin, dass damit ein unrealistisch hoher Anspruch verbunden ist, allerdings in Bezug auf eine etwas ältere Fassung der Kirchenordnung. Außerdem betont Roosen mehrfach die Gefahr, dass die vereinsähnlich organisierte Gemeinschaft im Gemeindehaus möglicherweise zum alleinigen Modell von kirchlicher Gemeinschaft wird (*Roosen* 1997, 78, 86, 555f. und öfter).

[934] Dabei wird es vermutlich einen sichtbaren Unterschied geben zwischen den aktiven Mitgliedern und den rechnerischen Mitgliedern. Erstere sind nicht per se die besseren Christen, halten aber durch ihr Engagement etwas am Leben, das auch von (fast) allen anderen Kirchenmitgliedern so etwas wie eine generalisierte Zustimmung findet (*Luhmann* 1972, 260; vgl. aber auch *Schulz* 2008) und von dem man weiß, dass es bei Bedarf auch in Anspruch genommen werden kann. Selbst für distanzierte Mitglieder wird Kirche so zu einem wahrgenommenen sozialen Netz, sozusagen als Sicherheit im Hintergrund (*Pollack* 2008, 95f. Er redet hier von »Sekundärinstitution«).

[935] Gemeint ist, was realistischerweise durch Netzwerkförderung angestrebt werden kann. Siehe diese Arbeit S. 219f., 233ff. und 342ff.

[936] Der Begriff ›gut genug‹, der hier von Winnicott aus einem anderen Zusammenhang übertragen wird, impliziert eine versöhnlich realistische Sichtweise auf die Wirklichkeit, dort auf die Mutter (»good enough mother«; siehe *Winnicott* 1953), hier auf die Gemeinde.

3.2 Die Chancen der sozialen Eingebundenheit

Der Mensch ist ein soziales Lebewesen, ein *zoon politikon*. In der Seelsorgeliteratur werden, wie wir gesehen haben, die Chancen der empirisch verifizierbaren sozialen Einbindung des Menschen,[937] wenn überhaupt, eher marginal behandelt.[938] Auch die Pastoralpsychologie hat, soweit ich sehen kann, dieses Thema bisher nicht wirklich ins Zentrum der Aufmerksamkeit gerückt, von einigen ersten Ansätzen abgesehen.[939] Gelegentlich wird sogar ganz grundsätzlich die Vernachlässigung der Rezeption sozialpsychologischer Erkenntnisse in der Pastoralpsychologie beklagt.[940] In der Ekklesiologie wird das Soziale entweder theologisch als mit der *communio sanctorum* mitgegeben postuliert oder – wie bei Preul – allenfalls unausgesprochen über die institutionelle Leistungsfähigkeit von Kirche vorausgesetzt. Was so oder so (mehr oder weniger) fehlt, ist die Frage nach den realen Chancen eines empirisch vorhandenen sozialen Eingebundenseins des Menschen.

3.2.1 Soziales Netzwerk und soziale Unterstützung

3.2.1.1 Die Netzwerkperspektive

Die Netzwerkperspektive wird in dieser Arbeit als ein ergänzender Blickwinkel zur Arbeit mit Kurzzeitseelsorge gesehen. Zum einen arbeitet Kurzzeitseelsorge ganz bewusst mit Ressourcen, und ein funkti-

---

937 Im Unterschied zu ideellen Ideen von Gemeinschaft.
938 Ausnahmen hinsichtlich der sozialen beziehungsweise empirischen Netzwerkdimension bilden z.B. (ohne Anspruch auf Vollständigkeit) folgende unter dem Kapitel »Ausnahmen« noch nicht genannte weitere Autoren, die diesem Thema zumindest einigen Raum geben. Uta Pohl-Patalong thematisiert soziale Netzwerke als durch den Individualisierungsschub notwendig gewordene neue »Sozialform der Postmoderne« (*Pohl-Patalong* 1996, 147–149). Christoph Schneider-Harpprecht hat – soweit ich sehe – am prägnantesten die konkrete Netzwerkarbeit (Analyse und Interventionen) im Blick (*Schneider-Harpprecht* 2001, 271–275). Ambivalent – und auch nur stichwortartig empirisch – bleibt Manfred Josuttis, der – mit Bezug auf Christian Möller – einerseits durchaus den Wert sozialer Einbindung im »energetischen Netzwerk der Ortsgemeinde« hervorhebt, gleichzeitig aber großen Wert auf die »Ströme des göttlichen Geistes« legt, und letztlich so etwas wie gegenseitige Wertschätzung und Identitätsversicherung doch als »Streicheleinheiten« wenig vorteilhaft etikettiert (*Josuttis* 2000a). Ergänzend sei an dieser Stelle noch darauf hingewiesen, wie Isolde Karle kürzlich betont hat, dass Kirche als Organisation genau diese netzwerkartige Sozialstruktur von Gemeinden fördern soll, unter anderem, indem sie sich selbst als Organisation netzwerkförmig gestaltet (*Karle* 2010, 186ff.)
939 Vgl. z.B. *Schneider-Harpprecht* 2001, 271ff. und *Morgenthaler* 2009, 326f.
940 Z.B. *Winkler* 2000, 206, in Bezugnahme auf K.V. Schütz.

onierendes soziales Netzwerk kann eine wichtige Ressource sein.[941] Zum anderen ist jede professionell helfende Beziehung nur eine künstliche Ersatzbeziehung auf Zeit, die die natürlichen Beziehungen eines Menschen nicht ersetzen kann und darf. Die Seelsorgebeziehung ist hier nochmals in gewisser Hinsicht ein Sonderfall, weil zwar die helfende Seelsorgebeziehung den Charakter einer vorübergehenden Ersatzbeziehung haben kann, die Beziehung eines Gemeindegliedes zum Pfarrer an sich aber innerhalb einer Gemeinde auch eine natürliche und dauerhafte Beziehung ist, allerdings stets eingefärbt durch die Rolle. Der dritte Grund, warum hier die Netzwerkperspektive eingeführt wird, liegt darin, dass Seelsorge selbst Teil eines sozialen Netzwerkes ist, nämlich Teil einer Kirchengemeinde.

Inwieweit die Seelsorge an Einzelnen, die innerhalb einer Kirchengemeinde stattfindet, eben auf diese Kirchengemeinde als soziales Netz zurückverweisen kann, beziehungsweise den Menschen eine hilfreiche Einbindung in dieses Netz anbieten kann, darum soll es im Folgenden gehen. Ist eine Kirchengemeinde in diesem Sinne ein soziales Netz, das auf natürliche Weise vorhanden ist, also nicht künstlich geschaffen werden muss (wie z.b. therapeutische Gemeinschaften[942]), und das also als soziale Ressource Beachtung verdient? Ein Netz, das Seelsorge umfängt und gegebenenfalls auch unterfängt? Ein Netz, das die notgedrungen ersatzweise und kurzfristige Hilfsfunktion eines Seelsorgekontaktes einbindet in ein tragfähiges soziales Netzwerk? Dazu soll nun nachgefragt werden, was die Netzwerkforschung zu dieser Fragestellung erhellend beitragen kann.[943]

---

[941] *Gassmann Grawe* 2009.

[942] Vgl. *Petzold* Schneewind 1986, 215ff.

[943] Es kann im Rahmen dieser Arbeit nicht darum gehen, die inzwischen unüberschaubar gewordene und auch in ihren Ergebnissen nicht immer konsistente Netzwerkforschung umfassend darzustellen. Allein Bernd Röhrle hat bis zum Jahr 1994 schon über 4000 Veröffentlichungen zusammengetragen (*Röhrle* 1994, 2). Es geht vielmehr darum, anhand exemplarischer Fragestellungen und Ergebnissen dieser Forschungsrichtung eine Perspektive zu öffnen für die Praxis kirchlicher Seelsorge. – Die ebenfalls unter dem Stichwort »soziale Netzwerke« stattfindende wissenschaftliche Auseinandersetzung mit Netzwerken als historische und aktuelle Vergesellschaftungsform (z.B. zur Regulierung von wirtschaftlicher Produktion) wird in der vorliegenden Arbeit bewusst ausgegrenzt. Johannes Weyer definiert soziale Netzwerke in diesem Zusammenhang als »Koordination von Interaktion ..., deren Kern die vertrauensvolle Kooperation autonomer, aber interdependenter (wechselseitig voneinander abhängiger) Akteure ist, die für einen begrenzten Zeitraum zusammenarbeiten und dabei auf die Interessen des jeweiligen Partners Rücksicht nehmen, weil sie auf diese Weise ihre partikularen Ziele besser realisieren können als durch nicht-koordiniertes Handeln.« Als Beispiel nennt er die Kooperation der Firmen IBM und Bell (*Weyer* 2000, 11). Es dürfte damit deutlich sein, dass dieser Zweig der Netzwerkforschung (Organisationssoziologie, Organisationstheorie) zu dem Thema dieser Arbeit nichts beitragen kann. Vgl. auch *Wolf* 2004. – Einen ge-

Die Netzwerkforschung ist ganz offensichtlich ein ›Kind‹ verschiedener Forschungsrichtungen, vor allem der Sozialanthropologie, der Soziologie und der Gemeindepsychologie,[944] ebenso auch der Sozialpsychologie Morenos sowie der experimentellen Kommunikationsnetzwerk-Forschung.[945] Es verwundert darum nicht, dass es innerhalb der Netzwerkforschung nicht so ganz einfach zu sein scheint, sich auf eine allgemein anerkannte wissenschaftliche Definition des Netzwerkbegriffes zu einigen.[946] Für meine Fragestellung erscheint es mir aber ausreichend, davon auszugehen, dass die Netzwerkforschung doch insgesamt nicht von etwas völlig verschiedenem redet, sondern dass es bei den unterschiedlichen Definitionen vor allem um Unterschiede hinsichtlich der Größe und Abgrenzung eines Netzwerkes, der Betrachtungstiefe und der Qualitätsmerkmale geht. An dieser Stelle muss es genügen, ein paar Definitionen und Differenzierungen zu referieren, um aufzuzeigen, dass es zumindest versuchsweise sinnvoll ist, die Ergebnisse der Netzwerkforschung auch mit Blick auf das »Netzwerk Kirchengemeinde« sich anzuschauen.

3.2.1.2 Was ist ein soziales Netzwerk? Das Ringen um die angemessene Definition

Nachdem Radcliffe-Brown[947] vermutlich zum ersten Mal den Gedanken des Netzwerkes im Zusammenhang mit sozialen Beziehungen ins Spiel brachte,[948] wurde offensichtlich der Begriff »soziales Netzwerk« von dem Sozialanthropologen John Barnes dauerhaft geprägt, als dieser 1954 die Sozialstruktur eines norwegischen Fischerdorfes untersuchte. Barnes hat sich dabei von Fischernetzen inspirieren lassen.[949]

wissen Überblick über die Netzwerkforschung bietet Boris Holzer. Er interessiert sich aber vornehmlich für die strukturelle Funktionsweise von Netzwerken einschließlich deren theoretischer Erklärbarkeit und deren mathematischer Modellierung. Der Aspekt »Soziale Unterstützung« ist dabei weniger im Blick als z.B. die Koppelung von persönlichen und instrumentellen Strategien in Netzwerken von Sozialkapital bis Korruption (*Holzer* 2006, siehe dort insbes. S. 28 und 33). – Bernd Röhre bietet in seiner Meta-Analyse von 1994 einen Überblick über die Rezeption der Netzwerk- und Unterstützungsforschung in der Psychologie (*Röhrle* 1994).

[944] *Schwarzer Leppin* 1989, 3; *Laireiter* 1993b, 181; *Waibel* 2004, 5. – Zur Gemeindepsychologie siehe auch diese Arbeit S. 239ff.

[945] *Waibel* 2004, 7; *Hass Petzold* 1999, 193ff.

[946] *Laireiter* 1993a, 16ff. Vgl. auch *Holzer* 2006, 107.

[947] *Holzer* 2006, 31. Vgl. auch *Niemann* 2005, 4.

[948] Es gab Vorläufer und Forschungsansätze, die allerdings noch nicht zu einem einheitlichen Begriff zusammengefunden haben und die entweder nicht weiterverfolgt oder erst später rezipiert wurden. Hier wären zu nennen: Georg Simmel, Jakob L. Moreno, Fritz Heider und Kurt Lewin. Siehe *Holzer* 2006, 29ff.

[949] *Keupp* 1985, 18. Siehe auch *Waibel* 2004, 6.

»Menschen werden mit Knoten gleichgesetzt, die durch Linien oder Bänder mit anderen Menschen, die ihrerseits Knoten darstellen, in Verbindung stehen.«[950] Barnes betrachtet ein solches Netzwerk aus dem Blickwinkel eines Individuums: »... jede Person sieht sich selbst als Zentrum einer Ansammlung von Freunden«.[951] Man bezeichnet diese einfache Form eines Netzwerkes als »egozentriertes Netzwerk« oder auch »personales Netzwerk«.[952] Neben dieser basalen Definition gibt es verschiedene weiterführende Vorschläge, wie der Begriff soziales Netzwerk präziser und differenzierter definiert werden kann.

Walker, MacBride und Vachon definieren soziales Netzwerk als ein »set of personel contacts through which the individual maintains his social identity and receives emotional support, material aid and services, information and new social contacts.«[953]

Röhrle schlägt folgende Definition vor, die den Versuch macht, ein Netzwerk möglichst umfassend zu beschreiben: »Insgesamt sieht man in sozialen Netzwerken die Ordnung aller Beziehungen zwischen einer Menge von Personen, Rollen oder Organisationen, die entweder umfassend (total) oder partial (etwa nur in Form bestimmter Sektoren, Zonen oder Cliquen), aus der Sicht bestimmter Individuen (egozentriert), mit oder ohne definierte Grenzen untersucht werden kann.«[954]

Weitere Definitionen weisen in dieselbe Richtung.[955] Abschließend sei hier noch die Definition von Hass und Petzold erwähnt.[956] Sie versucht alle Aspekte zu berücksichtigen und hat so, trotz ihrer Komplexität, einen gewissen zusammenfassenden Charakter. Demnach ist ein »soziales Netzwerk das für exzentrische Beobachter eines sozioökologischen Kontextes mit Mikro- und Mesoformat vorfindliche und umschreibbare multizentrische Geflecht differentieller Relationen in der Zeit zwischen Menschen (und ggf. Institutionen), die zueinander in unterschiedlichen Bezügen stehen (Kontakte, Begegnungen, Beziehungen, Abhängigkeiten in Konvois) und in konkreten oder virtuellen Austauschverhältnissen (z.B. wechselseitigen Identitätsattributionen, Hilfeleistungen, Teilen von Informationen, Interessen, Ressourcen, Supportsystemen). Dabei können sich durch das Vorhandensein konkordanter und diskonkordanter kollektiver Kognitionen (Wirklichkeitskonstruktionen, Interpretationsfolien, Werte, Normen) in dem vor-

---

[950] *Kähler* 1983, 225, zitiert nach *Keupp* 1985, 18.
[951] *Barnes* 1954, 44, zitiert in der Übersetzung von *Keul* 1993, 45.
[952] *Laireiter* 1993a, 17ff.; *Reisenzein et al* 1993, 67f.
[953] *Walker et al* 1977, 35. Siehe auch *Schmid Hüsler Perrez* 1993, 206.
[954] *Röhrle* 1995, 175.
[955] Siehe *Waibel* 2004, 8. Dort werden weitere Definitionen zitiert.
[956] *Hass Petzold* 1999, 194f.

findlichen Netzwerk unterschiedliche ›soziale Welten‹ mit unterschiedlichen ›sozialen Repräsentationen‹ konstituieren«.

Wie in der komplexen Definition von Hass und Petzold, aber auch in der Definition von Röhrle schon erkennbar, kann das vorfindliche Netzwerk eines Individuums nach verschiedenen Kriterien nochmals in Teilnetzwerke unterschieden werden. Milardo[957] unterscheidet hinsichtlich Funktionalität drei Typen von relativ eigenständigen, sich nur teilweise überlappenden Teilnetzwerken, die aber erst gemeinsam das Gesamtnetzwerk (»global network«) eines Menschen ausmachen. Erstens ein Austausch-/Unterstützungsnetzwerk (»exchange network«), zweitens ein Netzwerk nahestehender Personen (»network of significant others«), drittens ein Interaktions-/Kontaktnetzwerk (»interactive network«). Bullinger und Nowak[958] führen noch eine Unterscheidung hinsichtlich der Nähe und Distanz zum Indvidiuum an und differenzieren Netzwerk I als primäres, persönliches, mikrosoziales Netzwerk, Netzwerk II als sekundäres, institutionelles, makrosoziales Netzwerk und Netzwerk III als tertiäres oder intermediäres Netzwerk. Zum Netzwerk I gehören die engeren persönlichen Beziehungen eines Menschen von Familie über Freunde bis hin zu Nachbarn. Zum Netzwerk II gehören eher offizielle Kontakte (Beruf, Behörde) aber auch Freizeitkontakte oder politische Kontakte. Im Netzwerk III geht es um die »vermittelnden Beziehungen« z.B von informellen Helfern oder auch Selbsthilfegruppen.

Auch wenn bei all diesen Definitionen und Differenzierungen Kirchengemeinden nicht erwähnt werden, erscheint es schon auf den ersten Blick sinnvoll davon auszugehen, mindestens aber zu vermuten, dass eine Kirchengemeinde für dort eingebundene Menschen durchaus einen Netzwerkcharakter haben kann, der viele der genannten Aspekte realisiert. Dies geschieht vermutlich weit überwiegend nicht mit der Intensität wie in primären Netzwerken, aber auch in einer Gemeinde könnten zumindest ansatzweise fast alle genannten Aspekte auf die eine oder andere Weise erlebt werden, und zwar – zumindest potentiell – in allen Funktionen der Teilbereiche eines Gesamtnetzwerkes und auch auf allen Ebenen von Netzwerk I bis III.[959] Diese Vermutung kann in dieser Arbeit jedoch nicht auf direkte Weise empirisch be-

---

[957] *Milardo* 1992 nach *Laireiter* 1993a, 19, sowie *Ardelt Laireiter* 1995, 659.
[958] *Bullinger Nowak* 1998, 125.
[959] Diese potentielle Möglichkeit wird in der Regel seltener auf der Ebene ganz enger Beziehungen anzusiedeln sein (Netzwerk I), auch wenn in einer Gemeinde durchaus enge freundschaftliche und ›geschwisterliche‹ Beziehungen entstehen können. Häufiger werden aber wohl alle jene Aspekte sozialer Netzwerke sein, die nicht ganz so enge Beziehungen voraussetzen (Netzwerk II + III).

legt[960] werden, sondern findet ihre Argumente mit Hilfe von Analogie-
schlüssen aus den Ergebnissen der Netzwerkforschung.

3.2.1.3   Was bewirken soziale Netzwerke?

Soziale Netzwerke sind nun nicht nur an und für sich Gegenstand der
Forschung, vielmehr steht im Zentrum des Interesses die Auswirkung
des Netzwerkes auf das Individuum. Denn Netzwerke an sich sind sozusagen nur eine äußere Form für bestimmte Inhalte, eine soziale Matrix für bestimmte Effekte.[961] Insbesondere interessiert sich die Forschung für die möglichen positiven Effekte, die innerhalb eines Netzwerkes stattfinden können. Doch die Ergebnisse der Forschung sind
aufgrund der Komplexität des Gegenstandes nicht einfach zu erheben
– und im Ergebnis auch nicht immer eindeutig.[962]

Die Forschung zum Thema »Soziales Netzwerk« und »Soziale Unterstützung«[963] versucht mit empirischen Methoden nachzuweisen, dass
ein funktionierendes soziales Netzwerk und eine vorhandene soziale
Unterstützung positive Affekte auf ein Individuum haben, und zwar
sowohl in protektiver wie in curativer Hinsicht. Das heißt, die vermu-
teten positiven Effekte schützen den Einzelnen entweder ganz allgemein vor diversen Belastungen oder sie helfen bei konkret auftreten-
den Belastungen, deren Folgen abzumildern, zu überwinden und zu
verarbeiten.

Die verschiedenen Studien können nun tatsächlich positive Effekte aus
einem tragfähigen sozialen Umfeld einigermaßen hinlänglich aufzeigen. Wobei die Ausdifferenzierung hinsichtlich Ursachen und Wirkungen schwierig ist, insbesondere wenn man sich klarmacht, dass mit
komplexen Wechselwirkungen aller beobachteten (und nicht beobachteten) Faktoren zu rechnen ist. Häufig lässt sich mit hohem Aufwand
wenig Sicheres nachweisen, und manchmal mutet es so an, dass trivia-
les Alltagswissen auch nicht weniger ›weiß‹ als die Forschung, die
sich gerne auf empirische Fakten stützen möchte, deren Beweiskraft

---

[960] Meines Wissens gibt es – jedenfalls für den deutschsprachigen Raum – keine
empirische Untersuchungen, die eine Kirchengemeinde als soziales Netz zum unmittelbaren Gegenstand der Forschung erhoben haben. Dies wird untermauert durch
den Befund, dass in einem bekannten Handbuch der Praktischen Theologie unter
dem Stichwort »Kirche und Gemeinde« zwar von »Theologie und Empirie« die Rede ist, aber lediglich Milieutheorien referiert werden (*Gräb Weyel* 2007, 77ff.).
[961] *Hass Petzold* 1999, 195.
[962] Ausführlich dazu *Röhrle* 1994.
[963] Einen Überblick über die Forschung bietet *Laireiter* 1993a, 15ff., sowie *Petzold Hass* 1999, 198ff. Eine Meta-Analyse hinsichtlich der Rezeption in der Psychologie bietet *Röhrle* 1994. Eine aktuelle Auseinandersetzung mit der »sozialen
Unterstützung« speziell in Bezug auf Psychotherapie bieten *Röhrle Laireiter* 2009.

oftmals wie unter den Fingern zu zerrinnen droht. Es bleibt so manches Mal bei mehr oder weniger verifizierbaren Hypothesen, die zum Teil mit hohem Aufwand gewonnen werden. Oder wie es einer der Forscher selber gesagt hat: »eine Übertreibung von Technik und Daten und eine Anhäufung trivialer Ergebnisse«.[964] Hinzu kommt, dass die Forschung selbst häufiger ihr eigenes in vielfacher Hinsicht noch ungenügend entwickeltes methodisches Vorgehen kritisiert und ebenso die kursierende begriffliche Unklarheit sowie deren inflationären Gebrauch.[965]

Ein soziales Netzwerk beziehungsweise soziale Unterstützung ist offensichtlich ein sehr komplexes psychosoziales Phänomen, das hier – notgedrungen – mit komplexitätsreduzierenden Verfahren gemessen werden soll. Wenn man diese Grenzen allerdings im Blick behält, kann die empirische Netzwerkforschung durchaus nachweisen, dass ein tragfähiges Netzwerk positive Effekte für ein Individuum haben kann. Diese positiven Effekte werden begrifflich zusammengefasst und erforscht unter dem Stichwort »soziale Unterstützung« oder auch »sozialer/sozioemotionaler Rückhalt«.[966] In dem medizinsoziologischen Lehrbuch von Johannes Siegrist wird sozialer Rückhalt beschrieben als »eine spezifische, allgemein als positiv oder belohnend erfahrene Qualität von sozialem Austausch«.[967] Was genau bedeutet nun positive Qualität? Kurzum, es geht um die Frage: Was konkret hat ein Mensch von seinem sozialen Netzwerk? James S. House[968] hat 1981 eine Defi-

---

[964] *Granovetter* 1979, 16, zitiert in der Übersetzung von *Keul* 1993, 51.
[965] *Keul* 1993, 45ff., *Laireiter* 1993a, 15ff., *Mackensen* 1985, 8ff.
[966] Anfänglich wurde der Begriff »Unterstützung« vom Begriff »Netzwerk« nicht klar genug unterschieden (*Hass Petzold* 1999, 194). Zur Begriffsklärung vgl. auch *Laireiter* 1993a, 25ff. Es soll an dieser Stelle nicht verschwiegen werden, dass soziale Unterstützung auch sozialpolitisch instrumentalisiert werden kann. Siehe dazu *Keupp* 1985. Heiner Keupp wehrt sich in seinem Beitrag vor allem gegen die verführerisch-suggestive Vereinnahmung der Netzwerkidee durch konservative Sozialpolitik, die damit knapper werdende sozialpolitische Ressourcen kompensieren will.
[967] *Siegrist* 1995, 117. Das vollständige Zitat lautet: »eine spezifische, allgemein als positiv oder belohnend erfahrene Qualität von sozialem Austausch, die lediglich innerhalb von Netzwerken mit einer gewissen Stabilität und Dichte reziproker (wechselseitiger) Beziehungen geleistet werden kann.« – In der völlig überarbeiteten Auflage seiner Medizinischen Soziologe von 2005 räumt Siegrist der Netzwerkperspektive (einschließlich sozialem Rückhalt) bedauerlicherweise weniger Raum ein und hat auch bezüglich des genannten Zitates seine Formulierung vereinfacht: »eine allgemein als positiv oder belohnend erfahrene Qualität des sozialen Austauschs, die lediglich innerhalb von Gruppen mit einer gewissen Stabilität und Dichte wechselseitiger Beziehungen erfahren werden kann.« (*Siegrist* 2005, 74).
[968] *House* 1981, zitiert in der deutschen Übersetzung von *Siegrist* 2005, 74. Vgl. auch *Schwarzer Leppin* 1989, 14; sowie *Hass Petzold* 1999, 196f. – Eine dem Grunde nach ähnliche, etwas ausführlichere aber ebenfalls nach verschiedenen Bereichen ausdifferenzierte Beschreibung des sozialen Rückhalts bietet *Diewald*

nition gegeben, die die wesentlichen Aspekte benennt. Demnach besteht sozialer Rückhalt aus vier Faktoren:

1. Emotionaler Rückhalt (Wertschätzung, Zuneigung, Vertrauen, Interesse, Zuwendung).
2. Rückhalt durch Anerkennung (Bestätigung, Feedback, positiver sozialer Vergleich).
3. Rückhalt durch Information (Rat, Vorschläge, Handlungsanweisungen, geteiltes Wissen).
4. Instrumentaler Rückhalt (Hilfe durch zeitliche Präsenz, Arbeit/Mitarbeit, finanzielle Mittel).

Diese Definition ist noch zu ergänzen um die Frage der faktischen Verfügbarkeit des sozialen Rückhaltes und – ganz wesentlich – die subjektive Bewertung durch den Einzelnen.[969] Denn sozialer Rückhalt muss nicht nur vorhanden sein, sondern muss auch wahrgenommen und wertgeschätzt werden, wenn eine positive Wirkung von ihm ausgehen soll.

Bei der Bewertung des sozialen Rückhaltes durch die Forschung – insbesondere aus gesundheitspsychologischer Sicht – kursieren zwei unterschiedliche Modelle. Das erste Modell geht davon aus, dass schon die reine Verfügbarkeit von sozialer Unterstützung im Netzwerk ganz direkt sich förderlich und belastungshemmend auf das Individuum auswirkt, also einen gewissen Schutz- und Schildeffekt bewirkt (»Haupteffekt-Modell«). Das zweite Modell (»Puffermodell«) geht davon aus, dass die förderliche und belastungshemmende Wirkung erst in Krisensituationen sich erweist, insbesondere in Form von Kompensationseffekten.[970] Über die möglichen gesundheitsrelevanten Zusammenhänge gibt es mittlerweile eine unüberschaubare empirische Forschung.[971] Hingegen werden belastende oder gar schädigende Faktoren

1991, 71. – Schwarzer und Leppin zeigen das Ringen um eine angemessene Definition für soziale Unterstützung in den 70er und 80er Jahren (*Schwarzer Leppin* 1989, 12ff.). In der Auswertung kommen sie zum dem Ergebnis, dass folgende Facetten in den Definitionen insgesamt berücksichtigt werden: emotionale Unterstützung, Zusammensein bzw. positiver sozialer Kontakt, instrumentelle Unterstützung, informationelle Unterstützung, Bewertungs-/Einschätzungsunterstützung und Status-Support (*Schwarzer Leppin* 1989, 18ff.). – Ich habe mich an dieser Stelle für die Definition von House entschieden, weil sie mir sowohl differenziert als auch kompakt genug erscheint. Außerdem wird sie auch in neuerer Literatur als wesentliche Definition zitiert, z.B. *Siegrist* 2005, 74. und *Hass Petzold* 1999, 196f.
[969] *Laireiter* 1993a, 39; *Perkonigg* 1993, 120ff.; *Ludwig-Meyerhofer Greil* 1993, 87. Siehe auch *Waibel* 2004, 9 mit Bezug auf *Siegrist* 1995, 182f.
[970] *Laireiter* 1993b, 187f. (dort auch genauere Differenzierung). Siehe auch: *Schwarzer Leppin* 1989, 30ff.; *Bullinger Nowak* 1998, 104f., *Hass Petzold* 1999, 199f.; *Waibel* 2004, 10
[971] *Waibel* 2004, 10.

sozialer Netzwerke in der Forschung noch vergleichsweise wenig beachtet.[972]

Fassen wir zusammen. Soziale Netzwerke sind das umfassende Beziehungsgeflecht eines Menschen, das zu seinem Leben wesentlich dazugehört und den ganzen Spannungsbogen von Identitätsattributionen bis zu konkreter materieller Hilfe umfasst. Ein solches Netz kann unterschiedlich gesehen und bewertet werden.[973] Es kann groß oder klein, dichter oder dünner sein. Es gibt Menschen, die einem näher stehen und andere, zu denen nur eher oberflächlicher Kontakt besteht.[974] Mit gewissem Recht können von einem sozialen Netz unterschiedliche Formen von sozialem Rückhalt erwartet werden. Allerdings ist darauf zu achten, dass ein soziales Netz – um das schon mal vorwegzunehmen – auch belastende Aspekte haben kann.[975]

3.2.1.4 Soziales Netzwerk und Gesundheit

Soziale Netzwerke haben offensichtlich eine wichtige Bedeutung speziell für die Gesundheit.[976] So betont Laireiter »dass Merkmale Sozialer Netzwerke und Sozialer Unterstützung wichtige Funktionen in der Ätiologie psychischer und auch somatischer Störungen besitzen und

---

[972] *Waibel* 2004, 14, siehe auch *Laireiter Lettner* 1993 sowie *Hass Petzold* 1999, 201 ff.

[973] Bernd Röhrle (*Röhrle* 1994, 16) nennt folgende Kategorien von Merkmalen, nach denen ein soziales Netzwerk beschrieben werden kann: I. Relationale Merkmale: A. Starke vs. schwache Bindungen (Intimität, Intensität); B. Kontakthäufigkeit; C. Latente vs. aktualisierte Beziehungen; D. Dauer (Stabilität); E. Multiplexe vs. uniplexe Beziehungen (Vielartigkeit der Beziehungsinhalte; z.B. diverse Rollenbeziehungen); F. Egozentriertheit vs. Altruismus; G. Reziprozität; H. Homogenität; I. Grad der an Bedingungen geknüpften Zugänglichkeit. – II. Kollektiv und individuell bedeutsame funktionale Merkmale: A. Soziale Unterstützung (Sicherheit, Rückhalt usw.); B. Soziale Kontrolle (Normierung, Übermittlung von Werten) – III. Merkmale der Morphologie: A. Größe (Zahl der Elemente; z.B. Personen, Organisationen, Nationen); B. Dichte (Zahl der möglichen zu den tatsächlich vorhandenen Beziehungen); C. Erreichbarkeit (Möglichkeiten zur Herstellung von direkten und indirekten sozialen Beziehungen zwischen undefinierten oder definierten Mengen von Verknüpfungspunkten [Pfaden]); D. Zentralität (Grad der sozialen Integration); E. Cluster/Cliquen (Zahl der partiell oder total abgrenzbaren, in sich dichten Netzwerkteile); F. Sektoren/Zonen (Familie, Verwandte, Freunde, usw.).

[974] In der Forschung wird zwischen »strong ties« und »weak ties« unterschieden. Während die ersten insbesondere für emotionalen Rückhalt wichtig sind, erweisen sich die zweiten oft wichtig für den Zugewinn an neuen Informationen oder Ermöglichung neuer Kontakte (*Degenhardt* 1985, 80f.; *Holzer* 2006, 16ff.).

[975] Siehe diese Arbeit S. 215f.

[976] Obwohl es nicht unmittelbar zur Fragestellung der »sozialen Unterstützung« dazu gehört, sei an dieser Stelle darauf hingewiesen, dass es in den USA empirische Untersuchungen über einen positiven Zusammenhang von Religion (Praxis, Einstellungen) und Gesundheit gibt (*Gräb Weyel* 2007, 415).

zwar in allen drei Phasen der Störungsentwicklung. Dabei spielen sowohl positive (protektive) wie auch belastende Aspekte eine Rolle.«[977] Er zieht daraus drei generelle Schlüsse:

1. Das Fehlen von sozialer Unterstützung ist ein Risikofaktor, deren Vorhandensein dagegen ein protektiver Faktor.
2. Die protektive Funktion teilt sich auf in Schild- und Kompensationseffekte.
3. Chronische Belastungen des Individuums führen umgekehrt häufig zur Erosion sozialer Unterstützung, die die belastende Situation verstärkt und darum durch Intervention vermieden werden sollte.[978]

Aufgrund dieser Erkenntnis hat die Forschung in letzter Zeit verstärkt die Frage verfolgt, wie soziale Unterstützung und Psychotherapie sich gegenseitig beeinflussen.[979] Erkennbar ist, dass vorhandene soziale Unterstützung häufig hilfreich sein kann für erfolgreiche Therapie, aber gegenüber der Inanspruchnahme von Psychotherapie auch hemmend oder gar konkurrierend wirken kann.[980] Umgekehrt wird darüber nachgedacht, wie man von psychotherapeutischer Seite hilfreich intervenieren kann, um z.B. die Unterstützungsqualität von Netzwerken zu nutzen, gegebenenfalls zu optimieren oder gar neu zu initiieren.[981]

3.2.1.5   Die Ambivalenz sozialer Netzwerke

Es zeigt sich in der Forschung durchaus mit einer gewissen Deutlichkeit, dass es offensichtlich überwiegend gut ist, wenn man Menschen hat, mit denen man über ein soziales Netz verbunden ist, und von denen man Unterstützung erwarten und erfahren kann.[982] Wobei es vor allem näherstehende Menschen in kleineren Netzwerken sind, die hier eine Rolle spielen.[983] Fernerstehende Menschen in größeren Netzwerken scheinen tendenziell von geringerer Bedeutung zu sein, außer für bestimmte soziale Funktionen wie z.B. informeller Informationszugang.[984]

---

977 *Laireiter* 1993b, 193.
978 *Laireiter* 1993b, 193.
979 *Röhrle Laireiter* 2009a, 11ff.
980 *Hermer* 2009.
981 *Nestmann* 2009. – Zur Wirkungsforschung von Interventionen gegen mangelnde soziale Unterstützung siehe *Linden et al* 2009.
982 *Röhrle Stark* 1985a, 32f. (dort auf S. 30 findet sich eine kurze Zusammenstellung wichtiger Literatur zu empirischen Befunden bis 1985); *Stein* 1985, 84ff.; *Degenhardt* 1985, 79ff.; *Reicherts* 1993, 141ff.; *Gassmann Grawe* 2009.
983 *Mackensen* 1985, 9ff., *Reisenzein* 1993, 77.
984 *Degenhardt* 1985, 79ff.

Nicht verschwiegen werden kann und darf, dass Netzwerke, einschließlich der in ihnen stattfindenden sozialen Unterstützung, auch negative Auswirkungen auf Menschen haben können. Auch wenn das in der Forschung – wie erwähnt – zu wenig Beachtung findet,[985] von wenigen Ausnahmen abgesehen. Netzwerke können nach Einschätzung von Röhrle und Stark zum Beispiel zur Entstehung und Aufrechterhaltung psychischer Störungen beitragen.[986] Laireiter und Lettner[987] widmen sich ausführlich den belastenden Aspekten eines Netzwerkes. Sie kommen zu folgenden Ergebnissen. Zu große Netzwerke können wegen des damit verbundenen Aufwandes belastend sein.[988] Zu kleine Netzwerke dagegen müssen nicht per se belastend sein, sondern werden durch verschiedene weitere Faktoren modifiziert, wie z.b. Persönlichkeitsmerkmale oder genderspezifische Unterschiede.[989] Zu dichte Netzwerke stehen hingegen in Gefahr der neurotischen Abschottung,[990] zu wenig dichte Netzwerke sind möglicherweise nicht die Ursache, sondern die Folge von schweren psychischen Störungen.[991] Schließlich gibt es noch belastende Konflikte zwischen Netzwerkclustern (»Clusterinkongruenz«) z.b. bei sozialem Schichtwechsel.[992]

Der Belastungsaspekt ist jedoch keine Frage der Existenz belastender Beziehungsrollen an sich, solche gibt es vermutlich nicht, sondern eher eine Frage des Interaktionsverhaltens und der Interaktionsmuster in vorhandenen normalen Beziehungen.[993] Besonders anfällig dafür sind enge oder unfreiwillige Beziehungen, z.b. familiäre, berufliche oder nachbarschaftliche Beziehungen. Eine »nur« belastende Beziehung gibt es allerdings nicht.[994]

Beachtet werden muss, dass auch normale und gelingende Unterstützung belastende Aspekte haben kann,[995] zum Beispiel Unterlegenheitsgefühle und Einbußen an Selbstwert. Weiterhin entsteht Belastung durch inadäquate oder fehlgeschlagene Unterstützung, wie stereotype Hilfe oder Beschwichtigung, ebenso durch enttäuschte Unterstützungserwartung, aber auch umgekehrt durch ein Übermaß an Unter-

---

[985] Linden, Hogan und Habra betonen – im Jahr 2009 – noch ausdrücklich, »dass die Frage der negativen oder unangemessenen Unterstützung in der Literatur bisher nicht sehr viel Aufmerksamkeit erhalten hat.« (*Linden et al* 2009, 635).
[986] *Röhrle Stark* 1985a, 31f.
[987] *Laireiter Lettner* 1993, 101ff.
[988] *Laireiter Lettner* 1993, 101.
[989] *Laireiter Lettner* 1993, 102.
[990] *Laireiter Lettner* 1993, 102f.
[991] *Laireiter Lettner* 1993, 103.
[992] *Laireiter Lettner* 1993, 103.
[993] *Laireiter Lettner* 1993, 104.
[994] *Laireiter Lettner* 1993, 105.
[995] *Laireiter Lettner* 1993, 108.

stützung. Letzteres führt mitunter zu einer Blockade eigener Bewältigungsversuche durch ein Zuviel an Hilfe.[996] Problematisch ist ebenfalls belastungsbedingte Ineffektivität, die möglicherweise zu Schuldzuweisungen an die Hilfsempfänger führen kann. Schlussendlich gibt
es problematische Beziehungsformen, die geprägt sind durch einen
Mangel an Reziprozität, durch Abhängigkeit oder Kontrolle.[997] Gerade
engere soziale Beziehungen können offensichtlich hinsichtlich gegenseitiger Unterstützung auch sehr ambivalent aufgeladen sein, speziell
intergenerative Beziehungen.[998] Manchmal wird die Unterstützung mit
einem hohen sozialen Preis erkauft. Und schließlich spielt der Faktor
Zeit eine Rolle. Netzwerke können langfristig gesehen auch erodieren
und damit ihre unterstützende Wirkung verlieren. Das gilt für zeitextensive Belastungssituationen, wie z.b. Arbeitslosigkeit,[999] oder
schlicht einfach auch durch das Älterwerden.[1000]

3.2.1.6 Soziales Netzwerk und professionell helfende Beziehungen

Kommen wir zu der bereits kurz angedeuteten Frage, welche Rolle ein
soziales Netzwerk in Bezug auf professionell helfende Beziehungen
spielt, also insbesondere für Therapie und Seelsorge. Soziales Netzwerk beziehungsweise soziale Unterstützung auf der einen Seite und
Psychotherapie auf der anderen Seite stehen in einem spannungsvollen, sich überschneidenden und sich zugleich ergänzenden Verhältnis.[1001] Therapie wird dort nötig, wo ein soziales Netzwerk in einer
bestimmten Problemlage nicht ausreichend Unterstützung geben
kann[1002] oder selbst die Ursache des Problems ist. Umgekehrt bleibt
einem Menschen nach Beendigung der Therapie nur noch sein soziales
Netzwerk.[1003] Therapie kann also ein soziales Netzwerk nicht ersetzen.
Therapie hat nur die Möglichkeit über den Klienten indirekt (gegebe-

---

[996] Z.B. durch »overprotection« oder »overinvolvement« (*Laireiter Lettner* 1993,
108f.).
[997] *Laireiter Lettner* 1993, 109.
[998] *van Eickels* 1985, 65ff.
[999] Das zeigt eine Studie von Petra Strehmel am Beispiel langzeitarbeitsloser
Lehrer (*Strehmel* 1993, 167ff.).
[1000] Generell gilt, dass die Netzwerke alter Menschen kleiner und instabiler werden, auch wenn das nicht pauschal zu Vereinsamung führen muss, sondern
manchmal auch zu höherer Wertschätzung der noch vorhandenen Kontakte beitragen kann (*Röhrle* 1994, 44f.).
[1001] Hermer macht deutlich, dass soziale Unterstützung und Therapie in folgenden Verhältnissen zueinander stehen können: Kooperation, Kompensation, Konkurrenz, Gegenschaft, Unabhängigkeit (*Hermer* 2009, 196). – Laireiter untersucht
die sich überschneidenden und die sich unterscheidenden Aspekte zwischen sozialer Unterstützung und professioneller Therapie (*Laireiter* 2009, 123ff.).
[1002] So z. B., jedoch ohne den Netzwerkbegriff, *Zimmer* 1983, 139 mit Bezug auf
Bergin 1971.
[1003] *Eurelings-Bontekoe et al* 1995.

nenfalls ausnahmsweise auch direkt) das soziale Netzwerk als wichtigen Faktor zu beachten. In bestimmten Fällen, z.b. in der Suchttherapie,[1004] ist es erforderlich, künstliche soziale Netzwerke zu schaffen, um jemanden aus malignen Netzwerken herauszulösen und um neue, hilfreiche Gemeinschaftserfahrungen zu ermöglichen. Aber es bleibt immer die Frage: Welches Netz hat ein Mensch nach dem Ende der Therapie?

Ebenso steht auch Seelsorge ganz ähnlich wie Therapie immer wieder vor der Frage: Welches Netz hat ein Seelsorgesuchender außerhalb und vor allem nach dem Ende des individuellen Seelsorgekontaktes? Darum gilt es auch hier, das persönliche Netz eines Seelsorgesuchenden als wichtige und vor allem bleibende Ressource im Blick zu behalten. Was aber ist, wenn das persönliche Netzwerk sehr ausgedünnt ist oder eher belastend? Oder wenn das bisherige persönliche Netzwerk nach einem Umzug räumlich weit weg ist? Hier sehe ich ein Potential von Kirchengemeinden, das vielleicht unter diesem Blickwinkel noch nicht hinreichend gesehen wird. Eine Kirchengemeinde ist ein natürliches soziales Netzwerk, das nicht erst künstlich geschaffen werden muss.[1005] Als Seelsorger habe ich immer dieses Netz als etwas bereits Vorhandenes zur Verfügung. Natürlich gibt es Unterschiede von Kirchengemeinde zu Kirchengemeinde was die Größe, Offenheit und das Potential eines solchen Netzes anbelangt. Und natürlich hat auch nicht jeder Seelsorgesuchende die Bereitschaft, sich auf dieses Netz einzulassen. Aber es bleibt die Tatsache, dass es ein im Hintergrund der Seelsorge vorhandenes Netz gibt, dessen Potentiale nicht erst künstlich geschaffen werden müssen. Es bleibt im konkreten Seelsorgekontakt lediglich der Abgleich der Wünsche, Bedürfnisse und Möglichkeiten des Seelsorgesuchenden mit dem, was hier gegebenenfalls eine Kirchengemeinde an sozialer Einbindung zur Verfügung stellen kann.

3.2.1.7 Kirchengemeinde als soziales Netz

Dass Kirche an so mancher ekklesiogener Neurose Schuld sein soll, wurde in der Vergangenheit immer mal wieder betont.[1006] Eine Kirchengemeinde als soziales Netzwerk kann aber unter Umständen auch eine protektive Funktion für seelische und körperliche Gesundheit haben, wenn sie vom Individuum als Ort sozialer Einbettung erlebt wird. Die Forschung geht zwar davon aus, dass »enge und nahestehende Be-

---

1004 Vgl. z.B. *Yablonsky* 1990, *Petzold* Schneewind 1986, 215ff.
1005 Mackensen betont, dass zwischen vorfindlichen und gemachten Netzwerken unterschieden werden muss. Letztere sind in ihrer »stützenden« Leistungsfähigkeit eher begrenzter (*Mackensen* 1985, 11).
1006 Siehe Fußnote 91 auf S. 41.

zugspersonen« in protektiver Hinsicht die größte Rolle spielen.[1007] Aber man kann durchaus fragen,[1008] ob erstens z.b. bei ausgedünntem persönlichen Netzwerk eine Kirchengemeinde hier nicht in gewissem Sinne eine rudimentäre Auffangfunktion übernehmen kann und zweitens, ob nicht manche Beziehungen innerhalb des sozialen Netzes Kirchengemeinde durchaus als eng und nahestehend erlebt werden können, und drittens, ob Kirchengemeinden nicht einen Pool von sogenannten »schwachen Bindungen« zur Verfügung stellen, die jenseits der Redundanz persönlicher Netzwerke zusätzliche neue Optionen als Potential zur Verfügung stellen.[1009]

Zugleich, auch das konnte die Forschung zeigen, hat allein schon die Tatsache der sozialen Integration, das Vorhandensein großer sozialer Netzwerke eine protektive Wirkung, vor allem als Schildeffekt, aber gegebenenfalls auch als Kompensationseffekt.[1010] Das könnte also bedeuten, dass eine Kirchengemeinde schon als solche, nämlich als großes soziales Netz über den damit für alle Beteiligten gegebenen weiteren Bekanntenkreis eine soziale Integration anbietet, die eine protektive Funktion im besagten Sinne bewirkt. Auch könnte zum Beispiel die

[1007] *Laireiter* 1993b, 192. In der Netzwerkforschung ist überwiegend das persönliche Netzwerk im Blick. Das heißt vor allem der Kreis der Menschen, die unmittelbar zum eigenen Leben dazugehören. Im Kern sind das Partnerbeziehung, Familie, Freunde, Verwandtschaft. Im etwas weiteren Kreis gehören dazu auch Arbeitskollegen und Nachbarn. Manchmal sind auch soziale Zusammenschlüsse wie Vereine und Bürgerinitiativen im Blick. Kirchengemeinden als solche werden dagegen in der Forschung kaum oder nur selten wahrgenommen. Für eine in Österreich durchgeführte Studie kommen die Autoren zu folgendem Ergebnis. Freunde und Verwandte werden als hauptsächliche Unterstützungsgeber wahrgenommen. Bei der verbleibenden Restmenge von darüber hinaus noch unterstützenden Personen fallen nur 7% auf »Kirchengemeinschaften«. 26% der Restmenge dagegen fallen auf »Vereine« (*Reisenzein et al* 1993, 7). Natürlich kann man, wie bei fast jeder Studie fragen, wie repräsentativ ein solches Ergebnis ist und inwieweit die Fragestellung ein Ergebnis präjudiziert. Aber zumindest für die untersuchte Gruppe dieser Studie kommt Kirche nur am Rande vor. – Insgesamt bleibt festzustellen, dass Kirche und Gemeinde in der empirischen Erforschung sozialer Unterstützung eher selten direkt in den Blick der Forschenden geraten. Die These, dass eine Kirchengemeinde als hilfreiches soziales Netz fungieren kann, lässt sich also überwiegend nur durch allgemein erhobene Erkenntnisse über die generelle Bedeutung des sozialen Eingebundenseins begründen.
[1008] Die folgenden Vermutungen werden hier – wie auch an anderen Stellen – bewusst als Frage formuliert, weil die Rolle einer Kirchengemeinde als soziales Netz meines Wissens noch nicht wirklich empirisch erforscht ist. Aber aus dem, was die empirische Forschung insgesamt über soziale Netzwerke und soziale Unterstützung zusammengetragen hat, lassen sich – wie ganz allgemein so auch hier – gute Gründe ableiten, um berechtigterweise anzunehmen, dass auch eine Kirchengemeinde dergestalt über hilfreiche soziale Netzwerkqualitäten verfügen kann.
[1009] Vgl. *Holzer* 2006, 16ff.
[1010] *Laireiter* 1993b, 189.

Übernahme einer sozialen Rolle (Ehrenamt) in einer Kirchengemeinde eine stärkende Wirkung auf das eigene Identitätserleben vermitteln.[1011]

Die hier geäußerten Vermutungen in Bezug auf die soziale Stützfunktion einer Kirchengemeinde werden noch unterstützt durch eine weiterführende Beobachtung. Um ein persönliches soziales Netz aufzubauen und zu erhalten, braucht man einen Pool von Kontaktmöglichkeiten, auf den man dafür zurückgreifen kann. Zweifellos bleibt der Einzelne hier in der Verantwortung, ein solches Netz aufzubauen und zu pflegen. Dies ist aber umso leichter, je mehr jemand in übergeordnete soziale Strukturen eingebettet ist, in denen man »von der Notwendigkeit, Kontakte aufzunehmen und zu erhalten, zumindest teilweise entlastet wird.«[1012] Eine Kirchengemeinde bietet in der Regel eine solche übergeordnete soziale Struktur, die einen Pool an Kontaktmöglichkeiten zur Verfügung stellt.[1013] Freilich kann der Umfang dieses Pools und die Bandbreite an Kontaktmöglichkeiten größer oder kleiner sein.

Im Zusammenhang von Überlegungen zur vorbeugenden gesundheitlichen Funktion von sozialen Netzwerken hat Alf Trojan[1014] einen interessanten Gedanken entwickelt, der auch im Blick auf Kirchengemeinden interessant ist, nämlich den Gedanken, der Anknüpfung an vorhandene Strukturen. Alf Trojan geht zunächst von der Fragestellung aus, inwieweit Netzwerke und Netzwerkförderung auch eine in gesundheitlicher Hinsicht präventive Funktion haben können. Sein Ziel ist, eine »krankheitsunspezifische Prävention zu betreiben, die nicht am Individuum ansetzt, sondern an sozialen Bedingungen«.[1015] Das eigene Vorhaben richtet sich auf eine »gemeindebezogene Netzwerkförderung«,[1016] das heißt auf »›Initiierung und Förderung neuer Netz-

---

[1011] Ein Hinweis auf »sicherheitsvermittelnde Wirkungen von Identitätsbestimmungen und Gefühlen der Zugehörigkeit durch die Rollenverteilung in Netzwerken« (nach *Thoits* 1984) findet sich bei *Perkonigg* 1993, 120. – Zur identitätsstiftenden Funktion sozialer Netzwerke siehe auch *Röhrle* 1994, 114ff.

[1012] *Strehmel* 1993, 168, siehe auch 178.

[1013] Vgl. dazu die Feststellung von Uta Pohl-Patalong: »Vom Individuum der Gegenwart ist zur Herstellung sozialer Kontakte aktives Arbeiten am eigenen Beziehungsnetz gefordert. Soziale Bindungen können nicht mehr aus traditionellen Vorgaben wie Klassenzugehörigkeit oder Wohnmilieu konsenssicher abgerufen werden, sondern müssen mit einem hohen Energieaufwand individuell immer wieder neu geschaffen und erhalten werden.« (*Pohl-Patalong* 1996, 85f.). Für viele Menschen bedeutet das »Überforderung und Verunsicherung«. Vielleicht können hier Kirchengemeinden den hohen Energieaufwand zur Herstellung sozialer Kontakte etwas reduzieren, wenn sie für Menschen, die dazu einen Zugang finden, einen Rahmen bereitstellen, in dem es leichter ist, soziale Kontakte zu knüpfen oder sogar in bestehende kleinere soziale Netzwerke aufgenommen zu werden.

[1014] *Trojan* 1985.

[1015] *Trojan* 1985, 44.

[1016] *Trojan* 1985, 44.

werkelemente‹ in der Gemeinde«,[1017] um die persönlichen, also primären (unorganisierten) Netzwerke in Familie und Arbeitswelt zu entlasten.[1018] Der Begriff »gemeindebezogen« meint dabei die Anknüpfung an vorhandene Strukturen statt künstlicher Schaffung neuer Netzwerke. »Wir wollen nicht ›künstlich‹ neue Netzwerke schaffen, sondern anknüpfen an schon Vorhandenem, an den ›natürlichen Netzwerken‹ einer Gemeinde bzw. eines Stadtteils.«[1019] Man kann also, so meine ich, im Zusammenhang der vorliegenden Arbeit zumindest fragen, inwieweit eine Kirchengemeinde als natürliches soziales Netz eine solche vorhandene Anknüpfungsstruktur für neue Netzwerkelemente sein kann, sozusagen ein Nährboden. Mit anderen Worten: hat eine Gemeinde als große Sozialstruktur die Möglichkeit, dass – anknüpfend an vorhandene Möglichkeiten – in ihr kleinere hilfreiche, entlastende Netzwerke entstehen können? In eine ähnliche Richtung gehen auch Gedanken von Bernd Röhrle und Wolfgang Stark, wenn sie darüber nachdenken, wie man das »Unterstützungspotential einer ganzen Gemeinde« analysieren und gegebenenfalls verbessern kann. Aus ihrer Sicht gehören nicht nur die Schaffung von Selbsthilfegruppen, sondern bereits die Initiierung von Freizeitgruppen zu solchen hilfreichen »Netzwerkintervention«.[1020]

Im Hinblick auf kirchliche Gemeindearbeit ist ferner interessant, dass Mackensen[1021] großen Netzwerken deutlich weniger Stützkraft zuerkennt als kleinen persönlichen Netzwerken, die er als »Stütznetz« bezeichnet. »Die Leistungsfähigkeit steigt ... mit der Dichte der Beziehungen im Netz, mit der Vielseitigkeit der bilateralen Beziehungen und mit der Intensität der Beziehungen.«[1022] Ferner weist auch er darauf hin, dass gewachsene Netzwerke tragfähiger sind als künstlich geschaffene Netzwerke.[1023] Insofern, so meine Schlussfolgerung, hat eine Kirchengemeinde in ihrer ganzen Größe vermutlich Anteil an der mitunter zerrinnenden Diffusion großer Netzwerke und doch zugleich an den Vorteilen gewachsener Netzwerke. Für mich stellt sich die Frage, inwieweit eine Gemeinde den Nachteil mit dem Vorteil verbinden kann, indem Gemeinde sich darstellt als ein gewachsenes großes Meta-»Stütznetz« im Sinne vieler kleiner miteinander verwobener kleiner Stütznetze (z.B. Gemeindegruppen). Hier könnte Gemeinde einerseits die Stärke haben, die in kleinen Netzen liegt, und doch zugleich auch

---

[1017] *Trojan* 1985, 49 – Mit Gemeinde ist nicht Kirchengemeinde, sondern Gemeinde im Sinne des Wohnumfeldes gemeint.
[1018] *Trojan* 1985, 43.
[1019] *Trojan* 1985, 42. Siehe auch S. 49f.
[1020] *Röhrle Stark* 1985a, 39f.
[1021] *Mackensen* 1985, 8ff.
[1022] *Mackensen* 1985, 11.
[1023] *Mackensen* 1985, 11f.

an den begrenzten Vorteilen großer Netzwerke teilhaben, indem sie einen gewachsenen sozialen Rahmen bietet, innerhalb dessen sich kleinere Netze leichter bilden können. Gerade in den auch von Mackensen beklagten negativen Auswirkungen der modernen Mobilität könnte Gemeinde in diesem Sinne eine gewachsene Netzwerkstruktur zur Verfügung stellen.

3.2.1.8 Lückenbüßerfunktion versus befreite Gemeinschaft

Gewisse ekklesiologische Ideen von Gemeinde, also Ideen darüber, was Gemeinde sein soll und sein könnte,[1024] berühren sich durchaus mit visionären oder gar utopischen Ideen, die in der Netzwerkdiskussion selbst entstanden sind. Heiner Keupp zum Beispiel spricht von sozialen Netzwerken als »Assoziierung freier Subjekte«.[1025] Er ist fasziniert von der Idee kleiner sozialer Netze (30-100 Personen), eine Art »befreiter Gemeinschaft«,[1026] die sich den eigenen Lebensraum gestaltet, gekoppelt mit durchaus utopischen und umwälzenden gesellschaftspolitischen Ansprüchen.[1027] Für Keupp ist der Weg dahin unklar. Vorstellen kann er sich eine Dezentralisierung des sozialpolitischen Systems.[1028] Vermeiden möchte er auf jeden Fall, dass soziale Netzwerke in eine sozialpolitische Lückenbüßerfunktion geraten,[1029] oder dass die soziale Unterstützung einseitig zu subtiler Ausbeutung führt. Er erwähnt hier vor allem die kostenlose Haus- und Betreuungsarbeit der Frauen.[1030]

Ohne nun umgekehrt Keupps utopische Idee unkritisch zu übernehmen, möchte ich doch an dieser Stelle mit folgender Frage mich anschließen: Inwieweit könnte Gemeinde ein solches kleines soziales Netz sein, das zugleich eine »Assoziierung freier Subjekte« darstellt? Ganz im Sinne der Mündigkeit eines Christenmenschen, im Sinne des Priestertums aller Gläubigen? Ein soziales Netz, das eine Gestaltung von Lebensräumen einschließlich gegenseitiger geschwisterlicher Unterstützungskultur ermöglicht, ohne einerseits zum sozialpolitischen Lückenbüßer zu werden und ohne Einzelne zu überfordern oder auszubeuten, und ohne andererseits an der Utopie-Realität-Differenz zu zerbrechen? Wie sähe eine solche Unterstützungskultur aus und wo lägen ihre Grenzen? Zum Beispiel könnte eine Gemeinde soziales Eingebundensein gegen Einsamkeit bieten, Menschen ein ›Ansehen‹ ge-

---

1024 Vgl. z.B. *Steinkamp* 1994. Siehe diese Arbeit S. 245ff.
1025 *Keupp* 1985, 28.
1026 *Keupp* 1985, 20.
1027 *Keupp* 1985, 27.
1028 *Keupp* 1985, 27.
1029 *Keupp* 1985, 25f.
1030 *Keupp* 1985, 24.

ben in einer konkreten Gemeinschaft.[1031] Und gewiss gehört auch geschwisterliche Seelsorge (colloquium fratrum) zu den Möglichkeiten
einer Gemeinde oder auch gelegentliche handfeste Hilfe. Aber im
Rahmen einer Gemeinde zum Beispiel *regelmäßige* kostenlose häusliche Pflege oder *aufwendige* Rundumbetreuung psychisch Kranker zu
erwarten, würde wohl klar die Grenze ehrenamtlicher, geschwisterlicher Unterstützung überschreiten.

Dass wir es bei der Beschäftigung mit Netzwerken und sozialer Unterstützung nicht nur mit der Erhebung des Vorfindlichen zu tun haben,
sondern dass darin auch ein utopisches Element enthalten sein kann,
zeigen auch Wilfried Belschner und Peter Kaiser.[1032] Auch wenn ihre
mit Habermas legitimierte Vision einer (politischen?) »Gemeinde« als
einem »befreiten Gebiet« gelebter echter sozialer Unterstützung vielleicht etwas sehr utopisch anmutet, so erinnert ihr visionärer Vorschlag
doch daran, dass auch und gerade eine christliche Gemeinde das utopische Element (»Reich Gottes«) nicht ohne Identitätsverlust einfach
aufgeben kann. Die Konzeption des »psychosozialen Experten«, der
eine Gemeinde auf diesem Weg »führen« soll, wäre hinsichtlich der
idealisierenden Perfektion zwar kritisch zu beleuchten, aber manches
davon erinnert doch auch an moderne Anforderungsprofile für das
Pfarramt.[1033] Ohne das utopische Element im Zusammenhang von
Netzwerken und sozialer Unterstützung kleinreden zu wollen, muss
man vielleicht doch aus konkreten Praxiserfahrungen ergänzend hinzufügen: »Ein stabiles Netzwerk sozialer Beziehungen stellt immer einen
Kompromiß dar, der um so tragfähiger ist, je klarer das Mögliche und
das Unmögliche voneinander unterschieden werden.«[1034] Und schließlich gibt es Bevölkerungsschichten, die sich mit sozialer Unterstützung
schwer tun.[1035] Außerdem kollidiert die Idee sozialer Unterstützung
häufig auch mit der Privatheitsnorm weiter Teile der Bevölkerung.[1036]
Dennoch, bei aller gebotenen Nüchternheit, sollte das utopische Element in einer christlichen Gemeinde das ›Salz in der Suppe‹ bleiben.

[1031] Und damit könnte das Eingebundensein in eine Gemeinde vielleicht – zumindest in Ansätzen – so etwas wie einen gewissen Geleitschutz inmitten der Iden-
titätsrisiken der Moderne darstellen. Für Heiner Keupp wäre dies »im Kern die
Aufgabe von ›Gemeinde‹«, und diesmal ist wirklich Kirchengemeinde im Blick,
wie vom Zusammenhang her klar wird (*Keupp* 1997, 119).

[1032] *Belschner Kaiser* 1985, 51ff.

[1033] Z.B. das »Pfarrbild 2000« der Rheinischen Landeskirche. Pfarrbilder, die
hinsichtlich ihrer Perfektion auch hinterfragt werden können. Vgl. *Klessmann*
2001.

[1034] *Seyfried* 1985, 62.

[1035] *Höfer et al* 1985, 71ff.; *Laireiter Ganitzer Baumann* 1993, 88ff., *Röhrle*
1994, 198ff.

[1036] *Höfer et al* 1985, 77.

3.2.1.9 Bedeutung der Netzwerkperspektive für die Seelsorge

An dieser Stelle sei nochmals zusammengefasst, was die Netzwerkperspektive bisher für die Seelsorge austragen kann. Für die Seelsorge bedeutet die Netzwerkperspektive nun zunächst ganz ähnlich wie auch für eine Therapie die simple Tatsache, dass das soziale Netz eines Menschen im Blick sein sollte. Folgende Fragestellungen könnten dabei auch in der Seelsorge hilfreich sein: Wie sieht das soziale Netz eines Menschen aus? Wieviel sozialer Rückhalt ist vorhanden? Wie wird dieser subjektiv bewertet und wahrgenommen oder auch nicht wahrgenommen? Wo liegen belastende Aspekte vor? Ziele der Seelsorge können folglich sein: Bestandsaufnahme, Wahrnehmung und gegebenenfalls Wertschätzung des vorhandenen sozialen Rückhalts, Interventionen für die Stärkung schwacher Netzwerke, Strategien für den Aufbau neuer Netzwerke oder die Integration in vorhandene Netzwerke sowie die Entwicklung von Copingstrategien[1037] für belastende Aspekte eines Netzwerkes.

Für die Seelsorge bedeutet die Netzwerkperspektive darüber hinaus aber auch, und das ist nun ein Spezifikum von Seelsorge, dass im Blick behalten oder in Blick genommen wird, inwieweit eine konkrete Kirchengemeinde selbst als soziales Netz fungiert. Ist der Seelsorgesuchende selbst Teil des Netzwerkes Kirchengemeinde? Wie ist er dort verortet? Ist das für ihn eine Ressource? Sofern ein Seelsorgesuchender keinen Kontakt zur Kirchengemeinde hat, kann überlegt werden, ob die Herstellung eines solchen Kontaktes möglich, sinnvoll und natürlich vom Betreffenden auch gewünscht wird. Insbesondere bei Menschen, die nur über ein sehr ausgedünntes persönliches Netzwerk verfügen, kann dies sinnvoll sein. Zum Beispiel bei älteren Menschen, die im Prozess der Vereinsamung sind, weil das persönliche Netzwerk sich zunehmend verkleinert;[1038] bei Menschen, die gerade neu zugezogen sind; bei Trennungssituationen; beim Eintritt in den Ruhestand. Das Netzwerk Kirchengemeinde kann aber auch für Menschen interessant werden, die zwar ein tragfähiges persönliches Netzwerk haben, die aber für ihre persönliche Erfüllung noch einen Lebensraum suchen, in dem sie sich engagieren können. Hier bietet eine Kirchengemeinde in der Regel vielfältige Möglichkeiten ehrenamtlicher Betätigung.

[1037] Zum Begriff »coping« siehe *Franke* 2010, 111ff. Zu Gemeinsamkeiten und Unterschieden zwischen dem Coping-Konzept und dem Unterstützungskonzept siehe *Veiel Ihle* 1993.
[1038] Vgl. z.B. *Petzold* 1993, 1244f.

3.2.2 Christliche Religiosität und soziale Netzwerke –
Eine ausführliche Einzelstudie

Empirische Studien über Kirchengemeinden als soziales Netzwerk gibt es – soweit mir bekannt ist – (noch) nicht. Man muss sich für diese Fragestellung einerseits auf allgemeine Netzwerkforschung beziehen oder auf Studien, die diesen Aspekt zumindest ansatzweise beinhalten. Beispielhaft soll an dieser Stelle anhand einer solchen konkreten Studie aus Köln gezeigt werden, wie die empirische Erhebung eines Zusammenhanges zwischen christlicher Eingebundenheit und einem sozialen Unterstützungseffekt aussehen kann. Zugleich zeigt die Studie, wie schwierig es ist, durch empirische Erhebungsverfahren valide Ergebnisse zu gewinnen.

Die Studie von Robert Kecskes und Christof Wolf[1039] trägt den Titel »Konfession, Religion und soziale Netzwerke«. Sie beschäftigt sich explizit mit dem Zusammenhang von christlicher Religiosität und sozialem Netzwerk eines Menschen und geht von der Vermutung aus, dass hier ein unmittelbarer Zusammenhang besteht. Es wird angenommen, dass religiöse Menschen über Netzwerke verfügen, die dem allgemein beklagten Trend zur Vereinsamung und Erosion sozialer Einbindung entgegenstehen, und dass sie sich darin von nicht-religiösen Menschen erkennbar unterscheiden. Da diese Vermutung sich mittelbar und unmittelbar berührt mit meiner These, dass Kirchengemeinden eine potentielle Ressource im Sinne eines sozialen Netzwerkes sein können, sei diese Studie hier ausführlicher dargestellt.

Ziel der Arbeit von Kecskes und Wolf ist die »Untersuchung der Effekte christlicher Religiosität auf die sozialen Beziehungen und Netzwerke von Menschen.«[1040] Dabei gehen sie von der allgemeinen Vorannahme aus, »dass die christlichen Wertvorstellungen und Verhaltensvorschriften einen Gegentrend zu der im Zuge der Modernisierung von Gesellschaften immer wieder behaupteten Zunahme rein zweckrationaler Beziehungen, Vereinsamung und sozialer Isolierung darstellen.«[1041] Ein besonderer Schwerpunkt[1042] bildet dabei die Frage, »inwieweit sich religiöse und nicht-religiöse Menschen hinsichtlich ihrer sozialen Beziehungen und Netzwerke unterscheiden.«[1043]

1039 *Robert Kecskes* und *Christof Wolf*, Konfession, Religion und soziale Netzwerke. Zur Bedeutung christlicher Religiosität in personalen Beziehungen. (Leske + Budrich Verlag) Opladen 1996.
1040 *Kecskes Wolf* 1996, 7.
1041 *Kecskes Wolf* 1996, 7.
1042 *Kecskes Wolf* 1996, Kapitel 8.
1043 *Kecskes Wolf* 1996, 15. – Die Netzwerke der befragten Menschen werden untersucht in Bezug auf Verwandtschaftsanteil, Reziprozität (Geben und Nehmen), Homogenität, Geschlossenheit und Dichte.

Die grundlegende Annahme von Kecskes und Wolf ist dabei, dass Menschen, die in eine Kirchengemeinde eingebunden sind, mehr soziale Gemeinschaft erfahren und weniger isoliert sind als andere.[1044] Gerade in Zeiten der Verkleinerung religiöser Milieus, so vermuten die Autoren, könnte man einen umso stärkeren inneren Zusammenhalt vermuten.[1045] Insgesamt lassen sich die Autoren von der Vermutung leiten, dass die christliche Wertvorstellung der Nächstenliebe, ergänzt um weitere entsprechende christliche Werte über Ehe und Familie, sich auch im sozialen Umfeld sichtbar abzeichnet. Erkennbar wäre das vor allem an Netzwerkstrukturen, die eine stärkere Affinität haben zu dem, was man als »traditionelle Sozialbeziehungen« bezeichnet.[1046] Das führt zu folgenden Hypothesen,[1047] die die Autoren mit ihrer empirischen Untersuchung[1048] erhärten wollen.

[1044] »Unsere grundlegende Annahme ist, dass die Subkulturen einen sozialen Kontext bilden, der einen nicht unerheblichen Einfluss auf die Art und Form der sozialen Beziehungen, die die Individuen mit anderen Personen eingehen, hat. Die konkreten Inhalte sowie die Intensität der Beziehungen und damit die Struktur des sozialen Netzwerkes sind, so nehmen wir weiter an, stark von den im Kontext vorherrschenden Wertvorstellungen abhängig. Nun lassen sich mannigfaltige soziale Kontexte bzw. Subkulturen unterscheiden und die Individuen werden sich häufig nicht nur einem bzw. einer angehörig fühlen. Als ein ganz besonderer Kontext erscheinen uns jedoch die Religionsgemeinschaften. Wie wir gleich zeigen werden, liegt die Annahme nahe, dass Personen, die sehr religiös und stark mit einer Kirchengemeinde verbunden sind, eher ein Verhalten aufweisen, das dem postulierten ›Trend‹ der sozialen Isolation und Gemeinschaftslosigkeit entgegenwirkt.« (*Kecskes Wolf* 1996, 21).

[1045] *Kecskes Wolf* 1996, 22.

[1046] *Kecskes Wolf* 1996, 24.

[1047] *Kecskes Wolf* 1996, 24–26.

[1048] Die methodische Vorgehensweise dieser Studie gestaltete sich wie folgt: Zur Operationalisierung christlicher Religiosität wurde durch entsprechende Fragen im Wesentlichen auf folgende Indikatoren abgehoben: christlicher Glaube, christliche Erfahrung, christliches Wissen, religiöses Verhalten (*Kecskes Wolf* 1996, 27–33). Erhoben wurde das ego-zentrierte Netzwerk der Befragten (S. 34f.), und auch dieses der Vereinfachung wegen nur partiell in Hinblick auf Freundschafts-, Bekanntschafts- und Verwandtschaftsbeziehungen (S. 35). D.h. rein formale und funktionale Beziehungen als solche fielen weg, es sei denn, sie gingen über den rein formalen Aspekt hinaus (S. 35). Die Untersuchung wurde beschränkt auf die ›konkrete Interaktion‹* (Arbeitshilfen, Pflege, materielle Unterstützung, Intervention, Beratung, Geselligkeit, Alltagsinteraktion). Nicht abgefragt wurde die ›Vermittlung von Kognitionen‹* (Vermittlung von Anerkennung, persönliche Wertschätzung, Statusvermittlung, Orientierung, Vermittlung eines Zugehörigkeitsbewusstseins, Erwartbarkeit von Hilfe, Ort für den Erwerb sozialer Kompetenzen) sowie die ›Vermittlung von Emotionen‹* (Geborgenheit, Liebe und Zuneigung, motivationale Unterstützung) (S. 35f.). Die abgefragten »konkreten Interaktionen« wurden bei der Fragestellung auch noch auf die letzten 14 Tage beschränkt (S. 40f.). Eine gewisse Korrektur dieser Einschränkung wurde durch die abschließende Frage nach weiteren wichtigen Personen eingefügt (S. 42). Angaben, die über die erhobenen »alteri« erfragt wurden, waren neben den üblichen Grunddaten diejenigen nach Konfes-

Christlich religiöse Menschen

– haben einen höheren Anteil an Verwandtschaft im Netzwerk »aufgrund des hohen Stellenwertes der Familie ... und der Verwandtschaft«.[1049] Daraus kann auf eine höhere Dichte[1050] des Netzwerkes geschlossen werden, weil Verwandte sich untereinander kennen. Aufgrund des Engagements in ihrer Kirchengemeinde ist das Netzwerk auch räumlich enger. Kurzum: »Je religiöser eine Person ist, desto traditioneller wird ihr soziales Netzwerk sein«.[1051]

– haben Netzwerke mit höherer Altersheterogenität – insbesondere wegen des höheren Verwandtschaftsanteils – und mit höherer Konfessionshomogenität.

– erwarten aufgrund des Gebotes der Nächstenliebe von ihrem Netzwerk seltener eine direkte Reziprozität, d.h. einen direkten Ausgleich von Geben und Nehmen. Sie geben häufiger soziale Unterstützung und haben häufiger altruistische Beziehungen als nichtreligiöse Menschen. Belohnungserwartung erfolgt eher indirekt, zum Beispiel über andere (gebende) Personen des Netzes oder spä-

sion, Kirchgang, Religiosität (S. 42). Die Dichte des Netzwerkes konnte nur stichprobenartig ermittelt werden (S. 43). [Die verwendeten Begriffe zu den Inhalten sozialer Beziehung – mit * gekennzeichnet – übernehmen die Autoren von Diewald 1991, S. 71.] Aus einem Pool von 2010 Adressen in Köln (S. 47) wurden im Jahr 1993 insgesamt 692 Interviews durchgeführt (S. 48f.), wovon nochmals 21 Personen ausgeschlossen wurden, weil sie den Kriterien nicht entsprachen, so dass am Ende 671 Personen in die Studie eingingen, davon etwa je ein Drittel evangelisch, katholisch und konfessionslos. Die Geschlechteraufteilung nach Konfession sah wie folgt aus: kath. Frauen 54,5%, kath. Männer 45,5%, evang. Frauen 59,2%, evang. Männer: 40,8%. Ohne Konf. Frauen 43,5%, ohne Konf. Männer 56,5% (S. 68). Die Altersstruktur sollte möglichst ausgewogen sein, ergab aber leichte Unterschiede je nach Konfession. Die Konfessionslosen haben eine starke mittlere Altersgruppe und wenig ältere Menschen. Die Protestanten weisen deutlich mehr ältere Menschen aus als die anderen Gruppen (S. 68). Die erhobene Stichprobe wurde weiterhin differenziert nach Familienstand, Wohndauer, Schulabschluss, Einkommen, etc. (S. 69f.). Hier fällt auf, dass die Konfessionslosen einen deutlich höheren Anteil an Ledigen sowie an kinderlosen Paaren haben als die konfessionsgebundenen. Auch die Scheidungsquote ist bei der erstgenannten Gruppe am höchsten, bei den Katholiken am geringsten. Die Protestanten rangieren in der Mitte (S. 70f.). Ferner fällt auf, dass die Katholiken den geringsten, die Konfessionslosen den höchsten Bildungsstand haben. Die Protestanten befinden sich auch hier in einer mittleren Position (S. 70f.). Auffällig ist ebenfalls, dass die Konfessionslosen über ein deutlich höheres Durchschnittseinkommen verfügen (S. 71f.).

[1049] *Kecskes Wolf* 1996, 24.
[1050] Netzwerkdichte bezeichnet die gegenseitige Verwobenheit und die Beziehungen der einzelnen Netzwerkpartner (»alteri«) untereinander unabhängig von der Verbindung zur befragten Person (»ego«).
[1051] *Kecskes Wolf* 1996, 25.

ter via Jüngstem Gericht. Als weitere Annahmen schließen sich an: die Geben-Nehmen Bilanz könnte trotzdem ausgeglichen sein, da in einem solchen Netz ja viele gebende Menschen sind, man also auch von vielen etwas bekommt. Kurz gesagt: »Kenne ich viele religiöse Menschen, erhalte ich auch viel Unterstützung«.[1052] Eine weitere Annahme betrifft die Altersdifferenzierung. Religiöse Menschen mittleren Alters geben mehr, religiöse Menschen höheren Alters empfangen mehr Unterstützung – jeweils im Vergleich zu nichtreligiösen Menschen.

3.2.2.1 Religiosität und die soziale Beziehung zu Nicht-Verwandten.

Interessant für meine Fragestellung ist zunächst die Untersuchung über Religiosität und die soziale Beziehung zu Nicht-Verwandten.[1053] Denn hier geht es ja zentral um die Frage, welche Kontakte ein Mensch außerhalb seines Verwandtschaftsnetzes knüpft und welche Rolle Religion und Konfession dabei spielen. Es geht also um die religiöse beziehungsweise konfessionelle Homophilie. Hier kann insgesamt festgestellt werden, dass je stärker die eigene religiöse Überzeugung, desto stärker werden auch Freunde ausgewählt, die diese Überzeugung teilen. Die Gruppe derjenigen, die genau darauf wert legt, wird zwar kleiner, ist aber umso mehr an ebenfalls religiösen Interaktionspartnern interessiert.[1054] Hier kann man sogar »eine intergenerationale Zunahme religiös-kirchlicher Homophilie« feststellen.[1055] Bei Protestanten ist der Hang zur explizit konfessionellen Homophilie allerdings geringer ausgeprägt als bei den Katholiken.[1056] Wobei in Bezug auf die Wahl gleichgesinnter Freunde ohnehin eher die Religiosität als solche wichtiger geworden ist als die Konfession.[1057]

»Die zunehmenden Kirchenaustritte, die abnehmende Kirchlichkeit und Religiosität führen dazu, dass religiös zu sein – ›an Gott zu glauben‹ – für den einzelnen immer weniger selbstverständlich ist. Stattdessen treten die vorhandenen Optionen stärker hervor und erzwingen eine Auseinandersetzung und Entscheidung. In dieser Situation kommt den personalen Umwelten, den sozialen Beziehungen jeder Person, eine besondere Rolle zu. In ihnen werden die verschiedenen Möglichkeiten diskutiert und erprobt, hier wird einem der Rücken gestärkt und man wird bestärkt. ... Die Auswirkungen des Säkularisierungsprozes-

---

[1052] *Kecskes Wolf* 1996, 26.
[1053] *Kecskes Wolf* 1996, 117ff.
[1054] *Kecskes Wolf* 1996, 122f.
[1055] *Kecskes Wolf* 1996, 122.
[1056] *Kecskes Wolf* 1996, 122.
[1057] *Kecskes Wolf* 1996, 124.

ses auf der Aggregatebene führen also auf der Mikroebene zu einer stärkeren Selektion religiös Gleichgesinnter ...«[1058]

Hier zeigt sich also, dass Religion und vermutlich damit auch kirchliche Gemeinschaft zumindest für bewusst religiöse Menschen ein »Assoziationskriterium« darstellt. Aus diesem Grunde lässt sich vermuten, so meine Schlussfolgerung, dass auch Kirchengemeinden für den Einzelnen durchaus als soziale Ressource erlebt werden können, sei es die Kirchengemeinde insgesamt als ein großes Netzwerk, sei es die Kirchengemeinde als sozialer Pool Gleichgesinnter, aus dem heraus auch engere persönliche Bindungen entstehen können. Aus Sicht der Studie ist dies allerdings mehr ein Ergebnis sozusagen am Rande, am Rande auch in Bezug auf die nicht-familiären Ränder eines egozentrierten Netzwerkes. Schwerpunkt der Studie ist das personale Netzwerk eines Menschen insgesamt.

3.2.2.2 Christliche Religiosität und soziale Netzwerke

Im Zusammenhang meiner Arbeit ebenfalls interessant ist der eigentliche Schwerpunkt der vorliegenden Studie. Dieser wird im zentralen Kapitel 8 unter dem Stichwort »Christliche Religiosität und soziale Netzwerke« behandelt. Dort werden die Ergebnisse der Studie im Hinblick auf die eingangs formulierten Hypothesen ausgewertet. Diese Ergebnisse sind in gewisser Weise ernüchternd, da diese Hypothesen nicht wirklich bestätigt werden. Es wird vielmehr festgestellt, »dass nicht allgemein behauptet werden kann, christlich-religiöse Menschen hätten traditionellere Netzwerke als nicht christlich-religiöse Menschen. Das heißt nicht, sie hätten ebenfalls nur oberflächliche Beziehungen und seien häufig vereinsamt. Im Gegenteil, nicht-religiöse Menschen sind genauso *selten* vereinsamt wie religiöse Menschen. Egal ob eine Person religiös ist oder nicht, fast alle besitzen ein soziales Netzwerk, das sowohl von der Größe als auch von den bereitgestellten Leistungen als intakt bezeichnet werden kann.«[1059]

Trotzdem gibt es ein paar Unterschiede, die allerdings nur schwach ausgeprägt sind. Religiöse Menschen, »die stark den christlichen Riten anhängen«,[1060] verfügen über ein traditionelleres Netzwerk mit hohem Verwandtenanteil, hoher Dichte und relativ geringer räumlicher Ausdehnung.[1061] Dagegen haben Personen auf der »anderen Verhaltensdimension der christlichen Religiosität«, sprich der »religiösen Pra-

---

1058 *Kecskes Wolf* 1996, 124.
1059 *Kecskes Wolf* 1996, 158.
1060 Gemeint sind die Kasualien, also Taufe, Hochzeit, Beerdigung (*Kecskes Wolf* 1996, 60f.).
1061 *Kecskes Wolf* 1996, 158.

xis«, ein relativ großes Netzwerk mit einer geringeren Dichte.[1062] Kurzum: Menschen mit ausgeprägter (volkskirchlich) ritueller Religiosität unterscheiden sich hier von Menschen, die Wert auf aktive christliche Praxis legen. Die Studie zeigt ferner, dass »den ›häufigen Kirchgängern‹ inzwischen die kritische Masse zur Bildung eines in sich homogenen Milieus fehlt.«[1063]

Auch hinsichtlich der hypothetisch angenommenen Reziprozität[1064] gibt es keine Unterschiede zwischen den Gruppen, wobei die Autoren selbstkritisch fragen, ob diese »in adäquater Weise erhoben wurde«.[1065] Am Ende bleibt die Feststellung: »Nach den vorliegenden Erkenntnissen müssen wir davon ausgehen, dass sich religiöse und nichtreligiöse Menschen nicht hinsichtlich der Häufigkeit reziproker Beziehungen im Netzwerk unterscheiden.«[1066] Wobei man ergänzend hinzufügen kann, dass bei religiösen Menschen offensichtlich mehr Bewusstheit über die religiösen Einstellungen ihrer Netzwerkpartner vorliegt.[1067]

Die Studie wird abgeschlossen mit einigen ergänzenden Feststellungen und Ausblicken. Zunächst wird deutlich, dass es nicht eine eindeutige christliche Religiosität gibt, sondern dass christliche Religiosität nur in verschiedenen Ausprägungen vorhanden ist. Diese Unterschiede wiederum spiegeln sich auch in den Netzwerken. Am deutlichsten ist der Unterschied zwischen aktiv praktizierenden Christen und jenen, die vor allem die kirchlichen Rituale (Kasualien) in Anspruch nehmen. Erstere haben ein großes aber weniger dichtes Netzwerk. Bei den zweitgenannten ist es umgekehrt.[1068]

Über die Zukunft religiöser beziehungsweise konfessioneller Milieus[1069] ergibt die Studie wenig aussagekräftige Ergebnisse. »Deutlich wurde jedoch, dass die empirischen Ergebnisse nicht mit der Vorstellung einer linear fortschreitenden Säkularisierung vereinbar sind.« Einerseits bestätigt auch die Studie einen Trend weg von Kirche und Religion, andererseits gibt es Hinweise, dass bei den weiterhin religiösen

---

[1062] *Kecskes Wolf* 1996, 159.
[1063] *Kecskes Wolf* 1996, 159.
[1064] Geben und Nehmen in »konkreter Interaktion« nach Diewald. Siehe Anmerkung 1048 auf S. 225f.
[1065] Z.B. wg. der zeitlichen Begrenzung der Erhebungsfragen auf die letzten 14 Tage vor der Befragung (*Kecskes Wolf* 1996, 159).
[1066] *Kecskes Wolf* 1996, 159.
[1067] *Kecskes Wolf* 1996, 92ff.
[1068] *Kecskes Wolf* 1996, 161, siehe auch die Auswertung a.a.O. auf S. 158.
[1069] Die unterschiedlichen Prognosen von Kaufmann und Luhmann über die Zukunft konfessioneller Milieus werden bei *Kecskes Wolf* 1996 auf S. 21ff. dargestellt und erörtert.

Menschen »das Religiöse innerhalb sozialer Beziehungen an Bedeutung zunimmt.«[1070]

3.2.2.3 Auswertung und kritische Sichtung des Ergebnisses

Aus der Untersuchung von Kecskes und Wolf lässt sich meine Vermutung nicht unmittelbar bestätigen, dass Kirchengemeinden ein soziales
Netz im Sinne einer Ressource darstellen können. Die Studie widerspricht dem aber auch nicht, es gibt vielmehr einige mittelbare Anhaltspunkte für meine Vermutung. Die Fragestellung der Studie war ja
auch, das muss zunächst gesagt werden, eine etwas andere, nämlich
die, ob religiöse Menschen intaktere – für die Autoren gleichbedeutend
mit »traditionellere« – Netzwerke haben. Zunächst gibt es das erfreuliche Ergebnis, dass offensichtlich alle untersuchten Personen über ein
intaktes soziales Netz verfügen, und dass sich Netzwerke von Christen
und Nichtchristen nicht per se hinsichtlich Reziprozität unterscheiden.
Die befragten Menschen dieser Studie sind also, ob mit oder ob ohne
Kirchengemeinde, offensichtlich gut sozial eingebunden. Dennoch ergeben sich ein paar speziellere Ansatzpunkte für meine Fragestellung,
ob nämlich für professionelle Einzel-Seelsorge die Kirchengemeinde
einen tragfähigen sozialen Hintergrund darstellen kann, in den Menschen eingebettet sind oder in den sie eingebettet werden können. Darauf werde ich gleich zurückkommen.

Zunächst muss die Bedeutung dieser Studie für meine Fragestellung
etwas relativiert werden. Ganz allgemein gilt es, sich ins Bewusstsein
zu rufen, dass die Ergebnisse, wie so häufig bei solchen Erhebungen,
nicht wirklich verlässlich sind,[1071] sondern allenfalls eine Tendenz an-
geben, und das auch nur unter begrenzten Bedingungen, hier: Köln.
Was die inhaltliche Erhebung anbelangt, leidet die Studie meines Erachtens unter der Einschränkung auf eher instrumentelle reziproke Unterstützung. Wichtige Faktoren, wie z.B. Sich-eingebunden-fühlen,
Zugehörigkeit oder Orientierung entfallen.[1072] Und gerade das könnte
etwas sein, das eine Kirchengemeinde als soziales Netz vorrangig
ausmacht. Mit dieser inhaltlichen Einschränkung entfällt also schon
ein ganz wesentlicher Teil dessen, was eine Kirchengemeinde bieten
könnte.

Die Hypothese, dass christliche Menschen ein traditionelleres Netzwerk hätten, halte ich nicht nur für zu verengt, sondern hier ist bereits
in der Hypothese eine fehlerhafte Verknüpfung enthalten. Biblische

---

[1070] *Kecskes Wolf* 1996, 163.
[1071] Wie die Autoren selbst zugeben (*Kecskes Wolf* 1996, 124f.).
[1072] Vgl. dazu die unter den Begriffen Vermittlung von Kognitionen und Emotionen nach Diewald genannten Unterpunkte. Siehe Anmerkung 1048 auf S. 225f.

Werte werden hier unvermittelt mit traditionell bürgerlich-christlichen Vorstellungen verknüpft, ohne dass diese Verknüpfung begründet wird.[1073] Ich vermisse hier eine Differenzierung zwischen christlich-bürgerlichen und neutestamentlichen Werten. Gerade letztere relativieren Verwandtschaft und Familie zum Teil sehr drastisch, und betonen stattdessen die neue Wahlverwandtschaft der »Brüder und Schwestern«.[1074] Damit zusammenhängend ist auch die Annahme des hohen Verwandtschaftsanteils in religiösen Netzwerken sehr problematisch. Sie lässt sich eigentlich nur über den Begriff der traditionellen Sozialstruktur ableiten, nicht aber ungebrochen von christlichen Wertvorstellungen. Nicht umsonst kommen die Autoren unvermittelt von der Nächstenliebe über das Elterngebot zur plötzlich den religiösen Menschen unterstellten traditionellen Sozialstruktur.[1075] Damit setzt die Studie eine Lebensform voraus, in der die Verwandtschaft nahe und greifbar ist, also eine nicht-mobile, eher ländliche Lebensform. Als ob Christen nur als »Dörfler« existieren (und sei es mitten in Köln). Das, finde ich, ist eine unzulässige Einengung. Was ist mit Christen, die aufgrund der hohen Mobilität unserer Gesellschaft ihre Verwandten nur sehr selten sehen können, weil sie alle weit verstreut wohnen? Hier ist die Argumentation der Studie sehr dünn. Damit einher geht auch die meiner Meinung nach zu schnelle und nicht wirklich nachvollziehbare Verknüpfung von tragfähigen und vor Isolation bewahrenden Netzwerken mit dem Begriff der »traditionellen Netzwerke«. Als einen gewissen Mangel der Studie könnte man auch noch anführen, dass auf belastende Faktoren nicht eingegangen wird.

Kein Mangel der Studie, aber eine gewisse Differenz zu der Fragestellung meiner Arbeit liegt darin, dass die Studie Ihren Schwerpunkt auf die Stabilität egozentrierter Netzwerke legt. Unter dem Blickwinkel meiner Fragestellung aber interessieren hier nicht ausschließlich die egozentrierten Netzwerke als solche, obwohl sie im Konzept der hier vorgestellten Kurzzeitseelsorge anamnestisch und gegebenenfalls interventionsmäßig im Blick sind, sondern es interessiert vielmehr die Frage, was eine Kirchengemeinde als Ressource zu einem solchen persönlichen Netzwerk beitragen kann, sei es das persönliche Netzwerk unmittelbar betreffend, weil enge Kontakte dort entstehen, sei es ergänzend, weil man dort einen größeren Kreis Gleichgesinnter treffen kann, oder sei es sogar subsidiär, um ein defizitäres persönliches Netzwerk ein wenig auszugleichen. Insofern müssen die Ergebnisse der Studie in einigen Punkten in Bezug auf meine Fragestellung sinngemäß übertragen werden, also ähnlich wie bei der Auseinandersetzung mit der Netzwerkforschung insgesamt.

1073 *Kecskes Wolf* 1996, 23.
1074 Mk 3,31ff. und Mk 10,28ff.
1075 *Kecskes Wolf* 1996, 24.

Kommen wir nun also zu Aspekten, die ganz unmittelbar meine Vermutung stärken, dass Kirchengemeinden als Netzwerke eine soziale Ressource sein können, mit denen Seelsorge rechnen kann. Es sind im Wesentlichen zwei Ergebnisse, die meine Annahme bestärken.

Interessant ist hier zunächst die relativ klare Feststellung, dass praktizierende Christen ein deutlich größeres Netzwerk haben als Christen, die sich auf rein volkskirchliche Rituale beschränken. Das rührt vermutlich unter anderem daher, dass sie über ihre Aktivitäten in das soziale Netz Kirchengemeinde eingebunden sind – und dieses damit auch zu einem Faktor ihres egozentrierten Netzes geworden ist.

Hervorzuheben ist ferner die in der Studie eher als Einzelbeobachtung eingefügte Feststellung, dass die nicht-familiären Teile des Netzwerkes bei religiösen Menschen deutlich mehr von gleichgesinnten Interaktionspartnern geprägt sind. Zumindest für diese Gruppe lässt sich also vermuten, dass Kirchengemeinden ganz bewusst als soziale Ressource wahrgenommen werden.

Insofern lässt sich – mit einer gewissen Vorsicht – festhalten: Menschen, die sich aktiv in eine Gemeinde einbringen, haben ein größeres soziales Netzwerk. Ferner achten bewusst religiöse Menschen mehr darauf, sich mit gleichgesinnten Menschen zu umgeben. Und die werden sie vermutlich mit höherer Wahrscheinlichkeit in einer Gemeinde finden.

3.2.2.4   Schlussfolgerungen für die Seelsorge

Grundsätzlich, das sei der Vollständigkeit halber auch an dieser Stelle nochmals erwähnt, sollte der Blick auf das persönliche Netzwerk eines Menschen integraler Bestandteil seelsorgerlicher Anamnese sein, egal ob dieses religiös ist oder nicht. Und bei erkennbarer Erosion eines persönlichen Netzwerkes bieten sich natürlich auch entsprechende Interventionen an, die an einer Verbesserung der Situation arbeiten.[1076] Eine besondere Möglichkeit hat nun die kirchliche Seelsorge dadurch, dass sie mit einer Kirchengemeinde ein soziales Netz als Ressource und Ressourcenoption im Hintergrund hat. Das wurde bislang schon aufgrund der per Analogieschluss übertragenen Ergebnisse aus der allgemeinen Netzwerkforschung vermutet. Und das lässt sich zumindest ansatzweise auch aus der Untersuchung von Kecskes und Wolf mittelbar und unmittelbar schlussfolgern.

[1076] Siehe diese Arbeit im Praxisteil zu »netzwerktherapeutischen Interventionen« S. 342ff.

Da wir es aber in der Praxis der Seelsorge mit der ganzen Bandbreite volkskirchlicher Religiosität zu tun haben und darüber hinaus immer mal wieder auch mit Religiosität an den Rändern und jenseits der Volkskirche, kann allerdings nicht in jedem Fall vorausgesetzt werden, dass eine Kirchengemeinde für einen Seelsorgesuchenden eine soziale Ressource darstellt oder gar als wünschenswerte Option in Frage käme. Sehr wohl aber ist dies – wie Kecskes und Wolf zu zeigen versucht haben – eine realistische Möglichkeit für bewusst christlich religiöse Menschen. Mit diesen Menschen kann in der Seelsorge erarbeitet werden, inwieweit für ihre persönliche Situation eine Kirchengemeinde als soziale Ressource genutzt werden kann.

Aber auch mit Menschen, die eine eher distanziert volkskirchliche Frömmigkeit praktizieren, die also in der Regel nur an Kasualien und Weihnachten interessiert sind, oder die unkirchlich religiös sind, kann zumindest erörtert werden, ob im Bedarfsfalle, also bei Erosion des persönlichen Netzwerkes, die Chancen einer Kirchengemeinde als soziale Ressource nicht doch eine neue, bisher noch nicht gesehene Option darstellen kann.

Bei Menschen, die zur Seelsorge kommen, die bereits unmittelbar zu dem Netzwerk Kirchengemeinde dazugehören, kann es zur Aufgabe der Seelsorge gehören, die Art der Einbindung im Blick zu haben. Ist es eine hilfreiche Einbindung, kann sie bestärkt werden? Ist es eine Einbindung, die in ihrem Potential gar nicht gesehen wird? Kann hier ermutigt werden, mehr daraus zu machen? Ist es jedoch eine Einbindung, die belastend ist, dann muss hier gegebenenfalls auch korrigierend gearbeitet werden. Das betrifft dann die belastenden Aspekte eines Netzwerkes, die in der Studie von Kecskes und Wolf jedoch nicht untersucht wurden. Wie aber kann eine solche Arbeit mit dem Netzwerk konkret aussehen? Das soll nun gezeigt werden. Dazu werfen wir wieder einen Blick auf die allgemeine therapeutische und psychosoziale Arbeit mit Netzwerken.

3.2.3 Therapeutische und psychosoziale Arbeit mit Netzwerken

In diesem Kapitel soll gezeigt werden, wie das Netzwerk eines Menschen in der therapeutischen und psychosozialen Arbeit eine Rolle spielen kann. Hier gibt es im Wesentlichen zwei Möglichkeiten.[1077] Zum einen gibt es die Möglichkeit, das Netzwerk eines Klienten indirekt in die Therapie einzubeziehen. Das heißt, in diesem Fall wird mit dem Klienten über dessen Netzwerk gesprochen, die Bedeutung des Netzwerkes evaluiert und es werden Strategien entwickelt, wie der Klient gegebenenfalls Ressourcen seines Netzwerkes besser nutzen oder ver-

---

[1077] *Hass Petzold* 1999, 234ff.

größern kann, aber auch wie er sich vor belastenden Netzwerkeinflüssen besser schützen kann. In der Regel ist diese Arbeit am Netzwerk ausschließlich über den Klienten die einfachere Vorgehensweise, weil sie nur eines geringen Aufwandes bedarf. Es gibt zum anderen aber auch die Möglichkeit, direkt mit dem Netzwerk zu arbeiten. In diesem Fall werden Partner, Familie, Freunde, Arbeitskollegen usw. unmittelbar in die Therapie einbezogen. Das ist natürlich etwas aufwendiger, und zwar umso mehr, je mehr Personen einbezogen werden.[1078]

Einen zusammenfassenden Überblick über die verschiedenen Elemente praxisbezogener Netzwerkarbeit bieten Florian Straus und Renate Höfer.[1079] Demnach besteht eine solche Netzwerkarbeit aus zehn möglichen Komponenten, die im Folgenden kurz genannt und stichwortartig erläutert werden.

1. Netzwerkanalyse
   – ist elementar wichtig zu Beginn der Netzwerkarbeit, weiterhin aber auch zur Evaluierung von Veränderung.
2. Stärkung vorhandener Netzwerke
   – besteht vor allem darin, latent vorhandene aber übersehene Ressourcen im Netzwerk sehen und nutzen zu lernen.
3. Schaffung neuer Netzwerke
   – besteht in der Hilfe zur Knüpfung neuer Kontakte beziehungsweise des Einloggens in Kontaktpools (Selbsthilfegruppen, Vereine, Kirchengemeinden, etc.) und ist erforderlich bei defizitären Netzwerken.
4. Auflösung problematischer Netzwerke
   – bietet Hilfe beim gegebenenfalls sinnvollen Ausstieg aus malignen Netzwerken oder Netzwerkteilen.
5. Überprüfung und gegebenenfalls Modifizierung im professionellen Helfernetzwerk
   – hier geht es darum, bei Vorhandensein mehrfacher professioneller Helferbeziehungen, diese sinnvoll, d.h. effektiv und gegebenenfalls auch schlank, miteinander zu vernetzen.
6. Soziale Identitätsarbeit
   – in der Helferbeziehung kann ein in sozialer Hinsicht ressourcenförderliches Verhalten modellhaft entdeckt, erlernt und erprobt werden.
7. Ablösearbeit
   – ist erforderlich bei langfristigen Helferbeziehungen, deren stützende Hilfsfunktion bei Beendigung sowohl an das Individuum wie an dessen Netzwerk zurückgegeben werden muss.

[1078] Verwandt damit und in gewissem Sinne Vorläufer sind familientherapeutische Verfahren, die mit Familie und Umfeld arbeiten.
[1079] *Straus Höfer* 1998, 79ff. – Eine ausführliche und komplexe Typisierung von netzwerkorientierten Interventionen findet sich bei *Nestmann* 2009, 592f.

8. Empowerment
   – ist Ermutigung und Befähigung zu eigenbestimmtem und zugleich vernetztem Leben.
9. Gemeinwesenorientierung
   – ist lokale sozialpolitische Einmischung entweder direkt oder auch indirekt über entsprechende Ermutigung des Klienten.
10. Integrative psychosoziale Arbeit
    – bedeutet die Integration aller relevanten Konzepte des psychosozialen Bereiches in Bezug auf die Netzwerkarbeit.

Ergänzend sei gesagt, dass die Netzwerkinterventionen bestimmten grundsätzlichen Kriterien genügen müssen. Nestmann nennt hier vier Maximen: Netzwerkinterventionen müssen Transparenz und Freiwilligkeit gewährleisten; sie müssen Bindung und Autonomie ausbalancieren, sie müssen darauf achten, dass ein Ausgleich von Geben und Nehmen angestrebt wird (Reziprozität) und sie müssen zu den Unterstützungsbedürfnissen auch passen.[1080]

3.2.3.1 Techniken der Netzwerkarbeit

Im Folgenden werden nun verschiedene Techniken und Interventionen vorgestellt, über die psychosoziale und therapeutische Netzwerkarbeit verfügt. Weggelassen werden dabei alle Formen längerfristiger und aufwendiger Arbeit, weil sie im Rahmen der Fragestellung dieser Arbeit keine Verwendung finden können.

3.2.3.1.1 Arbeit mit strukturierter Netzwerkdarstellung
Eine relativ einfach zu handhabende Form, sich einen visuellen Überblick über ein Netzwerk zu verschaffen, ist die sog. Netzwerkkarte. Es ist im Prinzip eine kartografische Darstellung der verschiedenen Netzwerkpersonen in Bezug auf den Klienten. Dargestellt werden im Wesentlichen die Anzahl der Netzwerkpersonen, ihre Distanz oder Nähe zum Individuum und ihre Zuordnung zu verschiedenen Lebensbereichen. Weitere Differenzierungen, wie z.B. Beziehungsqualität, sind möglich. Netzwerkkarten können strukturiert dargestellt werden in Form von konzentrischen und/oder segmentierten Kreisen oder auch in Form von Feldern auf einem Rechteck. Netzwerkkarten können aber auch frei und unstrukturiert dargestellt werden und dabei auch eher expressiv-kreative Formen annehmen.

Als ein Beispiel der Arbeit mit einer strukturierten Netzwerkkarte sei hier die von Florian Straus und Renate Höfer beschriebene und weiterentwickelte »Egozentrierte Netzwerkkarte (EGONET)« dargestellt.[1081]

[1080] *Nestmann* 2009, 611ff.
[1081] *Straus Höfer* 1998, 82ff. – EGONET ist ausführlich dargestellt bei Straus 1997. Vgl. auch *Petzold Hass* 1999, 225, deren ähnliche Arbeit mit egozentrierten

Diese Karte besteht aus mehreren konzentrischen Kreisen, in deren Mitte das EGO eingetragen wird. Ferner ist die Karte segmentiert nach verschiedenen Beziehungsbereichen wie Familie, Freunde, usw. Alle Personen des Netzwerkes, also nicht nur Familienmitglieder, werden nun in Form von beschrifteten kleinen Kreisen eingetragen, je nachdem näher oder weiter weg vom EGO. Belastende und konflikthafte Beziehungen werden zudem mit einem Blitz gekennzeichnet.

Eine solche Netzwerkkarte, die relativ schnell einen visuellen Überblick auch über ein komplexes Netzwerk bietet, dient nun als Grundlage der gemeinsamen Analyse des Netzwerkes mit dem Klienten und auch der gemeinsamen Arbeit an gewünschten Veränderungen. Dazu geben Straus und Höfer einen Fragenkatalog an die Hand, deren Stichworte als Leitfaden dienen, um mit dem Klienten eine differenzierte Analyse des Netzwerkes und der darin enthaltenen Unterstützungsressourcen zu erarbeiten. Daraus kann dann eine Zielentwicklung abgeleitet werden.

Folgende Stichworte dienen der genaueren Analyse: Art der Beziehungen (Familie, Freunde, ...), Struktur des Netzwerkes (Zusammensetzung, Dichte, Kontakthäufigkeit, ...), qualitative Veränderung der Beziehungen in den letzten Jahren, Beziehungswünsche (Nähe, Distanz, ...), Erfahrungen in Beziehungen und der Grad der Zufriedenheit mit den Beziehungen.[1082] Mit folgenden Stichworten wird nach dem Unterstützungspotential gefragt: Verfügbarkeit von sozialer Unterstützung, Formen der erhaltenen Unterstützungsleistung und deren Bedeutung, Wünsche und Erwartungen in Bezug auf soziale Unterstützung, das eigene Hilfesuchverhalten, Grad der Reziprozität der Hilfebeziehungen, und die Bereitschaft überhaupt Netzwerkressourcen in Anspruch zu nehmen.[1083]

Eine solche differenzierte Analyse des Netzwerkes mit Hilfe einer Netzwerkkarte ist bereits als solche eine erste Intervention, die über den Prozess des Bewusstwerdens der eigenen Netzwerksituation zu ersten Veränderungen führen kann. Des Weiteren bietet die Analyse die Grundlage für die gemeinsame Planung des weiteren Vorgehens.[1084]

3.2.3.1.2 Arbeit mit kreativer Netzwerkdarstellung

Weitere Möglichkeiten zur grafischen oder auch plastisch-räumlichen Darstellung sozialer Netzwerke finden sich bei Wolfgang Hass und

konzentrischen Netzwerkkarten ergänzt wird durch verschiedene kreative Darstellungsmöglichkeiten. – Siehe auch die von mir in Anlehnung an Straus und Höfer entworfene Netzwerkkarte auf S. 347 dieser Arbeit.

[1082] *Straus Höfer* 1998, 86.
[1083] *Straus Höfer* 1998, 86–87.
[1084] *Straus Höfer* 1998, 87.

Hilarion Petzold, die die Netzwerkarbeit im Rahmen des Verfahrens der ›Integrativen Therapie‹ darstellen.

Im projektiven oder semiprojektiven »sozialen Atom«[1085] wird das Netzwerk mit frei gewählten Symbolen und Farben dargestellt. Auch die kartografische Grundstruktur kann vom Klienten selbst gewählt werden. Denkbar sind hier geometrische Grundstrukturen (z.b. konzentrische Kreise) oder auch organische (z.b. ein Baum). Aber auch völlig freie Formen sind möglich.[1086] Bearbeitet wird das dargestellte Netzwerk dann durch gestalttherapeutische Techniken wie Identifikation mit den Symbolen und Dialog mit oder zwischen den Symbolen beziehungsweise zwischen den mit Symbolen repräsentierten Personen. Möglich ist auch die Umsetzung in psychodramatische Spielszenen.

Ebenso kann ein Netzwerk auch retro- und prospektiv im Zeitkontinuum erfasst werden. Dazu werden vier aufeinander bezogene Netzwerkkarten mit jeweils gleicher kartografischer Grundstruktur auf vier Felder eines großen Blattes aufgezeichnet. Jedes Feld steht für ein vorher festgelegtes Lebensalter. Hass und Petzold reden hier von einem »sequentiellen Netzwerkdiagramm«.[1087]

In der Integrativen Therapie werden bei der Netzwerkarbeit auch vielfältige andere »kreative Medien« eingesetzt. So kann z.b. ein Netzwerk in Form einer Tonskulptur auch plastisch-räumlich dargestellt werden.[1088]

3.2.3.1.3 Arbeit mit vereinfachter Netzwerkdarstellung

Ergeben strukturierte oder freie kartografische Netzwerkkarten einen guten Überblick auch über relativ komplexe Netzwerke, so ist es doch zugleich die Komplexität, die eine schnelle und einfache, aber ebenso eine vergleichbare und wiederholbare Evaluierung erschwert. Auch für statistische Forschungsdesigns sind sie nicht geeignet.

Aus diesem Grunde stellen Hass und Petzold noch ein sehr einfaches Instrument vor, das geeignet ist, sehr schnell wesentliche Aspekte eines Netzwerks zu erfassen. Es ist das sogenannte »Zweidimensionale Netzwerk«.[1089] Es besteht aus einem großen Rechteck, gleichmäßig unterteilt in vier rechteckige Felder, die um einen Koordinatenursprung angeordnet sind. Die Felder werden im Uhrzeigersinn von I–IV nummeriert, beginnend rechts oben. Ausgehend vom Koordinatenur-

1085 *Hass Petzold* 1999, 230ff.
1086 Ein Beispiel findet sich bei *Hass Petzold* 1999, 242.
1087 *Hass Petzold* 1999, 241.
1088 *Hass Petzold* 1999, 225f.
1089 *Hass Petzold* 1999, 237ff. sowie 246f.

sprung werden nun die verschiedenen Richtungen mit Bewertungskri-
terien für die Beziehungsqualität im Netzwerk versehen. Die beiden
Felder oberhalb des Koordinatenursprungs stehen für emotionale Nähe, die unterhalb für emotionale Distanz. Die Felder rechts des Koordinatenursprungs für unterstützende Beziehungsqualität, die links für
belastende Qualität der Beziehung. So ergeben sich für jedes Feld zwei
Bewertungen. In Feld I stehen alle Beziehungen die nah und unterstützend sind, in Feld II alle, die distanziert und unterstützend sind, in Feld
III die distanziert belastenden Beziehungen und in Feld IV die belastenden nahen Beziehungen. Innerhalb der Felder kann nochmals durch
Entfernung zum Koordinatenursprung die Intensität differenziert werden. Hass und Petzold schlagen einen Wertebereich von 0–2 vor. Die
einzutragenden Personen werden auf 10 begrenzt. Die Erhebung der
Daten ist über einen Fragebogen vorgesehen.[1090]

	belastend		unterstützend	
	VI	I		
nah	2			2
	1			1
	0			0
	III	II		
distanziert	2			2
	1			1
	0			0

Dieses Diagramm bietet vielfältige Einsatzmöglichkeiten. Es kann –
ähnlich wie eine Netzwerkkarte – als Grundlage für die gemeinsame
Arbeit mit dem Klienten genutzt werden, und ist in diesem Sinne ein
Interventionsinstrument. Es kann – durch die einfache Wiederholbar-
keit – auch sehr einfach für die Analyse von Veränderungsprozessen
genutzt werden. Das Diagramm kann aber auch lediglich als Doku-
mentationsinstrument und/oder Evaluierungsinstrument für den Therapeuten genutzt werden. Und es kann in Therapiestudien eingesetzt
werden.

In der Seelsorge kann nun mit den dargestellten Analyseinstrumenten
– im Rahmen ihrer Möglichkeiten – einerseits direkt oder indirekt am
Netzwerk des Seelsorgesuchenden gearbeitet werden und sie können
andererseits zur Grundlage werden, um gemeinsam zu prüfen, ob und
inwieweit ein Bedarf an sozialer Einbindung besteht, für die unter Umständen auch die bestehende Kirchengemeinde eine realistische Option
sein kann.

[1090] *Hass Petzold* 1999, 253. – Nachfolgend abgebildetes Diagramm ist von mir
erstellt gemäß der Beschreibung von *Hass* und *Petzold*.

3.2.4 Gemeindepsychologie

Ergänzend zur Netzwerkperspektive, genauer gesagt die Netzwerkperspektive umfassend, soll hier noch kurz auf einen Forschungszweig eingegangen werden, der soziale Zusammenhänge nochmals in einem etwas größeren Kontext beleuchtet: die Gemeindepsychologie. Mit Gemeinde ist zunächst die soziale Gemeinde gemeint, nicht die kirchliche Gemeinde. Doch lassen sich unschwer Parallelen ziehen.

Ihren Ursprung hat die Gemeindepsychologie in den sozialreformerischen Bewegungen der 60er Jahre,[1091] und zwar zunächst im anglo-amerikanischen Raum (»community psychology).[1092] Mit einer gewissen Zeitverzögerung erreichte sie in den 70er Jahren dann auch Deutschland.[1093] Ihr Grundanliegen ist es, die individualistische Blickverengung der klassischen Psychologie zu sprengen[1094] und den Blick auf die sozialen Bedingungen sowohl des Leidens wie auch dessen Überwindung und Vermeidung zu richten. Es wird – positiv formuliert – nach den im Sozialen verankerten Ressourcen für ein subjektiv als gelungen empfundenes Leben gefragt.[1095]

Eine wesentliche Aufmerksamkeit findet in der Gemeindepsychologie die Erforschung und die Förderung sozialer Netzwerke, die man in gewissem Sinne als die selbstgebaute Gemeinde des Individuums bezeichnen kann,[1096] als Ausdruck »kommunitärer Individualität«.[1097] Entgegen pessimistischen Klagen über den Rückgang von Solidarität in einer Ego-Gesellschaft wird, bei klarer Sicht auch auf die Ambivalenzen, doch ganz stark an einer optimistischen Sicht auf menschliche Solidaritätspotentiale festgehalten. Zwar gibt es in der Tat eine Erosion alter sozialer Bindungsmuster, aber hier wird eben zugleich ein »neuer Typus von Solidarität« freigesetzt, der mehr durch Freiwilligkeit und Flexibilität und weniger durch soziale oder moralische Verpflichtung geprägt ist.[1098] Diese neuen Solidaritätsformen sind einerseits viel mehr den Bedürfnissen und Interessen des Individuums angepasst (»Wahlfreiheit«), woraus eine gewisse innere Homogenität der Netzwerke entsteht, andererseits, und das ist ihre Ambivalenz, ist jeder für die Schaffung seines Netzwerkes selbst verantwortlich und kann darin scheitern, besonders wenn ihm die sozialen und materiellen Vorausset-

---

[1091] *Keupp* 1995, 5.
[1092] *Keupp* 1995, 9.
[1093] *Keupp* 1995, 10.
[1094] *Keupp* 1995, 6.
[1095] *Keupp* 1995, 7f.
[1096] *Keupp* 1995, 21.
[1097] *Keupp* 1995, 20.
[1098] *Keupp* 1995, 18.

zungen zur aktiven Beziehungsarbeit fehlen.[1099] Dennoch: gegenüber herkömmlichen vorgegebenen sozialen Bindungen, die die Einpassung des Subjektes verlangen,[1100] überwiegt nun die Chance, in neuen Formen »befreiter Gemeinschaft«[1101] die Basis zu finden, für die »Realisierung selbstbestimmter Lebenspläne«.[1102]

Diese Netzwerkperspektive wird verbunden mit dem Konzept des »Empowerment«.[1103] Das Empowermentkonzept verfolgt zum einen die Auflösung einseitiger Expertenmacht und deren Tendenz zur »fürsorgerlichen Belagerung«,[1104] die verhindert, dass betroffene Menschen ihre eigene Kompetenzen erhalten, stärken oder überhaupt erst entdecken,[1105] eine Fürsorge, die zugleich offene oder subtile soziale Kontrolle ausüben kann.[1106] Genau aber diese gefährdete Eigenkompetenz und Eigenmächtigkeit zu fördern ist das zentrale Anliegen des Empowermentkonzeptes. »Empowerment ist der Prozess, innerhalb dessen Menschen sich ermutig fühlen, ihre eigenen Angelegenheiten in die Hand zu nehmen, ihre eigenen Kräfte und Kompetenzen zu entdecken und ernst zu nehmen ...«[1107] Für das Empowermentkonzept sind folgende Einsichten wesentlich geworden:[1108]

1. Weg von der Defizit- oder Krankheitsperspektive, hin zur Ressourcen- und Kompetenzperspektive.
2. Statt einseitiger Expertenmacht »partnerschaftliche Kooperation« von Betroffenen und Fachleuten.
3. Abbau »erlernter Hilflosigkeit« durch Zugewinn an Kontrollmöglichkeiten über die eigenen Lebensbedingungen.
4. Realisierung von Unterstützung im sozialen Beziehungsgefüge für die Bewältigung von Krisen und Einschränkungen aller Art.
5. Klare Sicht auf divergierende Interessen, zum Beispiel von KlientInnen und Professionellen.
6. Stärkung des einzelnen Menschen durch Erkennen und Festhalten der Dialektik von dessen Bedürftigkeiten und Rechten.

[1099] *Keupp* 1995, 19.
[1100] *Keupp* 1995, 21.
[1101] *Keupp* 1995, 18.
[1102] *Keupp* 1995, 8.
[1103] Eine ausführliche Darstellung der Bedeutung des Empowermentkonzeptes für die psychosoziale Arbeit findet sich bei *Herriger* 1997. – In seinem Entwurf einer interkulturellen Seelsorge bezieht sich Schneider-Harpprecht ausführlich auf Herriger (*Schneider-Harpprecht* 2001, 229ff.).
[1104] *Keupp* 1995, 22.
[1105] Empowerment ist in diesem Sinne das Gegenteil zu »erlernter Hilflosigkeit«. Vgl. *Keupp* 1995, 21
[1106] Vgl. *Faltermeier* 1995, 150.
[1107] *Keupp* 1995, 21.
[1108] Siehe zum Folgenden: *Keupp* 1995, 21f.

Für das Handeln im psychosozialen Raum ergeben sich daraus für die Gemeindepsychologie folgende Konsequenzen.[1109] Es geht immer um eine Förderung der jeweils eigenen sozialen und persönlichen Ressourcen im Umgang mit Lebensproblemen. Dieses Potential darf nicht durch nur noch zu konsumierende »professionelle Fertigprodukte« erstickt werden. Zweitens: nur in der realen Lebenspraxis gewonnene eigene Erfahrung führt zu persönlichem Wachstum. Professionelle Hilfe kann solche »reflektierte Eigenerfahrung« nicht ersetzen, sondern hat sie zu unterstützen. Dazu gehören zum Beispiel, den Kontakt unter Betroffenen herzustellen, organisatorische Unterstützung anzubieten (z.B. Räume), Gruppen moderierend zu begleiten, kommunalpolitische Initiativen zu fördern oder ganz zentral, »Initiierung und Förderung von Selbstorganisation« zu übernehmen. Alle Interventionen der Gemeindepsychologie haben letztlich das Ziel, hilfreiche soziale Zusammenhänge zu stiften und zu fördern (»networking«).

Für die pastorale Gemeindearbeit als einer bestimmten, nämlich religiös motivierten Form psychosozialer Tätigkeit können hier wertvolle Anregungen gefunden werden, insbesondere in der Netzwerkperspektive[1110] und im Empowermentkonzept.[1111] Zu klären wäre allerdings, inwieweit die dem Individuum vorgegebene und von diesem eben gerade nicht selbst gebaute christliche Gemeinde einerseits genügend Freiräume und Ressourcen bietet für individuell hilfreiche Netzwerke oder ob zuviel ›kirchlich-christliche‹ Einpassungsforderungen an das Subjekt letztlich doch den Preis sozialer Kontrolle und Restriktion in die Höhe treiben. Umgekehrt wäre aus dem Selbstverständnis christlicher Ekklesiologie heraus auch an die Gemeindepsychologie kritisch zurückzufragen, ob das einzelne Subjekt und dessen persönliche Lebensentwürfe zum alleinigen Maßstab von Gemeinde werden sollen und können. Bei aller Kritik an der Ideologie vom autonomen Subjekt, die sich auch in der Gemeindepsychologie findet,[1112] besteht doch hier die Gefahr, dass Gemeinschaft nur noch als subjektiv maßgeschneiderte Wahlgemeinschaft existiert. Vermieden wird dadurch die Herausforderung durch eine Gemeinschaft mit Menschen, die ich mir eben nicht selbst ausgesucht habe, die mich darum in ganz anderer Weise, auch durch Fremdheit, befruchten und ergänzen.

Die Gemeindepsychologie scheint schon wieder etwas außer Mode gekommen zu sein oder zumindest sich nicht so weiterentwickelt zu

---

1109 Siehe zum Folgenden: *Keupp* 1995, 23f.
1110 Siehe diese Arbeit S. 205ff.
1111 Jürgen Ziemer: »Das *empowerment*-Konzept könnte gerade für Menschen jenseits der bildungsbürgerlichen und intellektuellen Milieus den seelsorgerlichen Zugang erleichtern, weil es sie auch auf die Fähigkeiten und Potenzen anspricht, die nicht im kognitiven oder reflexiven Bereich liegen.« (*Ziemer* 2000a, 69).
1112 Vgl. *Keupp* 1995, 20.

haben, wie man es sich in Hochphasen versprochen hatte.[1113] Aber eine Kirche, die der biografischen Fragmentierung und sozialen Erosion unserer Gesellschaft etwas entgegenhalten möchte durch attraktive und tragfähige Gemeinden, kann hier zweifellos wertvolle Anregungen finden.

3.2.5 Heilsame Solidarität – eine nicht selbstverständliche psychotherapeutische Sicht auf Gemeinschaft

An dieser Stelle soll nun abschließend noch deutlich gemacht werden, dass es auch in der Psychotherapie Ansätze gibt, die die soziale Perspektive als wesentlich für den Menschen betrachten und darum als einen unverzichtbaren Beitrag zum Gesundwerden sowie zum Entwickeln des vollen Potentials des Menschlichen. Damit ist mehr gemeint als Gruppentherapie. Auch in der Gruppentherapie spiegelt sich natürlich die Bedeutung des sozialen Eingebundenseins, indem die Teilnehmenden dort innerhalb des therapeutischen Gruppenprozesses die Erfahrung wechselseitiger Wertschätzung und Unterstützung machen können.[1114] Die Gewichtung und Bandbreite dieses Faktors in der theoretischen Wahrnehmung und die mehr oder weniger starke – faktische oder gewollte – Begrenzung dieses Faktors auf die konkreten Gruppensitzungen mögen in unterschiedlichen Verfahren verschieden gehandhabt werden. Es gibt jedenfalls therapeutische Konzepte wie z.B. in der Integrativen Therapie, die die soziale Eingebundenheit und das soziale Getragensein an sich – in Theorie und Praxis – für einen bedeutsamen, heilsamen und förderlichen Faktor halten, Konzepte, die auch über die konkrete Gruppenarbeit hinaus die Teilnehmenden ermutigen, sich zu solidarischen Gemeinschaften zusammenzuschließen, zu Selbsthilfe- und Unterstützungsgruppen, zu tragfähigen Netzwerken, sowohl für aktuelle Anlässe als auch über die Lebensspanne hin. Ebenfalls findet sich in solchen Ansätzen die Ermutigung auch zu politischen, sozialen, ökologischen Initiativen, usw. Das entsprechende Konzept der Integrativen Therapie vom »vierten Weg der Heilung«[1115] sei hier nun etwas genauer vorgestellt.

[1113] Röhrle, Glüer und Sommer begründen ihre Einschätzung folgendermaßen: »Die kulturell-gesellschaftlichen Bedingungen sind nach wie vor krisenorientiert. Sie rücken immer noch psychisches Leid und die individuelle Selbstverwirklichung in den Vordergrund. Soziale Utopien sind nicht gefragt.« Außerdem habe die Gemeindepsychologie in der deutschen Fachwelt nur einen geringen Stellenwert und es fehle ihr eine funktionstüchtige Scientific Community (*Röhrle Glüer Sommer* 1995, 48f.).

[1114] Vgl. z.B. Yalom 1996/2007, 36ff.

[1115] *Petzold* 1988, 215ff. Die Integrative Therapie kennt vier Wege der Heilung. Erster Weg: Bewusstseinsarbeit mit dem Ziel der Sinnfindung (S. 218ff.). Zweiter Weg: Nachsozialisation mit dem Ziel der Entwicklung von Grundvertrauen (S. 236ff.). Dritter Weg: Erlebnisaktivierung mit dem Ziel der Persönlichkeitsentfal-

Der vierte Weg der Heilung[1116] geht deutlich über den Rahmen dessen hinaus, was üblicherweise zu den Aufgaben der Psychotherapie gerechnet wird.[1117] Dieser Weg resultiert aus dem Bewusstsein, dass wir Menschen alle zutiefst miteinander verbunden sind, ›synontisch‹[1118] wie Petzold das nennt. Eine Art existentielle Geschwisterlichkeit und Mitmenschlichkeit. Diese gehört zum vollen Menschsein unverlierbar hinzu. Und dort, wo umfassende Menschlichkeit durch Krankheit und Entfremdung verloren und entstellt ist, kann es letztlich keine vollgültige Heilung geben, wenn nicht auch wieder die gebende und empfangende Fähigkeit zu solidarischer Mitmenschlichkeit entwickelt wird. Zugespitzt formuliert: es gibt keine psychische Gesundheit ohne mitmenschliche und solidarische Verbundenheit. Für die Integrative Therapie folgt daraus eine entsprechende Praxis bewusster und verantwortlicher Solidarität.

»Bei diesem Weg will Therapie als Solidaritätserfahrung eine Metaperspektive zu und eine komplexe Bewußtheit für die Phänomene multipler Entfremdung entwickeln, um ihnen auf der Grundlage von engagierter Verantwortung für die Integrität von Menschen, Gruppen und Lebensräumen entschieden und kreativ entgegentreten zu können, so daß Solidarität in Akten der Hilfe und wechselseitigen Hilfeleistung handfest und konkret praktiziert wird.«[1119]

Wir finden hier also eine Forderung, die uns aus der Gemeindepsychologie, einschließlich dem Empowerment- und Netzwerkkonzept bereits bekannt ist. Genauer betrachtet zielt das Konzept des vierten Weges der Heilung in zwei Richtungen. Einmal geht es darum, sich der »multiplen Entfremdung« und ihrer zerstörerischen und krankmachenden Wirkung bewusst zu werden, hierzu also eine »Metaperspektive« zu gewinnen. Dies muss natürlich in ein Engagement übergehen, das solidarische Strategien entwickelt, um gegen die erkannten Entfremdungsphänomene anzukämpfen und diese, so weit als möglich, zu überwinden. So wichtig dieser solidarisch-kämpferische Aspekt des vierten Weges der Heilung auch ist, so sehr gewinnt er doch seine eigentliche Triebkraft von seiner solidarisch-visionären Seite. Denn es ist wichtig, sich nicht im Kampf gegen Entfremdung zu erschöpfen oder darin stecken zu bleiben, sondern zugleich solidarische Visionen eines unversehrten Lebens in voller Mitmenschlichkeit zu entwickeln und gemeinsam immer wieder Schritte in diese Richtung zu wagen. Es geht

---

tung (S. 250ff.). Vierter Weg: Solidaritätserfahrung mit dem Ziel der Gewinnung einer Metaperspektive und von Engagement (260ff.). Vgl. auch *Rahm et al* 1993, 328ff. – Siehe diese Arbeit S. 173.
[1116] *Petzold* 1988, 260ff.
[1117] *Petzold* 1988, 261.
[1118] Z.B. *Petzold* 1988, 254.
[1119] *Petzold* 1988, 260.

also immer um beides, um eine »Klarsichtigkeit für die Bedingungen des guten Lebens, aber auch für die Prozesse der Entfremdung in unserem persönlichen und im gesellschaftlichen Kontext.«[1120] Das alles kann nur gelingen und »geschaffen werden auf dem Boden der Erfahrung von Solidarität – und das ist Engagement aus ganzem Herzen für die Belange des anderen.«[1121] Natürlich muss das bereits zwischen Therapeut und Klient gelebt werden, natürlich muss das auch in einer Therapiegruppe eingeübt werden, und zwar nicht nur in den Sitzungen, sondern auch zwischen den Sitzungen,[1122] aber es geht deutlich darüber hinaus in den sozialen und gesellschaftlichen Bereich, sei es durch »Solidargemeinschaften des Alltags« (Selbsthilfegruppen, Unterstützungsnetzwerke, etc.) sei es durch politische Aktionen.[1123] Wird dieser menschlich-solidarische vierte Weg der Heilung als »Hintergrunddimension« ausgeblendet, sei es durch therapeutische Konzepte,[1124] sei es durch persönliche Beziehungsvermeidung, widerspricht dies dem »Koexistenzaxiom«[1125] der Integrativen Therapie. Anders gesagt: man bleibt dem vollen Maß des Menschlichen etwas Wesentliches schuldig und reproduziert auf diese Weise letztlich nur gesellschaftliche Entfremdung. Das umgekehrte Vorgehen hingegen, also das Entwickeln, das Einüben und das Erleben von Solidarität hat verändernde, heilende Kraft.[1126]

Zu Recht redet die Integrative Therapie hier von einem vierten Weg der Heilung. Diese Perspektive der Integrativen Therapie eröffnet, wenngleich in säkularer Begrifflichkeit, eine gemeinsame Perspektive mit wesentlichen Aspekten geschwisterlicher Mitmenschlichkeit aus christlicher Sicht. Eine christliche Seelsorge, die hier weniger solidarisch orientiert wäre, als die Integrative Therapie es einfordert, würde den eigenen christlichen Maßstäben nicht wirklich genügen. Die einzige Korrektur, die aus christlicher Sicht hinzuzufügen wäre, ist, dass der Kampf gegen Entfremdung (»Sünde«, »das Böse«) und der Sieg des vollgültig gelingenden Lebens (»Erlösung«, »Heil«) in diesem irdischen Leben immer nur fragmentarisch bleiben, und in dieser Vor-

---

1120 *Petzold* 1988, 260.
1121 *Petzold* 1988, 260.
1122 In der Integrativen Therapie wird ausdrücklich Wert auf Kontakt der Gruppenmitglieder auch außerhalb der Therapiesitzungen gelegt. Sie sollen einander zum »sozialen Netzwerk« werden, zu »resource persons« für alle Gelegenheiten, die gegenseitige Unterstützung erfordern, bis hin zu materieller Hilfe (*Petzold* 1988, 262).
1123 *Petzold* 1988, 261.
1124 In der Psychoanalyse durch das Konzept der Abstinenz, in der klassischen Gestalttherapie durch einseitige Betonung der Selbstverantwortlichkeit (*Petzold* 1988, 263).
1125 *Petzold* 1988, 263f.
1126 Siehe Fallbeispiel »Verena« in *Petzold* 1988, 264ff.

läufigkeit und Unvollkommenheit ausgehalten werden müssen und können, wiederum solidarisch.[1127] Aber in dieser Vorläufigkeit kann umso befreiter versucht werden, befreiende Solidarität erlebbar zu machen. Auch und gerade in der Gemeinde beziehungsweise einer Seelsorge, die sich als Teil einer Gemeinde versteht.[1128]

3.3 Die Chancen kirchlicher Eingebundenheit

Kirchliche Eingebundenheit ist ein Spezialfall sozialer Eingebundenheit und hat doch auch nochmals eine ganz eigene Perspektive. Wie könnte das nun aussehen, wenn Gemeinde als soziale Ressource erlebbar wird? Welche Perspektiven für die Seelsorge eröffnen sich, wenn sie sich bewusst als Teil einer solidarischen Gemeinde begreift? Im Zusammenhang seines Ansatzes einer interkulturellen Seelsorge hat Christoph Schneider-Harpprecht eine Skizze entworfen, die zeigt, in welche Richtung das gehen könnte.[1129] Eine radikale solidarische Neuorientierung von Gemeinde insgesamt fordert dagegen Hermann Steinkamp.

3.3.1 Solidarität und Parteilichkeit (Hermann Steinkamp)

Bestimmte Stichworte, die im Verlauf dieser Arbeit an Bedeutung gewonnen haben, wie insbesondere »soziale Unterstützung«, »Einbin-

---

[1127] Wichtig für den Seelsorger zu wissen, ist auch, dass zur Struktur der Sünde ein das menschliche Maß übersteigendes Urteilen gehört (scientes bonum et malum). Aus diesem Grunde wird die Seelsorge keine Solidarität fördern oder praktizieren, in der die ›Guten‹ gegen die ›Bösen‹ kämpfen. In der Seelsorge kann es also keinesfalls um eine selbstgerechte Solidarität gegen andere, sondern nur um eine in Selbsteinsicht gründende Solidarität für und mit anderen gehen. Natürlich kann sich eine solche Solidarität auch einmal kämpferisch geben. Sie wird dabei aber über die basale ›Solidarität der Sünder‹ auch mit jenen unterstellen, gegen die sie auf der Sachebene ankämpft.

[1128] Die soziale Einbindung in eine Gemeinde kann, um es ergänzend auch aus dieser Perspektive zu formulieren, sozialisierend wirken. Hier kann also sowohl Primärsozialisation stattfinden (wenn jemand kirchlich geprägt aufwächst), hier kann aber auch, und das ist für Seelsorge interessant, Sekundärsozialisation (*Berger Luckmann* 1969, 145ff.) stattfinden. Wenn Gemeindeglieder füreinander zu »significant others« (Mead nach *Berger Luckmann* 1969, 51 und öfter) werden, dann kann dies zu einer sozialen und sozialisierenden Erfahrung führen, die – in der Begrifflichkeit der Integrativen Therapie – Elemente sowohl des zweiten Weges der Heilung und Förderung enthält (Nachsozialisation) als auch des vierten Weges der Heilung und Förderung, nämlich geschwisterliche Solidaritätserfahrung. Und wenn es sich um eine kreative Gemeinde handelt, sind sogar vielfältige Formen der Erlebnisaktivierung möglich (dritter Weg der Heilung) – Zu den Wegen der Heilung siehe diese Arbeit S. 173. – Freilich sind diese Wege der Heilung zugleich auch Kriterium, um maligne Formen der Sozialisation abzugrenzen.

[1129] Siehe den übernächsten Abschnitt.

dung in Gemeinschaft«, »Solidarität« tauchen nun in einem praktisch-theologischen Entwurf wieder auf, der sie aber – im wörtlichen Sinne – radikalisiert. Ausgehend von lateinamerikanischen Basisgemeinden, entwirft Herrman Steinkamp in dem 1994 erschienen Buch »Solidarität und Parteilichkeit«[1130] sein Konzept der »solidarischen Gemeinde« oder »diakonischen Gemeinde«.[1131] Was das für die europäische Kirche heißen kann, will er im Sinne einer »vergleichenden Pastoral«[1132] von brasilianischen Basisgemeinden lernen, ohne jedoch deren Konzepte zu kopieren.[1133] Stattdessen will er aus der in Europa vorfindlichen defizitären Situation[1134] eigene Konzepte befreiungstheologischer Art entwickeln.[1135] Die dazu erforderliche kritische Analyse geschieht mit sozialwissenschaftlichen Mitteln und soll aufzeigen, wo wir in Europa mittelbar und unmittelbar selbst eine solidarische Neuorientierung brauchen. So zeigt sich für Steinkamp die spezielle europäische Krisensituation insbesondere in der fortgeschrittenen Individualisierung und Marktkonformität des Menschen sowie in deren pathologischen Auswirkungen.[1136] Die solchermaßen erhobene Situation wird dann – analog dem lateinamerikanischen Modell der »Evangelisierung der Kultur« – im Lichte des Evangeliums betrachtet, was für Steinkamp gleichbedeutend ist mit der Perspektive einer »Option für die Armen«.[1137] Daraus entstehen prophetische Kritik und Handlungsoptionen.

Wie diese Handlungsoptionen konkret aussehen können,[1138] entfaltet Steinkamp einmal in Bezug auf gangbare Schritte innerhalb vorhandener volkskirchlicher Gemeinden,[1139] und sodann als Konstruktion einer »›besseren‹, transformativen Praxis« in Form idealerweise neu entstehender Basisgemeinden.[1140] Obwohl Steinkamp die volkskirchlichen Strukturen sehr kritisch sieht,[1141] beschreibt er dennoch Möglichkeiten, wie einzelne Gemeinden sich, z.B. durch Gemeinwesenarbeit,[1142]

[1130] *Steinkamp* 1994.
[1131] Solidarische Gemeinde ist für Steinkamp synonym mit diakonischer Gemeinde.
[1132] *Steinkamp* 1994, 28.
[1133] *Steinkamp* 1994, 16f.
[1134] *Steinkamp* 1994, 28.
[1135] *Steinkamp* 1994, 30, vgl. auch 25f.
[1136] *Steinkamp* 1994, 59ff.
[1137] *Steinkamp* 1994, 25ff.
[1138] Als konkrete Beispiele nimmt Steinkamp Arbeitslosigkeit, Jugendarbeit und Telefonseelsorge – und bezieht diese Beispiele auf die je konkreten Möglichkeiten unterschiedlicher solidarischer Praxis.
[1139] Z.B. *Steinkamp* 1994, 193ff., 210ff., siehe auch 161f.
[1140] *Steinkamp* 1994, 238f.
[1141] Die Möglichkeiten echter solidarischer Gemeinschaftserfahrung in der Volkskirche sind nach Steinkamp sehr begrenzt (*Steinkamp* 1994, 249).
[1142] *Steinkamp* 1994, 232ff.

auf den Weg zu solidarischer Praxis machen können. Daneben und zugleich als das eigentliche Zukunftsmodell werden aber aus solidarischem Handeln heraus auch in der »Ersten Welt« neue Basisgemeinden entstehen, die sich als neue, freie, überschaubare und auch zum Teil zeitlich begrenzte Gemeinden neu konstituieren.[1143] Den Begriff »Basisgemeinden« bezieht Steinkamp dabei auf eine vierfache Definition des Basisbegriffes durch L. Boff.[1144] Basis als Besinnung auf das Wesentliche des Glaubens, als Solidarität mit den Armen, als grundlegende Bewusstseinsbildung einschließlich Mitbestimmung und als überschaubare Gemeinschaft. Wobei die letztere im Sinne von basaler Gemeinschaft das wichtigste Element ist. »Koinonia, die brüderlich-schwesterliche Gemeinschaft, in der jeder seinen Namen hat, wo materielle Güter ebenso geteilt werden wie Leid und psychische Beschädigung: dies genau könnte auch der Ansatz von Basisgemeinden in der ›Ersten Welt‹ sein.«[1145]

Für Steinkamp bedeutet sein Ansatz nicht weniger als die Postulierung eines neuen Paradigmas, das er als »Sozialpastoral« bezeichnet wissen möchte.[1146] Der Entwurf dieses neuen Paradigmas steht im Gegensatz zum in Europa vorherrschenden Paradigma der Mitgliedschaftspastoral, die vor allem an der Leistungsfähigkeit kirchlicher Strukturen für die bürgerliche Gesellschaft und an der Wahrung des Mitgliederbestandes orientiert ist.[1147] Neben der persönlichen Erfahrung mit Basisgemeinden in Lateinamerika erhielt Steinkamp wesentliche Impulse für seine Idee einer Sozialpastoral auch von »Intensivgruppen« im Rahmen der Pastoralpsychologie. Diese vermittelten ihm eine Idee, was solidarische Gemeinde in unserem europäischen Kontext sein könnte, Gemeinde als sich gegenseitig tragende und unterstützende Gemeinschaft.[1148]

Im Unterschied zur klassischen Pastoraltheologie hat Steinkamp die Praxis aller handelnden Personen im Blick. Die Gemeinde soll dabei wirklich Subjekt der solidarischen Praxis werden. Es geht ihm im Kern um »Anstiftung und Befähigung zu solidarischem Handeln«. Und zwar so sehr, dass »Solidarität« zu einem Synonym wird für Gemeinde.[1149]

Der Ansatz von Herrmann Steinkamp weist interessante Verbindungen zur Gemeindepsychologie, gewissen utopischen Ansätzen aus der

---

[1143] *Steinkamp* 1994, 238ff.
[1144] *Steinkamp* 1994, 240ff.
[1145] *Steinkamp* 1994, 245.
[1146] *Steinkamp* 1994, 23.
[1147] *Steinkamp* 1994, 23ff. – Damit liegt bei Steinkamp gewissermaßen ein Gegenentwurf zu Preul vor.
[1148] *Steinkamp* 1994, 16.
[1149] *Steinkamp* 1994, 26f.

Netzwerkdebatte und zum vierten Weg der Heilung der Integrativen Therapie auf. Zugleich geht der Solidaritätsbegriff Steinkamps, trotz einer gewissen Schnittmenge, weit über das hinaus, was in der Forschung unter dem Begriff »soziale Unterstützung« verstanden wird. Bei aller Sympathie für diesen Ansatz, scheint es mir doch unter der Fragestellung, wie als Kontext einer konkreten Seelsorgebegegnung die vorhandene reale Gemeinde und nicht die erst noch zu erschaffende ideale Basisgemeinde zur Ressource werden kann, erstmal zu hochgegriffen zu sein. Wenngleich durchaus die kritische Perspektive Steinkamps und die Anregung zu über das Vorhandene hinausgehender solidarischer Praxis befruchtend sein kann, z.b. im Hinblick auf Initiierung von Selbsthilfegruppen, »Intensivgruppen« oder politischen Initiativen im Rahmen bestehender Gemeinden und darüber hinaus. Etwas näher am eher pragmatischen Anliegen dieser Arbeit scheint mir dagegen der folgende Entwurf zu sein.

3.3.2 Ökosystemische Seelsorge (Christoph Schneider-Harpprecht)

Aufgrund interkultureller Erfahrungen[1150] und Überlegungen plädiert Christoph Schneider-Harpprecht in seinem Aufsatz »›Empowerment‹ und ›kulturelle Sensibilität‹« für ein »Modell der ökologischen und ökosystemischen Seelsorge.«, ein Konzept, das in seinem Buch »Interkulturelle Seelsorge« ausführlich entfaltet wird.[1151] Da interkulturelle seelsorgerliche Begegnungen immer auf das Phänomen unterschiedlicher Kulturen stoßen, die mit dem persönlichen Identitätserleben des Gesprächspartners unlöslich verbunden sind und darum das eigene Verständnis seiner Situation maßgeblich beeinflussen,[1152] macht es wenig Sinn, dem Gesprächspartner die psychoanalytische, gesprächstherapeutische oder sonstige westlich geprägte Problemhermeneutik aufzudrängen.[1153] Dasselbe gilt besonders in der Seelsorge auch für

---

[1150] Ähnlich wie Steinkamp hat auch Schneider-Harpprecht wesentliche Anstöße durch Erfahrungen in Brasilien gewonnen (*Schneider-Harpprecht* 2001, 29). Interessant ist, das sei hier nur am Rande vermerkt, dass die verstärkte Beschäftigung mit der Perspektive auf die solidarischen Potentiale einer Gemeinde offensichtlich durch solche Begegnungen mit stärker gemeinschaftsorientierten sozialen beziehungsweise kirchlichen Kulturen angeregt werden kann. Siehe auch die entsprechende Bemerkung von Helmut Weiß (in dieser Arbeit S. 195f.).

[1151] Zum Folgenden siehe *Schneider-Harpprecht* 2000a, 53ff. – Der Aufsatz fasst wesentliche Punkte der Konzeption Schneider-Harpprechts zusammen. Zum Gesamtentwurf einer interkulturellen Seelsorge siehe *Schneider-Harpprecht* 2001.

[1152] *Schneider-Harpprecht* 2000a, 56f.

[1153] *Schneider-Harpprecht* 2000a, 53ff. – Zumal, wie Schneider-Harpprecht ergänzend ausführt, ein solches Vorgehen auch schon wegen der autopoietischen Grundstruktur des menschlichen Bewusstseins (i.S.v. Maturana und Varel) nicht wirklich funktionieren kann (a.a.O., 59).

das europäische beziehungsweise westliche Theologieverständnis.[1154] Was kann man dann in der interkulturellen Seelsorge noch tun? Man kann sich auf das beziehen, was beim Gegenüber da ist und auch unabhängig von kulturellen Deutungen greifbar ist, nämlich seine Ressourcen, sein soziales Netzwerk, sein Verständnis der Situation und seine Lösungsziele. Damit plädiert Schneider-Harpprecht für einen seelsorgerlichen Ansatz, der in seinem ressourcenorientierten Pragmatismus an Konzepte der Kurzeittherapie erinnert, die ja schon innerhalb der eigenen Kultur es ablehnen, die wie auch immer geartete Problemhermeneutik des Therapeuten dem Klienten überzustülpen,[1155] sondern sich stattdessen an die erkennbar vorhandenen Ressourcen und Ziele des Klienten zu halten.[1156] Für Seelsorge bedeutet dies ferner, dass auch das Evangelium selbst, und zwar in seiner narrativen Grundstruktur, nicht in seiner theologischen Deutung, als Ressource gesehen wird, in dem Maße, wie es mit der Erzählung des eigenen Lebens – und dem der anderen – hilfreich verbunden wird.[1157] Dadurch wird Seelsorge nicht zum die eigenen Maßstäbe verallgemeinernden kulturellen Übergriff, sondern vielmehr zum kulturübergreifenden »Empowerment« nach Maßgabe der Ressourcen und Visionen, die im Kontext des jeweiligen Gesprächspartners gegeben sind.[1158]

Für das Modell einer ökologischen Seelsorge heißt das nun konkret: »Seelsorge und Beratung beziehen den Kontext des spezifischen Ökosystems einer Person, Familie oder Gruppe ein, wenn sie Probleme und Konflikte bearbeiten, und machen Gebrauch von den im Netzwerk der in der Natur, den gesellschaftlichen Gruppen, der Gemeinde, der

---

[1154] *Schneider-Harpprecht* 2000a, 58.

[1155] Auch Schneider-Harpprecht macht darauf aufmerksam, dass die andere Kultur bereits »an der Haustüre des anderen beginnen [kann]« (*Schneider-Harpprecht* 2001, 22).

[1156] Folgerichtig nimmt Schneider-Harpprecht in seinen Perspektiven für Seelsorge und Beratung auch auf de Shazer Bezug (*Schneider-Harpprecht* 2001, 302). Mit offensichtlich etwas mehr Gewicht hat er das Palo Alto Modell im Blick, obwohl er auch kritische Rückfragen hat (S. 301 f.). Wichtig ist ihm aber vor allem die narrative Therapie nach White und Epston (S.193ff. und 302ff.), die lösungsorientiertes Arbeiten mit konstruktivistisch-narrativem Vorgehen verbindet. In Brasilien überwiegend gearbeitet wurde mit der strukturellen Familientherapie nach Minuchin (S. 185ff.) und der erwähnten narrativen Therapie (S. 193ff.).

[1157] *Schneider-Harpprecht* 2000a, 58f. – Gemeinde ist für Schneider-Harpprecht folglich an erster Stelle eine Erzählgemeinschaft: »Drei Aspekte an der von Gott in Jesus Christus durch das Evangelium gestifteten Gemeinschaft mit den anderen sind uns für eine kulturell sensible Seelsorge wichtig: die Gemeinde als Erzählgemeinschaft, als soziales Netzwerk und als Ort, an dem das allgemeine Priestertum der Gläubigen die Organisation der Beziehungen bestimmen soll.« (*Schneider-Harpprecht* 2001, 277). – Zum Ansatz einer entsprechenden narrativen Theologie siehe *Schneider-Harpprecht* 2001, 127ff.

[1158] *Schneider-Harpprecht* 2000a, 63.

Familie, der Individualität und der Beziehung zu Gott vorhandenen Ressourcen der Veränderung.«[1159] Schneider-Harpprecht unterscheidet dabei zwischen Beratung, die mehr von ausgebildeten Fachleuten wahrgenommen wird, und Seelsorge als eine »befreiende Hilfe zur christlichen Lebensgestaltung durch die christliche Gemeinde insgesamt.«[1160] Gemeinde ist insofern Subjekt der Seelsorge und erscheint in der »ökologischen Seelsorge« zugleich als zentrale Ressource. »Der systemisch-ökologische Ansatz der Seelsorge erkennt in der christlichen Gemeinde ein soziales Netzwerk, indem verschiedene Subsysteme zur Stützung und Heilung von einzelnen Menschen und Familien zusammenwirken. Sie ist ›therapeutische Gemeinde‹ der kulturell Verschiedenen. Das heißt, viele ihrer Aktivitäten haben eine therapeutische Dimension, weil sie Menschen mit sich selbst, mit Gott und dem Nächsten in Beziehung bringen.«[1161] Diese hohe Einschätzung der Gemeinde als Netzwerk wird theologisch untermauert mit der paulinischen Leibmetapher.[1162] Im Netzwerk Gemeinde hat jeder am Ergehen des anderen unmittelbaren Anteil, und zwar als Einzelner wie auch als Teilnehmender von sozialen Subsystemen. «Die Gemeinde als Leib Christi bildet ein funktionales und soziales Ökosystem von Beziehungen, das sich durch die Subsysteme von Individuen, Familien und Gruppen formt. Ihre Grundlage bildet die Beziehung zu Jesus Christus.«[1163]

Damit ist für Schneider-Harpprecht eine klare Netzwerkperspektive[1164] gegeben, sowohl in Bezug auf Gemeinde und ihre Gruppen als auch in Bezug auf das persönliche Netzwerk Familie.[1165] Diese sozialen Ressourcen gilt es nutzbar zu machen:»Ökologische Seelsorge fragt nach den Ressourcen, die in den Kontexten, d.h. den verschiedenen Systemen der Lebenswelt (Natur, Gesellschaft, Gemeinde, Familie, Indivi-

---

[1159] *Schneider-Harpprecht* 2000a, 56.
[1160] *Schneider-Harpprecht* 2000a, 57. Hier wird die Gemeinde ganz betont zum Subjekt der Seelsorge erklärt. – Vgl. die fast gleichlautende Seelsorgedefinition in *Schneider-Harpprecht* 2001, 26.
[1161] *Schneider-Harpprecht* 2001, 275.
[1162] *Schneider-Harpprecht* 2001, 279, mit Bezug auf Röm 12,3–8; 1Kor 12,12–31; Kol 1,18.
[1163] *Schneider-Harpprecht* 2001, 279.
[1164] Die Netzwerkperspektive durchzieht das ganze Konzept der interkulturellen Seelsorge. Auf die im engeren Sinne sozialwissenschaftliche Netzwerkdefinition und den damit gegebenen Möglichkeiten der Netzwerkanalyse und Netzwerkintervention wirft Schneider-Harpprecht ein kurzes Streiflicht, das dem Anliegen dieser Arbeit sehr verwandt ist. (*Schneider-Harpprecht* 2001, 271ff.). Dies wird jedoch nicht weiter entfaltet.
[1165] »Wir definieren Familien im psychologischen und soziologischen Sinne als ›intime Beziehungssysteme‹.« (*Schneider-Harpprecht* 2001, 282). Damit will Schneider-Harpprecht bewusst über die klassische Familiendefinition hinausgehen und auch andere Bindungsformen mit in den Blick nehmen.

duum) für Seelsorge gegeben sind.«[1166] Darum ist solche Seelsorge immer auch »Arbeit mit den sozialen Netzwerken«.[1167]

Seelsorge hat für Schneider-Harpprecht aufgrund ihres Kontextbezuges auch eine politische Dimension, zumal sie unter der »Option Gottes für die Armen« steht.[1168] Hierzu gehört auch der Einbezug der leiblichen und ökologischen Entfremdungsphänomene.[1169] Schneider-Harpprecht sieht darum gerade in der »sozialen und politischen Dimension« für die pastoralpsychologisch orientierte Seelsorge eine Herausforderung, den Empowerment-Aspekt stärker als bisher in die Seelsorgearbeit einzubeziehen.[1170] Zugleich betont er die Wichtigkeit, andere kirchliche Handlungsfelder (z.b. Gottesdienst) enger mit der Seelsorge zu verknüpfen. Der Seelsorge kommt dabei insbesondere die Aufgabe zu, die diakonische Option für die Schwachen zu verwirklichen,[1171] auch politisch.[1172]

Aufgrund seiner eingangs dargestellten »hermeneutischen und kommunikationstheoretischen Perspektive« distanziert sich Christoph Schneider-Harpprecht also von den »Dogmen« der klassischen Pastoralpsychologie und plädiert für eine »Pluralität kulturell geprägter psychologischer Sichtweisen«, die mit »variablen Methoden« und »vielfältigen settings« ganz »pragmatisch Probleme und Lösungsmöglichkeiten« angeht.[1173] Mit dieser Forderung nach Pluralität und Variabilität berührt sich Christoph Schneider-Harpprechts Konzept einerseits mit der Forderung nach Mehrperspektivität und Mulitmodalität der Integrativen Therapie[1174] und andererseits mit der pragmatischen Lösungsorientierung der Kurzzeittherapie, und kommt insofern, auf ganz anderem Wege, zu teilweise ähnlichen Schlussfolgerungen, wie das in dieser Arbeit dargestellte Seelsorgekonzept. Ferner zeigt sich bei ihm eine klare Netzwerkperspektive, insbesondere auch auf Gemeinde, sowie eine gewisse inhaltliche Verwandtschaft mit den visionären Gemeinschaftsideen aus der Netzwerkdebatte, der Gemeindepsychologie und dem Solidaritätspostulat des »vierten Weges der Heilung« der In-

---

1166 *Schneider-Harpprecht* 2000a, 63.
1167 *Schneider-Harpprecht* 2000a, 63.
1168 *Schneider-Harpprecht* 2000a, 63. Vgl. auch *Schneider-Harpprecht* 2001, 279 und öfter.
1169 *Schneider-Harpprecht* 2000a, 63. Vgl. auch *Schneider-Harpprecht* 2001, 249ff.
1170 *Schneider-Harpprecht* 2000a, 64. – Vgl. auch *Schneider-Harpprecht* 2001, 229ff. Dort mit ausführlichem Bezug auf Norbert Herrigers Konzept des Empowerments für die soziale Arbeit (*Herriger* 1997).
1171 *Schneider-Harpprecht* 2000a, 64.
1172 *Schneider-Harpprecht* 2000a, 63.
1173 *Schneider-Harpprecht* 2000a, 65.
1174 Siehe diese Arbeit S. 319f.

tegrativen Therapie.[1175] Trotz weitgehender Ausrichtung auf den lateinamerikanischen Kontext ergibt Schneider-Harpprechts Entwurf
einer interkulturellen Seelsorge viele interessante Anregungen auch für
den europäischen Kontext,[1176] insbesondere dann, wenn der Gemeinde
dabei mehr Gewicht zugemessen werden soll. Aber die Beschreibung
der eine interkulturell sensible und ökologische (netzwerkorientierte)
Seelsorge subjekthaft tragenden solidarischen Gemeinde wirkt bei
Schneider-Harpprecht am Ende dann doch schon beinahe wie eine vi-
sionäre Idealgestalt von Gemeinde.[1177] Und so bleibt vermutlich so
mancher Pfarrer oder auch ehrenamtliche Seelsorger mit der Frage zurück, was denn in einer noch nicht ganz so idealen Gemeinde dennoch
ansatzweise möglich ist.

3.3.3 Was ist realistisch möglich?

Schneider-Harpprecht fordert kulturell sensible und befreiende Seelsorge als Lebensäußerung einer solidarischen Gemeinde. Steinkamp
fordert dagegen eine solidarische Gemeinde so sehr, dass Seelsorge
explizit gar nicht mehr hervorgehoben werden muss, weil sie darin
aufgeht. Die Gefahr solcher und ähnlicher Entwürfe[1178] ist, dass sie

---

[1175]   Siehe diese Arbeit S. 221f., 239ff. und 242ff.

[1176]   Das ist durchaus so gewollt: »Ich habe mich bewußt auf den Kontext Lateinamerika ausgerichtet, den notwendigen Transfer in die europäische Landschaft
jedoch stets im Hinterkopf behalten.« (*Schneider-Harpprecht* 2001, 6).

[1177]   *Schneider-Harpprecht* 2001, 275ff. Das Idealbild wird z.B. in folgenden
Formulierungen deutlich: »In diesem Sinne muss die christliche Gemeinde, wenn
sie sich als Leib Christi verstehen will, ein soziales Netz bilden, in dem Einzelne,
Familien und Gruppen sich gegenseitig stützen, vor allem aber das Leben und das
Wohl der armen Anderen zu ihrer Sache machen.« (S. 280). – Es drängt sich die
Frage auf, ob die Überforderungsbefürchtung, die Schneider-Harpprecht bei einem
bestimmten Seelsorgerbild anmerkt (*Schneider-Harpprecht* 2001, 25), nicht in
gewissem Sinne auch auf das hier entworfene Gemeindebild zutreffen könnte.

[1178]   Die beiden dargestellten Ansätze sollen beispielhaft und stellvertretend auch
für andere Entwürfe stehen, denen letztlich gemeinsam ist, dass sie Gemeinde
mehr oder weniger als Idealbildung beschreiben. Abgekürzt gesprochen etwa so:
Die ideale Gemeinde ist die Basisgemeinde (Steinkamp), die ›therapeutische Gemeinde‹ der kulturell Verschiedenen (*Schneider-Harpprecht* 2001, 275), die Gemeinde aus der Kraft des Heiligen (*Josuttis* 2001), die wortförmige Gemeinde der
Charismen (*Bohren* 2001). Aus solch hehrer Sicht bleibt für die soziologisch-
empirische Gemeinde gelegentlich nur noch Spott, wenn die real erfahrbare Eingebundenheit als »Streicheleinheiten« bezeichnet wird (*Josuttis* 2000a, 119, 125;
Josuttis 2001, 401). – Um nicht falsch verstanden zu werden: Mir geht es nicht
darum, solchen Idealen jegliches Recht abzusprechen, da sie ja durchaus motivierende Kraft haben können. Außerdem können sie sich auf biblische Gemeindeidea-
le berufen. Mir geht es vielmehr darum, dass über solchen Idealvorstellungen die
Chancen einer konkreten realen Gemeinde nicht übersehen oder gar abgewertet
werden. Vgl. dazu auch Reiner Knielings »Plädoyer für unvollkommene Gemeinden«, der sich dafür stark macht, Vollkommenheitsphantasien hinsichtlich idealer

doch wieder im »Sollen« stecken bleiben, dass es Ideal-Entwürfe von Gemeinde sind, denen die Realität hinterherhinkt. Solche Entwürfe gab es ja auch im Bereich der Netzwerkdiskussion, bei aller relativen Berechtigung von visionären oder utopischen Elementen. Aber zugleich, so meine These, muss das auch immer wieder heruntergebrochen werden auf das, was jetzt realistisch möglich ist und zwar in der je vorfindlichen konkreten Gemeinde. Welche Möglichkeiten bietet genau die Gemeinde, in der ich als Seelsorger arbeite, um für Menschen zu einer greifbaren Ressource zu werden für das, was in der Forschung als »soziale Unterstützung« oder »sozialer Rückhalt« bezeichnet wird? Wie sehr ist die vorhandene reale Gemeinde soziales ›Subjekt‹ in Form eines unterstützenden sozialen Netzwerks? Es ist davon auszugehen, dass sich dies nicht für alle Gemeinden in gleicher Weise verallgemeinern lässt, sondern dass es letztlich für jede Gemeinde eigens erhoben werden muss. Die Anregungen aus der Netzwerkforschung könnten nun dabei helfen, eine Art heuristische Folie zu entwickeln, anhand derer ein Seelsorger seine Gemeinde daraufhin untersuchen kann, über welche schon vorhandenen und über welche nach realistischen Maßstäben noch auszubauenden sozialen Ressourcen seine Gemeinde verfügt.

Dazu zählt zunächst eine allgemeine Bestandsaufnahme:

1. Welche soziale Vernetzung gibt es in der Gemeinde als ganzer und in welchen konkreten Bezügen wird dies greifbar? Konkret ist das die Frage nach den verschiedenen Gruppen und Veranstaltungen einer Gemeinde. Angefangen von den Krabbelgruppen über Gesprächskreise und Kirchenchören bis hin zu Seniorenkreisen und Besuchsdienstarbeit. Selbstverständlich darf auch der Gottesdienst in einer solchen Aufzählung nicht fehlen.

2. Welches Profil haben die konkreten sozialen Vernetzungsmöglichkeiten, also die verschiedenen Veranstaltungen und Gruppen? Welcher Gruppenstil herrscht vor? Welche Frömmigkeitsstile haben prägenden Einfluss? Welches soziale Milieu ist dominant? Für welche Art von Menschen wären sie ein interessantes Angebot für soziale Einbindung? Für welche Art von Menschen wären sie kontraindiziert?[1179]

Gemeinden zu überwinden und eine – im Wortsinne – gesunde Einstellung für die Möglichkeiten und Grenzen normaler, also eben immer auch unvollkommener Gemeinden zu entwickeln (*Knieling* 2009).

[1179] Zugespitzt gesagt: es macht in der Regel keinen Sinn einen arbeitslosen ehemaligen Strafgefangenen aus der Unterschicht in einen mittelschichtsdominierten Gesprächkreis einbinden zu wollen. Auch psychisch Kranke können nicht einfach in jegliche Art von bestehenden Gruppen integriert werden. Die Passung muss

3. Wie offen sind die jeweiligen Gruppen und Veranstaltungen für Prozesse sozialer Vernetzung? Auch der Gottesdienst kann danach befragt werden: Ist er eine Veranstaltung von isolierten Individuen, die kaum in Kontakt miteinander kommen, oder ist der Gottesdienst zugleich auch eine Möglichkeit der sozialen Vernetzung, z.B. durch anschließendes Kirchencafé? Ferner sind folgende auch kritische Fragen zu stellen: Gibt es Mechanismen der sozialen Ausgrenzung? Wie hoch ist gegebenenfalls der Preis einer Einbindung? Gibt es belastende Aspekte? Wer und wie sind die verantwortlichen Personen? Welche informellen Strukturen gibt es zu beachten? Ist eine Gruppe in ihrem Einbindungsverhalten autonom, oder bedarf es einer direkten Vermittlung durch den Seelsorger?

4. Gibt es realistische Möglichkeiten, bei Bedarf auch neue Gruppen und Veranstaltungen zu initiieren, um ein Vernetzungsangebot zu schaffen für Menschen, die bislang in der Gemeinde kein solches Angebot haben? Z.B. Männergruppe? Behindertengruppe? Arbeitsloseninitiative? Usw.

Was eine solche Einbindung im konkreten Fall leisten kann, das kann nun sinnvoller Weise nach den dargestellten Unterkategorien sozialer Unterstützung noch einmal ausdifferenziert werden. Zum Beispiel anhand der Definition von House.[1180] Jede Gruppe und jede Veranstaltung kann anhand folgender Fragen dann nochmals in einer Art Feinabstimmung auf das hin befragt werden, was konkret möglich ist:

1. Wieviel emotionalen Rückhalt bietet eine Gruppe im Sinne von Wertschätzung, Zuneigung, Vertrauen, Interesse und Zuwendung?
2. Wieviel Rückhalt geschieht durch Anerkennung im Sinne von Bestätigung, Feedback und positivem sozialem Vergleich? Hierher gehört m.E. auch das subjektive Gefühl von Zugehörigkeit und geteilter »social world«.[1181]
3. Wieviel Rückhalt bekommen die Teilnehmenden durch Information? Hier reicht das Spektrum von Rat und Vorschlägen, über konkrete Handlungsanweisungen bis hin zu geteiltem Wissen.

---

in jedem Einzelfall genau geprüft werden, sowohl für denjenigen, der soziale Einbindung sucht, wie für die Gruppe.

[1180] Siehe diese Arbeit S. 211 f.

[1181] Das von Anselm L. Strauss übernommene Konzept der »social world« als »shared perspectives« auf die Welt spielt in der Integrativen Therapie von Anfang an eine wichtige Rolle (*Petzold Schneewind* 1986, 139). Einen für die Gemeindearbeit substantiellen Hinweis hat Petzold gegeben, indem er entfaltet hat, wie eminent wichtig eine geteilte »social world« insbesondere für Arbeit mit Senioren ist (*Petzold* 1993, 871 ff.).

4. Wieviel instrumentalen Rückhalt kann eine Gruppe leisten? Sei es durch die Ressourcen an verfügbarer zeitlicher Präsenz, durch konkrete [Mit-]Arbeit oder auch durch finanzielle Mittel?[1182]

Hat ein Seelsorger für sich einigermaßen Antworten gefunden auf diese Fragen in Bezug auf seine konkrete Gemeinde, dann kann er in konkreten Seelsorgekontakten gezielt darauf verweisen, wenn der Gesprächspartner das Bedürfnis nach sozialer Vernetztheit artikuliert oder ein solches Bedürfnis sich durch die Seelsorgebegegnung herauskristallisiert. Ergänzend kann der Seelsorger über seine verschiedenen Seelsorgekontakte und sonstigen Kenntnisse über die soziale Situation und die Bedürfnislage seiner Gemeindeglieder dann auch einschätzen, ob genug Potential für die Initiierung neuer unterstützender Gemeinschaftsformen in der je konkreten Gemeinde vorhanden ist. Vielleicht bleibt diese Form der sozialen Unterstützung letztlich milieugebunden,[1183] vielleicht bleibt sie weit hinter radikalen Solidaritätsforderungen zurück, vielleicht ist es aber auch ein achtbarer und respektabler Anfang, etwas, mit dem Seelsorge jetzt schon rechnen kann.

[1182] Gegenseitige finanzielle Unterstützung wird wohl eher nur in Ausnahmen vorkommen, ist aber nicht undenkbar.
[1183] Vgl. *Hauschildt Kohler Schulz* 2008.

4 Kurzzeitseelsorge in der Gemeinde (Praxistheorie)

»Überall wo solche Anforderung an den
Geistlichen geschieht, hat er sie dazu zu be-
nuzen die geistige Freiheit des Gemeineglie-
des zu erhöhen und ihm eine solche Klarheit
zu geben, dass jene Anforderung nicht mehr
in ihm entstehe.« (Schleiermacher)[1184]

Nachdem der theoretische Rahmen einigermaßen abgesteckt ist, nachdem auch die Richtung einigermaßen sichtbar geworden ist, in der das
vorliegende Konzept einen Beitrag zur Weiterentwicklung des pastoralpsychologischen Paradigmas leisten möchte, soll nun im folgenden,
abschließenden Teil dieser Arbeit die zugehörige Praxistheorie (Praxeologie) der hier skizzierten kurzzeittherapeutischen Gemeindeseelsorge
vorgestellt werden. Dabei wird immer wieder auf die vielfältigen Bezüge rückverwiesen, die im Theorieteil eine Rolle gespielt haben.
Doch zu Beginn soll zunächst die Praxistheorie durch theologische Referenzen[1185] in ihrer besonderen Zuspitzung ausdrücklich auch aus dieser Perspektive empfohlen werden.[1186]

4.1 Theologische Referenzen kurzzeittherapeutischer Seelsorge

Was willst du, dass ich für dich tun soll? (Jesus)[1187]

Bevor ich nun konkret zeigen werde, wie sich das bisher Erarbeitete
praktisch umsetzen lässt, sei an dieser Stelle zuvor also noch einmal

---

[1184] *Schleiermacher* 1850, 431. Die damalige Rechtschreibung wurde belassen.
[1185] Nachdem der Theorieteil mit Bezug auf eher praktische Fragestellungen eingeleitet wurde, insbesondere mit der Perspektive auf die Zeitknappheit im Gemeindepfarramt und zugleich mit der Hoffnung, dass die reale Gemeinde eine hilfreiche
Ressource darstellen könnte, so soll nun der Praxisteil genau umgekehrt mit theologischen Bezugnahmen eingeleitet werden. Wobei Schleiermachers Praktische Theologie, auf die hier vor allem Bezug genommen wird, ja eigentlich – zumindest teilweise
– auch schon Praxistheorie ist. Davon unabhängig hätte – im Sinne der systemischen
Zirkularität – der Bezug auf Schleiermacher auch an anderer Stelle stehen können.
Mir erschien es an dieser Schnittstelle zwischen konzeptioneller Theorie und Praxistheorie am sinnvollsten, weil der methodische Zugang, den ich mit einigen biblischen
Aspekten insbesondere aber mit Schleiermacher als Referenz in Verbindung bringen
möchte, nun bereits bekannt ist und darauf Bezug genommen werden kann.
[1186] Die Verwendung einer Methode in der Praktischen Theologie muss eigentlich nicht unmittelbar positiv theologisch begründet oder legitimiert werden. Es
muss in theologischer Hinsicht lediglich sichergestellt werden, dass sie mit dem
Evangelium und dem christlichen Glauben kompatibel ist. Gleichwohl ist es ein
spannendes Surplus, wenn darüber hinaus auch unmittelbar positive Referenzen zu
finden sind. In diesem Sinne sind die folgenden Ausführungen gemeint.
[1187] Mk 10,51 / Lk 18,41.

ausgewiesen, dass dies auch theologisch nicht nur legitim sondern durchaus empfehlenswert ist. Dass in der Kirche Seelsorge als solche betrieben wird, muss ja weder begründet und eigentlich auch nicht ausdrücklich empfohlen werden, auch nicht theologisch. »Seelsorge findet sich in der Kirche vor«, wie Thurneysen lapidar festgestellt hat.[1188] Unter einem gewissen Empfehlungsdruck stehen hingegen bestimmte Konzepte von Seelsorge. Denn hier gab und gibt es in der Kirche unterschiedliche Ideen, was Seelsorge zu sein hätte, Unterschiede, die man als historische Entfaltung von Gesprächskonzepten verstehen kann,[1189] und Unterschiede, die in aktuellen dogmatischen oder persönlichkeitsspezifischen Vorentscheidungen liegen. Auf alles das soll hier nicht eingegangen werden, das wurde an anderer Stelle schon oft und ausführlich diskutiert.[1190] An dieser Stelle soll lediglich kurz begründet werden, warum ein kurzzeittherapeutisches Seelsorgemodell durchaus mit Recht in den Kanon theologisch empfehlenswerter Konzepte eingereiht werden kann.

4.1.1 Biblische Aspekte

Kurzzeittherapeutische Seelsorge zeichnet sich aus durch die Idee, dass das Gegenüber am besten weiß, was er oder sie jetzt braucht, und dass ihm hilfreiche Perspektiven aus der Sicht eines Seelsorgers allenfalls angeboten, aber auf keinen Fall gegen seinen Willen aufgedrängt werden dürfen. Eine kurzzeittherapeutische Seelsorgebegegnung beschränkt sich auch zeitlich auf das unbedingt erforderliche Maß, insbesondere, um eine zeitextensive Invasion in das Leben des anderen zu vermeiden. Das Gegenüber wird als mündig und selbstverantwortlich uneingeschränkt ernst genommen.

Ansätze zu einem solchen am Gegenüber orientierten Vorgehen finden sich bereits in der Bibel. Schon Jesus hat einen offensichtlich Blinden gefragt: *Was willst Du, dass ich für dich tun soll?* (Mk 10,51 / Lk 18,41). Was soll ein Blinder schon wollen, als sehend werden! Nein, auch im noch so offensichtlichen Fall nimmt Jesus den Blinden als Gegenüber so ernst, dass er ihn fragt, was er will.[1191] Den »reichen Jüngling« dagegen (Mk 10,17ff.) konfrontiert Jesus zwar mit einem konkreten Lösungsvorschlag, lässt ihm aber die Freiheit, sich anders zu entscheiden, und hat dafür offensichtlich noch ein gewisses Verständnis. Ferner sind die heilsamen Begegnungen mit Jesus auch immer nur sehr kurz. Nie wird erzählt, dass Jesus, um jemanden zu heilen, sich auf einen langfristigen Prozess einlässt. Im Gegenteil, nach

---

1188 *Thurneysen* 1946, 9.
1189 Wie z.B. *Hauschildt* 1996, 21ff. gezeigt hat.
1190 Vgl. z.B. *Sons* 1995, *Winkler* 2000, *Klessmann* 2008.
1191 *Drewermann* 1988, 162f.

einer kurzen Begegnung wird der Geheilte sofort wieder in sein eigenes Leben entlassen. Eine Ausnahme bilden lediglich jene, die sich nach einer Heilung der Gemeinschaft um Jesus anschließen, vielleicht weil sie in dieser Gemeinschaft eine bessere, vielleicht auch die einzige ›Netzwerkressource‹ sehen. Insofern könnte man – überspitzt und pointiert – sagen: Jesus erfüllt alle Kriterien eines ›Kurzzeit-Heilers‹ und bietet in Einzelfällen sogar noch ein stabilisierendes Netzwerk an.[1192]

Aber schon recht früh in der Kirche wird ein solches ›Seelsorgekonzept‹ überdeckt von einem Hirtenkonzept, das die aufsichtsrechtliche Sorge, dass keiner der Herde und damit dem kollektiven Heil verloren gehe, höher setzt, als die Sorge, die sich am Wohlergehen des Gegenübers orientiert und an seinem individuellen Heil.[1193] Doch auch jene Spur hat sich in der Kirchengeschichte nie völlig verloren und sich auf verschiedene Weise immer wieder gezeigt, nicht zuletzt in der historisch bedeutsamen Epoche des Pietismus[1194] und eben dann auch bei Friedrich D.E. Schleiermacher.

4.1.2 Schleiermacher als Protagonist einer auf rasche Selbstständigkeit zielenden Seelsorge.

Friedrich Daniel Ernst Schleiermacher entfaltet in seinen Anleitungen zur Seelsorge in seiner »Praktischen Theologie« Gedanken und Ideen, die eine große Affinität zu den heutigen Konzepten der Kurzzeittherapie ausweisen.

Entscheidendes theologisches Kriterium ist für ihn das Priestertum aller Gläubigen, es bekommt für ihn den Charakter eines Primates der Mündigkeit des Einzelnen. Um es im Bild zu sagen: der Einzelne ist sozusagen der Autor und Urheber seines Verhältnisses zu Gott und zur Kirche.[1195] Niemand hat ihm dabei gegen seinen Willen etwas hineinzureden, auch nicht der Seelsorger.[1196] Die allgemeine Hilfe, Orientierung und Anregung, die der einzelne für die persönliche Autorenschaft seines geistlichen Lebens braucht, bekommt er in der öffentlichen Verkündigung und im gemeinschaftlichen Austausch mit den anderen.[1197]

[1192] Vgl. *Morgenthaler Schibler* 2002, 172.

[1193] *Nauer* 2007, 46ff. und 58ff. sowie *Steinkamp* 1999.

[1194] Vgl. z.B. *Nauer* 2007, 52, *Hauschildt* 1996, 50f.

[1195] Als unaufhebbarer »eigenthümliche[r] Charakter der evangelischen Kirche« steht für Schleiermacher fest, dass »hier die Gemeineglieder in ein unmittelbares Verhältniß zu dem göttlichen Wort gesezt sind«. Daraus, so Schleiermacher, folgt, »daß sie selbst ihr Gewissen aus dem göttlichen Wort berathen können.« (*Schleiermacher* 1850, 430).

[1196] »Der Geistliche [hat] kein Recht sich in die Angelegenheiten anderer zu mischen, wenn sie es ihm nicht zugestehen.« (*Schleiermacher* 1850, 428).

[1197] Wenn nicht, so liegt es nach Schleiermacher zunächst an der unvollständigen öffentlichen Verkündigung des Seelsorgers (*Schleiermacher* 1850, 430).

Es wird vorausgesetzt, dass er in diesem anregenden Kontext selbstständig und selbstverantwortlich daraus seine eigene ›Geschichte mit Gott‹ verfassen kann. Erst wenn das nicht mehr gelingt, ist individuelle ›Schreibhilfe‹ notwendig, also Seelsorge. Erst jetzt ist professionelle Hilfe gefragt, und zwar gefragt im wörtlichen Sinne. Ein Gemeindeglied hat im Bedarfsfalle sogar ein »Recht an den Rath des Geistlichen«,[1198] aber die Anfrage sollte vom Gemeindeglied ausgehen. Die erste Option ist also immer, dass Seelsorge vom Einzelnen angefragt wird, und erst die zweite ist, dass Seelsorge – mit aller Zurückhaltung – vom Seelsorger angeboten wird.[1199] Eine Ablehnung dieses Angebotes muss selbstverständlich akzeptiert werden.[1200]

Die Aufnahme einer Seelsorgebeziehung erfolgt stets aus freien Stücken und im Normalfall auf Initiative desjenigen, der Seelsorge in Anspruch nehmen möchte.[1201] Aufsuchende Seelsorge gibt es nur in Ausnahmefällen – und hat auch hier die Freiheit des anderen zu respektieren. Schleiermacher formuliert ganz grundsätzlich: »Bei der Stellung welche wir in unserer Kirche haben daß jeder Christ sein eigener Priester sei, ist ein solches persönliches Verhältniß [gemeint: Gemeindeglied zum Seelsorger] kein anderes als ein freundschaftliches, und das ist vollkommen Sache der Freiheit.«[1202]

Vergleichbar der kurzzeittherapeutischen Grundhaltung betont Schleiermacher, dass es für den einmal zustandegekommenen Seelsorgekontakt wesentlich ist, dass der Seelsorger sich nicht zum besserwissenden Experten über das Leben des anderen erhebt. Nur der andere kann ihm sagen, was in ihm vorgeht[1203] – und das geschieht nur in einer Atmosphäre vorurteilslosen Vertrauens.[1204]

[1198] *Schleiermacher* 1850, 430.
[1199] Ein gewisses Recht dazu sieht Schleiermacher für die stärker ermahnende Anrede Einzelner zum Schutz der Gemeinschaft (*Schleiermacher* 1850, 431f.). Das ist aber dann etwas anderes als Seelsorge im eigentlichen Sinne. Doch auch diese Form der Kontaktaufnahme muss »freundschaftlich« geschehen, ohne »Autorität« und findet seine Grenze an der »Freiheit in der evangelischen Kirche«, die auf dem Priestertum aller Gläubigen basiert (*Schleiermacher* 1850, 435).
[1200] Ein vom Seelsorger an ein Gemeindeglied herangetragenes Seelsorgeangebot darf nicht fortgesetzt werden, wenn der andere es nicht will (*Schleiermacher* 1850, 428).
[1201] Im Grunde kann jeder Christ einem anderen Rat geben oder ihm in seiner Not helfen, muss es aber nicht immer. Der Geistliche hingegen darf seelsorgerliche Hilfe nicht verweigern (*Schleiermacher* 1850, 444). Selbst in weltlichen Dingen sollte er sich zur Beratung zur Verfügung stellen, sofern er etwas davon versteht (*Schleiermacher* 1850, 459).
[1202] *Schleiermacher* 1850, 435.
[1203] »Es kann keiner sagen daß er das Motiv kennt, wenn der andere es ihm nicht gegeben hat; alles andere ist nur Conjectur.« (*Schleiermacher* 1850, 435).
[1204] *Schleiermacher* 1850, 436f.

Ebenso wie kurzzeittherapeutische Konzepte einen hohen Respekt vor
den Weltbildern des Gegenübers haben,[1205] betont auch Schleiermacher die Wichtigkeit des Respektes vor »der Verschiedenheit der Mei-
nungen und Handlungsweisen in der evangelischen Kirche.« Doch der
Seelsorger muss zugleich auch »feststehen in seinem eigenen [Ur-
theil]«,[1206] sonst kann es nicht wirklich zu einer hilfreichen Begegnung
kommen. Das erinnert an Retzer, der betont, dass Empathie nicht ganz
ohne Generierung von Differenzerfahrungen bleiben darf, sonst bleibt
Therapie ohne Wirkung.[1207]

Auch in der konkreten seelsorgerlichen Gesprächsführung empfiehlt
Schleiermacher ein Vorgehen, das gleichermaßen in der Kurzzeittherapie maßgeblich ist: entweder dem Gegenüber zu helfen, eigene Klarheit zu gewinnen, oder allenfalls Vorschläge im Konjunktiv zu machen, die reinen Angebotscharakter tragen.[1208]

Ziel der Seelsorge ist stets die schnellstmögliche Rückführung des
Einzelnen in seine eigene Mündigkeit, die er vorübergehend teilweise
oder ganz verloren hat. »Überall wo solche Anforderung an den Geistlichen geschieht, hat er sie dazu zu benuzen die geistige Freiheit des
Gemeinegliedes zu erhöhen und ihm eine solche Klarheit zu geben,
dass jene Anforderung nicht mehr in ihm entstehe.«[1209] So schnell wie
möglich soll der andere wieder in die Lage versetzt werden, sich erneut
im Vollbesitz seiner Mündigkeit zu befinden und seine geistige Freiheit uneingeschränkt ausüben zu können. Dabei wird dem Gegenüber
von vorneherein positiv unterstellt, dass er dazu nicht nur das Recht
hat, sondern auch das Potential. Es dürfen keine fortwährenden seelsorgerlichen Abhängigkeitsverhältnisse geschaffen werden, weil dies
dem Wesen des Priestertums aller Gläubigen zutiefst widersprechen
würde. Insofern kann eine Seelsorgebeziehung immer nur »vorübergehend« sein und muss ihr »bestimmtes Ende finden.«[1210]

Ist Schleiermacher mit seinem Primat des Priestertums aller Gläubigen
wirklich bis ins Letzte konsequent? Jürgen Ziemer kritisiert an Schlei-

---

1205 Vgl. z.B. Luc Isebaert, siehe diese Arbeit S. 165.
1206 *Schleiermacher* 1850, 437.
1207 *Retzer* 2002, 59ff.
1208 »Das Rathgeben kann nie etwas völlig bestimmtes sein, entweder heißt es:
›ich würde in diesem Verhältnisse so handeln‹ oder man sucht den anderen in
Klarheit über die Sache zu bringen und ihn selbst zur Entscheidung zu führen.«
(*Schleiermacher* 1850, 452). – Vgl. Gunther Schmidt, der sich als »Realitätenkellner« versteht (*Schmidt* 2004, 65), oder Luc Isebaert, der immer mindestens zwei
Vorschläge macht, um Wahlfreiheit zu ermöglichen (*Isebaert* 2005, 25).
1209 *Schleiermacher* 1850, 431.
1210 *Schleiermacher* 1850, 442. Er fügt noch ausdrücklich hinzu: »das Verfahren
ist kein stetig fortgehendes.«

ermacher dessen Defizienzmodell. »Problematisch erscheint das von ihm bevorzugte Defizienzmodell, wonach jedes Seelsorgebedürfnis als Ausdruck für einen geistlichen Mangel interpretiert wird und daraus folgend umgekehrt erst ein Mangel vorhanden sein müsse, um Seelsorge zu indizieren.«[1211] Die Frage aber ist, was man unter diesem Defizienzmodell sinnvollerweise versteht. Jeder der Hilfe aufsucht, empfindet ein Defizit. Sonst würde er keine Hilfe aufsuchen. Das würde übrigens auch die Kurzzeittherapie nicht leugnen. Ressourcen- und Lösungsorientierung heißt nicht, den Mangel oder die Not zu verleugnen. In diesem Sinne macht es auch bei Schleiermacher Sinn, dass er den Anlass zur Seelsorge in einem »Mangel«, also einem Defizit, sieht. Denn es ist ja der an sich mündige Gläubige, der ein Defizit empfindet und es beheben möchte. Oder der Seelsorger hat Anlass, beim Gemeindeglied ein Defizit zu vermuten, und bietet mit großer Zurückhaltung und einer Haltung der vorurteilsfreien Offenheit ein »freundschaftliches« Gespräch an. Kritisch dagegen wäre ein Defizitmodell, wie Henning Luther es an anderer Stelle kritisiert hat,[1212] in dem der Seelsorger den anderen ausschließlich unter der Defizitperspektive sieht oder gar die Defizitperspektive definiert und seine hilfreiche Beziehung allein darauf aufbaut, so dass eine grundsätzlich asymmetrische Beziehung entsteht. Hier der defizitäre Mensch, dort der wissende Seelsorger.

Auch wenn Schleiermacher nicht völlig vor der Gefahr gebannt ist, vom Ernstnehmen eines empfundenen Defizits hinüberzugleiten zur Etablierung einer entmündigenden Defizitorientierung im Sinne Henning Luthers, so ist mit der Idee des Priestertums aller Gläubigen nicht nur ein wesentliches Korrektiv gegeben, sondern vielmehr noch eine basale gleichberechtigte Beziehungsdefinition, durch die ein einseitiges Beziehungsgefälle eigentlich gar nicht erst entstehen darf. Selbst wenn der Hilfesuchende von sich aus ein Gefälle konstruiert, in dem er sich als defizitär, den anderen als Experten empfindet, selbst dann wird von Seiten des Seelsorgers der andere als gleichwertiger »Priester« verstanden, und die vom anderen konstruierte Defizitperspektive ist dann als Teil dessen zu begreifen, was Schleiermacher als vorübergehendes Herausfallen aus der eigentlichen Mündigkeit benannt hat. Diese Mündigkeit wird, auch im Sinne Schleiermachers, dem anderen als letztlich unverlierbares Grundrecht und höchstens vorübergehend verschüttete Grundbeschaffenheit immer zugeschrieben. Selbst also in einem Zustand, in dem ein Hilfesuchender sich selbst unter der Defizitperspektive erlebt, bleibt der Seelsorger ihm gegenüber bei einer Potentialperspektive, gerade weil er die Defizitperspektive des anderen

1211 *Ziemer* 2000, 73.
1212 *Luther* 1992, 224ff.

ernstnimmt. »Die geistige Freiheit und Selbständigkeit seiner Gemeinglieder soll der protestantische Geistliche vorraussezen, doch muß er sie noch immer mehr zu fördern suchen indem er den einzelnen Anforderungen Genüge leistet.«[1213] Darin ist Schleiermachers Denken ganz ähnlich dem Prinzip der »unterstellten Intersubjektivität« bei Petzold oder der Potenzialhypothese vieler Kurzzeittherapieverfahren. Insofern musst der Defizitbegriff als diakritischer Punkt auf Schleiermacher differenziert angewendet werden.[1214]

Zusammenfassend lässt sich sagen: wesentliche Punkte einer heutigen an kurzzeittherapeutischen Verfahren orientierten Seelsorge finden sich, wenngleich in anderer Sprachgestalt, auch schon bei Schleiermacher. Er wird damit zu einem wichtigen Bürgen, die kurzzeittherapeutische Seelsorge in den Kanon theologisch empfehlenswerter Seelsorgekonzepte einzureihen.

4.2 Die seelsorgerliche Beziehung

Ohne Sympathie keine Heilung! (Sándor Ferenczi)[1215]

Über therapeutische und seelsorgerliche Beziehungen wurde schon viel geschrieben.[1216] Doch bevor ich hier einzelne kurzzeittherapeutische Interventionstechniken beschreibe, möchte ich nicht versäumen, darauf hinzuweisen, dass die seelsorgerliche Beziehung das tragende Element schlechthin ist.[1217] Keine Interventionstechnik kann und darf eine gute seelsorgerliche Beziehung ersetzen.[1218] Im Gegenteil: Interventionstechniken ohne tragende Beziehung können Schaden anrichten. Eine gute seelsorgerliche Beziehungsfähigkeit lässt sich aber über

[1213] *Schleiermacher* 1850, 444f.
[1214] Auch *Winkler* 2001, 265 geht davon aus, dass Schleiermacher dem Paradigma der »partnerschaftlichen Gegenseitigkeit« verpflichtet ist.
[1215] So der Titel eines Werkes von Sándor Ferenczi (*Ferenczi* 1932).
[1216] Z.B. *Grawe et al* 1994, 775ff.; *Ziemer* 2000, 156ff. – Auch in der Kurzzeitseelsorge spielt die Qualität der Beziehung und des Kontaktes zum Gegenüber eine wichtige Rolle, auch wenn sie nicht immer theoretisch entfaltet wird (*Stollnberger* 2009, 22). In der Kurzzeitseelsorge in der Gemeinde gibt es, grob gesagt, drei Grundformen von seelsorgerlichen Beziehungen: (a) Kurzzeitseelsorge mit Menschen, die man in der Regel über die Gemeinde gut kennt, (b) mit Menschen, die zwar zur Gemeinde gehören, zu denen aber kein enger Kontakt besteht und (c) singuläre Begegnungen mit Menschen, die nicht zur Gemeinde gehören.
[1217] Die Qualität der Therapiebeziehung ist der empirisch am besten abgesicherte Wirkfaktor in einer Therapie (*Grawe et al* 1994, 706). Das legt fast zwingend nahe, dass das bei der Seelsorge nicht anders sein wird.
[1218] Übrigens, und darauf hat Gunther Schmidt hingewiesen, auch die Interventionstechniken helfen nur, wenn die Klienten sie »autonom zu für sie relevanten Unterschieden machen.« (*Schmidt et al* 2010, 53).

Theorie nicht erlernen. Trotzdem gibt es Kriterien, die sich benennen lassen, und anhand derer man die Qualität der seelsorgerlichen Beziehung überprüfen kann.

Die seelsorgerliche Beziehung muss geprägt sein von einer liebevollen und wertschätzenden Zuwendung im Sinne der Agape. Also: Wertschätzung, Respekt, Achtsamkeit, Offenheit, Einfühlungsvermögen (Empathie) und die Bereitschaft, sich berühren zu lassen (Sympathie). Ohne das hat alles andere keinen Sinn.[1219] Zur Agape hinzu kommt eine grundsätzlich geschwisterliche Haltung. Auch wenn ich gerade in der Rolle des Seelsorgers bin und der andere in der Rolle eines Ratsuchenden oder Leidenden: wir sind Geschwister und als solche vor Gott auf einer Ebene.[1220] Klärende Fragen dabei können sein: Habe ich als Seelsorger ein warmes offenes Gefühl für den anderen? Bin ich bereit, mich von seinem Anliegen berühren zu lassen? Nehme ich ihn als einen grundsätzlich gleichwertigen Menschen wahr? Wenn das nicht der Fall ist, wäre zu überprüfen, woran das liegt. Auf ein paar wesentliche Punkte der seelsorgerlichen Selbstprüfung[1221] möchte ich kurz hinweisen.

4.2.1 Hindernisse für eine gute seelsorgerliche Beziehung, die beim anderen oder in der Beziehung selbst liegen

1. Ist mir der andere als Mensch einfach unsympathisch? Wenn ja, kann ich mir trotzdem vorstellen, dass ich mich auf ihn einlasse, weil ich merke, dass ich für ihn dennoch vorbehaltlos offen bin, dass ich zumindest neugierig und bereit bin, mehr über ihn zu erfahren? Die Erfahrung lehrt, dass sich fast immer Sympathie von alleine einstellt, wenn der andere einen Blick hinter seine Kulissen erlaubt und als suchender und verletzbarer Mensch erkennbar wird.

2. Zeigt mein Gesprächspartner Verhaltensweisen, die mich irritieren oder gar verletzen? Verhaltensweisen, die ich als übergriffig empfinde? Dann muss ich mich fragen, ob es mir gelingt, damit professionell umzugehen oder ob ich das persönlich nehme und damit meine seelsorgerliche Zuwendung und Handlungsfähigkeit einschränke.

3. Habe ich das Empfinden, dass der andere kein wirkliches Vertrauen zu mir hat? Spüre ich, dass die seelsorgerliche Beziehung nicht wirk-

---

1219 »Ohne Sympathie keine Heilung!« (*Ferenczi* 1932).

1220 Das ist das, was in der Theologie als »Priestertum aller Gläubigen« verstanden wird und – auf säkulare Weise – in der Integrativen Therapie als »Intersubjektivität«.

1221 Vgl. die schon von Scharfenberg vorgeschlagene »Selbstprüfung des Seelsorgers«, die allerdings stark psychoanalytisch eingefärbt ist (*Scharfenberg* 1972, 80ff.).

lich tragfähig ist? Dann darf ich das auf keinen Fall übergehen, sondern muss auf geeignete Weise überprüfen, woran das liegt? Bei mir, beim anderen, am Thema, an der Situation, am Kontext? Gut ist, das auf einfühlsame Weise auf einer Metaebene anzusprechen und gemeinsam nach Verbesserungsmöglichkeiten zu suchen. Auf keinen Fall darf ich das überspringen und einfach mit Interventionen anfangen. In Situationen extremer Zeitknappheit, oder in Situationen, in denen ein volles Vertrauen (noch) nicht möglich ist, sollte sich Seelsorge auf solche Interventionen beschränken, die auch unabhängig von einer vertrauensvollen Beziehung für den anderen hilfreiche Impulse geben können.

4.2.2 Hindernisse für eine gute seelsorgerliche Beziehung, die beim Seelsorger liegen

1. Ist mir jemand unsympathisch, weil er mich an jemanden erinnert? In diesem Fall liegt eine Gegenübertragung oder eigene Übertragung[1222] vor, und der Seelsorger muss – evtl. in Supervision – klären, ob er sein Gegenüber auch unabhängig von der Gegenübertragung beziehungsweise Eigenübertragung wahrnehmen kann. Ebenso ist es sinnvoll zu klären, inwieweit eine Gegenübertragung sich für den Seelsorgeprozess selbst nutzbar machen lässt, das heißt, welche für den anderen unter Umständen hilfreichen Aspekte sich durch eine solche Gegenübertragung erkennen lassen. Möglicherweise wird dadurch ein konflikthaftes Grundmuster erkennbar, das einfühlsam offengelegt werden kann. Dazu ist es aber unerlässlich, eine Gegenübertragung von der eigenen Befindlichkeit abgrenzen zu können. Aber selbst dann sollten Erkenntnisse aus einer Gegenübertragung immer nur als Angebot verstanden werden, das der andere auch zurückweisen kann.

2. Bin ich von der Idee erfüllt, ich wüsste, was für den anderen gut ist? Bin ich überzeugt, ich wüsste, was das Problem des anderen ist? Glaube ich, ich hätte die Lösung parat? Halte ich mich in meiner seelsorgerlichen Hilfe für unersetzbar? Irritiert es mich, wenn mein Gegenüber mir auf Augenhöhe begegnet und in mir auch nur einen fehlbaren Menschen sieht? Dann besteht die Gefahr, dass ich insgeheim Allmachtsphantasien habe und dass ich die seelsorgerliche Beziehung für eigene Machtausübung missbrauche.

3. Brauche ich es, dass Menschen in ihrer Not zu mir kommen? Schmeichelt es mir, wenn ich oft und dringend gebraucht werde? Fühle ich mich besonders stark, wenn jemand schwach und verletzlich vor mir sitzt? Dann besteht die Gefahr, dass ich dem sogenannten Helfersyndrom erlegen bin.[1223]

[1222] Siehe diese Arbeit S. 335ff.

[1223] Zum »Helfersyndrom« siehe *Schmidbauer* 1977.

4. Geht es mir selbst gerade nicht gut? Bin ich zu sehr mit eigenen Sorgen beschäftigt? Dann kann eine selektive Offenheit[1224] helfen, Irritationen beim Gegenüber zu vermeiden. Wichtig ist, dass ich dabei nicht zu sehr auf eigene Details eingehe und die Mitteilung kurz bleibt. Eine solche begrenzte Offenheit hilft dem Gesprächspartner, das, was er bei mir ohnehin wahrnimmt, nicht auf sich zu beziehen. Und es hilft mir, eine Haltung geschwisterlicher Solidarität einzunehmen. Allerdings ist die Voraussetzung dafür, dass ich meinen eigenen Sorgen und Problemen gegenüber zumindest während der Seelsorgearbeit noch eine gewisse Distanz einnehmen kann. Bin ich zu sehr damit assoziiert, dann kann ich mich dem anderen nicht mehr wirklich zuwenden.

5. Bin ich so sehr mit anderen Aufgaben beschäftigt, dass ich eigentlich weder Zeit noch Lust habe, mich einem Menschen in einem seelsorgerlichen Kontakt zuzuwenden? Dann wäre zunächst zu klären, ob es an den Strukturen meiner Arbeit liegt, ob eine etwas andere Prioritätensetzung helfen würde und ob das Konzept der Kurzzeitseelsorge entlastend sein kann. Es wäre aber auch zu überlegen, ob ich mich deswegen sehr viel mit anderen Aufgaben beschäftige, weil Seelsorge ohnehin nicht das ist, was mir liegt und was ich gerne mache.

Ergibt eine solche Selbstprüfung, dass ich für eine liebevolle Zuwendung im Sinne der Agape gegenüber einem konkreten Menschen nicht oder nur eingeschränkt in der Lage bin, dann gibt es zwei Möglichkeiten. Wenn möglich sollte ich, ohne zu verletzen, an jemanden andern delegieren. Wenn das – im Einzelfall – nicht möglich ist, und der andere auf meine seelsorgerliche Hilfe angewiesen ist, dann kann ich versuchen, eingeschränkt zu helfen, im vollen Bewusstsein, dass dies nur eine vorübergehende Notlösung sein kann. Stellt sich heraus, dass ich die oben genannten Kriterien für eine gute seelsorgerliche Beziehung in den überwiegenden Fällen nicht erfülle, dann sollte ich entweder keine Seelsorge betreiben oder nach geeigneten Möglichkeiten suchen, an der Entwicklung meiner seelsorgerlichen Beziehungsfähigkeit zu arbeiten. Wichtig wäre es in diesem Fall zu wissen, an wen ich seelsorgerliche Anfragen (vorläufig) delegieren kann.

[1224] Siehe diese Arbeit S. 323.

4.3 Kurzzeittherapeutische Interventionsmöglichkeiten in der Gemeindeseelsorge

Ein guter Therapeut bereitet sich gut vor, bereitet sich gut nach und vergißt in der Therapiestunde am besten alles. (Stephen Gilligan)[1225]

Im Folgenden geht es um eine konkrete Veranschaulichung praktischer Anwendung kurzzeittherapeutischer Techniken im Alltag der Gemeindeseelsorge. Es soll auf diese Weise gezeigt werden, was das bisher Erarbeitete für die Praxis austragen kann. Wie schon im vorangestellten Zitat angedeutet, bleibt in der konkreten Seelsorgebegegnung eine nicht aufzulösende Spannung zwischen professioneller Vor- und Nachbereitung und persönlicher Begegnung.

In diesem Kapitel werden nun solche kurzzeittherapeutischen Interventionsmöglichkeiten dargestellt, die für die Übernahme in die seelsorgerliche Arbeit geeignet sind. Die grundsätzlichen Kriterien dafür wurden eingangs durch vier Praxisleitfragen erarbeitet, ergänzt um die Frage nach der Anthropologie.[1226] Innerhalb des damit vorgegebenen Rahmens werden dort, wo es sinnvoll erscheint, ergänzend auch einige weitere bisher nicht genannte sehr praxisnahe kurzzeittherapeutische Interventionsmöglichkeiten vorgestellt. Dabei wird versucht, knapp, aber doch anschaulich zu zeigen, wie kurzzeitseelsorgerliche Sequenzen in der Praxis ablaufen können. Allerdings soll hier nicht dem Anspruch eines Praxishandbuches Genüge geleistet werden, noch kann die Lektüre das eigene Erlernen ersetzen. Ich werde mich an dieser Stelle auch auf eine Auswahl aus dem sehr reichhaltigen Repertoire der entsprechenden Interventionsmöglichkeiten beschränken müssen. Die Darstellung ist auf solche Anliegen fokussiert, die üblicherweise in der Seelsorge auftreten. Wo es mir sinnvoll und erforderlich erscheint, bringe ich Fallbeispiele.[1227] Häufig genügt es aber, die Inter-

---

[1225] Zitiert nach *Trenkle* 1997, 47. – Dasselbe gilt natürlich – cum grano salis – für den Seelsorger.

[1226] Siehe diese Arbeit S. 81 ff.

[1227] Ich habe mich entschieden, in dieser Arbeit »Fallbeispiele« nur als fiktive Gespräche darzustellen. Man könnte natürlich reale Seelsorgegespräche anonymisieren. Aber das ist insofern problematisch, weil eine einfache Anonymisierung im Kontext der Gemeindeseelsorge nicht ausreicht. Das ist hier etwas deutlich anderes als z.B. bei Beratungsstellen, die vom Setting her schon Anonymität gewährleisten. Gemeinde ist dagegen als Kerngemeinde oder auch als sozialer Wohnraum gerade weitgehend keine anonyme Struktur. Aufgrund der Vertrautheit der Gemeindeglieder untereinander und über die Dechiffrierungsmöglichkeit über die nicht anonyme Person des Seelsorgers besteht das Risiko, dass auch anonymisierte Fallberichte dann doch entschlüsselt werden. Dagegen würde in gewissem Maße eine zusätzliche, sehr starke Verfremdung helfen, aber die muss dann so stark sein, dass man ohnehin fast bei fiktiven Gesprächen angekommen ist. Was ich ebenfalls für ausgeschlossen halte,

ventionsmöglichkeiten mit kurzen Beispielsätzen zu illustrieren, die in Klammern eingefügt werden. Für eine vertiefende Auseinandersetzung mit kurzzeittherapeutischen Techniken verweise ich auf die entsprechende Literatur zu den einzelnen Verfahren. Außerdem gibt es auch Praxishandbücher, in denen die therapeutischen Interventionstechniken der jeweiligen Schulen überblicksartig zusammengestellt sind.[1228] An dieser Stelle beschränke ich mich auf eine Auswahl solcher »Werkzeuge«, die meines Erachtens relativ unkompliziert in die normale Gemeindeseelsorge integriert werden können. »Werkzeuge«, die hingegen ganz klar ein spezialisiertes Können voraussetzen, sollten ohnehin nur ausgebildete Spezialisten anwenden. Aber auch einfachere »Werkzeuge« bedürfen eines sorgfältigen Umgangs und eines gewissen handwerklichen Geschicks. Man kann sich auch beim einfachen Nagel-in-die-Wand-Schlagen auf den Daumen hauen, in diesem Fall dem Gesprächspartner. Darum möchte ich an dieser Stelle nochmals an das erinnern, was zum Thema seelsorgerliche Grundkompetenz und seelsorgerliche Beziehungsfähigkeit bereits gesagt wurde. Das Lesen eines Buches kann all das nicht ersetzen, sondern nur Anregungen bieten.

4.3.1 Notwendige Klärungen (Vorbereitung, Setting, Rollenklärung ...)

4.3.1.1 Was vorher geklärt werden kann – vorbereitende Interventionen vor dem Seelsorgegespräch

Oft wird Seelsorge spontan und im Alltag angefragt, und kann häufig dann auch spontan erfolgen.[1229] Aber es kommt auch häufiger vor,

---

ist, dass man die Gesprächspartner um Erlaubnis zur Veröffentlichung bittet. Das wird m.E. dem besonderen Vertrauensverhältnis einer Seelsorgebeziehung nicht gerecht und könnte zu Irritationen führen. Und das Problem der möglichen Entschlüsselung durch andere ist damit auch nicht gelöst. Insofern scheinen mir fiktive Gespräche die einzig sinnvolle Möglichkeit in diesem Zusammenhang. Es versteht sich von selbst, dass hier natürlich auf indirekte Art auch die Erfahrungen aus der realen Gemeindeseelsorge mit einfließen. Für den Leser dürfte der Unterschied nicht so groß sein. Denn »Fallbeispiele«, auch reale, sind ja immer nur konkrete beispielhafte Veranschaulichungen – und ersetzen nicht das Learning-by-doing mit eigenen Erfahrungen. Insofern haben fiktive Fallbeispiele gegenüber den realen keinen signifikanten Nachteil, vor allem dann nicht, wenn man bedenkt, dass ja auch reale Fallbeispiele nachträgliche Konstruktionen aus dem Gedächtnis des Seelsorgers sind.

[1228] Z.B. *DeJong Berg* 1998, *Isebaert* 2005, *Bamberger* 1999, *Rahm et al* 1993, *Prior* 2002 und 2006. Eine interessante Fundgrube von Techniken und Interventionen sind zum Beispiel auch die »Impact-Techniken« von *Beaulieu* 2005 oder die »Psychotherapeutischen Schätze« von *Fliegel Kämmerer* 2006, müssen aber im Einzelfall daraufhin überprüft werden, inwieweit sie sinnvoll in kurzen Seelsorgebegegnungen nützlich eingesetzt werden können. – Für den Umgang mit traumatischen Erfahrungen bietet das von Yvonne Dolan für betroffene Leser herausgegebene Buch wertvolle Anregungen (*Dolan* 2009).

[1229] Siehe dazu insbesondere Timm H. Lohse. (Diese Arbeit S. 76ff.). – Genauso spontan, wie solche Gespräche angefragt werden, muss m.E. entschieden werden,

dass Seelsorgegespräche bewusst anberaumt werden, dass man sich also zu einem Termin verabredet. In solchen Verabredungen steckt bereits eine große Chance, die Aufmerksamkeit des Gegenübers für jene Aspekte zu gewinnen, die die Wartezeit bis zu einem solchen Termin bereits in einen hilfreichen Prozess verwandeln.

Ausführlich hat Manfred Prior diese vorbereitenden Aspekte für Therapie- und Beratungssitzungen erläutert.[1230] Da bei ihm solche Sitzungen immer telefonisch vereinbart werden, nutzt er dieses Telefongespräch dazu, seine Klienten über wichtige Aspekte seiner Arbeitsweise zu informieren und zugleich bereits einen lösungsorientierten Prozess anzuregen. Dies geschieht vor allem durch Informationen, Zusammenfassungen, Fragen, Rückmeldungen und Anregungen. Für solche Gespräche am Telefon nimmt er sich bewusst 10–15 Minuten Zeit. Er betrachtet dies zugleich als wichtigen Erstkontakt, in welchem bereits die Weichen für eine vertrauensvolle und erfolgreiche Zusammenarbeit gelegt werden sollen.

Dieses feste Setting, das Prior in seiner Praxis etabliert hat, lässt sich natürlich nicht generell auf Seelsorge übertragen, da die Erstkontakte für seelsorgerliche Anliegen in der Regel auf andere Weise und in einem anderen Setting erfolgen. Doch insbesondere für die Seelsorgegespräche, die in persönlichen Begegnungen, per Telefon oder Email als Termin vereinbart werden, lassen sich einige Anregungen von Prior übernehmen. Weil, wie mir scheint, in der Seelsorge bislang kaum Aufmerksamkeit auf die Chance verwendet wurde, die bereits in der Gesprächsvereinbarung liegt, möchte ich an dieser Stelle die Gedanken Piors ausführlicher darstellen.

Prior empfiehlt in einem solchen Erstkontakt sich kurz Zeit zu nehmen und das eigentliche Gespräch durch folgende Interventionen vorzubereiten.

1. Das Gegenüber wird gebeten, kurz ein Stichwort oder eine Überschrift für sein Anliegen beziehungsweise sein Ziel zu benennen.

»Könnten Sie mir bitte vielleicht ein Stichwort oder eine Überschrift zu Ihrem Anliegen sagen oder zu Ihrem Ziel [Ihren Zielen], das [die]

---

ob man, wie Lohse das vorschlägt, direkt an Ort und Stelle darauf eingeht, oder ob man lieber einen separaten Termin vereinbart. Das erfordert ein gewisses intuitives Gespür für die Situation, für das Anliegen und für das Gegenüber, und natürlich auch für die eigene spontane Bereitschaft und verfügbare Zeit. Wichtig ist, dass eine Gesprächsvereinbarung nicht als unterschwellige Suggestion wirkt, die den Eindruck vermittelt, es handele sich um ein schweres Problem. Siehe Anmerkung 1251 auf S. 274.

[1230] *Prior* 2006.

Sie durch die Zusammenarbeit mit mir [mit meiner Unterstützung, durch das Gespräch, durch die Termine mit mir] erreichen wollen?«[1231] Bereits hier fällt auf, dass Prior bewusst zielorientiert fragt. Im Unterschied zu der Frage nach einem »Problem« klingt das Wort »Anliegen« weniger dramatisierend, hat geradezu schon etwas Normalisierendes. Und das Wort »Ziel« unterstellt automatisch, dass der andere eine eigenverantwortliche, handlungsfähige Person ist, die nicht in erster Linie als Problemopfer, sondern als Subjekt des eigenen Lebens angesprochen wird.

2. Bewusst darauf achten, welcher Terminus für das gemeinsame Gespräch verwendet wird.[1232]

Wie an dem oben zitierten Formulierungsvorschlag zu erkennen ist, vermeidet Prior bewusst den Begriff »Therapie« wegen seiner möglichen problematischen Konnotierungen. Weil das auch für Seelsorge wichtig ist, sei hier kurz etwas näher darauf eingegangen. Prior weist ausdrücklich darauf hin, dass schon der Begriff, der verwendet wird, um ein gemeinsames Gespräch zu benennen, immer gewisse Vorstellungen wachruft oder bestimmte Suggestionen enthält.[1233] Das Wort ›Therapie‹ impliziert für viele Menschen schwerwiegende Problemlagen, ein Experten-Laien-Gefälle und einen eher passiven Patienten, mit dem etwas gemacht wird. Prior schlägt deswegen vor, eher Formulierungen zu verwenden, die dem anderen von vornherein eine aktive Mitwirkungs- und Steuerungsfähigkeit unterstellen und die Problemlagen normalisieren. Er spricht deswegen einfach von »Terminen«, »Beratung«, »(lösungsorientierten) Gesprächen«, »Unterstützung (in einer Krise)« »Coaching«, »Zusammenarbeit«. Das Wort »Therapie« benutzt er nur, wenn er merkt, dass sein Gegenüber das ausdrücklich möchte und damit positive Konnotationen verbindet.[1234]
Auch für Seelsorge, insbesondere therapeutische Seelsorge, erscheint es mir wichtig, hier genau auf die sprachlichen Implikationen der verwendeten Begriffe zu achten. So sollte man von »therapeutischer Seelsorge« nur jenen Menschen gegenüber sprechen, die damit bestimmte hilfreiche Erwartungen verbinden und die das ausdrücklich wollen.[1235] Wobei im Einzelfall dann immer noch zu prüfen ist, ob die »positiven«

[1231] *Prior* 2006, 42.
[1232] *Prior* 2006, 43f.
[1233] Vgl. dazu auch, was Gunther Schmidt zu den impliziten Suggestionen gesagt hat. Siehe diese Arbeit S. 154.
[1234] *Prior* 2006, 43 und 61ff.
[1235] Es ist also zu unterscheiden zwischen Begriffen, die im Zusammenhang der Theorie eine sinnvolle Bezeichnung darstellen, und solchen, die im Umgang mit konkreten Menschen angemessen erscheinen. Erstere dienen der begrifflichen Klarheit und Abgrenzung, zweitere sollen dem Gegenüber dienlich sein und sind in gewisser Weise bereits eine Art Intervention.

Erwartungen vor allem darin bestehen, sich »passiv« einem Experten zu überantworten. Dann muss natürlich nach geeigneten Möglichkeiten gesucht werden, die Eigenverantwortlichkeit zu aktivieren. Ferner muss man aber auch beim Wort »Seelsorge« möglicherweise damit rechnen, dass bestimmte Formen religiöser Abwehr ausgelöst werden. (»Da will mich einer mit Bibelsprüchen abspeisen, fromm belehren, bekehren, ...«). Für viele Menschen ist aber Seelsorge auch ein sehr positiv besetzter Begriff. Insofern muss man genau hinhören. Es ist sicher hilfreich, von Seiten des Seelsorgers erst einmal neutrale Begriffe zu verwenden, wie »Gespräch« oder »Termin« – und dann darauf zu achten, welche Begriffe das Gegenüber benutzt. (»Ich brauche Sie mal als Seelsorger.« / »Ich muss mal mit einem Pfarrer sprechen.« / »Haben Sie mal Zeit für ein Gespräch?« / »Ich brauche mal eine Stunde bei Ihnen.«). Die verwendeten Begriffe enthalten in der Regel schon erste Hinweise darüber, welche Vorstellungen über einen solchen Kontakt zum Seelsorger beim Gegenüber vorhanden sind.

Wichtig in diesem Zusammenhang ist auch, erstmal nur von *einem* Gespräch im Singular zu reden, weil der Plural sofort unterschwellig suggeriert, dass das ›Problem‹ so groß ist, das gleich mehrere Gespräche notwendig erscheinen. Ob das wirklich der Fall ist, wird sich am Ende des ersten Gespräches zeigen.[1236]

3. Präsent und aufmerksam sein für solche kurzen Erstgespräche.

Wenn man als Seelsorger die Idee von Prior übernimmt, dass in solchen Erstgesprächen bereits wichtige Weichen gestellt werden, dann sollte man dafür sorgen, dass dieses Erstgespräch auch unter möglichst optimalen Bedingungen verläuft, also möglichst ungestört und mit voller Aufmerksamkeit.[1237] Das ist in Kontexten von Gemeindeseelsorge nicht immer möglich. Aber manchmal geht es vielleicht doch, dass man sich kurz Zeit nimmt, um sich für ein paar Minuten in einen ruhigen Raum zurückzuziehen, am Telefon sich kurz auf ein solches Gespräch einzulassen oder per Email einen solchen vorbereitenden kurzen Austausch zu führen. Sollte das Gegenüber die Tendenz haben, zu ausführlich zu werden, gibt es für den Seelsorger die Möglichkeit, freundlich und wertschätzend auf das eigentliche Gespräch zu verweisen, wo man dem Anliegen besser gerecht werden könne.

4. Ein erstes Verständnis vermitteln durch zusammenfassende Wiederholung dessen, was man verstanden hat.[1238]

Eine solche kurze Rückmeldung sollte dem Gegenüber vermitteln, dass man sein Anliegen im Wesentlichen verstanden hat und ihm mit

---

[1236] Siehe diese Arbeit S. 274.
[1237] *Prior* 2006, 49.
[1238] *Prior* 2006, 45ff

Empathie begegnet. Dafür gibt es keine allgemeinen Regeln,[1239] außer eben, dass man sehr genau hinhört, auch auf Zwischentöne, dass man auf Stimmigkeit achtet und darauf, dass von Anfang an eine gute Beziehung etabliert wird.

5. An die zusammenfassende Wiederholung des Anliegens des Gegenübers soll nun zugleich eine Ziel- und Lösungsorientierung anschließen.[1240]

Prior empfiehlt, hier eher allgemein gehaltene Formulierungen für Ziele zu verwenden, auch tastend und vorsichtig vorzugehen, offen zu sein für Korrekturen. Es geht hier nicht um eine exakte Zielbestimmung, sondern um eine erste Umfokussierung von den Problemen in Richtung Lösung. Mögliche Formulierungen sind: »bessere Wege finden ...«; »einige Schritte weiterkommen in Richtung ...« und das Ganze in eher zurückhaltender, fragender Form.[1241]

6. Auf wahrgenommene Ressourcen und Stärken hinweisen.[1242]

Dies sollte auf geradezu beiläufige Art geschehen, weil dadurch unter Umgehung möglicher Abwehr auf indirekte Weise die Selbstverständlichkeit der Ressourcen ins Bewusstsein gerückt wird.

7. Kurze Information über das vereinbarte Gespräch, insbesondere über dessen Ziel- und Lösungsorientierung.[1243]

Dies führt dazu, dass der Gesprächspartner die bis zum Gespräch verbleibende Zeit nicht so sehr dazu nutzt, zu überlegen, wie er dem Therapeuten sein Problem verständlich schildern soll (das hat er ja in Kurzform schon getan), sondern wie er ihm seine Ziele und Lösungsideen schildern kann. Durch diese einfache Umfokussierung der Aufmerksamkeit werden oftmals bis zum vereinbarten Gespräch erste wichtige Lösungsschritte vorbereitet oder sogar schon gegangen. Wesentliche Bestandteile dieser kurzen Informationen sind für Prior die folgenden Punkte: die Arbeit mit den Zielen des Gesprächspartners sowie das Erkunden von ›Ausnahmen‹ und Ressourcen für die Lösungsentwicklung, einschließlich bereits vor dem ersten Gespräch eingetretenen Verbesserungen. Der Gesprächspartner wird in Form folgender drei Interessebekundungen darauf eingestimmt:

1239 *Prior* 2006, 47.
1240 *Prior* 2006, 49ff.
1241 *Prior* 2006, 53.
1242 *Prior* 2006, 58ff.
1243 *Prior* 2006, 67ff.

(1) »Mich interessiert, was Sie in unserem Gespräch erreichen wollen ... Von Ihren Zielen möchte ich mir ein genaues Bild machen.«[1244] Hierher gehört auch das Interesse an Erfolgskriterien seitens des Gesprächspartners für ein solches Gespräch, ebenso wie der vorsichtige Hinweis auf die Möglichkeit, dass Ziele noch variieren können.[1245]

(2) »Als Zweites werde ich Sie fragen: ›Was haben Sie schon alles getan, um Ihr Ziel zu erreichen?‹ ...«[1246] Hier geht es um die bisherigen Strategien des Gegenübers, und zwar sowohl um die erfolglosen als auch die eventuell ansatzweise schon erfolgreichen. Diese Frage impliziert unterschwellig die prinzipielle aktive Mitwirkung des Gegenübers am Lösungsprozess.[1247]

(3) »Und als Drittes wird mich interessieren, was sich zwischen unserem heutigen Telefonat und unserem Gespräch möglicherweise schon in Richtung Ihrer Ziele oder sonstwie Gutes getan hat.«[1248] Diese Frage rückt die Verbesserungen in den Fokus der Aufmerksamkeit, die in aller Regel bereits vor einem ersten Termin eintreten.[1249] Das bewusste Wahrnehmen dieser Veränderungen fördert das Selbstbewusstsein des Gegenübers und sein Gefühl für Lösungskompetenz und ist damit Richtungsweiser und Ermutigung zugleich auf dem weiteren Weg zur Lösung.

All das wird sich in der Regel nicht mit derselben Ausführlichkeit in die Gemeindeseelsorge übertragen lassen. Aber dass man auch in der Seelsorge um die unzweifelhaften Vorteile einer entsprechenden lösungsorientierten Vorbereitung weiß, scheint mir doch sehr wichtig. Und wenn diese wertvolle Möglichkeit erst einmal im Blick ist, werden sich sicher auch Möglichkeiten finden, auf die eine oder andere Weise solche vorbereitenden Impulse zu setzen. Dabei müssen auch nicht unbedingt genuin lösungsorientierte Vokabeln wie »Ziel«, »Ressourcen«, oder »Ausnahmen« verwendet werden. Das kann auch alltagsnäher umschrieben werden. Wie eine solche sehr kurze vorbereitende Intervention im Seelsorgealltag aussehen könnte, sollen folgende fiktiven Gespräche zeigen.

> G(emeindeglied): (Nach dem Gottesdienst). Frau Pfarrerin, ich wollte Sie schon lang mal sprechen. Ich weiß mir bald nicht mehr zu helfen. Meine Mutter wird immer kränker und pflegebedürftiger, und sie ist dann manchmal auch so aggressiv.

1244 *Prior* 2006, 71.
1245 *Prior* 2006, 72.
1246 *Prior* 2006, 78.
1247 *Prior* 2006, 80.
1248 *Prior* 2006, 82.
1249 Prior beruft sich dabei auf eigene Erfahrungen, aber auch auf die Erforschung dieser Pre-Treatment Changes (*Prior* 2006, 88ff.). – Siehe auch diese Arbeit S. 161.

S(eelsorger): Ich bin sehr gerne bereit, mit Ihnen darüber zu reden. Wollen Sie dazu mal bei mir vorbeikommen? Am Freitagnachmittag hätte ich eine Stunde Zeit. 15.00 Uhr?
G: Ja, gerne. Da komme ich dann zu Ihnen.
S: Schön. Dann können wir in Ruhe darüber sprechen. Mich wird sehr interessieren, was Sie bislang sich schon alles überlegt haben, um mit der Situation umgehen zu können, und was hilfreich sein könnte, damit es Ihnen wieder besser geht. Es wäre schön, wenn Sie mir davon am Freitag ausführlich erzählen. Also bis Freitag.

G: (Beim Einkaufen. Wirkt bleich und etwas verstört.). Ach, guten Abend, Herr S. (Name des Seelsorgers), schön dass ich Sie hier treffe. Haben Sie ganz kurz Zeit? Gestern hat mir meine Frau gesagt, dass es so nicht weitergeht. Sie droht mir mit Scheidung. Ich weiß, dass ich manchmal schwierig bin. Aber ich will sie nicht verlieren.
S: O, das klingt ja, als ob Sie da vor einer nicht gerade kleinen[1250] Herausforderung stehen. Gerne bin ich bereit mit Ihnen darüber zu sprechen, aber ich glaube, dafür brauchen wir etwas Zeit und Ruhe. Donnerstag habe ich vor dem Kindergottesdienstteam noch etwa 1 Stunde Zeit. Kommen Sie dann zu mir?
G: Gerne. Vielen Dank. Dann also bis übermorgen.
S: Eine Bitte hätte ich noch. Es wird mich am Donnerstag sehr interessieren, wie Sie wünschen, dass Sie zukünftig auf gute Weise miteinander leben können. Wie genau würde das aussehen? Und es wird mich sehr interessieren, was Sie bislang versucht haben, was geholfen hat und was nicht. Und vielleicht achten Sie mal bis Donnerstag darauf, ob es in der Begegnung mit Ihrer Frau bereits jetzt kleine Anzeichen von Verbesserung gibt. Darauf werde ich sehr gespannt sein. Also bis dann.

4.3.1.2 Wie oft treffen wir uns – Anzahl der Termine

Kommt es zu einer konkreten Terminvereinbarung für ein Seelsorgegespräch sollte zunächst immer erstmal nur ein einziger Termin ausgemacht werden. Das hat verschiedene Vorteile. Zum einen, ganz pragmatisch, ist ein einzelner Termin im Rahmen der Gemeindeseelsorge leichter mit dem üblichen Zeitprofil eines Pfarrers kompatibel. Zum anderen, und das scheint mir noch wichtiger, lässt man damit für

---

[1250] »nicht gerade klein« – Prior empfiehlt solche verneinenden Bagatellisierungen, als eine Möglichkeit auf etwas leichtere Art, also ohne Problemtrance, dem Gegenüber eine mitfühlende Rückmeldung zu geben (*Prior* 2006, 48). Im Unterschied etwa zu: Da haben Sie es aber schwer! Allerdings, so möchte ich hinzufügen, muss durch eine zugewandte und empathische Haltung sichergestellt sein, dass sich das Gegenüber in seinem Leid ernstgenommen fühlt.

den Gesprächspartner und für sich selbst die durchaus nicht unrealistische Möglichkeit offen, dass ein einziger Termin tatsächlich genügt. Oftmals möchte ein Gesprächspartner auch gar nicht mehr als nur einen Termin. Wenn von Seiten des Seelsorgers gleich von Anfang an eine Terminserie angeboten wird, dann suggeriert das unterschwellig, dass das Problem so groß ist, dass es auf keinen Fall in nur einem Gespräch hinreichend gelöst werden kann.[1251] Man muss sich dann nicht wundern, wenn im Sinne einer *self-fulfilling prophecy* das dann auch so sein wird. Wenn umgekehrt von Seiten des Gesprächspartners von vorneherein eine Terminserie gewünscht wird, sollte man das als Seelsorger nicht abblocken, aber doch relativieren. Auch hier sollte erstmal nur ein Termin vereinbart werden mit der Aussicht, dass man dabei gemeinsam klären wird, ob noch weitere Termine notwendig sind.

Die eigentliche Entscheidung, ob tatsächlich mehrere Termine notwendig sind, kann sinnvollerweise nur gegen Ende des ersten Termins getroffen werden, und zwar gemeinsam mit dem Gesprächspartner. Manfred Prior hat dafür für seine Praxis einen kurzen Kriterienkatalog[1252] aufgestellt, der weitgehend auch für die Seelsorge übernommen werden kann.

– Von meiner Seite: nur so wenige Termine wie möglich.
– Der Patient setzt die Anzahl fest.
– Ich gehe von einer optimalen Zusammenarbeit aus.
– Eher weniger Termine ausmachen, nach denen noch Reste zu erledigen sind, die der Anrufer alleine hinkriegen wird.
– Kein Versprechen, dass man nach einer Therapie nie wieder Probleme haben wird.

Für die Seelsorge muss man natürlich dann ein etwas anderes Vokabular benutzen. Die Formulierung von Prior, dass der Patient die Termine festlegt, scheint mir auch etwas missverständlich. Aus dem Kontext wird jedoch deutlich, dass die Anzahl der Termine Ergebnis eines gemeinsamen Aushandelns ist, in welchem aber die Wünsche des Patienten deutlich berücksichtigt werden. Seelsorge bewegt sich an diesem Punkt vermutlich in etwas engeren Grenzen. Zum einen muss davon ausgegangen werden, dass ein Seelsorger von seinem Zeitkontingent her ohnehin nur eine begrenzte Anzahl von Terminen überhaupt anbieten kann. Wenn dem so ist, sollte das klar kommuniziert werden. Zum anderen steht Seelsorge zwar nicht in gleicher Weise unter einem Er-

---

[1251] Darauf hat – unter umgekehrtem Vorzeichen – übrigens auch schon Clinebell hingewiesen, indem er vorschlägt, »das Vertrauen in die eigenen Kräfte und die Funktionsfähigkeit des Selbst dadurch zu stimulieren, dass man eine begrenzte Anzahl von Sitzungen veranschlagt.« (*Clinebell* 1966, 74).
[1252] *Prior* 2006, 104.

folgsdruck wie Psychotherapie; sie ist kostenlos, genauer gesagt, sie wird von der Gemeinschaft der Kirche finanziert, hat also insofern keinen Erfolgsdruck gegenüber einem zahlenden Klienten, und sie hat auch keinen Rechtfertigungsdruck gegenüber einer Krankenkasse. Aber Seelsorge steht womöglich unter dem Diktat der zunehmenden Ressourcenknappheit der Gemeindearbeit.[1253] Wieviel Zeit innerhalb seiner Gesamtverantwortung ein Seelsorger für individuelle Seelsorge zur Verfügung stellen möchte oder kann, ist nicht festgelegt.[1254] Meist obliegt es dem Zeitmanagement und der Prioritätensetzung des Pfarrers sowie dem Anforderungsprofil seiner Gemeinde, wieviel Zeit für Seelsorge zur Verfügung steht. Und natürlich werden auch persönliche Vorlieben hier eine Rolle spielen. Im Unterschied also zu einem Therapeuten, der sein Geld mit seinen Terminen verdient und der, abgesehen von bereits belegten Terminen, eher frei entscheiden kann, wie viele Termine er vergibt, sind dem Seelsorger hier andere Grenzen gesetzt. Dessen sollte sich ein Seelsorger bewusst sein, und hier in seinem Angebot gegenüber einem Gesprächspartner für sich selbst eine klare Linie gefunden haben.

Eine Möglichkeit, die bereits ein Therapeut hat, aber auf noch ungezwungenere Weise auch ein Seelsorger, ist die Möglichkeit der Überweisung oder Weitervermittlung.[1255] Wenn absehbar ist, dass im Rahmen des Zeitkontingents, das ein Seelsorger zur Verfügung hat, ein Anliegen nicht zu klären ist, kann und sollte er auf andere professionelle Gesprächspartner verweisen. Übrigens hat, im Unterschied zu einem Therapeuten, der Seelsorger immer noch die Möglichkeit, den seelsorgerlichen Kontakt auf geeignete Weise weiter zu erhalten, wenn sein Gesprächspartner sich zum Beispiel entschieden hat, einen Psychotherapeuten aufzusuchen. Auch wenn manche Psychotherapeuten das möglicherweise nicht gerne sehen, kann und darf der Wunsch nach begleitender Seelsorge nicht verwehrt werden. Allerdings sollte der

---

[1253] Insofern steht pastorale Gemeindeseelsorge tatsächlich auch unter einem gewissen äußeren Rechtfertigungsdruck, insbesondere aufgrund knapper werdender finanzieller und in Folge personeller Ressourcen. Das ändert aber nichts daran, dass Seelsorge für die unmittelbar Seelsorgesuchenden kostenlos bleibt. Die Gefahr aber ist möglicherweise, dass – trotz aller ideellen Hochschätzung von Seelsorge – so mancher Pfarrer diesen ›stillen‹, also nicht gerade öffentlichkeitswirksamen Arbeitsbereich vernachlässigt zugunsten von Tätigkeiten, die auf mehr sichtbare Weise seinen Ressourceneinsatz zu rechtfertigen scheinen. In Zukunft könnte in dieser Situation ehrenamtliche Seelsorge an Bedeutung gewinnen (vgl. *Klessmann* 2008, 152). Auch der hier vorgestellte Ansatz von Kurzzeitseelsorge kann entlastend wirken, darf aber keinesfalls als Lückenbüßer für anderweitig zu lösende strukturelle Probleme verstanden werden.

[1254] Es gibt meines Wissens höchstens Diskussionsansätze, ob das nicht sinnvoll wäre, aber nicht in Form von konkreten Zeitangaben, sondern z.B. in Form von Empfehlungen zur Prioriätensetzung (*Klessmann* 2008, 347).

[1255] Vgl. dazu die hilfreichen Anregungen bei *Morgenthaler* 1999, 274ff.

Seelsorger sich dann auf keinen Fall als »besserer Therapeut« verstehen, sondern eher zurückhaltend unterstützend seinen Seelsorgepartner begleiten. Hierzu genügen dann in der Regel kurze Begegnungen oder weiter auseinander liegende Termine.[1256]

Wenn man alle diese besonderen Bedingungen von Gemeindeseelsorge im Blick hat, bleibt noch die Frage, was denn nun eine geeignete Verhandlungsbasis im Blick auf mehrere Termine wäre. Zum einen muss, wie oben beschrieben, ein Seelsorger für sich seine Rahmenbedingungen geklärt haben. Es gibt aber nun auch im Sinne der Kurzzeittherapie eine Zeitverantwortung gegenüber dem Klienten. Ihm soll, das ist ein Axiom der Kurzzeittherapie, mit so wenig Terminen wie möglich geholfen werden. Unnötige Verlängerungen und therapeutischer Leerlauf sollen unbedingt vermieden werden, auch dann, wenn ein Klient möglicherweise ein eher regressiv eingefärbtes Bedürfnis nach mehreren Terminen haben sollte. Wie kann hier eine optimale Terminvereinbarung aussehen? Prior zitiert eine amerikanische Therapeutin, die hier m.E. eine optimale Formulierung gefunden hat:

»Wieviele Sitzungen Sie brauchen, weiß ich nicht. Es gibt Menschen, die sind schon nach ein, zwei Sitzungen an ihrem Ziel. Andererseits kann ich leider nicht jedem helfen. Ich habe für unsere Arbeit ein umgekehrtes Limit: Es kann sein, dass sich nach unserer ersten Sitzung keine Besserung einstellt. Wenn sich aber bis zur dritten Sitzung nichts positiv tut, werde ich skeptisch. Haben Sie zwischen der dritten und fünften Sitzung in keiner Weise von unserer gemeinsamen Arbeit profitiert, schlage ich vor aufzuhören, weil ich dann vermutlich nicht die Richtige für Sie bin. Um ganz klar zu sein: Es liegt dann an mir und meiner Kompetenz. Das heißt nicht, dass da immer nur Besserung sein muss. Entwicklung vollzieht sich nicht immer linear, sondern häufig in Wellen. Aber die Richtung muss erkennbar sein. Dann gehe ich solange mit Ihnen, wie Sie mir den Auftrag geben.«[1257]

Den letzten Satz kann man natürlich, aus bereits erwähnten Gründen, als Seelsorger in der Regel nicht so zeitoffen formulieren.[1258] Auch

---

[1256] Worin eine solche begleitende Seelsorge parallel zu Psychotherapie inhaltlich und methodisch genau bestehen könnte, kann schwer allgemein gesagt werden, sondern muss von Fall zu Fall geprüft werden und, wenn machbar, vielleicht auch mit dem Psychotherapeuten besprochen. Die einzige allgemeine Prämisse scheint mir dabei zu sein, zugunsten des Seelsorgepartners an Konvergenz statt an Konkurrenz orientiert zu sein.

[1257] Dorothea Thomassen, persönliche Mitteilung an Manfred Prior. Zitiert nach *Prior* 2006, 105.

[1258] Jedenfalls gilt das in Bezug auf die Anzahl der konkret zu vereinbarenden Termine. Bei Gesprächspartnern, die in der Gemeinde beheimatet sind, wird sich

muss das Ganze gegenüber dem Gesprächspartner nicht in der genau gleichen Weise kommuniziert werden. Aber die innere Haltung und die Einschätzung der Zeitfrage, die aus der zitierten Formulierung erkennbar ist, sollte auch bei der Vereinbarung mehrerer Termine für Seelsorgegespräche leitend sein: so wenig wie möglich und nötig, und aufhören sowie gegebenenfalls überweisen, wenn sich bis spätestens zum fünften Termin nichts tut. Alles andere würde der Zeitverantwortung, die ein Seelsorger in mehrfacher Hinsicht hat, also auch seinem Gesprächspartner gegenüber, nicht gerecht.

Wenn nun mehrere Termine vereinbart werden, dann sollten diese in vergleichsweise großem Abstand erfolgen, also mit niedriger Frequenz, z.B. alle 4 bis 6 Wochen. Auch hier kann Seelsorge von der Kurzzeittherapie lernen, die deutlich darauf hingewiesen hat, dass die eigentliche Veränderung im Leben und Alltag des Klienten geschieht, und dies wird um so eher gewährleistet, wenn zwischen den therapeutischen Sitzungen genug Zeit ist, um die Veränderungsimpulse im Alltag zu erproben und die Veränderungspotentiale im Alltag zu entdecken.[1259]

In meiner eigenen Seelsorgepraxis vereinbare ich Terminserien grundsätzlich im Abstand von etwa 4–6 Wochen.[1260] Nur bei besonders schweren und akuten Krisen auch mal alle 14 Tage oder wöchentlich. Wobei sich hier gezeigt hat, dass man bereits nach dem 2. oder 3. Termin die weiteren erforderlichen Termine mit größerem Abstand folgen lassen kann. Mehr als 5–6 Sitzungen waren bislang, bis auf ganz wenige Ausnahmen, nicht erforderlich.[1261] Falls es mir sinnvoll erscheint, biete ich eine Art Nachsorgetermin im Abstand von etwa einem halben Jahr an.

der Kontakt dennoch langfristig gestalten, mit diversen Anknüpfungsmöglichkeiten für seelsorgerliche Gespräche.
[1259] *Sparrer* 2007, 21f. und 73f.
[1260] Vgl. dazu *Bamberger* 2001, 157 über das Zeitmanagement der Kurzzeitberatung: »Das zeitliche Intervall zwischen den Sitzungen wird jeweils ausgehandelt und kann wenige Tage oder mehrere Monate bedeuten. Insofern kann eine Kurzzeitberatung auch lang sein. Am häufigsten vergehen vier Wochen bis zum nächsten Gespräch. Das ist eine Zeitspanne, die vom Mailänder Team als besonders effektiv erfahren wurde.« (Familien, die aus Entfernungsgründen nur alle 4 Wochen zur Therapie kommen konnten, machten bessere Fortschritte, als jene, die jede Woche kamen).
[1261] Vgl. *Bamberger* 2001, 157, der über die Sitzungsanzahl von Kurzberatung folgendes schreibt: »Die durchschnittliche Anzahl der Sitzungen, bis ein Beratungsfall seinen Abschluss findet, liegt zwischen 4 und 7. In neueren Publikationen ... wird sogar von einer durchschnittlichen Dauer von nur noch dreieinhalb Stunden berichtet.«

Dass ein einzelnes Seelsorgegespräch nicht länger als 60 Minuten dauern sollte, darüber wurde schon viel geschrieben.[1262] Nach 60 Minuten sinkt die Aufmerksamkeit und das Gespräch wird redundant. Eine klare Zeitbegrenzung hilft beiden Seiten, die Zeit optimal zu nutzen. Für Seelsorgegespräche halte ich es allerdings für sinnvoll, einen kleinen Zeitpuffer von 5–10 Minuten einzubauen.[1263] Exakt nach der Uhr zu arbeiten, hat etwas Mechanisches und kann die Seelsorgebeziehung auch irritieren. Eine etwas flexiblere Zeithandhabung macht hingegen deutlich, dass es einem um den Menschen geht und um sein Anliegen. Das heißt nicht, dass man während des Seelsorgegespräches die Uhr aus dem Blick verlieren sollte. Im Gegenteil. Es liegt in der Verantwortung des Seelsorgers, rechtzeitig das Gespräch auf einen Abschluss zu lenken. Manchmal kann es auch sein, dass ein Anliegen schon vor der vereinbarten Zeit hinreichend geklärt ist. Dann kann man auch einvernehmlich früher aufhören. Andererseits vermeidet man eine mechanisch wirkende abweisende Unfreundlichkeit, wenn man im Bedarfsfalle auch mal 5–10 Minuten mehr Zeit hat. Das ist einfach eine wertschätzende Geste der Zuwendung, die manchmal hilfreich ist. Allerdings geht das eben nicht unbegrenzt. Ich habe noch nie erlebt, dass es nicht akzeptiert und verstanden wurde, wenn ich dann auf meine begrenzte Zeit hingewiesen habe. Auch dies kann auf wertschätzende Art und Weise geschehen. (»Leider müssen wir jetzt aufhören, auch wenn es gerade sehr spannend ist. Aber ich habe gleich noch einen Termin ...«). Eine solche Zeitansage sollte aber so rechtzeitig erfolgen, dass noch Zeit ist für eine angemessene Verabschiedung und gegebenenfalls eine neue Terminvereinbarung. Gute Erfahrungen habe ich damit gemacht, wenn ich insgeheim 15 Minuten Reserve einplane. Man kann auch, wenn man im Stundenrhythmus arbeiten möchte, für einen Termin 45 Minuten ansetzen (was oft auch schon ausreichend ist). Aber auch wenn man 60 Minuten anbietet, sollten bis zum Folgetermin dann aber mindestens 15 Minuten liegen. Diese Zeit ist z.T. auch notwendig, um das Gespräch nochmals innerlich ›nachzubesprechen‹ oder Notizen zu machen.

4.3.1.3   Wozu treffen wir uns – einen Kontrakt schließen

Ein Kontrakt (Vertrag) besteht aus einer Vereinbarung, die sich aus einer Nachfrage und einem Angebot ergibt, und zwar auch dann, wenn der Kontrakt nicht ausdrücklich verhandelt wird. In all den Fällen, in denen die Zeit und die Situation es hergeben, ist es auf jeden Fall sinnvoll, sich über das zu verständigen, was der Ratsuchende möchte und der Seelsorger bieten kann. Ein solcher expliziter Kontrakt lässt sich in der Gemeindeseelsorge aber nicht immer aushandeln. Dafür fehlt

---

[1262] Z.B. *Klessmann* 2008, 128.
[1263] Vgl. dazu auch *Petzold* 1993, 346f.

manchmal schlicht die Zeit, gerade bei Gesprächen zwischen Tür und Angel. Es kann im Rahmen der Gemeinde aber auch sein, dass ein solches offenes Aushandeln vom Gesprächspartner als unpassend oder als irritierend wahrgenommen würde. Um so wichtiger ist es, dass man als Seelsorger lernt, den implizit gegebenen Kontrakt zu erkennen. Dazu ist es erforderlich genau hinzuhören, was das Gegenüber an Wünschen äußert.[1264] Außerdem ist es wichtig, seinen eigenen Beruf als Seelsorger sozusagen auf der Angebotsseite immer präsent zu haben. Wer Seelsorge nachfragt, möchte auch Seelsorge haben. Die Angebotsseite wird aber insofern nochmals differenziert durch die Art und Weise, wie das eigene Seelsorgeprofil öffentlich bekannt ist. Wer z.b. als therapeutischer Seelsorger bekannt ist, wird bei Anfragen dies in der Regel voraussetzen können, ebenso wie jemand, der als biblischer Seelsorger bekannt ist. Bei Seelsorgebegegnungen mit einem vereinbarten Gesprächstermin oder einer Gesprächsserie sollte man aber möglichst auf das Aushandeln und das gegebenenfalls erforderliche Anpassen eines Kontraktes nicht verzichten. Fast unnötig zu sagen, dass das Wort »Kontrakt« im Seelsorgegespräch in der Regel nicht fallen sollte. Solche Vereinbarungen sollten möglichst in der jeweiligen Sprachwelt des Gegenübers formuliert werden. (Z.B.: »Habe ich Sie richtig verstanden, dass Sie mit mir jetzt vor allem über die momentanen Schwierigkeiten mit Ihrer Frau reden wollen? Wir haben dafür jetzt etwa eine Stunde Zeit.«) Das kann dann evtl. schon in Arbeit an Zieldefinitionen übergehen. (Z.B. »Was müsste in unserem Gespräch erreicht werden, damit Sie hinterher sagen können, es hat mir geholfen?«)

4.3.1.4 Nicht blind drauf los, sondern Ziele klären

Die simple Frage »Was willst du, was ich dir tun soll« (Mk 10, 51 / Lk 18, 41) ist zentral wichtig, wenn ich wirklich mein Gegenüber als Experten für sein Leben ernst nehmen will. Noch präziser ist die Frage: »Was willst du, was du – mit meiner Unterstützung – selbst erreichen möchtest?«. Das Gegenüber muss von Anfang an das Gefühl bekommen, dass er selbst der Urheber seiner Ziele ist. Zielklärung wird somit nicht quasi als Anamnese den eigentlichen Interventionen vorangestellt, sondern Zielklärung ist schon Intervention, und im Grunde sogar die wichtigste.[1265]

Meist ist es jedoch gar nicht so einfach, Ziele zu finden. Oft nämlich haben die Gesprächspartner »Nicht-Ziele«, d.h. sie wollen etwas *nicht* mehr. Weg von etwas zu wollen, ist aber kein wirkliches Ziel. Um das

[1264] Darauf hat auch schon Timm H. Lohse hingewiesen. Siehe diese Arbeit S. 77.
[1265] Das ist unfraglicher Konsens bei allen systemisch-konstruktivistischen Kurzzeitverfahren.

zu verdeutlichen, stelle man sich folgendes Gespräch im Reisebüro
vor. »Wohin möchten Sie denn gerne reisen?« – »Weg aus Deutschland!« – »Und wohin dann?« – »Egal! Hauptsache weg aus Deutschland!« Eine Reiseplanung wird erst möglich, wenn der Kunde sich auf
ein konkretes Ziel einlässt. So ist es auch bei lösungsorientierter Seelsorge. Hinzu kommt hier noch der Aspekt, dass das »Weg-von« zugleich eine hypnotische Fixierung auf das Leid[1266] beinhaltet. Schon
die erste Fragestellung des Seelsorgers ist darum eine wichtige Wei-
chenstellung. Es ist ein großer Unterschied, ob gefragt wird: »Was ist
denn Ihr Problem?«, »Wo drückt der Schuh?«[1267] Oder ob gefragt
wird: »Was ist Ihr Anliegen?«, »Was möchten Sie gerne erreichen?«.

Spätestens nach dem einführenden Smalltalk sollte sich das Gespräch
den Zielen des Gegenübers zuwenden. Das kann in ganz normalem
Gesprächsverhalten geschehen, indem miteinander geklärt wird, wel-
ches positive Ziel erreicht werden soll. Da aber häufig entweder die
Weg-von-Haltung dominiert oder gleich eine Warum-es-nicht-geht-
Begründung mitgeliefert wird, hat sich die Wunderfrage[1268] als
Schlüsseltechnik zur Zielentwicklung bewährt:[1269] ein hypothetischer
Sprung in die vollendete Zukunft, in der das Problem bereits gelöst ist.
Diese Technik des Zeitsprungs kann auch verkürzt in einfachen Fragen
angewandt werden. Wie zum Beispiel: »Wie sähe Ihr Leben aus, wenn
das Problem, das Sie jetzt belastet, nicht mehr da ist. Beschreiben Sie
mir mal, wie das dann aussieht?« Mit einer solchen Frage, wird eine
Weg-von-Haltung indirekt aufgegriffen, und dazu angeleitet, positiv
den gewünschten Lösungszustand zu imaginieren. Die Fragen können
auch kleinschrittiger gestellt werden, z.B. in Bezug auf die konkrete
Sitzung: »Woran würden Sie am Ende unseres Gespräches merken,
dass Sie erste Schritte auf einem guten Weg gehen?« »Was wäre in
den nächsten Tagen eine erste kleine Veränderung, an der Sie erkennen könnten, hoppla, es tut sich was?«.

Welche Ziele bei solchen Zielklärungsgesprächen auch immer heraus-
kommen, vielleicht sind es auch nur Zwischenziele oder Ziele, die später nochmals angepasst werden müssen, sobald sie klar vor Augen stehen, sind sie einer der entscheidenden Schlüssel zur erfolgreichen Veränderung. Dabei hat sich in der kurzzeittherapeutischen Arbeit gezeigt,
dass klare Ziele dann gegeben sind, wenn sie bestimmten Kriterien
entsprechen. Das heißt, es ist sinnvoll, so lange an der Zielklärung zu

---

1266 Siehe dazu z.B. Gunther Schmidt in dieser Arbeit S. 148, vgl. auch S. 145.
1267 Vgl. dazu die wunderbare parodistische Darstellung von *Watzlawick* 1983,
41.
1268 Siehe diese Arbeit S. 303ff.
1269 Siehe diese Arbeit S. 130.

arbeiten, bis sie diesen Kriterien entspricht. Es sind die folgenden Kriterien.[1270]

1. Ziele müssen positiv formuliert werden.
Hilfreiche Fragen:»Was möchten Sie erreichen?«,»Woran werden Sie selbst oder andere Menschen merken, dass Sie Ihr Ziel erreicht haben?« Hilfreich, insbesondere bei Weg-von-Formulierungen:»Was werden Sie stattdessen tun?«,»Was wird dann anders sein?«
2. Ziele sollten als prozesshaftes Erleben formuliert werden.
Hilfreiche Fragen:»Wie genau werden Sie das tun?«»An welchem Verhalten werden andere das merken?«.
3. Ziele sollten als Weg erkennbar werden, der im Hier und Jetzt beginnen kann.
Hilfreiche Fragen:»Woran werden Sie die nächsten Tage als erstes erkennen, dass Sie bereits auf dem Weg sind?«»Welches wären erste kleine Schritte auf dem Weg zum Ziel, die Sie morgen schon machen könnten?«
4. Ziele sollten so spezifisch wie möglich formuliert werden.
Hilfreiche Fragen:»Können Sie mir das nochmals genauer schildern?«,»Was genau werden Sie dann anders machen? Und was noch?«»Woran genau werden bestimmte Menschen erkennen, dass Sie etwas anders machen als bisher?«
5. Ziele sollten als eigene Handlungsmöglichkeit formuliert werden (nicht als diejenige von anderen).
Hilfreiche Fragen:»Was müssten Sie tun, damit es wahrscheinlicher wird, dass jemand anderes (Ehemann/Kind/...) so reagiert, wie Sie es sich wünschen?«.»Sie wollen, dass zuerst jemand anderes sich ändert. Was würden Sie dann selber anders machen, wenn das eintreten würde? Tun Sie doch mal so, als ob das schon eingetreten wäre, und schauen, was passiert?«
6. Ziele sollten in der Sprache der Klienten formuliert werden.
Rückfragen zu Zielen, Bestärkungen, Zielformulierungen sollten immer so nahe wie möglich in der Sprache des Gegenübers und mit sei-

---

[1270] Die folgenden Zielkategorien, einschließlich der zugehörigen hilfreichen Fragen, sind übernommen von oder angelehnt an *Walter Peller* 1994, 72ff. Ähnlich, mit zum Teil etwas anderer Gewichtung siehe *De Jong Berg* 1998, 127ff.: – wichtig für die KlientIn, – interaktionale Begriffe, – situative Aspekte, – Anwesenheit von erwünschtem, positivem Verhalten – und nicht Abwesenheit von Problemen, – ein erster Schritt, – Rolle der KlientIn, – konkrete, verhaltensbezogene, messbare Begriffe, – realistische Begriffe. Ganz ähnlich auch *Lohse* 2006, 144ff., der folgende Kriterien benennt: positiv formuliert, realistisch, klein(schrittig), konkret, überprüfbar, attraktiv. Vgl. ferner die Zielkriterien von NLP: positiv, aktive Beteiligung, spezifisch, Beweis, Ressourcen, Größe, Ökologie-Rahmen (*O'Connor Seymour* 1992, 40f.). – Auch Autoren, die eher dem Bereich Verhaltenstherapie beziehungsweise klinische Psychologie zugehörig sind, haben ganz ähnliche Kriterien für »wohlgestaltete Therapieziele«. (*Michalak et al* 2005, 71f.).

nen Worten formuliert werden. Das stellt sicher, dass es erstens von ihm verstanden wird und zweitens auch wirklich seine Ziele sind.

4.3.1.5   Wer mit wem und wozu – Beziehungs- und Rollenklärung

Für kurzzeittherapeutische Interventionen ist es wichtig zu wissen, mit welcher Art von Klienten man es zu tun hat. Nicht, um sie zu klassifizieren, sondern um die Klienten einschätzen zu können hinsichtlich ihrer Motivation, des Grades der Bewusstheit der eigenen Involvierung in den Prozess und des Ausmaßes ihrer Eigeninitiative. Seit de Shazer haben sich dafür drei einfache Kategorisierungen des Arbeitsbündnisses etabliert, die später z.T. noch erweitert wurden.

»Besucher« haben eigentlich kein eigenes Anliegen. Sie sind geschickt oder mitgebracht worden. Mit ihnen kann nur eine »unverbindliche Beziehung« eingegangen werden. Therapeutische Arbeit ist hier nicht möglich, gleichwohl kann ihnen mit wohlwollender Wertschätzung begegnet werden.[1271] »Klagende« erkennen, dass sie Schwierigkeiten haben, die sie gerne ändern möchten, wissen aber nicht, dass und in welchem Ausmaß sie selbst etwas dazu beitragen können. Sie erwarten die Lösung eher vom Therapeuten oder von anderen. Mit ihnen kann eine »suchende Beziehung« eingegangen werden, in der es zunächst darum geht, die Klage in Ziele zu verwandeln.[1272] »Kunden« wissen, dass sie im Prinzip selbst die Lösung wollen und anstreben müssen und erwarten vom Therapeuten die nötige Unterstützung, um ihr Ziel zu erreichen. Mit ihnen kann eine »Consulting-Beziehung« eingegangen werden.[1273]

Auch für die Kurzzeitseelsorge kann diese Kategorisierung hilfreich sein. Will mein Gegenüber nur ein nettes Gespräch mit den Seelsorger? Nun, dann soll er er es haben. Auf keinen Fall zwanghaft ein Problem suchen, wenn das Gegenüber keines präsentiert.[1274] Dann ist er eben ein »Besucher.« Hat mein Gegenüber ein konkretes Anliegen, dann gilt es zu unterscheiden, ob der erste Schritt sein muss, dahinter überhaupt ein eigenes Ziel ausfindig zu machen, das mein Gegenüber selber anstreben kann. Dann ist es ein »Klagender.« Oder ob mein Gegenüber eigentlich nur noch meine Hilfe braucht, seine eigenen Ziele

---

[1271] de Shazer 1988, 104; De Jong Berg 1998, 105ff.; Isebaert 2005, 68ff.
[1272] de Shazer 1988, 105; De Jong Berg 1998, 100ff.; Isebaert 2005, 73ff.
[1273] de Shazer 1988, 106; De Jong Berg 1998, 98ff.; Isebaert 2005, 104ff.
[1274] Das kann eine Gefahr sein, wenn die eigene Seelsorgepraxis vor allem als »problemaufdeckend« verstanden wird, und wenn man dann die eigene Investition an Zeit vor sich selbst damit rechtfertigen muss, das man auch ein Problem findet, das den Aufwand rechtfertigt. Ein solches Vorgehen würde dann auch zu Recht kritisiert, wie das gelegentlich geschehen ist, kann aber nicht der Pastoralpsychologie insgesamt angelastet werden.

zu erreichen, allenfalls vielleicht sie zuvor noch klarer zu definieren. Dann ist es ein »Kunde.«

Diese Klärungen beziehen sich auf das seelsorgerliche Arbeitsbündnis an sich. Allerdings muss im Zusammenhang eines Seelsorgegespräches auch noch eine weit komplexere Rollenklärung in den Blick genommen werden, zumindest für den Seelsorger. Denn der Seelsorger begegnet seinen Gesprächspartnern nicht in einem künstlichen Setting, in dem sich nur Klient und Therapeut begegnen. Im Kontext der Gemeinde ist die Rollenvielfalt wesentlich ausgeprägter. Mein Seelsorgepartner kann ein anonymes Gemeindeglied sein, das ich kaum je nochmals sehe, oder eine Presbyterin, die ich morgen in der Sitzung wiedertreffe. Es kann die Vorsitzende des Frauenkreises sein oder der Lehrer meines Sohnes. Es kann jemand sein, der sehr viel Einfluss in der Gemeinde hat, auch über Dinge, die mir wichtig sind, oder eine Mitarbeiterin, zu der ich direkt oder indirekt ein Vorgesetztenverhältnis habe. Umgekehrt ist auch wichtig, als was mich mein Gegenüber wahrnimmt und welche Rolle er mir zuschreibt. Sieht er mich eher als theologischen Fachmann oder eher als spirituellen ›Meister‹, eher als seelsorgerlichen Therapeuten oder eher als verbündeten Glaubensgenossen, eher als respektvolle Amtsperson oder eher als nahbaren Freund.[1275] All diese Rollen, egal ob real oder nur als Zuschreibung, werden das Seelsorgegespräch beeinflussen. Darum muss sich ein Seelsorger der komplexen Rollensituation stets bewusst sein, einschließlich der Nach- und Nebenwirkungen. Er muss selbst eine hohe Rollenflexibilität aufweisen, muss sein Verhalten auf professionelle Weise der Rollensituation anpassen können, ohne selbst aus der Rolle zu fallen. Und er muss auch Probleme, die sich aus Rollenüberschneidungen ergeben, handhaben können. Manchmal muss das im Gespräch miteinander geklärt werden, oft genügt es, wenn der Seelsorger das im Blick hat. Das alles ist mitunter sehr komplex und soll darum an dieser Stelle nur kurz angedeutet werden[1276]. Eine Nichtbeachtung in der

---

[1275] Umgekehrt kann auch der Seelsorger im Gesprächspartner einen ›Freund‹ sehen, wie Hans van der Geest dies vorschlägt. Für ihn ist Freundschaft geradezu Modell der Seelsorgebeziehung (*van der Geest* 1981, 235). Die Gefahr ist, dass dabei der Modellcharakter von Freundschaft für eine professionelle Rolle verwechselt wird mit echter persönlicher und privater Freundschaft. Aber selbst als professionelles seelsorgerliches Beziehungsmodell ist das für viele seelsorgerliche Beziehungen nicht wirklich geeignet, allenfalls als ein unterstelltes Beziehungsideal vergleichbar dem Postulat der »unterstellten Intersubjektivität« der Integrativen Therapie. (Siehe diese Arbeit S. 178 und S. 318f.) In diesem Sinne ist meines Erachtens auch Schleiermacher zu verstehen, wenn er von einem »freundschaftlichen Verhältnis« spricht. (Siehe diese Arbeit S. 259). Aus meiner Sicht drückt der Begriff Intersubjektivität das gemeinte Anliegen besser, jedenfalls neutraler aus, als der missverständliche Begriff Freundschaft.
[1276] Vgl. *Klessmann* 2008, 122ff., *Klessmann* 2012, 100ff., 120ff. und 206ff.

Praxis kann jedenfalls nicht nur die Seelsorgearbeit beeinträchtigen, sondern auch andere konflikthafte Nebenwirkungen nach sich ziehen.

An dieser Stelle muss auch erwähnt werden: nicht jeder Seelsorger kann mit jedem Seelsorgesuchenden arbeiten und umgekehrt. Das kann an persönlichen Gründen liegen oder an inhaltlichen oder an fachlichen. Dann ist ernsthaft eine Überweisung an einen Kollegen oder – je nach Sachlage – auch an einen Psychotherapeuten (gegebenenfalls Klinik) in Erwägung zu ziehen.[1277] Wichtiger jedoch als scheinbar objektive Tatsachen (Diagnosen) sind in dieser Hinsicht die Grenzen des Seelsorgers. Grundsätzlich gilt: Niemandem, auch schwer kranken Menschen, kann seelsorgerliche Begleitung verwehrt werden. Doch Seelsorge kann eben auch in vielen, gerade schwerwiegenden Fällen, eine Psychotherapie nicht einfach ersetzen. Die Grenzen zur Therapie sind aber dennoch fließend, und das ist vielleicht auch gut so. Die Frage, ob und an wen überwiesen wird, sollte auf jeden Fall mit dem Gesprächspartner einvernehmlich verhandelt werden. Wobei wichtig ist, dass der Seelsorger auch klar und ehrlich sagt, was er selbst (zeitlich und/oder fachlich) leisten oder eben nicht leisten kann.

4.3.1.6   Wenn man sich nicht alles merken kann – hilfreiche Notizen

Notizen über Gespräche sind in fast allen Therapieverfahren eine häufig angewandte Erinnerungshilfe, also kein Spezifikum der Kurzzeittherapie. Insofern müsste es hier nicht besprochen werden. Insbesondere unter dem Gesichtspunkt des Zeitmanagements möchte ich aber doch auch ein paar Aspekte hier ansprechen. Nachdem ich zu Beginn meiner Seelsorgearbeit die Notizen erst nach dem Gespräch aus dem Gedächtnis aufgezeichnet habe, mache ich nun seit vielen Jahren meine Notizen während des Gespräches.[1278] Das hat den eminenten Vorteil, dass ich mir damit einiges an Zeit und Zeitdruck erspare, wenn ich mich nicht nach jedem Gespräch nochmals an den Schreibtisch setzen muss. Ich erlebe aber auch, dass Aufzeichnungen während der Gespräche verschiedene hilfreiche Aspekte für das Gespräch selbst besitzen.[1279] Zum einen wird dem Gesprächspartner handgreiflich sichtbar, wie wichtig mir das ist, was er mir sagt.[1280] Zum anderen entstehen oft

---

[1277] Siehe dazu auch diese Arbeit S. 275.

[1278] Das gilt nur für vereinbarte Gesprächstermine. Bei spontaner Seelsorge in anderen Kontexten ist das nicht möglich.

[1279] Ein gewisser Nachteil besteht, vor allem wenn man ungeübt ist, darin, dass möglicherweise nicht alle nonverbalen Signale des Gegenübers wahrgenommen werden. Darum sollte man sich auf stichwortartige Notizen beschränken, den Gesprächspartner auch während des Schreibens im Augenwinkel noch im Blickfeld haben, und in besonders dichten Phasen auf Notizen verzichten.

[1280] Diese Vermutung gründet sich auf eigene Erfahrungen. Bei Einzelsupervisionssitzungen mit Klaus Winkler habe ich das selbst so erlebt und auch so empfunden.

kurze Minipausen, während ich schreibe. Das nimmt auf angenehme Weise etwas Tempo aus dem Gespräch, es entstehen kurze Nachdenkpausen. Vielleicht[1281] haben diese Minipausen zumindest ansatzweise eine ähnliche Funktion wie jene Pause am Ende des Gespräches, die bei der Lösungsorientierten Kurzzeittherapie bewusst eingesetzt wird.[1282] Das Notieren zwingt mich außerdem, das Gehörte für mich auf das Wesentliche zusammenzufassen, und entweder als Zitat oder in meinen Worten festzuhalten. Oftmals ist es auch so, dass ich nach solchen Schreib-Pausen nochmals in etwa wiedergebe, was ich mir notiert habe, als Rückmeldung, zugleich verbunden mit der Frage, ob ich richtig verstanden habe. Andererseits gibt es manchmal auch sehr dichte Gesprächsphasen, in denen ich keine Notizen mache. Das wird dann im Anschluss aber in der Regel noch innerhalb der Sitzung mit kurzen Stichworten nachgeholt. Auch Aufträge, Hausaufgaben, Vereinbarungen am Ende der Sitzung werden kurz festgehalten. Nach der Sitzung genügt es dann, die Notizen kurz zu überfliegen, Wichtiges zu unterstreichen und gegebenenfalls bei Bedarf auch noch etwas zu ergänzen. Zur Vorbereitung des Folgegespräches hat man dann Notizen zur Verfügung, mit denen man sich schnell das Wesentliche vergegenwärtigen kann.

Selbstverständlich frage ich meine Gesprächspartner, ob sie damit einverstanden sind, dass ich Notizen mache. Ich habe noch nie erlebt, dass hier jemand widersprochen hat. Auch wenn ich das nicht ausdrücklich sage, weil ich es nicht in jedem Fall für sinnvoll halte, gehört doch auch dazu, dass ich grundsätzlich bereit wäre, meine Notizen zu zeigen, wenn das jemand möchte. Das halte ich im Sinne einer vertrauensvollen Beziehung zwischen erwachsenen Menschen für eine unbedingt notwendige Transparenzbereitschaft, auch wenn sie in der Praxis bislang noch nicht eingefordert wurde.

4.3.2 Therapeutisch-rhetorische Sprachmuster: die Mini-Max-Interventionen von Manfred Prior

Dass Seelsorge auch etwas mit Rhetorik zu tun hat, darauf hat Eike Kohler hingewiesen. Kurzzeittherapie verschiedener Schulen hat schon immer auf sprachlich genaue Formulierungen geachtet, weil sehr bewusst war, dass kleine Formulierungen, Frageformen und Redewendungen große Wirkungen haben können. Sprache hat ganz offensichtlich die Eigenschaft, unsere Aufmerksamkeit in bestimmte Richtungen zu lenken. Welche großen Unterschiede der kleine Unterschied bei bestimmten Formulierungen macht, das hat Manfred Prior in seinem

---

[1281] Dies kann ich nur vermuten, weil meines Wissens der Effekt solcher durch Notizen verursachten Minipausen nicht erforscht ist.
[1282] Siehe diese Arbeit S. 132.

Praxisbuch »Mini-Max-Interventionen« dargestellt. Beispielhaft und stellvertretend für rhetorische Sprachmuster in Kurzzeitverfahren[1283] seien die von Prior herausgearbeiteten 15 hilfreichen therapeutisch-rhetorischen Sprachmuster hier kurz vorgestellt.[1284]

Prior empfiehlt Sprachmuster zu verwenden, die

– (1.) den beklagten Sachverhalt als in der Vergangenheit geschehen bezeichnen, und damit einerseits die Problemlage verständnisvoll anerkennen, aber implizit suggerieren, dass der Sachverhalt in der Zukunft sich auch ändern kann. Konkrete Formulierungen: »In der Vergangenheit ...«. »Bisher ...«[1285]
– (2.) das Gegenüber zu prozesshaften Beschreibungen anleiten, statt zu fertigen Standpunkten. Konkrete Formulierungen: Nicht »ob«, sondern »wie ...«, »was ...« und »welche ...«[1286]
– (3.) dazu anleiten, den beklagten Sachverhalt in Form von positiven Ziele auszudrücken. Konkrete Formulierung: »Sondern ...?«[1287], oder »Stattdessen ...?«
– (4.) Generalisierungen und Verabsolutierungen der Problemlage hinterfragen. Konkrete Formulierungen: »Immer ...?«, »Nie ...?«[1288]
– (5.) zu konkreten bildhaften Vergleichen anregen. Konkrete Formulierungen: »Ihr Problem ist vergleichbar mit ...«; Es ist wie ...?«[1289]
– (6.) zuversichtliche Sichtweisen fördern. Konkrete Formulierungen: Statt »Hoffentlich nichts Schlimmes ...« ein »Hoffentlich Gutes ...«[1290]
– (7.) die Zukunft offen halten. Konkrete Formulierung: »... noch nicht ...«[1291]
– (8.) genaue Beschreibungen der gesuchten Lösung erfragen und damit die Lösung konkreter werden lassen, ja die Lösung insgeheim als vorhanden implizieren. Konkrete Formulierung: »Was ...«, »Wann ...«,

---

[1283] Auf die Rolle der Rhetorik in der Kurzzeittherapie wurde in der vorliegenden Arbeit mehrfach hingewiesen, insbesondere S. 65 und S. 114, speziell für NLP siehe S. 112 und 290. Bei Priors Mini-Max-Interventionen findet sich vieles wieder. Er basiert ja darauf. Aber er hat auch ein paar eigene Anregungen hinzugefügt.
[1284] *Prior* 2002. Zitate der konkreten Formulierungsvorschläge sind den entsprechenden Kapiteln entnommen.
[1285] *Prior* 2002, 17f.
[1286] *Prior* 2002, 19ff.
[1287] *Prior* 2002, 24ff.
[1288] *Prior* 2002, 28ff.
[1289] *Prior* 2002, 32ff.
[1290] *Prior* 2002, 39ff. – Diese Redewendung, so muss man wohl hinzufügen, darf allerdings nicht zum Bagatellisieren oder Harmonisieren missbraucht werden. Nur wenn sich der Gesprächspartner ernstgenommen weiß, machen solche Formulierungen Sinn.
[1291] *Prior* 2002, 44ff.

»Welche ...«, »Wer ...«, »Wie ...«, »Woran ...«, »Wodurch ...« (= W-Fragen, außer »Warum ...«).[1292]
– (9.) kleine und damit bewältigbare Lösungsschritte implizieren. Konkrete Formulierung: »Was wäre ein erster kleiner Schritt ...« (= W-Fragen in Bezug auf kleine Lösungsschritte.)[1293]
– (10.) zu Lösungsphantasien verführen. Konkrete Formulierung: »Angenommen, Sie würden ...«[1294]
– (11.) noch nicht bewusste Ressourcen unterstellen, und damit die bewussten Lösungsblockaden umgehen. Konkrete Formulierungen: »Mit dem bewussten Verstand konnten Sie bisher nicht ... so dass eine Besserung eher aus Ihrem Unbewussten kommen muss ...«[1295]
– (12.) via negationis Lösungswege suggerieren und damit den bewussten Widerstand umgehen. Konkrete Formulierungen: »Es ist nicht nötig ...«, »Sie müssen jetzt noch nicht ...« (Prior nennt das »Nicht-Vorschläge«).[1296]
– (13.) Übertreibungen oder Untertreibungen »pacen«. Konkrete Formulierungen: wenn der Klient übertrieben/untertrieben von seiner Problemlage erzählt, dann in entsprechenden Redewendungen widerspiegeln.[1297] – Man kann aber, wie Prior an anderer Stelle schreibt, nicht nur reaktiv, sondern auch aktiv zugespitzte oder humorvolle Übertreibungen einsetzen (13.2.), um dem Klienten zu helfen, seine Situation zu relativieren.[1298]
– (14.) über den Weg des Widerstandes zu Lösungen anreizen. (Für sogenannte »schwierige Fälle«). Konkrete Formulierungen: alle Art von verständnisvollen aber vereinenden Sprachformen: »Es ist nicht ganz leicht ...«, »Das wollen Sie wahrscheinlich nicht ...«. Klient reagiert dann sinngemäß mit einen »Doch ...!«[1299]
– (15.) Vorwürfe in Wünsche umformulieren. Konkrete Formulierung: »Drücken Sie Ihren Vorwurf mal als Wunsch aus: Ich wünsche, dass ...« (Prior nennt das VW-Regel: Vorwurf-Wunsch).[1300]

Sämtliche dieser 15 Regeln lassen sich nach meiner Einschätzung auch für Seelsorgegespräche nutzen. Dafür ist keine eigene Ausbildung erforderlich, es genügt, sich in einen sorgsamen Umgang mit Sprache auch in der Seelsorge einzuüben. Wichtig natürlich – wie immer – dass diese Sprachmuster in einer verständnisvollen tragfähigen Beziehung verwendet werden, nicht als beziehungslose Technik.

[1292] *Prior* 2002, 49ff.
[1293] *Prior* 2002, 56ff.
[1294] *Prior* 2002, 62ff.
[1295] *Prior* 2002, 66ff.
[1296] *Prior* 2002, 71ff.
[1297] *Prior* 2002, 76ff.
[1298] *Prior* 1992.
[1299] *Prior* 2002, 81ff.
[1300] *Prior* 2002, 88ff.

Zum Schluss sei noch ein fiktives Gespräch dargestellt, in welchem die meisten der von Prior vorgeschlagenen Mini-Max Interventionen eingesetzt werden. Diese sind jeweils mit der entsprechenden Nummer markiert. Dieses fiktive Gespräch dient der konkreten Veranschaulichung. In der Praxis werden die Mini-Max Interventionen in der Regel nicht so dicht aufeinander folgen. Sie können aber ein jederzeit zu integrierender Bestandteil jeder seelsorgerlichen Gesprächsführung sein.

S: Was möchten Sie in unserem gemeinsamen Gespräch für sich erreichen?
G: Ich will endlich keine Angst mehr haben!
S: Sondern? (3)
G: Ich weiß nicht ... einfach keine Angst mehr. Ich habe immer solche panischen Ängste, krank zu werden.
S: Bisher (1) hatten Sie Ängste, krank zu werden. Immer? (4)
G: (überlegt) Nein, manchmal kann ich das verdrängen. Ich denke dann einfach nicht daran.
S: Was (8) genau machen Sie anders, wenn Sie das verdrängen? Woran (8) denken Sie zum Beispiel stattdessen? (3)
G: Ich weiß das nicht. Ich habe das einfach nicht im Griff. Die Ängste überkommen mich einfach so.
S: Das heißt, mit dem bewussten Verstand können Sie noch nicht (7) sehen, was für Sie an dieser Stelle hilfreich ist, so dass eine Besserung vielleicht eher aus ihrem Unterbewussten kommen wird. (11) Lassen Sie uns mal ein Bild oder Gleichnis für Ihre Situation finden. Wenn Sie das, was Sie mir schildern, mit etwas vergleichen würden, was fällt Ihnen dann ein? (5)
G: Die Ängste sind wie »Einbrecher«. Und je mehr ich mein »Haus« absichere und abschotten will, um so mehr denke ich daran und habe Angst vor ihnen.
S: Das heißt, Sie leben wie in Fort Knox und die ganzen Kriminellen dieser Welt träumen davon, mal bei Ihnen einzubrechen? (13.2)
G: (lacht). Nein, so schlimm ist es nicht. Eher wie bei einer alten Dame, die ab 17.00 Uhr nicht mehr an die Tür geht, wenn es klingelt. Aber ich merke, dass mein Wunsch, keine Angst zu haben, genau das Gegenteil bewirkt: Ich beschäftige mich ständig damit.
S: Angenommen, Sie wären die alte Dame und Sie gehen ausnahmsweise an die Tür, öffnen einfach mal, und da steht ihr Enkelkind und sagt: Oma, ich hab Angst. Darf ich zu Dir kommen? (10)
G: Ja, dann würde ich es sofort hereinlassen. (Denkt kurz nach). Ja, Sie haben recht. Wenn ich mich um andere Menschen kümmere, dann denke ich meist nicht mehr an meine Angst.
S: Was könnte in dieser Hinsicht ein erster kleiner Schritt sein, um in Zukunft etwas zuversichtlicher zu leben? (9)
G: Ach, ich weiß nicht, ob ich das so bewusst machen kann. Ich hab immer noch das Gefühl, dass die Ängste stärker sind.

S: Sie haben also den Eindruck, dass Sie das noch nicht (7) selber beeinflussen können. Das müssen Sie jetzt auch noch nicht. (12) Es ist
ja auch nicht ganz leicht, die Tür zu öffnen, wenn es klingelt ... (14)
G: Doch, wenn ich vorher wüsste, dass nur das »Enkelkind« da-
vorsteht ... Aber solange ich so fixiert bin, ich könnte irgendeine
schlimme Krankheit haben, kann ich mir gar nichts anderes vorstellen, als dass da eben ein »Dieb« steht.
S: Woran könnten Sie denn erkennen, dass es kein »Dieb« ist? Welches wären sozusagen kleine Zeichen? (8)
G: Ich könnte regelmäßig zur Vorsorgeuntersuchung gehen. Und
ansonsten einfach davon ausgehen, dass ich gesund bin. Aber dann
denke ich sofort wieder, vielleicht wurde doch etwas übersehen. Ich
falle immer wieder in die Ängste zurück.
S: Es ist vielleicht auch noch nicht (7) nötig, dass Sie sofort und mit
bewusstem Willen eine gewisse Gelassenheit und Zuversicht entwickeln. (12)
G: (atmet tief aus): Ja, vielleicht muss ich einfach nur warten, bis
das »Enkelkind« klingelt, und dann einfach mal aufmachen ...

4.3.3 NLP-Interventionen

NLP-Interventionen werden trotz des gemeinsamen Hintergrundes hier
nicht zusammen mit den Interventionen der anderen systemisch-
konstruktivistischen Verfahren dargestellt, da sie als Techniken nochmals sehr eigenständig profiliert sind.

4.3.3.1 Tilgungen, Verzerrungen, Generalisierungen auflösen oder zurück zum ursprünglichen Erlebnis

Durchaus verwandt mit manchen Vorschlägen von Prior ist das etwas
komplexere Modell, das Bandler und Grinder in Auseinandersetzung
mit der Transformationsgrammatik entwickelt haben, das sogenannte
Meta-Modell.[1301] Auch hier könnte man mit einem gewissen Recht
von einem rhetorischen Vorgehen sprechen.

Anhand folgender Tabelle[1302] sei gezeigt, wie das Meta-Modell zu
konkreten Empfehlungen für passende Hinterfragungen hinführt, Hinterfragungen, die helfen sollen, einen Zugang zur vollständigen Erfahrung zu gewinnen. Das geschieht, indem verschiedene Sprachmuster
identifiziert werden, und zwar zunächst solche, mit denen erkennbar
wird, dass vollständige Erfahrungen in der innerlichen Repräsentation

---

[1301] Siehe diese Arbeit S. 112ff.
[1302] Folgende von mir ergänzte und überarbeitete Tabelle ist in ihren Grundzügen
entnommen aus *O'Connor Seymour* 1992, 171f. Vergleiche dazu ausführlich:
Bandler Grinder 1981a, 83ff.

sowie in der Kommunikation getilgt, verzerrt und generalisiert werden. Zugleich werden für die therapeutische Arbeit Sprachmuster gegenübergestellt, die helfen sollen, eben jene Tilgungen, Verzerrungen und Generalisierungen wieder aufzulösen. Niemals jedoch dürfen diese Sprachmuster zu beschämender und damit schädigender Entlarvung des Gegenübers führen oder zu eigener Rechthaberei missbraucht werden. Sie müssen im »dienenden« Sinne angeboten werden, eher »von unten« als »von oben«.

Meta-Modell-Muster	grammatische Form, typische Wörter	Beispielsatz	Meta-Modell-Fragen
Tilgungen			
Unspezifische Substantive	niemand, man, alle, das ist ..., *Passiv*	Niemand mag mich. / Ich wurde verlassen. / Das ist traurig.	»Wer oder was genau ...?«
Unspezifisches Verb	verletzen, helfen, ...	Meine Partnerin hat mich verletzt. / Helfen Sie mir!	»Wie genau geschah das?« / »Wie soll das geschehen?«
Vergleich	besser, schlecht, gut, ...	Ich kann das nicht gut.	»Verglichen womit?«
Bewertung	es ist ..., du bist ..., ich bin ..., offensichtlich ist ...	Ich bin offensichtlich egoistisch.	»Wer sagt das?« / »Wer sagt, dass ... (Bewertung wiederholen)?«
Nominalisierung	*Substantive als Prozessbeschreibung:* Liebe, Glaube, Hoffnung, Erziehung, Respekt, Zugang ...	Zum Glauben habe ich keinen Zugang gefunden. / In der Erziehung habe ich versagt.	»Wie wird/wurde das getan?« / »Wie genau geht/ging das vor sich?«
Generalisierungen			
Modaloperator der Möglichkeit (meist in negierter Form)	können, nicht können, möglich, unmöglich	Ich kann das nicht. / Das ist unmöglich.	»Was hält Sie davon ab ... ?« /
Modaloperator der Notwendigkeit	sollte (nicht), darf nicht, muss	Ich darf das nicht tun. / Ich muss ihm doch helfen. / Ich sollte mich nicht ärgern.	»Was würde passieren, wenn Sie/wenn Sie nicht ...?«
Universelle Quantifizierung	alle, jeder/s, immer, nie/niemals, keines, nichts; *Gattungsbegriffe/ Oberbegriffe*	Immer kommst du zu spät. / Niemals schaut er mich freundlich an. / Jeder sieht, dass ich das nicht kann. / Die Kirche hat das gutgeheißen. / Die Jugend ist verdorben.	»Immer? / Nie? / Jeder?« »*Die* Kirche?« / »*Alle* Jugendlichen?«

Verzerrungen			
Komplexe Äquivalenz	*Gleichwertigkeit, Gleichsetzung unterschiedlicher Sachverhalte*	Der Pfarrer hat mich nicht gegrüßt, was hat er gegen mich? / Sie hat keine Lust auf Sex, sie liebt mich nicht mehr!	»Inwiefern bedeutet dies (eine) das (andere)?«
Vorannahme (Präsupposition)[1303]	*Unausgesprochene, verborgene Voraussetzungen. Z.B. bei Formulierungen wie: erkennen, sich klar machen, ... Auch bei Alternativen oder bei Fragen: warum ...?*	Warum hörst Du mir nicht zu? (= Du hörst mir nicht zu!). / Mach dir klar, dass ich krank bin. (= Es ist dir nicht klar). / Ich weiß nicht, ob Taschengeldkürzung nicht besser wäre als Hausarrest (= Strafe muss sein).	»Was veranlasst Sie dazu zu glauben, dass ... (Vorannahme einfügen) ...?«
Ursache und Wirkung	*Aktive Subjekte als passive Objekte fremder Wirkung darstellen*	Du machst mich wütend! / Wegen meiner kranken Mutter kann ich nicht in Urlaub.	»Wie genau bringen Sie sich selbst dazu, dies zu tun?«
Gedankenlesen ...	*Sätze, die voraussetzen zu wissen, was in anderen Menschen vorgeht.*	Das hat er nur aus Eitelkeit getan! / Was sollen die Leute denken! / Du liebst mich nicht!	»Woher wissen Sie ...?«

Das Meta-Modell erscheint mir für Seelsorge ausgesprochen sinnvoll. Natürlich darf es nicht, um es nochmals zu betonen, dazu missbraucht werden, andere Menschen auf lieblose Weise zu entlarven. Es wird sich nur dann als hilfreich erweisen, wenn man die verschiedenen Hinterfragungsmöglichkeiten innerhalb einer tragfähigen Beziehung anwendet und zugleich deutlich wird, dass es als Hilfe gedacht ist, den Weg zur vollständigen Erfahrung und damit zu bisher übersehenen Potentialen zu finden. Im Prinzip ist das Meta-Modell einfach erlernbar und bedarf lediglich einiger Übung. Allerdings darf genau das nicht zum Missverständnis führen, dass bereits das perfekte Beherrschen solcher Sprachmuster ausreichende seelsorgerliche Kompetenz darstellt. Es ist eher umgekehrt, dass die gekonnte Handhabung solcher Sprachmuster für eine vorhandene seelsorgerliche Kompetenz ein sinnvolles Werkzeug sein kann. Freilich kann das Meta-Modell bereits auch in ganz normale Alltagskommunikation mehr Klarheit bringen, nicht nur darin übrigens, andere besser zu verstehen, sondern auch darin, sich selbst klarer auszudrücken. Insofern ist das Meta-Modell eine Hilfe für jegliche Kommunikation.

1303 Eine ausführliche Liste möglicher Präsuppositionen findet sich in *Bandler Grinder* 1996, 261–265.

4.3.3.2 Six-Step-Reframing oder die Erlaubnis zur unbewusst-kreativen Lösung

Reframing meint ganz allgemein das Einstreuen oder Entwickeln von alternativen Blickwinkeln auf einen gegebenen Sachverhalt. In diesem Sinne wird es auch von anderen therapeutischen Verfahren benutzt. NLP hat diese Technik auf eigene Weise systematisiert. Eine grundlegende Technik ist hierbei das sogenannte Six-Step-Reframing.[1304]

Diese sechstufige Reframing-Technik, wie sie von NLP beschrieben wird, scheint mir ebenfalls eine für die Seelsorge handhabbare Intervention zu sein.[1305] Es ist ein Versuch, auf unkomplizierte Art mit dem Unbewussten zu kommunizieren, indem bestimmte innere Instanzen identifiziert werden, die für das Problem und dessen Lösung angesprochen werden können. Diese Instanzen sind nicht real, sondern hilfreiche Konstruktionen. Allerdings gehört das Six-Step-Reframing zu den Techniken, die unbedingt erfordern, dass man zunächst darüber mit seinem Gesprächspartner Einverständnis erzielt, und sei es nur darüber, dass er sich einfach versuchsweise auf etwas einlässt, das vielleicht seinem Bewusstsein etwas seltsam erscheinen mag, das aber für sein Unterbewusstsein eine große Hilfe sein kann, um Such- und Lösungsprozesse einzuleiten. Man kann dabei auch von »inneren Freunden« reden oder auf populär gewordene Konstruktionen von inneren Instanzen Bezug nehmen, wie z.B. das »Innere Kind« oder »Ich-Es-Überich«.

Hier sei nun das sogenannte Six-step-Reframing kurz dargestellt, das aufgrund seiner Einfachheit auch für Seelsorge brauchbar erscheint.

1. Identifikation des unerwünschten Verhaltensmusters (Vx)[1306]
2. Herstellen der Kommunikation mit der unbewussten Teilpersönlichkeit (Tx), die für dieses Verhalten (Vx) verantwortlich ist. Einfache Ja/Nein Signale.
3. Unterscheidung zwischen Verhaltensmuster (Vx) und Absicht (Ax). Wertschätzung dieser Absicht. Klärung, ob der für das problematische Verhalten verantwortliche Teil (Tx) bereit ist, seine Absicht (Ax) auch durch alternative Verhaltensweisen (Vn) zu verwirklichen.

[1304] Siehe diese Arbeit S. 117f.
[1305] Im NLP wurden darüber hinaus noch komplexere Reframing-Modelle entwickelt. Siehe *Bandler Grinder* 1985. Diese erscheinen mir aber für Seelsorge ungeeignet.
[1306] Die abgekürzten Bezeichnungen für die Teilpersönlichkeiten und Verhaltensweisen sind von mir in Klammern eingefügt worden, in der Hoffnung, dass es zum besseren Zuordnen beim Lesen hilfreich ist.

4. Hervorbringung alternativer Verhaltensweisen. Die kreative Teilpersönlichkeit (Tk), die jeder hat und gegebenenfalls bewusst gemacht werden kann, wird dazu beauftragt, jener Teilpersönlichkeit (Tx), die für das bisherige Verhalten (Vx) verantwortlich ist, auf unbewusster Ebene mindestens drei Alternativen (Vn) vorzuschlagen, wie jene auch auf andere Weise ihr Ziel (Ax) erreichen könnte. Jene Teilpersönlichkeit (Tx) wählt ihr geeignet erscheinende Verhaltensweisen (Vn) aus.

5. Verantwortungsübernahme. Der für das unerwünschte Verhalten verantwortliche Teil (Tx) wird gebeten, die Verantwortung dafür zu übernehmen, die ausgewählten Alternativen (Vn) auszuprobieren. Möglich ist auch die Etablierung einer Probezeit mit der Zusage, dann nochmals zu überprüfen, ob dieser Teil mit dem Ergebnis zufrieden ist.

6. Ökologische Überprüfung. Klärung, ob es irgendeine andere Teilpersönlichkeit (Tw) gibt, die mit den neuen gefundenen Verhaltensalternativen nicht einverstanden ist. Denn diese Teilpersönlichkeit würde das neue Verhalten sabotieren. Wenn es einen solchen Teil gibt, dann zurück zu Punkt 2 und dann weiter unter Einbezug des widersprechenden Teils (Tw).

Wie diese Technik in der seelsorgerlichen Praxis angewandt werden könnte, sei an einem Beispiel gezeigt. Sinnvollerweise wird ein Reframing angeboten, wenn das Gespräch an einen Punkt gelangt ist, an dem es festgefahren wirkt, und offensichtlich keine Lösung in Sicht ist oder die für den Seelsorger offensichtlichen Lösungen nicht wahrgenommen oder abgewehrt werden. Ein Reframing kann aber auch dann angeboten werden, wenn Lösungen, die der Gesprächspartner selber schon öfter ausprobiert hat, einfach beim besten Willen nicht funktionieren. Zunächst muss aber für die Menschen, die das nicht kennen, eine solche Intervention »anmoderiert« werden. Zum Beispiel auf folgende Weise:

S: Darf ich Ihnen einen Vorschlag machen? Wir stecken ja im Moment irgendwie fest, weil es keine erkennbare (funktionierende) Lösung gibt. Jedenfalls nicht für das Bewusstsein. Es gibt nun aber eine Möglichkeit, wie wir das Unterbewusstsein bitten können, mit seinen besonderen Möglichkeiten weiterzuhelfen. Sie wissen ja, es gibt so etwas wie das »Innere Kind«, und auch so etwas wie einen »Inneren Künstler« oder inneren Ideengeber«. Und auch für das Problem, das Sie jetzt beschäftigt, ist innerlich »jemand« zuständig, ziemlich sicher aber mit einer positiven Absicht, auch wenn das im Moment nicht erkennbar ist. Mit diesen inneren Persönlichkeiten kann man reden, und sie fragen, ob sie beim Problemlösen helfen. Dabei kann es sein, dass diese unbewussten

Teilpersönlichkeiten sich als so hilfreich erweisen, dass sie, wie die Heinzelmännchen, ohne dass Sie es merken, insgeheim eine Lösung entwickeln, die Ihnen aber erst die nächsten Tage oder Wochen wie zufällig bewusst werden wird. Könnten Sie sich darauf einlassen, dass wir das einmal ausprobieren?

Zur weiteren Illustration folgt die Darstellung eines Gespräches mit einem sehr pietistisch geprägten Mann, der in Bezug auf eine bestimmte Glaubensfrage unter massiven Zweifeln leidet. Das bisherige Gespräch konnte auf der zugänglichen Bewusstseinsebene den quälenden Zweifel nicht wirklich lösen. Der Seelsorger schlägt daher mit entsprechender Anmoderation ein Reframing vor.

S: Setzen Sie sich entspannt hin. Schließen Sie die Augen. Spüren Sie Ihren Atem ... Nehmen Sie jetzt innerlich Kontakt auf zu jenem Teil in Ihnen, der für die Glaubenszweifel verantwortlich ist. Fragen Sie, ob dieser Teil bereit ist, mit Ihnen zu kommunizieren.
G: Ja.
S: Sagen Sie bitte dieser Teilpersönlichkeit, dass Sie zwar sehr unter den Glaubenszweifeln leiden, dass Sie aber dennoch glauben, dass die Teilpersönlichkeit eine positive Absicht hat. Auch wenn Sie diese Absicht nicht verstehen, so schätzen Sie doch das Bemühen, Sie vor etwas zu schützen oder etwas Gutes für Sie zu erreichen. Fragen Sie, ob sich diese Teilpersönlichkeit damit gesehen und gewürdigt fühlt.
G: Ja, sie fühlt sich sehr ernstgenommen.
S: Fragen Sie jetzt, ob diese Teilpersönlichkeit sich grundsätzlich vorstellen kann, die gute Absicht eventuell auch auf andere Weise zu verwirklichen.
G: Ja, im Prinzip schon, aber sie weiß nicht wie.
S: Ok, das muss sie auch noch gar nicht wissen. Aber schön, dass die grundsätzliche Bereitschaft da ist. Jetzt rufen wir mal eine andere Teilpersönlichkeit hinzu, die hier hilfreich sein könnte. Wie alle Menschen, so haben auch Sie eine unbewusste kreaktive Teilpersönlichkeit, die immer für die unbewusste Entwicklung guter kreativer Ideen zu haben ist. Möchten Sie diese Teilpersönlichkeit einmal fragen, ob sie bereit ist, hier zu helfen?
G: Ich spüre ein Ja.
S: Dann fragen Sie die kreative Teilpersönlichkeit, ob Sie bereit ist, der für den Zweifel zuständigen Teilpersönlichkeit – auf eine Ihrem Wachbewusstsein verborgene Art und Weise – mindestens drei kreative Ideen zu liefern, wie jene ihre positive Absicht vielleicht auch anders verwirklichen kann.
G: Ja.

S: Dann fragen Sie bitte, ob auch jene Teilpersönlichkeit, die für den Glaubenszweifel zuständig ist, ob auch sie bereit ist – auf eine Ihrem Wachbewussten verborgene Art und Weise – alternative kreative Ideen zu empfangen.

G: Ja, das ist sie.

S: Dann fragen Sie diese Teilpersönlichkeit bitte, ob sie bereit ist, diese alternativen Ideen auch tatsächlich auszuprobieren, um zu schauen, ob sie ihr positives Ziel auch auf diese alternative Weise erreichen kann?

G: Ich glaube, das ist sie.

S: Sie glauben? Fragen Sie jene Teilpersönlichkeit, ob sie sich nicht ganz sicher ist?

G: Ja, sie ist sich nicht ganz sicher.

S: Würde es jener Teilpersönlichkeit helfen, wenn wir eine Probezeit vereinbaren. Sagen wir, sie probiert eine alternative Idee ein paar Wochen lang aus, und wenn es nichts bringt, dann kann sie zum alten Verhalten zurückkehren oder noch etwas anderes ausprobieren.

G: Ja, mit einer solchen Probezeit kann sie klar Ja sagen.

S: Fragen Sie bitte, wie lange die Probezeit sein soll.

G: 6 Wochen.

S: 6 Wochen. Gut. Dann vereinbaren Sie jetzt mit dieser Teilpersönlichkeit und der kreativen Teilpersönlichkeit die Absprache, dass beide gemeinsam 6 Wochen im Unterbewusstsein an der Sache arbeiten. Und dass wir nach Ablauf der Probezeit nochmals neu entscheiden, wie es weitergeht. Stimmen beide zu?

G: Beide sagen klar: Ja.

S: Sehr schön! Jetzt spüren Sie bitte nochmals in sich, ob es da eventuell noch weitere Teilpersönlichkeiten gibt, die mit dieser Abmachung nicht einverstanden sind.

G: Nein. Da sind keine.

S: Dann verabschieden Sie sich bitte von Ihren Teilpersönlichkeiten, indem Sie sich bei ihnen für die vereinbarte Abmachung bedanken und ihnen sagen, dass Sie sich freuen, dass die beiden so kooperativ jetzt zu Ihrem Wohle arbeiten werden, während Ihr Wachbewusstsein sich ganz entspannt anderen Dingen zuwenden kann. – Öffnen Sie nun wieder die Augen.

In der späteren Auswertung dieses Six-Step-Reframings empfindet der Mann dieses Verfahren als »komisch« und »etwas schräg«. Er hätte sich zwar darauf eingelassen, könne sich aber nicht vorstellen, dass es ihm hilft. Der Seelsorger sagt ihm, er müsste sich darüber nicht den Kopf zerbrechen. Es solle ja unbewusst helfen. Und insofern könne er nun eigentlich ganz entspannt abwarten, ob es wirken würde. Wenn ja, wunderbar! Wenn nicht, müssten sie etwas anderes ausprobieren. Tatsächlich zeigt es sich jedoch in den folgenden Wochen, dass trotz des Zweifels auf der Ebene des Wachbewusstseins jene quälende Glaubensfrage zunehmend zurückweicht zugunsten einer sehr lebendigen, kreativen, ja geradezu neugierigen Auseinandersetzung mit der zur Debatte stehenden und sogar noch weiteren schwierigen Fragen des Glaubens. Auch in der Rückschau nach größerem Abstand führt dieser Mann diese Veränderung aber nicht auf das Six-Step-Reframing zurück, sondern auf seine intensive theologische Lektüre. Letztlich spielt es aber in der Praxis auch nur eine untergeordnete Rolle, ob man das Six-Step-Reframing für die »Ursache« der Veränderung hält oder nicht, weil es ja im Grunde nur eine »Technik« ist, um unterhalb des Widerstandes des Wachbewusstseins die Erlaubnis zu implementieren, dass sich etwas verändern darf. Die tatsächliche Veränderung kommt am Ende so oder so ohnehin immer von der Person, die sich die Veränderung selbst erlaubt.

4.3.3.3 Ankern oder nachhaltige Verknüpfungen

Als therapeutische Intervention im Sinne des NLP sollte Ankern[1307] nur angewendet werden, wenn diese Technik zuvor gründlich gelernt wurde. Zumal sie einmal einen sehr bewussten Umgang mit den eigenen aktiv einzusetzenden Körpersignalen erfordert, aber auch einen sehr wachsamen Umgang mit den unbewussten Körpersignalen des Gegenübers. Außerdem ist diese Technik oft auch mit Berührungen des Gegenübers verbunden, die nicht nur dessen Einverständnis voraussetzen, sondern die auch gekonnt angewandt werden müssen.

Da aber Ankern, wie im NLP betont wird, im Grunde nur ein bewusst angewandtes Alltagsphänomen ist, spricht sehr viel dafür, dieses in der Regel unbewusst auch in Seelsorgegesprächen ohnehin stattfindende Phänomen bewusster anzuwenden. Dazu zählt zunächst einmal, dass ich mir als Seelsorger sehr bewusst bin, dass ich ständig Anker setze oder auslöse. Angefangen, durch die Art, wie ich jemand begrüße bis hin zu meinen Reaktionen auf starke emotionale Zustände meines Gegenübers. Das meiste davon geschieht, wie gesagt, unbewusst. Dennoch ist das im Normalfall kein Grund zur Sorge. Wenn wir unsere Kommunikation in der Regel als gelingend erleben, können wir davon ausgehen, dass wir ein funktionsfähiges Muster an Alltagsankern sozialisiert haben. In der Seelsorgearbeit aber macht es viel Sinn, sich dieses Vorgangs stärker bewusst zu werden, und ihn z.T. dann auch bewusst einzusetzen.[1308] Darum wäre ein erster Schritt, sich während ei-

---

1307 Siehe diese Arbeit S. 119f.
1308 Hier sind selbsterfahrungsbasierte und übungszentrierte Ausbildungen eine Hilfe, da es nicht ganz einfach ist, die eigenen Ankersetzungen zu erkennen, zumal die unbewussten. Trotzdem kann auch die versuchsweise exzentrische Selbstbeo-

nes Seelsorgegespräches immer auch selbst zu beobachten, wie man mehr oder weniger unwillkürlich Anker setzt oder auslöst, um anschließend zu versuchen, diese bewusster einzusetzen oder sich gegebenenfalls auch zu korrigieren.

Bei einem Seelsorgegespräch ist es mir einmal widerfahren, dass ich während einer dichten Schilderung meines Gegenübers auf die Uhr schaute, nicht weil mich die Schilderung nicht interessierte, sondern weil ich einen wichtigen Nachfolgetermin hatte, den ich nicht verpassen durfte. Mein sehr sensibles Gegenüber hat das gemerkt und offensichtlich als so starken Anker erlebt,[1309] dass das Gespräch augenblicklich an Tiefe verlor und auch von Seiten des Gegenübers bald beendet wurde. Auch meine nachgeschobene verbale Erklärung half hier nicht mehr. Weitere Seelsorgegespräche wurden dann nicht mehr angefragt. Es wäre sicher sinnvoll gewesen, meine zeitliche Situation vor dem Gespräch zu klären, um einen solchen ungewollten Anker zu vermeiden.

Sinnvolle Anker bei der seelsorgerlichen Gesprächsführung können sein: ein verständnisvoller Blick im rechten Augenblick, bestimmte verständnisvolle Äußerungen in bestimmter Tonlage, Änderung der Körperhaltung, Gesten oder auch, wenngleich seltener und nur wenn absolut stimmig, Berührungen. Aber auch der Blick aus dem Fenster oder auf die Uhr, doch nur dann, wenn es inhaltlich passend ist, z.B. bei sehr oberflächlichen Schilderungen oder wenn tatsächlich die vereinbarte Zeit zu Ende geht. Auch die Art, wie begrüßt und verabschiedet wird, ob etwas zu trinken angeboten wird, welcher Platz angeboten wird, in welchem Raum man sich trifft, ob ein Symbolgeschenk überreicht wird, all das kann bewusst im Sinne von Ankern eingesetzt werden.

Neben diesem Bewusstmachen und möglichst bewusstem Einsetzen von kommunikativem Ankerverhalten, kann aber auch dem Seelsorgesuchenden angeboten werden, mit ihm gemeinsam einen Anker zu finden zum Beispiel für ressourcenreiche Zustände.

S: Sie haben erzählt, dass Sie manchmal Ihren Glauben als große Kraftquelle erleben, aber dass dann wieder Situationen kommen,

---

bachtung schon sehr hilfreich sein. Die impliziten Rückmeldungen des Gegenübers sind dabei sehr nützlich.

[1309] Jedenfalls in meiner Wahrnehmung. Die Verknüpfung von ›Blick auf die Uhr‹ mit der Bedeutung ›keine Zeit mehr‹ oder ›keine Zuwendung mehr‹, ist vermutlich schon vorher in anderen Kontexten hergestellt worden und ist ja in gewissem Sinne auch ein gesamtgesellschaftlicher Anker. Im dargestellten Gespräch hat dieser Anker schlagartig die entsprechende Reaktion ausgelöst.

in denen alles wie ›weggeblasen‹ erscheint, wie ›abgeschnitten‹, wie zwei völlig getrennte Welten. Ich möchte Ihnen vorschlagen, dass wir eine kleine Erinnerungshilfe etablieren, mit denen Sie dann vielleicht auch in solchen Situationen sich wieder besser an diese Kraftquelle anschließen können. – Schließen Sie dazu die Augen. Gehen Sie in Gedanken zurück zu einem solchen Augenblick, in dem Sie das Gefühl hatten, dass Sie ganz fest auf Gott vertrauen und darin einen tiefen Frieden empfunden haben. Stellen Sie sich diesen Zustand ganz genau vor, so sehr, dass die Empfindungen spürbar werden. Geben Sie mir ein kleines Zeichen, wenn es soweit ist.

G: (Nach einer Weile.) Jetzt.

S: Fällt Ihnen spontan eine Geste ein, die Sie mit diesem Zustand verbinden?

G: Die rechte Hand vor die Brust legen.[1310] (Legt die rechte Hand auf die Brust).

S: Bleiben Sie in diesem Zustand und lassen Sie dabei ganz bewusst die rechte Hand vor der Brust. Gehen Sie jetzt nochmals ganz intensiv in diesen Zustand hinein, immer die Hand vor der Brust. Spüren Sie diesen Zustand. Spüren Sie die Hand vor der Brust.

G: (Ist tief versunken.)

S: (Nach einer Weile). Kehren Sie langsam wieder zurück zu unserer Gesprächsituation. Sie haben jetzt eine symbolische Geste (Anker) gefunden, die Ihnen helfen wird, wenn Sie sich wieder so abgeschnitten fühlen, sich an die Kraftquelle Ihres Glaubens zu erinnern.[1311]

Wenn man möchte, kann man auch das noch im Seelsorgegespräch durch Probehandeln vorwegnehmen, indem man den Gesprächspartner bittet, intensiv die »abgeschnittene Situation« zu imaginieren und dann die Hand auf die Brust zu legen (oder den Anker zu ›feuern‹, wie es im NLP-Jargon heißt). Solche Interventionen erfordern aber eine gewisse Übung.

4.3.4 Lösungsorientierte und hypnotherapeutische Techniken

Die Techniken und Interventionen der Lösungsorientierten Kurzzeittherapie, der hypnosystemischen Therapie und des Brügger Modells werden hier, aufgrund ihrer großen Ähnlichkeit sowie vieler geteilter Techniken, gemeinsam dargestellt.

[1310] Für viele katholische Christen hat z.B. das Sichbekreuzigen eine solche Anker-Funktion.

[1311] Im Grunde ist das nichts anderes, als eine Anleitung zur Autosuggestion: immer wenn ich bewusst die Hand vor die Brust lege, werde ich jene kraftvollen Gefühle erinnern.

4.3.4.1 Smalltalk oder was gut geht

Wie man auf Videos sehen kann, fangen Steve de Shazer oder Insoo Kim Berg die Sitzungen oft mit freundlichem Smalltalk an.[1312] Sie reden dabei in lockerem Plauderton über Interessen, Hobbies, Fähigkeiten, Begabungen oder andere angenehme und erfreuliche Dinge im Leben und Alltag des Klienten. Dieser anfängliche Smalltalk dient nicht nur dem ›warming-up‹. Er fokussiert zugleich auf schöne und gelingende Aspekte im Leben des Klienten und schafft so erstmal eine Atmosphäre von Interesse und Wertschätzung, positiver Selbstsicht und Ermutigung. Es regt also den Klienten wie beiläufig dazu an, sich nicht nur als »Problemfall« zu sehen, und stärkt somit zu Beginn schon mal das Gefühl für Selbstwirksamkeit (self-efficacy[1313]). Im Idealfall sogar das Selbstvertrauen, möglicherweise auch in den Problembereichen doch kompetenter zu sein, als es sich zunächst anfühlt. Der Smalltalk macht zu Beginn klar, dass es auch in der problematischen Lebenssituation, in der man Beratung aufsucht, immer noch Bereiche gibt, über die man »locker« reden kann.[1314] Und wer weiß, ob sich nicht etwas von dieser Lockerheit überträgt auf das spätere Konstruieren von Lösungen.

Smalltalk in diesem Sinne halte ich für ausgesprochen nützlich für Seelsorge. Es ist also keine Verlegenheitslösung, bevor man zum »Eigentlichen« kommt, sondern es ist eine Art »hypnotische« Fokussierung der Aufmerksamkeit auf gelingende und schöne Aspekte des Lebens. Diese Fokussierung hat in sich schon eine heilsame Wirkung, indem sie gesunde Bereiche des Lebens in den Vordergrund holt, Bereiche also, die im Sinne der Salutogenese als »verstehbar, handhabbar und bedeutsam« erlebt[1315] werden. Gerade unter dem Gesichtspunkt der Geburtstagsbesuche kommt so der Smalltalk nochmals zu einem ganz eigenen Recht,[1316] und zwar selbst dann, wenn ein solcher Hausbesuch nur aus Smalltalk bestehen sollte. Im Sinne der Salutogenese geschieht durchaus etwas sehr Wesentliches, wenn durch eine signifikante Person[1317] wie einen Seelsorger im Smalltalk eben jene Bereiche

---

1312 Berg *de Shazer* DVD 2008, *De Jong Berg* 1998, 89ff.
1313 Siehe *Bamberger* 2001, 25.
1314 Insofern wird deutlich, dass es sich beim Smalltalk nicht nur um ein unverbindliches Reden über das Wetter handelt, obwohl auch dieses nicht ausgeschlossen ist.
1315 *Antonovsky* 1997, 34f.
1316 Vgl. dazu Hauschildt, in dieser Arbeit S. 53 und öfter.
1317 In der Regel wird ein Seelsorger durchaus als »signifcant other« (vgl. *Berger Luckmann* 1969, 51 und öfter) erlebt, meist sogar mit religiöser Konnotation oder gar religiöser Übertragung. Joachim Scharfenberg stellt in seiner psychoanalytischen Praxis fest, dass es Menschen gibt, die in ihm (also dem Seelsorger) nicht nur Vater oder Mutter sehen, sondern ein »Symbol von etwas anderem, tiefer lie-

des Lebens gewürdigt und wertgeschätzt werden, aus denen der Gesprächspartner sein »Kohärenzgefühl« gewinnt.[1318] Nicht erst also in problemorientierten therapeutischen Sequenzen geschieht Eigentliches,[1319] sondern auch und gerade im Smalltalk. Im Smalltalk wird das Gelingende und Schöne ›großgeschrieben‹. Es stärkt übrigens auch den Seelsorger und beugt m.E. auch einem Burnout vor, wenn er das Glück hat, an den gelingenden und schönen Aspekten eines anderen Lebens teilhaben zu dürfen. Das gilt in ähnlichem Sinne übrigens auch für die folgende Intervention.

4.3.4.2 Komplimente oder die Freude am Gelingenden

Eine durchgehende »Technik« aller lösungsorientierten Verfahren sind Komplimente[1320] im Sinne von wertschätzenden Beobachtungen.[1321] Komplimente werden, wo immer möglich, bewusst eingesetzt, um Stärken, Erfolge, Fortschritte, aber auch Ausdauer oder gelungenes Coping wertzuschätzen und positiv zu verstärken. Auch das ist letztlich eine »hypnotische« Technik, mit der die Aufmerksamkeit bewusst auf das gelenkt wird, was eine Lösung fördert. Ja mehr noch, den vorhandenen Ressourcen wird damit regelrecht Energie zugeführt, um es in einer physikalischen Metapher auszudrücken. Es versteht sich von selbst, dass Komplimente nur dann ihre Wirkung zeigen, wenn sie ernst gemeint sind. Deswegen setze ich bei den Komplimenten das Wort »Technik« bewusst in Anführungszeichen. Komplimente sind eine Technik, insofern sie methodisch bewusst und zielgerichtet eingesetzt werden, aber sie funktionieren nur, wenn sie keine bloße Technik sind, sondern eben wirkliche Komplimente.

Wichtig ist, dass Komplimente auf eine solche Weise platziert werden, dass sie einerseits stimmig auf das eingehen, was konkret genannt wurde. Also keine Gemeinplätze, sondern treffsichere Formulierungen.

---

gendem Unbekannten.« Scharfenberg sieht hierin eine »religiöse Übertragung«. (*Scharfenberg* 1985, 117ff.). – Siehe auch *Klessmann* 2004, 568ff., sowie *Klessmann* 2012, 130ff.

[1318] Zu Kohärenzgefühl siehe *Antonovsky* 1997, 33ff. Es besteht aus den Elementen Verstehbarkeit, Handhabbarkeit und Bedeutsamkeit.

[1319] Wie Hauschildt als These – vermutlich zumindest teilweise zu Recht – der pastoralpsychologisch orientierten Seelsorge unterstellt. *Hauschildt* 1996, 120f. und 141ff.

[1320] *Stollnberger* 2009, 122ff., *Walter Peller* 1994, 140ff., *De Jong Berg* 1998, 66ff., *Isebaert* 2005, 34ff.

[1321] *Sparrer* 2007, 21 empfiehlt den englischen Begriff »compliments« durch »wertschätzende Beobachtungen« wiederzugeben, damit der damit gemeinte Sachverhalt nicht mit »Schmeichelei und Lob« (engl. »flattery) verwechselt wird. Ich bleibe trotzdem bei dem Begriff »Kompliment«, weil er sich in der Literatur durchgesetzt hat und im fachlichen Kontext auch klar ist, was damit gemeint ist.

Nicht selten aber fällt es Menschen schwer, ein direkt ausgesprochenes Kompliment auch wirklich anzunehmen. Darum wird in lösungsorientierten Verfahren empfohlen, auch sehr stark mit indirekten Komplimenten zu arbeiten. Eine Möglichkeit besteht zum Beispiel darin, dass man die Komplimente in Eindrücke verpackt, die bei einem selbst entstehen. (»Mich beeindruckt, wie Sie das gemacht haben.«). Eine andere sehr effektive und deswegen auch in der Lösungsorientierten Kurzzeittherapie sehr intensiv genutzte Form, ist es, Komplimente als Frage zu verkleiden. (»Wie kommt es, dass Sie trotz dieser schwierigen Situation es immer noch geschafft haben, Ihrer Tochter jeden Tag bei den Hausaufgaben zu helfen?«). Gerade die Frageform verleitet den Gesprächspartner dazu, im Antworten auf die Frage sich letztlich das Kompliment selbst zu geben, und damit eben eigene Ressourcen wertzuschätzen und zu stärken.

Auch Komplimente erweisen sich somit als eine ausgesprochen effektive »Technik«, die nicht nur für Seelsorge in Problemssituationen nützlich sind, sondern auch für sogenannte normale Gespräche wie zum Beispiel bei vielen Geburtstags- oder Jubiläumsbesuchen. Auch relativ gesunden Menschen tut es gut, wenn Seelsorger all das, was im Leben des Besuchten an Gelungenem aber auch an leidvoll Durchgestandenem vorhanden ist, ausdrücklich gewürdigt wird. (»Ich glaube, Sie können zurecht stolz auf Ihre Kinder sein. Das spricht für Ihre gute Erziehung.« / »Ich empfinde es jedesmal als etwas Besonderes, wenn ich, so wie bei Ihnen, erleben kann, dass zwei Menschen 50 Jahre lang Freund und Leid wirklich geteilt haben.« / »Wie haben Sie es damals nur geschafft, nachdem Sie alles verloren haben, wieder ganz von vorne anzufangen?«). Seelsorge wird somit zu einem wichtigen Beitrag zur Stärkung des Kohärenzgefühles.[1322]

Gerade darum, und das mag zunächst überraschend klingen, kann aus lösungsorientierter Sicht auch das Leiden selbst, das Problem oder die Leistung des Problems mit Komplimenten gewürdigt werden. (»Mich beeindruckt, mit welcher Ausdauer Sie bislang mit diesem Problem gerungen haben.« / »Ich glaube, Ihre Familie kann sehr dankbar sein, dass Sie in Ihnen jemanden hat, der so sensibel auf Spannung reagiert.« / »Ich weiß nicht, ob ich selbst diesen Ehekonflikt so lange ausgehalten hätte. Ihre Ehe muss Ihnen sehr viel bedeuten, dass Sie nicht einfach aufgegeben haben.« / »Wie haben Sie es nur geschafft, trotz all dem, was Gott Ihnen ›angetan‹ hat, immer noch so viel Kraft aus Ihrem Glauben zu schöpfen?«).

[1322] Zu Kohärenzgefühl siehe *Antonovsky* 1997, 33ff.

4.3.4.3 Lösungsorientiertes Fragen und Zuhören oder wie Fragen den Weg weisen

Es macht einen eminenten Unterschied, ob ein Seelsorger problemorientiert oder lösungsorientiert fragt und zuhört. Wenn ich als Seelsorger innerlich ständig mit der Frage beschäftigt bin, wo das Problem liegt, oder gar, wo das latente Problem liegt, dann stelle ich meine Fragen in diese Richtung und fokussiere beim Zuhören meine ganze Aufmerksamkeit auf alles, was in dieser Richtung gesagt wird. Außerdem werde ich – bewusst und unbewusst – durch bestimmte Verstärker mein Gegenüber in diese Richtung drängen. Umgekehrt, wenn ich innerlich mit der Frage beschäftigt bin, wo die Ressourcen meines Gegenübers sind, wo er schon mal erfolgreiche Schritte Richtung Lösung (Ausnahmen) gegangen ist, dann werde ich den Gesprächsverlauf – wiederum bewusst oder unbewusst – in diese Richtung beeinflussen.

Lösungsorientiertes Fragen und Zuhören[1323] versucht nun ganz bewusst durch sorgfältige Fokussierung auf Lösungsaspekte das Gespräch in Richtung der Lösung zu lenken. Das fängt schon mit der Eingangsfrage an. Es ist ein Unterschied, ob ich frage: »Erzählen Sie mir von Ihrem Problem? Wo drückt der Schuh?«[1324] Oder: »Was ist Ihr Anliegen? Was möchten Sie in unserem Gespräch erreichen?« Natürlich wird mein Gegenüber dennoch von seinen Problemen erzählen, und dazu soll auch Raum sein. Lösungsorientiertes Fragen und Zuhören lenkt aber auch dabei immer wieder den Fokus auf alles, was in Richtung Lösung zeigt. Zum Beispiel geht der Fokus auf bestimmte Schwankungen im Problemerleben (»Fühlen Sie sich alle Tage gleich depressiv oder gibt es Unterschiede?«), auf Ausnahmen und deren Exploration (»Beschreiben Sie mal einen Tagesablauf, an dem Sie sich weniger depressiv fühlen? Was machen Sie da anders als sonst?)« und auf Ressourcen (»Wie haben Sie erkannt, dass es Ihnen gut tut, Spaziergänge zu machen?«). Nicht sinnvoll oder gar schädlich ist es aus lösungsorientierter Sicht, die »Warum-Frage« zu stellen. Nach Ursachen eines Problems zu fragen, führt leicht in kausalistische Spekulationen und fokussiert auf die Problemseite.

4.3.4.4 Die »Wunderfrage« oder der Sprung in die Zukunft

Ein ganz wesentlicher Aspekt lösungsorientierten Arbeitens besteht darin, die erwünschte Zukunft genau in den Blick zu nehmen. Wichtig dabei ist, dass man sich nicht mit einem »Weg-von« begnügt (»Ich möchte, dass wir uns nicht mehr so viel streiten!«), sondern ein »Hin-

---

[1323] *De Jong Berg* 1998, 47ff.; *Stollnberger* 2009, 117ff., *Schmidt* 2004, 158f.
[1324] Vgl. Anmerkung 1267 auf S. 280.

zu« möglichst genau definiert[1325] (»Ich möchte mit meiner Frau gute und konstruktive Gespräche führen und mindestens einmal die Woche einen schönen gemeinsamen Abend mir ihr verbringen, z.b. Tanzen oder Essen gehen.«). Das Problem ist, dass das Problem meist ganz gut bekannt ist, das Nicht-Problem aber meist sehr vage und unscharf bleibt.[1326] Aber nur, wenn der Gesprächspartner weiß, wo er hin will, kann er auch anfangen, den Weg dahin zu suchen. Da emotionale Befindlichkeiten (»Ich möchte, dass es mir gut geht!«) subjektiv sind und nur schwer zu explorieren, legt lösungsorientiertes Arbeiten den Fokus auf das Sichtbare,[1327] also auf konkrete Verhaltensweisen und Kontexte, die es ermöglichen, dass es dem Gesprächspartner »gut« geht. Da er aber in aller Regel auf die Verhaltenweisen und Kontexte fixiert ist, in denen es ihm schlecht geht, und er sich in der Regel nicht vorstellen kann, wie es ihm »da« besser gehen soll, ist es hilfreich, einen Sprung in die Zukunft zu wagen.

De Shazer hat dazu die sogenannte Wunderfrage[1328] entwickelt. Sie überspringt die gegenwärtigen und vergangenen problematischen Verhaltensweisen und Kontexte, und tut so, als wäre – wie durch ein Wunder – der problemfreie Zustand schon erreicht. Ziel ist es, möglichst genau zu erkunden, welche konkreten Verhaltensweisen und Kontexte mit einem problemfreien Zustand assoziiert werden. Hier nun die Wunderfrage in einer ausführlichen Formulierung:[1329]

> »Reines Gedankenspiel ... nehmen wir an ... stellen Sie sich vor ... einmal angenommen ... also wenn wir hier fertig sind/aufhören und Sie verhalten sich den Rest des Tages wie üblich und Sie kommen am Abend nach Hause und tun auch dann genau das, was Sie immer tun und dann gehen Sie zu Bett ... und während Sie schlafen passiert ein Wunder ... und alles, weswegen Sie hierher gekommen sind, ist gelöst, einfach so ... und es wäre ja wirklich ein Wunder, wenn das schon über Nacht bis morgen Früh der Fall wäre ... und Sie wissen es ja gar nicht, weil es ja während des Schlafes passiert ist ... es sagt Ihnen also niemand, dass dieses Wunder passiert ist ... und wenn Sie am Morgen aufwachen ...(a) wie werden Sie beginnen zu entdecken und herauszufinden / woran werden Sie merken, dass dieses Wunder geschehen ist ... was wäre anders und was werden Zeichen für das Wunder sein (b) .. und auch wenn Sie nichts sagen, wie werden andere Menschen in ihrem Umfeld / wie wird Ihr bester Freund entdecken/herausfinden/merken, dass das Wunder passiert ist?«

[1325] *Schmidt* 2005, 102.
[1326] *Stollnberger* 2009, 59.
[1327] *de Shazer Dolan* 2008, 151ff.
[1328] *de Shazer Dolan* 2008, 70ff.; *Stollnberger* 2009, 138ff., *Sparrer* 2007, 45ff.
[1329] *Stollnberger* 2009, 144ff.

Entscheidend ist, dass die Antworten, die nun kommen, möglichst genau präzisiert werden hinsichtlich ganz konkreter Verhaltensweisen und Kontexte. Es geht also nicht um ein kontextloses Phantasieren, sondern um das Ausloten eines alltagsnahen Zustandes, in welchem das Problem nicht mehr existiert. Denn nur auf solche möglichst konkrete Weise wird klar, in welche Richtung Veränderung im realen Leben tatsächlich gehen kann. Dazu bedarf es in der Regel vieler und wiederholter Nachfragen.

Nachdem der Zustand nach dem Wunder ausführlich exploriert ist, wird gemeinsam danach gesucht, ob das Wunder in kleineren Portionen als »Ausnahme« schon im Leben des Gesprächspartners präsent ist, und welche konkreten Möglichkeiten vorhanden sind, um erste kleinere Schritte in Richtung Lösung zu gehen oder die bereits vorhandenen Spuren des Wunders (»Ausnahmen«) auszubauen. Für den weiteren Umgang mit der Wunderfrage und den möglichen Antworten der Gesprächspartner verweise ich auf die entsprechende Literatur.

An dieser Stelle möchte ich noch auf einen möglichen Einwand eingehen. Macht die Wunderfrage Sinn bei dem Umgang mit Unabänderlichem? Z.B. bei der Sterbebegleitung, bei Trauerprozessen oder bei unwiderruflicher Schuld. Könnte die Wunderfrage in solchen Zusammenhängen nicht entweder illusorisch oder gar zynisch wirken? In der Literatur habe ich zu dieser Fragestellung nur wenige kurze Anmerkungen gefunden.[1330] Ich denke aber, dass in abgeänderter Form auch hier die Wunderfrage einen Sinn machen kann. Man muss lediglich das Unabänderliche als solches benennen und das Wunder dann ausschließlich auf einen verbesserten Umgang (Coping[1331]) mit dem Unabänderlichen beziehen. In solchen Fällen könnte man die Wunderfrage folgendermaßen zu stellen:

> Wir wissen beide, dass Situation X unveränderlich ist. (Ihre Frau wird nicht wiederkehren. / Sie werden bald sterben. / Die Schuld ist nicht rückgängig zu machen). Aber Ihr Umgang damit könnte sich wie durch ein Wunder verändern. Stellen Sie sich vor, über Nacht geschieht dieses Wunder, und Sie können – ohne dass Sie wissen wie und warum – besser, ruhiger, gelassener, getrösteter ... mit der unabänderlichen Situation umgehen. Woran würden Sie das merken? Woran würden andere das merken? Haben Sie das in der Vergangenheit/Gegenwart schon mal erlebt, und sei es nur ein wenig. Was war da anders? Usw.

Gerade in der Seelsorge kann eine Wunderfrage in solchen Zusammenhängen auch zur Neu- oder Wiederentdeckung von religiösem

---

[1330] *Sparrer* 2007, 14 und 60.
[1331] Zum Begriff »coping« siehe *Franke* 2010.

Trost (Coping) führen. Zum Beispiel wenn bei der anschließenden Exploration der vergangenen oder gegenwärtigen ›Vorläufer‹ des Wunders ein längst vergessen erschienener religiöser Trost als »Ausnahme« wieder ins Bewusstsein rückt. (»Früher habe ich manchmal gebetet. Danach fühlte ich mich ruhiger.«)

In der Seelsorge halte ich die Wunderfrage für ein praktikables und sinnvolles Instrument, das man insbesondere dort einsetzen kann, wo unklar bleibt, in welche Richtung die Lösung gehen soll. Gerade also, wenn man mit Menschen zu tun hat, die nur von dem dringenden Wunsch erfüllt sind, dass etwas Problematisches aufhören möge, und gleichzeitig keine Idee haben, was stattdessen sein soll. Auch wenn man nicht völlig stringent im Sinne der Lösungsorientierten Kurzzeittherapie arbeitet, kann diese Frage als ein Element der Seelsorgearbeit integriert werden. Allerdings sollte man sich auch ansatzweise die Strategien der Lösungsorientierten Kurzzeittherapie aneignen, wie man die hypothetische Zeit nach dem Wunder möglichst passgenau und detailliert auf das alltägliche Leben des Gegenübers hin konkretisiert, um ein Abgleiten in völlig losgelöste Phantasien zu verhindern.

4.3.4.5 Nicht vereinbare oder unentscheidbare Ziele klären

Manchmal kommt es vor, dass Menschen Ziele haben, die sich gegenseitig ausschließen. Da ist z.B. der Ehemann, der sowohl seine Ehe aufrechterhalten möchte als auch seine Geliebte beibehalten. Oder jemand, der beruflich über Gebühr engagiert ist, deswegen kaum zuhause ist und nicht versteht, dass die Beziehung zu den Kindern sich nicht in der wenigen Zeit ad hoc ›von 0 auf 100‹ bringen lässt. Dann gibt es Menschen, die zwar wissen, dass sich zwei Ziele eigentlich ausschließen, aber sich nicht für eines entscheiden können. Für solche unvereinbaren oder unentscheidbaren Ziele hat Luc Isebaert folgende Möglichkeit vorgeschlagen.[1332] Man bittet den Gesprächspartner, gegebenenfalls auch in zwei aufeinanderfolgenden Gesprächsterminen, sich vorzustellen, wie das Leben mit dem je einen Ziel in ein oder zwei Jahren aussieht und dann wie das Leben mit dem je anderen Ziel in ein oder zwei Jahren aussieht. Wichtig ist, dass der Gesprächspartner dazu angehalten wird, sich die dann eintretende Alltagswirklichkeit möglichst konkret mit allen Details auszumalen. Neben der Ermutigung zu immer noch konkreteren und realistischeren Beschreibungen kann zugleich ein sokratischer Dialog treten, der durch vorsichtiges Fragen versucht dahin zu führen, Aporien zu erkennen und Vor- und Nachteile des jeweiligen Szenarios klarer zu sehen.

[1332] Mündlich in einer Fortbildungsveranstaltung im Sept 2010. Siehe auch *Isebaert* 2005, 25f.

4.3.4.6   Die Standardaufgabe der ersten Sitzung oder was bleiben soll

Viele Menschen haben, manchmal auch trotz Wunderfrage, eigentlich keine Idee, was anders werden soll. Oder sind in ihren Problemen so sehr gefangen, dass ihnen alles nur noch negativ erscheint. Sie können nicht erkennen, welche Ressourcen sie haben, oder welche hoffnungsvolle Ausnahmen vom Problemverhalten in ihrem Leben auftreten. Für diese Fälle hat de Shazer die Standardaufgabe der ersten Sitzung[1333] entwickelt. Es ist eine Beobachtungsaufgabe und zielt auf das ab, was im Leben nicht verändert werden soll.

»Ich möchte Sie bitten, von jetzt an bis zu unserem nächsten Treffen auf alle Vorgänge (in Ihrer Familie, Ihrem Leben, Ihrer Beziehung, Ihrer Ehe) zu achten – und zwar so, dass Sie sie mir das nächste Mal schildern können – deren Fortsetzung Sie wünschen.«[1334]

Diese Frage dient der Umfokussierung der Aufmerksamkeit auf das, was gut geht. Neben dem Entdecken von Ausnahmen und Ressourcen, führt dies auch zur ansatzweisen Dekonstruktion der reinen Opferrolle und zum (Wieder-)Bewusstwerden der eigenen Selbstwirksamkeit (self-efficacy[1335]) und damit auch zum Erstarken des Selbstwertgefühls. Schließlich wird damit indirekt auch eine positive Erwartungshaltung bezüglich der Veränderbarkeit der noch zu lösenden Probleme gefördert.[1336]

Eine Fragestellung in dieser Richtung, in welcher Form auch immer, kann außerdem, selbst in ganz kurzen Seelsorgebegegnungen, eine hilfreiche Intervention sein, um trotz allem erdrückenden Leidensdruck die Augen auch wieder zu öffnen für den dennoch vorhandenen Segen Gottes im eigenen Leben.

4.3.4.7   Skalierungen oder wo stehe ich

Ein ausgesprochen effektives und vielseitig einsetzbares Werkzeug hat die lösungsorientierte Therapie mit dem Instrument der Skalierung zur Verfügung gestellt.[1337] In numerischer Aufgliederung (0–10 oder gegebenenfalls Prozentsatz) werden insbesondere psychische Befindlich-

---

[1333] *Stollnberger* 2009, 113ff., *de Shazer* 1989, 184ff., *Bamberger* 2001, 60; *De Jong Berg* 1998, 200.

[1334] *Stollnberger* 2009, 113, bzw. *de Shazer* 1989, 184 u. 198.

[1335] Selbstwirksamkeit (self-efficacy) zu ermöglichen, ist nach Bamberger geradezu ein Metakonzept der lösungsorientierten Therapie (*Bamberger* 2001, 25).

[1336] Siehe *Stollnberger* 2009, 114 ff.

[1337] Ausführlich und mit Praxisanleitungen dazu siehe *Stollnberger* 2009, 162ff., sowie *De Jong Berg* 1998, 168ff., 230f., 335ff. und *Sparrer* 2007, 62ff. Skalierungen in Bezug auf die Wunderfrage ebenfalls mit Praxisanleitungen siehe bei *de Shazer Dolan* 2008, 102ff.

keiten dargestellt, die man ja an sich nicht ›sehen‹ kann. Sobald ein Gesprächspartner sagt, es gehe im »schlecht«, »schlechter, »gut«, »besser« weiß ich als Seelsorger nie wirklich, was genau mein Gegenüber innerlich darunter versteht und welche »Unterscheidungen« seiner Gefühlslage zugrunde liegen. Auch den Gesprächspartnern, insbesondere wenn sie zu Schwarz-Weiß-Denken neigen, sind die graduellen Unterschiede in ihrer Befindlichkeit häufig nicht klar. Skalierungen sind darum hervorragend geeignet, um die Befindlichkeit und deren Veränderungen, sowohl nach außen als auch nach innen zu kommunizieren. Erkennbar werden dadurch einmal differenziertere Abstufungen innerer Befindlichkeit, insbesondere aber Veränderungen der Befindlichkeit zum Besseren oder auch zum Schlechteren, erkennbar werden auch kleinere graduelle Unterschiede in der Veränderung, und erkennbar wird schließlich auch, wann ein gewünschter Zustand annähernd erreicht ist. Skalierungen sind also ein hervorragendes Werkzeug, um dem Seelsorger und dem Gesprächspartner selbst eine aussagekräftige und differenzierte Auskunft über den Prozessverlauf zu geben. Skalierungen können darum an jeder Stelle des Prozesses sinnvoll eingesetzt werden. In der Regel münden Skalierungen sinnvollerweise in eine ressourcenorientierte Auswertung der Unterschiede.

Zur Veranschaulichung ein paar Beispiele, wie man Skalierungen in der Praxis anwenden kann. Die Beispiele sind bewusst kurz gehalten, und geben auch nur einen Ausschnitt der denkbaren Möglichkeiten wieder.[1338]

1. Augenblicklicher Zustand und bereits eingetretene Veränderungen
S: Sie sagen es geht Ihnen schlecht. Ich möchte das etwas genauer verstehen. Angenommen 0 wäre der denkbar schlechteste Zustand, den Sie sich vorstellen können, und 10 wäre der Zustand, in dem all das, was Sie jetzt belastet, gelöst ist. Wo befinden Sie sich heute.
G: Auf einer 3.
S: Und wo haben Sie sich befunden, als Sie sich entschlossen haben, zu mir in die Seelsorge zu kommen?
G: Das war eine 1.
S: Oh, das ist ja interessant. Dann haben Sie Ihre Situation vom Entschluss bis heute schon um 2 Punkte verbessert. Wie haben Sie das gemacht? (Es folgt dann eine Exploration der sog. *pre-session-changes*).

2. Ausnahmen in der Vergangenheit
S: Sie haben sich, als Sie sich zum Gespräch mit mir entschieden haben, bei einer 1 gefühlt. Wenn Sie an die letzten Jahre zurückdenken, gab es da auch schon Situationen, in denen Sie sich höher einstufen würden?

1338 Zu weiteren Möglichkeiten siehe die zitierte Literatur.

G: Ja, doch! Gelegentlich habe ich mich auch bei einer 3 oder 4 gefühlt. Halt, da gab es auch noch mal eine Situation, da war es wohl doch eher eine 6.
S: Erzählen Sie mir davon. Was war das genau? Was haben Sie da gemacht? (Es folgt die Exploration der Ausnahme).

3. Zielbestimmung

S: Wir sind jetzt also bei einer 3. Welchen Punkt der Skala müssten Sie erreichen, damit Sie sagen, mir geht es jetzt wieder besser, ich komme jetzt alleine klar?
G: Das wäre vielleicht eine 7 oder 8.
S. Woran würden Sie erkennen, das Sie eine 7 oder 8 erreicht haben? (Es folgt eine Exploration des gewünschten Zustandes, insbesondere anhand nachvollziehbarer konkreter Verhaltens- und Kontextbeschreibungen).

4. Evaluation

S: Wir kommen an das Ende unseres heutigen Gespräches. Wie würden Sie Ihre Befindlichkeit jetzt einschätzen.
G: 5
S: Das ist ja schön! Was hat Ihnen geholfen, von einer 3 auf eine 5 zu kommen. (Es folgte eine Evaluation dessen, was im Gespräch als hilfreich erlebt wurde).

5. Zuversicht

S: Sie sind jetzt bei einer 5. Wie würden Sie Ihre Zuversicht auf einer Skala von 0–10 einstufen, dass Sie diese 5 in den nächsten 2 Wochen halten oder vielleicht noch steigern können?
G: O, das wäre im Moment wohl nur eine 2.
S: Ok. Zunächst einmal freut mich, dass Sie nicht 0, sondern 2 empfinden. Das heißt, ein gewisses, wenn auch kleines Zutrauen ist doch da. Was unterscheidet die 2 von der 0 (Exploration der vorhandenen Ressourcen). Und was würde Ihnen helfen, dieses Zutrauen, sagen wir, von der 2 zu einer 3 oder 4 zu steigern. (Es folgt eine Exploration dessen, was das Zutrauen stärken könnte).

6. Verschlechterung / Verbesserung

S: Bei unserem letzten Gespräch hatten Sie am Ende Ihre Befindlichkeit mit einer 5 eingestuft. Wie geht es Ihnen jetzt?
G: Ich glaube, ich bin wieder bei einer 3.
S: Da hatten Sie doch ein gutes Gespür für sich, als Sie Ihre Zuversicht das letzte Mal noch etwas vorsichtig eingeschätzt haben. Was mich aber sehr interessieren würde: Sie sind ja jetzt bei einer 3, und nicht bei einer 2 oder 1. Was haben Sie gemacht, dass genau das nicht passiert ist. (Es werden die Ressourcen erfragt, mit denen das Gegenüber ein Abgleiten in eine stärkere Verschlimmerung verhindert hat).

Bei Verbesserungen wird demgegenüber erfragt, wie der Gesprächspartner die Verbesserung erreicht hat.
G: Ich bin jetzt auf einer 6.
S: Das ist ja schön! Wie haben Sie das erreicht?

4.3.4.8 Normalisieren oder »shit happens«

Ein weiteres Vorgehen, das bei lösungsorientierten, aber auch anderen Verfahren angewandt wird, ist das Normalisieren.[1339] Wenn ein Problem pathologisiert wird, wenn hintergründige komplizierte Ursachen vermutet werden, wenn es als besonders gravierend dargestellt wird, dann erscheint der Lösungsweg zwangsläufig langwierig und mühsam. Außerdem impliziert dies, dass man auf einen wissenden Experten angewiesen ist. Wenn ein Problem dagegen als »normal« oder nachvollziehbar rückgemeldet wird (»Shit happens!«[1340] / »So etwas kann vorkommen.« / »Ich kenne viele Menschen, denen es ganz ähnlich ergeht.« / »In Ihrer Situation würde es mir wahrscheinlich genauso ergehen.«[1341]), wenn auf Pathologisierung verzichtet wird (»Dass Sie sich depressiv fühlen, erscheint mir als eine ziemlich normale Reaktion nach all dem, was Sie durchgemacht haben.«) verliert das Problem etwas von seiner dramatischen Außergewöhnlichkeit und Schwere. Ein »normales« Problem wird auch wieder zugänglicher für »normale« Lösungsmöglichkeiten.

An dieser Stelle kann ich tatsächlich nur raten, auch ein gewisses Misstrauen gegenüber diagnostischen Festlegungen sich zu bewahren. Diagnosen, z.B. nach ICD 10, dienen dem fallübergreifenden Austausch von Ärzten und Psychologen, vor allem aber dienen sie der Abrechnung mit den Kostenträgern. Darin haben sie einen gewissen, wenn auch begrenzten Sinn. Immer mehr Verfahren erkennen aber, dass eine Diagnose in Bezug auf eine konkrete Person nicht zu Festschreibungen führen darf, weder für den Behandler und schon gar nicht für den Patienten. Wenn aus einer Diagnose ein Patient dann auch noch als Selbstbild die Aussage verinnerlicht »Ich bin depressiv!«, dann, spätestens dann hat eine Diagnose eine evtl. heuristische Hilfsfunktion verloren und ist zu einem malignen Konstrukt geworden.[1342]

[1339] *De Jong Berg* 1998, 76.
[1340] Vgl. *de Shazer* 1989, 43. – Ausführlich *Simon Weber* 1990, 182ff. Dort erklärt de Shazer scherzhaft Carl Auer zum Urheber dieses in den USA sehr verbreiteten Ausspruchs.
[1341] Wichtig auch hier: Normalisieren ist etwas anderes als Bagatellisieren. Selbst bei (gegebenenfalls) gleicher Wortwahl wird der Unterschied sehr stark in der empathisch zugewandten Haltung liegen.
[1342] Siehe diese Arbeit S. 38.

Ein junger Mann, der von einem Psychiater als mittelschwer depressiv eingestuft wurde, bittet seine Pfarrerin um seelsorgerliche Hilfe. Von seiner ausführlichen biografischen Erzählung ist die Pfarrerin sehr berührt. Sie hat ihm daraufhin einfach nur rückgemeldet, dass sie es als völlig normal und nachvollziehbar empfindet, dass er sich nach den geschilderten leidvollen Erfahrungen ›depressiv‹ fühlt. Aus ihrer Sicht sei er nicht »verrückt«, so seine Befürchtung, sondern einfach nur sehr traurig. Und zwar zu Recht. Er hat daraufhin auf eigene Entscheidung die psychiatrische Behandlung durch eine fachlich begleitete Betroffenengruppe ersetzt – und konnte damit zurückfinden zu einem normalen Trauerprozess. Ein zentraler Baustein für seine Entscheidung, so erzählt er später der Pfarrerin, sei ihre normalisierende Rückmeldung gewesen.

Eine Normalisierung kann im Einzelfall also durchaus in Konflikt geraten mit diagnostischen Zuschreibungen. Bei allem Respekt vor der Wahrung professioneller Grenzen, bei aller Vorsicht gegenüber falscher Selbstüberschätzung seitens des Seelsorgers, lässt sich ein solcher Konflikt nicht immer vermeiden. Er lässt sich aber dadurch abmildern, dass der Seelsorger nicht als besserwissender Experte auftritt, sondern einfach seine subjektive Wahrnehmung zur Verfügung stellt. Wichtig ist in jedem Einzelfall aber zu prüfen, welche Mitteilung zum Wohl des Gesprächspartners beiträgt und welche nicht. Wenn sich jemand entschieden hat, sich einer bestimmten Diagnostik anzuvertrauen, bin ich ausgesprochen zurückhaltend im Hinterfragen, selbst wenn ich kritische Rückfragen hätte. Der Gesprächspartner darf nicht zum Schlachtfeld von Besserwissern werden. Selbstverständlich muss ein Seelsorger auch wissen, welche Phänomene als solche nicht normalisiert werden können und dürfen (z.B. Psychosen, Gewalt gegen Dritte, usw.). Und entscheidend wichtig ist ebenfalls, Normalisieren nicht mit Bagatellisieren zu verwechseln.[1343]

4.3.4.9 Kognitive Übungen oder Kopf und Herz wieder frei bekommen

Die gesundheitsorientierte kognitive Therapie nach Luc Isebaert arbeitet auch mit zahlreichen kognitiven Übungen, die dazu dienen die Problemtrance zu unterbrechen – und Kopf und Herz wieder frei zu bekommen. Alle diese Übungen basieren auf der Idee, dass, wenn ich mich mit dem Kopf bewusst auf etwas anderes konzentriere, das permanente Kreisen um das Problem unterbrochen wird. Auf diese Weise entsteht eine Musterunterbrechung, die neue und andere Kognitionen ermöglicht, also beim »Logos«, dem bewussten Denken, ansetzt, die

---

[1343] Vgl. die Anmerkung des Herausgebers bei *De Jong Berg* 1998, 77.

aber dann, im Sinne der systemischen Wechselwirkung die ganze Logos-Ethos-Pathos-Struktur einer Gewohnheit verändern kann.[1344]

Hierzu gehören Übungen wie zum Beispiel der »Gedankenstopp«,[1345] eine Übung, in der negative Kognitionen mit einem festgelegten und eingeübten starken Signal unterbrochen werden. Ebenso die Übung »54321«[1346], eine Übungsaufgabe zur kognitiven Musterunterbrechung, in der nach Wahrnehmungsorganen geordnet erst 5, dann 4, dann 3, usw. Gegenstände, Geräusche, Empfindungen bewusst fokussiert werden sollen. Eine Variante davon sind Übungen wie »Die letzten 5 Minuten«[1347] oder der »Grübelstuhl«,[1348] in dem die kognitive Problemfixierung ausdrücklich erlaubt oder sogar geboten wird, aber zeitlich und/oder örtlich begrenzt.

Die letzten beiden Übungen werden wie folgt eingeführt. »Sie dürfen immer nur die letzten 5 Minuten einer vollen halben Stunde grübeln. Kommen Sie früher auf Ihre dunklen Gedanken, dann verschieben Sie sie auf diese Zeit.« / »Wenn die belastenden Gedanken Sie wieder überfallen und Sie es nicht schaffen, sich abzulenken, dann setzen Sie sich auf Ihren vorher dazu bestimmten Grübelsessel. Dort dürfen Sie grübeln, soviel Sie wollen. Aber nichts anderes tun. Wenn Sie dann das Grübeln leid sind, verlassen Sie den Sessel wieder. Aber außerhalb des Sessels dürfen Sie dann nicht mehr grübeln«.

Bei entsprechender Problemlage des Gesprächspartners und mit entsprechender behutsamer Einführung, spricht nichts dagegen, dass solche Übungen auch eins zu eins in die Seelsorge übernommen werden.[1349] Wie immer natürlich nur als Vorschläge, die auch abgelehnt werden können. Am besten schlägt man solche Übungen als eine Art Experiment vor, das der Gesprächspartner ausprobieren kann und somit testen kann, ob es ihm hilft oder nicht. Denn nicht für jeden Menschen sind solche Übungen gleichermaßen hilfreich.

4.3.4.10 Autohypnotische Übungen oder sich auf Positives einstimmen

In der Kurzzeittherapie wurde eine ganze Reihe von Übungen entwickelt, die einen autohypnotischen Effekt haben. Sie induzieren hypnotische Suggestionen, die die bewusste und unbewusste Aufmerksam-

---

1344   Siehe diese Arbeit S. 158.
1345   *Isebaert* 2005, 105.
1346   *Isebaert* 2005, 108.
1347   *Isebaert* 2005, 105.
1348   *Isebaert* 2005, 106.
1349   Weitere Übungen sind zu finden bei *Isebaert* 2005, 104ff.

keit des Klienten auf die Entdeckung von Ressourcen oder die Lösungsentwicklung lenken. Viele dieser Übungen sind auch für Seelsorge geeignet. Zwei Beispiele seien hier kurz vorgestellt.

»Schutzengelübung«[1350]
S: »Nehmen wir einmal an, Sie haben einen Schutzengel. Er meint es sehr gut mit Ihnen und hat Ihnen viele hilfreiche und wichtige Botschaften zu sagen. Nur Sie haben ihn bislang noch nie gehört, da Engel ja keine Stimme haben. Aber wer weiß, ob nicht mancher gute Gedanke, den Sie schon hatten, von diesem Engel stammt. Wenn Sie sich jetzt einmal ganz entspannen und die Augen schließen, vernehmen Sie vielleicht ganz bewusst solch einen hilfreichen Gedanken von Ihrem Schutzengel. Vielleicht sagt er Ihnen eine sehr wertvolle Eigenschaft, die Sie haben. Er kennt Sie ja durch und durch. Wenn Sie dann den Gedanken des Engels wahrgenommen haben, öffnen Sie die Augen. Welchen Gedanken hat der Engel Ihnen gesagt?«
G: (benennt die wertvolle Eigenschaft, die der Engel ihm gesagt hat).
S: (wiederholt die Worte). Schließen Sie jetzt noch einmal die Augen und gehen in der Phantasie zu einem Moment in Ihrem Leben, in dem Sie diese Eigenschaft gespürt haben.

Der Gesprächspartner wird dazu angeleitet, sich die Situation mit allen Sinnen zu vergegenwärtigen. Damit wird das Erleben dieser Eigenschaft aktiviert und zugleich verankert. Diese Eigenschaft ist nun als Ressource auch eher abrufbar, wenn sie im Problemkontext gebraucht wird. Letzteres kann verstärkt werden, wenn noch innerhalb der Therapie beziehungsweise Seelsorgesitzung durch eine weitere Phantasieübung die positive Eigenschaft schon mal in den Problemkontext eingeführt wird.

Zu den autohypnotischen Techniken gehören auch Ablenkungs- und Musterunterbrechungsübungen. Sie sind ähnlich den kognitiven Musterunterbrechungen im vorherigen Abschnitt und lassen sich davon nicht genau trennen. Es sind insofern zunächst weniger Lösungsinduktionen als vielmehr Problemexduktionen, wenngleich das erstere damit ansatzweise auch verbunden werden kann. Solche Übungen helfen also, sich vom Problemmuster oder Problemgedanken abzulenken und können zugleich positive Aspekte verankern. Eine typische solche Übung, die Musterunterbrechung mit Stärkung von Lösungsressourcen verbindet, ist zum Beispiel die folgende.

[1350] *Isebaert* 2005, 111f. Die Übung ist hier sehr verkürzt wiedergegeben. Wer sie in der Praxis ausprobieren möchte, sollte sie im Original lesen. Dort finden sich übrigens auch noch eine ganze Reihe weiterer autohypnotischer Übungen. Ähnliche und z.T. dieselben Übungen finden sich auch in *Dolan* 2009.

»Die frohe Botschaft mit der linken Hand«[1351]
Der Gesprächspartner erhält die Aufgabe, sich einen Satz zu überlegen, der eine zentrale positive Eigenschaft von ihm ausdrückt. Diesen Satz soll er aufschreiben. Jedesmal nun, wenn er in Problemtrance verfällt, also sich in Gedanken oder Handlungen dem Problem widmet, soll er diesen positiven Satz zur Hand nehmen und ihn mit der linken (ungeübten) Hand abschreiben und zwar möglichst schön. Die Konzentration darauf lenkt sein Wachbewusstsein ab, und suggeriert zugleich seinem Unbewussten die positive Botschaft. Nach dem Abschreiben kann dann bewusst entschieden werden, ob er wieder in Problemtrance verfallen möchte oder doch lieber nicht.

4.3.4.11 Dissoziationsübungen oder Abstand gewinnen

Für die Kurzzeitverfahren betont insbesondere Gunther Schmidt die Wichtigkeit von Dissoziationsübungen.[1352] Die Einnahme einer sicheren Beobachterposition ist für ihn oftmals geradezu Voraussetzung für viele weitere Interventionen. Das geht bis hinein in den Aufbau einer körperlich spürbaren Beobachterposition, ja Steuerungsposition.[1353] Neben dieser grundsätzlichen Dissoziation als stabile Basis für den Beratungsprozess, gibt es noch verschiedene weitere Dissoziationsübungen als konkrete Interventionen (z.B. indem das Problemerleben als »Film« angeschaut wird[1354]).

Für die Seelsorge kann ein solcher Aufbau einer sicheren Beobachterposition bei emotional stark involvierten Themen sinnvoll sein, insbesondere wenn sehr angstauslösende Situationen zum Thema werden. Es geht dann darum, den Gesprächspartner in eine Situation zu versetzen, in der er seine als problematisch oder angstauslösend erlebte Situation quasi von außen erleben kann, eben aus einer sicheren Beobachterposition. Das hilft ihm, sich sozusagen sehenden Auges von der Situation zu distanzieren.

G: Nachts wache ich oft auf, denke an mein Problem, und bekomme ein wahnsinniges Angstgefühl. Dann bin ich voller Panik und kann nicht mehr schlafen.
S: Stellen Sie sich bitte mal vor, hier im Raum wäre eine große Kinoleinwand, die wir gut sehen können. Und dort spielt jetzt ge

---

[1351] *Isebaert* 2005, 107f. Auch von solchen Übungen bietet Isebaert noch eine größere Auswahl.
[1352] *Schmidt* 2005, 94ff. Dissoziationsübungen sind Bestandteile vieler Verfahren, auch der Integrativen Therapie. Siehe *Rahm et al* 1993, S.529f.
[1353] *Schmidt* 2004, 62f., *Schmidt et al* 2010, 92ff.
[1354] *Schmidt* 2004, 238ff.

rade der Film »Ich und meine nächtliche Angst.« Sie sehen sich also selbst, wenn Sie nachts diese Panikattacken bekommen. Was sehen Sie?
G: Ich sehe mich im Bett liegen.
S: Wie genau liegen Sie im Bett?
G: Zusammengekauert, die Decke über mich gezogen.
S: Wie in einem Schneckenhaus?
G: Ja. Aber manchmal drehe ich mich auch unruhig hin und her.
S: Geschieht noch mehr? Was sehen Sie noch?
G: Ich sehe mich, wie ich aufstehe, leise, um die Kinder nicht zu wecken. Ich gehe ins Wohnzimmer ... (Schweigen)
S: Was ist jetzt?
G: Ich habe Angst, dass die Panik mich jetzt ergreift.
S: Dass die Panik von der Leinwand zu Ihnen übergreift?
G: Ja!
S: Wo sind Sie jetzt gerade?
G: Hier bei Ihnen.
S: Ja, Sie sitzen hier im Stuhl mir gegenüber. Wie fühlen Sie sich da?
G: Eigentlich sicher! Und geschützt.
S: Und? Ist die Angst von der Leinwand übergesprungen?
G: Nein. Ich habe nur Angst, dass sie es tun könnte. (Macht mit beiden Händen eine abwehrende Bewegung).
S: Machen Sie diese Bewegung nochmals.
G: (Macht die Bewegung). Ja, eigentlich bin ich hier sicher.
S: Ja! Sie sind jetzt nicht alleine. Sie können sich das Bild auf der Leinwand gemeinsam mit mir anschauen. Die Angst ist, obwohl Sie das befürchtet hatten, nicht übergesprungen. Sie haben auch eine Bewegung gefunden, mit der Sie sich schützen können.
G: Ja. Ich sehe mich da auf der Leinwand. Aber die ist Angst tatsächlich nicht übergesprungen.
S: Wenn Sie das nächste Mal nachts aufwachen, dann werden Sie automatisch an unsere jetzige Situation denken: Dass Sie das Ganze auch von außen betrachten können, ohne dass die Angst überspringt. Sie werden gar nicht anders können, als daran zu denken, wie wir hier in einer sicheren Distanz uns das angeschaut haben. Schauen Sie mal, wie es Ihnen damit ergeht, wenn die nächtliche Angst wieder kommt.

Die letzten Sätze sind schon eine Art hypnotische Suggestion. Auch wenn ziemlich sicher die nächtlichen Angstattacken wieder auftreten werden, so wird der Gesprächspartner jetzt mit hoher Wahrscheinlichkeit dann an die Situation im Seelsorgezimmer denken. Das bewirkt vermutlich eine Musterunterbrechung. Er kann sich jetzt zumindest an die Erfahrung erinnern, dass er seine Angst auch mal in sicherer Position von außen sehen konnte. Zwischen ihm und der Angst ist eine dritte Möglichkeit eingeführt, die der Dissoziation.

Solche Dissoziationsübungen können auch noch für andere Zwecke verwendet werden, z.b. um Lösungsschritte zu erarbeiten. Im Seelsorgegespräch könnte es dann darum gehen, das Drehbuch des Kinofilms weiterzuschreiben. Gemeinsam mit dem Gesprächspartner kann überlegt werden, welche nächsten Szenen folgen müssten, um den Hauptdarsteller des Films erste Schritte gehen zu lassen, die zu einem Happy End führen.[1355]

Eine weitere und ganz einfache Methode der Dissoziation ist der Vorschlag, innere Seiten anzunehmen oder zu konstruieren.[1356] Damit wird das problematische Erleben nicht mehr der ganzen Person zugeschrieben, sondern nur einer Seite der Person. Gleichzeitig werden aber die Gefühle dennoch ernst genommen

G: Ich fühle mich so schwach und unfähig.
S: Probieren Sie bitte mal aus, wie es sich anfühlt, wenn Sie sagen: Eine Seite von mir fühlt sich schwach und unfähig.
G: (zögert): Ein Seite von mir fühlt sich schwach und unfähig.
S: Wie fühlt sich das an?
G: (aufatmend) Es ist nicht mehr so total, so absolut. Ja, eine Seite empfindet genau so. Aber ich habe ja auch noch andere Seiten.

4.3.4.12 Metaphern und Geschichten als hypnotische Aufmerksamkeitsfokussierung

Metaphern und Geschichten können dazu verwendet werden, die Aufmerksamkeitsfokussierung des Klienten anzuregen. Vor allem dann, wenn die Geschichten und Metaphern nicht völlig geschlossen sind, sondern eine gewisse Interpretationsoffenheit ausweisen, die das Gegenüber zu bewussten oder unbewussten inneren Suchprozessen anregen.[1357] Dabei wird davon ausgegangen, dass durch den Kontext, also Therapie oder Seelsorge, in dem die Geschichte oder Metapher verwendet wird, diese als bedeutungsvoll in Hinsicht auf die angestrebte Lösung angesehen wird. Die Bedeutungsoffenheit, verbunden mit der Bedeutungsaufladung, löst beim Klienten eine suchende Aufmerksamkeitsfokussierung aus, die dann zu einer persönlichen und in dem Sinne auch persönlich weiterführenden Interpretation führt.[1358]

[1355] Vgl. *Schmidt* 2004, 242f.
[1356] *Schmidt* 2004, 279f., *Schmidt et al* 2010, 91f. und 94ff.
[1357] *Schmidt* 2004, 68ff. und 145f.
[1358] *Schmidt* 2004, 145f.

Für Seelsorge bedeutet dies, dass in diesem Sinne auch biblische Geschichten und Metaphern ins Gespräch gebracht werden können.[1359] Also nicht im Sinne einer fertigen biblischen Lösung, sondern um eben jene hilfreichen Suchprozesse und Bedeutungszuschreibungen auszulösen. Dabei muss allerdings beachtet werden, dass viele Menschen biblische Geschichten und Metaphern als »geschlossene Wahrheit« erleben, und nicht als offene Einladung für persönliche Suchprozesse. Daher kann dies nur nach jeweils konkreter Indikation eingesetzt werden, also mit Menschen, die für solche Anregungen offen sind. Aber auch bei Menschen, die ein relativ fixes Verständnis von der Bibel haben, können gerade mit der Bibel Impulse eingestreut werden, die zu mehr Offenheit führen. Allerdings müssen dafür solche Impulse ausgewählt werden, die zu einer gewissen indirekten Dekonstruktion von fixen Vorstellungen geeignet sind. Für Gesprächspartner, die eine sehr abwehrende Haltung gegenüber der Bibel haben, und die das dann schnell als weltanschaulichen Übergriff interpretieren, wären biblische Geschichten und Zitate eher kontraindiziert. Selbstverständlich kann in der Seelsorge natürlich auch auf den ganzen Reichtum nichtbiblischer Geschichten und Metaphern zurückgegriffen werden.[1360]

4.3.4.13 Hausaufgaben oder Übungen für den Alltag

Hausaufgaben sind eine typische Intervention bei Kurzzeittherapien. Sie gehen zurück auf Milton Erickson, wurden dann systematisiert von Steve de Shazer. Die Hausaufgaben dienen dazu, die Lösungskonstruktion auch, genauer gesagt, gerade im Alltag anzuregen. Allen Hausaufgaben ist gemeinsam, dass sie die Aufmerksamkeit oder sogar das Handeln in Richtung auf die Lösung lenken. Dabei wird unterschieden zwischen Hausaufgaben, die in Rechnung stellen, dass der Klient noch gar keine Idee hat, in welche Richtung die Lösung gehen kann und dass er willkürlich etwas dazu beitragen kann und Hausaufgaben für solche Klienten, mit zunehmendem Maße sich des eigenen Beitrags zur Lösung bewusst sind.[1361] Bamberger hat in seinem Praxisbuch fünf Kategorien von Hausaufgaben[1362] vorgestellt. Diese können so auch unmittelbar für die Seelsorgearbeit verwendet werden, wenn man zuvor lösungsorientiert gearbeitet hat.

[1359] Das bestätigt aus hypnotherapeutischer Sicht nochmals gewisse Aspekte des Anliegens von Peter Bukowski (*Bukowski* 1994).

[1360] Vgl. z.B. die vielfach immer wieder aufgelegte Geschichtensammlung »Der Kaufmann und der Papagei« (*Peseschkian* 1979).

[1361] Also die oben dargestellte Unterscheidung zwischen »Klagenden« und »Kunden«. – »Besuchern« kann man keine Hausaufgaben geben. Siehe diese Arbeit S. 130 und S. 282.

[1362] *Bamberger* 2001, 119. Er bezieht sich dabei auf *Eberling Hargens* 1996.

(1) Nachdenken – zum Beispiel über das, was gegenwärtig positiv verläuft und deshalb unverändert bleiben soll;[1363]
(2) Beobachten – zum Beispiel das, was in den Zeiten der Ausnahme anders ist und insofern als ›Baustein‹ für eine Lösung genutzt werden kann;
(3) Vorhersagen – zum Beispiel in welchem Ausprägungsgrad das Problem in den nächsten Tagen variieren wird und sich dabei mehr oder weniger in Richtung »Lösung« verändert;[1364]
(4) So-tun-als-ob – zum Beispiel als ob das Wunder schon geschehen und die Lösung schon existent wäre;[1365]
(5) Zielorientiert handeln – zum Beispiel mehr von dem zu tun, was funktioniert.

Das Geben von Hausaufgaben muss in der Seelsorge kurz erklärt werden, weil es dort nicht erwartet wird. Aber wenn das transparent und verständlich erläutert wird, stellt dies in der Regel kein Problem dar. Wichtig ist auch, dass die Hausaufgabe als Vorschlag präsentiert wird, der auch abgelehnt werden kann.

4.3.5 Impulse und Techniken aus der Integrativen Therapie

Im Unterschied zu den dargestellten praxisrelevanten Techniken der anderen Verfahren, bietet die Integrative Therapie auch ein paar ganz grundlegende Impulse, die für die konkrete Seelsorgearbeit wichtig sind. Es ist nicht so, dass sie damit etwas völlig anderes bietet als die anderen Verfahren, aber das Spezifische an der Integrativen Therapie ist, dass viele Aspekte, die bei anderen Verfahren nur implizit vorhanden sind und allenfalls nur ansatzweise theoretisch reflektiert werden, von der Integrativen Therapie explizit und ausführlich erörtert werden. Aus diesem Grunde sollen hier im Praxisteil auch ein paar solcher Basisgedanken dargestellt werden, weil sie in der Tat auch für die konkrete Seelsorgebegegnung auf eine dem Menschen und der menschlichen Begegnung angemessene Grundhaltung hinweisen. Es folgen daran anschließend ein paar konkrete Interventionsmöglichkeiten, die im Bereich der Integrativen Therapie angesiedelt sind.

[1363] Diese Hausaufgabe arbeitet mit einer suggestiven Präsupposition. Es gibt im Leben des Klienten eine Menge Gutes, das gar nicht geändert werden soll. Darauf wird die Aufmerksamkeit gerichtet, um das Selbstbewusstsein und das Gefühl für Selbstwirksamkeit zu stärken. Vgl. die »Standardaufgabe der ersten Sitzung«, siehe diese Arbeit S. 133 und S. 306.
[1364] Diese Hausaufgabe zielt darauf, als zufällig und unwillkürlich erlebtes Lösungsverhalten mehr in den Bereich der Vorhersagbarkeit und damit in den Bereich der bewussten Entscheidung zu rücken.
[1365] Diese Aufgabe sensibilisiert dafür, dass eine andere Realitätskonstruktion ein anderes Realitätserleben nach sich zieht, und damit wiederum einen systemischen Rückkoppelungsprozess auslöst.

4.3.5.1 Intersubjektivität und Korrespondenzmodell oder wie gehen wir miteinander um

Intersubjektiviät und Korrespondenz sind das Grundanliegen der Integrativen Therapie.[1366] Sie besagen im Grunde nichts anderes, als dass wir Menschen uns auf Augenhöhe begegnen und Wahrheit immer nur zu zweit entsteht. Das gilt auch und gerade für die therapeutische Begegnung, die einer doppelten Versuchung unterliegt. Erstens die Augenhöhe durch ein Gefälle zu ersetzen. Hier der Experte, dort der Laie, hier der kompetente Helfer, dort der unkompetente Hilfesuchende, hier der, der sagt, was zu tun ist, und dort der andere, der zu folgen hat (Compliance). Intersubjektivität nimmt zwar durchaus ernst, dass hilfesuchende Menschen sich von sich aus in die hilflose und unwissende Position begeben können und dann zum Therapeuten wie zum allwissenden Experten aufschauen. Ein an Intersubjektivität orientierter Therapeut nimmt eine solche Zuschreibung immer nur vorübergehend und ersatzweise an, und arbeitet zugleich von vorneherein mit »unterstellter Intersubjektivität«,[1367] das heißt, behandelt den anderen so, als ob er auf Augenhöhe wäre, selbst wenn er es selbst noch nicht so empfinden kann.[1368] Die zweite Versuchung ist mit der ersten eng verwandt. Sie besteht darin, die Interaktion im Therapieprozess als Einbahnstraße zu verstehen, jedenfalls was die Suche nach der Deutung oder der Lösung anbelangt. So als ob die eine Seite die richtige Deutung oder Lösung hätte, und die Interaktion dann nur noch ein einseitiger Lernprozess wäre. Das Korrespondenzmodell hingegen besagt, dass ein Verstehen der Situation des Klienten, die Wahrheit seiner Situation und die Erarbeitung von Lösungswegen immer ein dialogischer, gemeinsamer, korrespondierender Prozess von Therapeut und Klient ist.[1369] Nur gemeinsam kann Sinn ›gefunden‹ werden.[1370] Das liegt in der dialogischen Grundstruktur des Menschen,[1371] die auch für die Therapie gilt.

Auch und gerade Seelsorge unterliegt dieser doppelten Versuchung, vielleicht weniger in Bezug auf therapeutische Wahrheiten,[1372] als

---

1366 *Rahm et al* 1993, 79ff.; Ausführlich *Petzold* 1993, 19ff.

1367 *Petzold* 1993, 1079ff.

1368 Damit ist vermutlich dasselbe gemeint, was Klaus Winkler etwas zurückhaltender formuliert. Gleichberechtigte Partnerschaft in der Seelsorgebeziehung kann, so Winkler, nicht vorausgesetzt werden, sondern muss erarbeitet werden (*Winkler* 2000, 273).

1369 *Rahm et al* 1993, 341; *Petzold* 1993c, 270f.

1370 *Petzold* 1993, 35f., ausführlich 153ff.

1371 Der Mensch ist gemäß Petzold »ein wesensmäßig Koexistierender« (*Petzold* 1993a, 19). Petzold spricht auch von »basaler Koexistenz« (*Petzold* 1993, 1056).

1372 In Bezug auf einseitige und dominante Wahrheitsansprüche sowie subtile Strukturen von Macht und Ungleichheit im therapeutischen Prozess ebenso wie im therapeutischen Milieu überhaupt siehe *Petzold Orth* 1999.

vermutlich eher in Bezug auf religiöse oder ethische Wahrheiten, also in Bezug auf Vorstellungen vom guten und richtigen Leben vor Gott und in dieser Welt. Besonders gefährlich ist es, wenn der eigene Wahrheitsanspruch unbewusst bleibt, sei es in religiöser Hinsicht, sei es in privaten alltagsethischen oder populärpsychologischen Vorstellungen darüber, wie richtiges Leben eigentlich auszusehen hätte. Das sabotiert jegliche gleichwertige Begegnung und verunmöglicht eine gemeinsame Sinn- und Lösungssuche für die konkrete Lebenssituation des Gegenübers.

4.3.5.2 Mehrperspektivität oder was es alles zu sehen gibt

Mehrperspektivität ist ein anderes Grundanliegen der Integrativen Therapie.[1373] Sie ist keine Intervention, sondern geht im Idealfall den Interventionen voraus, besser gesagt, bildet den Hintergrund. Mit Mehrperspektivität ist gemeint, dass jeder Mensch, jedes Anliegen, jede Beziehung, jeder Kontext niemals nur eindimensional adäquat erfasst werden kann, sondern dass immer mehrere Perspektiven vorhanden sind. Sie steht für das Anliegen, den Menschen in all seinen Bezügen wahrzunehmen, von seiner Leiblichkeit bis hin zu seiner gesellschaftlichen Umwelt.[1374] Ein anderes damit verbundenes Anliegen ist es, auch verschiedene therapeutische Zugänge zum Menschen nicht einseitig oder ausschließlich zu favorisieren, sondern als sinnvolle Ergänzungen sich gegenseitig befruchten zu lassen.[1375] Die Mehrperspektivität versucht somit, der Komplexität des Menschen und des Lebens gerecht zu werden, zumindest dem Anspruch nach, da es in der Realität nur schwer möglich ist, immer alle Perspektiven im Blick zu haben. Diese Grundhaltung eines mehrperspektiven Zugangs zum Menschen tut auch der Seelsorge gut. Und selbst dann, wenn man in einer kurzen Seelsorgebegegnung nur einen oder zwei Aspekte einer mehrperspektivisch zu betrachtenden Wirklichkeit bearbeiten kann, so geschieht dies doch in dem Wissen, dass die Wirklichkeit an sich immer komplexer ist. Das führt zu einer gewissen Demut und zum Verzicht auf eindimensionale Wahrheitsansprüche.[1376]

[1373] *Petzold* 1993, 99ff. und 1298ff.

[1374] Mehrperspektivität »erfordert, den Blick auf den Zeitablauf (Gegenwart, Vergangenheit, Zukunft, Zeitatmosphäre ...), den sozialen und ökologischen Kontext, die eigene Leiblichkeit zu fokussieren.« (*Petzold* 1993, 101). Zur Perspektive auf die Leiblichkeit siehe z.B. *Rahm et al* 1993, 94ff. Zur Perspektive auf den Kontext siehe z.B. *Rahm et al* 1993, 113ff. – Hinsichtlich des sozialen Kontextes sind immer mehrere Ebenen im Blick: »die *Mikroebene* (persönliches, soziales Netzwerk), die *Mesoebene* (Subkultur, soziale Schicht), die *Makroebene* (ethnische und kulturelle Zugehörigkeit)« und schließlich auch die »*Megaebene* des mundialen Zusammenhanges« (*Petzold* 1993, 1322).

[1375] *Petzold* 1993a, 19.

[1376] Unter dem Stichwort Mehrperspektivität lässt sich problemlos – und das ist völlig im Sinne der Integrativen Therapie – die Forderung Christoph Schneider-

4.3.5.3   Die fünf »Säulen der Identität« oder was braucht der Mensch

Auch hier geht es zunächst weniger um eine Intervention, als um ein diagnostisches Instrument. Die fünf »Säulen der Identität« bilden ab, welche fünf Lebensbereiche wesentlich sind für eine gesunde und stabile Identität.[1377] Diese »Säulen der Identität« können aber auch zur Intervention werden, und zwar dann, wenn im Seelsorgegespräch darüber geredet wird, oder, noch intensiver, wenn der Gesprächspartner seine persönlichen Säulen mit kreativen Medien darstellt.[1378] Hierbei sollte der Fokus nicht primär auf die Lücken gelegt werden, sondern auf die vorhandenen Ressourcen. Gerne werden – gerade in Krisenzeiten – solche Ressourcen übersehen, deswegen ist es wichtig, als Seelsorger auf die erkennbaren Ressourcen zu achten und diese zu verstärken, zum Beispiel durch direkte Hinweise oder durch mehr oder weniger direkte Komplimente. Wenn schwach ausgeprägte Säulen erkennbar oder gar Lücken sichtbar werden, so können diese betrauert werden und zugleich wird gemeinsam überlegt, welche Schritte hier zu einer Stärkung oder zumindest Kompensation führen könnten. Auch hier kann das Selbstvertrauen des Gesprächspartners gestärkt werden, wenn man ihm aufrichtige Komplimente macht, dass er es bislang geschafft hat, diese Lücken zu kompensieren oder zumindest auszuhalten.

Für die Kurzzeitseelsorge lassen sich die fünf »Säulen der Identität« in fünf elementare Fragen übersetzen:[1379]

> Wer bin ich?
> Wer gehört zu mir?
> Was tue ich?
> Was habe ich?
> Was ist mir wichtig?

Bei Bedarf kann mit diesen Fragen gearbeitet werden, zum Beispiel indem sie in Stichworten beantwortet oder als Bild gemalt werden. Davor müssen die Fragen natürlich dem Gesprächspartner auf seinem Sprach- und Verstehensniveau angemessene Weise erläutert werden. Und auch wenn die fünf »Säulen der Identität« in der konkreten Seelsorgebegegnung keine Rolle spielen, können die Fragen – in die 2./3. Person umformuliert – als leicht einzuprägende Merksätze als Folie für

---

Harpprechts eintragen, den kulturellen Kontext als eigene wichtige Perspektive im Blick zu haben (*Schneider-Harpprecht* 2001). Ebenso auch seine Forderung, die Perspektive der Macht (S. 312ff), der Genderfrage (S. 321ff.) und der Ethik (S. 337ff.) nicht auszublenden.

[1377]   Siehe diese Arbeit S. 171f.

[1378]   Zur Arbeit mit kreativen Medien: siehe unten S. 328f.

[1379]   Diese Übersetzung in elementare Fragen habe ich ursprünglich für die Identitätsarbeit im Konfirmandenunterricht vorgenommen.

eine ganzheitliche Wahrnehmung des Gesprächspartners im Hintergrund mitlaufen.

4.3.5.4 Vier Wege der Heilung oder was heilsam und förderlich ist

Auch die bereits ausführlich dargestellten vier Wege der Heilung[1380] sind kein Interventionsinstrument, sondern wollen das Bewusstsein dafür wecken, auf welchen verschiedenen Wegen Heilung und Förderung möglich sind.[1381] Zugleich zeigen sie aber auch, wie weiter oben dargestellt, dass im Rahmen von Kurzzeitseelsorge eben auch nicht alles leistbar ist. In der Regel wird die Arbeit in der Kurzzeitseelsorge sich auf Aspekte des ersten, dritten und vierten Weges beschränken müssen, also auf Bewusstseinsarbeit, Erlebnisaktivierung und Solidaritätserfahrung. Letzeres nicht nur in der Dyade sondern auch durch bewusste Perspektiverweiterung auf solidarische soziale Netze. Das Konzept von den vier Wegen der Heilung kann also zu einer realistischen Einschätzung dessen führen, was in einer kurzen Seelsorgebegegnung möglich ist, und was nicht. Andererseits kann es auch darauf aufmerksam machen, was auch außerhalb der Seelsorgebeziehung an Heilung und Förderung möglich ist. Das gilt insbesondere für Aspekte des Parenting/Reparenting (zweiter Weg) und die Solidaritätserfahrung (vierter Weg). Es ist ja nicht so, dass nur der Therapeut oder der Seelsorger elterliche Qualitäten zur Verfügung stellen könnte. Viele Menschen mit einem entsprechenden Bedürfnis suchen und finden auch im normalen Leben väterliche oder mütterliche Menschen,[1382] von denen sie einiges von dem ersatzweise erhalten, was sie ansonsten entbehren mussten. Kurzzeitseelsorge kann und muss das nicht selbst leisten wollen, sie kann aber dabei helfen, dass solche vorhandenen Ressourcen gesehen und wertgeschätzt werden, oder auch dabei helfen, solche Ressourcen zu suchen. Hier wiederum kommt ein Spezifikum der Gemeindeseelsorge in den Blick. Der Pfarrer, dem man in der Kurzzeitseelsorge nur punktuell begegnet, kann in seiner Rolle als Gemeindepfarrer im Kontext des normalen Gemeindelebens durchaus mit väterlicher/mütterlicher Qualität den Menschen begegnen, die hier Nachnährung brauchen. Und er kann gegebenenfalls auch Kontakte vermitteln zu anderen väterlichen/mütterlichen Geschwistern im Rahmen der Gemeinde. Damit sind wir schon beim Übergang zum vierten Weg der

---

[1380] Siehe diese Arbeit S. 173.
[1381] Hier nochmals kurz in der stichwortartigen Beschreibung nach *Rahm et al* 1993, 329. Erster Weg: Bewusstseinsarbeit/Sinnfindung/emotionales Verstehen. Zweiter Weg: Nachsozialisation/Bildung von Grundvertrauen/Nachbeelterung. Dritter Weg: Erlebnisaktivierung/Persönlichkeitsentfaltung. Vierter Weg: Solidaritätserfahrung/Engagement.
[1382] Um nur ein paar Beispiele zu nennen: Großeltern, Onkel, Tanten, Jugendleiter, Lehrer, Pfarrer, väterliche Freunde und mütterlichen Freundinnen.

Heilung, der den Rahmen von Kurzzeitseelsorge deutlich sprengt, für den Kurzzeitseelsorge aber eine wichtige Schnittstelle werden kann, indem sie sowohl die vorhanden sozialen Ressourcen des Klienten aktivierend ins Bewusstsein rückt, als auch indem sie auf die real vorhandenen solidarischen Ressourcen im Netzwerk Gemeinde verweist. Dies ist ja das zweite große Thema dieser Arbeit, das insofern eng mit dem vierten Weg der Heilung verbunden ist.

4.3.5.5 Partielles Engagement und selektive Offenheit oder wie nah können wir einander kommen (Abstinenz und Nähe in der Seelsorge)

Kein Seelsorger kann sich als ganzer Mensch mit all seinen privaten Gefühlen und Bedürfnissen in einen Seelsorgekontakt begeben, ansonsten würde er die Ebene der professionellen Beziehung verlassen und zur Ebene der persönlichen Freundschaft wechseln. Das ist aber nicht nur für Therapeuten, sondern auch für Seelsorger nicht nur nicht leistbar, sondern auch nicht wünschenswert. Es würde den Seelsorger um wesentliche Elemente seines professionellen Helfenkönnens berauben. Es würden auch viele Gesprächspartner, selbst wenn sie es vielleicht vordergründig wünschen, als unangemessene Distanzlosigkeit empfinden. Und es würde den Seelsorger selbst, wollte er mit allen Gemeindegliedern tendenziell wie mit privaten Freunden verkehren, maßlos überfordern und vermutlich in diverse Rollendilemmata bringen. Andererseits ist völlige Zurückhaltung und völlige Verweigerung eines persönlich eingefärbten Kontaktes weder für Therapie und erst recht nicht für Seelsorge angemessen und hilfreich. Etwas von dem wirklichen Menschen hinter dem Therapeuten/Seelsorger wollen und müssen die Menschen spüren, wenn es zu einer echten hilfreichen Begegnung kommen soll. Die Integrative Therapie löst diese beiden konträren Anforderungen durch einen Kompromiss, der in den Begriffen »partielles Engagement« und »selektive Offenheit« festgehalten ist.[1383] Gemeint ist mit selektiver Offenheit,[1384] dass ich mich als Therapeut/Seelsorger durchaus mit meiner Person zeige und sichtbar mache, aber eben nicht völlig und vor allem immer im Hinblick auf das, was dem Gegenüber hilfreich sein kann. Vermieden werden muss in jedem Fall das Ausagieren eigener Bedürfnisse, wie z.B. nach Nähe oder Verstandenwerden, ganz zu schweigen von eigenen erotischen

---

[1383] *Petzold* 1980, 248f.

[1384] Damit grenzt sich die Integrative Therapie gegen die rigide Abstinenzforderung der Psychoanalyse ab, um zugleich den Gedanken der Abstinenz zu transformieren in eine am Wohl des Gegenüber orientierten Grundhaltung. Die Einseitigkeit dieser geforderten Grundhaltung ist Charakteristikum einer professionellen Beziehung und damit eine in reales Beziehungsverhalten umgesetzte Abstinenz in Form von selektiver Offenheit.

Bedürfnissen. Alles, was ich von mir als Person zeige, muss zuvor durch den Filter der Fragestellung, ob es meinem Gegenüber nützlich ist. Dann kann durchaus auch hin und wieder von eigenen Erfahrungen oder Gefühlen gesprochen werden, auch von Gefühlen in Bezug auf das Gegenüber. Das, was dann gesagt wird, muss aber authentisch sein. Eine solche selektive aber authentische Offenheit fördert und ermöglicht authentische Begegnung.[1385] Mit dem Begriff »partielles Engagement« ist gemeint, dass eine hilfreiche Begegnung in Therapie/Seelsorge den persönlichen Einsatz der professionellen Person verlangt. Man kann sich als Mensch nicht einfach heraushalten, man muss sich schon engagieren. »Ohne Sympathie keine Heilung«, hatte bereits Ferenczy gesagt.[1386] Aber dieses Engagement für den anderen geht eben nur begrenzt, insbesondere begrenzt durch die Rolle und begrenzt durch die zur Verfügung stehende Zeit. Aber im Rahmen dieser Begrenzung muss der andere mir wichtig werden, muss er mir zum echten Anliegen werden, sonst kann ich keine hilfreiche und wertschätzende Beziehung aufbauen, die die Grundlage bildet für alle weiteren Interventionen.

4.3.5.6 »Life span developmental approach« oder der Blick auf die Lebensspanne

Der Blick auf die ganze Lebensspanne[1387] wirkt auf den ersten Blick geradezu wie das Gegenteil von Kurzzeittherapie oder -seelsorge – und ist es vielleicht aus der Sicht mancher Kurzzeittherapeuten auch.[1388] Doch hier bietet die Integrative Therapie ein ergänzendes Korrektiv durch den wichtigen Hinweis, das Ganze des Lebens nicht aus dem Blick zu verlieren. Das Leben ist ein lebenslanger Wachstumsprozess, mit verschieden Phasen und Herausforderungen. Gerade für die Gemeindeseelsorge ist dies ein sich geradezu aufdrängender Aspekt. Ein Gemeindeseelsorger hat mit Menschen in jeder Lebensphase zu tun. Es ist gut und sinnvoll, die Themen des jeweiligen Lebensalters zu kennen und bei den Interventionen im Blick zu haben. Es geht dabei nicht um die Einführung einer Expertenbesserwisserei durch die Hintertüre, als ob der Seelsorger besser wissen sollte, was für seinen Gesprächs-

---

[1385] Vgl. dazu die grundlegende Aussage Petzolds: »Vertrauen (confidentia), Offenheit und Authentizität sind Qualitäten, die ein intersubjektives Klima fördern und die im Prozeß der Ko-respondenz zum Tragen kommen müssen. Durch diese Qualitäten wird die emotionale Sicherheit gewährleistet, durch die ein vorbehaltloses Einbringen in den Ko-respondenzprozeß ermöglicht wird.« (*Petzold* 1993, 60).

[1386] *Ferenczy* 1932.

[1387] *Petzold* 1993, 649ff., *Rahm et al* 1993, 204ff. – In der Praktischen Theologie war der Blick auf die Lebensspanne schon immer naheliegend. Vgl. z.B. *Nipkow* 1975, 101ff.

[1388] Dass zumindest bei Erickson die ganze Lebensspanne mit all ihren typischen Herausforderungen im Blick war, zeigt Jay Haley (*Haley* 1978).

partner in seiner aktuellen Lebensphase gerade ›dran‹ ist und was das eigentlich ›Richtige‹ wäre. Es geht vielmehr darum, sensibilisiert zu sein für unterschiedliche Themen in unterschiedlichen Lebensaltern, um auf diesem Hintergrund die Anliegen des Gesprächspartners besser verstehen zu können. Und es geht darum, dafür sensibilisiert zu sein, welche krankmachenden und vor allem welche gesundheitsfördernden Faktoren das ganze Leben lang auf einen Menschen einwirken.

Schließlich ist mit dem Blick auf das Lebensganze auch ein Spezifikum des Gemeindepfarramtes angesprochen, die Tatsache nämlich, dass selbst bei kurzen aktualen Seelsorgekontakten, doch ein Pfarrer seine Gemeindeglieder über viele Jahre und Jahrzehnte kennt und ihnen immer wieder punktuell begegnet oder – bei Bedarf – seelsorgerlich begleitet. Er ist also, im Unterschied zu den meisten professionellen Helfern, tendenziell ein lebenslanger Begleiter, und zwar auch dann, wenn die Begleitung nicht permanent durch Seelsorgegespräche in Anspruch genommen wird. Aber man hat sich gegenseitig im Blick – durch vielfältige und unterschiedliche Kontaktmöglichkeiten.

Auch dann also, wenn man als Seelsorger überwiegend nur mit Kurzzeitseelsorge arbeitet, erscheint es mir sinnvoll und nützlich, sich einen Blick auf das Lebensganze zu erschließen. Die Integrative Therapie ist hier insofern besonders geeignet, weil sie sich die einseitige Beschäftigung mit krankmachenden Faktoren versagt und stattdessen einen gleichwertigen Fokus auf heilsame und förderliche Ressourcen legt. Und das wiederum ist ein wichtiger Schnittpunkt zur Kurzzeitseelsorge, der es darum geht, die jeweiligen Ressourcen eines Menschen zu fördern. Diese Ressourcen sind aber immer auch Bestandteil nicht nur des Augenblicks, sondern eines ganzen Lebens. Der Blick auf die Lebensspanne fördert sozusagen die Sehschärfe des Seelsorgers für Ressourcen von der ›Wiege bis zur Bahre‹.

4.3.5.7   Gestalttechniken oder sprechende Fäuste und nur scheinbar leere Stühle

Klassische Gestalttechniken, wie die Arbeit mit dem leeren Stuhl oder die Identifikation mit Gegenständen/Symbolen/Körperteilen, die auch zum Repertoire der Integrativen Therapie gehören, können eingesetzt werden mit dem Ziel der Erlebnisaktivierung oder -intensivierung, der Fokussierung, der Dissoziation oder auch der Integration projizierter Persönlichkeitsanteile. Auch zur Ambivalenzbearbeitung eignen sich Gestalttechniken. Diese Techniken arbeiten mit zwei Voraussetzungen. Die erste Voraussetzung ist, dass wir entweder einen großen Anteil unseres eigenen Erlebens projizieren oder ihn nur vermischt mit anderen Anteilen erleben oder beides zusammen. Gestalttechniken können sowohl beim Entmischen helfen, als auch bei der Reintegration von Projektionen. Die zweite Vorraussetzung ist, jedenfalls aus meiner Sicht, dass wir über ein weit größeres Wahrnehmungsspektrum verfügen, als uns in der Regel aus unserer eigenen Innenperspektive bewusst ist. Auch dieses größere Wahrnehmungsspektrum kann aktiviert werden, wenn wir versuchsweise die Innenperspektive verlassen, und ein paar Augenblicke in der Spur des Anderen gehen, genauer gesagt, auf seinem Stuhl sitzen.[1389]

Für die Technik der Identifikation[1390] mit bestimmten Konflikt- oder Persönlichkeitsanteilen oder mit anderen Personen kann theoretisch vieles verwendet werden. Kissen haben sich in der Praxis dafür sehr bewährt. Der Gesprächspartner wird ermutigt, seine Gefühle gegenüber dem »Kissen« auszudrücken, verbal aber auch gestisch. Bei Körperteilen, wie z.b. einer geballten Faust, liegt es nahe, dass diese selbst zum Identifikationsobjekt werden. So können die Körperteile ermutigt werden, ihre inhärente Bewegung deutlicher werden zu lassen, oder auch sprachlich auszudrücken. (»Was würde die Faust jetzt sagen, wenn sie sprechen könnte?«) So kann im sicheren Seelsorgeraum ein expressives Probehandeln stattfinden, das auch kathartische Wirkung haben kann. Hilfreich ist auch die aufeinanderfolgende Identifikation mit bestimmten Aspekten eines Konflikts. Das ermöglicht, die verschiedenen Aspekte deutlicher werden zu lassen und vor allem die möglichen verdrängten und projizierten Anteile erkennbar zu machen. Eine Technik, die auch bei der Traumdeutung hervorragende Dienste leistet. Sehr bekannt geworden ist auch die Arbeit mit Stühlen und der damit verbundene Rollentausch.[1391] Diese Technik hat, mehr noch wie die Technik der Identifikation, die noch an Objekte gebunden ist, einen geradezu universalen Charakter und kann bei allen Themen, in denen andere Personen und andere Positionen involviert sind, eingesetzt werden. Genauso können aber auch eigene Persönlichkeitsanteile oder Konfliktaspekte auf den Stuhl gesetzt werden, ebenso wie Wünsche oder die erträumte Zukunftsperson. Und sie ist das erste Mittel der Wahl bei Ambivalenzkonflikten.

G: Ich weiß nicht, ob ich mich auf eine feste Beziehung einlassen soll oder nicht.
S: Setzen Sie doch mal die Seite, die die Beziehung will auf diesen Stuhl und die Seite, die die Beziehung nicht will, auf diesen Stuhl. Jetzt setzen Sie sich auf den ersten Stuhl. Was sagt diese Seite? Sagen Sie es mir? (G: ...) Und jetzt sagen Sie es der anderen Seite.

[1389] Vgl. dazu das Phänomen der »repräsentierenden Wahrnehmung« bei der Aufstellungsarbeit. Siehe diese Arbeit S. 190.
[1390] Siehe *Rahm et al* 1993, 409ff.
[1391] *Rahm et al* 1993, 412ff.

(G: ...) Wechseln Sie dann bitte den Stuhl. Was sagt die andere Seite? (G: ...) Und zum Schluss. Nehmen Sie nochmals jede Seite ein, und sagen Sie der anderen Seite, was Sie von ihr brauchen oder sich von ihr wünschen. (G: ...).

In der Regel führt dies zu einer realistischen Ambivalenzbewältigung. Denn beide Seiten haben ja ihr Recht, finden nur keinen realistischen Kompromiss, weil jede Seite Angst hat, ihr Recht zu verlieren. Durch einen solchen Gestaltdialog zwischen den Seiten können gangbare Lösungen verhandelt werden. Die Gestalttechnik mit dem leeren Stuhl und dem zugehörigen Rollentausch hilft aber auch, abwesende Personen quasi gegenwärtig zu holen. Natürlich ist es nur das verinnerlichte Bild von der anderen Person, aber es ist erstens erstaunlich, wieviel unbewusstes oder halbbewusstes Wissen über die Sicht der anderen Person vorhanden ist und zugleich eine hervorragende Technik, um auf andere Personen projizierte Anteile bewusst zu machen und zu reintegrieren.

G: Ich verstehe einfach diesen Streit mit meiner Frau nicht. Was will sie nur von mir?

S: Lassen wir doch mal Ihre Frau selbst zu Wort kommen. Sehen Sie da den leeren Stuhl. Setzen Sie in Gedanken mal Ihre Frau darauf. Beschreiben Sie mir, wie Ihre Frau dasitzt.

G: Sie sitzt aufrecht da, die Hände zusammengelegt im Schoß, angespannt. Sie schaut mich wütend an. Ein wenig auch verzweifelt.

S: Setzen Sie sich jetzt bitte mal auf den Stuhl Ihrer Frau, nehmen Sie ihre Haltung ein. Sie sind jetzt Ihre Frau. – Frau G., Sie schauen so wütend und auch etwas verzweifelt zu Ihrem Mann. Sie haben die Hände in den Schoß gelegt, so als ob Sie ausdrücken wollten: Da kann man ja doch nichts tun. Jetzt aber sind Sie hierhergekommen zu unserem Seelsorgegespräch. Sie sehen, wie Ihr Mann hier sitzt (weist auf den jetzt leeren anderen Stuhl), weil er darum ringt, Ihren Streit zu verstehen. Zum Glück sind Sie ja jetzt gekommen und können hier weiterhelfen. Was möchten Sie Ihrem Mann jetzt sagen? Was soll er verstehen?

G (als seine Frau): Er soll mehr im Haushalt helfen. Es ärgert mich, dass er sich aus allem heraushält.

S: Was konkret soll er denn tun, was er bisher nicht tut?

G (als seine Frau): Manchmal macht er ja auch etwas im Haushalt. Aber eben nur gelegentlich. Dann opfert er aber manchmal ein ganzes Wochenende und renoviert das Haus oder macht den Garten. In der Woche dagegen tut er kaum etwas. Er arbeitet so viel. Er tut das für uns, das weiß ich ja. Aber manchmal wünsche ich mir, er würde mehr tun, auch unter der Woche.

S: Was für ein Bedürfnis steckt hinter Ihrem Wunsch? Ist es ein sachliches? Bleibt soviel Haushaltsarbeit unerledigt, weil Ihr Mann so wenig hilft, oder ist es eher ein emotionales Bedürfnis.

G (als seine Frau): Eigentlich ist es eher ein emotionales. Ich mache das ja auch gerne, und es bleibt nichts liegen. Aber ich fühle mich von ihm in dem, was ich täglich tue, nicht gesehen und wertgeschätzt. Ich habe immer den Eindruck, das läuft für ihn unter der Kategorie »Familie und Gedöns«.

S: Sagen Sie ihm mal, was Sie sich wirklich wünschen.

G (als seine Frau): Ich möchte von dir ernstgenommen werden, und wertgeschätzt. Ich will, dass du siehst, was ich tue.

S: Herr G., nehmen Sie jetzt bitte wieder Ihren Platz ein. Sie haben gehört, was Ihre Frau zu Ihnen gesagt hat. Was löst das in Ihnen aus?

G: Jetzt habe ich zum ersten Mal eine Idee, um was es geht. Um Anerkennung und Wertschätzung.

S: Sagen Sie Ihr das. Sie sitzt noch hier.

G: (sehr bewegt und berührt). Es tut mir leid, dass ich dich in deinem Bemühen, für unsere Familie so gut zu sorgen, offensichtlich so wenig gesehen habe. Ich will dir sagen, dass ich das sehr zu schätzen weiß. Sehr! Ich war leider immer nur damit beschäftigt, mich selbst zu verteidigen. Aber ich merke, dass ich das ja gar nicht muss, sondern dass es viel wichtiger ist, dich zu sehen. – (Lächelnd) Und über ein paar praktische Änderungen können wir uns ja trotzdem unterhalten.

Solche Rollentausch-Dialoge mit leerem Stuhl können auch mit den Eltern geführt werden, selbst wenn sie schon längst verstorben sind, oder mit dem Chef, oder mit einem Angestellten. Auch mit einzelnen Konfliktanteilen wie »Eifersucht«, »Freiheitsdrang«, »Sicherheitsstreben«, »Angst«, »Zweifel«, »Wut«, »Wünsche«. Und vieles mehr. Es gibt dafür fast keine Grenzen. Und am Ende ist es sogar möglich »Gott« auf einen leeren Stuhl zu setzen. Es wird sicher spannend sein zu hören, was er uns sagen wird.

4.3.5.8 Kreative Medien oder wie kann ich auch das zeigen, was ich (noch) nicht sagen kann

Viele Therapien sind an Sprache gebunden. Das liegt zweifellos in der Natur des Menschen, der nicht nur spricht, sondern geradezu als Sprechender existiert, sei es in seinem inneren Dialog, sei es im Kontakt mit anderen.[1392] Bei aller zentralen Wichtigkeit der Sprache gibt es

---

1392 Die Überbetonung von Sprache wurde immer wieder auch mal kritisiert, offensichtlich gerade auch gegenüber systemisch-konstruktivistischen Verfahren. Siehe z.B. die Diskussion bei *Held* 1998, 210f., der für den Protestantismus hier in

aber im menschlichen Dasein auch Bereiche, die unterhalb oder oberhalb von Sprache liegen. Also einmal elementare Gefühle und basale
Empfindungen, archaische Gefühle, Atmosphären, Grundstimmungen,
szenisches Erleben.[1393] Dann gibt es aber auch die Sprache sozusagen
nach oben transzendierende Empfindungen[1394] wie Hoffnungen, Visionen, Sehnsüchte, religiöse Empfindungen. Auch übersummative Empfindungen von Ganzheit in verschiedenen Bereichen gehören dazu.
Um auch mit diesen nichtsprachlichen Bereichen arbeiten zu können,
haben in der Integrativen Therapie die dort so genannten »kreativen
Medien«[1395] einen wichtigen Stellenwert bekommen. Sie dienen dazu
auf quasi künstlerische, expressive Weise jene nichtsprachlichen – oft
unbewussten – Anteile zum Ausdruck zu bringen. Denkbar sind
Zeichnungen, Bilder, Collagen, Tonarbeit, Plastiken, und vieles mehr.
Natürlich kann und soll dann auch darüber gesprochen werden, aber
durch die kreativen Medien ist zuvor eine sinnlich spürbare Gestalt
geschaffen worden, die nun im Nachgang auch für vielfältige Interpretationen offen ist. Wichtig ist dabei, besonders im Rahmen kurzer the-
rapeutischer/seelsorgerlicher Begegnungen, dass ressourcenorientiert
interpretiert wird. Gleichzeitig hilft die konkret geschaffene künstlerische Gestalt, sich die dargestellten Inhalte, insbesondere die Ressourcen, nochmals anders anzueignen, als nur mit Sprache allein.

Als wichtige Themen zur Bearbeitung mit kreativen Medien bieten
sich insbesondere komplexe Lebensbereiche an durch die Darstellung
zum Beispiel als Zeitpanorama, sei es als komplettes Lebenspanorama,
sei es als thematisch fokussiertes Panorama.[1396] Ferner sind auch die
fünf »Säulen der Identität« ein hervorragend geeignetes Thema für die
Umsetzung mit kreativen Medien.

der Tat eine gewisse Gefahr sieht. Das ist sicher zu beachten. Und deswegen wird
hier auch die Möglichkeit von »nichtsprachlichem« Ausdruck bewusst als Option
von Seelsorge eingefügt. Allerdings darf man unter Sprache nicht nur die gutbür-
gerliche oder intellektuelle Ausdrucksfähigkeit verstehen. Sprache spiegelt ganz
elementar auch unsere inneren visuellen, auditiven und kinästhetischen Repräsentationssysteme, wie von NLP betont wurde (*O'Connor Seymour* 1992, 62ff.). Insofern kann Sprache uns »aufhorchen« lassen, uns »etwas vor Augen stellen«, uns
»berühren«. Aus diesem Grunde ist mir wichtig, dass das »Reden« nicht vorschnell
verwechselt wird mit einem »Zerreden«. Es kommt letztlich ganz darauf an, ob
Sprache mit all ihren Möglichkeiten als authentische Selbstmitteilung benutzt wird
oder nicht. Das gilt auch für das im Folgenden empfohlene Reden über »nicht-
sprachliche« kreative Medien.

[1393] Zur integrativen Emotionstheorie siehe *Petzold* 1993, 789ff. – Zu den verschiedenen entwicklungsbedingten Modalitäten des Erlebens, des Selbstgefühls,
des Erinnerns, usw. siehe *Petzold* 1993, 649ff. – Speziell zu szenischem Erleben
siehe *Petzold* 1993, 897ff.

[1394] Vgl. z.B. *Petzold* 1993, 1085f.

[1395] *Rahm et al* 1993, 417ff.

[1396] Zur Panoramaarbeit siehe *Petzold Orth* 1993, 125ff.

4.3.5.9 Aktivierung von inneren Beiständen oder ich möcht', dass einer mit mir geht

Als »innere Beistände«[1397] kommen, neben einer eigenen »inneren Gefährtenschaft«,[1398] auch alle Menschen in Betracht, die dem Seelsorgesuchenden bislang mit Liebe, Wohlwollen und Unterstützung begegnet
sind, und die mehr oder weniger der Erinnerung zugänglich sind. Die
Erinnerung an solche Menschen kann im Sinne der Aktivierung von
inneren Beiständen bewusst gemacht und verstärkt werden, z.b. durch
die Arbeit mit dem leeren Stuhl (siehe oben unter Gestalttechniken).

G: Ach wenn doch nur mein Mann noch leben würde. Der würde
mir sagen, was ich jetzt tun soll.
S: Lassen Sie uns doch mal Ihren Mann für einen kurzen Augen-
blick vom Himmel hierherholen. Sie sehen dort den leeren Stuhl.
Tun wir mal so, als würde er jetzt dort sitzen. Beschreiben Sie mal,
wie Sie ihn sehen.
G: Er sitzt da. Sieht aus, wie zu der Zeit, in der wir sehr glücklich
waren miteinander. Er sieht mich freundlich an.
S: Er hat auch gehört, welches Problem Sie zur Zeit so belastet.
Was würde er wohl sagen? Nehmen Sie jetzt mal bitte seinen Platz
ein und setzen sich auf seinen Stuhl. Sie sind jetzt er. – Herr G.,
Sie sehen hier Ihre Frau sitzen. Sie haben gehört, was Ihre Frau so
belastet. Gibt es etwas, das Sie ihr dazu sagen möchten?
G. (Jetzt in der Rolle des Mannes). Ich möchte ihr gerne sagen,
dass ich sie eigentlich bewundere, wie sie das alles geschafft hat.
Und ich wünsche ihr, dass sie ein wenig mehr auf das vertraut, was
an starken Seiten in ihr steckt.
S: Sagen Sie ihr das jetzt nochmals bitte ganz direkt.

Über einen solchen Rollendialog können die unbewussten oder halb-
bewussten Anteile, die die Gesprächspartnerin auf ihren verstorbenen
Mann projiziert hat, zurückgeholt werden.[1399] Und zugleich wird auf
diese Weise die Ressource aktiviert, die der verstorbene Mann tatsäch-

---

[1397] *Rahm et al* 1993, 527ff.
[1398] *Rahm et al* 1993, 123ff. – Konkrete innere Beistände und allgemeine innere
Gefährtenschaft lassen sich nicht klar trennen, denn letzteres ist ja nur die verall-
gemeinerte Version des ersten.
[1399] Natürlich könnte auch konfliktzentriert-aufdeckend damit gearbeitet werden.
Z.B. indem man den »Gast« sagen lässt, was er vermisst hat, was er kritisieren
würde, wo er Defizite sieht usw. Das ist aber im Zusammenhang von Ressourcenaktivierung in der Kurzzeitseelsorge kontraindiziert. Das macht allenfalls Sinn in
der Bearbeitung von realen Konflikten. Außerdem kann auch ganz grundsätzlich
im Sinne der hypnosystemischen Perspektive gefragt werden, ob es überhaupt Sinn
macht, die Aufmerksamkeit auf Defizite zu lenken. Meist haben die Menschen das
ohnehin viel zu sehr im Blick.

lich dargestellt hat, jetzt als verinnerlichte Beziehungserinnerung, als »innerer Beistand«, als »innerer Gefährte«. Wenn es stimmig und angemessen erscheint, kann man als Seelsorger auch darauf hinweisen, dass der Mann nicht nur innerlich, sondern auch als ›Engel im Himmel‹ ebenfalls weiterhin mit guten Gedanken präsent ist. So kann man aus christlicher Sicht durchaus in solchen Fällen auch von »himmlischer Gefährtenschaft« reden

Die Aktivierung von inneren Beiständen geht aber auch einfacher, zumal nicht alle Seelsorgesuchenden bereit sind, mit der Technik des leeren Stuhls zu arbeiten, oder in manchen Kontexten, z.b. zwischen Tür und Angel, das auch gar nicht geht. Dann hilft man sich mit einfachen Imaginationsübungen.

S: Welcher Mensch war für Sie in Ihrem Leben eine wichtige Unterstützung? Wer war auf gute Weise für Sie da? Es können auch bereits verstorbene Personen sein.
G: Meine Oma. Zu der konnte ich immer kommen, selbst wenn ich etwas ausgefressen hatte. Leider lebt sie seit vielen Jahren nicht mehr.
S: Wenn Sie sich einmal vorstellen, dass Ihre Oma Sie jetzt sehen kann. Vielleicht vom Himmel her. Sie kann sehen, wie Sie gerade hier bei mir sitzen. Wie würde Ihre Oma Sie anschauen.
G: Sie würde mich auf jeden Fall freundlich anschauen. Auch mit ihrem typischen humorvollen Augenzwinkern.
S: Und was würde Ihre Oma Ihnen sagen, wenn sie von all den Dingen erfährt, die Sie jetzt belasten?
G: (lächelnd und berührt) Sie würde wahrscheinlich sagen: Kind, das schaffst du schon. Davon geht die Welt nicht unter.

4.3.5.10 Intermediärobjekte oder wie Beziehung greifbar werden kann

Im Alltag der Gemeindeseelsorge kommt es immer wieder vor, dass der Seelsorger auch Geschenke mitbringt, ein erbauliches Schriftstück, Blumen, Wein, ein religiöses Symbol oder auch anderes. Meist ist dies bei Hausbesuchen der Fall. Auch in therapeutischen Seelsorgebegegnungen kann der Seelsorger, wenn die Umstände es als sinnvoll erscheinen lassen, kleine symbolbehaftete Gegenstände verschenken, die den Seelsorgeprozess unterstützen können. Er sollte sich aber der ›beziehungsgeladenen‹ Bedeutung bewusst sein. Dasselbe gilt für Gegenstände, die in der Seelsorgebegegnung entstanden sind, wie z.B. kreative Objekte. Es gilt in gewissem Sinne sogar für den gemeinsam getrunkenen Tee. Es gilt aber auch umgekehrt für Gegenstände, die von dem Seelsorgesuchenden mitgebracht wurden und die im Gespräch eine Bedeutung gewonnen haben. Denn alle Gegenstände, die im Rahmen einer Beziehung entstanden sind, verwendet wurden, verliehen oder verschenkt wurden, sind immer von dieser Beziehung selbst ›aufgeladen‹. In der Integrativen Therapie redet man von Intermediärobjekten.[1400] Sie gewinnen einmal für die Arbeit in der Regression eine große Bedeutung, sind aber genau in dieser Hinsicht für die Kurzzeitseelsorge weniger geeignet. Aber sie gewinnen auch Bedeutung als sichtbare Symbolisierung, oder einfacher gesagt, Erinnerung an die Seelsorgebegegnung oder bestimmte Aspekte der Seelsorgebegegnung. Denkbar sind folgende Situationen, in denen Gegenstände zum Intermediärobjekt werden.

- Der Seelsorger bringt ein Geschenk zum Hausbesuch mit.[1401]
- Der Seelsorger verschenkt einen kleinen symbolischen Gegenstand zum Ende des Seelsorgekontaktes oder ein passendes Gedicht.
- Der Seelsorgsuchende bittet von sich aus um ein symbolisches Geschenk (z.b. ein kleines Kreuz).[1402]
- Ein in der Seelsorge gestaltetes kreatives Objekt wird mit nach Hause genommen.
- Der Seelsorger leiht ein Buch aus.
- Der Seelsorger bietet eine Tasse Tee an.
- Der Seelsorgesuchende bringt zum abschließenden Gespräch ein Geschenk für den Seelsorger mit.[1403]

Die Aufzählung ist sicher unvollständig. Wichtig in unserem Zusammenhang ist, dass sich der Seelsorger bewusst ist, dass alle diese Dinge mit Beziehung ›aufgeladen‹ sind, und deswegen als Teil der Seelsorgebeziehung auch bewusst und sorgfältig gehandhabt werden sollten.

[1400] *Rahm et al* 1993, 425. Der Begriff wurde entwickelt in Anlehnung an die »Übergangsobjekte« von Winnicott (*Petzold* 1993, 1147, vgl. *Laplanche Pontalis* 1973, 548f.).

[1401] Damit ist nochmals ein anderer Aspekt von Geschenken angesprochen, als derjenige auf den Hauschildt zu Recht hinweist, wenn er sagt, dass Geschenke eine gewisse soziale Ausgleichsfunktion dafür haben, dass man fremdes Territorium betritt. Dort geht es um sozialen Ausgleich (*Hauschildt* 1996, 164ff.), hier geht es um symbolische Verdichtung der Beziehung.

[1402] Ein solches aktives Bitten um ein religiöses Symbolgeschenk habe ich in meiner Seelsorgepraxis gelegentlich erlebt. Da eine Seelsorgebeziehung auf offensichtliche oder hintergründige Weise immer auch die Beziehung zu Gott präsent hält (vgl. *Klessmann* 2004, 568f.; *Klessmann* 2012, 130ff.), könnte man hier auch von einem religiösen Intermediärobjekt sprechen.

[1403] Auch wenn das Geschenk beim Seelsorger verbleibt, hat es in gewissem Sinne den Charakter eines Intermediärobjektes, wenn auch unter umgekehrtem Vorzeichen. Der Seelsorgesuchende weiß, dass etwas von ihm beim Seelsorger bleibt. – Natürlich hat ein Geschenk an den Seelsorger oft auch nur die Funktion der Dankbarkeit oder des Ausgleichs von Geben und Nehmen.

4.3.5.11 Leibliches In-der-Welt-Sein oder wie wir da sind

In der Integrativen Therapie wird sehr viel Wert auf die Tatsache gelegt, dass wir leibhaftig in der Welt präsent sind. Auch viele Therapieaspekte der Integrativen Therapie sind darauf ausgerichtet.[1404] Das bedeutet nun nicht, dass in der Seelsorge Leib- und Bewegungstherapie durchgeführt werden soll. Schon gar nicht, dass körperlich behandelt wird, denn der Körper ist etwas anderes als der Leib. Es bedeutet aber, dass man sich in der Seelsorge der leiblichen Dimension sehr wohl bewusst sein soll. Damit ist wiederum nicht primär die Bewusstheit für körperliche Beeinträchtigungen wie z.b. Krankheiten gemeint, obwohl diese natürlich auch wahrgenommen werden müssen. Es ist vielmehr der leibliche Aspekt in jener Hinsicht gemeint, wie er sich in der Seelsorgebegegnung durch leibhaftige Anwesenheit aktualisiert. Wir sind immer nur leiblich für andere Menschen präsent. Nicht vor allem im Sinne von Körperkontakt, sondern erstmal in dem Sinne, wie ich für den anderen leiblich wahrnehmbar bin.

> Wie schaue ich den andern an? Wie schaut er mich an? Wie begrüßt er mich, wie ich ihn? Wie sitzt oder steht er vor mir, wie ich vor ihm? Welche Atmosphäre geht von seiner leiblichen Gegenwart aus, welche von meiner?

Erstmal geht es also um die gegenseitige leibliche Wahrnehmung, die leibhaftige Basis jeder Begegnung. Wozu dann ergänzend auch gewisse Formen des konventionellen Körperkontaktes gehören können, wie z.B. Händeschütteln oder Hand auf die Schulter legen.[1405] Aber selbst das sollte mit Bewusstheit geschehen.[1406] Mir ist an dieser Stelle vor allem wichtig, dass auch in der Kurzzeitseelsorge ein Gespür dafür vorhanden ist, wie sehr wir leiblich präsent sind. Wir »reden« immer auch mit dem Leibe.

Für die Seelsorge sind in der Regel nur leibliche Interventionen ohne körperliche Berührung denkbar.[1407] Zum Beispiel die Ermutigung, wahrgenommene Bewegungsimpulse zu verstärken. (»Machen Sie die Bewegung, die Sie eben mit Ihrer Hand gemacht haben, mal etwas

---

[1404] *Petzold* 1988, 68f. Ausführlich: *Rahm et al* 1993, 91ff.
[1405] Über die konventionellen leiblichen Berührungen hinausgehende leibliche Interventionen bedürfen der sorgfältigen leibtherapeutischen Ausbildung (*Rahm et al* 1993, 427ff.).
[1406] Ich erinnere mich an Begegnungen mit einem Pfarrer, der beim Begrüßen die Hand des Begrüßten durch eine leichte Drehung, fast wie eine Tanzbewegung, von sich wegführte. Oder mit einem anderen Pfarrer, der beim Händeschütteln schon Blickkontakt mit anderen Personen aufnahm. Das alles ist leibliche »Sprache«.
[1407] *Rahm et al* 1993, 429.

stärker.«) Oder die Aufforderung, bestimmte leibliche Ausdrucksformen bewusster zu spüren. (»Spüren Sie mal, wie Ihre jetzige Sitzhaltung sich anfühlt.« Evtl. im Unterschied zu einer anderen Sitzhaltung). Denkbar sind auch leibliche Interventionen, die auf Entspannung oder neue Erfahrungen zielen. (»Atmen Sie mal tief aus.« / »Probieren Sie mal, wie es sich anfühlt, wenn Sie aufrecht mit erhobenem Kopf dastehen.«)[1408]

Für die Gemeindeseelsorge ist noch eine weitere leibliche Intervention wichtig, die man zunächst gar nicht darunter vermutet, die sogenannten »Blickdialoge«.[1409] Menschen kommunizieren mit Blicken, auch in der Seelsorge. Von Seiten der professionellen Person können Blicke auch ganz bewusst eingesetzt werden: als freundlicher, mitfühlender, verstehender, herausfordernder, fragender, zustimmender, ... Blick.[1410] Der bewusste Umgang mit dem Blick ist aber nicht nur eine wertvolle Interventionsmöglichkeit in der Seelsorgebegegnung, sondern auch für nachfolgende Begegnungen in anderen Zusammenhängen oder für flüchtige Begegnungen im Alltag der Gemeinde. Ein verbindlicher Blick, der signalisiert, dass mir als Seelsorger die Seelsorgebegegnung sehr präsent ist, kann auch ohne Worte an eben diese Begegnung anknüpfen und die hilfreichen Aspekte dieser Begegnung aktivieren. Und zugleich bedeutet dies: der andere fühlt sich gesehen, nicht nur oberflächlich.

4.3.6 Körperliche Stimmigkeit und Felt Sense

Gunther Schmidt legt großen Wert darauf, dass die Ziele oder Lösungsschritte, die ein Klient gefunden hat, oder auch die Ideen, die der Therapeut vorgeschlagen hat, vom Klienten auf Stimmigkeit geprüft werden.[1411] Die Patienten haben dafür ein intuitives Wissen, dem sie nur wieder vertrauen lernen müssen. Damit ist nicht nur eine kognitive Zustimmung gemeint, sondern ein ganzkörperliches Stimmigkeitsgefühl. Menschen können, so hat es Gendlin formuliert, Sinn fühlen, auch und gerade dann, wenn er sprachlich noch gar nicht greifbar ist. Er sprach vom »Felt Sense«. Umgangssprachlich redet man vom Bauchgefühl[1412] oder Bauchentscheidungen.[1413] Und auch die Hirnfor-

---

1408 Solche »leiblichen Interventionen« wären dann ähnlich wie das, was G. Schmidt als »Problemlösungsgymnastik« beschreibt. Siehe diese Arbeit S. 146.
1409 *Petzold* 1993, 770ff.
1410 Es versteht sich von selbst, dass der verächtliche, abweisende, spöttische, aufdringliche ... Blick in einer Seelsorgebegegnung nichts zu suchen hat.
1411 *Schmidt* 2004, 72ff.; *Weber Schmidt Simon* 2005, 172.
1412 Gendlin selbst möchte den Felt Sense vom Bauchgefühl unterschieden wissen. Er differenziert aber nicht sehr präzise. Letztlich soll der Felt Sense »breiter« sein als ein Bauchgefühl. Er drückt aus, wie der »Körper das ganze Problem trägt.« (*Gendlin* 1998, 92).

schung hat längst herausgefunden, dass basale Entscheidungen weit
weniger als angenommen vom denkenden Neocortex getroffen werden, sondern stark beeinflusst[1414] sind insbesondere vom lymbischen
System.[1415]

Da wir Menschen manchmal gerne über Dinge hinwegreden oder uns
Dinge einreden und uns dann wundern, dass wir, wie von unsichtbaren
Fäden gezogen, doch anders handeln, macht es Sinn, auch in der Seelsorge immer mal wieder zu überprüfen, ob wirklich ein »Felt Sense«
vorliegt, oder ob gerade die Gefahr besteht, sich auf einen ›None Sense‹ einzulassen. Das muss nicht immer explizit erfolgen, denn oft ist
schon durch die Gesprächsatmosphäre, durch die emotionale Reaktion
des Gegenübers, durch Augenblicke der Berührtheit[1416] spürbar, dass
Stimmigkeit vorliegt. Manchmal, insbesondere wenn der Seelsorger
das Gefühl hat, vielleicht nur diffus, dass irgendetwas noch nicht
stimmt, dann sollte dazu ermutigt werden, das auch zu überprüfen.

> G: Ja! Ich glaube, das ist es! Ich muss meinem Sohn gegenüber
> einfach etwas toleranter sein.
> S: (Ist sich nicht sicher, ob das schon die ›stimmige‹ Lösung ist).
> Ich würde Ihnen gerne mal vorschlagen, dass wir mal Ihr Bauchge-
> fühl fragen, ob wir damit schon die Lösung gefunden haben. Sind
> Sie dazu bereit?
> G: Gerne.
> S: Schließen Sie mal Ihre Augen. Entspannen Sie sich. Atmen Sie
> tief ein und aus. Dann sagen Sie sich den Satz: »Ich muss meinem
> Sohn gegenüber toleranter sein«. Und spüren mal, wie sich das an-
> fühlt, im Bauch, im ganzen Körper.
> G: (nach einer Weile) Das fühlt sich etwas angespannt an. Da ist
> noch ein Grummeln im Bauch.
> Im weiteren Gespräch stellt sich dann heraus, dass die angestrebte
> Toleranz nur dann Sinn macht, wenn gleichzeitig vorhandene Kon-
> flikte auch ernst genommen werden.

Was dann herauskommt, darf nicht missverstanden werden als objektive und immerwährende Wahrheit. Der »Felt Sense«, darauf hat Gendlin hingewiesen, kann sich im Laufe eines Prozesses auch noch än-

---

[1413] Vgl. *Girgerenzer* 2007.
[1414] Auf die populär gewordene Diskussion, ob wir dann überhaupt noch einen
freien Willen haben, soll hier nicht eingegangen werden. Nur soviel sei gesagt,
dass, wie Hans Förstl betont, seriöse Hirnforschung, die ihre Grenzen kennt, solche öffentlichkeitswirksam zugespitzten Aussagen gar nicht macht (Hans Förstl,
Technische Universität München, mündlich bei einem Vortrag im Alexianer-Forum
am 19. Jan. 2011).
[1415] *Schmidt* 2004, 72.
[1416] Berührtheit ist sinnigerweise eine körperliche Metapher.

dern.[1417] Aber man ist zumindest für den Augenblick dem empfundenen Sinn, der ganzheitlichen Stimmigkeit auf der Spur. Und das heißt jedenfalls nicht (mehr) neben der Spur. Und das wiederum ist eine gute Voraussetzung, um der eigenen stimmigen Lösung auch weiterhin auf der Spur zu bleiben.

4.3.7 Übertragung und Gegenübertragung

Übertragung ist ein allgemein menschliches Phänomen und geschieht überall, wo Menschen sich begegnen.[1418] Aus diesem Grunde ist es sinnvoll, auch in der Seelsorge damit zu rechnen und gegebenenfalls damit zu arbeiten.[1419] Fürstenau hat gezeigt, dass sich die therapeutische Arbeit mit Übertragung und Gegenübertragung auch in der Kurzzeittherapie sinnvoll anwenden lässt.[1420] Von den dargestellten Verfahren arbeitet auch die Integrative Therapie damit, ebenso auch Gunther Schmidt, wenn auch unter anderem Namen.[1421] Wie lässt sich das nun für Kurzzeitseelsorge sinnvoll übertragen? Zunächst einmal muss gesagt werden, dass eine präzise therapeutische Arbeit mit Übertragung und Gegenübertragung gründlich gelernt werden muss, in der Regel durch eine eigene Lehrtherapie. Das kann aber für Seelsorge in der Regel nicht vorausgesetzt werden. Dennoch kann meines Erachtens auch ohne langjährige Ausbildung dafür sensibilisiert werden. Damit können auf eine vorsichtig zurückhaltende Weise hilfreiche Hinweise in einer Seelsorgebegegnung gewonnen werden. Es geht darum, erstens eine Idee davon zu entwickeln, dass mein Gegenüber auf unbewusste Weise Gefühle auf mich überträgt, die mit mir nicht unmittelbar zu tun haben. Wohl kann ich durch bestimmte Charakteristika meiner Person zum Katalysator werden, aber die Gefühle, die auf mich übertragen werden, hängen primär mit bisherigen Beziehungserfahrungen des Gegenübers zusammen. Das ist die klassische Form der Übertragung. Es geht zweitens darum, eine Idee davon zu entwickeln, dass das Gegenüber wiederum in mir Gefühle auslösen kann, die eigentlich nicht unmittelbar meine Gefühle sind. Gegenübertragung ist hier die mehr oder weniger bewusstseinsfähige Resonanz auf die dem Seelsorger entgegengebrachte Übertragung.[1422] Diese Gefühle können als hilfreiche Resonanz produktiv im Seelsorgeprozess verwendet werden, weil sie wertvolle Wahrnehmungen für den Seelsorgepartner enthalten. Aber, und damit muss man rechnen, es können sehr wohl

---

[1417]   *Gendlin* 1998, 60.
[1418]   *Grawe et al* 1994, 704.
[1419]   Vgl. z.B. *Klessmann* 2008, 270ff.
[1420]   Siehe diese Arbeit S. 182ff.
[1421]   *Rahm et al* 1993, 355ff. *Schmidt* 2004, 187f. Bei Gunther Schmidt heißt das wechselseitige ›Hypnose‹ in Interaktion.
[1422]   Vgl. *Rahm et al* 1993, 361.

auch eigene unbewusste Gefühle des Seelsorgers, einschließlich eigener biografisch geprägter Gefühle, zum Medium von Gegenübertragung werden oder sich damit vermischen. Auch das kann als Gegenübertragung bezeichnet werden, genauer würde man aber hier von eigener Übertragung des Seelsorgers sprechen.[1423] Diese ist allerdings tendenziell eher unbewusst. Deswegen ist es mitunter nicht einfach, das auseinanderzuhalten von der ersten Form der Gegenübertragung oder auch von aktualen Konflikten. Gerade darum sollte jeder Seelsorger von diesen Phänomenen wissen und damit auch rechnen. Und obwohl es oftmals nicht leicht ist, Übertragungsphänomene eindeutig zu erkennen, kann zumindest ansatzweise und auf vorsichtige Weise dennoch von jedem Seelsorger mit Übertragung und Gegenübertragung gearbeitet werden. Folgende Fragen können dabei helfen.

– Wenn mein Gegenüber ein Verhalten zeigt, das ich nicht in unmittelbaren Zusammenhang mit meinem eigenen Verhalten oder meiner Person bringen kann: Als wen könnte mich mein Gegenüber sehen, so dass sein Verhalten in Bezug darauf stimmig wäre? – als Vater/Mutter? – als Partner/in? – als Kind? – als Rivalen? – als Autoritätsperson? – als ›vicarius dei‹?[1424]
– Wenn mein Gegenüber bei mir Gefühle auslöst, die ich nicht in unmittelbaren Zusammenhang mit meinem eigenen aktuellen Gefühlsleben bringen kann: Warum bin ich überfürsorglich, ärgerlich, gelangweilt? Warum fühle ich mich erotisch angezogen/abgestoßen von meinem Gegenüber? Warum fühle ich mich bevormundet oder abgewiesen? Könnte es ein Hinweis sein, dass mein Gegenüber in mir etwas sieht, was ich nicht bin? Oder dass ich in meinem Gegenüber etwas sehe, was er nicht ist, was mir aber vertraut ist? Oder beides zusammen?

Solche und ähnliche Fragen sollte sich der Seelsorger spätestens immer dann stellen, wenn er merkt, dass im Seelsorgekontakt unerklärliche Unstimmigkeiten auftreten. Wichtig dabei ist, dass der Seelsorger immer zuerst überprüft, was davon durch den aktuellen Seelsorgekontakt erklärbar ist. Wenn sich mein Gegenüber abweisend verhält, kann es schlicht auch daran liegen, dass ich z.B. eine Intervention vorgeschlagen habe, die meinem Gegenüber nicht hilfreich erscheint. Das

---

[1423] Der Begriff »Gegenübertragung« wird verschieden benutzt. Manche subsumieren darunter alle beim Therapeuten ausgelösten Reaktionen, andere bevorzugen, nur jene Reaktionen so zu nennen, die unmittelbar von der Übertragung des Patienten ausgelöst werden. Überträgt der Therapeut hingegen von sich aus eigene Gefühle auf den Patienten, so ist dies normale Übertragung, nur eben von Seiten des Therapeuten. Siehe dazu *Laplanche Pontalis*1973, 164f.
[1424] Im Sinne religiöser Übertragung. Vgl. *Klessmann* 2012, 130ff.

Konzept von Übertragung/Gegenübertragung darf nicht dazu missbraucht werden, sich dahinter zu verstecken und damit realen Konflikten auszuweichen. Zunächst sollte also immer gefragt werden, ob jetzt aktuell ein Konflikt gegeben ist. Erst wenn klar ist, dass das nicht der Fall ist, sollte man überlegen, ob Übertragung oder Gegenübertragung vorliegt. Dann aber auch erstmal für sich selbst (gegebenenfalls in Supervision). Der Seelsorgepartner darf nicht einfach damit konfrontiert werden. Denn erstens ist damit zu rechnen, dass meine Wahrnehmung fehlerhaft ist. Das gilt übrigens auch für therapeutisch ausgebildete Seelsorger. Und zweitens ist das Ansprechen der Phänomene Übertragung und Gegenübertragung für den Seelsorgepartner nur hilfreich, wenn es auf angemessene, insbesondere auf vorsichtige und respektvolle Weise geschieht. Denkbar sind z.B. folgende Formen:

– Ich habe den Eindruck, dass Sie gerade etwas ärgerlich sind auf mich. Vielleicht habe ich etwas gesagt oder gemacht, womit ich das ausgelöst habe. Das täte mir leid. Aber es wäre mir wichtig, dass Sie mir das sagen. Vielleicht aber habe ich Sie auch an jemanden erinnert. Gibt es denn jemanden in Ihrem Leben, dem gegenüber Sie ähnliche Gefühle haben, wie jetzt gerade mir gegenüber?
– Mehrfach habe ich, ganz entgegen meiner sonstigen Art, konkrete Vorschläge gemacht, die Sie aber alle verworfen haben. Was übrigens Ihr gutes Recht ist. Aber ich frage mich, ob Sie das nicht von irgendwo her kennen? Dass jemand Sie mit einer Reihe guter Vorschläge, ich sage mal zugespitzt, bevormundet?

Im Sinne der Kurzzeitseelsorge kann es nicht darum gehen, hier eine ausführliche Analyse anzufangen. Es geht darum, die solchermaßen ins Gespräch kommenden Situationen danach zu durchforschen, wie der Gesprächspartner mehr oder weniger erfolgreich damit umgegangen ist (Ressourcen/Ausnahmen), was davon auch heute helfen könnte und was er womöglich auch nicht mehr braucht.

4.3.8 Umgang mit sogenanntem Widerstand

»Bei einem großen Teil dessen, was in der Psychotherapieliteratur als Widerstand auf Seiten des Patienten beschrieben wird, wäre es vermutlich angemessener, von Blindheit auf Seiten des Therapeuten zu sprechen.«[1425] Widerstand ist ein Konzept bestimmter Therapieverfahren, um die offensichtliche Veränderungsunwilligkeit der Patienten zu bezeichnen,[1426] jedenfalls die Veränderungsunwilligkeit aus Sicht des

---

[1425] *Grawe et al* 1994, 785.
[1426] In der Psychoanalyse z.B. ist Widerstand alles, womit sich der Patient »dem Zugang zu seinem Unbewussten entgegenstellt«. Damit wird Widerstand zum »Hindernis für die Erhellung der Symptome und das Fortschreiten der Behand-

Therapeuten.[1427] Denn letztlich impliziert dieses Konzept, dass der Therapeut eine Idee hat, was sein sollte, und der Klient dieser Idee nicht entspricht. Die Differenz zwischen Realität und Zielvorstellung wird im Konzept des Widerstandes vom Therapeuten konstruiert.[1428] Kurzzeittherapien gehen im Gegensatz dazu davon aus, dass Klienten einen grundsätzlichen Veränderungswillen mit in die Therapie bringen. Sonst würden sie nicht kommen. Zugleich bestimmen sie auch selbst, wohin die Veränderung gehen soll und in welchem Ausmaß. Die Differenz zwischen Realität und Zielvorstellung wird vom Klienten konstruiert. Ein als widerständig erlebtes Verhalten wird in der Kurzzeittherapie gedeutet als berechtigter Einwand gegen Aspekte des Therapieprozesses, die nicht den Zielen und Wünschen des Klienten entsprechen.[1429] Es ist eine wichtige Rückmeldung für den Therapeuten, dass er offensichtlich nicht im Sinne des Klienten arbeitet, und dass es notwendig ist, sich erneut um eine Abstimmung mit dem Klienten zu bemühen. Wenn ein Klient nicht auf eine bestimmte Intervention reagiert, war die Intervention falsch. Wenn ein Klient Hausaufgaben nicht macht, dann hatten die Hausaufgaben für ihn keinen Sinn.

Für die Seelsorge bedeutet dies, dass man am besten erst gar nicht mit dem Konzept des Widerstandes arbeitet.[1430] Alles Verhalten des Gesprächspartners, das der Seelsorger als Widerstand empfinden könnte, sollte als kritisches Feedback genommen werden. Manchmal nimmt man es einfach stillschweigend als Hinweis, dass bestimmte Dinge

---

lung« (*Laplanche Pontalis* 1973, 622f.). In der Integrativen Therapie wird auch mit Widerstand gearbeitet, aber positiver konnotiert als eine Ressource, genauer als die »Fähigkeit sich gegen Einflüsse auf das Selbst und die Identität zur Wehr setzen zu können«, eine Fähigkeit die allerdings auch starr und damit pathologisch werden kann (*Rahm et al* 1993, 364).

[1427] »Als Widerstand werden solche Verhaltensweisen des Patienten gedeutet, die dem Therapeuten nicht gefallen, weil sie z.B. nicht dem therapeutischen Konzept entsprechen oder abgesprochene Aufgaben nicht erfüllt werden.« (*Isebaert* 2005, 38). Vgl. auch das Eingangszitat von Klaus Grawe.

[1428] Widerstand ist in diesem Sinne ein »Problem« des Therapeuten, das dieser als Soll-Ist-Differenz konstruiert. Vgl. *Schmidt* 2005, 59f.

[1429] NLP: *O'Connor Seymour* 1992, 180, *Bandler Grinder* 1996, S.150, *Bandler Grinder* 1981b, 78f. (siehe auch S. 140); Hypnosystemische Therapie: *Schmidt* 2004, z.B. S. 431. Brügger Modell: *Isebaert* 2005, 38f. Dort findet sich auch eine nützliche Tabelle, wie man im Sinne des lösungsorientierten Arbeitens mit sog. ›Widerstand‹ konstruktiv umgehen kann.

[1430] Womit nicht gesagt ist, dass es möglicherweise auch hilfreiche und nützliche Konzepte von Widerstand oder, allgemeiner gesagt, Abwehrmechanismen geben kann, wie z.B. in der Integrativen Therapie (*Rahm et al* 1993, 303ff.). Damit zu arbeiten, erscheint mir in der Kurzzeitseelsorge aber nicht angemessen. Wenn überhaupt, sollte man von solchen Konzepten vor allem die Idee übernehmen, dass Widerstand eine Ressource ist, mit der selbst bei rigiden Varianten wertschätzend umzugehen ist.

nicht funktionieren. Wurde z.b. ein Vorschlag nicht aufgegriffen, oder eine Hausaufgabe nicht gemacht, dann weiß der Seelsorger, dass genau diese Interventionen offensichtlich nicht funktionieren. Es macht keinen Sinn, darüber ein problemaufdeckendes Gespräch zu führen. Entweder nimmt der Seelsorger das schweigend zur Kenntnis, oder benennt einfach die Tatsache und betont das gute Recht des Gegenübers, nur das zu machen, was für ihn stimmig ist. Sollte ein Verhalten des Gesprächspartners darauf hinweisen, dass etwas im Seelsorgekontakt an sich nicht stimmt, also auf der Beziehungsebene, dann sollte versucht werden, das auf der Metaebene zu klären, um herauszufinden, was das Gegenüber irritiert und wie der Seelsorgekontakt auf hilfreichere Weise gestaltet werden kann. Auf keinen Fall sollte der Seelsorger sich dazu verleiten lassen, bei widerständigem Verhalten irgendetwas in sein Gegenüber hineinzudeuten.

Luc Isebaert hat ein paar sehr hilfreiche Grundannahmen benannt, mit denen man auch in der Seelsorge mit ›Widerstand‹ umgehen kann. Damit sind nochmals die wichtigsten Aspekte zusammengefasst:

»1. Widerstand wird kaum vom Patienten erzeugt, sondern vor allem vom Therapeuten.
2. Widerstand ist weder im Patienten noch im Therapeuten lokalisiert, er ist eine Funktion der therapeutischen Beziehung.
3. Widerstand gibt dem Therapeuten nützliche Informationen: – es geht zu schnell. – es geht in die falsche Richtung. – etwas Wichtiges wird nicht beachtet.
4. Mit dem Widerstand betont der Patient/Klient seine eigene Persönlichkeit und zeigt seinen eigenen Willen.
5. Patienten kommen grundsätzlich zum Mitarbeiten in die Therapie; Widerstand ist eine besondere Art der Mitarbeit. Widerstand ist Kooperation mit anderen Mitteln.«[1431]

4.3.9 Aufstellungen mit Figuren

Aus der Aufstellungsarbeit und Familienskulpturarbeit abgeleitet ist die Aufstellung mit Figuren.[1432] Geeignet sind zum Beispiel einfache Bauklötze, die durch unterschiedliche Form oder Farbe bestimmten Personen zugewiesen werden können. Etwas präziser sind Spielfiguren, weil mit ihnen auch Blickrichtung und Armhaltung angezeigt werden können. Allerdings haben Spielfiguren auch einen eigenen Charakter, der möglicherweise stören kann. In solchen Fällen sind abstraktere Figuren besser. Es ist insgesamt eine vereinfachte Form der

---

[1431] *Isebaert* 2005, 38.
[1432] *Schlippe Schweitzer* 1996, 164ff.

Aufstellungsarbeit mit weniger hoher Intensität als eine Aufstellung mit realen Menschen, gleichwohl aber sehr gut nutzbar als »bildgebendes Verfahren«. Für die Einzelseelsorge halte ich dieses Instrument für hervorragend geeignet. Sowohl gegenwärtige komplexe Beziehungssituationen mit Menschen, die im eigenen Leben eine Rolle spielen als auch gewünschte Lösungen lassen sich damit bildlich konkret vor Augen führen. Das führt in der Regel dazu, dass der Gesprächspartner sehr schnell erkennt, wie seine Beziehungen ›gestrickt‹ sind, wo zuviel Nähe oder zuviel Distanz ist, wie er eingebunden oder alleingelassen ist, wer mit wem verbunden und wer mit wem nicht verbunden ist, und vieles mehr. Durch gemeinsames Betrachten dieses Bildes wird in einem partnerschaftlich-dialogischen Prozess zunächst versucht zu benennen, womit sich der Gesprächspartner wohl oder unwohl fühlt. Kann er selbst nichts erkennen, was für ihn von Relevanz ist, können vom Seelsorger auch vorsichtige Hinweise gegeben werden. Der Gesprächspartner wird anschließend ermutigt, durch probeweises Umstellen der Figuren zu erspüren, ob es Konstellationen gibt, die sich besser anfühlen. Erfahrungsgemäß geschieht dies in mehreren Schritten, manchmal durch Trial und Error. Das ist ein Prozess, der durchaus auch etwas Leichtes und Spielerisches haben kann und mitunter auch schon eine gewisse Dissoziierung vom Problemerleben bewirkt. Man kommt automatisch in die Beobachterposition, die von Gunther Schmidt als grundsätzlich hilfreich bezeichnet wird.[1433] Aus dieser Position kann aber auch durchaus wahrgenommen werden, wo es schmerzliche Beziehungserfahrungen gibt. Zugleich, weil man Spielfiguren im Unterschied zu den echten Beziehungspersonen probeweise bewegen kann, lassen sich stimmige Lösungsbilder entwerfen. Auch wenn die realen Beziehungspersonen davon nichts wissen und erstmal unverändert bleiben, so hat das Lösungsbild für den Gesprächspartner doch eine stark motivierende und fokussierende Bedeutung. Er sieht jetzt klarer, in welche Richtung er sich Veränderung seiner Beziehungen wünscht, und kann sich nun gezielter so verhalten, dass eine Veränderung auch in der Realität wahrscheinlicher wird. Getreu dem systemischen Prinzip der »strukturellen Koppelung«[1434] wird seine eigene geänderte Einstellung und sein geändertes Verhalten sich auch mit hoher Wahrscheinlichkeit auf andere auswirken. Im Seelsorgegespräch kann der Seelsorger es am Ende einer solchen Aufstellung bei der Ermutigung belassen, mit dem Lösungsbild im Kopf und im Herzen nach Hause zu gehen, und zu schauen, was sich positiv verändert. Durch die veränderte Aufmerksamkeitsfokussierung wird das Lösungsbild andere Wahrnehmungen erzeugen, in Folge anderes Verhalten und schließlich durch systemische Rückkoppelung auch auf andere wirken. Es kann

---

[1433] *Schmidt* 2004, 62f., *Schmidt et al* 2010, 92ff.
[1434] *Simon* 2006, 78ff.

aber bei Bedarf auch noch explizit gemeinsam besprochen werden, welche konkreten Schritte im Alltag hilfreich sein können.

G: Also, ich habe große Probleme mit meiner Frau. Ich glaube, sie liebt mich nicht wirklich. Und wir geraten ständig in Streit. Außerdem mischt sich die Schwiegermutter immer ein. Meine Frau steht dann oft eher auf ihrer Seite. Mein älterer Sohn hat schon eine Freundin, und zieht sich sehr aus der Familie heraus. Und unsere Tochter reagiert meist sehr verstört, wenn wir uns streiten. Wenn mal richtig dicke Luft ist, gehe ich dann meist zu einer guten Freundin und klage ihr mein Leid. Doch wenn ich nach Hause komme, ist es dann oft noch schlimmer. Was soll ich nur machen?

S: Da sind ja sehr viele Personen dabei. Ich schlage Ihnen ein Verfahren vor, wie wir da zunächst einmal etwas Überblick gewinnen können.

(Es folgt ein Vorschlag zur Aufstellung mit Figuren. Der Gesprächspartner stellt sich und alle wichtigen Menschen entsprechend der von ihm empfundenen Nähe und Distanz auf.)

S: Was können Sie erkennen? Was fällt Ihnen auf?

G: Meine Frau und ich stehen weit auseinander. Sie steht näher an ihrer Mutter. Unser Sohn und seine Freundin stehen sehr eng zusammen, aber beide relativ weit weg von uns. Meine Tochter steht sehr alleine.

S: Was fällt ihnen noch auf?

G: Die Tochter steht eigentlich genau in der Mitte zwischen meiner Frau und mir. Aber beide sind wir weit auseinander.

S: Mir fällt auf, dass Sie Ihre Freundin nicht erwähnt haben. Schauen Sie mal wie Sie sich zu Ihrer Freundin gestellt haben und Ihre Frau zu ihrer Mutter.

G: Ich stehe näher bei meiner Freundin als sie bei ihrer Mutter.

S: Wenn ich richtig verstanden habe, gehen Sie zu ihrer Freundin, weil Sie gegen die Koalition von Mutter und Schwiegermutter nicht ankommen. Könnte es sein, dass auch das Umgekehrte eine Rolle spielt?

(Es folgt ein Gespräch über mögliche Dynamiken, die in der Aufstellung erkennbar sind).

S: Wir kommen jetzt an den Punkt, wo wir mal ausprobieren könnten, was sich für Sie stimmiger anfühlen würde. Stellen Sie einfach mal die Figuren so, wie Sie es sich wünschen, so, wie Sie es gerne hätten.

(Gesprächspartner stellt sich und seine Frau in die Mitte direkt nebeneinander. Die Schwiegermutter und die Freundin in etwas mehr Distanz je auf die eine und die andere Seite. Die Tochter in die

Nähe der Eltern, auch den Sohn und dessen Freundin rückt er sehr nahe an die Eltern.

S: Wie fühlt sich das jetzt an? Ist es stimmig für Sie? Könnte es auch für die anderen stimmig sein.

G: Nein, noch nicht ganz. Mein Sohn und seine Freundin müssen etwas weiter weg. Nicht ganz so weit wie vorher. Aber er ist ja schon fast erwachsen und hat ja ein eigenes Leben. (Stellt die beiden etwas weiter weg, so dass sie aber noch im Blick sind) Ja, so stimmt es.

S: Nehmen Sie nun dieses Bild innerlich mit nach Hause. Und schauen Sie, wie es wirkt und welche positiven Veränderungen ausgelöst werden. Auch wenn im Alltag nicht alles sofort so sein wird, wie Sie es wünschen, so haben Sie doch jetzt ein starkes inneres Bild, das Sie leiten wird.

4.4 Netzwerktherapeutische Interventionsmöglichkeiten in der Gemeindeseelsorge

In der Seelsorge, insbesondere in der Kurzzeitseelsorge, kann es nicht darum gehen, aufwendige Netzwerkarbeit zu leisten. Andererseits hat ein Gemeindepfarrer immer auch mit privaten Netzwerken zu tun beziehungsweise arbeitet in seinen anderen Berufsrollen selbst mit gemeindlichen Netzwerken oder initiiert welche. Folgende Aspekte erscheinen mir darum für die Seelsorge wichtig. Die Netzwerkperspektive sollte in der Seelsorge immer im Hintergrund als Blickwinkel präsent sein. Hat der Pastorand ein genügend tragfähiges soziales Netz oder weist es große Lücken auf oder ist es mit starken Belastungen infiziert? Oft wird das schon im Verlauf des Seelsorgegespräches relativ schnell deutlich. Und meist genügt auch ein kurzes Gespräch darüber, um zu klären, ob hier Handlungsbedarf aus Sicht des Seelsorgesuchenden besteht.

Den Einsatz entsprechender Techniken, wie z.B. die Netzwerkkarte, empfehle ich erst, wenn klar geworden ist, dass dem Anliegen des Seelsorgesuchenden auf dem Weg über die Arbeit am eigenen Netzwerk am ehesten geholfen werden kann. Dazu bedarf es aber vorheriger Zielklärung und entsprechender Transparenz über das dann vorzuschlagende Vorgehen. Die einfachste Form wird auch in der Seelsorge darin bestehen, dass man mit dem Klienten an dessen Netzwerk arbeitet. Hier können dann zur Analyse die im Rahmen der Netzwerkperspektive genannten Instrumente eingesetzt werden und daraus dann entsprechende Schritte mit dem Seelsorgesuchenden gemeinsam erarbeitet werden. Denkbar sind – mit Fokussierung auf das Netzwerk – auch Hausaufgaben, wie sie die in dieser Arbeit dargestellten Kurzzeittherapieverfahren entwickelt haben, also etwa Beobachtungsaufgaben oder Aufgaben zur Erzeugung einer Musterunterbrechung. (»Womit sind Sie in Ihrem Bekanntenkreis zufrieden und dankbar, so dass Sie sagen, das soll auf jeden Fall so bleiben? / Jedes Mal, wenn Sie Ihre Eltern besuchen, kommen Sie recht schnell auf dieses schwierige Thema zu sprechen und dann ist die gute Stimmung dahin. Probieren Sie doch einmal aus, was passiert, wenn Sie sich verpflichten, Ihren Eltern zuerst etwas Positives zu sagen, etwas, worüber Ihre Eltern sich freuen. Und dann erst, wenn Sie wollen, aber nie vorher, sprechen Sie das heikle Thema an.)

Schwieriger und komplexer ist dagegen die Arbeit mit dem Netzwerk selbst. Gerade aber für Gemeindeglieder ist das durchaus denkbar und wird sogar bisweilen erwartet, insbesondere wenn man als Pfarrer ohnehin die ganze Familie oder auch Teile des sozialen Umfeldes kennt. Allerdings kann derselbe Umstand auch dazu führen, dass besondere Anonymität gewünscht wird. In jedem Falle muss der Einbezug weiterer Personen vom Seelsorgesuchenden ausdrücklich gewollt und vom Seelsorger auch für sinnvoll erachtet werden. Der Seelsorger muss für sich klären, ob er sich im je konkreten Fall eine solche Netzwerkarbeit zutraut. Außerdem besteht hier die in der Praxis durchaus vorkommende Gefahr, dass der Seelsorger auf manipulative Weise in private Netzwerkkonflikte hineingezogen werden soll. Im Falle der Entscheidung für eine direkte Netzwerkarbeit werden die betroffenen Netzwerkmitglieder gemeinsam mit dem Seelsorger klären, ob und wie Ressourcen in Anspruch genommen beziehungsweise zur Verfügung gestellt werden können oder wie belastende Aspekte beseitigt werden können. In der Praxis geht es hier meist um den Einbezug der wichtigsten und engsten Netzwerkpersonen (Ehepartner, Kind, ...). In der speziellen Situation des Gemeindeseelsorgers kann es sich durchaus ergeben, dass auch indirekte oder verdeckte Formen der Netzwerkarbeit möglich und unter Umständen auch sinnvoll sind. Da sich über die normale Gemeindearbeit (Hausbesuche, Gemeindegruppen, usw.) oft der Kontakt zu anderen Netzwerkmitgliedern eines Seelsorgesuchenden ergibt, bleibt es nicht aus, dass zumindest Beobachtungen aus diesen Kontakten wieder in die Seelsorgearbeit einfließen, oder – wenn auch mit großer Vorsicht zu handhaben – verdeckte Impulse gesetzt werden können.

Netzwerkarbeit in der Gemeinde muss aber nicht nur über Einzelkontakte in der Seelsorge zustande kommen. Genauso kann ein Netzwerk als solches mit allen oder zumindest den zentralen Mitgliedern seelsorgerliche Hilfe in Anspruch nehmen.[1435] Das geschieht insbesondere

---

[1435] Hier gibt es Berührungspunkte und Überschneidungen zur systemischen Seelsorge mit Familien. Vgl. insbesondere *Held* 1998 und *Morgenthaler* 1999. Soll

über Kasualien, in denen Familien- und Freundeskreise Kontakt mit dem Seelsorger aufnehmen. Auch über Hausbesuche trifft man oft größere Teile eines persönlichen Netzwerkes an, ein Kontakt aus dem sich seelsorgerliches Handeln im Sinne von Netzwerkarbeit ergeben kann. Ist das betroffene Netzwerk selbst Teil der aktiven Kirchengemeinde ist eine direkte Netzwerkarbeit manchmal geradezu unumgänglich. Hier können sich dann durchaus kybernetische Leitungsaufgaben mit seelsorgerlichen Aufgaben vermischen, wenn z.b. das seelsorgerlich relevante Netzwerk zumindest in Teilbereichen identisch ist mit in der Gemeinde aktiven Personen oder mit gemeindlichen Gruppen.

Ein weiterer Fall für Netzwerkarbeit in der Kurzzeitseelsorge wäre gegeben, wenn klar geworden ist, dass ein Gesprächspartner aufgrund z.b. eines stark ausgedünnten Netzwerkes den Bedarf nach neuen Formen der Eingebundenheit erkennen lässt. Hier geht es dann ganz konkret darum, inwieweit die vorfindliche Kirchengemeinde realistische Möglichkeiten für neue Kontakte anbieten kann.[1436] Die Netzwerkarbeit des Seelsorgers kann dann darin bestehen, den Gesprächspartner zu ermutigen, sich selbst in den Kontaktpool einer Kirchengemeinde ›einzuloggen‹, es kann aber auch erforderlich sein, als Seelsorger selbst solche Kontakte herzustellen. Häufig ist z.b. der Fall, dass Menschen, deren Netzwerk altersbedingt stark verkleinert ist, in kirchliche Seniorengruppen eingebunden werden. Es ist dabei aber auch immer im Blick zu behalten, wo die Möglichkeiten einer Kirchengemeinde an ihre Grenzen stoßen. Gerade mit Blick auf die Senioren ist es sinnvoll, auch vorhandene Besuchsdienstmitarbeitende in die Netzwerkperspektive einzuführen, eine Perspektive, die in alltagstheoretischer Form meist ohnehin präsent ist.

Um meinen eigenen Besuchsdienstkreis für dieses Thema zu sensibilisieren und einen differenzierten Zugang erfahrbar zu machen, habe ich nach Vorlage der Netzwerkkarte von Florian Straus und Renate Höfer[1437] eine für den kirchlichen Bereich etwas modifizierte Karte entworfen, die zugleich die Beziehungsqualitäten und -möglichkeiten deutlicher erfasst. (Siehe Abbildung am Ende des Kapitels).

---

explizit systemisch-familientherapeutisches Vorgehen in die Seelsorge integriert werden, ist eine entsprechende Qualifikation erforderlich.

[1436] Interessanterweise hat Uta Pohl-Patalong, die von der Seelsorge am Individuum auch ressourcenorientierte Netzwerkarbeit erwartet, genau diese Möglichkeit nicht im Blick, jedenfalls nicht im Sinne einer Kirchengemeinde als sozialem Netz, allenfalls in Form von dort stattfindender Gruppenseelsorge (*Pohl-Patalong* 1996, 259), oder dann, aber unabhängig von Kirchengemeinde, als Motivation zu gesellschaftlichem Handeln (267ff.)

[1437] Siehe diese Arbeit S. 235f.

Speziell für die Fortbildung eines Besuchsdienstkreises eignen sich folgende Fragen in Bezug auf das eigene soziale Netzwerk:

- Womit bin ich zufrieden und dankbar? (Ressourcen)
- Was ist mein eigener Beitrag dazu, dass es so ist oder so bleibt? (Eigene Sozialkompetenz)
- Was möchte ich in nächster Zeit verändern? Und wie?
- Wie wird sich mein Netzwerk vermutlich bis ins Alter weiterentwickeln?
- Welche Rolle im Blick auf mein Netzwerk spielt für mich unsere Kirchengemeinde?
- Was bedeutet die gewonnene Erkenntnis für meine Besuchsdienstarbeit?

Auf diese Weise soll erreicht werden, dass in der gemeinsamen Auswertung der eigenen Netzwerksituation der Blick für die Netzwerksituation der besuchten Gemeindeglieder geschärft wird. Zugleich soll aber auf diesem Wege auch ein realistisches Bild – also kein idealistisches – von der Netzwerkperspektive entwickelt werden, auch und gerade im Hinblick auf die konkrete Kirchengemeinde. Selbstverständlich kann die dargestellte Netzwerkkarte aber auch in der Einzelseelsorge eingesetzt werden. Die Auswertungsfragen müssten dann in Bezug auf die Situation des Gesprächspartners modifiziert werden.

Zum Schluss seien noch einige Netzwerkinterventionen erwähnt,[1438] die bereits in den Bereich des sozialen Engagements übergehen.[1439] Aber gerade Kirchengemeinden bieten dafür mitunter gute Rahmenbedingungen. Nestmann schlägt unter anderem die Initiierung folgender Aktivitäten vor,[1440] die sich durchaus auch als Anregungen (oder als Bestätigung) für Kirchengemeinden lesen lassen:

- Unterstützende Patenschaften (z.B. von erfahrenen Müttern für junge überforderte Mütter, oder von Witwen für neu verwitwete Frauen)

[1438] Weitere Netzwerkinterventionen, die aber zum Teil über das in der Gemeindeseelsorge leistbare hinausgehen, sind dargestellt bei *Bullinger Nowak* 1998, 171ff.
[1439] Hier berührt sich seelsorgerlich motivierte Netzwerkarbeit mit diakonischer Arbeit in Kirchengemeinden, auf die an dieser Stelle nur beispielhaft verwiesen werden kann. Siehe z.B. *Zellfelder-Held* 2002, *Ruddat Schäfer* 2005a, Handreichung Diakonie 2007, *Ruddat* 2009. Siehe auch *Götzelmann* 2003, 279ff., der sich mit dem Verhältnis von Seelsorge und Diakonie auseinandersetzt.
[1440] *Nestmann* 2009, 598ff.

- Große Schwester/großer Bruder-Programme zur Entlastung von überlasteten Familien (z.b. mit behinderten Kindern)
- Regelmäßige Besuche von einsamen alten Menschen durch je denselben Ehrenamtlichen
- Patenschaften für enthospitalisierte Patienten oder Strafgefangene
- Selbsthilfegruppen (gegenseitige Hilfe Gleichbetroffener)
- Unterstützergruppen (mit professioneller Anleitung)

Selbstverständlich ist bei all diesen Möglichkeiten immer darauf zu achten, dass die realistischen Grenzen sowohl der Gemeinde als auch der unterstützenden Personen nicht überschritten werden. Außerdem bieten die Maximen von Nestmann (Freiwilligkeit, Transparenz, Bindungs-Autonomie-Balance, Reziprozität, Passung)[1441] ein wichtiges Korrektiv zu einseitigem Idealismus, der am Ende beide Seiten überfordert.

Die Chancen und Grenzen der mit diesem Konzept von Kurzzeitseelsorge verbundenen Netzwerkperspektive auf die Gemeinde hängen also insofern von den tatsächlich vorhandenen oder realistischerweise zu aktivierenden Ressourcen der jeweils konkreten Gemeinde ab, die es zunächst einmal zu sehen (und das heißt zunächst schlicht: nicht zu übersehen) gilt, und die aber auch nicht durch ein Zuviel an Idealismus überfordert und damit letztlich zermürbt und zerbrochen werden dürfen.

[1441] *Nestmann* 2009, 611ff.

Nachfolgende GRAFIK:»Mein soziales Netzwerk« (Rolf Theobold)

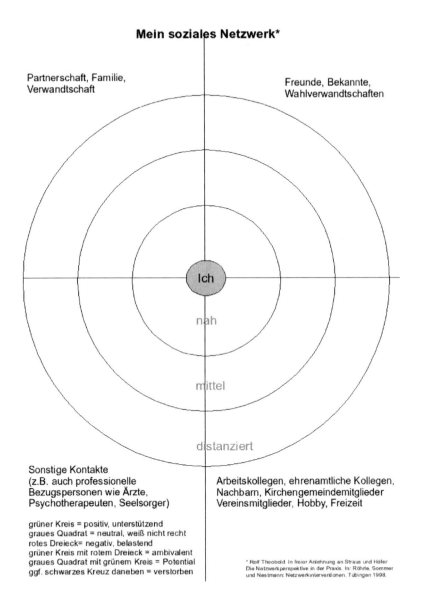

Mein soziales Netzwerk*

Partnerschaft, Familie,
Verwandtschaft

Freunde, Bekannte,
Wahlverwandtschaften

Ich

nah

mittel

distanziert

Sonstige Kontakte
(z.B. auch professionelle
Bezugspersonen wie Ärzte,
Psychotherapeuten, Seelsorger)

Arbeitskollegen, ehrenamtliche Kollegen,
Nachbarn, Kirchengemeindemitglieder
Vereinsmitglieder, Hobby, Freizeit

grüner Kreis = positiv, unterstützend
graues Quadrat = neutral, weiß nicht recht
rotes Dreieck= negativ, belastend
grüner Kreis mit rotem Dreieck = ambivalent
graues Quadrat mit grünem Kreis = Potential
ggf. schwarzes Kreuz daneben = verstorben

* Rolf Theobold. In freier Anlehnung an Straus und Höfer
Die Netzwerkperspektive in der Praxis. In: Röhrle, Sommer
und Nestmann: Netzwerkinterventionen. Tübingen 1998.

4.5 Spiritualität in der Kurzzeitseelsorge

Zum Thema Spiritualität[1442] in der Kurzzeitseelsorge soll auf drei Ebenen kurz eingegangen werden: inhaltlich, methodisch und konzeptuell.

Inhaltlich kam das Thema Spiritualität in dieser Arbeit explizit kaum vor. Das liegt nicht daran, dass es vom Verfasser als nicht wichtig erachtet wird, sondern daran, dass es sich beim Thema Spiritualität schon um eine je zu erhebende inhaltliche Ressource handelt. Zugespitzt gesagt: Spiritualität ist ein Inhalt, nicht ein Verfahren. In dieser Arbeit ging es jedoch vor allem darum, das lösungs- und ressourcenorientierte Vorgehen als *Verfahren* für Seelsorge plausibel zu machen. Inhaltlich kann in der Praxis das Thema Spiritualität dabei jederzeit als Ressource, vielleicht auch als Ziel oder Lösung in den Blick kommen.[1443] Mit fast allen dargestellten Interventionsmöglichkeiten können auch die spirituellen Suchbewegungen des Gegenübers begleitet und unterstützt werden. Selbst die Möglichkeit, dass der Seelsorger eigene spirituelle Gedanken und Einsichten ins Gespräch einbringt, ist in diesem Konzept nicht nur denkbar, sondern manchmal auch sinnvoll. Aber nur, wenn dies nicht als fertige Wahrheit vorgesetzt wird, sondern als Vorschlag präsentiert wird, als Anregung mit Wahlmöglichkeiten, einschließlich kompletter Ablehnung.[1444] Sozusagen im Sinne eines spirituellen »Realitätenkellners«.[1445] Das ›Menü‹ auswählen und am Ende ›essen‹ muss ohnehin der Gesprächspartner. Und wer wollte ihm das ernsthaft abnehmen.

Methodisch gesehen darf Spiritualität nicht durch ein Verfahren verhindert, ausgeblendet oder gar aktiv blockiert werden. Außerdem müssen das Verfahren beziehungsweise die Methode in der formalen

---

[1442] Der bewusst gewählte Begriff Spiritualität meint hier die volkskirchlich vorhandene Bandbreite von subjektiv angeeigneter und gelebter christlicher Religion von ihrer evangelischen Mitte bis hin zu ihren synkretistischen Rändern. Zur Bandbreite des Begriffes und zu Akzenten einer evangelischen Spiritualität siehe *Klessmann* 2009.

[1443] Vgl. *Gräb Weyel* 2007, 415f. – Vgl. auch Morgenthalers Gedanken zum »Geist als Ressource der Seelsorge«. Seelsorge erscheint hier – im Anschluss an Bohren und Thurneysen – als Detektivarbeit auf der Suche nach Charismen, also geistlichen Ressourcen (*Morgenthaler* 2009, 96ff.).

[1444] Das Konzept der Kurzzeitseelsorge kann darüber hinaus durchaus verknüpft werden mit kurzen alltagstheologischen Disputen (wie bei *Hauschild* 1996, 274ff.) oder mit einem gemeinsamen herrschaftsfreien Diskurs über das christliche Wirklichkeitsverständnis (wie bei *Kohler* 2006, 75ff. und 99ff.).

[1445] Dieses Bild stammt von G. Schmidt. »Ich definiere mich ... seit langer Zeit gerne in meinem Rollenselbstverständnis nicht mehr als Therapeut oder Berater, sondern als ›Realitätenkellner‹, welcher diverse ›Realitätenmenüs‹ anbietet, dabei achtungsvoll ethnologisch neugierig die einzigartige Kultur der Gäste bestaunt und dann respektvoll auf die Wahl der Gäste wartet.« (*Schmidt* 2004, 65).

Botschaft übereinstimmen mit der inhaltlichen Botschaft des christlichen Glaubens. Das wurde in dieser Arbeit mehrfach aufgezeigt und auch auf entsprechende Grenzen hingewiesen. Grundsätzlich, das sei hier noch einmal ganz allgemein gesagt, gilt für die Übernahme von therapeutischen Verfahren in die Seelsorge, was Stollberg bereits 1978 gefordert hat: »Verschiedene psychotherapeutische Verfahren ... müssen ... kritisch überprüft werden, ob sie eine Hilfe sind, die Bedingungslosigkeit der Gnade Gottes auszusagen, oder ob sie irgendeine Art neuer Gesetzlichkeit, Werkgerechtigkeit und Moral implizieren ...«[1446] Wie in dieser Arbeit zu zeigen versucht wurde, ist der lösungs- und ressourcenorientierte Ansatz sehr gut mit der befreienden Botschaft des Evangeliums vereinbar, einschließlich der reformatorischen Rechtfertigungslehre und des Prinzips vom Priestertum aller Gläubigen. Jedenfalls dann, wenn kein Lösungsdruck erzeugt wird, sondern eine seelsorgerliche Begegnung ohne jegliche Bevormundung den Raum schafft für die Freiheit, die je eigene stimmige Lösung zu finden.

Hinsichtlich der Seelsorgekonzeption schließlich, also konzeptuell, gilt Folgendes. Kurzzeittherapeutische Seelsorge versteht sich nicht als Konkurrenz, sondern als Ergänzung auch zu jenen Formen von Seelsorge, die unmittelbarer religiös und spirituell orientiert arbeiten. Ja, streng genommen kann man noch nicht einmal von Ergänzung reden, weil es zwei verschiedene Ebenen sind. Das eine sind die Noten, das andere ist die Musik. Und mit demselben Notensystem kann man sowohl weltliche als auch geistliche Musik komponieren. Insofern kann der lösungs- und ressourcenorientierte Ansatz der Kurzzeitseelsorge durchaus als »Notensystem« zum Beispiel für geistliche Begleitung verwendet werden. Eine wirkliche Konkurrenz, besser gesagt, einen herausfordernden Gegenentwurf stellt Kurzzeitseelsorge nur zu all jenen Formen von Seelsorge dar, die sich als subtil autoritäre Seelenführung gebärden, oder die überwiegend problemaufdeckend arbeiten, verbunden mit einer vorgegebenen Expertenwahrheit und mit einer Hermeneutik der Unterstellung.[1447] Das aber wiederum kann für weltliche Beratung ebenso gelten wie für Seelsorge oder geistliche Begleitung.

[1446] *Stollberg* 1978, 48.
[1447] Z.B. die Unterstellung von psychischen Fehlentwicklungen oder Normalitätsabweichungen nach Maßgabe der eigenen Theorie, die dann in der Diagnose ›wiedergefunden‹ werden. Das ist eine nicht ganz aufzulösende hermeneutische Problematik von Diagnosen und Krankheitslehren, auch wenn sie vielleicht, das soll hier nicht kategorisch ausgeschlossen werden, in gewissen Kontexten (Forschung, Lehre, kollegialer Austausch, Abrechnung mit Kostenträgern, usw.) ein relatives Recht haben mögen. In der konkreten Seelsorgebegegnung sollte man sich davon jedoch so weit als möglich frei machen. – Eine solche Expertenwahrheit und ›Hermeneutik der Unterstellung‹ ist auch aus theologischer oder spiritueller Sicht denkbar, vor allem dann, wenn der Seelsorger sehr genau weiß, was vor Gott als falsch gilt, und wie richtiges und gutes Leben vor Gott auszusehen hätte.

4.6 Chancen und Grenzen

4.6.1 Die Chancen der Kurzzeitseelsorge

Die Chancen der Integration kurzzeittherapeutischer Konzepte und Interventionen in die Seelsorge sind durch das bisher Ausgeführte dargestellt worden. So bleibt an dieser Stelle nur nochmals ein kurzes zusammenfassendes Resümee, verbunden mit ein paar ergänzenden Gedanken im Hinblick auf die konkrete Anwendbarkeit.

Die hier dargestellte Kurzzeitseelsorge ist eine Herangehensweise, im Grunde auch eine Haltung, die in vielen seelsorgerlichen Kontexten nützlich ist. Das Gegenüber wird vorbehaltlos ernstgenommen, sowohl in seinen Zielen als auch in seinen Potentialen. Er bleibt der Experte für sein Leben. Der Seelsorger bietet im Gespräch einen Rahmen an, in welchem diese Expertenschaft gefördert und bestärkt wird. Es ist ein Empowerment zum eigenen Leben. Inhaltlich macht die Kurzzeitseelsorge keine Vorgaben. Die zugrundegelegten Kurzzeitkonzepte bieten eine ressourcen- und lösungsorientierte kommunikative Vorgehensweise in Bezug auf die unterschiedlichsten Anliegen, auch spirituelle Anliegen. Auf eine Krankheitslehre wird in der Regel verzichtet, weil sie für ein ressourcen- und lösungsorientiertes Vorgehen nicht erforderlich ist, ja in der konkreten Begegnung eher schädlich sein kann. So jedenfalls die einhellige Meinung der Vertreter der wichtigsten Kurzzeitkonzepte. Manche Themen, wie z.B. die Reflexion über die professionelle Beziehungsgestaltung, sind von kurzzeittherapeutischen Konzepten jedoch nur wenig beleuchtet worden. Das gilt ebenfalls für den erwähnten kompletten Verzicht auf eine Krankheits- und Gesundheitslehre. Dadurch mitgegebene Einseitigkeiten oder Ausblendungen wurden versucht, durch Bezug auf die Integrative Therapie auszugleichen beziehungsweise zu ergänzen.

Das vorliegende Konzept einer Kurzzeitseelsorge ist verknüpft mit dem bewussten Einbezug der Netzwerkperspektive, sowohl im Hinblick auf das persönliche Netzwerk des Gegenübers als auch, und das ist möglicherweise bisher zu wenig gesehen worden, im Hinblick auf die empirisch vorhandene Gemeinde. Empfohlen wird der geschärfte und zu schärfende Blick auf die Netzwerkressource Gemeinde, verbunden mit einer Wertschätzung realer Gemeinden. Dafür, so hoffe ich, konnten gute Gründe aufgezeigt werden.

Besonders eignet sich das vorliegende Konzept für beratende Seelsorge, also all jene Gelegenheiten zur Seelsorge, die bewusst mit einem Beratungswunsch angefragt werden. Die Settings dafür können so vielfältig sein wie das Gemeindeleben. Sei es zwischen Tür und Angel, sei es als kurzzeitseelsorgerliche Sequenzen innerhalb anderer Gespräche, sei es als bewusst vereinbarte Termine.

Als Beispiele für inhaltliche Anliegen, aufgrund derer beratende Seelsorge aufgesucht wird, kann ich aus meiner seelsorgerlichen Praxis folgende Themenbereiche beispielhaft anführen: Ehekonkflikte, Familienkonflikte, intergenerative Konflikte, Konflikte mit anderen Gemeindegliedern, Trennungen, Krankheit, Trauer, Berufsentscheidungen, aber auch dezidiert religiöse Themen wie Glaubenszweifel oder spirituelle Suche.

So sehr dieser Kurzzeitseelsorgeansatz sinnvoll ist für ausdrücklich beratende Seelsorge, so sinnvoll ist er auch für andere seelsorgerliche Kontexte,[1448] also für Kasualgespräche, Geburtstagsbesuche, Mitarbeitergespräche oder Begegnungen auf der Straße. Auch hier kann der ressourcen- und lösungsorientierte Blickwinkel sehr hilfreich sein, auch wenn es nicht im eigentlichen Sinne um Beratung geht. Aber sehr wohl kann es um Stärkung des Kohärenzgefühles (Antonovsky) gehen, um Bewusstmachung von Ressourcen, um Ambivalenzbewältigung, um Lebensbestärkung, um Empowerment.

Bei Geburtstagsbesuchen, insbesondere wenn auch noch andere Gäste da sind, wäre ein problemorientiertes Vorgehen völlig verfehlt. Umso mehr kann in diesem Zusammenhang zum Beispiel die aufgezeigte Chance von Smalltalk und von Komplimenten genutzt werden, um dem Jubilar auf ›eigentliche‹ Weise etwas Gutes zu tun. Und wenn dann doch innerhalb eines solchen Gespräches von Seiten des Gegenübers ein Beratungswunsch signalisiert wird, so können jederzeit hilfreiche lösungsorientierte Gesprächssequenzen eingefügt werden, ohne dass das Gespräch eine problemlastige Schlagseite bekommen muss, jedenfalls nicht durch das Gesprächsverhalten des Seelsorgers.

Bei Trauergesprächen scheint es auf den ersten Blick nicht um Lösungen zu gehen, aber auf den zweiten Blick wird klar, dass es hier um die Bewältigung der Trauer geht, die auf ihre Weise auch eine zu lösende Aufgabe, oder anders gesagt, eine anzustrebende ›Lösung‹ darstellt. Auch Trauer ist also ein Prozess, bei dem es Menschen gut tut, wenn sie behutsam in den Ressourcen bestärkt werden, die sie für die Bewältigung eines solchen schmerzhaften Prozesses in ihrem eigenen Leben und Lebensumfeld vorfinden oder neu entdecken können. Ebenso geht es darum, in den Blick zu bekommen, welche Ressourcen der Verstorbene selbst hinterlassen hat, die es jetzt zu würdigen gilt. Aber auch

---

[1448] Darauf hat z.B. auch schon Peter Held in Bezug auf seine systemische Seelsorgekonzeption hingewiesen, allerdings noch stärker geprägt von der Idee, dass man dabei »Sichtweisen konstruktiv verstören« kann (*Held* 1998, 225f.).

manche schwierige Seite des Verstorbenen kann z.b. durch die Technik des inhaltlichen Reframing nochmals in neuem Licht gesehen werden. Ambivalente Gefühle dem Verstorbenen gegenüber, insbesondere jene Gefühlsregungen, für die man sich schämt, weil sie als negativ eingeschätzt werden, können ›normalisiert‹ werden, indem sie als zum normalen Trauerprozess dazugehörig ›gerechtfertigt‹ werden.

Bei Traugesprächen geht es oft unterschwellig um Ambivalenzbewältigung. Die vordergründige Freude über die große Entscheidung ist nicht selten verbunden mit unterschwelligen Ängsten vor dieser großen Entscheidung. (Wollen wir uns wirklich ein Leben lang binden? Werden wir wirklich ein Leben lang zueinander Ja sagen können? Auf welche Ressourcen können wir dabei zurückgreifen?) Im Traugespräch kann gemeinsam nach den Ressourcen in der bisherigen Geschichte der Liebe Ausschau gehalten werden, genauso wie nach antizipierbaren zukünftigen Quellen der Kraft.

Ebenso können bei Taufgesprächen die Ressourcen bewusst gemacht und gestärkt werden, die den Eltern helfen die Belastungen ihrer Fürsorge und Sorge für das Kind tragen zu helfen. Erfahrungsgemäß spielt hier auch das Thema »Gottvertrauen« in Bezug auf die Kinder eine große Rolle. Der typischerweise hoch Stress belastete Situation junger Elternpaare kann z.b. auch durch Normalisieren eine gewisse Entlastungsperspektive angeboten werden.

Bestimmte kommunikative Strategien und Grundhaltungen des vorliegenden Konzeptes können auch noch in ganz anderen Bereichen eingesetzt werden. Im Grunde bei fast allen Gelegenheiten, bei denen ein Pfarrer mit Menschen zu reden hat, auch Bereiche, die gar nichts mit Seelsorge zu tun haben, wie zum Beispiel bei Gesprächen, in denen auf organisatorischer, ökonomischer oder politischer Ebene nach Lösungen gesucht wird. Der Blick auf Ziele und Ressourcen ist bei der Lösungsfindung meist hilfreicher, als das Fokussieren auf Probleme. Auch bei Mitarbeitergesprächen kann das dargestellte Konzept von kurzzeitseelsorgerlicher Kommunikation eine große Hilfe sein, weil die im kirchlichen Raum nicht immer vermeidbare Mischung zwischen Seelsorgerolle und Vorgesetztenfunktion weniger schwierig ist, wenn man lösungsorientiert miteinander redet statt problemaufdeckend.

All das waren nur ein paar angedeutete Möglichkeiten und das soll an dieser Stelle genügen. Es geht dabei nicht um ein banales positives Denken, sondern um das Finden dessen, was als lösend erlebt wird. Und dazu gehört ganz wesentlich das Erschließen von Ressourcen. Es geht also, um einmal einen deutschen Begriff zu verwenden, es geht um das Erschließen von Kraftquellen, Kraftquellen des Lebens und des

Glaubens. Oftmals gerade inmitten von Leid. Natürlich gilt es auch auszuhalten, wenn solche Kraftquellen noch nicht oder nicht mehr erkennbar sind.

Auch für den Seelsorger selbst kann dieses Konzept eine in mehrfacher Hinsicht ›lösende‹ Entlastung sein. Erstens durch die Möglichkeit, auch in kurzen Begegnungen effektiv zu helfen. Zweitens durch die Idee, dass auch mit alltagsnahen Kommunikationsformen (wie z.b. Smalltalk, Komplimenten, alltäglichem Ankern, usw.) auf professionelle Weise schon etwas ›Eigentliches‹ geschehen kann, verbunden mit der Befreiung von der Idee, nur das quasi therapeutische Reden über Probleme sei wertvoll. Und schließlich kann der Seelsorger eine Entlastung erfahren durch die bewusst wahrgenommene Netzwerkressource Gemeinde, die sowohl seine Gesprächspartner mittragen kann als auch ihn selbst.

Es geht in der vorliegenden Arbeit übrigens nicht um die Empfehlung, die komplette seelsorgerliche Gesprächsführung nur noch nach einem solchen kurzzeitseelsorgerlichen Konzept auszurichten, auch nicht darum, alle bislang erfolgreich integrierten Methoden einfach zu ersetzen. Es soll lediglich eine weitere, hoffentlich nützliche Möglichkeit hinzugefügt werden. Und jeder möge sich ermutigt fühlen, damit in der Praxis Erfahrungen zu sammeln.

4.6.2 Die Grenzen der Kurzzeitseelsorge

Im Grunde genommen ist der lösungs- und ressourcenorientierte Kurzzeitansatz sehr weitreichend.[1449] In fast allen Situationen kann auf geeignete und entsprechend empathische Art der Fokus auf vorhandene Ressourcen und auf mehr oder weniger implizite Lösungsziele gelegt werden. Oder hypnotherapeutisch formuliert: in fast allen Situationen kann versucht werden, auf angemessene Weise die Problemtrance zu

---

[1449] Die zugrundeliegenden Referenzverfahren der ressourcen- und lösungsorientierten Kurzzeittherapie finden in vielfältigen Bereichen Anwendung, auch bei schweren klinischen Störungsbildern. (Siehe dazu z.B. *Isebaert* 2005, 120ff., *Schmidt* 2004, 261ff und 325ff.). In den USA ist 2011 ein Handbuch erschienen, das nochmals die breite Anwendbarkeit der lösungsorientierten Kurzzeittherapie dokumentiert, einschließlich aktueller Wirksamkeitsforschung (*Franklin et al* 2011). Neben einer breiten klinischen Anwendbarkeit seien beispielhaft folgende weitere Bereiche genannt: häusliche bzw. eheliche Gewalt, Schule, schwierige Jugendliche, adoleszente Eltern, Management. – Wenn sich Seelsorge auf solche kurzzeittherapeutischen Verfahren als Referenzverfahren beruft, kann zu Recht auf eine weitgefächerte elaborierte Praxis und auch entsprechende Wirksamkeitsnachweise verwiesen werden. (Vgl. aber auch die differenzierte Stellungnahme zur Aussagefähigkeit von Wirksamkeitsnachweisen bei *Schlippe Schweitzer* 1996, 276ff.)

exduzieren und eine Lösungstrance zu induzieren. Das geht grundsätzlich auch in schweren Leidsituationen, muss dann aber auf äußerst behutsame Weise geschehen und muss natürlich im Rahmen des realistisch Möglichen bleiben. Ein verstorbener Mensch kehrt nicht wieder, eine letale Diagnose lässt sich nicht wegwischen. Das muss ernst genommen werden. Trotzdem kann gemeinsam erkundet werden, welche Ziele es auch in einer solchen Situation noch geben kann, und welche Ressourcen dafür greifbar sind oder neu entdeckt werden können. Auch verschiedene Fähigkeiten und Formen von Coping[1450] sind Ressourcen und können Lösungen sein.

Aber manchmal gibt es auch so massive Beeinträchtigungen durch Trauer oder Trauma, dass eine Ressourcen- und Lösungsfokussierung kaum möglich erscheint. Dann bleibt manchmal wirklich nur der Faktor Zeit und Raum als solcher, zunächst jedenfalls. Das heißt, in der Seelsorge dem Schmerz und der Trauer Raum und Zeit zu geben, so gut es eben mit dem vorhandenen Zeitkontingent machbar ist,[1451] und trotzdem als Seelsorger die zur Zeit kaum erkennbaren Ressourcen und auch die noch verdeckte Lösungsperspektive nicht aus dem Blick zu verlieren und, wo es angemessen erscheint, immer mal wieder behutsam ins Spiel zu bringen. Manchmal vielleicht nur durch die eigene atmosphärische Ausstrahlung. Letztlich ist Ressourcen- und Lösungsorientierung auch eine Haltung, ein Ausdruck des Glaubens an die Lebenspotentiale des Gegenübers, zugleich ein Ausdruck des Glaubens, dass Gott mit dem Gegenüber einen Weg gehen wird, auch durchs »finstere Tal«. Das ist etwas anderes als ein simples »Kopf hoch«. Es ist stellvertretend mitgehende Hoffnung, selbst dann, wenn der andere sie verloren zu haben scheint. In solchen Fällen kommt der lösungs- und ressourcenorientierte Ansatz nicht im eigentlichen Sinne an Grenzen, sondern begleitet Menschen an ihren Grenzen.

Eine vergleichbare Grenze erfährt die Kurzzeitseelsorge auch in Begegnungen mit Menschen, die sich nicht mehr sprachlich äußern können oder mehr noch, auch in ihrer eigenen Wahrnehmungsfähigkeit eingeschränkt sind. Hier bleib als einzige Möglichkeit oft, das eigene besuchsweise »Dasein« als Ressource zu interpretieren. Manchmal ist

---

1450   Zum Begriff »Coping« siehe *Franke* 2010, 111ff.
1451   Manchmal sind bei schweren Krisen niedrigfrequente und/oder längerfristige Begleitung unvermeidbar, jedenfalls bis sich das Gegenüber wieder stabilisiert hat. Auch hier wird aber eine solche Stabilisierung vergleichsweise früher eintreten, wenn ressourcen- und lösungsorientiert vorgegangen wird. Falls das Gegenüber zur Kerngemeinde gehört, kann diese Begleitung zu größeren Teilen auch im Rahmen des üblichen Gemeindekontaktes geschehen. Solche zeitintensiveren Ausnahmen sind in der Regel auch leichter in den Zeithaushalt des Pfarramtes zu integrieren, wenn die Seelsorgearbeit sich insgesamt an kurzzeitseelsorgerlichen Konzepten orientiert.

dann ein zugewandtes Schweigen die vielleicht angemessenste Form von »Pacen«. Bei noch vorhandener Wahrnehmungsfähigkeit können – sofern Zustimmung signalisiert wird – aber auch (religiöse) Geschichten erzählt oder Texte vorgelesen werden, die hilfreiche (entspannende, tröstende) Suggestionen enthalten. Die nicht oder kaum noch vorhandene Kommunikationsfähigkeit des Gegenübers erfordert dabei jedoch ein umso genaueres Gespür des Seelsorgers.

Erwähnt werden müssen an dieser Stelle auch die in manchen Formen der Kurzzeittherapie schwach ausgebildeten Formen des aktiven Trostes, jedenfalls was die mangelnde theoretische Behandlung dieses Punktes anbelangt. Eine Ausnahme bilden jene Interventionen, die unter dem Stichwort »Komplimente« zusammengefasst wurden. Hier kann es durchaus sehr sensible direkte und indirekte Formen des Trostes geben. Diese Ausnahme zeigt schon, dass in der Praxis überhaupt nichts dagegen spricht, verschiedene Formen des aktiven Tröstens mit dem Kurzzeitansatz zu kombinieren. Solche Formen können, wenn man sich nicht alleine auf die – oftmals durchaus vorhandenen – natürlichen Begabungen des Seelsorgers verlassen möchte, auch in anderen Verfahren erlernt oder verfeinert werden.[1452]

Als weitere Grenze könnte man vermuten, dass Kurzzeitseelsorge keine längeren Prozesse bewirken oder begleiten kann, oder dass sie womöglich gar keine Idee von längerfristigen Prozessen habe. Kurzzeittherapie, auf die sich Kurzzeitseelsorge bezieht, geht in der Tat aber davon aus, dass das Leben permanent Veränderung ist, und dass es insofern auch langfristige Prozesse gibt, und zwar auch solche, die durch Kurzzeittherapie angestoßen wurden. Dass Kurzzeittherapie keine längeren Prozesse bewirken kann, kann als widerlegt gelten. Oft berichten Patienten von nachhaltigen Veränderungen, die langfristig Bestand haben und sogar weitere wünschenswerte Veränderungen nach sich zogen.[1453] Ähnliches kann man dann auch von der Kurzzeitseelsorge erwarten.

Dass Kurzzeitseelsorge keine längerfristigen Prozesse unmittelbar begleiten kann stimmt auch nur bedingt. Bei einmaligen oder nur wenigen Begegnungen in einem kurzen Zeitraum stimmt das. Aber es gibt in der Kurzzeittherapie auch das Konzept, dass man die wenigen Termine gegebenenfalls auf einen sehr langen Zeitraum verteilt, oder dass es nachsorgende Termine gibt. So ist im Sinne der Kurzzeittherapie zumindest punktuell auch eine längerfristige Prozessbegleitung möglich, wenn sie denn sinnvoll erscheint. Im Zusammenhang der Seelsor-

---

[1452] Vgl. z.B. des Konzept der »Thymopraktik« in der Integrativen Therapie (*Petzold* 1993, 789ff.).
[1453] Z.B. *de Shazer* 1992, 178f.

ge ergibt sich durch die vielfältigen anderen Begegnungsmöglichkeiten im Rahmen der Gemeinde ohnehin nochmals eine andere Situation, wie weiter oben dargestellt wurde.

Eine echte Grenze besteht nun allerdings nicht so sehr hinsichtlich der Zeitraumes der Veränderung, sondern hinsichtlich der Zeitquantität an Begleitung. Gewisse Qualitäten, die nur durch eine langfristige höherfrequente Therapie vermittelt werden können, wie z.b. Nachbeelterung, können durch die Kurzzeittherapie resp. Kurzzeitseelsorge in der Tat nicht vermittelt werden, jedenfalls nicht im Rahmen der Therapie oder Seelsorge. Ähnliches gilt ganz grundsätzlich für das »Entwickeln neuer Fähigkeiten«.[1454] Diese können jedenfalls kaum im unmittelbaren Rahmen der seelsorgerlich-therapeutischen Beziehung als solcher erlernt werden, allenfalls kann gemeinsam erarbeitet werden, welcher zugänglichen oder neu zu erschließenden Ressourcen sich ein Seelsorgesuchender dazu bedienen könnte. Eine Grenze von Kurzzeitkonzepten zeigt sich auch dort, wo Menschen sich gerne ausführlich in ihrem biografischen Gewordensein verstehen würden, auch und gerade mit den schmerzlichen Seiten.[1455] Das muss im Rahmen von Kurzzeitseelsorge aber nicht zwingend ausgeschlossen werden, sondern kann durchaus zumindest ansatzweise und punktuell integriert werden.

An eine echte Grenze kommt der Kurzzeittherapie-Ansatz bei Menschen, die keine Probleme haben, jedenfalls nicht, dass sie es wüssten.[1456] Jeff Zeig hat dafür einmal eine humorige, aber anschauliche Differenzierung gewählt.[1457] Es gäbe, so sagte er, Menschen mit »onion problems« und Menschen mit »garlic problems«. Den Menschen mit »onion problems« kommen selbst die Tränen. Bei den Menschen mit »garlic problems« merken das vor allem die anderen. Den ersteren kann geholfen werden, den zweiten nicht. Allenfalls dadurch, dass man ein »garlic problem« in ein »onion problem« überführt. Mit anderen Worten: nur wer (eine Lösung) sucht, der findet.

Eine weitere hier zu erwähnende Grenze sind unmoralische oder zumindest ethisch fragliche Zielvorstellungen.[1458] Diese kommen in der Praxis sehr selten vor.[1459] Der Seelsorger muss aber hier die Freiheit

---

[1454] Siehe diese Arbeit S. 141.

[1455] Vgl. *Schlippe Schweitzer* 1996, 275.

[1456] Darauf hat mich Dr. Wolfgang Hesse (Alexianer-Klinik Köln-Porz) im persönlichen Gespräch hingewiesen. – In gewissem Sinne trifft das auch für Menschen zu, bei denen die »Abwesenheit von Problemen als Problem« erscheint (*Schlippe Schweitzer* 1996, 274).

[1457] Mündlich in einem Fortbildungsseminar des Alexianer-Forums in Köln-Porz.

[1458] Vgl. z.B. *Walter Peller* 1994, 83.

[1459] In meiner langjährigen Erfahrung als Seelsorger habe ich das nur einmal erlebt, als ich gebeten wurde, quasi als Botendienst im Zusammenhang einer beab-

haben, das lösungsorientierte Arbeiten durch einen ethischen Diskurs zu unterbrechen und gegebenenfalls auch die Unterstützung zu verweigern.[1460] Oft wird sich aber zeigen, dass sich auch hinter unmoralischen oder ethisch bedenklichen Zielvorstellungen nachvollziehbare Bedürfnisse finden lassen, die dann gemeinsam erhoben werden können, um sie in vertretbare Ziele zu transformieren.

Manche werden sicher auch das Fehlen einer Krankheitslehre bei den meisten Kurzzeitkonzepten als Grenze empfinden.[1461] Ob ein solches Fehlen wirklich eine Grenze ist, wird ganz vom eigenen Standpunkt abhängen. Für die meisten Kurzzeitkonzepte bedeutet das Fehlen einer Krankheitslehre geradezu das Gegenteil einer Grenze, nämlich die von Einengungen befreite Sicht auf das Gegenüber. In dieser Arbeit wurde durch den Verweis auf die Integrative Therapie zumindest die Option offen gehalten, dass eine Krankheits- und vor allem eine Gesundheitslehre als heuristische Folie eine gewisse Hilfe sein könnte, aber keinesfalls als festlegendes Expertenwissen, sondern allenfalls als ein nützliches Element im flüssigen gemeinsamen Suchprozess mit dem Gegenüber, der letztlich der Experte für sein Leben bleibt. Es ist jedoch nicht leicht und erfordert einiges an Übung, sich ein ausführliches Expertenwissen anzueignen und sich dann wieder davon zu distanzieren und den Blick frei zu behalten für das Gegenüber. In der Praxis der Kurzzeitseelsorge wird darum eine Krankheits- und auch eine Gesundheitslehre in der Regel keine oder allenfalls eine untergeordnete Rolle spielen. Es geht hier letztlich vor allem um ein nichtinvasives, entpathologisierendes und kooperatives Konzept,[1462] das sich auf eine wirkliche Begegnung mit einem einmaligen Gegenüber einlässt.

Bis hierher, so hoffe ich, ist deutlich geworden, dass lösungs- und ressourcenorientiertes Vorgehen in der Seelsorge nicht einfach ein oberflächliches »positives Denken« ist. Gleichwohl kann nicht kategorisch ausgeschlossen werden, dass es zumindest die Gefahr einer einseitigen Erfolgsorientierung gibt, ebenso die Gefahr der Vermeidung von Be-

---

sichtigten Suizidhandlung nach deren Vollzug einen Brief an einen nahestehenden Menschen zu überreichen. Ich habe mich dem verweigert. Natürlich habe ich das kombiniert mit einem Angebot an seelsorgerlicher Begleitung, die dann auch in Anspruch genommen wurde.

[1460] Vgl. *Theobold* 2009, 198.

[1461] So merken z.B. Schlippe und Schweitzer an, dass für »so etwas wie eine ›gestörte Beziehung zu sich selbst‹ die systemische Therapie bislang kein Konzept [hat]« (*Schlippe Schweitzer* 1996, 274). Das gilt analog auch für systemisch-konstruktivistische Kurzzeittherapien. – Vgl. auch Freimut Schirrmacher, der analog zum schulmedizinischen Modell eine wissenschaftlich fundierte Diagnostik für Seelsorge fordert (*Schirrmacher* 2005, 52ff.).

[1462] So die zusammenfassende Formulierung von *Schlippe Schweitzer* 1996, 275.

ziehung.[1463] Dazu ist Folgendes zu sagen: Die Orientierung an den Zielen des Gegenübers impliziert zunächst vor allem eine beraterische Demut gegenüber dem, was mein Gegenüber als zielführend empfindet. Das ist eine wichtige Abgrenzung gegenüber allen tendenziell übergriffigen Ansätzen, die glauben, sie wüssten besser als das Gegenüber, was gut, erfolgversprechend und richtig wäre. Außerdem ist mit Ziel- und Ressourcenorientierung nicht einfach die vordergründige Realisierung von Erfolgschancen gemeint, sondern es wird sich in der Regel schlicht um den Wunsch handeln, bestimmte als leidvoll erlebte Situationen besser zu bewältigen, sei es, dass man Strategien entwickelt, sie aufzulösen – und der Wunsch nach Leidüberwindung ist auch theologisch völlig legitim – sei es, dass man bei nicht auflösbaren Leidsituationen sich als Ziel nimmt, damit leben zu lernen (im Sinne von Coping). Und dabei kann der hier vorgestellte Ansatz von Kurzzeitseelsorge sehr wohl helfen, die dafür erforderlichen Ressourcen zu stärken oder überhaupt erst zu entdecken. Auch religiöse Ressourcen können hier von großer Bedeutung sein. Manchmal kann es aber sein, wie bereits angedeutet, dass das Aushalten von Ohnmacht (vorerst oder auch zuletzt) der einzige ist, was bleibt. Das darf nicht ausgeblendet werden.[1464] Insofern sind die Perspektive der Entfremdung und Endlichkeit der menschlichen Existenz (im Sinne Tillichs) und die Perspektive auf die fragmentarische Gebrochenheit des menschlichen Lebens (im Sinne Hennig Luthers) hier ein wichtiges Korrektiv.[1465]

Die angesprochene Gefahr der Beziehungsvermeidung ist ebenfalls zu differenzieren. Zu unterstellen, ein Seelsorgesuchender wollte immer Beziehung zum Seelsorger, die dieser nicht »vermeiden« darf, könnte im Gegenzug auch als subtile Allmachtsphantasie interpretiert werden. Und menschlich zugewandte Herzlichkeit und Empathie im Sinne von »partiellem Engagement« sind sehr wohl auch in kurzen Seelsorgekontakten möglich. Zum anderen wurde in dem hier vorgestellten Konzept von Kurzzeitseelsorge das reale Beziehungsbedürfnis der Menschen insofern sehr ernstgenommen, als über die Netzwerkorientierung sowohl die persönlichen Beziehungen des Seelsorgesuchenden als wertvolle Ressource im Blick sind, und darüber hinaus auch die Gemeinde in dieser Hinsicht als wertvolle Ressource erlebt werden kann. Kurzzeitseelsorge in diesem Sinne vermeidet also nicht Beziehung, sondern fördert sie; aber eben nicht primär die ›künstliche‹ Beziehung zum Seelsorger, sondern die realen Beziehungen der Seelsorgesuchenden. Der Seelsorger selbst kann dabei durchaus als Gemeindepfarrer über

---

[1463] Vgl. die bei *Schlippe Schweitzer* 1997, 272ff. diskutierte Kritik von Thea Bauriedel (*Bauriedel* 1980). Vgl. dazu ebenfalls *Held* 1998, 214, der diese Kritikpunkte in Bezug auf die systemische Therapie/Seelsorge diskutiert.
[1464] Darin ist Rolf Schieder zuzustimmen (*Schieder* 1994, insbes. 40ff.).
[1465] Siehe diese Arbeit S. 86f.

die alltägliche Beziehung zum Gemeindeglied ein wichtiger Baustein in diesen realen Beziehungen sein, wenn auch immer mehr oder weniger eingefärbt durch die professionelle Rolle. Aber die reine (beratende) Seelsorgebeziehung als solche sollte, auch im Sinne Schleiermachers, immer so kurz als möglich sein, um dann lieber in anderen Kontexten sich nicht vor allem als Ratsuchender und Seelsorger, sondern als Geschwister zu begegnen.

4.7 Ausbildung in kurzzeittherapeutischer Seelsorge

Einige kurze Hinweise zum Thema Ausbildung in kurzzeittherapeutischer Seelsorge beziehungsweise in entsprechenden Referenzverfahren sollen nun dem Leser Hinweise geben, wie er sich bei Interesse aus- oder weiterbilden kann.[1466] Und ebenso, welche Kriterien dafür sinnvollerweise anzusetzen sind.

4.7.1 Selbsterfahrung als Basis

Da auch in Kurzzeitseelsorge die Beziehung das tragende Fundament ist und die Person des Seelsorgers das wichtigste »Werkzeug«, halte ich eine selbsterfahrungsbasierte Grundausbildung für durchaus wünschenswert und sinnvoll. Es ist grundsätzlich von Vorteil, wenn man im Rahmen einer selbsterfahrungsbasierten Ausbildung auch therapeutische/seelsorgerliche Prozesse an der eigenen Persönlichkeit erlebt, also Therapie oder Seelsorge am eigenen Leibe. Das hat einen doppelten Effekt: man lernt sozusagen die andere Seite kennen, und man hat einen persönlichen Reifungsgewinn.[1467] Beides ist für die spätere Seelsorgearbeit von großem Vorteil.[1468] Dabei geht es, neben persönlichkeitsbildenden Prozessen, unter anderem eben auch darum, sich als Person in seiner therapeutischen beziehungsweise seelsorgerlichen Wirkung kennenzulernen, und zugleich die Wahrnehmungsfähigkeit für das Gegenüber zu schulen.[1469] In gewisser Weise halte ich das auch

---

[1466] Für grundsätzliche Hinweise und Erwägungen zum Thema pastoralpsychologische Fort- und Weiterbildung beziehungsweise Seelsorgeausbildung verweise ich auf *Klessmann* 2004, 629ff. und *Klessmann* 2008, 446ff.
[1467] Es sei hier an die Aussage von Wüstenvater Antonius erinnert: »Arzt heile dich vorher selber!« (*Sartory* 1980, 36).
[1468] Darin stimme ich z.B. mit G. Schmidt überein, der sagt, »dass ich wahrscheinlich niemanden in intensivere Prozesse begleiten kann, als ich sie selbst schon praktiziere.« (*Schmidt* 2004, 138).
[1469] Auf diesen Aspekt legt G. Schmidt einen gewissen Nachdruck, indem er den Therapeuten eine »arbeitsbezogene Selbsterfahrung«, empfiehlt, da »Persönlichkeitsmuster nur kontextbezogen ... reaktiviert werden«. (*Schmidt* 2004, 208). Auch Grawe betont die Notwendigkeit einer selbsterfahrungsbezogenen Ausbildung als Basis (*Grawe et al* 1994, 700ff., 753). Wobei Grawe zu Recht noch darauf hin-

deswegen für sinnvoll, da viele Interventionen der Kurzzeittherapie nur wirken, wenn sie »stimmig« angewandt werden, und nicht rein technisch oder nur oberflächlich, und schon gar nicht als Instrument, um eigene verdeckte unbewusste Absichten oder Bedürfnisse des Seelsorgers zu agieren. Tiefergehende Interventionen, die allerdings in der Kurzzeittherapie beziehungsweise Kurzzeitseelsorge nicht der Regelfall sind,[1470] sollten ohnehin nur angewandt werden, wenn man sich sicher ist, dass man mit dem entsprechend ausgelösten Prozess professionell umgehen kann.

Damit ist meine Einschätzung eine andere als die von Steve de Shazer, der einmal gesagt haben soll, man solle alles vergessen, was man je über Psychologie gehört oder gelernt hätte, bevor man lösungsorientierte Kurzzeittherapie machen möchte.[1471] Aber er meinte damit vor allem die vielen Theorien darüber, was ein Patient an psychischen Defekten haben könnte. Solche Theorien sollte man in der Tat, wenn schon nicht vergessen, so doch dem Gesprächspartner weder direkt noch unterschwellig aufdrängen. Ob de Shazer auch persönlichkeitsbildende Selbsterfahrung verwerfen würde, kann man ihn leider nicht mehr fragen.

Selbsterfahrung ist also eine wünschenswerte und ausdrücklich zu empfehlende Basis. Damit sage ich nicht, dass sie zwingend notwendig ist. Das würde den Anwendungsbereich von Kurzzeitseelsorge auch stark einschränken. Wenn man eine einigermaßen beziehungsfähige Persönlichkeit ist, und dafür gibt es ja im Alltags- und Berufsleben genug Rückmeldungen, und wenn man ein einigermaßen nicht-manipulatives Gesprächsverhalten hat, dann kann man auch ohne vorausgehende selbsterfahrungsbasierte Ausbildung recht gelassen Kurzzeitseelsorge betreiben. Denn es ist ja der Charme der Kurzzeitseelsorge, dass die meisten kurzzeittherapeutischen Interventionen so angelegt sind, dass der Gesprächspartner die entscheidende Stimme hat. Daran sollte man sich dann allerdings auch sehr konsequent halten. Und zumindest das will dann gründlich gelernt sein. Außerdem, aber das gilt für alle Formen von Seelsorge, gibt es ein Leben lang immer wieder hilfreiche direkte und indirekte Rückmeldungen von den Menschen, mit denen wir arbeiten.

---

weist, dass solche selbsterfahrungsbezogenen Ausbildungen nicht zeitlich und inhaltlich ›endlos‹ sein müssen, sondern zielgerichtet und in zweckdienlichem Umfang.

[1470] Eine gewisse Ausnahme bildet NLP. Hier gilt, was Petzold und Thies dazu gesagt hatten. Siehe Anmerkung 500 in dieser Arbeit S. 123. Doch solche stärker eingreifenden NLP-Techniken wurden in dieser Arbeit auch nicht für Kurzzeitseelsorge rezipiert. Ähnliches gilt aber auch, wenn man z.B. erlebnisaktivierende Gestalttechniken in die Kurzzeitseelsorge integriert.

[1471] Manfred Lütz (Alexianer-Klinik Köln-Porz) mündlich in einem Vortrag.

4.7.2 Weiterbildungsangebote

Es ist schwierig, die Weiterbildungsangebote in einem Buch dauerhaft festzuhalten, da der Ausbildungsmarkt ständigen Veränderungen unterworfen ist. In der Deutschen Gesellschaft für Pastoralpsychologie (DGfP) sind dezidierte Weiterbildungsmöglichkeiten für Kurzzeitseelsorge noch nicht institutionell verankert. Für das Kurzgespräch im Sinne von Timm H. Lohse gibt es die »Arbeitsgemeinschaft Kurzgespräch in Seelsorge und Beratung e.V.« (www.kurzgespraech.de; siehe auch www.timmlohse.de). Insgesamt gilt es zu sagen, dass man mit einer soliden selbsterfahrungsbasierten Grundausbildung kurzeittherapeutische Interventionen zum Teil auch eigenständig in die Praxis übernehmen kann. Wobei eine spezielle Weiterbildung dennoch ausgesprochen nützlich ist. Mit entsprechenden Einschränkungen kann, wie bereits angedeutet, ansatzweise auch ohne vorausgehende Selbsterfahrung im Sinne der Kurzzeitseelsorge gearbeitet werden. Dann aber sollten mindestens die spezifischen Methoden gelernt und eingeübt werden.

An dieser Stelle folgen nun noch ein paar kurze Hinweise über Weiterbildungsangeboten in den in diesem Buch schwerpunktmäßig dargestellten Verfahren. (Stand 2012).

Neuro-Linguistisches Programmieren (NLP)
Das Angebot im Internet ist unüberschaubar. Man wird bei Interesse im Einzelfall genau suchen und auch kritisch prüfen müssen. Es gibt mehrere Verbände in Deutschland. Eine führende Rolle hat die »Deutsche Gesellschaft für Neuro-Linguistisches Programmieren e.V.«, die sich seit kurzem aufgesplittet hat in eine Verbandsorganisation (www.dvnlp.de) und eine Ausbildungsorganisation (www.danlp.de). Eine gute Übersicht über NLP, insbesondere Ausbildungsangebote und deutschsprachige wie internationale Verbände findet sich unter www.nlp.de.

Lösungsorientierte Kurzzeittherapie nach de Shazer
Auch hier finden sich sehr viele Angebote im Internet und man kommt um eine eigene Recherche nicht herum. Der lösungsorientierte Ansatz ist inzwischen so verbreitet, dass ihn viele Weiterbildungseinrichtungen im Programm haben. Für ganz Europa gibt es die »European Brief Therapy Association« (www.ebta.nu).

Das »Brügger Modell« von Luc Isebaert
Hier wird es etwas übersichtlicher. Luc Isebaert bietet in verschiedenen Zusammenhängen immer mal wieder Vorträge und Workshops an. So z.B. im Alexianer-Forum in Köln-Porz-Ensen (siehe unten). Im

SySt®-Institut (www.syst.info) von Insa Sparrer und Matthias Varga von Kibéd wird er als Dozent geführt. Übrigens auch Gunther Schmidt.

Hypnosystemische Therapie nach Gunther Schmidt
Auch hier wird es einfacher. Über das von ihm selbst geleitete »Milton-Erickson-Institut« in Heidelberg hat Gunther Schmidt ein entsprechendes Weiterbildungsangebot geschaffen. (www.meihei.de).

Integrative Therapie
Die Integrative Therapie wird an einem eigenen Institut gelehrt, an der »Europäischen Akademie für psychosoziale Gesundheit – Fritz Perls Institut e.V.« in Hückeswagen bei Düsseldorf (www.eag-fpi.com). Dort finden sich reichhaltige Weiterbildungsmöglichkeiten in Form von Langzeitprogrammen und Kompaktprogrammen.

Alexianer-Forum
Empfehlenswert sind die regelmäßigen Vortrags- und Fortbildungsveranstaltungen des Alexianer-Forums an der Fachklinik für Psychiatrie, Psychotherapie und Neurologie im Kölner Stadtteil Porz-Ensen (www.alexianer-koeln.de). Der dortige Chefarzt Manfred Lütz lädt regelmäßig prominente Vertreter psychotherapeutischer Schulen ein, mit einem deutlichen Schwerpunkt auf Kurzzeitverfahren. Das jeweils aktuelle Programm ist online abrufbar.

4.7.3 Ausbildung von Ehrenamtlichen

Die Kurzzeitseelsorge hat den Vorteil, dass sie leichter für Ehrenamtliche zu erlernen und durchzuführen ist als langfristig angelegte Verfahren oder tiefenpsychologische Verfahren. So eignet sie sich z.B. hervorragend für die Ausbildung von ehrenamtlichen Besuchsdienstkreisen. Sie hat dabei mehrere Vorteile und ein paar Punkte sollte man dabei auch beachten. Einer der Vorteile ist, dass die Ehrenamtlichen nicht mit irgendwelchen Krankheitstheorien oder Persönlichkeitstheorien zu tun bekommen, die sie dazu verleiten, das Gegenüber zu diagnostizieren. Allerdings muss damit gerechnet werden, dass schon populär- oder alltagspsychologisches Wissen da ist. Das muss dann behutsam relativiert werden.[1472] Ein weiterer Vorteil ist, dass sich kurzzeittherapeutische Impulse in viele Gesprächssituationen integrieren

---

[1472] Relativieren muss nicht unbedingt bedeuten, dass man so ein Wissen zurückdrängt. Es kann auch bedeuten, dass es geradezu umgekehrt wissenschaftlich fundiert erweitert wird, indem man den Ehrenamtlichen einen gewissen Einblick in unterschiedliche sich ergänzende oder widersprechende Theorien gibt. Es kann auch diskutiert werden, was Theorien bewirken und wo sie gegebenenfalls eine gewisse Berechtigung haben. Dies alles natürlich auf teilnehmerorientierte Weise.

lassen, z.B. auch bei Geburtstagsbesuchen, dass es aber aufgrund der nicht vorhandenen Problemorientierung keinen Zwang zur Therapeutisierung von Alltagsgesprächen gibt. Oft hat man es in ehrenamtlicher Besuchsdienstseelsorge tatsächlich nur mit »Besuchern«[1473] zu tun, genauer gesagt, mit »Besuchten«. Kurzzeitseelsorgerliche Interventionen wären erst dann gefragt, wenn diese von sich aus in den Status von »Klagenden« oder »Kunden« wechseln. Und selbst dann nicht immer. Aber »Komplimente« passen immer. Ein dritter Vorteil ist, dass sich Kurzzeitseelsorge ohne allzugroße persönliche Prozesse und therapeutische Tiefungsebenen relativ einfach in Besuchsdienstkreisen üben lässt. Das hat auch etwas rein Pragmatisches; ein zugewandtes Verhalten natürlich vorausgesetzt. Wichtig ist selbstverständlich auch, dass geübt wird, Kurzzeitseelsorge nicht als technizistisches Programm abzuspulen, sondern als integralen Bestandteil eines natürlichen Gesprächsverhaltens.

Damit sind wir schon bei den Dingen, die man beachten muss. Die im ehrenamtlichen Bereich so gut wie nicht voraussetzbare Selbsterfahrung muss ersetzt werden durch sorgfältige Auswahl der Menschen, denen ein ehrenamtlicher Seelsorgeauftrag gegeben wird. Probezeit und Aufnahmeinterview unter vier Augen sind dringend zu empfehlen. Kriterien wären: stabile Persönlichkeit, nicht-manipulatives Gesprächsverhalten, Zuhören können, Empathiefähigkeit, die Fähigkeit, zwischen eigenen und fremden Interessen zu unterscheiden, andere ihren eigenen Weg gehen lassen können, einigermaßen Einsichtsfähigkeit in eigene Schwachstellen oder Bedürfnisse, und natürlich die Fähigkeit und den Willen, im Team zusammen mit anderen Neues zu lernen.

4.8 Schlusswort

Es war das Anliegen dieser Arbeit, ein Modell von Kurzzeitseelsorge zu entwickeln, das für die Seelsorge in der Gemeinde nützlich und hilfreich sein kann. Dabei sollte die in der Gemeindeseelsorge häufig anzutreffende Zeitknappheit nicht länger vor allem unter der Defizitperspektive gesehen werden, sondern als Chance und Motivation, solche therapeutischen Konzepte in die Seelsorge zu integrieren, die ganz bewusst und mit methodischer Absicht mit möglichst minimalem Zeitaufwand arbeiten. Diese Konzepte wurden vor allem in den systemisch-konstruktivistischen Kurzzeitverfahren gefunden, die statt aufwendiger Problemexploration recht schnell an der Lösungsentwicklung ansetzen und dabei auf den Ressourcen ihrer Klienten aufbauen. Ergänzt wurde diese Adaption kurzzeittherapeutischer Verfahren durch

---

[1473] Im Sinne de Shazers.

Übernahme solcher in Langzeitverfahren entwickelten Konzepte, die auch für Kurzzeitseelsorge unverzichtbar oder zumindest sehr nützlich erscheinen. Hier stand vor allem die Integrative Therapie als Modell zur Verfügung, die einerseits bereits eine Integration verschiedener Langzeitverfahren darstellt, und die zugleich eigene kurzzeittherapeutische Konzepte entwickelt hat. Es zeigte sich, dass eine Kurzzeitseelsorge, die sich maßgeblich an der Mündigkeit und Selbstbestimmung des Gegenübers orientiert, sich auf Schleiermacher als theologischen Gewährsmann berufen kann. Als eine die Kurzzeitseelsorge ergänzende und umfassende Perspektive wurde schließlich gefragt, inwieweit eine real vorhandene Gemeinde als soziales Netzwerk im Sinne einer sozialen Ressource gewürdigt werden kann. Hierzu wurden Perspektiven aus der Erforschung von »sozialen Netzwerken« und »sozialer Unterstützung« versuchsweise auf Gemeinde übertragen. Die sich aus alledem ergebenden praxisrelevanten Umsetzungsmöglichkeiten wurden exemplarisch aufgezeigt.

Seelsorge ist eine im theologischen Diskurs und im praktischen Vollzug ständig Neues (aber auch Altes wieder neu) lernende Form persönlich zugewandter Kommunikation in der Kirche.[1474] Es ist die Hoffnung des Autors, mit der vorliegende Arbeit einen Beitrag geleistet zu haben zur Weiterentwicklung des seines Erachtens noch lange nicht erschöpften pastoralpsychologischen Paradigmas, und zugleich dem Praktiker in der Gemeindeseelsorge etwas in die Hand gegeben zu haben, das dieser in den alltäglichen Seelsorgebegegnungen als hilfreich empfindet: Bei alledem geht es – ganz im Sinne des Konstruktivismus – weniger um Wahrheit an sich, sondern um Nützlichkeit für Menschen. Insofern wird das Konzept der hier vorgestellten Kurzzeitseelsorge seine Nützlichkeit letztlich darin zu erweisen haben, dass es in der Praxis funktioniert und sowohl für Seelsorger als auch für Seelsorgesuchende ein Weg ist, um zu guten Lösungen zu kommen.

[1474] Hinsichtlich der Methodik gilt auch in Zukunft, was Klaus Winkler so formuliert hat: »das Bemühen um eine theologisch resp. poimenisch reflektierte und verantwortete Methodik gerät ... zur offenen Frage und damit zur bleibenden Aufgabe.« (*Winkler*, Seelsorge, 195).

Literatur

Zum leichteren Auffinden der zitierten Literatur sind die Kurztitel tabellarisch vorangestellt. Die Jahreszahl in den Kurztiteln richtet sich in der Regel nach der (deutschen) Ersterscheinung. Finden sich in der Titelangabe zwei Jahreszahlen, dann bezieht sich die erste auf die Erstauflage, die zweite auf die verwendete Auflage.

Kurztitel	Titel
Ammermann 1994	Ammermann, Norbert: Zur Konstruktion von Seelsorge. Erkenntnistheorie und Methodenfrage unter dem Aspekt der Psychologie der persönlichen Konstrukte und auf dem Hintergrund konstruktivistischer Erkenntnistheorien, Frankfurt a.M. 1994
Antonovsky 1997	Antonovsky, Aaron: Salutogenese. Zur Entmystifizierung der Gesundheit, Tübingen 1997
Ardelt Laireiter 1993	Ardelt, Elisabeth / Laireiter, Anton: Messung sozialer Beziehungen, in: Roth, Erwin: Sozialwissenschaftliche Methoden, München 1995 (4. Auflage), 658–673
Aymanns Klauer Filipp 1993	Aymanns, Peter / Klauer, Thomas / Filipp, Sigrun-Heide: Bewältigungsverhalten von Krebskranken als Bedingung familialer Unterstützung, in: Laireiter, Anton (Hg.): Soziales Netzwerk und soziale Unterstützung. Konzepte, Methoden und Befunde, Bern 1993, 154–166
Bamberger 2001	Bamberger, Günter G.: Lösungsorientierte Beratung. Praxishandbuch, Weinheim 1999, 2001 (2. völlig neu bearbeitete und erweiterte Auflage)
Bandler Grinder 1981a	Bandler, Richard / Grinder, John: Metasprache und Psychotherapie. Struktur der Magie I, Paderborn (Junfermann) 1981, 2001 (10. Auflage)
Bandler Grinder 1981b	Bandler, Richard / Grinder, John: Neue Wege der Kurzzeit-Therapie. Neurolinguistische Programme, Paderborn 1981, 2001 (13. Auflage)
Bandler Grinder 1982	Bandler, Richard / Grinder, John: Kommunikation und Veränderung. Struktur der Magie II, Paderborn 1982, 2001 (8. Auflage)
Bandler Grinder 1985	Bandler, Richard / Grinder, John: Reframing. Ein ökologischer Ansatz in der Psychotherapie (NLP), Paderborn 1985, 2000 (7. Auflage)

Kurztitel	Titel
Bandler Grinder 1996	Bandler, Richard / Grinder, John: Patterns. Muster der hypnotischen Techniken Milton H. Ericksons, Paderborn 1996, 2005 (3. Auflage)
Bandura 1976	Bandura, Albert: Lernen am Modell. Ansätze zu einer sozialkognitiven Lerntheorie, Stuttgart 1976
Barnes 1954	Barnes, John A.: Class and committees in a Norwegian island parish. Human Relations 7, 1954, 39–58
Bauer 2005	Bauer, Joachim: Warum ich fühle, was du fühlst. Intuitive Kommunikation und das Geheimnis der Spiegelneurone, München 2005, 2006 (10. Auflage)
Bauriedel 1980	Bauriedel, Thea: Beziehungsanalyse, Frankfurt a.M. 1980
Beaulieu 2005	Beaulieu, Danie: Impact-Techniken für die Psychotherapie, Heidelberg 2005, 2010 (4. Auflage)
Belschner Kaiser 1985	Belschner, Wilfried / Kaiser, Peter: Soziale Unterstützung – ein interesseloses Konzept?, in: Röhrle, Bernd / Stark, Wolfgang (Hg.): Soziale Netzwerke und Stützsysteme. Perspektiven für die klinisch-psychologische und gemeindepsychologische Praxis, Tübingen 1985, 51–57
Benner 1992/2003	Benner, David G.: Strategic Pastoral Counseling. A Short-Term Structured Model, (Baker Academic) Grand Rapids 1992, 2003 (2d edition – completely rewritten and revised)
Berg de Shazer DVD 2008	Berg, Insoo Kim / de Shazer, Steve: Kurzzeittherapie – Von Problemen zu Lösungen. Originalvortrag auf DVD, Müllheim/Baden 2008
Berger Luckmann 1969	Berger, Peter L. / Luckmann, Thomas: Die gesellschaftliche Konstruktion der Wirklichkeit. Eine Theorie der Wissenssoziologie, Frankfurt a.M. 1969, 2000 (17. Auflage)
Bergin 1971	Bergin, A.E.: The evaluation to therapeutic outcomes, in: Bergin, A.E. / Garfield, S.L. (eds.), Handbook of psychotherapy and behavior change, New York 1971
Bohren 2001	Rudolf Bohren: Die Unterscheidungsgabe, in: Pastoraltheologie 90, Göttingen 2001, 420–434
Bosse-Huber 2005	Bosse-Huber, Petra: Seelsorge – die »Muttersprache« der Kirche, in: Kramer, Anja / Schirrmacher, Freimut: Seelsorgerliche Kirche im 21. Jahrhundert. Modelle – Konzepte – Perspektiven, Neukirchen-Vluyn 2005, 11–17
Bukowski 1994	Bukowkski, Peter: Die Bibel ins Gespräch bringen. Erwägungen zu einer Grundfrage der Seelsorge, Neukirchen-Vluyn 1994, 1996 (3. Auflage)
Bullinger Nowak 1998	Bullinger, Hermann / Nowak, Jürgen: Soziale Netzwerkarbeit. Eine Einführung für soziale Berufe, Freiburg 1998
Childs 1990	Childs, Brian H.: Short-Term Pastoral Counseling. A Guide, (Abdington Press) Nashville 1990

Kurztitel	Titel
Clinebell 1966	Clinebell, Howard: Modelle beratender Seelsorge, München 1966, 1985 (5. Auflage)
Daimler 2008	Daimler, Renate: Basics der Systemischen Strukturaufstellungen. Eine Anleitung für Einsteiger und Fortgeschrittene, München 2008
Davanloo 1978	Davanloo, Habib: Basic principles and techniques in short-term dynamic psychotherapy, New York 1978
De Jong Berg 1998	De Jong, Peter / Berg, Insoo Kim: Lösungen (er-)finden. Das Werkstattbuch der lösungsorientierten Kurztherapie, Dortmund 1998, 2003 (5. verbesserte und erweiterte Auflage)
de Shazer 1988	De Shazer, Steve: Der Dreh. Überraschende Wendungen und Lösungen in der Kurzzeittherapie, Heidelberg 1988, 2004 (8. Auflage)
de Shazer 1989	De Shazer, Steve: Wege der erfolgreichen Kurztherapie, Stuttgart 1989, 2003 (8. Auflage)
de Shazer 1992	De Shazer, Steve: Das Spiel mit den Unterschieden. Wie therapeutische Lösungen lösen, Heidelberg 1992, 2009 (6. Auflage)
de Shazer Dolan 2008	De Shazer, Steve / Dolan, Yvonne: Mehr als ein Wunder. Lösungsfokussierte Kurztherapie heute, Heidelberg 2008
de Shazer et al 1999	De Shazer, Steve et al.: Kurzzeittherapie: Zielgerichtete Lösungsentwicklung, in: Watzlawick, Paul / Nardone, Giorgio (Hg.): Kurzzeittherapie und Wirklichkeit. Eine Einführung, München 1999, 2005 (3. Auflage), 165–198
Degenhardt 1985	Degenhardt, Blanca: Instrumentelle und psychische Bedeutung von sozialen Stützsystemen für arbeitslose Lehrer, in: Röhrle, Bernd / Stark, Wolfgang (Hg.): Soziale Netzwerke und Stützsysteme. Perspektiven für die klinisch-psychologische und gemeindepsychologische Praxis, Tübingen 1985, 79–83
Diewald 1991	Diewald, Martin: Soziale Beziehungen: Verlust oder Liberalisierung? Soziale Unterstützung in informellen Netzwerken, Berlin 1991
Dolan 2009	Dolan, Yvonne: Schritt für Schritt zur Freude zurück. Das Leben nach traumatischen Erfahrungen meistern, Heidelberg 2009
Drehsen et al 2001	Drehsen, Volker / Häring, Hermann und andere: Wörterbuch des Christentums, München 2001 (Sonderausgabe)
Drewermann 1988	Drewermann, Eugen: Das Markusevangelium – Zweiter Teil. Bilder von Erlösung, Olten 1988, 1990 (3. Auflage)
Eberling Hargens 1996	Eberling, Wolfgang / Hargens, Jürgen (Hg.): Einfach kurz und gut: Zur Praxis lösungsorientierter Kurztherapie, Dortmund 1996

Kurztitel	Titel
Ebner 2009	Ebner, Martin: »Allgemeine Zugehörigkeit« oder: Christentum entscheidet sich in der Bindung an eine konkrete Gemeinde! Eine Stellungnahme zum Impulspapier »Kirche der Freiheit« auf der Grundlage der paulinischen Schriften, in: Isolde Karle (Hg): Kirchenreform. Interdisziplinäre Perspektiven, Leipzig 2009, 253–268.
Emlein 2001	Emlein, Günter: Seelsorge als systemische Praxis. Grundlagen für eine systemische Konzeption der Seelsorge, in: Wege zum Menschen, Göttingen 2001, 53. Jahrgang, Heft 3, 158–178
Endraß Kratzer 2004	Endraß, Elke / Kratzer, Siegfried: Wenn Glaube krank macht. Wege aus der Krise, Stuttgart 2004
Engemann 2007	Engemann, Wilfried (Hg.): Handbuch der Seelsorge. Grundlagen und Profile, Leipzig 2007, 2009 (2. Auflage)
Engemann 2009	Engemann, Wilfried: Gemeinde als Ort der Lebenskunst. Glaubenskultur und Spiritualität in volkskirchlichem Kontext, in: Karle, Isolde (Hg.): Kirchenreform. Interdisziplinäre Perspektiven, Leipzig 2009, 269–291
Erickson Rossi 1981	Erickson, Milton H. / Rossi, Ernest: Hypnotherapie. Aufbau Beispiele Forschungen, Stuttgart 1981, 2004 (7. Auflage)
Eurelings-Bontekoe et al 1995	Eurelings-Bontekoe, Elisabeth H.M. / Diekstra, René F.W. / Verschuur, Margot: Psychological distress, social support and social support seeking: A prospective study among primary mental health care patients. Social Science and Medicine, 1995, Volume 40, Issue 8, 1083–1089
Faltermeier 1995	Faltermeier, Toni: Gemeindepsychologische Impulse für eine Psychologie der Gesundheit, in: Röhrle, Bernd / Sommer, Gert (Hg.): Gemeindepsychologie – Bestandsaufnahmen und Perspektiven. Fortschritte der Gemeindepsychologie und Gesundheitsförderung, Band 1, Tübingen 1995, 139–159
Ferenczi 1932	Ferenczi, Sándor: Ohne Sympathie keine Heilung. Das klinische Tagebuch von 1932, Frankfurt a.M. (Fischer) 1988
Fisch Weakland Segal 1987	Fisch, Richard / Weakland, John H. / Segal, Lynn: Strategien der Veränderung. Systemische Kurzzeittherapie, Stuttgart 1987, 1996 (3. Auflage)
Fliegel Kämmerer 2006	Fliegel, Steffen / Kämmerer, Anette (Hg.): Pychotherapeutische Schätze. 101 bewährte Übungen und Methoden für die Praxis, Tübingen 2006, 2007 (2. Auflage)
Franke 2010	Franke, Alexa: Modelle von Gesundheit und Krankheit, Bern 2006, 2010 (2. überarbeitete und erweiterte Auflage)
Frankl 1998	Frankl, Viktor E.: Logotherapie und Existenzanalyse. Texte aus sechs Jahrzehnten, Weinheim/Basel 1998, 2002

Kurztitel	Titel
Franklin et al 2011	Franklin, Cynthia / Trepper, Terry S. / McCollum, Eric E. / Gingerich, Wallace J. (ed.): Solution-Focused Brief Therapy. A Handbook of Evidence-Based Practice, Oxford University Press, USA, Juli/August 2011
Friedmann 1997	Friedmann, Dietmar: Integrierte Kurztherapie. Neue Wege zu einer Psychologie des Gelingens, Darmstadt 1997, 2005 (2. Auflage)
Frisch 1950	Frisch, Max: Tagebuch 1946–1949, München/Zürich 1950, 1965
Fürstenau 1996	Fürstenau, Peter: Lösungsorientierte psychoanalytisch-systemische Therapie. Effizienzsteigerung und Behandlungsverkürzung durch Synergie, in: Hennig, H. / Fikentscher, E. / Bahrke, U. / Rosendahl, W. (Hg.): Kurzzeit-Psychotherapie in Theorie und Praxis, Lengerich 1996, 1999 (2. überarbeitete Auflage), 30–36
Gassmann Grawe 2009	Gassmann, Daniel / Grawe, Klaus: Ressourcenorientierte Psychotherapie – Schwerpunkt soziale Ressourcen, in: Röhrle, Bernd / Laireiter, Anton-Rupert (Hg.): Soziale Unterstützung und Psychotherapie. Fortschritte der Gemeindepsychologie und Gesundheitsförderung, Band 18, Tübingen 2009, 99–122
Gendlin 1998	Gendlin, Eugene T.: Focusing. Selbsthilfe bei der Lösung persönlicher Probleme, Hamburg 1998, 2005 (5. Auflage)
Gergen Gergen 2009	Gergen, Kenneth J. / Gergen, Mary: Einführung in den sozialen Konstruktivismus, Heidelberg 2009
Gerhards Deggerich Finke 1993	Gerhards, Friedemann / Deggerich, Christiane / Finke, Petra: Soziale Fertigkeiten, sozialer Rückhalt und Gesundheit, in: Laireiter, Anton (Hg.): Soziales Netzwerk und soziale Unterstützung. Konzepte, Methoden und Befunde, Bern 1993, 195–205
Girgerenzer 2007	Girgerenzer, Gerd: Bauchentscheidungen. Die Intelligenz des Unbewussten und die Macht der Intuition, München 2007, 2008 (2. Auflage)
Gottwick 1996a	Intensive Psychodynamische Kurztherapie nach Davanloo, in: Hennig, H. / Fikentscher, E. / Bahrke, U. / Rosendahl, W. (Hg.): Kurzzeit-Psychotherapie in Theorie und Praxis, Lengerich 1996, 1999 (2. überarbeitete Auflage), 225–236
Gottwick 1996b	Kasuistik: Dialogbeispiele zu Davanloo's Intensiver Psychodynamischer Kurztherapie, in: Hennig, H. / Fikentscher, E. / Bahrke, U. / Rosendahl, W. (Hg.): Kurzzeit-Psychotherapie in Theorie und Praxis, Lengerich 1996, 1999 (2. überarbeitete Auflage), 237–244
Götzelmann 2003	Götzelmann, Arnd: Evangelische Sozialpastoral. Zur diakonischen Qualifizierung christlicher Glaubenspraxis, Stuttgart 2003

Kurztitel	Titel
Gräb Weyel 2007	Gräb, Wilhelm / Weyel, Birgit (Hg.): Handbuch Praktische Theologie, Gütersloh 2007
Granovetter 1979	Granovetter, M.S.: The theory-gap in social network analysis, in: Holland, P.W. / Leinhardt, S. (eds.): Perspectives on social network research, New York 1979, 501–518
Grawe et al 1994	Grawe, Klaus / Donati, Ruth / Bernauer, Friederike: Psychotherapie im Wandel. Von der Konfession zur Profession, Göttingen/Bern/Toronto/Seattle 1994 (4. Auflage)
Grözinger 1988	Grözinger, Albrecht: Die Kirche – ist sie noch zu retten?, Gütersloh 1988
Haley 1978	Haley, Jay: Die Psychotherapie Milton H. Ericksons, Stuttgart 1978, 2006 (7. Auflage)
Handreichung Diakonie 2007	Handreichung Diakonie in der Kirchengemeinde. Ein Projekt zur Förderung gelebter Diakonie vor Ort. Herausgegeben von der Evangelisch-lutherischen Landeskirche Hannovers, Hannover 2007 (www.diakonische-gemeinde.de)
Hark 1984	Hark, Helmut: Religiöse Neurosen. Ursachen und Heilung, Stuttgart 1984
Härle 2011	Härle, Wilfried: Ethik, Berlin 2011
Hass Petzold 1999	Hass, Wolfgang / Petzold, Hilarion G.: Die Bedeutung der Forschung über soziale Netzwerke, Netzwerktherapie und soziale Unterstützung für die Psychotherapie – diagnostische und therapeutische Perspektiven, in: Petzold, Hilarion / Mertens, Michael (Hg.): Wege zu effektiven Psychotherapien. Psychotherapieforschung und Praxis. Band 1: Modelle, Konzepte, Settings, Opladen 1999, 193–272
Hauschildt 1994	Hauschildt, Eberhard: Ist die Seelsorgebewegung am Ende? Über alte und neue Wege zum Menschen, in: Wege zum Menschen, Göttingen 1994, 46. Jahrgang, 260–273
Hauschildt 1996	Hauschildt, Eberhard: Alltagsseelsorge. Eine sozio-linguistische Analyse des pastoralen Geburtstagsbesuches, Göttingen 1996
Hauschildt Kohler Schulz 2008	Hauschildt, Eberhard / Kohler, Eike / Schulz, Claudia: Milieus praktisch I. Analyse- und Planungshilfe für Kirche und Gemeinde, Göttingen 2008, 2010 (3. Auflage)
Healy 2000	Healy, Nicholas M.: Church, World and the Christian Life. Practical Prophetic Ecclesiology, in: Cambridge Studies in Christian Doctrine 7, Cambridge 2000, 25–51
Heimbrock 2006	Heimbrock, Frauke: Der Zusammenhang des sozialen Netzwerks und der therapeutischen Beziehung. Eine Prä-Post-Studie mit depressiven Patienten (Diplomarbeit), Marburg 2006
Held 1998	Held, Peter: Systemische Praxis in der Seelsorge, Mainz 1998

Kurztitel	**Titel**
Hellinger 2001	Hellinger, Bert: Ordnungen der Liebe. Ein Kursbuch von Bert Hellinger, München 2000, 2001 (Taschenbuchausgabe)
Henke Marzinzik-Boness 2005	Henke, Katharina / Marzinzik-Boness, Annette (Hg.): »Aus dem etwas machen, wozu ich gemacht worden bin« Gestaltseelsorge und Integrative Pastoralarbeit, Stuttgart 2005
Hennig et al 1996	Hennig, H. / Fikentscher, E. / Bahrke, U. / Rosendahl, W. (Hg.): Kurzzeit-Psychotherapie in Theorie und Praxis, Lengerich 1996, 1999 (2. überarbeitete Auflage)
Hennig Fikentscher 1996	Hennig, H. / Fikentscher, E.: Kurzzeittherapie-Tribut an den Zeitgeist oder Indikationskonsequenz, in: Hennig, H. / Fikentscher, E. / Bahrke, U. / Rosendahl, W. (Hg.): Kurzzeit-Psychotherapie in Theorie und Praxis, Lengerich 1996, 1999 (2. überarbeitete Auflage), 20–29
Hermelink 2011	Hermelink, Jan: Kirchliche Organisation und das Jenseits des Glaubens: Eine praktisch-theologische Theorie der evangelischen Kirche, Gütersloh 2011
Hermelink Wegner 2008	Hermelink; Jan / Wegner, Gerhard (Hg.): Paradoxien kirchlicher Organisation. Niklas Luhmanns frühe Kirchensoziologie und die aktuelle Reform der evangelischen Kirche, Würzburg 2008
Hermer 2009	Hermer, Matthias: Soziale Netzwerke und die Qualität der therapeutischen Beziehung, in: Röhrle, Bernd / Laireiter, Anton-Rupert (Hg.): Soziale Unterstützung und Psychotherapie. Fortschritte der Gemeindepsychologie und Gesundheitsförderung, Band 18, Tübingen 2009, 191–226
Herriger 1997	Herriger, Norbert: Empowerment in der Sozialen Arbeit. Eine Einführung, Stuttgart 1997, 2006 (3. erweiterte und aktualisierte Auflage)
Höfer et al 1985	Höfer, Renate / Strauß, Florian / Buchholz, Wolfgang / Gmür, Wolfgang: Die Bedeutung sozialer Netzwerke bei der Problembewältigung im Familienalltag, in: Röhrle, Bernd / Stark, Wolfgang (Hg.): Soziale Netzwerke und Stützsysteme. Perspektiven für die klinisch-psychologische und gemeindepsychologische Praxis, Tübingen 1985, 71–78
Holzer 2006	Holzer, Boris: Netzwerke, Bielefeld 2006, 2010 (2. Auflage)
House 1981	House, James S.: Work Stress and Social Support. Addison-Wesley series on occupational stress, Addison-Wesley Educational Publishers Inc 1981
Isebaert 2005	Isebaert, Luc: Kurzzeittherapie – ein praktisches Handbuch. Die gesundheitsorientierte kognitive Therapie, Stuttgart 2005

Kurztitel	**Titel**
Josuttis 2000	Josuttis, Manfred: Segenskräfte. Potentiale einer energetischen Seelsorge, Gütersloh 2000
Josuttis 2000a	Josuttis, Manfred: Seelsorge im energetischen Netzwerk der Ortsgemeinde, in: Josuttis, Manfred / Schmidt, Heinz / Scholpp, Stefan (Hg.): Auf dem Weg zu einer seelsorgerlichen Kirche: theologische Bausteine; Christian Möller zum 60. Geburtstag, Göttingen 2000, 117–126
Josuttis 2001	Josuttis, Manfred: Seelsorge in der Gemeinde, in: Pastoraltheologie 90, Göttingen 2001, 400–408
Kähler 1983	Kähler, H.D.: Der professionelle Helfer als Netzwerker – oder: Beschreib mir dein soziales Netz, vielleicht erfahren wir, wie dir zu helfen ist. Archiv für Wissenschaft und Praxis der sozialen Arbeit 1983, 225–244
Karle 1996	Karle, Isolde: Seelsorge in der Moderne. Eine Kritik der psychoanalytisch orientierten Seelsorgelehre, Neukirchen-Vluyn 1996
Karle 2001	Karle, Isolde: Der Pfarrberuf als Profession. Eine Berufstheorie im Kontext der modernen Gesellschaft, Gütersloh 2001 (2. Auflage)
Karle 2009	Karle, Isolde (Hg.): Kirchenreform. Interdisziplinäre Perspektiven, Leipzig 2009
Karle 2010	Karle, Isolde: Kirche im Reformstress, Gütersloh 2010
Kecskes Wolf 1996	Kecskes, Robert / Wolf, Christof: Konfession, Religion und soziale Netzwerke. Zur Bedeutung christlicher Religiosität in personalen Beziehungen, Opladen 1996
Keul 1993	Keul, Alexander G.: Soziales Netzwerk – System ohne Theorie, in: Laireiter, Anton (Hg.): Soziales Netzwerk und soziale Unterstützung. Konzepte, Methoden und Befunde, Bern 1993, 45–54
Keupp 1985	Keupp, Heiner: Psychisches Leiden und alltäglicher Lebenszusammenhang aus der Perspektive sozialer Netzwerke, in: Röhrle, Bernd / Stark, Wolfgang (Hg.): Soziale Netzwerke und Stützsysteme. Perspektiven für die klinisch-psychologische und gemeindpsychologische Praxis, Tübingen 1985, 18–28
Keupp 1995	Keupp, Heiner: Gemeindepsychologische Identitäten: Vergangenheiten und mögliche Zukünfte, in: Röhrle, Bernd / Sommer, Gert (Hg.): Gemeindepsychologie – Bestandsaufnahmen und Perspektiven. Fortschritte der Gemeindepsychologie und Gesundheitsförderung, Band 1, Tübingen 1995, 5–24
Keupp 1997	Keupp, Heiner: Ermutigung zum aufrechten Gang, Tübingen 1997
Klein Körtner 2011	Klein, Andreas / Körtner, Ulrich H.J. (Hg.): Die Wirklichkeit als Interpretationskonstrukt? Herausforderungen

Kurztitel	Titel
	konstruktivistischer Ansätze für die Theologie, Neukirchen-Vluyn 2011
Klessmann 2001	Klessmann, Michael: Pfarrbilder im Wandel. Ein Beruf im Umbruch, Neukirchen-Vluyn 2001
Klessmann 2004	Klessmann, Michael: Pastoralpsychologie. Ein Lehrbuch, Neukirchen-Vluyn 2004
Klessmann 2005	Klessmann, Michael: Kirchliche Seelsorge – seelsorgerliche Kirche, in: Kramer, Anja / Schirrmacher, Freimut: Seelsorgerliche Kirche im 21. Jahrhundert. Modelle – Konzepte – Perspektiven, Neukirchen-Vluyn 2005, 235–253
Klessmann 2008	Klessmann, Michael: Seelsorge. Begleitung, Begegnung, Lebensdeutung im Horizont des christlichen Glaubens. Ein Lehrbuch, Neukirchen-Vluyn 2008
Klessmann 2009	Klessmann, Michael: Kirche und neue Spiritualitäten. Wünschenswerte Berührungen und notwendige Abgrenzungen, in: Zschoch, Hellmut (Hg.): Kirche – dem Evangelium Strukturen geben. Theologische Beiträge aus Wissenschaft und Praxis, Neukirchen-Vluyn 2009, 106–119
Klessmann 2012	Klessmann, Michael: Das Pfarramt. Einführung in die Grundfragen der Pastoraltheologie, Neukirchen-Vluyn 2012
Knieling 2009	Knieling, Reiner: Plädoyer für unvollkommene Gemeinde. Heilsame Impulse, Göttingen 2009
KO EKiR 2003	Kirchenordnung der Evangelischen Kirche im Rheinland. Vom 10. Januar 2003. Zuletzt geändert durch Kirchengesetz vom 13. Januar 2012
Kohler 2006	Kohler, Eike: Mit Absicht rhetorisch. Seelsorge in der Gemeinschaft der Kirche, Göttingen 2006
Kohler 2007	Kohler, Eike: Gemeinde als Ort der Begegnung und des Gesprächs. Gottesdienste – Besuche – Gesprächskreise, in: Engemann, Wilfried (Hg.): Handbuch der Seelsorge. Grundlagen und Profile, Leipzig 2007, 2009 (2. Auflage), 474–492
Kollar 1997	Kollar, Charles Allen: Solution-Focused Pastoral Counseling. An Effective Short-Term Approach For Getting People Back on Track, (Zondervan Publishing House) Grand Rapids 1997
Kosfelder et al 2005	Kosfelder, Joachim / Michalak, Johannes / Vocks, Silja / Willutzki Ulrike (Hg.): Fortschritte der Psychotherapieforschung, Göttingen 2005
Köstlin 1895	Köstlin, Heinrich Adolf: Die Lehre von der Seelsorge nach evangelischen Grundsätzen, Berlin 1895
Kramer Schirrmacher 2005	Kramer Anja / Schirrmacher, Freimut. Seelsorgerliche Kirche im 21. Jahrhundert. Modelle – Konzepte – Perspektiven, Neukirchen-Vluyn 2005

Kurztitel	Titel
Ladenhauf 1988	Ladenhauf, Karl-Heinz: Integrative Therapie und Gestalttherapie in der Seelsorge, Paderborn 1988
Ladenhauf 2007	Ladenhauf, Karl-Heinz: Gestaltseelsorge und Integrative Pastoralarbeit, in: Engemann, Wilfried (Hg.): Handbuch der Seelsorge. Grundlagen und Profile, Leipzig 2007, 2009 (2. Auflage), 267–277
Laireiter 1993	Laireiter, Anton (Hg.): Soziales Netzwerk und soziale Unterstützung. Konzepte, Methoden und Befunde, Bern/ Göttingen/Toronto/Seattle 1993
Laireiter 1993a	Laireiter, Anton: Begriffe und Methoden der Netzwerk- und Unterstützungsforschung, in: Laireiter, Anton (Hg.): Soziales Netzwerk und soziale Unterstützung. Konzepte, Methoden und Befunde, Bern 1993, 15–44
Laireiter 1993b	Laireiter, Anton: Ätiologiebezogene Funktionen Sozialer Netzwerke und Sozialer Unterstützung, in: Laireiter, Anton (Hg.): Soziales Netzwerk und soziale Unterstützung. Konzepte, Methoden und Befunde, Bern 1993, 181–194
Laireiter 2009	Laireiter, Anton: Zur funktionalen Äquivalenz von Sozialer Unterstützung und Psychotherepie, in: Röhrle, Bernd / Laireiter, Anton-Rupert (Hg.): Soziale Unterstützung und Psychotherapie. Fortschritte der Gemeindepsychologie und Gesundheitsförderung, Band 18, Tübingen 2009, 123–190
Laireiter Ganitzer Baumann 1993	Laireiter, Anton / Ganitzer, Josef / Baumann, Urs: Soziale Netzwerke und Unterstützungsressourcen als differentielle Konstrukte – Bezüge zu sozialen und demographischen Variablen, in: Laireiter, Anton (Hg.): Soziales Netzwerk und soziale Unterstützung. Konzepte, Methoden und Befunde, Bern 1993, 88–100
Laireiter Lettner 1993	Laireiter, Anton und Karin Lettner: Belastende Aspekte Sozialer Netzwerke und Sozialer Unterstützung. Ein Überblick über den Phänomenbereich und die Methodik, in: Laireiter, Anton (Hg.): Soziales Netzwerk und soziale Unterstützung. Konzepte, Methoden und Befunde, Bern 1993, 101–111
Lange 1981	Lange, Ernst: Überlegungen zu einer Theorie kirchlichen Handelns, in: Schloz, Rüdiger: Kirche für die Welt. Aufsätze zur Theorie kirchlichen Handelns, München 1981, 290–308
Laplanche Pontalis 1973	Laplanche, J. / Pontalis J.-P.: Das Vokabular der Psychoanalyse, Frankfurt a.M. 1973
Levinas 1983	Levinas, Emmanuel: Die Spur des Anderen. Untersuchungen zur Phänomenologie und Sozialphilosophie, Freiburg/München 1983
Linden et al 2009	Linden, Wolfgang / Hogan, Brenda E. / Habra, Martine: Interventionen gegen mangelnde Soziale Unterstützung: Wie effektiv sind sie und wer profitiert davon?, in: Röhrle,

Kurztitel	**Titel**
	Bernd / Laireiter, Anton-Rupert (Hg.): Soziale Unterstützung und Psychotherapie. Fortschritte der Gemeindepsychologie und Gesundheitsförderung, Band 18, Tübingen 2009, 623–642
Lindner 1994	Lindner, Herbert: Kirche am Ort. Eine Gemeindetheorie, Stuttgart 1994
Lindner 2000	Lindner, Herbert: Kirche am Ort – ein Entwicklungsprogramm für Ortsgemeinden. Völlig überarbeitete Neuausgabe, Stuttgart 2000
Lohse 2003	Lohse, Timm H.: Das Kurzgespräch in Seelsorge und Beratung. Eine methodische Anleitung, Göttingen 2003
Lohse 2006	Lohse, Timm H.: Das Trainingsbuch zum Kurzgespräch. Ein Werkbuch für die seelsorgerliche Praxis, Göttingen 2006
Lohse 2012	Lohse, Timm H.: Grundlagen des Kurzgesprächs: Kenntnisse und Fertigkeiten für ein bündiges Beratungsgespräch, (Books on Demand) 2012
Lückel 1981	Lückel, Kurt: Begegnung mit Sterbenden, München 1981
Ludwig-Mayerhofer Greil 1993	Ludwig-Mayerhofer, Wolfgang / Greil, Waldemar: Soziales Netzwerk / Soziale Unterstützung – zum Verhältnis persönlicher und sozialer Ressourcen, in: Laireiter, Anton (Hg.): Soziales Netzwerk und soziale Unterstützung. Konzepte, Methoden und Befunde, Bern 1993, 78–87
Luhmann 1972	Luhmann, Niklas: Die Organisierbarkeit von Religionen und Kirchen, in: Wössner, Jakobus (Hg.): Religion im Umbruch, Stuttgart 1972, 245–285
Luther 1992	Luther, Henning: Religion und Alltag. Bausteine zu einer Theologie des Subjekts, Stuttgart 1992
Lütz 2009	Lütz, Manfred: Irre! Wir behandeln die Falschen. Unser Problem sind die Normalen. Eine heilsame Seelenkunde, Gütersloh 2009
Mackensen 1985	Mackensen, Rainer: Bemerkungen zur Soziologie sozialer Netzwerke, in: Röhrle, Bernd / Stark, Wolfgang (Hg.): Soziale Netzwerke und Stützsysteme. Perspektiven für die klinisch-psychologische und gemeindepsychologische Praxis, Tübingen 1985, 8–17
Michalak et al 2005	Michalak, Johannes / Holtforth, Martin / Veith, Andreas: Wo soll's denn nun eigentlich hingehen? Die Zielperspektive in der Psychotherapie, in: Kosfelder, Joachim / Michalak, Johannes / Vocks, Silja / Willutzki Ulrike (Hg.): Fortschritte der Psychotherapieforschung, Göttingen 2005, 54–88
Milardo 1992	Milardo, Robert M.: Comparative methods for delineating social networks, Journal of Social and Personal Relationships, 1992, Vol. 9, No. 3, 447–461

Kurztitel	Titel
Milzner 2005	Milzner, Georg: Ericksons Söhne. Hypnotherapeutische Konzepte von Rossi, Gilligan und Yapko, Heidelberg 2005
Morgenthaler 1999	Morgenthaler, Christoph: Systemische Seelsorge. Impulse der Familien- und Systemtherapie für die kirchliche Praxis, Stuttgart 1999, 2005 (4. Auflage)
Morgenthaler 2002	Morgenthaler, Christoph: Begrenzte Zeit – erfüllte Zeit, in: Wege zum Menschen, Göttingen 2002, 54. Jahrgang, Heft 3, 161–176
Morgenthaler 2009	Morgenthaler, Christoph: Seelsorge. Lehrbuch Praktische Theologie – Band 3, Gütersloh 2009
Morgenthaler Schibler 2002	Morgenthaler, Christoph / Schibler, Gina: Religiös-existentielle Beratung. Eine Einführung, Stuttgart/Berlin/Köln 2002
Moser 1976	Moser, Tillmann: Gottesvergiftung, Frankfurt a.M. 1976
Nardone 1999	Nardone, Giorgio: Sprache die heilt: Kommunikation als Mittel zu therapeutischer Veränderung, in: Watzlawick, Paul / Nardone, Giorgio (Hg.): Kurzzeittherapie und Wirklichkeit. Eine Einführung, München 1999, 2005 (3. Auflage), 111–134
Nauer 2007	Nauer, Doris: Seelsorge. Sorge um die Seele, Stuttgart 2007, 2010 (2., aktualisierte Auflage)
Naumann 1999	Naumann, A.: Lösungsorientierte Therapie und VT: Was für eine Verhaltensanalyse darf's denn sein, auf daß die Therapie erfolgreich ist?, in: Hennig, H. / Fikentscher, E. / Bahrke, U. / Rosendahl, W. (Hg.): Kurzzeit-Psychotherapie in Theorie und Praxis, Lengerich 1996, 1999 (2. überarbeitete Auflage), 902–910
Nestmann 2009	Nestmann, Frank: Netzwerkinterventionen und Supportförderung – Ein Plädoyer für Praxis, in: Röhrle, Bernd / Laireiter, Anton-Rupert (Hg.): Soziale Unterstützung und Psychotherapie. Fortschritte der Gemeindepsychologie und Gesundheitsförderung, Band 18, Tübingen 2009, 589–622
Niemann 2005	Niemann, Kristina: Soziale Netzwerkarbeit. Hauptseminararbeit, Norderstedt 2005
Nipkow 1975	Nipkow, Karl Ernst: Grundfragen der Religionspädagogik. Band 2. Das pädagogische Handeln der Kirche, Gütersloh 1975
O'Connor Seymour 1992	O'Connor, Joseph / Seymour, John: Neurolinguistisches Programmieren: Gelungene Kommunikation und persönliche Entfaltung, Kirchzarten bei Freiburg 1992, 2004 (14. Auflage)
Orth Petzold 1993	Orth, Ilse / Petzold, Hilarion: Zur »Anthropologie des schöpferischen Menschen«, in: Petzold, Hilarion / Sieper, Johanna (Hg.): Integration und Kreation. Modelle und

Kurztitel	Titel
	Konzepte der Integrativen Therapie, Agogik und Arbeit mit kreativen Medien, Paderborn 1993, 1996 (2. Auflage), 93–116
Otto 1988	Otto, Gert: Handlungsfelder der Praktischen Theologie, München 1988
Pannenberg 1962	Pannenberg, Wolfhart: Was ist der Mensch? Die Anthropologie der Gegenwart im Lichte der Theologie, Göttingen 1962, 1995 (8. Auflage)
Perkonigg 1993	Perkonigg, Axel: Soziale Unterstützung und Belastungsverarbeitung: Ein Modell zur Verknüpfung der Konzepte und Analyse von Unterstützungsprozessen, in: Laireiter, Anton (Hg.): Soziales Netzwerk und soziale Unterstützung. Konzepte, Methoden und Befunde, Bern 1993, 115–127
Perkonigg Baumann et al 1993	Perkonigg, Alex / Baumann, Urs / Reicherts, Michael / Perrez, Meinrad: Soziale Unterstützung und Belastungsverarbeitung: Eine Untersuchung mit computergestützter Selbstbeobachtung, in: Laireiter, Anton (Hg.): Soziales Netzwerk und soziale Unterstützung. Konzepte, Methoden und Befunde, Bern 1993, 128–140
Perls 1974	Perls, Fritz: Gestalt-Therapie in Aktion, Stuttgart 1974, 1991 (6. Auflage)
Perls 1976	Perls, Fritz: Grundlagen der Gestalt-Therapie, München 1976
Peseschkian 1979	Peseschkian, Nossrat: Der Kaufmann und der Papagei. Orientalische Geschichten in der positiven Psychotherapie, Frankfurt a.M. 1979, 2008 (29. Auflage)
Petzold 1980	Petzold, Hilarion (Hg.): Die Rolle des Therapeuten und die therapeutische Beziehung, Paderborn 1980, 1996 (3. Auflage)
Petzold 1988	Petzold, Hilarion: Integrative Bewegungs- und Leibtherapie, Paderborn 1988, 1990 (2. Auflage)
Petzold 1993	Petzold, Hilarion: Integrative Therapie. Modelle, Theorien und Methoden für eine schulenübergreifende Psychotherapie, Paderborn 1993
Petzold 1993a	Petzold, Hilarion: Integrative Therapie, in: Petzold, Hilarion / Sieper, Johanna (Hg.): Integration und Kreation. Modelle und Konzepte der Integrativen Therapie, Agogik und Arbeit mit kreativen Medien, Paderborn 1993, 1996 (2. Auflage), 17–24
Petzold 1993b	Petzold, Hilarion: Zur Frage nach der »therapeutischen Identität« in einer pluralen therapeutischen Kultur am Beispiel von Gestalttherapie und Integrativer Therapie – Überlegungen (auch) in eigener Sache, in: Petzold, Hilarion / Sieper, Johanna (Hg.): Integration und Kreation. Modelle und Konzepte der Integrativen Therapie, Agogik

Kurztitel	Titel
	und Arbeit mit kreativen Medien, Paderborn 1993, 1996 (2. Auflage), 51–92
Petzold 1993c	Petzold, Hilarion: Integrative fokale Kurzzeittherapie (IFK) und Fokaldiagnostik – Prinzipien, Methoden, Techniken, in: Petzold, Hilarion / Sieper, Johanna (Hg.): Integration und Kreation. Modelle und Konzepte der Integrativen Therapie, Agogik und Arbeit mit kreativen Medien, Paderborn 1993, 1996 (2. Auflage), 267–340
Petzold 2002	Petzold, Hilarion: Der »informierte Leib« – »embodied and embedded« als Grundlage der Integrativen Leibtherapie. POLYLOGE Materialien aus der Europäischen Akademie für psychosoziale Gesundheit. Eine Internetzeitschrift für »Integrative Therapie« Ausgabe 07/2002 (www.fpi-publikationen.de/polyloge)
Petzold Frühmann 1986	Petzold, Hilarion / Frühmann, R. (Hg.): Modelle der Gruppe in der Psychotherapie und psychosozialen Arbeit, Paderborn 1986
Petzold Mertens 1999	Petzold, Hilarion / Mertens, Michael (Hg.): Wege zu effektiven Psychotherapien. Psychotherapieforschung und Praxis. Band 1: Modelle, Konzepte, Settings, Opladen 1999
Petzold Orth 1993	Petzold, Hilarion / Orth, Ilse: Therapietagebücher, Lebenspanorma, Gesundheits-/Krankheitspanorama als Instrumente der Symbolisierung und karrierebezogenen Arbeit in der Integrativen Therapie, in: Petzold, Hilarion / Sieper, Johanna (Hg.): Integration und Kreation. Modelle und Konzepte der Integrativen Therapie, Agogik und Arbeit mit kreativen Medien, Paderborn 1993, 1996 (2. Auflage), 125–172
Petzold Orth 1999	Petzold, Hilarion / Orth, Ilse: Die Mythen der Psychotherapie. Ideologien, Machtstrukturen und Wege kritischer Praxis, Paderborn 1999
Petzold Orth Sieper 2011	Petzold, Hilarion / Orth, Ilse / Sieper, Johanna (Hg.): Gewissensarbeit, Weisheitstherapie, Geistiges Leben. Werte und Themen moderner Psychotherapie, Wien 2011
Petzold Schneewind 1986	Petzold, Hilarion / Schneewind, Udi-Jutta: Konzepte der Gruppe und Formen der Gruppenarbeit in der Integrativen Therapie und Gestalttherapie, in: Petzold, Hilarion / Frühmann, R. (Hg.): Modelle der Gruppe in der Psychotherapie und psychosozialen Arbeit, Paderborn 1986, 109–254
Petzold Sieper 1993	Petzold, Hilarion / Sieper, Johanna (Hg.): Integration und Kreation. Modelle und Konzepte der Integrativen Therapie, Agogik und Arbeit mit kreativen Medien, Paderborn 1993, 1996 (2. Auflage)
Pohl-Patalong 1996	Pohl-Patalong, Uta: Seelsorge zwischen Individuum und Gesellschaft. Elemente zu einer Neukonzeption der Seelsorgetheorie, Stuttgart 1996

Kurztitel	Titel
Pohl-Patalong 2004	Pohl-Patalong, Uta: Von der Ortskirche zu kirchlichen Orten. Ein Zukunftsmodell, Göttingen 2004, 2006 (2. und überarbeitete und erweiterte Auflage).
Pohl-Patalong 2007	Pohl-Patalong, Uta: Gesellschaftliche Kontexte der Seelsorge, in: Wilfried Engemann: Handbuch der Seelsorge, Leipzig 2007, 2009 (2. Auflage), 63–84
Pohl-Patalong Muchlinsky 1999	Pohl-Patalong, Uta / Muchlinsky, Frank (Hg.): Seelsorge im Plural, Hamburg 1999
Pollack 2008	Pollack, Detlef: Worauf die Bindung an die Kirche beruht: Kirchensoziologische Analysen zum Verhältnis der evangelischen Kirchenmitglieder zu ihrer Kirche und den Grenzen kirchenreformerischen Handelns, in: Hermelink, Jan / Wegner, Gerhard: Paradoxien kirchlicher Organisation. Niklas Luhmanns frühe Kirchensoziologie und die aktuelle Reform der evangelischen Kirche, Würzburg 2008, 71–99
Preul 1997	Preul, Reiner: Kirchentheorie, Berlin 1997
Prior 1992	Prior, Manfred: Übertreibungen als Mittel der Psychotherapie, in: Peter B. / Schmidt, G. (Hg.): Erickson in Europa. Europäische Ansätze der Ericksonschen Hypnose und Psychotherapie, Heidelberg 1992, 164–173
Prior 2002	Prior, Manfred: Mini-Max.Interventionen. 15 minimale Interventionen mit maximaler Wirkung, Heidelberg 2002, 2009 (8. Auflage)
Prior 2006	Prior, Manfred: Beratung und Therapie optimal vorbereiten. Informationen und Interventionen vor dem ersten Gespräch, Heidelberg 2006, 2008 (3. Auflage)
Rahm et al 1993	Rahm, Dorothea / Otte, Hilka / Bosse, Susanne / Ruhe-Hollenbach, Hannelore: Einführung in die Integrative Therapie. Grundlagen und Praxis, Paderborn 1993 (2. Auflage)
Reicherts 1993	Reicherts, Michael: Wann nützt Soziale Unterstützung? Eine situationsorientierte Analyse ihrer Wirksamkeit bei der Bewältigung von Belastungen, in: Laireiter, Anton (Hg.): Soziales Netzwerk und soziale Unterstützung. Konzepte, Methoden und Befunde, Bern 1993, 141–153
Reisenzein et al 1993	Reisenzein, Elisabeth / Baumann, Urs / Reisenzein, Rainer: Unterschiedliche Zugänge zum Sozialen Netzwerk, in: Laireiter, Anton (Hg.): Soziales Netzwerk und soziale Unterstützung. Konzepte, Methoden und Befunde, Bern 1993, 67–77
Retzer 2002	Retzer, Arnold: Passagen. Systemische Erkundungen, Stuttgart 2002, 2006 (2. Auflage)
Riess 2007	Riess, Richard: Die Frage nach dem Proprium der Seelsorge, in: Wilfried Engemann: Handbuch der Seelsorge, Leipzig 2007, 2009 (2. Auflage), 177–186

Kurztitel	Titel
Röhrle 1994	Röhrle, Bernd: Soziale Netzwerke und soziale Unterstützung, Weinheim 1994
Röhrle 1995	Röhrle, Bernd: Die Bedeutung sozialer Netzwerke für die Psychotherapie, in: Hermer, M. (Hg.), Die Gesellschaft der Patienten – gesellschaftliche Bedingungen und psychosoziale Praxis, Tübingen 1995, 175–182
Röhrle Glüer Sommer 1995	Röhrle, Bernd / Glüer, Simone / Sommer, Gert: Die Entwicklung der gemeindepsychologischen Forschung im deutschsprachigen Bereich (1977–1993), in: Röhrle, Bernd / Sommer, Gert (Hg.): Gemeindepsychologie – Bestandsaufnahmen und Perspektiven. Fortschritte der Gemeindepsychologie und Gesundheitsförderung, Band 1, Tübingen 1995, 25–54
Röhrle Laireiter 2009	Röhrle, Bernd / Laireiter, Anton-Rupert (Hg.): Soziale Unterstützung und Psychotherapie. Fortschritte der Gemeindepsychologie und Gesundheitsförderung, Band 18, Tübingen 2009
Röhrle Laireiter 2009a	Röhrle, Bernd / Laireiter, Anton-Rupert: Soziale Unterstützung und Psychotherapie: Zwei eng vernetzte Forschungsfelder, in: Röhrle, Bernd / Laireiter, Anton-Rupert (Hg.): Soziale Unterstützung und Psychotherapie. Fortschritte der Gemeindepsychologie und Gesundheitsförderung, Band 18, Tübingen 2009, 11–46
Röhrle Sommer 1995	Röhrle, Bernd / Sommer, Gert (Hg.): Gemeindepsychologie – Bestandsaufnahmen und Perspektiven. Fortschritte der Gemeindepsychologie und Gesundheitsförderung, Band 1, Tübingen 1995
Röhrle Sommer Nestmann 1998	Röhrle, Bernd / Sommer, Gert / Nestmann, Frank (Hg.): Netzwerkinterventionen. Fortschritte der Gemeindepsychologie und Gesundheitsförderung, Band 2, Tübingen 1998
Röhrle Stark 1985	Röhrle, Bernd / Stark, Wolfgang (Hg.): Soziale Netzwerke und Sützsysteme. Perspektiven für die klinisch-psychologische und gemeindepsychologische Praxis, Tübingen 1985
Röhrle Stark 1985a	Röhrle, Bernd / Stark, Wolfgang: Soziale Stützsysteme und Netzwerke im Kontext klinisch-psychologischer Praxis, in: Röhrle, Bernd / Stark, Wolfgang (Hg.): Soziale Netzwerke und Stützsysteme. Perspektiven für die klinisch-psychologische und gemeindepsychologische Praxis, Tübingen 1985, 29–41
Roloff 1993	Roloff, Jürgen: Die Kirche im Neuen Testament. NTD 10, Göttingen 1993
Roosen 1997	Roosen, Rudolf: Die Kirchengemeinde – Sozialsystem im Wandel. Analysen und Anregungen für die Reform der evangelischen Gemeindearbeit, Berlin / New York 1997

Kurztitel	Titel
Roth 1995	Roth, Erwin: Sozialwissenschaftliche Methoden, München 1995 (4. Auflage)
Ruddat 2009	Günter Ruddat: Diakonische Gemeindentwicklung. Ein Modell für die Zukunft der Kirche vor Ort, in: Hellmut Zschoch (Hg.): Kirche – dem Evangelium Strukturen geben, Neukirchen-Vluyn 2009, 150–161
Ruddat Schäfer 2005	Ruddat, Günter / Schäfer, Gerhard K. (Hg.): Diakonisches Kompendium, Göttingen 2005
Ruddat Schäfer 2005a	Ruddat, Günter / Schäfer, Gerhard K.: Diakonie in der Gemeinde, in: Ruddat, Günter / Schäfer, Gerhard K. (Hg.): Diakonisches Kompendium, Göttingen 2005, 203–227
Sartory 1980	Sartory, Gertrude und Thomas: Lebenshilfe aus der Wüste. Die alten Mönchsväter als Therapeuten, Freiburg 1980, 1987 (5. Auflage)
Schaetzing 1955	Schaetzing, Eberhard: Die ekklesiogenen Neurosen, in: Wege zum Menschen, Göttingen 1955, Heft 7, 97–108
Schäfer 2000	Schäfer, Thomas: Was die Seele krank macht und was sie heilt. Die psychotherapeutische Arbeit Bert Hellingers, München 1997, 2000
Scharfenberg 1972	Scharfenberg, Joachim: Seelsorge als Gespräch, Göttingen 1972, 1987 (4. Auflage)
Scharfenberg 1980	Scharfenberg, Joachim: Mit Symbolen leben. Soziologische, psychologische und religiöse Konfliktbearbeitung, Olten 1980
Scharfenberg 1985	Scharfenberg, Joachim: Einführung in die Pastoralpsychologie, Göttingen 1985
Schieder 1994	Schieder, Rolf: Seelsorge in der Postmoderne, in: Wege zum Menschen, Göttingen 1994, 46. Jahrgang, 26–42
Schirrmacher 2005	Schirrmacher, Freimut: Multimodalität in der Seelsorge – Perspektiven seelsorgerlicher Diagnostik und Intervention, in: Kramer, Anja / Schirrmacher, Freimut: Seelsorgerliche Kirche im 21. Jahrhundert. Modelle – Konzepte – Perspektiven, Neukirchen-Vluyn 2005, 52–63
Schleiermacher 1850	Schleiermacher, Friedrich: Die praktische Theologie nach den Grundsäzen der evangelischen Kirche im Zusammenhange dargestellt. Aus Schleiermachers handschriftlichem Nachlasse und nachgeschriebenen Vorlesungen herausgegeben von Jacob Frerichs, Berlin 1850
Schlippe Schweitzer 1996	Schlippe, Arist von / Schweitzer, Jochen: Lehrbuch der systemischen Therapie und Beratung, Göttingen 1996, 2007 (10. Auflage)
Schmid Hüsler Perrez 1993	Schmid, Holger / Hüsler, Gebhard / Perrez, Meinrad: Netzwerkveränderungen und Wohlbefinden bei HIV-infizierten Homosexuellen, in: Laireiter, Anton (Hg.):

Kurztitel	Titel
	Soziales Netzwerk und soziale Unterstützung. Konzepte, Methoden und Befunde, Bern 1993, 206–218
Schmidbauer 1977	Schmidbauer, Wolfgang: Hilflose Helfer. Über die seelische Problematik der helfenden Berufe, Reinbek 1977, 1992 (17. Auflage)
Schmidt 2004	Schmidt, Gunther: Liebesaffären zwischen Problem und Lösung. Hypnosystemisches Arbeiten in schwierigen Kontexten, Heidelberg 2004
Schmidt 2005	Schmidt, Gunther: Einführung in die hypnosystemische Therapie und Beratung, Heidelberg 2005
Schmidt et al 2010	Schmidt, Gunther / Dollinger, Anna / Müller-Kalthoff, Björn (Hg.): Gut beraten in der Krise. Konzepte und Werkzeuge für ganz alltägliche Ausnahmesituationen, Bonn 2010
Schneider-Harpprecht 2000	Schneider-Harpprecht, Christoph (Hg.): Zukunftsperspektiven für Seelsorge und Beratung, Neukirchen-Vluyn 2000
Schneider-Harpprecht 2000a	Schneider-Harpprecht, Christoph: Empowerment und kulturelle Sensibilität, in: Schneider-Harpprecht, Christoph (Hg.): Zukunftsperspektiven für Seelsorge und Beratung, Neukirchen-Vluyn, 2000, 53–65
Schneider-Harpprecht 2001	Schneider-Harpprecht, Christoph: Interkulturelle Seelsorge, Göttingen 2001
Schneider-Harpprecht 2012	Schneider-Harpprecht, Christoph: Seelsorge – christliche Hilfe zur Lebensgestaltung. Aufsätze zur interdisziplinären Grundlegung praktischer Theologie, Berlin 2012
Schnelle 2003	Schnelle, Udo: Paulus, Berlin 2003
Schoell 1911	Schoell, Jakob: Die Evangelische Gemeindepflege. Handbuch für evangelisch-kirchliche Gemeindearbeit, Heilbronn 1911
Schulz 2008	Schulz, Claudia: »Kirche ist doch kein Sportverein!« Dilemmata und Paradoxien und die Prekarität der Mitgliedschaft in der Organisation Kirche, in: Hermelink, Jan / Wegner, Gerhard: Paradoxien kirchlicher Organisation. Niklas Luhmanns frühe Kirchensoziologie und die aktuelle Reform der evangelischen Kirche, Würzburg 2008, 101–121
Schulze 1992	Schulze, Gerhard: Die Erlebnisgesellschaft. Kultursoziologie der Gegenwart, Frankfurt a.M. / New York 1992, 1996 (6. Auflage)
Schwarzer Leppin 1989	Schwarzer, Ralf und Leppin, Anja: Sozialer Rückhalt und Gesundheit. Eine Meta-Analyse, Göttingen 1989
Seyfried 1985	Seyfried, Erwin: Lebenswelten – Initiierung von sozialen Netzwerken für psychiatrisch Betroffene am Beispiel der Vollkornbäckerei »Backstern«, in: Röhrle, Bernd / Stark, Wolfgang (Hg.): Soziale Netzwerke und Stützsysteme.

Kurztitel	Titel
	Perspektiven für die klinisch-psychologische und gemeindepsychologische Praxis, Tübingen 1985, 58–64
Siegrist 1995	Siegrist, Johannes: Medizinische Soziologie, München 1995 (5. Auflage)
Siegrist 2005	Siegrist, Johannes: Medizinische Soziologie, München 2005 (6. Auflage)
Simon 2006	Simon, Fritz B.: Einführung in Systemtheorie und Konstruktivismus, Heidelberg 2006
Simon Weber 1990	Simon, Fritz B. / Weber, Gunthard: Carl Auer: Geist or Ghost. Merkwürdige Begegnungen, Heidelberg 1990
Sons 1995	Sons, Rolf: Seelsorge zwischen Bibel und Psychotherapie. Die Entwicklung der evangelischen Seelsorge in der Gegenwart, Stuttgart 1995
Sparrer 2007	Sparrer, Insa: Einführung in Lösungsfokussierung und Systemische Strukturaufstellungen, Heidelberg 2007, 2010 (2. Auflage)
Steck 1897	Steck, Wolfgang: Der Ursprung der Seelsorge in der Alltagswelt, in: ThZ 43, 1987, 175–183
Stein 1985	Stein, Monika: Das soziale Netzwerk von Arbeitern: Ressource zur Bewältigung von Belastungssituationen?, in: Röhrle, Bernd / Stark, Wolfgang (Hg.): Soziale Netzwerke und Stützsysteme. Perspektiven für die klinisch-psychologische und gemeindepsychologische Praxis, Tübingen 1985, 84–90
Steinkamp 1994	Steinkamp, Hermann: Solidarität und Parteilichkeit. Für eine neue Praxis in Kirche und Gemeinde, Mainz 1994
Steinkamp 1999	Steinkamp, Hermann: Die sanfte Macht der Hirten, Mainz 1999
Steinkamp 2005	Steinkamp, Hermann: Seelsorge als Anstiftung zur Selbstsorge, Münster 2005 (3. Auflage)
Stierlin 1975	Stierlin, Helm: Von der Psychoanalyse zur Familientherapie, Stuttgart 1975
Stiewe Vouga 2003	Stiewe, Martin / Vouga, François: Das Fundament der Kirche im Dialog. Modelle des Kirchenverständnisses im Neuen Testament und in der konfessionellen Rezeptionsgeschichte, Tübingen 2003
Stollberg 1971	Stollberg, Dietrich: Seelsorge durch die Gruppe. Praktische Einführung in die gruppendynamisch-therapeutische Arbeitsweise, Göttingen 1971, 1975 (3. Auflage)
Stollberg 1972	Stollberg, Dietrich: Mein Auftrag – deine Freiheit, München 1972
Stollberg 1978	Stollberg, Dietrich: Wahrnehmen und Annehmen. Seelsorge in Theorie und Praxis, Gütersloh 1978

Kurztitel	Titel
Stollberg 2001	Stollberg, Dietrich: Gruppe, Gemeinde, Gemeinschaft, Kirche. Das Wir als Seelsorge, das Wir in der Seelsorge, in: Pastoraltheologie 90, Göttingen 2001, 435–442
Stollberg 2007	Stollberg, Dietrich: Psychotherapeutische Aspekte des seelsorgerlichen Gesprächs, in: Engemann, Wilfried (Hg.): Handbuch der Seelsorge. Grundlagen und Profile, Leipzig 2007, 2009 (2. Auflage), 202–226
Stollnberger 2009	Stollnberger, Verena: Ausnahmen, Skalen, Komplimente. Der lösungsfokussierte Ansatz nach Steve de Shazer und Insoo Kim Berg, Marburg 2009
Stone 1993	Stone, Howard W.: Brief Pastoral Counseling. Short-term Approaches and Strategies, (Fortress Press) Minneapolis 1993
Stone 2001	Stone, Howard W. (ed.): Strategies For Brief Pastoral Counseling, (Fortress Press) Minneapolis 2001
Straus 1997	Straus, Florian: Netzwerkanalysen in der Praxis. Manual zur Anwendung von EGONET, München 1997
Straus Höfer 1998	Straus, Florian / Höfer, Renate: Die Netzwerkperspektive in der Praxis, in: Röhrle, Bernd / Sommer, Gert / Nestmann, Frank (Hg.): Netzwerkinterventionen. Fortschritte der Gemeindepsychologie und Gesundheitsförderung, Band 2, Tübingen 1998, 77–95
Strehmel 1993	Strehmel, Petra: Soziale Netzwerke in diskontinuierlichen Erwerbsbiographien – Veränderungen in subjektiv erlebten Belastungen und Unterstützungspotentialen, in: Laireiter, Anton (Hg.): Soziales Netzwerk und soziale Unterstützung. Konzepte, Methoden und Befunde, Bern 1993, 167–178
Theobold 2009	Theobold, Rolf: Vereinnahmen und Loslassen / Vertraut und Fremd, in: Kramer, Anja / Ruddat, Günter / Schmirrmacher, Freimut (Hg): Ambivalenzen der Seelsorge. Michael Klessmann zum 65. Geburtstag, Neukirchen-Vluyn 2009, 193–203
Thoits 1984	Thoits, P.A.: Coping, social support and psychological outcomes: The central role of emotion, in: Shaver, P. (ed.): Review of Personality and Social Psychology, Vol. 5, Beverly Hills 1984, 219–238
Thurneysen 1946	Thurneysen, Eduard: Die Lehre von der Seelsorge, Zürich 1946, 1994 (7. Auflage)
Thurneysen 1968	Thurneysen, Eduard: Seelsorge im Vollzug, Zürich 1968
Tillich 1958a	Tillich, Paul: Systematische Theologie, Band I, Frankfurt a.M. 1958, 1983 (7. Auflage)
Tillich 1958b	Tillich, Paul: Systematische Theologie, Band II, Frankfurt a.M. 1958, 1984 (8. Auflage)
Tillich 1969	Tillich, Paul: Meine Suche nach dem Absoluten, Wuppertal-Barmen 1969

Kurztitel	Titel
Tillich 1982	Tillich, Paul: Liebe, Macht und Gerechtigkeit, in: Tillich, Paul: Sein und Sinn. Zwei Schriften zur Ontologie. Gesammelte Werke Band XI, Frankfurt a.M. 1982 (3. Auflage), 143–225
Trenkle 1997	Trenkle, Bernhard: Die Löwengeschichte. Hypnotisch-metaphorische Kommunikation und Selbsthypnosetraining, Heidelberg 1997, 2005 (4. Auflage)
Trojan 1985	Trojan, Alf: Netzwerkförderung als Prävention, in: Röhrle, Bernd / Stark, Wolfgang (Hg.): Soziale Netzwerke und Stützsysteme. Perspektiven für die klinisch-psychologische und gemeindepsychologische Praxis, Tübingen 1985, 42–50
Tschuschke 2003	Tschuschke, Volker: Kurzgruppenpsychotherapie. Theorie und Praxis, Wien 2003
Tschuschke et al 1997	Tschuschke, Volker / Heckrath, Claudia / Tress, Wolfgang: Zwischen Konfusion und Makulatur. Zum Wert der Berner Psychotherapie-Studie von Grawe, Donati und Bernauer, Göttingen 1997
van der Geest 1981	van der Geest, Hans: Unter vier Augen. Beispiele gelungener Seelsorge, Zürich 1981
van Eickels 1985	van Eickels, Norbert: Das sogenannte »Selbsthilfepotential« von Familien. Psychologische Bemerkungen zu einer neueren Hoffnung der Sozialpolitik, in: Röhrle, Bernd / Stark, Wolfgang (Hg.): Soziale Netzwerke und Stützsysteme. Perspektiven für die klinisch-psychologische und gemeindepsychologische Praxis, Tübingen 1985, 65–70
Veiel Ihle 1993	Veiel, Hans O.F. / Ihle, Wolfgang: Das Copingkonzept und das Unterstützungskonzept: Ein Strukturvergleich, in: Laireiter, Anton (Hg.): Soziales Netzwerk und soziale Unterstützung. Konzepte, Methoden und Befunde, Bern 1993, 55–63
Waibel 2004	Waibel, Martin J.: Konzepte des Sozialen Netzwerks, des sozialen Rückhalts sowie des sozioemotionalen Rückhaltes für die Praxis der Integrativen Supervision, in: SUPERVISION Theorie-Praxis-Forschung. Eine interdisziplinäre Internet-Zeitschrift. Heft 11/2004 (www.fpi-publikationen.de), Düsseldorf/Hückeswagen 2004
Walker 1996	Walker, Klaus: Abenteuer Kommunikation. Bateson, Perls, Satir, Erickson und die Anfänge des Neurolinguistischen Programmierens (NLP), Stuttgart 1996, 2010 (5. Auflage)
Walker et al 1977	Walker, K.N. / MacBride, A. / Vachon, M.L.S.: Social support networks and the crisis of bereavement. Social Science and Medicine, 1977, 11, 35–41
Walter Peller 1994	Walter, John L. / Peller, Jane E.: Lösungs-orientierte Kurztherapie. Ein Lehr- und Lernbuch, Dortmund 1994, 2004 (6. unveränderte Auflage)

Kurztitel	Titel
Watzlawick 1983	Watzlawick, Paul: Anleitung zum Unglücklichsein, München 1983, 1990 (30. Auflage)
Watzlawick Nardone 1999	Watzlawick, Paul / Nardone, Giorgio (Hg.): Kurzzeittherapie und Wirklichkeit. Eine Einführung, München 1999, 2005 (3. Auflage)
Watzlawick Weakland Fisch 1974	Watzlawick, Paul / Weakland, John H. / Fisch, Richard: Lösungen. Zur Theorie und Praxis menschlichen Wandels, Bern 1974, 2003 (6. unveränderte Auflage)
Weber 1993	Weber, Gunthard: Zweierlei Glück. Das Familienstellen Bert Hellingers, Heidelberg 1993, 2010 (16. Auflage)
Weber Schmidt Simon 2005	Weber, Gunthard / Schmidt, Gunther / Simon, Fritz B.: Aufstellungsarbeit revisited ... nach Hellinger?, Heidelberg 2005
Wegner 2008	Wegner, Gerhard: Selbstorganisation als Kirche. Probleme geistlicher Leitung im Protestantismus, in: Hermelink, Jan / Wegner, Gerhard: Paradoxien kirchlicher Organisation. Niklas Luhmanns frühe Kirchensoziologie und die aktuelle Reform der evangelischen Kirche, Würzburg 2008, 277–332
Weiß 2000	Weiß, Helmut: Den Fremden bei uns begegnen, in: Schneider-Harpprecht, Christoph (Hg.): Zukunftsperspektiven für Seelsorge und Beratung, Neukirchen-Vluyn, 2000, 184–198
Weyer 2000	Weyer, Johannes: Soziale Netzwerke. Konzepte und Methoden der sozialwissenschaftlichen Netzwerkforschung, München 2000
Willi 2007	Willi, Jürg: Wendepunkte im Lebenslauf, Stuttgart 2007 (3. Auflage)
Willutzki et al 2005	Willutzki, Ulrike / Koban, Christoph / Neumann, Barbara: Zur Diagnostik von Ressourcen, in: Kosfelder, Joachim / Michalak, Johannes / Vocks, Silja / Willutzki Ulrike (Hg.): Fortschritte der Psychotherapieforschung, Göttingen 2005, 37–53
Winkler 2000	Winkler, Klaus: Seelsorge, Berlin / New York 2000 (2. verbesserte und erweiterte Auflage)
Winkler 2000a	Winkler, Klaus: Die Seelsorge zwischen Spezialisierung und Globalisierung, in: Schneider-Harpprecht, Christoph (Hg.): Zukunftsperspektiven für Seelsorge und Beratung, Neukirchen-Vluyn, 2000, 3–11
Winnicott 1953	Winnicott, David Woods: Transitional objects and transitional phenomena. A study of the first not-me possession. International Journal of Psychoanalysis 34, 1953, 89–97
Wintzer 1978	Wintzer, Friedrich (Hg.): Seelsorge. Texte zum gewandelten Verständnis und zur Praxis der Seelsorge in der Neuzeit, München 1978, 1988 (3. Auflage)

Kurztitel	**Titel**
Wolf 2004	Wolf, Markus: Netzwerkgesellschaft – der Stand der soziologischen Netzwerkforschung. Studienarbeit, Norderstedt 2004
Yablonsky 1990	Yablonsky, Lewis: Die Therapeutische Gemeinschaft. Ein erfolgreicher Weg aus der Drogenabhängigkeit, Weinheim 1990
Yalom 1996/2007	Yalom, Irvin D.: Theorie und Praxis der Gruppenpsychotherapie. Ein Lehrbuch, Stuttgart 1996/2007, 2010 (10. Auflage)
Zeig 2002	Zeig, Jeffrey K.: Einzelunterricht bei Erickson. Hypnotherapeutische Lektionen bei Milton H. Erickson, Heidelberg 2002, 2005 (2. Auflage)
Zellfelder-Held 2002	Zellfelder-Held, Paul-Hermann: Solidarische Gemeinde. Ein Praxisbuch für diakonische Gemeindeentwicklung, Neuendettelsau 2002
Ziemer 2000	Ziemer, Jürgen: Seelsorgelehre, Göttingen 2000, 2008 (3. Auflage)
Ziemer 2000a	Ziemer, Jürgen: Zur interkulturellen Seelsorge, in: Schneider-Harpprecht, Christoph (Hg.): Zukunftsperspektiven für Seelsorge und Beratung, Neukirchen-Vluyn, 2000, 66–70
Ziemer 2005	Ziemer, Jürgen: Seelsorge als Grenzerfahrung, in: Kramer, Anja / Schirrmacher, Freimut: Seelsorgerliche Kirche im 21. Jahrhundert. Modelle – Konzepte – Perspektiven, Neukirchen-Vluyn 2005, 35–51
Ziemer 2009	Zur Standortbestimmung der Pastoralpsychologie, in: Pastoralpsychologie in Bewegung. Zum Stand der Seelsorgebewegung in Deutschland, DGfP-Info 2009
Zimmer 1983	Zimmer, Dirk (Hg.): Die therapeutische Beziehung, Weinheim 1983
Zschoch 2009	Zschoch, Hellmut (Hg.): Kirche – dem Evangelium Strukturen geben. Theologische Beiträge aus Wissenschaft und Praxis, Neukirchen-Vluyn 2009